A New Bibliography of the Lusophone Literatures of Africa/

Nova Bibliografia das Literaturas Africanas de Expressão Portuguesa

Bibliographical Research in African Literatures

General Editor:
Bernth Lindfors
Professor of English, University of Texas at Austin

No. 1: Ngugi wa Thiong'o: A Bibliography of Primary and
Secondary Sources, 1957-1987
CAROL SICHERMAN

No. 2: A New Bibliography of the Lusophone Literatures of
Africa/*Nova Bibliografia das Literaturas Africanas de
Expressão Portuguesa*
GERALD MOSER & MANUEL FERREIRA

No. 3: Black African Literature in English, 1987-1991
BERNTH LINDFORS

A New Bibliography of the Lusophone Literatures of Africa/
Nova Bibliografia das Literaturas Africanas de Expressão Portuguesa

2nd completely revised and expanded edition/
2a edição completamente revista, refundida e actualizada

Gerald Moser & Manuel Ferreira

HANS ZELL PUBLISHERS

London • Melbourne • Munich • New Jersey • 1993

Hans Zell Publishers
is an imprint of Bowker-Saur Ltd, a division of Reed Reference Publishing.
60 Grosvenor Street, London W1X 9DA, United Kingdom.

British Library Cataloguing in Publication Data
Moser, Gerald
    New Bibliography of the Lusophone Literatures of Africa. - 2Rev. ed. - (Bibliographical Research in African Literatures; No. 2)
    I. Title II. Series
    016.869

    ISBN 1-873836-85-6

Library of Congress Cataloging-in-Publication Data
Moser, Gerald M., 1915-
    A new bibliography of the lusophone literatures of Africa /Gerald Moser. — 2nd completely rev. ed.
    436p. 222cm. — (Bibliographical research in African literatures : no. 2)
    Sequel to: Bibliografia das literaturas africanas de expressão portuguesa. 1983.
    Includes indexes.
    ISBN 1-873836-85-6
    1. African literature (Portuguese)—Bio-bibliography. 2. Authors, African—Biography.
    I. Moser, Gerald M., 1915- Bibliografia das literaturas africanas de expressão portuguesa.
    II. Title. III. Series.
    Z3874.L5M595 1993
    016.89608'096—dc20   93-19931
                                                                         CIP

Cover illustration:
Cover of the Angolan author Aires de Almeida Santos' book of poems *Meu amor da Rua Onze* (My Beloved Eleventh Street).

Courtesy Edições 70, Lisbon, Portugal.

Cover design by Robin Caira

Printed on acid-free paper.

Printed and bound in Great Britain
by Antony Rowe Ltd., Chippenham, Wiltshire.

IN   MEMORIAM

MANUEL   FERREIRA

(1917 - 1992)

Pioneer Scholar	Estudioso Pioneiro
Tireless Co-Author	Co-Autor Incansável
and	e
Generous Friend	Amigo Generoso

TABLE OF CONTENTS

Indice Geral   página

PREFACE

Originally all that was planned was a supplement of the *Bibliografia das Literaturas Africanas de Expressão Portuguesa* that prof. Manuel Ferreira, of the University of Lisbon, and I prepared for publication by the prestigious Imprensa Nacional/Casa da Moeda of Portugal. The *Bibliografia*, an attractive volume published in 1983, was well received although as soon as I examined the printed product I discovered many flaws in it. I wished for a new edition, or at least a supplement to improve it, in order to justify the reviewers' praise.

With the consent of Manuel Ferreira, my co-author, I embarked, however, on a reorganized bibliography, and not just a supplement. It was to be different from the earlier work in several respects. The present work is the result. It records and describes only books and parts of books, leaving it up to the future bibliographers to continue the registration of the literary research and criticism buried in a multitude of periodicals of many countries, still in existence or discontinued, a service performed, but only in part, by the 1983 *Bibliografia*.

For the sake of concentrating on books, other features have been discarded: the sectional introductions, the chronological tables, and the section of literary periodicals. Others have been retained, particularly the inclusion of "varia", early creative writings, published or in some cases existing as manuscripts, which predated a particular writer's first book in each of the literary genres. In lusophone África, where it still is difficult to publish books, many writers were never able to do so, or else it happened late in their lives. Furthermore, I have preserved the section of succinct biographical notes, updating them; for they enable the user to determine the period and the country in which a given writer lives or lived. Wherever possible, his or her training, profession, and pen names are mentioned.

Another change has been made. Translations of lusophone African texts are recorded only if made into other Romance languages (Catalan, French, Italian, Spanish) or into English, German or Russian.

The general introduction is new. So is the organization of general literature and of the five national literatures in three parts for each of them: oral literature - creative writing - literary history and criticism. The index has been divided into an index of authors by name and an index of works, leaving out single poems or stories. This should facilitate any search. The time covered has been expanded to reach as far as 1991, i.e. twelve years longer than in the 1983 *Bibliografia*. Many gaps of the earlier period have been filled.

10

Applying the same ample criterium that governed the 1983 *Bibliografia*, I did not exclude colonial Portuguese writers who never renounced their allegiance to Portugal but considered themselves overseas Portuguese. Stated positively, the works here listed are by authors who either had been born and raised in Lusophone areas of África, or else had made their home there, for many years in most instances.

In the sections of creative writing, prose fiction, drama, children's literature, poetry and prose sketches have been included. As a minimum, an author was admitted if he was known to have published three stories, one play or five poems. Only a few exceptions to this rule were made.

This bibliography is thus a better centered and more compact work. It is also, to my regret, less pleasing to the eye, lacking the profuse illustrations which enlivened the 1983 *Bibliografia*. It seemed more important in these times of soaring book prices to keep the costs down so that all students and scholars who could use it would be able to afford it. To increase its accessibility it is written in English.

I owe a large debt of gratitude to many Africans and Portuguese, among them three Angolans, the late António Jacinto, Luandino Vieira, and David Mestre, the Cape Verdeans Friar António Fidalgo Barros, Luís Romano, Manuel and Ivone Nascimento Ramos, and Teobaldo Virgínio, and to Orlando de Albuquerque, Ilídio Rocha and Cândido da Velha, who used to live in África. I am also indebted to colleagues, such as Fátima Mendonça in Mozambique, Michel Laban in France, Ulla Schild in Germany, Helena Ryauzova in the Soviet Union, Willfred Feuser in Nigeria, and Donald Burness, Maria Luísa Nunes and Russell G. Hamilton in the United States. Above all, I have been able to count on the help of Manuel Ferreira in Linda-a-Velha, Portugal, who has supplied me with literary news, in addition to the information contained in his numerous anthologies, histories of literature and critical writings. Still others helped both of us before 1983. Their names were gratefully recorded in the preface of the earlier work.

Nor could I forget the many kind people, particularly Jonathan Swaby of a Center for Computer Assistance at the Pennsylvania State University, who came to my assistance at all hours whenever I ran into unforeseen problems of word processing. They saved me from utter frustration.

Authors keep writing, books keep rolling off the presses, and bibliography always lags behind. One reviewer compared Ferreira's and my labors to those of Hercules. I rather think of the bibliographer as a sort of Sisyphus whose job can never be completed. Inevitably, in spite of time and effort spent, this new bibliography, too, has its limits and its shortcomings...

State College, Pennsylvania
January 1993

Gerald Moser

11

PREF´ACIO

No início, projectou-se apenas um suplemento da *Bibliografia das Literaturas Africanas de Expressão Portuguesa* editada em 1983. Era essa a bibliografia preparada pelo professor Manuel Ferreira, da Universidade de Lisboa, e eu, para ser publicada pela prestigiosa Imprensa Nacional de Portugal. Foi uma linda edição, recebida com aplauso no ano da sua publicação. No entanto, notei nela bastantes gralhas, omissões e êrros, de modo que logo almejei uma reedição ou, pelo menos, um suplemento para justificar os elógios da crítica.

Abandonei, porém, a ideia de um suplemento e, com o consentimento do co-autor, pus-me a reorganizar a obra inteira, para criar uma "Nova Bibliografia", nova em vários sentidos. Eis aqui o produto de um esforço de dez anos. Esta nova obra registra e descreve o que se publicou sòmente em forma de livro. Deixa-se aos futuros bibliógrafos a tarefa de localizar as colaborações, de investigação e crítica literárias, contidas numa quantidade de jornais e revistas, efémeros alguns, dispersos por entre muitos países. Começámos a empreender tal trabalho já, como se vê na *Bibliografia* de 1983, mas desistimos depois, por falta de tempo e de paciência.

Ao focalizar a nova obra apenas nos livros, outras características da primitiva *Bibliografia*, sempre útil, foram deixadas de lado: omitiram-se as introduções históricas das secções, os quadros cronológicos e tôda a secção dedicada às revistas literárias.

Retive outras, sobretudo as rúbricas que chamei de "varia", onde se davam a conhecer os escritos de um autor em cada um dos géneros literários, antes dele ter publicado o seu primeiro livro, incluindo até manuscritos inéditos. Existem muitos casos em que os escritores nunca puderam ver editado um único livro. Ainda hoje em dia custa publicar livros na África de expressão portuguesa! Além dos "varia conservei a secção de notas biográficas, actualizando-a quanto possível, posto que oferece a vantagem de determinar a época e o país dos escritores africanos. Juntei dados sobre a educação , a carreira e os pseudónimos.

Mais uma modificação foi a de reduzir as traduções de textos luso-africanos ao registro das traduções para outras línguas românicas (o catalão, o espanhol, o francês, o italiano) ou para o alemão, o inglês, o russo.

A introdução geral é nova, como o é a divisão de cada uma das secções pròpriamente bibliográficas em três partes: literatura oral, literatura culta, e história e crítica literárias. Para facilitar a consulta dividi o índice em dois, um de autores, outro de títulos de obras, com exclusão de poemas ou contos soltos. Ampliei a cobertura cronológica até ao final de 1991, quer dizer, a uma dúzia de anos mais do que a da *Bibliografia* de 1983. Esforcei-me a preencher as lacunas, sem lográ-lo para tôdas.

Ao aplicar o âmplio critério que orientava a primitiva *Bibliografia*, incluí os escritores portugueses residentes em África durante o período colonial que nunca deixaram de considerar-se Portuguese lídimos, ainda que "ultramarinos". Em têrmos afirmativos, as obras registradas são de autores nascidos e criados nas áreas lusófonas de África ou radicados nelas por muitos anos, na maioria dos casos.

As secções reservadas ao registro da criação literária abarcam a prosa de ficção, o teatro, a literatura infantil, a poesia e a crónica de pretensões literárias. Para ser incluída, a pessoa, segundo me consta, havia de ter publicado um mínimo de uma peça de teatro, três contos ou cinco poemas.

Assim, esta bibliografia pretende ser mais criteriosa e melhor organizada. Ao mesmo tempo - e lamento-o deveras -, apresenta-se menos agradável estèticamente por lhe faltarem as ilustrações que ornavam com abundância a *Bibliografia* de 1983. Mas parece mais importante nestes tempos de livros cada vez mais simplificar a edição e assim reduzir o custo.

Foi escrita em inglês, com explicações em inglês e português, afim de torná-la acessível a pessoas do mundo inteiro.

Fico muito agradecido a um grande número de Africanos e Portugueses pela ajuda que me prestaram, entre eles três escritores angolanos - o saudoso António Jacinto, Luandino Vieira e David Mestre, os Caboverdianos Frei António Fidalgo Barros, Luís Romano, Manuel Nascimento Ramos, Ivone Ramos e Teobaldo Virgínio, assim como o dr. Orlando de Albuquerque, Ilídio Rocha e Cândido da Velha, tôdos três antigamente radicados em África. Também fico grato pela informação oferecida por vários colegas, tais como Fátima Mendonça (Moçambique), Michel Laban (França), Ulla Schild (Alemanha), Helena Ryáuzova (Rússia), William Feuser (Nigéria), e três compatriotas norteamericanos, Donald Burness, Maria Luísa Nunes e Russell G. Hamilton. Sobretudo pude contar com a ajuda infalível de Manuel Ferreira, dono da melhor biblioteca luso-africana, em Linda-a-Velha, nos arredores de Lisboa. Foi ele quem costumava proporcionar-me novidades literárias, além de dados contidos nas suas antologias e obras de teoria, história ou crítica. Houve outra gente prestimosa, já lembrada com gratidão no prefácio da bibliografia anterior.

Nem posso esquecer as gentilezas de muita gente compassiva, especialmente de Jonathan Swaby, duma Secção de Assistência aos que não sabem servir-se de computadores, na Pennsylvania State University, gente que me prestou ajuda a qualquer hora, sempre que tive problemas. Sem eles teria sucumbido a uma frustração total.

Os autores não param de escrever, os livros de sair das imprensas, e a coitada da senhora Bibliografia a ficar sempre para trás. Houve crítico que comparou o trabalho feito pelo Manuel Ferreira e eu aos labores de Hércules. Diria eu que mais bem vejo no bibliógrafo uma espécie de Sísifo, cujos esforços nunca terminam. Ademais, esta obra, como tôda obra humana, não escapa a ter os seus defeitos e limitações, apesar do tempo e do trabalho investidos nela. Preciso, pois, da indulgência de quem a ler.

State College, Pensilvânia   Gerald Moser
Janeiro de 1993

TABLE OF ABBREVIATIONS
LISTA DE SIGLAS E ABREVIATURAS

	Explanation	Explicação
(A)	anthology	antologia
AEMO	Associação dos Escritores Moçambicanos	
anon.	anonymous	anónimo
(B)	bibliography	bibliografia
c.	circa, about	cerca de, aproximadamente
chap.	chapter	capítulo
Cia., Co.	company	companhia
Coll.	collection	colecção
corr.	corrected	corrigido/-da
dupl.	duplicated	policopiado
(E)	essay(s)	ensaio(s)
ed., Ed. editado/-da	edition, edited by, published by, publishing house	edição, edições, por, editora, editorial
enl.	enlarged	aumentado/-da
err.	errata	erratas
ex., exil.	exiled, expatriate	exilado
f(f).	(and) following (page[s])	(e) página(s) seguinte(s)
(FW)	folk wisdom	sabedoria popular
ibidem	(in) the same periodical, the same place	(na) mesma publicação, (no) mesmo lugar

ICL(D)	Instituto Caboverdeano do Livro (e do Disco)	
i.e.	id est, that is to say	isto é
il.	illustrated (by)	ilustrado (por)
INALD	Instituto Nacional Angolano do Livro e do Disco	
incl.	including	inclusive
INLD	Instituto Nacional do Livro e do Disco (de Moçambique)	
l.	line(s)	linha(s)
Lis.	Lisbon	Lisboa
Liv.	bookstore	livraria
L.M.	Lourenço Marques	
Lu.	Luanda	
Map.	Maputo	
ms.	manuscript	manuscrito
n.	number	número
(N)	novelette	novela
n/d.	no date of publication	sem data de publicação
(NO)	novel	romance
n/p.	no place of publication	sem lugar de publicação
num.	numbered (pages)	(páginas) numeradas
off.	offprint (from)	separata (de)
p.	page(s)	página(s)
(P)	poetry	poesia

pref.	preface, introduction (by)	prefácio, prólogo, introdução (por)
pr.pr.	privately printed	edição de autor
rev.	revised	revisto/-ta/-tos/-tas
S.	Saint	São
(SK)	sketch (es) in prose	crónicas
(ST)	story/-ries, tales	conto(s), história(s), estória(s)
(T)	theater	teatro
trans.	translation by	tradução por
UEA	União de Escritores Angolanos	
UNAEG	União Nacional dos Artistas e Escritores Guineenses	
Univ.	university (of)	universidade (de)
USA	United States of America	Estados Unidos da América
v.	volume(s), year of publication (of a periodical)	volume(s), ano de publicação (de um periódico)
vide	see, refer to	veja-se

NB.
1. The underlined parts of an author's name are usually omitted.

1. As partes sublinhadas dos nomes de um autor são as geralmente omitidas.

2. The Helvetica font of bold capitals does not permit placing diacritical marks on them. Therefore, e.g. ROS´ARIO represents Rosário, BRAND˜AO represents Brandão.

2. A fonte negrita do tipo Helvética não deixa colocar sinais diacríticos nas letras maiúsculas. Assim, v. g., ROS´ARIO representa Rosário e BRAND˜AO representa Brandão.

––––––––––

Names of Some Towns in Angola and Mozambique which changed after 1974
Nomes de algumas povoações angolanas e moçambicanas que mudaram depois de 1974

Portuguese name (nome português)	-	New African name (novo nome africano)
(Vila) Cabral	-	Lichinga
Carmona	-	Uíge
Henrique de Carvalho	-	Saurimo
João Belo	-	Xai-Xai
Lourenço Marques	-	Maputo
Luso	-	Luena
Moçâmedes	-	Namibe
Nova Lisboa	-	Huambo
Pôrto Alexandre	-	Tombua
Pôrto Amélia	-	Pemba
Sá da Bandeira	-	Lubango
S. Salvador do Congo	-	M'banza Congo
(Vila) Salazar	-	Ndalatando
Silva Pôrto	-	Kuito

INTRODUCTION

A Brief Social History of Africa's Lusophone Literatures

1.   Since times immemorial, long before the Portuguese had sailed to África south of the Sahara, the many peoples of that vast territory had been developing an abundant oral lore. Their songs, legends, stories, dramatic performances, proverbs and sayings would eventually attract the attention of individual creative writers as sources of inspiration, thus contributing to the rise of modern African literatures, including those written in Portuguese. It was a process repeating under different circumstances what happened in Europe after the break-up of the Roman empire.

Whether actually ancient or relatively recent, such as the songs accompanying the Cape Verdean _morna_ dance, traditional lore was collected at first by Christian missionaries toward the end of the nineteenth century, joined increasingly by ethnographers. They insured its preservation in writing and its diffusion. To protestant missionaries we owe the first systematic though perhaps not always objective collection of tales told by the Kimbundu in northern Angola. One, dating from 1894, was published by a Swiss, Héli Chatelain, in the United States. It had been preceded by a collection of Kimbundu proverbs, published in 1891 by an African, Joaquim Cordeiro da Matta, Chatelain's disciple and friend. Another Angolan, Oscar Ribas, was to dedicate his life to the study of folklore in this century. He initiated a series of publications in 1958 with _Ilundu_ , a study of Kimbundu divinities, their cults and their legends, having used folk material earlier for his novel _Uanga - Feitiço_, written before 1934. Similar folklore research was pursued in Guinea-Bissau, the Islands of S. Tomé and Príncipe, Mozambique, and the Cape Verde Islands. Curiously, the earliest relating to Cape Verde was carried out at Cape Cod, Massachusetts, among cranberry pickers, emigrants from the Islands. By now, a large written body of folk literature, transcribed or adapted in Portuguese for the most part, exists in every one of the five lusophone countries. It forms an essential part of their nascent national literatures.

2.   Although the Portuguese preceded the other Europeans as explorers and colonizers of Black África, four centuries went by until some of them felt sufficiently at home there, and at leisure, to engage in literary pursuits, such as composing lyric poetry, the genre most cultivated and esteemed in their homeland. A colonial lay literature written in Portuguese was born in various African towns, distinct from the edifying works produced by the missionaries in African languages, such as hymnals and catechisms.

The lay people's effusions were few and scattered at first, like the cultural institutions in the towns founded close to the sea by Portuguese. Some towns they established on islands, such as Ribeira Grande, now in ruins and called Cidade Velha, founded in 1533 on Santiago, the principal island of the Cape Verde archipelago. Only in 1817 were the islands endowed with an elementary school, only in 1842 with an - official - printing press. Other towns were fortified ports along the mainland coast, for example Luanda, still today the capital of Angola, founded in 1575. There the Jesuits opened a school in 1605. The printing press arrived in 1845, to publish the first periodical, the Boletim do Governo-Geral . A theater began to function in 1846.

The first printed fruits of literary ambition were a couple of legends, several satirical poems, and elegies from the pen of a lady, Gertrudes Antónia Pusich, daughter of the Governor of Cape Verde. The legends appeared in a travelogue, the Cape Verdean André Alvares de Almeida's *Tratado breve dos rios da Guiné* of 1594. Several of the satires date from the seventeenth century, notably some by a foul-mouthed but witty Brazilian, Gregório de Matos, nicknamed "Mouth of Hell", who had to spend time in Angolan banishment around 1694. With Matos begins an intellectual lane on the bridge spanning the South Atlantic between Brazil and Lusophone África. Its other lanes were economic and political, established because of the need for African slave labor on the plantations and in the mines. In Mozambique the literary connection was highlighted by another Brazilian, a jurist with a poetic vein, Tomás Antônio Gonzaga, deported to that colony a century later. Again it became manifest in the mid-nineteenth century through an Angolan merchant and official, José da Silva Maia Ferreira, author of a volume of lyrical poetry partly written in Brazil, the first book published in Angola. Once more, Brazilian influence made itself felt when via Cape Verde it encouraged young African writers from the 1930s on to develop regional originality.

Originality had been far from the minds of the colonial authors. An ever increasing number of them copied Portuguese models, eager to learn how to write short poems and prose sketches. In these their African environment appeared as an exotic setting at most, as if seen through European eyes. Hundreds of examples were preserved in a periodical publication emanating from Lisbon, the *(Novo) Almanach de Lembranças Luso-Brasileiro*, which served subscribers and contributors in every corner of the world. Contributions from lusophone África were published between 1857 and 1932.

3. During the last two decades of the nineteenth century, an indigenous African middle class arose, made up of traders, army officers, ecclesiastics, public officials, commercial employees, craftsmen and journalists of modest means and positions, especially in half a dozen towns in Angola and Cape Verde. A native press began to express their feelings, ambitions and complaints. In Angola, Cordeiro da Matta exemplified these forerunners; in Cape Verde it was Eugénio Tavares, who like so many of his compatriots had

for a while tried his fortune in the United States.

However, what promised to develop into the earliest consciously African literature to be found south of the Sahara was to be stifled and thus delayed by more than half a century. A wave of nationalism swept through the mother country about the turn of the century when the bigger powers of Europe carved up África, pushing Portugal into a more "effective occupation" of its colonies. Great Britain prevented the Portuguese through an ultimatum from linking Angola to Mozambique. The autonomous tendencies among the Africans were repressed; military and administrative force was employed. The pressure on the African élite to submit to assimilation became heavier, leading to the denial of the African's qualities. The advent of a Portuguese form of fascism made the situation worse. It brought stricter censorship, surveillance by secret police, and more military governors. Incentives for Portuguese settlers, who arrived by the tens of thousands, and privileges for European companies, such as the diamond-mining Diamang, transformed Angola and Mozambique to the detriment of the African populations, which were despoiled of their best farmland and, in the towns, gradually squeezed out of most jobs except menial ones.

The European influx had some intellectual advantages. It strengthened the the European-owned periodical press, giving rise to literary supplements and cultural reviews as outlets for writers young and old. It led to the creation of new cultural institutions, e.g. some good secondary schools. As the cities grew and improved, Portuguese scientists, artists and writers were attracted. They visited and in some cases stayed on. Cultural life was stimulated when the painter Sousa e Neves and the poet Vieira da Cruz came to live in Angola, the writer Manuel Ferreira became enamored of Cape Verde, the teacher and poet Glória de Sant'Anna found happiness in Mozambique.

4. Most importantly for the future evolution of lusophone African literatures, many descendants of the European settlers, whether children of dark-skinned African mothers or of Portuguese women, were to identify with the national aspirations of the African population in Mozambique and Angola. Paradoxically, it was Europe which in the 1930s and before the outbreak of the Second World War brought the future intellectual and political leaders together among the urban youth from África. The European experience solidified their ideas about national liberation and revolutionary socialism. While studying at European universities, mostly those of Lisbon and Coimbra in Portugal, they formed like-minded groups, especially at the Casa dos Estudantes do Império (CEI). Under the influence of leftist, anti-fascistic Portuguese organizations, they developed into militant thinkers and writers.

Quite different from their anglophone and francophone counterparts, they changed from an initial negritude ideology to a lusophone African movement for independent nation states which was almost color-blind.

Some were "black" intellectuals, like the Angolan physician-poet Agostinho Neto, some "brown", like the Santomesian geographer-poet Francisco José Tenreiro, and some "white", like the Mozambican biologist-fiction writer Orlando Mendes.

In reaction to fascistic Portuguese nationalism, most of the writing done by that generation of exalted social consciousness was militant. At first its language was veiled, Aesopian, in order to escape the censor's suspicion. At length it became openly revolutionary as the guerrilla wars for liberation got under way in the early 1960s. Political literature is usually looked down upon, since most of it serves a cause without regard to artistic perfection. However, several lusophone Africans had the profound insight into human nature, the imaginative originality and the verbal talent with which to create works of lasting value. Foremost among those writers were one Santomesian, F.J. Tenreiro, one Mozambican, José Craveirinha, three Cape Verdeans - Jorge Barbosa, Baltasar Lopes and Gabriel Mariano, as well as several Angolans, authors each of them of a few powerful poems: Viriato da Cruz, António Jacinto and Agostinho Neto (the latter before becoming president of Angola). Baltasar Lopes, the Cape Verdean, became best known, to be sure, for *Chiquinho* , a novel of childhood and youth, which had no political overtones. That was not the case of two other Angolans. Both ostensibly adopted pen names proclaiming their allegiance to Angola, José Vieira, who took the middle name "Luandino", as a son of the city of Luanda, and Carlos Pestana, who has been writing under the pen name "Pepetela", the Kimbundu equivalent of his Portuguese family name Pestana. "Luandino" came to be recognized for his early tales of black and white children happily growing up together in the proletarian districts of the city, in contrast (implied) with the later clashes and separation, *A cidade e a infância* (2d, enlarged ed., 1960) and *Luuanda* (1964).

During the struggle, the writings of the militants had to be published abroad if at all. Such was the case of "Luandino's" prison tale *A vida verdadeira de Domingos Xavier*, first published in a French translation (1971).

5. Only when Portugal conceded independence to its colonies in 1974/75, could the works of the militant generation become widely known in their own countries. The floodgates opened. African writers' organizations, newly created, Portuguese publishers and Brazilian ones offered the books to avid African readers. It will take years to make up the delay in literary development due not only to the wars of liberation but also to the even longer and more ruinous civil wars that followed in the major countries, Angola and Mozambique.

Not all writing has been "committed" during the wars and the revolutionary changes in their wake. Outstanding among the exceptions were Mário António, the best Angolan poet of the period, who turned away from early militancy to pursue an academic career as a historian in Portugal, and Rui (Correia) Knopfli, born and raised in Mozambique, where he lived until the revolutionary turmoil caused him to move to England.   Like Mário António, he achieved the highest rank in the literature of his country as a lyric poet.   Suspicious of the "masses", he does not mind being in the minority:

> Não entro na forma, não acerto o passo,
> não submeto a dureza agreste do que escrevo
> ao sabor da maioria.   Prefiro as minorias.

No longer are they rare as artists.   Since the 1980's at least, the national literatures are no longer dominated by the older militants, their leadership has been challenged by younger writers, weary of socialistic dogma prescribing that writers should be useful to the society.   The bolder among the young insist on creative imagination and aesthetic quality being at least equally important. Social relevance would follow anyhow.   As the Cape Verdean poet Arménio Vieira wrote:

> Risquei de A a Z
> os versos úteis.

The best among the younger writers seem to follow this trend. Fascinatingly experimental poetry has been written by two Cape Verdeans, the Whitmanesque João Maria Varela and Corsino Fortes, intent on creating his own symbols.   Both of them seek and express links to the African continent while not denying their Euro-African heritage.

> Tocando tambor
> com sangue d'Africa
> com ossos d'Europa   (C. Fortes)

A poetry of pure moods emanates from Angolan Arlindo Barbeitos. Stories of baroque phantasy come from his countryman José Eduardo Agualusa,   poems of recondite language from David Mestre.   The Mozambican Mia Couto writes stories of general human interest in local themes in the grim atmosphere created by the atrocities of civil warfare. Those are some of the subtle innovators.

Another noteworthy trend is turning some of the elder writers in particular away from the "social realism" of their youth.   Theirs is a conscious effort to create a national literature in countries made up of many peoples and tribes, with the exception of the Cape Verde Islands, the most homogenized and least "African".   Those writers steep themselves in the traditions and history, including recent episodes.   Taking Angola as an example, Henrique Abranches wrote a novel, *A Konkhava de Feti* (i.e. "Feti's Hatchet", 1981) on the basis of the history, myths and legends of the Ambo people of southern Angola, and another novel, *Kissoko de Guerra* (i.e. "The Wartime Alliance of the Clans", 1989) by transforming an episode in the war between the MPLA government and the UNITA opposition into a heroic saga of a tiny guerrilla group turning its retreat into a supernatural triumph.   The Angolan Rui Duarte de Carvalho finds inspiration in the way of life and legendary history of the cattle-herding Herero people.

A third unexpectedly frank trend in lusophone África is producing satirical prose. It pillories present day corruption and other malfunctions of society, offered as "constructive criticism". *Crónica de um mujimbo* (i.e. "Chronicle of a Rumor", 1989), a novella, exemplifies this trend. Its author is Manuel Rui, a rather independent Angolan on the staff of the nationalized Diamang Company. A member of the younger generation, the Mozambican L.C. Patraquim, decried uniformity in 1985, when starting to direct a literary supplement: "One constant danger to be avoided was to lapse into any form of dictating themes or ideology, although we certainly defend a particular worldview." (Interview in <u>Charrua</u>, Maputo, nos. 5/6, April/June 1985.)

Variety of trends and styles bodes well for the future. Together, the authors of the lusophone literatures of five new nations of África are accumulating a store of writings, bound together by the use of a common language and a common historic experience. It looks as if Portuguese will, with visible regional variations, remain their literary language for a long time to come. There are patriotic purists who object on principle to the continuing dominance of a European tongue. But the example given by Luís Romano and Manuel Veiga, of writing novels in the Creole of their Cape Verde Islands, has been followed by very few others so far, even in the more modest genre of the short story: for the Creole poems of Eugénio Tavares and lately the Creole tales of Tomé Varela da Silva seem to be little read by Cape Verdeans and less yet by others. Whenever the African languages on the continent are printed at all, translations into standard Portuguese are added by the authors themselves. Raúl David thus published a bilingual edition, in Umbundu and Portuguese, of his *Cantares do nosso povo* (1987) and José Samuila Cacueji one in Luvale, a language of the Angolan Luena province, and Portuguese, of his *Viximo* (1987).

Perhaps the evolution of literatures written in European languages throughout the Americas will be repeated in África, although differences in the population mix, e.g. of Brazil compared with Angola, could lead to the eventual rise of literatures in the African Languages. Even then, a non-African language may well prevail as a second language for international communication, just as Latin, then French, and now English, have served in large parts of the world.

6. Some aids exist in English, more in Portuguese, to fill in the details of the preceding brief history, to learn about the lives of specific authors, and to inform oneself about all of their writing and its literary beauties or blemishes.

Few general works have so far traced the whole panorama. In English there is only one, Russell G. Hamilton's *Voices from an Empire* (1975). The author updated and revised it in his own translation into Portuguese, *Literatura africana literatura necessária* (2 vols., 1981 & 1984.) In *A New Reader's Guide to African Literature* , ed. Zell, Bundy & Coulon (1983), Don Burness included biographies of eight lusophone authors, comments on 49 works, and descriptions of anthologies and literary criticism. In Portuguese,

Manuel Ferreira, the founder of the first Department of African Studies at any Portuguese university, has repeatedly published overviews, beginning with his *Literaturas africanas de expressão portuguesa* (2 vols., 1977). João Alves das Neves pioneered with a general anthology in Portuguese, *Poetas e contistas africanos de expressão portuguesa.* It appeared in 1963 in São Paulo, Brazil. Other early anthologies were compiled by Angolan political expatriate Mário (Pinto) de Andrade, one of poetry (*Antologia da poesia negra de expressão portuguesa*, 1958), the other of prose (*Literatura africana de expressão portuguesa*, vol.2, 1968.) In Portugal, Amândio César was the first to select African stories in *Contos portugueses do ultramar* (1969), with a marked predilection for colonial literature by transplanted Europeans. Recently, Manuel Ferreira gathered an anthology encompassing poetry of a hundred years, from the Santomesian Costa Alegre, born in 1864, to the Guinean Helder Proença, born in 1956 (*50 poetas*, 1989.) In Brazil, a general anthology superseded the one by Alves das Neves, Cremilda de Araújo Medina's *Sonha mamana África* (1987).

In English translation, militant poetry attracted attention first, at the time of the struggle for independence. Poems "of resistence" were made known by Margaret Dickinson (*When Bullets Begin to Flower*, 1972) and others after her. Smaller number of poems of generally higher quality appeared in two anthologies made by a teacher and poet in America, Donald Burness: *Fire* (1977) and *A Horse of White Clouds* (1989). A great deal of good lusophone poetry remains to be anthologized in English translation. Anthologies of lusophone prose writings have yet to be undertaken in translation.

A few histories of single national literatures exist, the earliest being a short survey in Portuguese, *A literatura angolana* (1963) by an Angolan, Carlos Ervedosa, who wrote it while he was a student in Portugal. He revised and enlarged it in 1979 as *Roteiro da literatura angolana*, perhaps as a reply to Salvato Trigo's *Introdução a literatura angolana de expressão portuguesa* (1977), which expressed a European viewpoint. In English, another early monograph was Norman Araújo's dissertation *A Study of Cape Verdean Literature* (Boston, 1966.) The first broad anthology of Cape Verdean literature in English translation, including authors living in America, was organized much later by Maria M. Ellen as *Across the Atlantic* (1988). From a colonial Portuguese standpoint, José Rodrigues Júnior wrote a lengthy essay, *Para uma cultura moçambicana* , which included a survey of literature (1951). One had to wait until 1989 to read Fátima Mendonça's short history, *Literatura moçambicana - A história e as escritas.* Rodrigues Júnior had his merits as a serious journalist; Mendonça wrote as a trained literary historian with roots in Mozambique.

Among national anthologies, J. Osório de Oliveira's *Poesia de Cabo Verde* (1944) is by far the earliest. A recent one is Luís Romano's *Contravento, Antologia bilingue de poesia caboverdeana* (1982. In Creole and standard Portuguese). The great Cape Verdean writer Baltasar Lopes's *Antologia da ficção caboverdeana contemporânea* (1960) stands out as a model of its kind. The African group at the Casa dos Estudantes do Império in Lisbon published several national anthologies before the advent of independence, two with the same title *Poetas moçambicanos* (ed. L. Polanah, 1960, and ed. A Margarido, 1962), one of *Poetas angolanos* , ed. A. Margarido (1962), and one of *Contistas angolanos*, ed. F. Mourão (1960). Angolan stories were also anthologized by G. Andrade and L. Cosme in the two volumes of *Contos d'Africa* (1961 &1962.) In 1977, the Ministério da Educação in Luanda edited *Poesia de Angola*. M.Wolfers published his translations as *Poems from Angola* (1979). It has remained the only national anthology in English translation. The União Nacional de Artistas e Escritores de Guiné-Bissau sponsored an *Antologia poética da Guiné-Bissau* in 1990. Carlos Agostinho das Neves, a Santomesian, presented the poetry of his lands in his *Antologia poética de S. Tomé e Príncipe*(1977).

On the other hand, the number of articles, essays and monographs dealing with topics in literary history or criticism is already vast. One work deserves special attention, *Ângola - Encontro com escritores* (2 vols., 1991), a collection of over twenty interviews with Angolan writers, conducted by the French scholar Michel Laban; for these interviews amount to a rarity, being literary autobiographies revealing the backgrounds of an important period, that of the militant generation.

Gerald Moser

BIBLIOGRAPHY

BIOGRAPHY

GENERAL

GERAL

Section A   Secção A
Oral Literature   Literatura Oral

BASSET   René
1. *Contes populaires d'Afrique.*
Paris, G. P. Maisonneuve & Larose, 1969. xxii, 455 p.
[The preface dates from 1903. Incl. a Tete tale taken from V. J. Courtois, a Chinyanga tale from A. Werner, 'Märchen der Manganja", in Zeitschrift für Afrikanische und Ozeanische Sprachen, v. 2, p. 217, an Eschwabo tale from Torrend, 2 Ronga tales from Junod (1897 and 1898), a Lunda tale from Dias de Carvalho (1890), and 2 Kimbundu tales from Chatelain (1894).]   (ST)

FERREIRA   Manuel
2. "Fabulário do Ultramar português." In Vieira de Almeida & Luís da Câmara Cascudo, *Grande fabulário de Portugal e Brasil.* Lis., Ed. Fólio, 1962. v. 2, p. 292-420.
[Incl. 16 stories from Guinea-Bissau, 9 from Cape Verde, 2 from S. Tomé, 23 from Angola, and 13 from Mozambique.]   (A, E. ST)

GREENWAY   John
3. *The primitive reader.*
Hatboro, Pennsylvania(USA), Ed. Folklore Associates, 1965. 211 p.
[Incl. in English trans., 2 Kimbundu tales from Chatelain and a number of Ba-Ndau proverbs of Mozambique from Franz Boas & C. Kamba Simango.]   (FW, ST)

KNAPPERT   Jan
4. *Bantu myths and other tales.* Coll. Nisaba, 7. Leyden(Netherlands), Ed. E. J. Brill, 1977. ix, 181 p. Il. Map.
[Incl. 5 Kimbundu tales and 12 Ronga tales. Chatelain and Henri A. Junod are among the sources.]   (ST)

LIMA   Augusto Guilherme Mesquitela
5. *O dilúvio africano.*
Lu., Instituto de Investigação Científica de Angola, 1972. 67, (1) p. Map.
[Structural analysis of 2 legends: 6 variants of the Caonda legend and "the African deluge", collec-

ted in 1966 in northeastern Angola.]   (E, ST)

MEINHOF   Carl
6. *Afrikanische Märchen.* Coll. Die Märchen der Weltliteratur.
Jena(Germany), Ed. Eugen Diederichs, 1981. 5, 343 p. Il.
[Incl. 1 Tete tale from Mohl (1905), 2 Ronga tales from H. A. Junod (1898), and 1 Kimbundu tale from Chatelain (1894).]   (ST)

OLIVEIRA   José Osório de Castro
7. *Literatura africana.* Pref. & notes by author.
Lis., Ed. Agência-Geral das Colónias, 1944. xxxii, 221, 5 p.;
2d ed.:
Lis., Sociedade de Expansão Cultural, 1962. xxx, 226 p.
[Anthology of African oral literature, modeled after Blaise Cendrars' *Anthologie nègre.* With Afro-Brazilian stories in an appendix.]   (A, P, ST)

PESSOA   Henrique Novais
8. *Histórias infantis africanas de embalar.* Lendas africanas.
Alhos Vedros(Portugal), pr.pr., 1988. 55 p. Il.
[Bedtime stories.]   (ST)

ROS´ARIO   Lourenço J. da Costa
9. *A narrativa africana de expressão oral.*
Lis., Instituto de Cultura, 1989. 360 p.
[Portuguese texts.]   (ST)

SOUTO   António de Azevedo Meyrelles de
10. "Arte e folclore." Chap. in *Feitiço de além-mar.* História e observação.
Lis., Parceria A. M. Pereira, 1970, p. 241-264. (E)

Section B   Secção B
Creative Writing   Literatura Culta
(Novels, novellas,   (Romance. novela, conto,
stories, prose   crónica, teatro, poesia)
sketches, theater,
poetry)

AGONIA   Marques Bastos
11. *Poema de África.* Em homenagem a todos aqueles que têm tombado em defesa da integrida-

32

de da Pátria Portuguesa.
Lis., pr.pr., 1961. 8 p. (P)

ANJOS Hernâni
12. *Um negro no país das loiras.* Novela adulta.
Lis., Ed. Minerva, 1968. 500, 1 p. (NO)

ANON.
13. *O preto e o bugio ambos no mato, discorrendo sobre a arte de ter dinheiro sem ir ao Brasil.* Diálogo.
Porto, Ed. Liv. de Inácio Corrêa, 1866. 15 p. (ST)

ARCHER Eyrolles Baltasar Moreira Maria Emília
14. *Viagem à roda da África.*
Lis., Ed. O Século, 1937. 247 p.
[Adventure novel for children.] (NO)

BASTOS Francisco Leite
15. *Os dramas d'África.* Grande romance de sensação. Rev., desenvolvido e completado por Gervásio Lobato & Jayme Victor. Coll. Biblioteca Selecta Ilustrada. 5 v.
Lis., Ed. David Corazzi, 1887-1888. II. Manuel de Macedo.
[Posthumous publication.] (NO)

BENEVIDES Manuel António da Silva
16. *O viajante africano ou o casamento por sympathia.* Pref. author.
Porto, pr.pr., 1846. 244 p.
[With poems on p. 231-244.] (NO, P)

BRITO Maria da Conceição
17. *O negrito.* Coll. Contos para Crianças, 21.
Porto, Ed. Liv. Figueirinhas, 1965. 106 p. II. (ST)

CABRAL Alexandre
18. *A fula.* Coll. Imbondeiro, 51.
Sá da Bandeira, Ed. Imbondeiro, 1963. 38 p.
[Incl. also the story 'Daba-Soma".] (ST)

19. *Contos da Europa e da África.*
Lis., Ed. Expansão, 1947. 237 p. (ST)

20. *Histórias do Zaire.*
Lis., Ed. Orion, 1956. 192 p.
[4 stories from *Contos da Europa e da África* and a fifth, "A fula Lubamba desapareceu," first published in Vértice, v. 9, n. 77. Coimbra, January 1950, p. 7-11

2d rev. ed.:
Lis., Ed. Prelo, (1965). 245 p.
[Including a 6th story, "Negritude", first published in *Imbondeiro gigante, 1.* Sá da Bandeira, 1963];
3d ed.: Coll. Obras de Alexandre Cabral, 8.
Lis., Ed. Livros Horizonte, 1982. 152 p. (ST)
21. *Terra quente.*
Lis., Ed. Garcia & Carvalho, 1953. 139 p. (N)

CABRAL Álvaro Rego
22. *Tundavala. A oeste de Cassinga.*
Lis., Ed. Sociedade de Expansão Cultural, 1971. 338 p.
[Sketches about Angola and Cape Verde, the latter on p. 117-178.] (SK)

CASIMIRO dos Santos Augusto
23. *Portugal atlântico.* Poemas da África e do mar.
Lis., Ed. Agência-Geral do Ultramar, 1955. 162 p. (P)

C'ERTIMA António Augusto Cruzeiro de
24. *Soldado, volta!*
Lis., Parceria A. M. Pereira, 1969. 9 p. not num. (P)

25. *Trópico do câncer.*
Lis., pr.pr., 1949. 90 p. II. Portrait.
[Poems on Senegal, Guinea, Niger, etc.] (P)

CORREIA Maria Cecília
26. *Histórias de pretos e de brancos e histórias da noite.*
Lis., Ed. Ática, 1960. 42 p.
[Stories for young people.] (ST)

CUNHA Manuel Barão da
27. *A flor e a guerra.* (O diálogo e o mito.) Pref. aurhor.
Lis., Parceria A. M. Pereira, 1974. 139 p. (NO)

28. *Aquelas longas horas.* Narrativas sobre a actual epopeia africana.
Lis., Ed. Serviço de Publicações da Mocidade Portuguesa, 1968. 112, 3 p. II. Neves e Sousa;
2d. rev. ed.:
Lis., pr.pr., 1970. 117 p. II. Neves e Sousa;
3d ed.:
Lis., pr.pr., 1971;
4th ed.:

Lis., pr.pr., 1972. 113p.
[Narratives of the colonial wars in Angola and Guinea-Bissau.] (SK, ST)

29. *Terrrpo africano.*
Lis., Didáctica Ed., (1971). 175 p. Il. Neves e Sousa;
2d rev. ed.:
Lis., Didáctica Ed., 1972 175 p. Il. Neves e Sousa.[Sketches of the colonial wars.] (SK)

DIAS Miguel Leitão
30. *Negrito.* Novela.
Seia(Portugal), 1952. 6 p. Off. from A Voz da Serra. (ST)

DOMINGUES Mário José
31. *O preto do charleston.* Novela.
Lis., Ed. Guimarães & Cia., n/d. 267 p. (N)

FERREIRA Manuel
32. *A Maria Bé e o finório Zé Tomé.*
Lis., pr.pr., 1970. 35 p. Il. Leonor Praça;
2d ed.: Coll. Primeiras Histórias, 1.
Lis., Plátano Ed., 1972. 47 p. Il. Leonor Praça;
3d ed.: Ibidem, 1975(?);
4th ed.: Ibidem, 1980. 40, 5 p.
[Children's stories based on African tales.] (ST)

33. *A pulseirinha de oiro.*
Reboleira(Portugal), Notícias da Amadora Ed., 1971. 37 p. Il. Raimundo Rodrigues;
2d ed.:
Fundão(Portugal), Jornal do Fundão Ed., 1973. 43 p. Il. Raimundo Rodrigues.
[For children.] (ST)

34. *Martins de Lima. (...Bravo lanceiro das campanhas de ocupação e pacificação nas duas Áfricas.)* Coll. Cadernos Coloniais.
Lis., Ed. Cosmos, 1936. 40 p. (ST)

35. *No tempo em que os animais falavam...*
Coll. Movimento Juvenil, 1.
Lis., Ed. Distribuidora Movimento, 1970. 39, 2 p.
Il. by children;
2d ed. : Coll. A Rã Que Ri, 12.
Lis., Plátano Ed., 1977. 48 p. Il. Zepaulo.
[For children.] (ST)

36. *O gato branco e o gato maltês e outras histórias.* Coll. A Rã Que Ri, 4.

Lis., Plátano Ed., 1977. 48 p. Il. Duarte Saraiva.
[The same stories as in *Vamos contar histórias?*, 1971. For children.] (ST)

37. *O Sandinó e o Corá.* Coll. Carrocel.
Fundão(Portugal), Jornal do Fundão Ed., 1964. 50 p. Il. by children;
2d ed.:
Porto, Ed. Inova, 1970. 53 p. Il. Jorge Pinheiro.
[For children.] (ST)

38. *Quem pode parar o vento?*
Reboleira(Portugal), Notícias da Amadora Ed., 1971. 37 p. Il. Raimundo Rodrigues;
2d ed.:
Porto, Ed. Asa, 1977. 30 p. Il. Luísa Brandão.
[For children.] (ST)

39. *Vamos contar histórias?*
Reboleira(Portugal), Notícias da Amadora Ed., 1971. 33 p. Il. Teresa Gama.
[For children.] (ST)

FOGAÇA Marisabel Xavier
40. *Negrita de olhos verdes.* Romance.
Porto, Ed. Liv. Progredior, 1948. 233 p.;
2d ed.: Ibidem, 1962. 267 p. (NO)

41. *Pegadas negras em mundo de brancos.*
Memória de Doceba, preto de Angola.
Porto, Ed. Progredior, 1961. 178 p. (NO)

FRIAS César de
42. *O pretinho de Angola.*
Lis., Ed. Biblioteca dos Pequeninos, 1930. 101, 1 p. Il. Ilberino dos Santos. (N)

GUERRA Bastos
43. *Ai lu lu lê!* Prosas semi-africanas. Coll. Amanhã.
Lis., pr.pr., 1937. 208 p. (ST)

MOREIRA Eduardo
44. *Bantuânia. Fragmentos da epopeia de África.*
Lis., Ed. de Portugal, 1939. 68 p. Il.
[Poems on Angolan and Mozambican themes.] (P)

MURALHA Sidónio
45. *Êsse Congo que foi belga.*
S. Paulo, Ed. Brasiliense, 1969. 125 p. (ST)

46. *Poemas. 1941-1971.*
Porto, Ed. Inova, 1071. 195 p.
[Incl. some poems on African themes.] (P)

47. Varia:
"O papagaio". In Vértice, v. 26, n. 270. Coimbra,
March 1966, p. 168-178.
"Duas histórias congolesas: 'Bukavu' e 'Nya-Nya'."
In Vértice, v. 26, n. 277/78. Coimbra, October/November 1966, p. 663-667. (ST)

NORONHA   Eduardo de
48. *O extermínio de um povo.* Romance de
costumes transvaalianos.
Lis., Viuva Tavares Cardoso Ed., 1905. 392 p. II.
(NO)

"NUNO" (i. e. DUARTE   Nuno Castro)
49. *Contos viris.*
Lis., Ed. Liv. Popular de Francisco Franco, 1977.
137 p.
[The 1st part refers to Africa.] (ST)

OLIVEIRA   António Florindo de
50. Varia:
"Um Daniel preto." In O Mundo Português, v. 12.
Lis., 1945, p. 177-181. (SK)
"Fôra um valente!" In O Mundo Português, v. 5.
Lis., 1938, p. 449-452.
"P'ra frente". Ibidem, v. 6. Lis., 1939, p. 189-193.
"Nós sabe o que faz." Ibidem, v. 9. Lis., 1944, p.
236-242.
"O capote do 30." Ibidem, v. 11. Lis., 1944, p.
327-
332.
"Patrão boa gente." Ibidem, v. 12. Lis., 1945, p.
469-474. (ST)

[The sketch and the stories were written about the
Portuguese campaigns against the Germans, 1914
-1918.]

OLIVEIRA   Guilherme Couvreur d'
51. *Contos do mar e da terra.*
Porto, Ed. A Portuense, 1945. 240 p.
[Incl. tales set in S. Tomé, Angola and Cape Verde.]
(ST)

PAÇO D'ARCOS   Joaquim Belford Correia da
Silva
52. *Amor por correspondência ou o prestígio
das letras pátrias.* Coll. Imbondeiro, 5.

Sá da Bandeira, Ed. Imbondeiro, 1960. 30 p.
[Earlier in *Carnaval e outros contos.* Lis., 1958.]
(ST)

53. *O samovar.* Coll. Novela, 9.
Lis., n/d. 55p.; also in *O navio dos mortos e
outras novelas.* Lis., 1952. (N)

54. *O samovar e outras páginas africanas.* Pref.
& notes by Nuno Bermudes. Coll. Unidade, Ficção,
9.Lis., Ed. Agência-Geral do Ultramar, 1972. 170 p.
II. José Pádua.
[Containing pages from the novel *Herói derradeiro*, "Victoria Falls", "Amor por correspondência..",
"O samovar" and 3 "poemas africanos".] (P, ST)

55. *Poemas imperfeitos.*
Lis., Ed. SIT(Sociedade Industrial de Tipografia),
1952. 144 p.
[Incl. poems on African themes.] (P)
- French ed.: *Poèmes imparfaits.* Trans. Jean
Rousé. Pref. Armand Guibert. Coll. Retour du
Monde, 25.
Paris, Ed. Pierre Seghers, 1955. 68 p. (P)
- Italian ed.: *Poemi imperfetti.* Trans. Gino Saviata.
Pref. Leo Magnino.
n/p., Carrucci, n/d. 80 p. (P)

PIMENTA   Eduardo
56. *D'aquém e d'além.*
Lis., Lumen Ed., `1922. 139 p. (ST)

QUINTINHA   Julião
57. *Novela africana.* Contos.
Lis., Ed. Nunes de Carvalho, 1933. 253 p.
[The action takes place in Guinea-Bissau, S. Tomé,
Angola and Mozambique.] (ST)

REIS   A.
58. *Uma mensagem para ti.* Dedicado aos refugiados das ex-colónias.
Lis., pr.pr., 1976. (P)

RIBEIRO   Ernesto de Queiroz
59. *Mesungo.* Novela.
Porto, pr.pr., (1954). 133 p.
[Plot laid in Angola and Mozambique.] (N)

ROCHA   Hugo Amílcar de Freitas
60. *Bayete.* Crónicas africanas do Atlântico ao
Índico.
Porto, Ed. O Comércio do Porto, 1933. 26, 579

p. II. (SK)

61. *Poemas exóticos.* Pref. author.
Porto, Ed. Educação Nacional, 1940. 200 p. II.
Jaime de Almeida.
[Some of the poems had appeared in O Mundo
Português, v. 8, n. 76-78. Lis.] (P)

RODRIGUES Maria Amélia
62. *Adão e Eva.* Romance colonial.
Lis., Ed. João Romano Torres, n/d.(1932). 283 p.
(NO)

"SELVAGEM Carlos" (i.e. SANTOS Carlos Tavares de Andrade Afonso dos)
63. *Ninho d'águias.* Comédia dramática em 3 actos representada pela primeira vez no Teatro do Ginásio em Janeiro de 1920.
Porto, Ed. Renascença Portuguesa, 1920. 253 p.
[The action takes place in Portugal, with references to Africa.]
(T)

SILVA Joaquim de Azevedo e
64. *Os juízes e os homens.* Histórias.
Lis., Ed. Plexo, 1973. 73 p. (ST)

TEIXEIRA César
65. *Poemas da Via Láctea.*
Braga, Liv. Cruz Ed., 1970. 55 p.
[Inspired by the colonial wars.] (P)

Section C   Secção C
Literary History   História e Crítica
and Criticism   Literárias

ABDALA J´UNIOR Benjamin
66. "Linguagem e poder: Uma perspectiva individual e nacional." In J. M. Massa, *Les littératures africaines de langue portugaise.* Paris, 1985, p. 447-56 (E)

67. *Literaturas de língua portuguesa no século XX.*
S. Paulo, Ed. Ática, 1989. 199p.
[Incl. a dozen Luso-African writers.] (E)

ABDALA J´UNIOR Benjamin

PASCHOALIN Maria Aparecida
68. "As literaturas africanas de língua portuguesa."
In *História social da literatura portuguesa*, appendix. S. Paulo, Ed. Ática, 1982. (E)

ABRANCHES Augusto dos Santos
69. *Sobre "literatura colonial".*
L. M., Ed. Sociedade de Estudos da Colónia de Moçambique, 1947. 5 p. Offprint, Proceedings of *I* [Primeiro]*congresso da Sociedade de Estudos da Colónia de Moçambique*, v. 1, n. 13.
[Thesis presented at the 1st congress of the Society on September 8, 1947. According to Ilídio Rocha, it signaled the birthday of non-colonial Mo= zambican literature, together with Abranches' 2d thesis, "Moçambique lugar para poesia", presented one day later.] (E)

ALBUQUERQUE Ferreira Orlando de
70. *Crioulismo e mulatismo.* Uma tentativa de interpretação fenomenológica. Coll. Cadernos Capricórnio, 30.
Lobito(Angola), Ed. Capricórnio, 1975. 19 p. (E)

ALMEIDA Maria Emília de Castro e
71. *Bibliografia do Centro de Estudos de Etnologia do Ultramar.*
Lis., Ed. Centro de Estudos de Antropobiologia, 1964. (B)

ANDRADE Garibaldino de Oliveira da Conceição
COSME Leonel
72. *Contos 66.*
Sá da Bandeira(Angola), Ed. Imbondeiro, 1966. 157 p.
[Incl. only 2 African authors, Orlando de Albuquerque and Teobaldo Virgínio.] (A, ST)

73. *Imbondeiro gigante, I.*
Sá da Bandeira, Ed. Imbondeiro, 1963. 197 p.
[Stories by Alexandre Cabral, Eduardo Teófilo, Fernando Reis, Garibaldino de Andrade, Mário António and Óscar Ribas.] (A, ST)

74. *Mákua.* Antologia poética. 5 v.
Sá da Bandeira, Ed. Imbondeiro, 1962-1964.
[V. 1: Amélia Veiga, Arménio Vieira e Silva, E. Teófilo, Lília da Fonseca, Tomás Jorge, T. Vieira da Cruz.
V. 2: Alda Lara, G. Mariano, J. Macedo, Mário António, Ovídio Martins, Teobaldo Virgínio, T. L. Nunes

36

Moita.
V. 3: In a different order, the same poets as in *Antologia poética angolana*, 1963.
V. 4: Basílio Lopes, Jorge M. M. Alfama.
V. 5: No African poets.] (A, P)

ANDRADE Mário Coelho Pinto de ("Buanga Fêlê")
75. *Antologia da poesia negra de expressão portuguesa*. Pref. author: "Cultura negro-africana e assimilação."
Paris, Ed. Pierre Jean Oswald, 1958. 110p.;
facsimile ed.:
Nendeln(Liechtenstein), Ed. Kraus Reprint, c.1973.
[Poems by Cape Verdeans G. Mariano, Aguinaldo Fonseca, J. Barbosa, O. Alcântara, Ovídio Martins, P. Corsino Azevedo; the Guinean T.C. Anahory Silva; the Santomensians Alda Espírito Santo, Costa Alegre, F. J. Tenreiro; the Angolans Agostinho Neto, A. Jacinto, G. Bessa Victor, Mário de Andrade, M. António, Viriato da Cruz; the Mozambicans J. Craveirinha, Kalungano, Noémia de Sousa, Rui de Noronha; and the Afro-Brazilian Solano Trindade.] (A, P)
- German ed.: *Poesia negra: Dichter portugiesischer Sprache*. Trans. Irma Bouvier.
Munich, Ed. Nymphenburger Verlagsbuchhandlung. 1962. 132 p. (A, P)
- Italian ed.: *Letteratura nera*, v. 1: *La poesia*. Trans. Rosa Rossi. Pref. Pier Paolo Pasolini.
Rome, Ed. Riuniti, 1961. 441 p. (A, P)

76. *Antologia temática de poesia africana. Cabo Verde/São Tomé e Príncipe/Guiné/Angola/ Moçambique*, v. 1: *Na noite grávida de punhais*. Pref. author. Coll. Vozes do Mundo, 5.
Lis., Liv. Sá da Costa Ed., (1976). 281 p. II. António Domingues.
[Poems by Costa Andrade, M. António, P. Corsino Azevedo, J. Barbosa, J. Craveirinha, Viriato da Cruz, Kaoberdiano Dambará, A. Dáskalos, Alda Espírito Santo, Aguinaldo Fonseca, Mário Fonseca, F. Ganhão, Henrique Guerra, A. Jacinto, T. Jorge, Kalungano, Manuel Lima, Manuel Lopes, G. Mariano, Ovídio Martins, T. Medeiros, Agostinho Neto, Rui de Noronha, António Nunes, A. de Almeida Santos, Arnaldo Santos, B. Lopes da Silva, Onésimo Silveira, Noémia de Sousa, F.J. Tenreiro, Luandino Vieira.] (A, P)

77. *Antologia temática de poesia africana. Ca-*

bo Verde/São Tomé e Príncipe/ Guiné/Angola/ Moçambique, v. 2: *O canto armado*. Pref. author. Coll. Vozes do Mundo.
Lis., Liv. Sá da Costa Ed., 1979. 192 p. II. Espiga Pinto.
[Militant poetry of the wars for liberation, in Portuguese, Guinean Creole or Cape Verdean Creole, anonymous or written by Costa Andrade, A. Barbeitos, Kaoberdiano Dambará, Sukre d'Sal, Abílio Duarte, Alda (do) Espírito Santo, C. Fortes, A. Guebuza, Mutimati B. João, Kwame Kondé, Ovídio Martins, Osvaldo Osório, J. Rebelo, A. Regalla, Deolinda Rodrigues, Gasmin Rodrigues, N'Fore Sambú, Marcelino dos Santos, J. C. Schwartz, N. Spencer, Tacalhe, E. Braga Tavares, P. de Castro Van-Dúnem, Sérgio Vieira.] (A, P)

78. *La poésie africaine d'expression portugaise*. Pref. author: "La poésie africaine d'expression portugaise: Évolution et tendances actuelles." Trans.and adaptation Jean Todrani & André Joucla-Ruau. Coll. P.J.O. Poche, Les Poètes Contemporains, 9.
Honfleur(France), Ed. Pierre Jean Oswald, 1969. 152 p.
[Pref. 1st published in Présence Africaine, n. 65. Paris, 1st trimester 1968, p. 51-84. Poems by O. Alcântara, J. Barbosa, P. Corsino Azevedo, Aguinaldo Fonseca, Mário Fonseca, G. Mariano, Ovídio Martins, António Nunes, Onésimo Silveira, Costa Alegre, Alda (do) Espírito Santo, Tomás Medeiros, F. J. Tenreiro, G. Bessa Victor, F. Costa Andrade, Viriato da Cruz, M. António, A. Jacinto, Agostinho Neto, J. Craveirinha, Kalungano, Rui de Noronha, J. Rebelo, Noémia de Sousa, and 2 anonymous guerrilla poems from Guinea-Bissau.] (A, E, P)

79. *Literatura africana de expressão portuguesa*, v. 1, *Poesia*. Antologia temática. Pref. author: "A poesia africana de expressão portuguesa: Evolução e tendências actuais."
2d ed.: Algiers, 1967. xxxi, 326 p.;
facsimile ed.:
Nendeln(Liechtenstein), Ed. Kraus-Thomson, 1970.
[Poems by J. Barbosa, Manuel Lopes, P. Corsino Azevedo, O. Alcântara, António Nunes, Aguinaldo Fonseca, Ovídio Martins, G. Mariano, Onésimo Silveira, Mário da Fonseca, Costa Alegre, Rui de Noronha, Viriato da Cruz, J. Craveirinha, M. António, F. Costa Andrade, G. Bessa Victor, A.

Jacinto, A. de Almeida Santos, Noémia de Sousa, Henrique Guerra, Agostinho Neto, Kalungano, T. Medeiros, F. J. Tenreiro, Luandino Vieira, Alda (do) Espírito Santo, Arnaldo Santos, Manuel Lima, A. Dáskalos and F. Ganhão.] (A, E, P)

80. *Literatura africana de expressão portuguesa*, v. 2, *Prosa*. Páginas escolhidas. Pref. author: "Correntes da prosa africana de expressão portuguesa."
Algiers, 1968. xvi, 301 p.;
facsimile ed.:
Nendeln(Liechtenstein), Ed. Kraus-Thomson, 1970.
[Pages from the works of A. J. do Nascimento, F. J. Tenreiro, Baltasar Lopes, A. A. Gonçalves, Manuel Lopes, G. Mariano, Pedro Duarte, L. Romano, Onésimo Silveira, A. de Assis Júnior, Ó. Ribas, Castro Soromenho, Luandino Vieira, Arnaldo Santos, Costa Andrade, M. Santos Lima, João Dias, and L. B. Honwana.] (A, E, ST)
- Italian ed.: *Letteratura nera*, v. 2: *La prosa*. Pref. Léonard Sainville.
Rome, Ed. Reuniti, 1971. (A, E, ST)

ANDRADE Mário Coelho Pinto de
TENREIRO Francisco José Vasques
81. *Poesia negra de expressão portuguesa*.
Pref. Mário de Andrade. Final note Francisco Tenreiro.
Lis., pr.pr., 1953. 18 p. Il. vignette by António Rodrigues;
2d ed.: Pref. Manuel Ferreira. Coll. Para a História das Literaturas Africanas de Expressão Portuguesa, 2.
Linda-a-Velha(Portugal), Ed. África, 1982. 89 p.
[Poems by Alda (do) Espírito Santo, Agostinho Neto, A. Jacinto, F. J. Tenreiro, Noémia de Sousa, Viriato da Cruz, and a poem by the Cuban Nicolás Guillén.] (A, E, P)

ANON.
82. "Auferstanden vom schmerzendsten Schmerz: Stimmen aus Afrika [i.e. Ressurrected from the most painful pain]" German trans. in NDL: Neue Deutsche Literatur, n. 8. East Berlin, August 1980. Il.
[Poems in German prose trans. by Agostinho Neto, A. Cardoso, Maria do Carmo, A. Barbeitos, M. dos Santos Lima, Aguinaldo Fonseca, Ovídio Martins, G. Mariano, K. Dambará, F. J. Tenreiro, C. Espírito

Santo, Sérgio Vieira, Mutimati B. João. Prose by Agostinho Neto, Luandino Vieira, L. B. Honwana.] (A, P, ST)

ANON.
83. *Catálogo bibliográfico da Agência=Geral das Colónias*.
Lis., Ed. Agência-Geral das Colónias, 1943. 305 p. ["Letras e Artes".., p. 148-162.] (B)

ANON.
84. *Catálogo das publicações*.
Lis., Ed. Agência-Geral do Ultramar, 1965. 224 p. (B)

ANON.
85. *Contos africanos*.
S. Paulo, Ed. de Ouro, 1966.
[Incl. F. Castro Soromenho, "A voz da estepe."]
(ST)

ANON.
86. *Literatura africana de expressão portuguesa*. Textos literários. 7.a classe.
(Lu.), Ministério da Educação e Cultura, 1976. 305p. + 3 p. not num.(index) + 2 p. not num. (err.) Il. José Rodrigues.
[For use in Angolan secondary schools. Incl. some oral literature, some political prose by Amílcar Cabral, Samora Machel and Agostinho Neto, and many literary texts by Angolans - J. Abel, Costa Andrade, A. Cardoso,, B. Cardoso, Rui D. de Carvalho, Sá Cortez, T. Vieira da Cruz, Viriato da Cruz, A. Dáskalos, H. Guerra, M. Guerra, A. Jacinto, Tomaz Jorge, J. Macedo, Agostinho Neto, Pepetela, J. Rocha, A. de Almeida Santos, Arnaldo Santos, Castro Soromenho, A. Van-Dúnem, A. Botelho de Vasconcelos, Luandino Vieira, J.-M. Vilanova; by Cape Verdeans - J. Barbosa, K. Dambará, A. A. Gonçalves, Baltasar Lopes, G. Mariano, Ovídio Martins, O. Osório, L. Romano, O. Silveira, "Ulika"; by Mozambicans - J. Craveirinha, D. Galvão, F. Ganhão, L. B. Honwana, Maguni, Marcelino dos Santos, Noémia de Sousa; by Santomensians - Costa Alegre, Alda (do) Espírito Santo, T. Medeiros; and by the Portuguese Manuel Ferreira.](A, P, ST)

ANON.
87. *Memoria acerca das imprensas do governo, obras subsidiadas pelo Estado, bibliotecas, ar-*

chivos, boletins das provincias ultramarinas, periodicos e livros no ultramar.
Lis., pr.pr., 1880. (B)

ANON.
88. *Melville J. Herskovitz Library of African Studies, Evanston, Illinois.*
Boston(USA), G. K. Hall & Co., 1972. 8 v.
[Card catalogue of a coll. also known as Africana Collection of Northwestern University, incl. some 200 works in Portuguese at that time.] (B)

ANON.
89. *Pequena antologia poética do mar e do império.*
Lis., pr.pr., 1937. 39 p.
[Attributed to João de Castro Osório. Poems recited during a soirée of the graduating class of the Escola Superior Colonial, Lis.] (A, P)

ANON.
90. *Sarau de poesia ultramarina.*
Lis., Ed. Centro Universitário de Lisboa, 1958.
[Booklet with poems by M. António, J. Barbosa, Manuel Lopes, Orlando Mendes, Anunciação Prudente and Cartaxo e Trindade.] (A, P)

ANON.
91. *Textos africanos de expressão portuguesa,* [v. 2].
Lu., Ministério da Educação, & (Lis.), Plátano Ed., n/d.(c. 1977). 199 p. + 4 p. not num.(index). Il. José Rodrigues.
[For use in the 8th and 9th grades of Angolan secondary schools. Beside some political texts, it contains literary texts by Angolans - J. Abel, A. de Assis Júnior, A. Cardoso, Viriato da Cruz, H. Guerra, M. Guerra, A. Jacinto, Tomaz Jorge, Alda Lara, Agostinho Neto, Pepetela, Ó. Ribas, A. de Almeida Santos, Arnaldo Santos, Castro Soromenho, Samuel de Sousa, N. Spencer, T. Spiele, A. Troni, Luandino Vieira, J.-M. Vilanova;
by Cape Verdeans - P.Corsino Azevedo, A. B. Fonseca, Baltasar Lopes, G. Mariano, Ovídio Martins, O. Osório, O. Silveira;
by Mozambicans - Fonseca Amaral, Comodoro, J. Grabato Dias, J. Craveirinha, Djakama, F. Ganhão, L. B. Honwana, Gouveia Lemos,, Mahasule, Dési Mora, R. de Noronha, Marcelino dos Santos, D. Sávio, Noémia de Sousa;
and by Santomensians - Alda (do) Espírito Santo, T. Medeiros and F. J. Tenreiro.] (A, P, ST)

ARANHA   Brito
92. *Subsídios para a história do jornalismo nas províncias ultramarinas portuguesas.*
Lis., Ed. Sociedade de Geografia, 1885. 27 p. (E)

ARCHER Eyrolles Baltazar Moreira   Maria
93. *Herança lusíada.* Pref. Gilberto Freyre.
Lis., Ed. Costa, n/d. 335 p.
[Deals with all of the Portuguese colonies of a recent past.] (SK)

BARRETO   Costa
94. *Estrada larga.* Antologia dos números especiais do suplemento "Cultura e Arte" de O Comércio do Porto, v. 3, p. 448-517.
Porto, Porto Ed., (1962). 769, (38) p. Il.
[Incl. essays by Manuel Ferreira, F. J. Tenreiro, A. Margarido, José Régio; Poems by O. Alcântara, Costa Alegre, M. António, P. C. Azevedo, J. Barbosa, Viriato da Cruz, Alda (do) Espírito Santo, R. Ferreira, A. Fonseca, A. Jacinto, R. Knopfli, G. Mariano, Ovídio Martins, R. Nogar, Arnaldo Santos, Noémia de Sousa.] (A, E, P)

BEIRANTE   Cândido
95. *A problemática africana na geração de 70.*
Sá da Bandeira, pr.pr., 1974. 24 p. (E)

BENDER   Gerald J.
96. *Portugal in Africa. A bibliography of the Univ. of California at Los Angeles collection.* Coll. Occasional Papers, 12.
Los Angeles, Ed. African Studies Center UCLA, 1972. xxiii, 315 p.
[Literary items listed on p. 179-190.] (B)

BERRIAN   Brenda F.
97. *Bibliography of African women writers and journalists (Ancient Egypt - 1984).*
Washington, D.C., Ed. Three Continents Press, 1985. xii, 279 p.
[Incl. 10 Angolan women writers, 3 Cape Verdeans, 2 Guineans, 11 Mozambicans and 2 from S. Tomé and Príncipe.] (B)

BRAMBILLA   Cristina
98. *Poesia africana.* Coll. Quaderni Nigrizia, 3.
Bologna(Italy), Ed. Nigrizia, 1964. 75 p.
[With quotations from poems by M. António, Viriato da Cruz and Agostinho Neto in Italian trans.] (E, P)

BRAND˜AO Fiama Hasse Pais
GONÇALVES Egito
99. *Poesia 71.*
Porto, Ed. Inova, 1972. 252 p.
[Incl. the Cape Verdean O. Osório and the Mozambicans Fonseca Amaral, Lourenço de Carvalho, J. Craveirinha, J. P. Grabato Dias and R. Knopfli.] (P)

BR´ASIO António Duarte
100. *Política do espírito no ultramar português.*
Coimbra, 1949. 46 p. Off. Portugal em África, n. 31, 32, 34. II. title pages of grammars and catechisms in non-European languages. (E)

BURNESS Don (or Donald)
101. *A horse of white clouds: Poems from lusophone Africa.* Trans. into English. Pref. Chinua Achebe. Coll. Monographs in International Studies, Africa Series, 55.
Athens, Ohio(USA), Ohio Univ. Center for International Studies, 1989. xix, 193 p.
[Bilingual anthology of poems by Costa Alegre, F. J. Tenreiro, Marcelo Veiga, J. Cordeiro da Matta, G. Bessa Victor, M. António, Agostinho Neto, A. Jacinto, Alda Lara, A. Abreu, Costa Andrade, E. Lara Filho, J. Rocha, D. Mestre, A. Barbeitos, C. Pimentel, João Pedro, Carlos Ferreira, J. Barbosa, Manuel Lopes, O. Alcântara, Y. Morazzo, G. Mariano, Ovídio Martins, O. Silveira, Corsino Fortes, Arménio Vieira, J. Rodrigues, Luís Silva, Ana Júlia, Amílcar Cabral, C. d'Almada, Noémia de Sousa, Kalungano, J. Craveirinha, R. Knopfli, R. Nogar, Glória de Sant'Anna, Mutimati B. João, J. Rebelo.] (A, P)

102. *Critical perspectives on lusophone literature from Africa.*
Washington, D.C., Ed. Three Continents Press, 1981. 310 p. II.
[I. Essays in English by R.A. Preto-Rodas, G. Moser, D. Burness, Tomás Jacinto (i.e. R. Rassner), R. G. Hamilton, N. Araujo, and a collective essay, "The use of oral traditions in literature of Portuguese expression", by U. Xitu, R. Duarte de Carvalho and H. Guerra.
II. Essays in Portuguese by M. Ferreira, M. A. Fernandes de Oliveira, J. Martins Garcia and O. Silveira.
III. Essays in Portuguese about 6 literary reviews: Mensagem, Cultura, Convivium, Vector, Claridade and Certeza.
IV. A selective bibliography of literary criticism, by Manuel Ferreira.] (A, E, B)

103. *Fire: Six writers from Angola, Mozambique, and Cape Verde.* Pref. author. Postface M. Ferreira.
Washington, D.C., Ed. Three Continents Press, 1977. xviii, 148 p. II. author's portrait.
[Essays on Luandino Vieira, Agostinho Neto, G. Bessa Victor, Mário António, Baltasar Lopes and Luís Bernardo Honwana Each essay incl. Burness' trans. of poems or prose passages.] (E, P, ST)

104. "Literary opposition in Angola, Cape Verde, Guinea-Bissau and São Tomé e Príncipe during Portuguese colonial time." In Ulla Schild, *Jaw bones and umbilical cords.* Berlin, 1985, p. 89-96. (E)

105. "Lusophone Africa". In H. Zell, C. Bundy & V. Coulon, *A new reader's guide to African literature.* London, Ed. Heinemann, 1983, p. 298-304.
[An annotated list of 49 works and their translations, descriptions of anthologies and worksof literary criticism, as well as biographies of J. Craveirinha, L. B. Honwana, Baltasar Lopes, Agostinho Neto, Óscar Ribas, Castro Soromenho, F. J. Tenreiro and Luandino Vieira.] (B, E)

CABRAL Amílcar
106. *National liberation and culture.* English trans. Maureen Webster, from the French. Coll. Occasional Papers, 57
Syracuse, New York(USA), Ed. Maxwell Graduate School of Citizenship and Public Affairs (Syracuse Univ.), 1970. (2), 15 p. Dupl.
[Address delivered in Syracuse on February 20, 1970, in memory of Eduardo Mondlane.]
- French, rev. ed.: *Sur le rôle de la culture dans la lutte pour l'indépendance.*
Paris, Ed. UNESCO, 1972. 21 p. Dupl.
[Reprinted in 15 different languages, among them Portuguese, from Le Courier de l'UNESCO, V. 26, N. 11. Paris, November 1973, p. 12-16, 20. The Portuguese version also in Seara Nova, n. 1544. Lis., June 1974.] (E)

CASIMIRO dos Santos Augusto
107. *A expansão ultramarina e a literatura portuguesa.*
Lis., Ed. Agência-Geral do Ultramar, 1943. Off. (E)

C´ESAR Pires Monteiro Amândio

108. *Algumas vozes poéticas de África.*
Lis., 1962. 37 p. Off. Ultramar, n. 9, p. 83-115.
[Deals with T. Vieira da Cruz, António de Navarro, F.
J. Tenreiro, G. Bessa Victor, Jorge Barbosa . (E)

109. *Antologia do conto ultramarino.* Coll. Biblioteca Básica Verbo, 85.
Lis., Ed. Verbo, 1972. 284 p.
[Incl. Cape Verdeans A. A. Gonçalves, B. Lopes;
Guinean Fausto Duarte (and João Augusto Silva);
Santomensians Fernando Reis and Viana de Almeida; Angolans Amaro Monteiro, Arnaldo Santos, Castro Soromenho, Cochat Osório, M. António, Orlando de Albuquerque, Ó. Ribas, Reis Ventura; Mozambicans Campos Monteiro Filho, Guilherme de Melo, João Dias, L. B. Honwana, Nuno
Bermudes, Orlando Mendes, Rodrigues Júnior;
as well as writers from Goa, Macau and East Timor.]
(A, ST)

110. *Breve introdução a uma temática africana
na moderna literatura portuguesa.* Off. Ultramar,
n. 10. Lis., 1970. 11 p. [A Spanish trans., "Breve
introducción a una nueva temática en la moderna
literatura portuguesa: Escritores de África" in La
Estafeta Literaria, n. 444/445. Madrid, June 1,
1970, p. 21-24.] (E)

111. *Contos portugueses do ultramar.* Antologia. Coll. Ultramar, 2. 2 v.
v. 1: *Cabo Verde, Guiné, S. Tomé e Príncipe.*
Porto, Portucalense Ed., 1969. 381 p. II. Mário de
Oliveira.
[Incl. for Cabo Verde, A. A. Gonçalves, Baltasar Lo-
pes, G. Mariano, J. Barbosa, Jorge de Sena, Manu-
el Ferreira, Manuel Lopes, Ovídio Martins, Teixeira
de Sousa, Teobaldo Virgínio; for Guinea, Alexan-
dre Barbosa, Álvaro Guerra, Armor Pires
Mota, Artur Augusto Silva, Fausto Duarte,João
Augusto Silva, Julião Quintina, Manuel Barão da
Cunha, Manuel Belchior, Ó. Ribas; for S. Tomé,
Fernando Reis, Luís Cajão, Ruy Cinatti, Sum Marky,
Viana de Almeida.]

v. 2: *Angola.*
Porto, Portucalense Ed., 1969. 12 not num. p. + p.
385-810 + (1) p.(index). II. Mário de Oliveira.
[Incl. Alda Lara, António de Aguiar, A. G. Videira,
Amadeu Ferreira, Arnaldo Santos, Carlos Alves,
Castro Soromenho, E. Teófilo, Ferreira da Costa,
Garibaldino de Andrade, G. Bessa Victor, Guilhermi-
na de Azeredo, Henrique Galvão, Hipólito Raposo,

João de Lemos, J. Teixeira de Vasconcelos, J. A.
França, Lília da Fonseca, M. Köpke, Manuel de Re-
sende, Maria Archer, Maria Joana Couto, Maria P.
Candeias da Silva, M. António, Mário Milheiros, Nor-
berto Gonzaga, Óscar Ribas, Reis Ventura, Tomás
Jorge.] (A, ST)

112. *Literatura ultramarina. Os prosadores.* Pref.
author.
Lis., Ed. Sociedade de Geografia , 1972. 197 p.
[Incl. Baltasar Lopes, Manuel Lopes, G. Mariano,
Nuno de Miranda, Teobaldo Virgínio, A. A. Gonçal-
ves,Teixeira de Sousa, Luís Romano; Fernanda
de Castro, João Augusto Silva, Fausto Duarte;
Viana de Almeida, Fernando Reis, Luís Cajão, Pe--
dro Machado; Hipólito Raposo, Henrique Galvão,
J. Teixeira de Vasconcelos, Maria Archer, A. de As-
sis Júnior, Castro Soromenho, Óscar Ribas, Lília da
Fonseca, Norberto Gonzaga, Ferreira da Costa, M.
António, G. Bessa Victor, Amaro Monteiro, Reis
Ventura; Diocleciano F. das Neves, Carlos de Sou-
sa, Brito Camacho, Amália de Proença Norte, Maria
Amélia Rodrigues, Campos Monteiro Filho, F. G. de
de Almeida d'Eça, João Dias, Daniel Severino,
Ascêncio de Freitas, Vieira Simões, Nuno Bermu-
des, Orlando Mendes, Guilherme de Melo, Rodri-
gues Júnior, beside writers born or residing in Goa,
Macau and East Timor.] (A, ST)

113. *Novos parágrafos de literatura ultramarina.*
Pref. author: "Breve introdução a uma temática
africana na moderna literatura portuguesa."
Lis., Ed. Sociedade de Expansão Cultural, 1971.
529, (11),(1, err.) p.
[Extensive book reviews.] (E)

114. *Parágrafos de literatura ultramarina.*
Lis., Ed. Sociedade de Expansão Cultural, 1967.
346 p.
[Extensive book reviews.] (E)

C´ESAR Amândio
OLIVEIRA Mário António Fernandes de
115. *Elementos para uma bibliografia da literatura e cultura portuguesa ultramarina contemporânea.* Poesia, prosa, ficção, memorialismo, ensaio.
Lis., Ed. Agência-Geral do Ultramar, 1968. 177 p.
(B)

CHAMBERLAIN Bobby J.
116. *Portuguese language and Luso-Brazilian
literature: An annotated guide to selected refe-*

rence works.
New York, Ed. Modern Language Association, 1989. x, 95 p.
[Lists reference works for all countries where Por= tuguese is the official language.]   (B)

CHILCOTE   Ronald H.

117. *Emerging nationalism in Portuguese Afri- ca.. A bibliography of documentary ephemera through 1965.* Coll. Hoover Institution Bibliogra- phical Series, 39.
Stanford, California(USA), Ed. Stanford Univ.,1969. VII, 114 p.
[Incl. a few literary items.]   (B)

CHIPASULA   Frank Mkalawile
118. *When my brothers come home.* Poems from central and southern Africa. Coll. Wesleyan Poetry. English trans. D. Burness, A. Caskey, Margaret Dickinson, Marga Holness, E. Mondlane, R. Rassner, Philippa Rumsey, Chris Searle and M. Wolfers.
Middletown, Connecticut(USA), Ed. Wesleyan Univ. Press, 1985. xv, 279 p.
[An anthology organized by a poet from Malawi, living in exile in the USA. Incl. poems by Costa An- drade,A. Barbeitos, E. Corgo, Agostinho Neto, A. de Almeida Santos, Luandino Vieira; J. Craveiri- nha, Gouveia Lemos, Noémia de Sousa, Mar- celino dos Santos, A. Guebuza, Josina Machel, Samora M. Machel, J. Rebelo, and 3 anonymous poems by FRELIMO militants.]   (A, P)

CIDADE   António Hernâni
119. *A expansão ultramarina e a literatura por- tuguesa.*
Lis., Ed. Agência-Geral das Colónias, 1943. 42 p.
[Lectures given at the Escola Superior Colonial , Lis., 1942/43.]   (E)

120. "A influência dos descobrimentos na lite- ratura." In António Baião & Eduardo Simões, *His- tória da expansão portuguesa no mundo,* v. 3. Lis., 1946, p. 477f.   (E)

121. *A literatura portuguesa e a expansão ul- tramarina . As ideias. Os sentimentos. As for- mas de arte,* v. 1: *Séculos XV e XVI.* Preface author.
Lis., Ed. Agência-Geral das Colónias, 1943. 292 p.;

2d, rev. & enl. ed.:
Coimbra, Arménio Amado Sucessor Ed., 1963. 369 p.
v. 2: *Séculos XVII e XVIII.*
Coimbra, Arménio Amado Sucessor Ed., 1964. 431 p.   (E)

COCHOFEL   João José
122. *Grande dicionário da literatura portuguesa e de teoria literária,* v. 1 (A - Bobo). Pref.editor. Lis., Ed. Iniciativas Editoriais, 1977. 772, xxiii, (1) p.
[Incl. general articles on Africa by G. Moser and on Angola by M. Ferreira, beside articles on individual authors. Because of Cochofel's death no further v. was published.]   (E)

COLLEMACINE   Joan E.
123. *A study of African literary expression in the Portuguese language: Poetry and liberation.* Philadelphia, Ed. Temple Univ., 1978. Dupl.
[Ph. D. dissertation.]   (E)

CORRˆEA   Alamir
124. "Igualitarismo no teatro africano em portu- guês." In *Literature and contemporary revolutio- nary culture,* v. 1. Minneapolis, Minnesota(USA), 1984, P. 361-375.   (E)

COSMAN   Carol
KEEFE   Joan
WEAVER   KATHLEEN
125. *The Penguin book of women poets.* Harmondsworth(England), Ed. Penguin Books, 1978. 399 p.
[Incl. English trans. by Allan Francovich and Kath- leen Weaver of single poems by Noémia de Sousa, Glória de Sant'Anna and Alda (do) Espírito Santo.]   (A, P)

DACOSTA   Luísa
126.*De mãos dadas, estrada fora...,* v. 3.
Porto, Liv. Figueirinhas, 1981. II. Jorge Pinheiro.
[Commented texts of 16 authors, among them Ma- nuel Lopes, Noémia de Sousa, Reinaldo Ferreira and Luandino Vieira represent Africa.]   (E)

DATHORNE   O. R.
127. *The black mind: A history of African lite- rature.*
Minneapolis, Ed. Univ. of Minnesota Press, 1974. x, 527 p.
[Chap. 13: "African literature in Portuguese," p.

339-355.]   (E)

DATHORNE   O. R.
FEUSER   Wilfried
128. *Africa in prose.* Coll. Penguin African Library,
AP 24.
Baltimore, Ed. Penguin Books, 1969. 384 p.[Incl.
excerpts from Castro Soromenho's and L. B. Honwana's works.]   (A, ST)

DICKINSON   Margaret
129. *When bullets begin to flower.* Poems of
resistance from Angola, Mozambique and Guiné.
English trans.
Nairobi(Kenya), Ed. East African Publishing
House,1972. 131p.
[Incl. poems by Costa Andrade, J. Craveirinha, Viri-
ato da Cruz, K. Dambará, A. Guebuza, A. Jacinto,
Gouvêa Lemos, Mindelense, Agostinho Neto, Rui
de Noronha, J. Rebelo, Sampadjudo, Arnaldo
Santos, Marcelino dos Santos, Onésimo Silveira,
Noémia de Sousa.]   (A, P)

DIJK   Bertus
130. *Overzicht van de literatuur van Angola,
Mozambique, São Tomé en Príncipe en de Kaap
Verdische Eilanden* [I.e. Survey of the literature of
Angola, Mozambique, S. Tomé and Príncipe and
the Cap Verde Islands.]
(Amsterdam(Holland), c. 1974. 24 p. Dupl.   (E)

EMÍLIO   Rodrigo
131. *Vestiram-se os poetas de soldado.* Canto
da pátria em guerra. Pref. & postface author. Coll.
Cidadela.
N/p., pr.pr., (1973). 55p.
[Poems by Portuguese who fought in Africa on the
Portuguese side of the colonial wars: Almeida Ma-
tos, António Salvado, Armor Pires Mota, César
Teixeira, João Conde Veiga, Jorge Silveira Macha-
do, José Valle de Figueiredo, Luís Sá da Cunha,
Rodrigo Emílio.]   (A, P)

FERREIRA   Manuel
132. *A literatura africana de expressão portuguesa. Uma literatura ignorada.* Off. La Revista
de la Universidad Complutense, v. 25, n. 103. Madrid, May-June 1976, p. 231-254; an English trans.
by W. Feuser, "An unknown literature: African
writing in Portuguese," in West African Journal of
Modern Languages, v. 1, n. 2. Ibadan(Nigeria),
September 1976, p. 145-160.   (E)

133. *50* [Cinquenta] *poetas africanos.* Pref.
author.
Lis., Plátano Ed., 1989. 487 p. II.
[Poems by writers born between 1850 and 1956:
Angolans Lourenço do Carmo Ferreira, José Edu-
ardo Rosa, Agostinho Neto, A. Jacinto, Viriato da
Cruz, A. Cardoso, M. António, Costa Andrade, Ar-
naldo Santos, J. Abel, A. Barbeitos, Manuel Rui, J.
Rocha, R. Duarte de Carvalho, D. Mestre; Cape
Verdeans Eugénio Tavares, José Lopes, Pedro
Cardoso, J. Barbosa, O. Alcântara, Manuel Lopes,
António Nunes, Aguinaldo Fonseca, T. Virgínio, G.
Mariano, Ovídio Martins, C. Fortes, O. Silveira, João
Vário, O. Osório, Arménio Vieira; Guineans Vasco
Cabral, Hélder Proença; Mozambicans Rui de No-
ronha, O. Mendes, J. Craveirinha, Reinaldo Ferrei-
ra, Noémia de Sousa, Fonseca Amaral, Marcelino
dos Santos, R. Knopfli, R. Nogar, S. Alba, Sérgio
Vieira, J. Viegas, L. C. Patraquim; Santomensians
Costa Alegre, M. da Veiga, F. J. Tenreiro, Alda (do)
Espírito Santo.]   (A, P)

134. *Literaturas africanas de expressão portuguesa.* Coll. Biblioteca Breve, Série Literatura, 6 &
7. 2 v.
Lis., Ed. Instituto de Cultura Portuguesa, 1977.
142 + 152 p.
[v. 1: Introdução geral, Cabo Verde, S. Tomé e
Príncipe, Guiné-Bissau.
v. 2: Intróito, Angola, Moçambique, Comentário fi-
nal];
2d ed:
Ibidem, 1986. Identical with 1st ed.
- Brazilian ed.:
S. Paulo, Ed. Ática, 1987. 220 p.   (E)

135. *Literaturas africanas de língua portuguesa.*
Compilação de comunicações apresentadas durante o Colóquio sobre Literaturas dos Países Africanos de Língua Portuguesa na sala polivalente do
Centro de Arte Moderna em julho de 1985.
Lis., Ed. Fundação Calouste Gulbenkian, 1987.
237 p. II.
[Incl. Pires Laranjeira,"Formação e desenvolvimento das literaturas africanas de língua portugue--
-sa"; Maria Cristina Pacheco, "As estratégias da
repetição nos contos de Gabriel Mariano"; Ana
Mafalda Leite, "A discursividade épica em
Mayombe de Pepetela"; Maria Luísa Lepecki, "Luís Bernardo Honwana: O menino mais um cão";
Maria de Lourdes Cortez, "Grabato Dias: O diálogo

das escritas"; Eugénio Lisboa, "A doença infantil do pessimismo"; Urbano Tavares Rodrigues, "*Mayombe* e a condição humana"; Manuel Ferreira, "O texto brasileiro na literatura cabo-verdiana"; Inocência dos Santos Mata, "O espaço social e o intertexto imaginário em *Nós matámos o cão-tinhoso*"; Fernando J. B. Martinho, "A América na poesia de Rui Knopfli"; Salvato Trigo, "Literatura colonial/ literaturas africanas"; Carlos I. Medeiros, "A história entre um povo herero do sudoeste de Angola"; Manuel Viegas Guerreiro, "Literatura oral maconde e sociedade"; Lourenço Rosário, "A oralidade em cartas dirigidas à Voz Africana de Moçambique"; Carlos Espírito Santo, "Performances referenciais no conto 'Ndoli' "; Alexandre Pinheiro Torres, "*Yaka* ou o calcanhar de Aquiles?"; Maria de Santa Cruz, "Luandino e a *maka* de Babel"; Alberto Carvalho, "Emigração e orfandade em *Chiquinho* de Baltasar Lopes".]   (E)

136. *No reino de Caliban*. Antologia panorâmica da poesia africana de expressão portuguesa. Pref. author: "Uma aventura desconhecida." 3 v.
V. 1: *Cabo Verde e Guiné-Bissau*.
Lis., Ed. Seara Nova, 1975. 337 p. II. Henrique Ruivo and portraits and covers of periodicals.
[Incl. (phony) poems by a Guinean, António Baticã Ferreira , and poems by 38 Cape Verdeans:
a) in Portuguese, O. Alcântara, J. M. Alfama, T. Anahory, P. C. Azevedo, J. Barbosa, António Mendes Cardoso, D. Filipe, Aguinaldo Fonseca, Mário Fonseca, C. Fortes, A. França, Armando Lima Júnior, Manuel Lopes, Dante Mariano, G. Mariano, Ovídio Martins, Tomás Martins, N. de Miranda, Yolanda Morazzo, António Nunes, O. Osório, António Pedro, Jorge Pedro, Virgílio Pires, G. Rocheteau, L. Romano, Onésimo Silveira, Sukrato, Tacalhe, João Vário, Rolando Vera-Cruz, Arménio Vieira, T. Virgínio.
b) in Creole, Jorge Pedro Barbosa, Pedro Cardoso, C. Fortes, S. Frusoni, G. Mariano, Ovídio Martins, Virgílio Pires, L. Romano, Eugénio Tavares, Armé--nio Vieira, Artur Vieira.]
3d ed., facsimile:
Lis., Plátano Ed., 1988. 334 p.
[Omitting Nuno de Miranda's poems.]   (A, E, P)

V. 2: *Angola e SãoTomé e Príncipe*.
Lis., Ed. Seara Nova, 1976. 489, (12) p. II. Henrique Ruivo and portraits and covers of periodicals.
[Incl. poems of 53 Angolans: J. Abel, A. Abreu, F. Alvarenga, Costa Andrade, Mário de Andrade, M.

António, J. Huet Bacelar, A. Barbeitos, Caobelo, A. Cardoso, R. Duarte de Carvalho, T. Vieira da Cruz, Viriato da Cruz, A. Dáskalos, Francisco Delgado, A. M. Lopes Dias, J. da S. Maia Ferreira, Lília da Fonseca, J. Cândido Furtado, Maurício Gomes, Carlos Gouveia, H. Guerra, A. Jacinto, A. Bellini Jara, Alda Lara, E. Lara Filho, Manuel Lima, Maria Eugénia Lima, J. Macedo, E. Marecos, J. Cordeiro da Matta, D. Mestre, Agostinho Neto, António Neto, E. Neves, Cochat Osório, J. Rocha, António Jacinto Rodrigues, Manuel Rui, A. de AlmeidaSantos, Arnaldo Santos, Monteiro dos Santos, R. Burity da Silva, Samuel de Sousa, H. da Sylvan, Amélia Veiga, C. da Velha, G. Bessa Victor, J. Luandino Vieira, J.-M. Vilanova, Ermelinda P. Xavier. And 7 poets from S. Tomé and Príncipe: Costa Alegre, Alda (do) Espírito Santo, Maria Manuela Margarido, T. Medeiros, F. Stockler, F. J. Tenreiro, M. da Veiga];
2d ed., facsimile:
Lis., Plátano Ed., 1988. 506 p.   (A, E, P)

V. 3: *Moçambique*.
Lis., Plátano Ed., (1985). 530p.
[Incl. poems of 37 Mozambicans: S. Alba, O. de Albuquerque, Fonseca Amaral, H. Baptista, N. Bermudes, F. Couto, J. Craveirinha, Grabato Dias, V. Evaristo, R. Ferreira, F. Ganhão, A. Guebuza, R. Guerra, Mutimati B. João, R. Knopfli, A. Lacerda, V. de Lemos, E. Lisboa, Maria M. de Sousa Leão, A. Magaia, O. Mendes, F. de Sousa Neves, R. Nogar, R. de Noronha, Campos Oliveira, L. C. Patraquim, E. Pitta, J. Rebelo, C. Monteiro dos Santos, Marcelino dos Santos, G. Soares, A. C. de Sousa, Noémia de Sousa, Leite de Vasconcelos, J. Viegas, S. Vieira.]   (A, E, P)

137. *O discurso no percurso africano*, v. 1. Contribuição para uma estética africana. Temas gerais - crítica, história, cultura.
Lis., Plátano Ed., 1989. 383 p.
[Collected papers by Manuel Ferreira.]   (E)

138. *Que futuro para a língua portuguesa em África?* Coll. A Preto e Branco, 1.
Linda-a-Velha(Portugal), Ed. ALAC (África, Limitada), 1988. 82 p.
["A socio-cultural perspective."]   (E)

FERREIRA Manuel
MIRANDA Nuno de
139. Estudos Ultramarinos, n. 3.
Lis., Ed. Instituto Superior de Estudos Ultramari-

nos, 1959. 232 p.
[Special issue of this review, on African literature and culture.
Essays: M. Ferreira, "Consciência literária caboverdiana. Quatro gerações: Claridade, Certeza, Suplemento Literário- Boletim do Liceu de Gil Eanes"; G. Mariano,"Inquietação e serenidade na poesia de Cabo Verde"; N. de Miranda, "Integração ecuménica em Cabo Verde"; Maria Manuela Margarido, "De Costa Alegre a Francisco José Tenreiro"; João Tendeiro, "Aspectos marginais da literatura na Guiné Portuguesa"; A.Margarido, "Castro Soromenho, romancista angolano"; E. Vieira Simões, "Panorâmica da literatura em Moçambique, 1- Poesia"; Taborda de Vasconcelos, "Três prosadores ultramarinos: Alexandre Cabral, Rodrigues Júnior, Castro Soromenho"; Luís Forjaz Trigueiros, "Seis livros de poetas do ultramar: G. Bessa Victor,A. Fonseca, R. Soares, R. Knopfli, A. Margarido and the Goan Judith Beatriz de Sousa"; A. Margarido, "Ensaístas ultramarinos: Mário de Andrade, M. António, J. Redinha, Augusto Casimiro"; José Pedro Machado, "Ensaístas portugueses: Baltasar Lopes, Manuel Ferreira".
Followed by an anthology, "Amostra de poesia", poems by Agostinho Neto, Aguinaldo Fonseca, Alda Lara, A. França, Ary[i.e. Aires] de Almeida Santos, A. dos Santos Abranches, Costa Alegre, Fonseca Amaral, F. J. Tenreiro, G. Mariano, G. Bessa Victor, Gualter Soares, J. Abel, J. Barbosa, J. de Almeida Santos Júnior, Kalungano, Manuel Lopes, Maria Joana Couto, M. António, Noémia de Sousa, O. Mendes, O. Alcântara, Rui de Noronha, T. Medeiros, T. Vieira da Cruz, V. de Matos e Sá, Viriato da Cruz.] (A, E. P)

FERREIRA Manuel
MOSER Gerald
140. *Bibliografia das literaturas africanas de expressão portuguesa.*
Lis., Ed. Imprensa Nacional/ Casa da Moeda, 1983. 407 p. Il.
[Incl. sections of folk literature, creative writing by individual authors, the history and criticism of literature, literary periodicals, an appendix of biographical notes, and historical introductions and chronologies for each of the 5 countries.] (B, E)

FERREIRA Serafim
141. *Resistência africana.* Antologia poética.
Pref. author: "A poesia como arma política." Coll.

Universidade do Povo, 2.
Lis., Diabril Ed., 1975. 134 p.
[Poems by Costa Andrade, M. António, A. Cardoso, Artur Costa, J. Craveirinha, Viriato da Cruz, A. Dáskalos, R. Ferreira, Daniel Filipe, Mário Fonseca, M. Almeida Gomes, A. Jacinto, Tomás Jorge, Kalungano, R. Knopfli, Alda Lara, Manuel Lima, Manuel Lopes, G. Mariano, T. Medeiros, R. Nogar, Agostinho Neto, A. de Almeida Santos, Arnaldo Santos, A. Vieira e Silva, O. Silveira , Noémia de Sousa, G. Bessa Victor, Luandino Vieira, T. Virgínio.] (A, P)

FEUSER Willfried
142. *Aspectos da literatura do mundo negro.* Coll. Estudos, 8.
Salvador(Brazil), Ed.Centro de Estudos Afro-Orientais, 1969. 148, 1 p. (E)

FISCHER Monika
PETERSEN Hans
143. *Feuer und Rhythmus.* Gedichte aus Afrika.
[i.e. Fire and rhythm. Poems from Africa.]
2d, corr. ed.:
Berlin, 1965. 198 p. Il. (A, P)

FORSTREUTER Burkhard
144. *Erkundungen. 27 afrikanische Erzähler.*
[i.e. Reconnoiterings, 27 African narrators.]
East Berlin, Ed. Volk und Welt, 1973.
[Incl. LuandinoVieira's "O fato completo de Lucas Matesso", trans. Karl Heinrich from French, and L. B. Honwana's "Papá, cobra e eu," trans. Erika Gröger from English.] (A, ST)

FREIRE Cochofel de Miranda Mendes Maria da Graça
145. *Portugueses e negritude.* Coll. Unidade, Ensaio, 4.
Lis., Ed. Agência-Geral do Ultramar, 1971. 45 p.
[Rev. version of "Os portugueses e a negritude." In "Suplemento literário", Diário de Notícias. Lis., 29 September 1970.] (E)

FREIRE Natércia
146. *Influência do ultramar na poesia.*
Lis., Ed. Junta de Investigações do Ultramar, 1965 (i.e. 1966). Off. *Colóquio sobre a influência do ultramar na arte e literatura portuguesas.* Lis., 1965, p. 121-169.
[Paper read in 1963.] (E)

45

FUCHS Elisa
147. *Die Zeit ist auf unserer Seite. Engagierte afrikanische Literatur* [i.e. We have time on our side. Militant African literature.]
Basel(Switzerland), Ed. Z-Verlag, 1978.
[Incl. poems in German trans. by F. J. Tenreiro, A. Jacinto, António Lopes Rodrigues, Agostinho Neto, Eugénia Neto, J. Rebelo, E. Franco Lucas, Luandino Vieira, anonymous FRELIMO poems, and a story by Luandino Vieira.]   (A, P, ST)

GALV⁻AO Henrique Carlos Malta
148. *O império na literatura portuguesa.*
Lis., 1939.
[A lecture.]   (E)

G´ERARD Albert S.
149. *European-language writing in sub-Saharan Africa.* 2 v.
Budapest, Ed. Akadémisi Kiadó, 1986. 1288 p.
[Incl. essays: Norman Araujo, "Cape Verde, Guinea-Bissau, São Tomé e Príncipe to the 1920s"; Willfried F. Feuser, "French-English-Portuguese: The trilingual approach"; Manuel Ferreira, "Mozambique to the 1950s" ad "Portuguese Africa: The new militancy"; Vladímir Klima, "African literature research in socialist countries: A brief survey"; Gerald Moser, "Early contacts: The Portuguese in Africa" and "Angola to the 1950s"; Helena Riáuzova, "The reception of Luso-African writing in the Soviet Union."]   (E)

150. "Identité nationale et image littéraire en Afrique lusophone." In J. M. Massa, *Les littératures africaines de langue portugaise.* Paris, 1985, p. 487-492.   (E)

GLINGA Werner
151. *Der Unabhängigkeitskampf im afrikanischen Gegenwartsroman französischer Sprache, mit einem Ausblick auf den afrikanischen Gegenwartsroman englischer und portugiesischer Sprache* [i.e. The struggle for independence in the contemporary African francophone novel, with a glance at anglophone and lusophone novels.]
Bonn(Germany), Ed. Grundmann, 1979. 448 p.(E)

GOLOVNEV G.
152. *Sovremennaia afrikanskaia novella.* [i.e. The contemporary African narrative]. Pref. V. Vavilov. Russian trans. E. Goluberva, V. Guterman, H. Riáu-zova. Moscow, Ed. Progress, 1972. 199 p.
[Incl. texts by Lília da Fonseca, Cochat Osório, Arnaldo Santos, Francisco Lopes, G. Mariano, Guilherme de Melo, Nuno Bermudes.]   (A, ST)

GOMES Pinharanda
153. *O corpo da pátria.* Antologia poética sobre a guerra no ultramar, 1961-1971. Pref. author. Coll. Metrópole e Ultramar, 68.
Braga, Ed. Pax, 1971. 166 p.
[Incl. the "rearguard poets" Augusto Cerveira Baptista, Fernanda de Castro, Amândio César, Ruy Cinatti, E. Lara Filho, Mário Mota, Anunciação Prudente, José de Almeida Santos, R. Burity da Silva, Amélia Veiga, Reis Ventura, and the "front poets" Orlando de Albuquerque and Cartaxo e Trindade.]   (A, P)

GUGELBERGER Georg M.
154. *Marxism and African literature.*
Trenton, New Jersey(USA), Ed. African World Press, 1986. xiv, 226 p.
[Incl. R. G. Hamilton, "Class, race and authorship in Angola"; Geoffrey Hunt, "Two African aesthetics: Wole Soyinka versus Amílcar Cabral"; Chris Searle, "The mobilization of words: Poetry and resistance in Mozambique."]   (E)

HAGGSTROM John Charles
155. *Negritude and Afro-Portuguese poetry.*
Minneapolis, Minnesota(USA), Ed. University of Minnesota, 1985. 311 p. Dupl.
[Ph. D. dissertation.]   (E)

HAMILTON Russell G.
156. "Echoes of Pessoa in the poetry of lusophone Africa." In *Actas do 2.o congresso inter-nacional d e estudos pessoanos.* Porto, Ed. Centro de Estudos Pessoanos, 1985, p. 251-261.   (E)

157. "Estratagemas em torno do eu intimista e do nós colectivo." In J. M. Massa, *Les littératures africaines de langue portugaise.* Paris, 1985, p. 493-499.   (E)

158. *Literatura africana, literatura necessária.* 2 v.
V. 1: *Angola.* Coll. Biblioteca de Estudos Africanos, 3.
Lis., Edições 70, (1981). 247 p.
V. 2: *Moçambique, Cabo Verde, Guiné-Bissau,*

São Tomé e Príncipe. Coll. Biblioteca de Estudos Africanos, 9.
Lis., Edições 70, 1984. 300 p.
[Enl. & rev. ed. of *Voices from an empire*. Minneapolis, 1975, trans. into Portuguese by the author. (E)

159. "The case of Afro-Portuguese literature." In Herman F. Bostick & Gail Hutchinson, *Dimensions: Languages '72*. New York, 1973 p. 7-12.   (E)

160. *Voices from an empire. A history of Afro-Portuguese literature*. Coll. Minnesota Monographs in the Humanities, 8.
Minneapolis, Minnesota(USA), Ed. Univ. of Minnesota Press, 1975. xii, 450 p.
[The first work to analyse lusophone African literature as a whole, with emphasis on the social and cultural background.]   (E)

HERDECK   Donald E.
161. *African authors: A companion to black African writing*, v. 1: *1300 - 1973*.
Washington, D.C., Ed. Black Orpheus Press, 1973. xii, 605 p. Il.
[Incl. bibliographical entries for 58 lusophone authors and for several periodicals. Prepared with the collaboration of Abiola Irele, Lilyan Kesteloot and Gideon Mangodela.]   (B)

HUGHES   Langston
162. *Poems from black Africa*. Pref. author. Coll. UNESCO of Contemporary Works.
Bloomington, Indiana(USA), Ed. Indiana Univ. Press, 1963. 158 p. Il.
[Incl. 2 poems by Malangatana Valente in English trans.]   (A, P)

HUGHES   Langston
REYGNAULT   Christiane
163. *Anthologie africaine et malgache*. Pref. L. Hughes, C. Reygnault.
Paris, Ed. Seghers, `1962. 307 p.
[French enl. ed. of Hughes' *An African treasury*. New York, 1960. Incl. poems by Noémia de Sousa and Kalungano in French trans., previously published in the review Europe. Paris, January 1961.]   (A, P)

IMFELD   Al
164. *Verlernen, was mich stumm macht: Lesebuch zur afrikanishen Kultur & Vision und Waffe: Afrikanische Autoren, Themen, Traditionen* [i.e. To unlearn what leaves me speechless: A reader concerning African culture, & Vision and weapon: Authors, themes, traditions.]
Zurich(Switzerland), Ed. Unionsverlag, 1981. 360 p.
[An anthology incl. Angolan and Mozambican texts, followed by a description of characteristic traits of African culture, based on interviews, conversations and three meetings held in West Germany in 1979 and 1980.]   (A, E)

JAHN   Jahnheinz
165. *Die neuafrikanische Literatur*. Gesamtbibliographie von den Anfängen bis zur Gegenwart [i.e. Neo-African literature: A comprehensive bibliography from the beginnings to the present].
Düsseldorf, Ed.Eugen Diederichs Verlag, 1965. xxxv, 359 p.   (B)
- English ed.:
A bibliography of neo-African literature from Africa, America and the Caribbean.
New York & Washington, D.C., Ed. Praeger, & London,Ed. André Deutsch, 1965.   (B)

166. *Geschichte der neoafrikanischen Literatur. Eine Einführung* [i.e. History of Neo-African literature: An introduction].
Düsseldorf & Cologne(Germany), Ed. Eugen Diederichs Verlag, 1966. 285 p. Map.   (E)
-English ed.:
A history of neo-African literature: Writing in two continents. Trans. Oliver Coburn & Ursula Lehrburger.
London, Ed. Faber & Faber, & New York, Ed. Grove Press, 1969. 301 p. Maps;
2d ed.: Ibidem, 1969. Identical.
[Mentions very few lusophone writers.]   (E)
- French ed.:
Manuel de littérature néo-africaine. Trans. Gaston Bailly.
Paris, Ed. Resma, 1969. 293 p.   (E)

167. *Schwarzer Orpheus. Moderne Dichtung afrikanischer Völker beider Hemisphären* [i. e. Black Orpheus: Modern poetry of African peoples in both hemispheres]. Pref. author.
Munich, Ed. Carl Hanser , 1964. 325 p.
[Incl. only 2 lusophone authors, Valente Malangatana and G. Bessa Victor.]   (A, P)

168. *Süsz ist das Leben in Kumansenu und*

47

andere Erzählungen aus Westafrika [i.e. Life is sweet in Kumansenu and other tales from West Africa].
Tübingen(Germany) & Basel(Switzerland), Ed. Horst Erdmann, 1971. 455 p.
[Incl. the Cape Verdeans Pedro Duarte, A. A. Gonçalves, Baltasar Lopes, L. Romano, O. Silveira and an excerpt from Santomensian F. J. Tenreiro's monograph on S. Tomé.] (A, ST)

JAHN Janheinz
DRESSLER Claus Peter
169. *Bibliography of creative African writing.*
Nendeln(Liechtenstein), Ed. Kraus-Thomson, 1971. xl, 446 p. Maps.
[With Jahn's pref. in English, French and German]; 2d ed.: Ibidem, 1973. Identical. (B)

JAHN Janheinz
SCHILD Ulla
NORDMANN Almut
170. *Who's who in African literature: Biographies, works, commentaries.*
Tübingen(Germany), Ed. Horst Erdmann, 1972. 411 p. Il.
[Incl. 40 lusophone authors.] (B, E)

JENNINGS H. D.
171. *Os dois exílios: Fernando Pessoa na África do Sul.*
Porto, Ed. Centro de Estudos Pessoanos, 1984. 210 p. Il. (E)

JESTEL Rüdiger
172. *Der Neger vom Dienst* [i.e. The Negro from the office].
Frankfurt(Germany), Ed. Suhrkamp, 1980. c.250 p.
[Incl. stories by Boaventura Cardoso, J. Macedo, and L. B. Honwana. German trans. Louella von Raumer-Schmidt & Erika Gröger.] (E, ST)

KANDJIMBO Luís
173. *Ensaio sobre um poeta da África eterna.*
Lu.(?), 1988.
[On the poet Tchicaya U Tam'si from Congo-Brazzaville.] (E)

KESTELOOT Lilyan
174. *Anthologie négro-africaine. Panorama critique des prosateurs, poètes, et dramaturges noirs du XX.e siècle.* Coll. Marabout Université, 129.

Verviers(Belgium), Ed. Gérard, 1967. 430 p.
[Incl. French trans. of poems by A. Jacinto and Noémia de Sousa and of 2 passages from Castro Soromenho's novel *Viragem.*] (A, NO, P)

KLEIN Leonard S.
175. *African literatures in the 20th century: A guide.* Rev. ed.
New York, Ed. Ungar, & Harpenden(England), 1958. x, 245 p.
[Incl. R. G. Hamilton's articles on the literatures of Angola (p. 15-19), Cape Verde(p. 33ff.), Guinea-Bissau(p. 73f.), Mozambique(p. 113-116), S. Tomé & Príncipe(p. 144f.) and on J. Luandino Vieira.] (E)

KLIMA Vladimir
RUZICKA Karel Frantisek
ZIMA Petr
176. *Literatury cerné Afriky* [i.e. Literature of black Africa]. Pref. authors.
Prague, Ed. Orbis, 1972. 495 p.
[Chap. 12, by K. Ruzicka, deals with lusophone Africa, p. 240-255] (E)

KLOTSCH Andreas
177. *Erkundungen. 30 portugiesische Erzähler* [i.e. Reconnoiterings. 30 Portuguese narrators].
Selected by Ilse Losa and Egito Gonçalves.
East Berlin, Ed. Volk und Welt, 1973. 320 p.
[Incl. tales by Álvaro Guerra, Luandino Vieira and Manuel Ferreira.] (A, ST)

LANG D. M.
DUDLEY D. R.
178. *The Penguin companion to world literature*, v. 4.
Harmondsworth, Ed. Penguin Books, & New York, Ed. McGraw-Hill, 1969. 359 p.
[African section incl. articles by O. R. Dathorne, J. A. Ramsaran or G. Atkins on Mário de Andrade, A. Fonseca, Baltasar Lopes, Malangatana Valente, Agostinho Neto, Ó. Ribas and Arnaldo Santos.] (E)

LARANJEIRA José Luís Pires
179. "Confluência das literaturasde língua portuguesa." In *II* [Segundo] *Congresso dos Escritores Portugueses.* Lis., 1982, p. 179-182. (E)

180. *Literatura calibanesca.* Coll. Textos, 12.
Porto, Ed. Afrontamento, 1985. 143 p.
[Essays on general themes and on the literatures of Angola and Cape Verde.] (E)

48

LEPECKI Maria Lúcia
181. *Sobreimpressões. Estudos de literatura portuguesa e africana.* Coll. Universitária, 35. Lis., Ed. Caminho, 1988. 192 p.
[Incl. essays on Mia Couto and O. Alcântara.] (E)

LISBOA Eugénio
182. *As vinte e cinco notas de texto.* Lis., Ed. Imprensa Nacional/Casa da Moeda, 1987. 244 p.
[Incl. 4 critical surveys of cultural activities in Mozambique before its independence and essays on Angolan authors and on the Mozambicans Reinaldo Ferreira and Ascêncio Freitas, previously published.] (E)

183. "O particular, o nacional e o universal." In J. Massa, *Les littératures africaines de langue portugaise.* Paris, 1985, p. 509-512. (E)

184. "Um olhar atento ao mundo africano de língua portuguesa." In *Afecto às letras. Homenagem da literatura portuguesa contemporânea a Jacinto do Prado Coelho.* (Lis.), Ed. Imprensa Nacional/Casa da Moeda, 1984, p. 176ff. (E)

LLOMPART Josep M.
185. *Poesía gallega, portuguesa i brasilera moderna.* Coll. Les Millors Obres de Literatura Universal - Segle XX. Barcelona, Ed. 62, 1989.
[Part VI, 'La negritud", incl. poems by F. J. Tenreiro, Agostinho Neto, A. Jacinto and Viriato da Cruz in Catalan trans.] (A, P)

LOMAX Alan
ABDUL Raoul
186. *3000* [Three thousand] *years of black poetry.* New York, Ed. Dodd, Mead &Co., 1970. xxvi, 261 p.
[Incl. poems by J. Craveirinha, Alda (do) Espírito Santo, A. Jacinto, V. G. Malangatana, R. Nogar, Noémia de Sousa. English trans. D. Guedes, P. Rumsey or A. Ryder.] (A, P)

LOPES Manuel dos Santos
187. *Os meios pequenos e a cultura.* Horta(Azores), pr.pr., 1951. 55 p. (E)

LORDEREAU Paulette
188. *Littératures africaines à la Bibliothèque Nationale.* Catalogue. *1973-1983.* Paris, Ed. Bibliothèque Nationale, 1984. (9), 199, (9) p.
[Various general works on lusophone Africa, but little on individual countries.] (B)

MARGARIDO Alfredo
189. *Estudos sobre literaturas das nações africanas de língua portuguesa.* Coll. Ensaios, 3. Lis., Ed. A Regra do Jogo, 1980. 562 p.
[Coll. of unrevised essays, articles and notes, written between 1958 and 1980, as well as a dozen not published before, incl. an extensive pref.: "Das várias maneiras de não ver a colonização." Divided into 5 sections: Theories & epistemologies, Angola, Cape Verde, Mozambique, and S. Tomé & Príncipe.] (E)

190. *Incidences socio-économiques sur la poésie noire d'expression portugaise.* Off. Diogène. n. 37. Paris, 1962, p. 53-80;
- English ed.: *The social and economic background of Portuguese Negro poetry.* Off. Diogenes, n. 37. Paris, 1962. (E)

191. "Les difficultés de la structuration des histoires des littératures des pays africains de langue officielle portugaise." In J. M. Massa, *Les littératures africaines de langue portugaise.* Paris, 1985, p. 513-521. (E)

192. *Negritude e humanismo.* Lis., Ed. Casa dos Estudantes do Império, 1964. 44 p. (E)

193. "Panorama". In C. Barreto, *Estrada larga,* v. 3. Porto, (1962), p. 482-491.
[On Santomensian, Angolan and Mozambican poetry in the section "A poesia post-Orpheu."] (E)

MARTINHO Fernando J. B.
194. "O negro norte-americano como modelo na busca de identidade para os poetas da África de língua portuguesa." In J. M. Massa, *Les littératures africaines de langue portugaise.* Paris, 1985, p. 525-530. (E)

MASSA Jean Michel
195. *Dix études sur la langue portugaise en Afrique.*

Rennes(France), Ed. Presses Universitaires, 1990. 160 p. (E)

196. "Le patrimoine culturel des cinq nations luso-phones d'Afrique." In B. Köpeczi & G. M. Vajda, *Actes du 8.e congrès international de littérature comparée, Budapest, 1976.* Stuttgart(Germany), 1980, p. 267-271. (E)

197. "L'oralité dans les pays lusophones." In Jean Marie Grassin, *Mythes, images, représentations.* Coll. Études de Littérature Étrangère & Comparée, 79.
Paris & Limoges(France), 1983, p. 209-217. (E)

MASSA Jean Michel
FERREIRA Manuel
FRANÇA José Augusto
198. *Les littératures africaines de langue portu-gaise: À la recherche de l'identité individuelle et nationale.* Actes du Colloque International, Paris, 28, 29, 30 novembre, 1 décembre 1984. Paris, Ed. Fondation Calouste Gulbenkian/Centre Culturel Portugais, 1985. 570 p. Il.
[Incl. papers on Angolan literature by Maria Elena O. Assumpção, Emilio Boncini, Ângela Guimarães, Mariana Ploae Hanganu, Michel Laban, Françoise Massa, Inocência L. dos S. Mata, José Manuel Mendes, Laurent Monnier, G. M. Moser, Fernando A. A. Mourão, Joelle B. Pacheco, Urbano T. Rodri-gues, M. A. Santilli, Bibiano Santos, Alexandre P. Torres, José Carlos Venâncio;
on Cape Verdean literature by David Brookshaw, D. Burness, N. Eurico Cabral, Benilde J. L. Caniato, Alberto D. de Carvalho, Pierrette & Gérard Chalendar, João António Estévão, Manuel Ferreira, Ameth Kébé, Felisberto V. Lopes, Leão Lopes, Gregory McNab, Luzia G. do Nascimento, José Carlos S. Pereira, Pierre Rivas, Maria Elsa R. dos Santos, H. Teixeira de Sousa, T. T. Tiofe;
on Guinean literature by Benjamin P. Bull, Hugues Jean de Dianoux, Carlos Lopes;
on Mozambican literature by Marie Françoise Bidault,José de J. da Costa & Viviane Saint-Pierre, Maria Lúcia dal Farra, João Ferreira, Ana Mafalda Leite, Fátima Mendonça, José Carlos S. Ferreira, Ilídio Rocha;
on Santomensian literature by François Gaulme, Pires Laranjeira, Manuela Margarido, Christian Valbert;
on general topics Benjamin Abdala Jú-nior, Patrick Chabal, Eduardo de S. Ferreira, Al-bert Gérard, R. G. Hamilton, L. Kandjimbo, E. Lis-boa, A. Margarido, F. J. B. Martinho, João A. das Neves, H. Riáuzova, S. Trigo.] (E)

MATOS Gramiro de
199. *Influências da literatura brasileira nas lite-raturas africanas de língua portuguesa.* Lis., Ed. Faculdade de Letras da Univ. de Lisboa, 1982. c.600 p. Dupl[Ph. D. dissertation.] (E)

MEDINA Cremilda de Araújo
200. *Sonha mamana África.* Coll. Letras Mágicas, 3.
S. Paulo, Ed. Epopeia & Secretaria de Estado da Cultura, 1987. 557, (6) p. Il. Maps.
[Poetry and prose by 41 authors, partly not pub-lished before, by the Mozambicans J. Bucuane, M. Panguana, P. Chissano, Ungulani Ba Ka Khosa, H.Muteia, A. Artur, E. White, Mia Couto, L. C. Pa-traquim, Calane da Silva, A. Magaia, L. B. Honwa--na, R. Nogar, Marcelino dos Santos, J. Craveirinha, O. Mendes, Noémia de Sousa;
by the Santomensians Alda (do) Espírito San-to, A. Bragança, F. G. dos Anjos, Conceição Lima; by the Angolans J. Luandino Vieira, A. Car-doso, Costa Andrade, Manuel Rui, Arnaldo Santos, J. Macedo, Pepetela, B. Cardoso, D. Mestre;
by the Guinean Hélder Proença;
by the Cape Verdeans Baltasar Lopes, Manuel Lopes, H. Teixeira de Sousa, Ovídio Martins, G. Mariano, C. Fortes, Arménio Vieira, O. Osório, T. V. da Silva, as well as Manuel Ferreira.] (A, E, P, ST)

MELO António Amaro de
201. *O ultramar na literatura luso-brasileira.* Porto, Ed. Câmara Municipal, n/d. 20 p.
[Lecture given at the Liceu Nacional of Porto.] (E)

MELO João de
202. *Os anos de guerra em África, 1961-1975. Os Portugueses em África - Crónica, ficção e história.* Pref. author, Joaquim Vieira.
Lis., Ed. Círculo de Editores, 1988. 2 v. 224 + 277 p. (A, E, N, NO, SK)

MOISÉS Massaud
203. *Literatura portuguesa moderna.* Guia biográ-fico, crítico e bibliográfico.
S. Paulo, Ed. Cultrix & Ed. da Univ. de S. Paulo, 1973. 202 p.
[Incl. numerous African authors, as well as Portu-guese ones who had lived for some time in Africa,

and a chapter on "Literatura do ultramar", p. 102-105.] (B, E)

MOND´EJAR Publio L.
204. *Poesía de la negritud.* Pref. author. Coll. Cuadernos Prácticos, 5.
Madrid, Ed. Fundamentos, 1972. 143 p.
[Poems by Agostinho Neto, J. Craveirinha, Kalungano. Spanish trans. Julio E. Miranda, P. L. Mondéjar or Roseline Paelink.] (A, P)

MONTENEGRO José
205. *A negritude. Dos mitos às realidades.* Pref. author. Coll. Metrópole e Ultramar, 31.
Braga, Ed. Pax, 1967. 200 p.
[Many quotations from M. António and F. J. Tenreiro.] (E)

MOORE Gerald
BEIER Ulli
206. *Modern poetry from Africa.* Coll. Penguin African Library, AP 7.
Harmondsworth(England), Ed. Penguin Books, 1963. 192 p.;
2d, rev. ed.: Ibidem, 1968. 268 p.;
3d, rev. & enl. ed.: *The Penguin book of modern African poetry.*
Ibidem, 1984. 315 p.
[The 3d ed. incl.. English trans. of poems by Alda (do) Espírito Santo, Agostinho Neto, A. Jacinto, J. Craveirinha, Noémia de Sousa, Malangatana Valente, Costa Andrade, Ngúdia Wendel, J. Rocha, Ruy Duarte de Carvalho, Onésimo Silveira, J. Rebelo. A. Fonseca was represented in the 1st ed.] (A, P)

MOSER Gerald Max Joseph
207. "África". In J. J. Cochofel, *Grande dicionário da literatura portuguesa e de teoria literária,* v. 1.
Lis., 1977, p. 78-82. (E)

208. "African echoes in the works of Jorge de Sena." In -------H. L. Sharrer & F. G. Williams, *Studies on Jorge de Sena.* Santa Barbara, California (USA), Ed. Jorge de Sena Center for Portuguese Studies, 1981, p. 222-227. (E)

209. *A tentative Portuguese-African bibliography: Portuguese literature in Africa and African literature in the Portuguese language.*
University Park, Pennsylvania(USA), Ed. The Pensylvania State Univ. Libraries, 1970. xi, 148 p. + Supplement. Ibidem. 2 p. + 1 p.(err.) Il. (B)

210. *Essays in Portuguese-African literature.* Coll. The Pennsylvania State Univ. Studies, 26.
University Park, Pennsylvania(USA), Ed. The Pennsylvania State Univ. Press, 1969. (8), 88 p.
[Incl. "Castro Soromenho, an Angolan realist" and in English trans. an anthology, p. 61-75: Dom Afonso of the Congo's letter of 1540 to King John III of Portugal, 2 folktales, poems by J. Craveirinha, M. António, R. Knopfli, J. Barbosa and F. J. Tenreiro, as well as prose by Manuel Lopes, Rodrigues Júnior and Castro Soromenho. These translations had first been published in the Journal of General Education. v. 13, n. 4. University Park, Pennsylvania, January 1962.] (A, E, P, ST)

211. "Lusophone literature". In B. Lindfors, *Research priorities in African literatures.*
Oxford(England), Ed. Hans Zell, & Munich(Germany], Ed. Saur, 1984, p. 145-162.
[Incl. the replies to a questionnaire by 18 researchers, among them M.A. Fernandes de Oliveira, Félix A. Monteiro and Luís Romano.] (E)

212. "The changing image of the African in Portuguese-African writings." In B. Lindfors & Ulla Schild, *Neo-African literature and culture: Essays in memory of Janheinz Jahn.* Coll. Mainzer Afrika Studien, 1.
Wiesbaden(Germany), Ed. B. Heymann, 1976, p. 196-219. (E)

MOURA Jaime Artur Salinas de
213. *O romance na literatura colonial.* Considerações críticas.
Macau(China), Ed. Imprensa Nacional, n/d.. (c.1962). 22 p. Il. Neves e Sousa.
[Lecture. First off. Cultura, Journal of the Sociedade Cultural de Angola, Lu., 1949. The author had been a literary critic for the Jornal de Luanda, Luanda, Angola, for 5 years.] (E)

MPHAHLELE Ezekiel
214. *African writing today.* Coll. Penguin Books, 2520.
Baltimore, Ed. Penguin Books, 1967. 347 p.
[Incl. poems by Agostinho Neto, J. Craveirinha, Kalungano, R. Nogar, and a story by L. B. Honwana. English trans. M. Holness, P. Rumsey, D. Guedes.] (A, P, ST)

MPHAHLELE Ezekiel
ELLIS Ayitey Komey
215. *Modern African stories.*
London, Ed. Faber & Faber, 1964. 227p.
[Incl. stories by L. B. Honwana.] (A, ST)

NEKR´ASSOVA Lídia V.
216. *Zdes' i trava roditsia krasnoi* [i.e. Here the grass grows red]. Pref. author.
Moscow, Ed. Progress, 1967. 215 p.
[Poems by Agostinho Neto, A. Jacinto, Mário de Andrade, M. António, A. Dáskalos, H. Guerra, A. Cardoso, Luandino Vieira, Arnaldo Santos, Alda Lara, J. Abel, Jonas Negalha, Costa Andrade,Rui de Noronha, J. Craveirinha, Noémia de Sousa, Sérgio Vieira, Ovídio Martins, António Nunes, G. Mariano, R. Nogar, Marcelino dos Santos, J. Barbosa, Aguinaldo Fonseca, K. Dambará, F. J. Tenreiro, Alda (do)Espírito Santo, T. Medeiros. In Russian trans. L. Nekrássova, E. Dolmatovski, P. Gruchko, Inna Tiniánova, M. Kudínov, or M. Samáiev.]
(A, P)

217. "Osnovnye tendentsii literatur Angoly i Mozambika [i.e. the main tendencies of Angolan and Mozambican literature]." In T. D. Nikoforova, *Aktual'nye problemy literatur izvtsenija Afriki* [i. e. Current problems of the study of African literature.]
Moscow, 1969, p. 96-105. (E)

NETO Maria Eugénia
218. *Deve-se escrever para crianças empre-- gando o maravilhoso?* Followed by the story "A formação de uma estrela."
Lu., UEA, c. 1985. (E. ST)

NEVES Fernando Santos
219. *Negritude, independência, revolução. As ex-colónias portuguesas e o seu futuro.*
Paris, Ed. Etc., 1975. 450 p.
[With many references to lusophone writers and a small anthology of their poetry.] (A, E. P)

NEVES João Alves das
220. "As literaturas africanas de expressão portuguesa e a influência dos modernos escritores brasileiros." In *Temas luso-brasileiros.* Coll. Ensaio, 28.
S. Paulo, Ed. Conselho Estadual de Cultura, 1963. (8), 211 p. (E)

NUNES Maria Luisa

221. *Becoming true to ourselves: Cultural decolonization and national identity in the literature of the Portuguese-speaking world.*
Westport, Connecticut(USA), Ed. Greenwood Press, 1987. xix, 95 p.
[The final chapter, p. 51-80, deals with lusophone Africa.] (E)

NWEZEH E. C.
222. *Literature and colonialism in lusophone Africa.*
Lagos(Nigeria), Ed. Center for Black African Studies and Civilization, 1986. (E)

OLIVEIRA José Osório de Castro
223. *A contribuição portuguesa para o conhemento da alma negra.*
Lis., pr.pr., 1952. 37 p. (E)

224. *Essai sur la littérature coloniale portugaise.*
Coimbra, Ed. Instituto Francês em Portugal, 1933. 19 p. Off. Bulletin des Études Portugaises, v. 2, n. 1/2. French trans. of "Literatura colonial" in *Geografia literária.* Coimbra, 1931, p. 77-100.. (E)

225. *Geografia literária.* Pref. Joaquim de Carvalho.
Coimbra, Ed. Imprensa da Univ., 1931. xv, 175 p.
[Incl. "As ilhas adjacentes de Cabo Verde." a lecture given in Lis., 1928, and note n. v, "Uma poesia ignorada," used again as epilogue of his ed. of *Mornas* by Eugénio Tavares. Lis., 1932.] (E)

OLIVEIRA Mário António Fernandes de ("Mário António")
226. "Influência da literatura brasileira sobre as literaturas portuguesas do Atlântico tropical." In *Colóquios sobre o Brasil.* Curso de Extensão Universitária, ano lectivo de 1966-1967.
Lis., Ed. Instituto Superior de Ciências Sociais e Política Ultramarina, 1967,p. 87-154. Also off. (E)

227. *Reler Zurara.* Off. Boletim do Instituto de Angola. Lu., January/December 1969, p. 3-16.
[Lecture on "the first images of Black Africa spread by Europeans."] (E)

228. *Situação da literatura no espaço português.* Conferência.
Lis., Ed. Universidade Técnica, 1967. 20 p. Dupl.; 2d ed.: In *Problemas do espaço português.* Lis., 1972, p. 97-121. (E)

229. *Unidade e diferenciação linguísticas na literatura ultramarina portuguesa.* Off. Boletim da Sociedade de Geografia de Lisboa, série 86, n. 1-3. Lis., January/March 1968, p. 17-33. (E)

ORTOV´A Jarmila
KLIMA Vladimir
230. *Modern literatures of subsaharan Africa.* Prague, Ed. Universitá 17, 1969. 228 p.
[Incl. "The African literatures in Portuguese," p. 120-142] ;
- Czech ed.: *Moderní literatury subsaharské.* lPrague, 1970.
[Anthology, incl. texts by J. Cordeiro da Matta, Pedro F. Machado, P. da Paixão Franco, Silvério Fer=reira, Castro Soromenho, Viriato da Cruz, Ó. Ribas, Agostinho Neto, A. Jacinto, A. Dáskalos, Mário de Andrade, Luandino Vieira, H. Guerra, Arnaldo Santos, Rodrigues Júnior, Costa Andrade, Ruy de Noronha, J. Craveirinha, Noémia de Sousa, Marcelino dos Santos, L. B. Honwana, Costa Alegre, F. J. Tenreiro, J. Barbosa.] (A, E, P. ST)

OS´ORIO João de Castro
231. *O além-mar na literatura portuguesa. Época dos descobrimentos.* Lis., Ed. Gama, 1948. 272 p.
[Incl. Portuguese authors who referred to Africa.] (E)

PALLISTER Jan
232. *The bruised reed: Black songs from the Latin tongues.* An anthology. Coll. Anthologies, 1.
Sherbrooke, Québec(Canada), Ed. Naaman, 1978. 157 p. Il. Map.
[Incl. poems in English trans. by the author of Ka=lungano, J. Craveirinha, J. Rebelo, Noémia de Sousa; F. J. Tenreiro, Alda (do) Espírito Santo; Mário Fonseca; Viriato da Cruz, A. Jacinto, G. Bessa Victor, M. António, Agostinho Neto.] (A, E, P)

P´ARICSY Pál
233. *A new bibliography of African literature.* Coll. Studies in Developing Countries, 24.
Budapest, Ed. Center for Afro-Asian Research, 1969. xi, 108 p.
[Part I: Supplement to Jahn's bibliography of 1965; part II: Preliminary bibliography, 1965-68.] (B)

P´ELISSIER René

234. *Africana. Bibliographie sur l'Afrique luso-hispanophone, 1800 - 1980.* Orgeval(France), pr.pr., 1980. 205 p.
[Annotated, critical bibliography, incl. literature, of almost 400 works, with introductions to the various sections. (B, E)

PEREIRA Henrique António
235. *Temas africanos.* With a new poem by Mário Mota.Lis., c.1965. (E,P)

PRETO-RODAS Richard A.
236. *Negritude as a theme in the poetry of the Portuguese-speaking world.* Coll. Humanities Monographs, 31.
Gainesville, Ed. Univ. of Florida Press, 1970. 85 p.
[Chaps. 3 & 4 deal with lusophone Africa, except Guinea-Bissau.] (E)

237. "The development of negritude in the poetry of the Portuguese-speaking world." In E. Davis Terry, *Artists and writers in the evolution of Latin America.* University, Alabama(USA), 1969, p. 53-71. With comments by Florence J. Dunstan.(E)

RAMSARAN J. A.
238. *New approaches to African literature.* A guide to Negro African writing and related studies. 2d ed.:
Ibadan(Nigeria), Ed. Ibadan Univ. Press, 1970. 168 p.
[Incl. essays on "Afro-Portuguese poetry" and "Poets of Portuguese Africa."] (E)

RI´AUZOVA Helena A.
239. "Evoliutsia literaturnikh zhanrov v portugaloiazichinom regione Afriki [i.e.Evolution of literary genres in the lusophone region of Africa]." In *Razvitie zhanrov v sovremennikh literaturakh Afriki.* Moscow, Ed. Nauka, 1983, p. 126-159. (E)

240. *Formirovanie portugaloiozichnykh literatur Afriki* [i.e. Formation of the African literature of Portuguese expression].
Moscow, Ed. Gorki Institute of World Literature, 1970. 20 p. (E)

241, "Massovaia kultura ili kultura dlia mass?" [i.e. Mass culture or culture for the masses?]. In *Massovaia literatura v stranakh Asii i Afriki.* Moscow, Ed. Nauka, 1985, p. 111-125. Earlier published under

53

the title "Kultura dlia mass vmesto 'massovoi kultu--ri'" [i.e. Culture for the masses instead of "mass culture"]. In Innostrannaia Literatura, n. 8. Moscow, 1984, p. 186ff. English trans.; "Angolan and Mozambican literature; Mass culture or culture for the masses?" In Research in African Literatures, v. 18, n. 1. Austin, Texas(USA), Winter 1987, p. 472-484. [Ideas applied to Angola and Mozambique.] (E)

242. *Poèziia borby* [i.e. Poetry of the struggle]. Pref. author.
Moscow, Ed. Izdatelstvo Progress, 1976. 320 p.
[Poems by A. de Almeida Santos, Agostinho Neto, A. Jacinto, A. Dáskalos, Manuel Lima, A. Cardoso, Arnaldo Santos, Costa Andrade, Henrique Guerra, N. Spencer, J. G. Bires, Hélder Ferreira Neto, Deolinda Rodrigues de Almeida, Rui de Matos, Gazmin Rodrigues, Mutambo Negro; J. Craveirinha, Noémia de Sousa, R. Nogar, Marcelino dos Santos, Sérgio Vieira, Mogimo, Craveirinha Mpfumo, V. Massingue; J. Barbosa, O. Alcântara, Manuel Lopes, Aguinaldo Fonseca, Amílcar Cabral, L. Romano, G. Mariano, Ovídio Martins, K. Dambará, T. Virgínio, S. Frusoni, Tacalhe, R. Évora Brito, Luís Silva, Oswaldo Lopes da Silva, Kwame Kondé, Abílio Duarte; F. J. Tenreiro, Alda (do) Espírito Santo, A. Tomás Medeiros . Russian trans. P. Gruchko, O. Tchugai, A. Senkévitch, V. Kupriánov, V. Slutzki, V. Reznitchenko, V. Krasko, N. Grigóriev, U. Levitanski, N. Gorsk, M. Samáiev, V. Márkov, I. Tiniánova, V. Tikhomírov, P. Véguin, or A. Révitch.]
(A, P)

243. "Problema da afinidade tipológica e da identidade nacional (a exemplo dos géneros grandes da narrativa da comunidade zonal das literaturas africanas de expressão portuguesa." In J. M. Massa, *Les littératures africaines de langue portugaise.* Paris, 1985, p. 537-544. (E)
.

244. "Rannie formy romana v portugaloiazychnykh literaturakh Afriki" [i.e. Early forms of the novel in the lusophone literatures of Africa]. In P.A. Grintser & N. I. Nikulin, *Genezis romana v literaturakh Azii i Afriki* [i.e. Genesis of the novel in the literatures of Asia and Africa]. Moscow, Ed. Nauka, 1980, p. 263-276. (E)

245. "Rol' zarubeshnykh traditsii v formirovanii literatur Afriki na portugalskom iasyke" [i.e. The role of foreign traditions in the formation of literature

in the Portuguese language]. In *Aktual'nie problemi v isutchelniia literatur Afriki* [i.e. Current problems in the study of African literature]. Moscow, 1969, p. 106-115. (E)

246. *Roman v sovremennikh Portugaloiasitshnikh literaturakh (problemi tipologii i vsaimodeistvaiya)* [i.e. The novel in the current literatures in Portuguese: Problems of typology and reciprocal action].
Moscow, Ed. Nauka, 1980. 258 p.
[Ph. D. Dissertation. The 2d part deals with African prose writers, such as Baltasar Lopes, L. Romano, T. Virgínio, Castro Soromenho, Ó. Ribas, M. R. Monteiro, Luandino Vieira, A. Mendes de Carvalho and M. Pacavira.] (E)

RIVE   Richard
247. *Modern African prose.* An anthology. Coll. African Writers Series, 9.
London & Ibadan(Nigeria), Ed. Heinemann Educational Books, 1964. xv, 214 p. Il.
[Incl. one story by L. B. Honwana.] (A, ST)

RODRIGUES J´UNIOR   José
248. *Encontros.*
Coimbra, Atlântida Ed., 1966. 175 p.
[Incl. articles on José Redinha, Fernando Reis, Luís Cajão, Reis Ventura, Alcântara Guerreiro and Manuel Lopes.] (E)

249. *Literatura colonial.* Ensaio. Pref. author.
Lis., Ed. Seara Nova, 1953. 50 p.;
2d ed.:
L. M., pr.pr., 1953. 32 p. (E)

250. *Para uma cultura africana de expressão portuguesa.* Coll. Autores Lusíadas, 3.
(Braga), Ed. Pax, (1978), 311 p.
[Text dated 'Lourenço Marques, January 1973 - July 1976." It deals with literature and works of art produced before independence, most of them in Mozambique. Largely polemical. Special attention is paid to women poets Marília do Céu, Maria José de Bulhões Maldonado, Noémia de Sousa and Anunciação Prudente.] (E)

ROGMANN   Horst Joachim
251. *Die Thematik der Negerdichtung in spanischer, französischer und portugiesischer Sprache* [i.e. The themes of Negro poetry in Spanish, French and Portuguese].

54

Tübingen(Germany), Ed. Präzis-Fotodruck, 1966.
Dupl.
[Ph. D. dissertation, Univ. of Munich, 1965.]   (E)

ROS'ARIO   Lourenço
252. *A narrativa africana de expressão oral.* Pref.
Fernando Cristóvão.
Lis., Ed. ICALP & Angolê, 1989. 360 p.   (E)

RUTHERFORD   Peggy
253. *African voices.* An anthology of native African writing.
New York, Ed. Vanguard Press, (1960). 208 p.
[First published with the title *Darkness and light.*
Johannesburg(South Africa), Ed. Drum Publications,1958. It was the first anthology of black African literature to be published in the Union of South
Africa. Incl. "The 'Angola'" by Ó. Ribas, the initial
pages of his tale "Os humildes" in *Ecos da minha
terra,* trans. into English by Moura deVasconcelos
and adapted by P. Rutherford.]   (A, ST)

RUZICKA   K. F.
254. "Cernosská literatura portugalskych kolonii-v
Afrike" [i.e. Black literature of the Portuguese colo-
nies in Africa]. *In* V. Klima, F. Ruzicka & P. Zima,
Literatury cerné Afrike [i.e. Literatures of black
Africa]. Prague, 1972, p. 240-255.   (E)

S'A   Raul da Costa e   .
255. *Influência do elemento afro-negro na obra
de Gil Vicente.*
S. Paulo, Ed. Saraiva, 1948. 188 p.   (E)

SAINVILLE   Léonard
256. *Romanciers et conteurs négro-africains.* 2 v.
Paris, Ed. Présence Africaine, 1963.
[V. 2 incl. extracts from Castro Soromenho's *Homens sem caminho, Calenga* and *Terra morta,*
and from Ó. Ribas' *Uanga.* French trans.]
    (A, NO, ST)

SANTILLI   Maria Aparecida
257. *Africanidade.* Contornos literáros.
S. Paulo, Ed. Ática, 1985. 111 p.
[Coll. of essays.]   (E)

258. *Estórias africanas.* História e antologia.
S. Paulo, Ed. Ática, 1985. 176 p.
[Texts by A. Troni, Castro Soromenho, Agostinho
Neto, A. Jacinto, J. Luandino Vieira, A. Cardoso,
Costa Andrade, Arnaldo Santos, Uanhenga Xitu,

Boaventura Cardoso, J. Rocha; G. Mariano, Bal-
tasar Lopes, Manuel Ferreira, Orlanda Amarilis;
J. Dias, L. B. Honwana, O. Mendes, Carneiro
Gonçalves.]   (A, E, ST)

SANTOS   António de Almeida
259. *Coimbra em África.* 2d ed.
Coimbra, Coimbra Ed., 1952.   (E)

260. *Páginas de política e literatura.* Coll. N'gola,
1.
Lu., Ed. Livrangol, 1975. 163p. II.   (E)

SANTOS   Eduardo dos
261. *A negritude e a luta pelas independên--
cias na África portuguesa.* Coll. Minerva de Bolso,
40.
Lis., Ed. Minerva, 1975. 133 p.
[The author engages in a polemic by differentiating
between 3 phases of negritude in lusophone
poetry. He illustrates his thesis with poems by Pedro M. Cardoso, Pedro Corsino Azevedo, J. Barbosa, Manuel Lopes, Osvaldo Câmara, G. Rocheteau, António Nunes, G. Mariano, O. Martins,
Onésimo Silveira; Costa Alegre, F. J. Tenreiro; A.
Dáskalos, M. de Almeida Gomes,G. Bessa Victor,
Alda Lara, A. Jacinto, Agostinho Neto, Manuel
Lima, A. Cardoso, R. G. Cardoso de Matos, Hélder
Neto; J. Craveirinha, Noémia de Sousa, Kalungano, Ilídio Rocha, R. Knopfli, V. Massingue, Gou-
vêa Lemos, Rui de Noronha, A. R. Tembe,
Mahasule, Damião Cosme, D. Sávio, Djakama,
Alfredo Manuel, Povo (i.e. Palvo) Cheirinho.]
    (A, E, P)

262. *Panafricanismo de ontem e de hoje.*
Lis.,pr.pr., 1968. 513, 1 p.   (E)

SARAIVA   António José
LOPES   Óscar
263. *História da literatura portuguesa.*
9th ed., corr. & updated:
Porto, Porto Ed., 1976. 1222 p.
[Incl. a section "Literatura colonial", p. 1129-1132];
10th ed., corr. & enl.: Ibidem, 1978.
[The section heading changed to "Da literatura
colonial ao início de novas literaturas africanas de
expressão portuguesa," p. 1148-1157.]   (E)

SA'UTE   Nelson
264. *Ponte de afecto.*
Map., Ed. B. J., 1990.

[Interviews of Portuguese writers gathered during a stay in Portugal, some of them with references to Africa, e.g. José Saramago, Lídia Jorge and Mário de Carvalho,] (SK)

SCHILD Ulla
265. *Jaw bones and umbilical cords.* Coll. Mainzer Afrika Studies, 6.
Berlin, Ed. Reimer, 1985. 150 p.
[Selected papers presented at the J. Jahn symposia of 1979 and 1982.] (E)

266. "Pulsschläge: Afrikanische Literatur heute" [i.e. Pulse beats: African literature today]. Special issue of Zeitschrift für Kulturaustausch, v. 30, n. 4. Stuttgart(Germany), 1980, p. 377-534.
[Incl. German trans. of texts by A. Regalla and José Carlos; J. Viana de Almeida and Alda (do)Espírito Santo; N. Bermudes, J. Craveirinha, J. Dias and Noémia de Sousa; A. Barbeitos and Uanhenga Xitu; Baltasar Lopes, J. Lopes Filho and Ovídio Martins. Trans. Gilberto Calcagnotto, Carl Hempel, Reinhold Langer or Gisela Schmidt.] (A, NO, P, ST)

SCHREINER Kay-Michael
267. *Sklave im eigenen Land: Unterdrückung und Widerstand im südlichen Afrika* [i.e. Slave in one's own country: Oppression and resistance in southern Africa].
Wuppertal(Germany), Ed. Hammer, 1974. 193 p.
[Stories and poems from Angola, Mozambique and Guinea-Bissau in German trans.] (A, P, ST)

SCHREINER Kay-Michael
SKRODZKI Johanna
268. *Frauen in der dritten Welt* [i.e. Women in the third world]. Reportagen, Erzählungen, Gedichte.
3d, rev. & enl. ed.: Coll. Peter Hammer Taschenbuch, 5.
Wuppertal(Germany), Ed. Peter Hammer, 1986. 229 p.
[Incl. Orlanda Amarilis, "Thonon-les-Bains," p. 109-122. German trans. Margret Aumann.] (A, P, SK, ST)

SEILER-DIETRICH Almut
269. *Die Literaturen Schwarzafrikas: Eine Ein--führung* [i.e. Introduction to the literatures of black Africa].
Munich, Ed. C. H. Beck, 1984. 165 p.
[Incl. pages on recent lusophone literatures of Afri-ca.] (E)

SENANU K. E.
VINCENT T.
270. *A selection of African poetry.*
Rev. & enl. ed.:
Harlow(England), Ed. Longman, 1988. 320 p.
[Incl. lusophone poems.] (A, P)

SENGHOR Léopold Sédar
271. *Lusitanidade e negritude.* Portuguese trans. Pedro da Silveira. Coll. Instituto de Altos Estudos, nova série, 1.
Lis., Ed. Academia das Ciências, 1975. 61 p. Il.
[Incl. the introduction of President Senghor at the Academy by Jacinto Almeida do Prado Coelho.](E)

SEVERINO Alexandrino E.
272. *Fernando Pessoa na África do Sul.* Pref. S. Spínola and the author. Coll. Teses, 8. 2 v.
Marília(Brazil), Ed. Faculdade de Filosofia, Ciências e Letras, 1969 & 197). 116 + 201, 1(err.) p. (E)

SILVA F. Correia da
273. *As maravilhas do conto africano.*
S. Paulo, Ed. Cultrix, 1962.
[Incl. Castro Soromenho, "A voz da estepe."] (A, ST)

SIMˉOES Antero
274. *Nós...somos todos nós.* Antologia "Portugalidade". Pref. José Pinheiro da Silva.
Lu., Ed. Serviços de Publicações da Mocidade Portuguesa, 1969. 415 p.
[Texts of c.150 authors connected with Africa, America, Asia and Oceania, from the XVth century to our days. Among those "connected with Africa" are Viana de Almeida, J. Barbosa, Manuel Lopes, J. Osório de Oliveira, Tomás Jorge, H. Galvão, João Evangelista Vidal, Tolstói Moita, J. Craveirinha, Mário Domingues, Sidónio Muralha, José Lopes, T. Vieira da Cruz, Garibaldino de Andrade, Manuela Cerqueira, Yolanda Morazzo, Neves e Sousa, Alda Lara, João da Chela, J.Cordeiro da Matta, Maria da Conceição Nobre, Reis Ventura, Fernando Reis, F. J. Tenreiro, Augusto Casimiro, Ó. Ribas.] (A, N, P)

275. *Nós...somos todos nós.* Pref. José Redinha.
Lu., pr.pr., 1974. 472 p.
[Coll. of biographies, among them those of João Albasini, Pedro M. Cardoso and Alda Lara. 4th v. of a series.] (E)

SOYINKA Wole
276 *Poems of black Africa*. Pref. author. English trans.of the Portuguese selections by Margaret Dickinson, except Dorothy Guedes & Philippa Rumsey's trans. of a poem by Malangatana.Coll. African Writers Series, 171. London, Nairobi, Ibadan, Lusaka, Ed. Heinemann, & New York, Ed. Hill & Wang, 1975. 378 p. [Chap. 12, "Land and liberty." incl. poems by Costa Andrade, Marcelino dos Santos, A. Jacinto, Agostinho Neto, J. Rebelo, O. Silveira, p. 221-233. In other chapters, poems by Viriato da Cruz, Arnaldo Santos, Mindelense, K. Dambará, A. Guebuza, Noémia de Sousa, J. Craveirinha, V. Malangatana.]
(A, P)

SULZER Peter
277. *Christ erscheint am Kongo* [i.e. Christ appears on the banks of the Congo]. Afrikanische Erzählungen und Gedichte. Heilbronn(Germany),Ed. Sulzer, 1958. 251 p. [Incl. Ó. Ribas' tale "A praga". German trans. P. Sulzer.]
(A, P, ST)

SYLVAN Fernando
278. *A língua portuguesa no futuro da África*. Braga, Ed. Pax, 1966. 47 p.
(E)

TAVANI Giuseppe
279 *Poesia africana di rivolta. Angola, Mozambico, Guinea, Capo Verde, São Tomé*. Coll. Tempi Nuovi, 31. Epilogue Mário de Andrade: "La poesia africana di espressione portoghese." Italian trans. G. Tavani & Maria Vargas. Bari(Italy), Ed. Laterza, 1969. 260 p. [Bilingual ed. Poems by Agostinho Neto, Kalungano, Mário Fonseca, Noémia de Sousa, F. J. Tenreiro, Rui de Noronha, Aguinaldo Fonseca, Ovídio Martins, J. Craveirinha, G. Mariano, Arnaldo França, Onésimo Silveira, A. Jacinto, Arnaldo Santos, Alda (do) Espírito Santo, Costa Andrade, A. Guebuza, K. Dambará,J. Rebelo, Sérgio Vieira, A. de Almeida Santos.]
(A, P)

TENREIRO Francisco José Vasques
280. "Acerca da literatura negra." In C. Barreto, *Estrada larga*, v. 3. Porto, 1962, p. 472-481. Earlier in "Cultura e Arte", O Comércio do Porto, v. 10 n. 6. Porto, 14 February 1961, p. 5f.
(E)

281. *Acerca do diálogo entre a Europa e a*

África negra. Dados para a sua compreensão. Coimbra, 1959. 20 p.
(E)

TIBBLE Anne
282. *African English literature*. New York, Ed. October House, 1965. [Incl. a poem by V. Malangatana and another by Noémia de Sousa in English trans.]
(A, P)

TINHORÃO José Ramos
283. *Os negros em Portugal - Uma presença silenciosa*. Coll. Universitária, 31. Lis., Ed. Caminho, 1988. 460 p.
(E)

TORRES Alexandre Pinheiro
284. *Ensaios escolhidos*. 2 v. Coll. Universitária. Lis., Ed. Caminho, 1989 & 1990. [Essays on Portuguese, Brazilian and African fiction writers in v. 1 and poets in v. 2.]
(E)

TRIGO Salvato
285 *Ensaios de literatura comparada afro-luso-brasileira*. Coll. Universidade, 30. Lis., Ed. Vega, (1986). 160 p. [Incl. essays on negritude, "africanitude", Luandino Vieira, Uanhenga Xitu, F. J. Tenreiro and the influence of Brazilian literature in Africa]; 2d ed.(?) : Coll. Vega Unitária. Ibidem, 1988.
(E)

286. "Literaturas africanas de expressão portuguesa: um fenómeno do urbanismo." In J. M. Massa, *Les littératures africaines de langue portugaise*. Paris, 1985, p. 545-552.
(E)

TRIGUEIROS Luís Forjaz
287. "Influências do ultramar na literatura de ficção." In *Colóquio sobre a influência do ultramar na arte e literatura portuguesas*. Lis., 1965, p. 71-102.
(E)

TULTCHINSKAIA N. I.
288. *Vzgliadom serdtza*. [i.e. Looking with one's heart]. Stikhi poètov Angoly, Mozambika, Óstrovov Zielënogo Mysa, Óstrova San-Tomé [i.e. Verses of poets from Angola, Mozambique, the Cape Verde Islands and the Island of S. Tomé]. Pref. G. I. Potékhin. Russian trans. Lídia Nekrássova. Moscow, Ed. Izdatelt'stvo Vostochno i Literatury, 1961. 144 p. [Incl. Agostinho Neto, A. Jacinto, G. Bessa Victor, M. António, Mário de Andrade, Viriato da Cruz;

Ruy de Noronha, Noémia de Sousa, Marcelino dos Santos; J. Barbosa, Aguinaldo Fonseca, P. Corsino Azevedo, G. Mariano; F. J. Tenreiro and Alda (do) Espírito Santo.] (A, P)

VALBERT Christian
289. *La littérature négro-africaine d'expression portugaise.*
Bordeaux(France), Ed. Univ. of Bordeaux, 1969. Dupl.
[Ph. D. dissertation 'of the 3d cycle."] [E]

VARIOUS AUTHORS
290. *Colóquio sobre a influência do ultramar na arte e literatura portuguesas.* Pref. J. G. [i.e. Júlio Gonçalves]. Coll. Estudos de Ciências Políticas e Sociais, 76.
Lis., Ed. Junta de Investigações do Ultramar, 1965 (i.e. 1966). 169 p.
[Incl. literary essays by Luís Forjaz Trigueiros and Natércia Freire.] (E)

VARIOUS AUTHORS
291. Espiral. Special issue: "Para uma civilização de língua portuguesa." V. 1, n. 4/5. Lis., Winter 1964/65. 175 p.
[In the section "A literatura portuguesa de radicação ultramarina": G. Bessa Victor, "A negritude em literatura", p. 94-98; M. António, "Nota sobre o sistema atlântico português", p. 99f.; Amândio César, "A literatura de temática angolense", p. 101-106; Nuno de Miranda, "Situação literária cabo-verdiana", p. 107ff.; José Redinha, "Coexistência cultural em Angola", p. 153-160] (E)

VARIOUS AUTHORS
292. *Nouvelle somme de poésie du monde noir. New sum of poetry from the Negro world. Nueva suma de poesía del mundo negro.* Pref. Aimé Césaire. General introduction L. G. Damas. Lamine Diakhaté, ed. Coll. Présence Africaine, n. 57.
Paris, Ed. Présence Africaine, 1966. 574 p.
[The section on African poetry in Portuguese, p. 433-500, incl. a pref. by Virgílio de Lemos, "Poesia africana de expressão portuguesa" and the Portuguese text of poems by the Angolans A. Cardoso, A. Jacinto, Luandino Vieira, Mário de Andrade, M. António, Viriato da Cruz; the Cape Verdeans G. Mariano, Mário Fonseca, Onésimo da Silveira, T. Anahory; the Mozambicans Malangatana Valente, Marcelino dos Santos, Noémia de Sousa, J. Cravei-

rinha, R. Nogar, Virgílio de Lemos; Alda (do) Espírito Santo from S. Tomé and Maria Manuela Margarido from Príncipe.] (A, P)

VARIOUS AUTHORS
293. *Poèziia Afriki* [i.e. Poetry of Africa]. Pref. Robert Roshdéstvensky and epilogue V. Mirimanov. The lusophone part ed. by H. Riáuzova . Coll. Library of World Literature, 131.
Moscow, Ed. Izdatel'stvo Khudozhestvennaia Literatura, 1972 or1973. 658 p.
[Russian trans. of poems by the Angolans J. Abel, M. António, A. Jacinto, A. Cardoso, Costa Andrade, Alda Lara, H. Lopes Guerra, Agostinho Neto, Arnaldo Santos; the Cape Verdeans O. Alcântara, J. Barbosa, K. Dambará, Kaoberdiano Kunoti, Manuel Lopes, G. Mariano, Ovídio Martins, Tomás Martins, G. Rocheteau, Eugénio Tavares, Aguinaldo Fonseca, Mário Fonseca, A. França, Onésimo Silveira; the Mozambicans Sérgio Vieira, J. Craveirinha, C. Mpfumo, R. Nogar, Rui de Noronha, Marcelino dos Santos, Noémia de Sousa; the Santomensians Costa Alegre, A. Tomás Medeiros, F. J.Tenreiro and Alda (do) Espírito Santo.] (A, P)

VARIOUS AUTHORS
294. Research in African Literatures, Special issue on lusophone African writing, ed. Gerald M. Moser. V. 13, n. 3. Austin,Texas(USA), Fall 1982. 150 p. II. Motshile wa Nthodi.
[Incl. articles by M. dos Santos Lima, "Les exils de l'écrivain africain", p. 308-314; Russell G. Hamilton, "A country also built of poems: Nationalism and Angolan literature", p. 315-326; Ronald M. Rassner, "The transmission of the oral narrative from Africa to Brazil", p. 327-356; Donald Burness, "Literature and ethnography: The case of *O segredo da morta* and *Uanga*", p. 359-365; Jane Malinoff, "Poetry for the people: Lino Guedes and black folk style in early twentieth-century Brazilian verse", p. 366-382; Norman Araujo, "Flight and fidelity in Cape Verdean poetry before Independence: The revolutionary phase", p.383-399; Fernando J. B. Martinho, "America in Cape Verdean poetry before Independence", p. 400-412. Also10 reviews of books and one periodical on Brazilian and lusophone African topics.] (E)

VARIOUS AUTHORS
295. World Literature Today. Special issue: "The three worlds of lusophone literature." V.53, n. 1. Norman, Oklahoma(USA), Winter 1979, p. 40-56.

[Incl. G. M. Moser, "Oral traditions in Angolan story writing", p. 40-45; Fernando J. B. Martinho, "The poetry of Agostinho Neto", p. 46-49; Russell G. Hamilton, "Lusophone African literature: Amílcar Cabral and Cape Verdean poetry", p. 49-53; Noel Ortega, "The motherland in the modern poetry of São Tomé e Príncipe", p. 53-56.]   (E)

VAZ   Carlos
296. *Para um conhecimento do teatro africano.*
Lis., Ed. Ulmeiro, 1978. 204 p. Il.
[As an appendix, the text of the play "Fome de 1947", a collective work by the "12 de Setembro" group.]   (E, T)

ẄASTBERG   Per
297. *Afrikas moderna litteratur.*
Stockholm(Sweden), Ed. Wahlström & Widstrand, 1969.   (E)

WEISSBART   Daniel
298. *Modern poetry in translation: 1983.*
Manchester(England), Ed. Carcanet, 1983.
[English trans. Donald Burness of one poem each by J. Barbosa, A. Barbeitos and Antero Abreu.]
          (A, P)

WHITELEY   Wilfred H.
299. *A selection of African· prose,* v. 2: *Written prose.*
Oxford(England), Ed.Clarendon Press,1964. viii, 185 p.
[Incl. shortened English trans. N. S. Coissoró of Ó. Ribas' tale "A medalha", p. 184f.]   (A, ST)

ZELL   Hans M.
BUNDY   Carol
COULON   Virginia
300. *A new reader's guide to African literature.*
London, Ed. Heinemann, 1971;
2d rev. & enl. ed.:
London, Ed. Heinemann, 1983. xvi, 553 p. Il.
[Incl. a selective list, annotated, of works by luso- phone African authors, compiled by Donald Bur- ness, p. 298-302, and the biographies of 7 luso- phone writers.]   (B, E)

II
NATIONAL LITERATURES
LITERATURAS NACIONAIS

1. ANGOLA

Section A	Secção A
Oral Literature	Literatura Oral

ALVES Albino
301. *Dicionário etimológico bundo-português.*
Lis., pr.pr., 1951. 2 v. 877 p.
[Incl. 2000 proverbs.]   (FW)

ANDRADE Francisco Fernando Costa
302. *Dizem assim... Provérbios umbundu e uma fábula.* Coll. Cadernos Lavra & Oficina, 49.
Lu., UEA, 1985. 55 p.
[Bilingual ed.]   (FW, ST)

ANON.
303. *Canções populares de Nova Lisboa.* Pref.
Alfredo Margarido. Coll. Autores Ultramarinos,
Série Etnografia.
Lis., Casa dos Estudantes do Império, 1964. 55,
1(err.) p.
[Only 43 of the songs are anonymous. The names of the authors and translators of the rest are: Eduardo Bela Sebastião, Mulambo, Álvaro Manuel de Boavida Júnior, Romeu, Fernando Tchikambi, Judite Piedade. Bilingual ed. in Umbundo and Portuguese.]   (P)

ANON.
304. *Contos populares de Angola: Folclore quimbundo.* Coll. Outras Terras,Outras Gentes,
2.
Porto, Ed. Nova Crítica, 1978. 132, 3 p. Il. Fernando de Oliveira.   (ST)

ANON.
305. *5 [Cinco] histórias da lebre.* Contos
tradicionais. Coll. Cadernos Lavra & Oficina, 32.
(Lu., UEA, 1980.) 32 p.
[Misprint on the cover: Cadernos Lavra & Oficina, 31, and on the title page, 25. Bilingual ed. in Umbundu and Portuguese. Texts taken from J. F. Valente, *Paisagem africana,* Lu., 1973.] (ST)

ANON.

ANON.
306. *5 [Cinco] estórias do cágado.* Contos
tradicionais. Coll. Cadernos Lavra & Oficina, 23.
(Lu., UEA, 1979.) 28 p.
[Bilingual ed. in Umbundu and Portuguese,
taken from J. F. Valente, *Paisagem africana,* Lu.,
1973.]   (ST)

ANON.
307. *O cão e a realeza.* Coll. Contos
Tradicionais, 2.
Lu., INALD, c.1979.
[Adapted for children.]   (ST)

ANON.
308. *O grilo e as makas.* Coll. Contos Tradicionais, 4.
Lu., INALD, c.1979.
[Adapted for children.]   (ST)

ANON.
309. *O leão e o coelho.* Coll. Contos Tradicionais, 1.
Lu., INALD, c.1979.
[Adapted for children.]   (ST)

ANON.
310. *O senhor grilo.* Coll. Contos Tradicionais, 3.
Lu., INALD, c.1979.
[Adapted for children.]   (ST)

ANON.
311. *Skazki i narodov angolii* [i.e. Stories of the
Angolan peoples.] Russian trans.
Moscow, Ed. Khudozhestvennaia Literatura,
1975. 432 p. Il.   (ST)

ARCHER Maria
312. *África selvagem. Folclore dos negros do grupo "bantu".*
Lis., Ed. Guimarães & Cia., (1935). 255 p.
[Incl. 14 stories collected in Lu. and adapted to European taste, as well as several proverbs.]   (FW, ST)

BARBOSA Adriano C.
313. *Folclore angolano. Cinquenta contos quiocos.*
Coll. Memórias e Trabalhos, 9.
Lu., Instituto de Investigação Científica de Angola, 1973. 166 p.
[Bilingual ed. in Tshokwe and Portuguese.] (ST)

BASTOS Augusto Tadeu Joaquim

314. *Traços gerais sobre a etnografia do distrito de Benguela.*
Lis., 1908. 87 p.
[Reprint from Boletim da Sociedade de Geografia, Lis., 1908.] (E, FW)

BEIRANTE Cândido Ferreira Baptista
315. *Da literatura tradicional do sudoeste de Angola.*
Sá da Bandeira, 1974. 35 p.
[Reprint from Revista dos Cursos de Letras, v. 1, 1974. Sá da Bandeira, Faculdade de Letras. (E)

BONNEFOUX Benedicto Mário
316. *Dicionário olunyaneca - português.*
Huíla (Angola), Ed. Missão da Huíla, 1941.
viii, 206 p.
[Incl. many proverbs in Nyaneca, with the Portuguese trans.] (FW)

CACUEJI José Samuila
317. *Viximo* [i.e. Stories]. *Oratura Luvale: Contos, adivinhas, vozes de animais.* Coll. Contemporâneos.
Lis., Edições 70, & Lu., UEA, 1987. 89 p.
[Bilingual ed. in Luvale and Portuguese. Luvale is spoken in the Moxico province.] ()FW, ST)

CARDOSO Carlos Augusto Leão Lopes
318. "I [Primeira] contribuição para o estudo crítico da bibliografia do conto popular das etnias angolanas." In Estudos etnográficos, v. 1.
Lu., Ed. Instituto de Investigação Científica de Angola, 1961.
[Incl. animal tales, stories and legends taken from Mensário Administrativo da Província de Angola and from Portugal em África. Published before in the Institute's Memórias e Trabalhos, v. 2, n. 1.
Lu., 1960, p. 13-89.] (E, ST)

CARDOSO Carlos Augusto Leão Lopes
OLIVEIRA José Nunes d'
319. *Cancioneiro de Cete.*
Lu., Instituto de Investigação Científica de Angola, 1963. 251 p., with musical notations. (P)

CARVALHO Henrique Augusto Dias de
320. *Expedição portuguesa ao Muatiânvua, 1884-1888. Descrição da viagem á Mussumba do Muatiânvua.* 4 v. Il. H. Casanova. Maps.
v. 1: *De Luanda ao Cuango.*

Lis., Ed. Imprensa Nacional, 1890. 628 p.
v. 2: *Do Cuango ao Chipago.*
Lis., Ed. Imprensa Nacional, 1892. 908 p.
v. 3: *Do Chipago ao Luembe.*
Lis., pr.pr., 1893. 943 p.
v, 4: *Do Luembe ao Calánhi.*
Lis., pr.pr., 1894. 821p.
[All 4 v.mentiondances, songs, religious ceremonies and cults.] (E)

321. *Expedição portuguesa ao Muatiânvua, 1884-1888. Etnografia e história tradicional dos povos da Lunda.*
Lis., Ed. Imprensa Nacional, 1890. 731 p. II.
H. Casanova. Maps. (E, FW, ST)
- English ed. (Selections): "A Lunda love story and its consequences. Selected texts from tradition collected by Henrique Dias de Carvalho at the court of Muatiamvwa in 1887." In
V. W. Turner, Human problems in British Central Africa, n. 19. London, 1955. (ST)

322. *Expedição portuguesa ao Muatiânvua, 1884-1888. Método prático para falar a língua da Lunda, contendo narrações históricas de diversos povos.*
Lis., Ed. Imprensa Nacional, 1890. xv, (vii), vii, 391 p. II. 2 portraits.
[Incl. 42 proverbs, 7 puzzles, 5 tales, and 41 narratives, ed. with the assistance of Gonçalves Viana.] (FW, ST)

CASCUDO Luís da Câmara
323. *Made in Africa.* Pesquisas e notas.
Rio de Janeiro, Ed. Civilização Brasileira, 1965. (6), 193 p. Il.
[Incl. chapters on the sirens of Angola, Queen Jinga in Brazil, and the African tale of the talking skull.] (E, P, ST)

CHATELAIN Héli
324. *Folk-tales of Angola.* Coll. Memoirs of the American Folk-Lore Society, 1.
Lancaster(Pennsylvania, USA), Ed. American Folk-Lore Society, 1894. 315 p. Maps;
New ed.:
New York, Ed. Negro Universities Press, 1969. 327 p.
[Identical ed., containing 50 tales in Kimbundu, with literal English trans.]
- Portuguese ed.: *Contos populares de Angola.* Trans. M. Garcia da Silva. Pref. Fernan-

do de Castro Pires de Lima.
Lis., Agência-Geral do Ultramar. 1964. 570 p. II.
- Portuguese ed. (Selections): *Contos populares de Angola. Folclore quimbundo.*
Coll. Outras Terras, Outras Gentes, 2.
Porto, Ed. Nova Crítica, (1978). 135 p. II. Fernando de Oliveira.
[Adapted texts of 16 tales and a glossary.]
(ST)

COSTA Elmano da Cunha
ESTERMANN Carlos
325. *Negros.* Pref. Ramada Curto.
Lis., Ed. Bertrand, (1941). xv, 208 p. II.
[The chap. "Vida intelectual dos negros" incl. the tale "A raposa e o leão" and references to beliefs, myths and legends. 2 chap. on blacksmiths contain one poem each.]
(E, P, ST)

COURLANDER Harold
326. *A treasury of African folklore.* The oral literature, traditions, myths, legends, wisdom, sayings, and humor of Africa.
New York, Ed. Crown Publishers, 1975. xxi, 617 p.
[Incl. 17 Kimbundu tales, taken from H. Chatelain, *Folk-tales of Angola,* 1894, and 7 Fiote tales, taken from Richard E. Bennett, *Folklore of the Fjort,* 1898.]
(ST)

DAVID Raúl
327. *Cantares do nosso povo.*
Lu., INALD, 1983. 40 p.
[Bilingual ed., in Umbundu and Portuguese. In 3 parts: "Cantares de namorado", "Lágrimas de mãe", "Chora cantando Pekulia"];
2d, enl. ed.:
Lis., Edições 70, & Lu., UEA, 1982. 95 p[In the 2d ed., the 3 parts are renamed "Cantares de namorado", "Cantares de maldizer", "Cantares de dor."]
(P)

328. *Contos tradicionais da nossa terra.* Coll. Cadernos Lavra & Oficina, 22.
Lu., UEA, 1979. 21 p.
[4 animal fables of the Ovimbundu in Portuguese trans.]
(ST)

329. *Contos tradicionais da nossa terra,* v. 2.
Coll.Cadernos Lavra & Oficina, 41.

Lu., UEA, 1982. 33 p.
[5 more animal fables.]
(ST)

DIOGO J´UNIOR Alfredo
330. *Angola na tradição e na lenda.*
Lu., Ed. Quissange, 1963. 195 p.
(E)

DUARTE B.(- Bandeira?)
331. *Literatura tradicional angolana.*
Benguela, Ed. Didáctica de Angola, n/d. 85 p. [Pref. dated 1975.]
(E)

ENNIS Merlin
332. *Umbundu folk tales from Angola.* Pref. Albert B. Lord. English trans.
Boston, USA, Ed. Beacon Press, 1962. 316 p.
(ST)

ESTERMANN Carlos
333. A mulher e dois filhos. Conto com diversos elementos aculturados. Off. Boletim do Instituto de Investigação Científica de Angola, n. 17.
Lu., 1963. 16 p.
[Also in Portugal em África, 2d series, v. 21, n. 126. Lis., November/December 1964, p. 325-337.]
(ST)

334. "Características da literatura oral dos Bantos do sudoeste de Angola." In 1.o Encontro de Escritores de Angola.
Sá da Bandeira, 1963, p. 293-312.
[Incl. 9 stories and puzzles, proverbs, short poems and songs.]
(FW, P, ST)

335. *Cinquenta contos bantos do sudoeste de Angola.* Pref. and comments by the author. Ed. with the assistance of António Joaquim da Silva. Coll. Memórias & Trabalhos, 7.
Lu., Instituto de Investigação Científica de Angola, 1971. 296 p. Map.
[Bilingual ed. Continuation of *Etnografia...,* 1956-1961.]
(ST)

336. *Etnografia do sudoeste de Angola.* Memórias,Série Antropológica & Etnológica, 3-5.
Lis., Ed.Junta de Investigações do Ultramar, 1956-1961. 3 v.
[V. 1: "Os povos não bantos e o grupo étnico dos Ambos." 286 p.; v. 2: "O grupo ét-

nico Nhaneca-Humbe." 299 p.; v. 3: "O grupo étnico Herero." 251 p.;
2d ed.:
Ibidem, 1960. V.1 & 2. 286, 299 p.
[Chapters of each v. deal with "manifestações artísticas e literárias, in the original language, with Portuguese trans.] (E, FW, P, ST)
- English ed.: *The ethnography of south-western Angola. 3 v.* Pref. of each v. Gordon Gibson and of v. 1 also C. Estermann. New York & London, Ed. Africana, 1976, 1979, 1981. xxviii, (4), 228 p.; 249 p.; 200 p. All 3 v. il.
- French ed.: *Ethnographie du sud-ouest de l'Angola.* V. 1: trans. François Le Roux; v. 2; trans. A. Husser.
Paris, Ed. Académie des Sciences d'Outre-Mer, 1977. 680 p. Il. (E, FW, P, ST)

337. *Etnografia de Angola (sudoeste e centro.)*
Scattered articles collected by Geraldo Pereira. Pref. Manuel Viegas Guerreiro. 2 v.
Lis., Ed. Instituto de Investigação Científica Tropical, 1983. 484 and xvi, 524 p. Il.
[V. 2 incl. "Características da literatura oral dos Bantos do sudoeste de Angola"(1961), "O sentido de justiça como reflexão de alguns contos colhidos entre os Bantos do sudoeste de Angola"(1961) and "A mulher com os dois filhos"(1964).] (E, ST)

Negros. Vide **COSTA** Elmano Cunha e

338. *O sentido de justiça como reflexo de alguns contos recolhidos entre os Bantos do Sudoeste de Angola.*
Lu., 1962. 16 p. Off. Boletim do Instituto de Investigação de Angola.
[Incl. 5 folktales.] (E, ST)

FONSECA António Antunes da
339. *Raízes. Literatura oral.* Pref. Henrique Abranches.
Lu., INALD, 1982.
[Adaptation of 5 folktales from the Ambriz region.] (ST)

340..*Sobre os Kikongos de Angola.* Coll. Estudos, 8.
Lu., UEA, 1986. (ST)

FRANQUE Domingos José (or **BOMA** Zanei-N'Vimba)
341. *Nós, os Cabindas. História, leis, usos e costumes dos povos de N'Goio,* ed. Manuel de Resende.
Lis., Ed. Argos, 1940. 231 p. Il. author's portrait. (E)

FROBENIUS Leo
342. *Atlantis: Volksmärchen und Volksdichtungen Afrikas* [i.e. Folktales and folk poetry of Africa], v. 12: *Dichtkunst der Kassaiden* [i.e.The art of poetry among the people of the Kassai.]
Jena(Germany), Ed. Eugen Diederichs, 1928.
[Incl. stories of the Tshokwes.] (ST)

GRANADO António Coxito
343. *Mucandas ou cartas de Angola.* Vulgarização popular colonial angolana. Usos, costumes, lendas, etnografia comparada.
Lis., pr.pr.(?), 1940. 244 p. Il. (E, ST)

GUENNEC Gregório
344. *Fabulário do povo bundo.* Ms.
[Animal fables collected by missionaries of the Congregation of the Holy Spirit. Property of the Congregation.] (ST)

GUERRA Henrique Lopes
345. *Três histórias populares.* Pref. H. Guerra Coll. Autores Angolanos, 29.
Lis., Edições 70, & Lu., UEA, 1980. 73 p.
[Tales collected in northern Angola in the early 1960s. Retold by Guerra.] (ST)

GUERREIRO Manuel Viegas
346. *Bochimanes Kh˘u de Angola.* Estudo etnográfico.
Lu., Ed. Instituto de Investigação Científica de Angola, 1968. 388 p. Il.
[Chap. xi: "Língua e literatura," p. 317-42.] (ST)
347. *Vida humana no deserto de Namibe - Onguaia.*
1971. (E?)

HAMBLEY Wilfred D.
348. *Talking animals.*
Washington, D.C., Ed. Association Publishers, 1949. 100 p. Il.

[Tales of the Ovimbundu collected and trans. for children.] (ST)

"349. *The Ovimbundu of Angola.*" In <u>Field Museum of Natural History, Anthropological Series, v. 21.</u> Chicago, USA, 1934, p. 89-362. Il. Map. [Results of an expedition to West Africa, 1929-1930. Chap. viii incl. phonetic transcriptions of 4 animal fables of the Ovimbundu, beside English trans. of puzzles, proverbs and 9 animal fables.] (FW, ST)

HAUENSTEIN Alfred
350. *Fables et contes angolais.* Coll. Studia Instituti Anthropos, 24.
Sankt Augustin(Bonn, Germany), Ed. Anthropos Institut, 1976. 294 p.
[15 fables and tales in Tshokwe, Ovimbundu, Kimbundu, Humbe and in French trans.] (ST)

351. *Les Hanya.* Coll. Studien zur Kulturkunde, 19.
Wiesbaden(Germany), Ed. Steiner, 1967. xx, 362 p. Il.
[Incl. tales.] (ST)

JEANNEST Charles
352. *Quatre années au Congo.*
Paris, Ed. G. Charpentier, 1884. xxxi, 327 p. Il.
[Incl. stories of the Fiotes of Cabinda in French trans.] (ST)

K˙OPKE Manuel
353. *Cartas da África (1895-1915).*
Porto, Ed. Imprensa Moderna, 1928. 382 p.
[Incl. folktales.] (ST)

354. *No sertão d'África. Contos tradicionais indígenas.*
Lis., Ed. Spartacus, 1926. 131 p.
[Folktales adapted for European readers.] (ST)

KUBIK Gerhard
355. *A música tradicional e aculturada dos !kung' de Angola.* Trans. from German by João de Freitas Branco.
Lis., Ed. Junta de Investigações do Ultramar, 1970. 89 p. Il. (E)

LAMBO Luís Gonzaga <u>Ferreira</u>
356. *Cancioneiro popular angolano.*
Subsídios. Coll. Autores Ultramarinos, Série Etnografia, 1.
Lis., Casa dos Estudantes do Império, 1962. 29 p. (P)

LANG A.
TASTEVIN C.
357. *Ethnographie de la tribu des Va-Nyaneka.*
Coll. Travaux de la Mission Rohan-Chabot à Angola et à Rhodésie en 1912-1914, v. 5.
Corbeil(France), Ed. Imprimerie Crête, 1938. ix, 213 p. (FW,ST)

LIMA AugustoGuilherme Mesquitela
358. *Fonctions sociologiques des figurines du culte "hamba" dans la société et dans la culture "tshokwé"(Angola)..*
Lu., Instituto de Investigação Científica de Angola, 1971. 427, 1(err.) p. Il.
[Incl. songs, puzzles and other kinds of oral lore.] (E, FW, P)

O dilúvio africano... Vide General, Section A, Oral Literature.

LIMA Fernando de Castro Pires de
359. *Contos populares de Angola.* Off. *Actas do Congresso Internacional de Etnografia,* v. 6.
Lis., Ed. Junta de Investigações do Ultramar, 1965. 29, 14 p. Il. Maps. (E, ST)

LIMA Maria Helena Figueiredo
360. *Nação Ovambo.*
Lis., Ed. Aster, 1977. 257, 1(err.) p. Il.
[The 3d part, "Manifestações artísticas e literárias" incl. texts in Kwanyama, with the Portuguese trans., of 12 chants, 4 tales (2 of them without trans.), 6 proverbs, 8 puzzles, and some prayers. 3 legends concern the origin of the Kwanyama nation and its clans. P. 100-109, 217-236.] (E, FW, P, ST)

MAGALH˙AES António Miranda
361. "Os Ambundos de Angola e o percurso provável da sua migração para aquela hoje nossa colónia." In *Trabalhos do 1.o Congresso Nacional de Antropologia Colonial,* v.

2.
Porto, Ed. 1.a Exposição Colonial Portuguesa, 1934, p. 536-556.
[12 stories, proverbs, puzzles.]   (E,FW, ST)

MAGNO   David José Gonçalves
362.*Etnografia dos Dembos*. Off. *Trabalhos
da Sociedade Portuguesa de Antropologia
e Etnologia*, 3 & 5.
Porto, 1919. 43 p.   (E)

MARCELINO   Rosário
363.*Jisabhu. Contos tradicionais (kimbundu
- português)*. Pref. António Jacinto. Coll.
Contemporâneos.
Lis., Edições 70, & (Lu.), UEA, (1984).
128 p.   (ST)

MARTINS   João Vicente
364.*Subsídios etnográficos para a história
dos povos de Angola. Ikuma ñi Mianda ia Tu-
tchokue (Provérbios e ditos dos Quiocos.)*
Lis., Agência-Geral das Colónias, 1951. 205
p. Il.   (E,FW)

365.*Subsídios para a história, arqueologia
e etnografia dos povos da Lunda. Contos
dos Quiocos*. Collected and trans. into
Portuguese by the author. Pref. Harold de
Sicard (in German). Coll. Publicações Culturais, 83.
Lis., Ed, Diamang, 1971. 260 p. Il. (E, ST)

MARTINS   Joaquim
366.*Sabedoria cabinda. Símbolos e
provérbios*.
Lis., Ed. Junta de Investigações do Ultramar,
1968[i.e. 1969]. 565 p. Il.
[Incl. c.1000 proverbs in Oyo, with Portuguese trans.]   (FW)

MATA   Joaquim Dias Cordeiro da ("Jaquim
ria Matta")
367.*"114 [Cento e quatorze] contos
angolanos."*
Ms. [Coll. apparently lost in the 1940s.] (ST)

368.*Philosophia popular em proverbios
angolenses. Jisabu, Jikéng'ele, Ifika ni
Jinongonongo, Josónëke mu Kimbundu ni
Putu, kua mon'Angola* [i.e. Proverbs, maxims,
similes and puzzles of Angola, in Kimbundu

and Portuguese, by a son of Angola.]
Lis., pr.pr., 1891. 187 p.
[Incl. 636 proverbs and 90 puzzles.]   (FW)

369."Repositório de coisas angolenses
(Usos, costumes, tradições, lendas e
anedotas.)"
Ms. 665 p. [Summarized by M.A. Fernandes
de Oliveira in *Reler África*, Coimbra, 1990,
p. 476-480.]   (FW, ST)

MILHEIROS   Mário Simões ("Farinha Torres")
370.*Etnografia angolana. Esboço para um
estudo etnográfico das tribos de Angola*.
Lu., Ed. Mensário Administrativo de Angola,
1951. 220 p.
[Incl. 5 tales, some puzzles, proverbs, and
songs with musical notes in part 4, "Vida
psíquica", p. 137-159.];
2d, rev. ed. *Notas de etnografia angolana*.
Lu., Ed. Instituto de Investigação Científica
de Angola, 1967. 342 p.   (E, FW, ST)

MOUTINHO   José Viale
371.*Contos populares de Angola*.
1978.   (ST)

NASCIMENTO   Hermínio do
372.*Doze canções da Lunda*. Comentários,
transcrições e harmonização.
Lis., Ed. Diamang, 1962. 78 p.   (E, P)

NASCIMENTO   Lopo do
373.*Considerações acerca de "O dilúvio
africano"*.
1975.   (E)

OLIVEIRA   José Osório de Castro
374.*A Contribuição portuguesa para o
conhecimento da alma negra*. Conferência.
Lis., Ed. Portugália, 1952. 37 p.
[Incl. Excerpts of 8 folksongs from Caianda, in
the Lunda region.]   (E, P)

OLIVEIRA   Saturnino de Souza
FRANCINA   Manuel Alves de Castro
375.*Elementos grammaticaes da língua
nbundo*.
Lu., Ed. Imprensa do Governo, 1861. (4),
xiv, 71 p.
[Incl. 20 proverbs in Kimbundu, with Portu-

guese trans., on the final pages. Probably the first collection of Angolan folklore ever published. (FW)

REDINHA José Pedro Domingues
376.*A caça, seus processos e mitos entre os povos angolanos.* Notas descritivas e esboço de sistematização.
Lu., Ed. Centro de Informação e Turismo de Angola, 1968. 27 p. II. (ST)

377.*Etnias e culturas de Angola.*
(Lu., Instituto de Investigação Científica de Angola, 1973. 448 p. II.
[Incl. "Folclore em geral. Suas expressões culturais e sociológicas," p. 283-329.]
(E, FW, P, ST)

378.*História e cultura dos Kiokos da Lunda.*
Lu., Ed. Sociedade Cultural, 1950. 23 p. (E)

379.*Lendas dos lagos do nordeste. Estruturas e interpretações.*
(Lu.), Ed. Centro de Informação e Turismo de Angola,, 1964. 17, v p. II.
[Earlier in Mensário Administrativo, n. 197. Lu., July/December 1963, p. 25-39];
2d ed.:
Ibidem, 1973. 18 p. (E, ST)

380.*O mito de Samuangui (génio silvícola do nordeste de Angola.)*
Lu., Ed. Direcção dos Serviços de Administração Civil, 1965. 12 p. Off. Mensário Administrativo, n. 10/12. Lu., October/November 1964, p. 77-88. (ST)

REIS João dos
381.*O sapo e o elefante.*
Queluz(Portugal), Ed. Litoral, 11978. 16 p. II.
Mónica Beirão.
[For children, based on an Angolan folktale.]
(ST)

RIBAS Óscar Bento
382.*Ilundo. Divindades e ritos angolanos.*
Lu., Ed. Museu de Angola, 1958. 151 p. II.;
2d., corr. & enl. ed.:
Ilundo. Espíritos e ritos angolanos. Coll. Memórias e Trabalhos, 17.
Lu., Ed. Instituto de Investigação Científica de Angola, 1975. 146, (4), 1 p. + 26 p. of ill.;

3d ed.:
Ilundu. Espíritos e ritos angolanos. Coll. Estudos, 15.
Lu., UEA, & Porto, Edições Asa.(1989). 205 p. [Ed. without the plates of ill. but with an enl. and corr. glossary, p. 159-201.] (E)

383.*Izomba. Associativismo e recreio.* Pref. author.Lu., pr.pr., 1965. 137 p. II.
[Incl. songs and a dramatic dialogue in Kimbundu, with Portuguese trans., recited by the *danças*, i.e. Carnival clubs in Luanda between 1874 and 1950. In the 2d part, "Folguedos populares angolanos."] (E, P, T)

384.*Missosso. Literatura tradicional angolana.* 3 v.
Lu., pr.pr., 1961, 1962,1964. II.;
2d ed., v. 1; *Misoso. Literatura tradicional angolana.*
(Lu.), no publisher (pr.pr.?), (1979). 229 p. II.
[Incl. in v. 1: 26 tales (*missosso*), in Portuguese trans., and 500 proverbs (*jisssabu*), in Kimbundu and Portuguese trans.; In v. 2: recipes, challenges, children's games, etc.; in v. 3: songs, puzzles, supplications, laments. In each v. a glossary.] (FW, P, ST)

385.*Quilanduquilo. Contos e Instantâneos.*
(Lu.), no publisher (pr.pr.?), (¶1973). 185 p.
[The 2d part consists of 4 folktales in Portuguese trans., p. 115-119.] (ST)

386.*Sunguilando (i.e. Evening pastimes.]
Contos tradicionais angolanos.* Pref. author.
Lis., Ed. Agência-Geral do Ultramar, 1967. 225 p.;
2d ed.: Coll. Estudos, 14.
(Lu.), UEA, & Porto, Ed. Asa, 1989. 179 p.
[Incl. an enl. and corr. glossary, p. 153-176. Tales in Portuguese trans., but with the Kimbundu words of some songs within the tales.] (P, ST)

ROCHE A. E.
387.*The clever turtle.*
Englewood Cliffs, New Jersey(USA), Ed. Prentice-Hall, 1969. 32 p. not num. II.
[Angolan folktale adapted for children.] (ST)

SANDERS W. H.
FAY W. E.

388. *Provérbios populares.*
Bela Vista(Angola), Ed. Missão do Dondi,
1958.
[Over 150 proverbs of the Ovimbundu.] (FW)

SANTOS   Ana de Sousa
389. *Aspectos de alguns costumes da
população luandense.*
Lu., Ed. Instituto de Investigação Científica de
Angola, n/d.(c.1975).   (E, FW)

SCHMIDT-WRENGER   Barbara
390. *Folclore musical de Angola, povo
Quioco.* 2 v.
Lis., Ed. Diamang, 1961, 1967.
- Belgian ed.:
*Rituelle Frauengesänge der Tshokwe:
Untersuchungen zu einem Säkularisie-
rungsprozess in Angola und Zaïre* (i.e. Ritu-
al chants of the Tshokwe women:
Investigations of a process of secularization
in Angola and Zaïre.] In German. Coll. Konink-
lijk Museum voor Midden-Afrika, Annalen,
Menselijke Wetenschappen, 98. 2 v.
Tervuren(Belgium), 1979. viii, 180 + ix, 179 p.
[Enl. ed., adding 54 chants collected in 1973
to the 45 in the Lis. ed., which had been
collected from 1950 to 1960.]   (P)

SCHUCHARDT   Hugo
391. *Über die Benguelasprache* [i.e. About
the Benguela language]. Off. Sitzungsberichte der Philosophisch-historischen Klasse
der Kaiserlichen Akademie der Wissenschaften, v. 103. Vienna(Austria), 1883. 14 p.
[Incl. songs in Ovimbundu.]   (P)

SILVA   António Joaquim da
392. *Provérbios em nyaneka.*
N/p., Ed. Serviços da Caritas Portuguesa,
1989. 356 p.   (FW)

SOROMENHO   Fernando Monteiro de
Castro
393. *Lendas negras.* Coll. Cadernos Coloniais, 20.Lis., Ed. Cosmos, 1936. 45 p. Il.;
4th ed.: Ibidem, 1965.
[Incl. 5 Angolan tales and 2 from the island of
Timor, Indonesia.]   (ST)

STIMPSON   S. L.
REDICK   E. C.

394. *Olosapo vioku likisa oku tanga.*
Kamundongo, Ed. Missão Protestante, 1914.
[An Ovimbundu reader, incl. folktales.]   (ST)

TAVARES   José Lourenço
395. *Gramática da língua do Congo
(Kikongo, dialecto Kisolongo.)* 2d ed.
Lu., Ed. Imprensa Nacional, 1934. xi, 160 p.
[Incl. 18 puzzles in Kikongo, with Portuguese
trans., and several stories, the last of them
with Portuguese trans., "as heard at our former mission of Lunuango."]   (FW, ST)

TOENJES   C. Hermann
396. *Ovamboland* [i.e. Country of the
Ovambo].
Berlin(Germany), Ed. Werneck, 1911. viii,
316 p. Il.
[In German. Incl. Cuanhama fables.]   (ST)

VALENTE   José Francisco
397. *5* [Cinco] *estórias de cágado.* Coll.
Cadernos Lavra & Oficina, 23.
(Lu., UEA, 1980.] 28 p.
[Folktales in Umbundu and Portuguese from
Paisagem africana, 1973.]   (ST)

398. *Paisagem africana. Uma tribo angolana
no seu fabulário.*
Lu., Ed. Instituto de Investigação Científica de
Angola, 1973. xxii, 472 p.
[Fables collected among several Tshikuma
clans. Bilingual ed., in Umbundu and Portuguese trans.]   (ST)

399. *Selecção de provérbios e adivinhas em
umbundu.*
Lis., Ed. Junta de Investigações do Ultramar,
1964. 221 p.
[Bilingual ed., with over 1300 items.]   (FW)

VARIOUS   AUTHORS
400. "Contos, lendas e provérbios." In
Mensário Administrativo de Angola, n. 2, 3,5,
7,13, 14, 16-19, 22/23, 26/27, 35/36, 41/42,
47/48.
Lu., 1947-51.
[Texts in several Bantu languages, with
Portuguese trans., collected by Vasco de
Abreu, Albino Alves, Herculano da Silva Bar-
ros, Horácio A. R. de Carvalho, Augusto C.S.
Castro Júnior, Fernando Pais Chabi, Ernesto

Ressurreição Corte, Bandeira Duarte, Manuel
M. P. de Faria, Jorge Ramos Lopes, António
da Silva Maia, José Matias de Morais, Alberto
Augusto Pires, J. Fernando dos Santos.]
(FW, ST)

VARIOUS AUTHORS
401."Fabulário do povo Bundo." Ms.
[Collected by the La Sallette Fathers. Their
property.] (ST)

VAZ José Martins
402.*Filosofia tradicional dos Cabindas,
através dos seus testos de panela,
provérbios, adivinhas e fábulas.* Pref. Carlos
Estermann. 2 v.
Lis., Ed. Agência-Geral do Ultramar, 1969 +
1970. 792 + 384 p. II. Afonso Cunha, Joel
Seabra Leiria.
[V. 2 incl. 569 proverbs, different from the
more than 300 il. by "potsherds" in v. 1, 110
puzzles and 20 fables, collected between
1948 and 1958 while the author was a missionary in Cabinda. Many of the same proverbs were incl. in his *No mundo dos Cabindas*, 2 v., Lis., Ed. LIAM, 1970.] (E,FW,ST)

VICTOR Geraldo Bessa
403.*Ensaio crítico sobre a primeira colecção
de provérbios angolenses.*
Lis., Ed. Enciclopédia, 1975. 163 p.
[On Saturnino de Souza Oliveira and M.A. de
Castro Francina's grammar of 1861.] (E)

404.*Quinjango no folclore angolense.*
Braga, Ed. Pax, 1970. 85 p.
[Incl. text of a song about Geraldo António
Vitor "Quinjango" (i.e. Scimitar) .] (E, P)

VIDAL João Evangelista de Lima
405.*Por terras d'Angola.*
Coimbra, Ed. França Amado, 1916. iv, 487 p.
II.
[Incl. several animal fables and proverbs.]
(FW, ST)

Section B   Secção B

Creative Writing   Literatura culta

(Novels, novellas,   (Romance, novela,
stories, prose sket-   conto, crónica, teaches, theater, poe-   tro, poesia)
try)

ABEL Martins das Neves   João
406.*Bom dia.* Poemas.
Lu., pr.pr., 1971. 60 p. not num.;
2d ed.: Coll. Cadernos Lavra & Oficina, 74.
Lu., UEA, c.1940. (P)

407.*Nome de mulher.*
Lu., pr.pr., 1973. 82 p. (P)

408. Varia:
"Um poema para ti." In *Cultura*(II), v. I, n. 1. Lu.,
November 1957, p. 9.
"Poema da paz e da distância." Ibidem, n.
2/3. Lu., January/March 1958, p. 8.
2 poems. Ibidem, v. 2, n. 6/7. Lu., March 1959
(one of them, "Negro João", incl. in *Bom dia*,
1971, the other, "Alegoria ao sol", incl. in C.
Eduardo, *Poetas angolanos*, 1959, and in Casa dos Estudantes do Império, *Poetas angolanos*, 1962.)
"Vigésima canção d'amor." Ibidem, v. 2, n. 9/
10. Lu., December 1959, p. 10.
"Um poema da hora presente,"
"Apontamento", "Alegoria ao sol," "11.a canção de amor," "23.a canção de amor," "8.a
canção d amor." In Various Authors, *Força
nova*, 1961, p. 73-81. (P)

"O tocador de quissanje." In *Cultura*(II), v. 2,
n. 6/7. Lu., March 1959, p. 6. (ST)

ABRANCHES Henrique Moutinho
409.*A konkhava de Feti*, v. 1 [i.e. Feti's
hatchet].
Coll. Autores Angolanos, 36.
Lis., Edições 70,& Lu., UEA, 1981. 296 p. II.
H. Abranches;
2d ed.: Coll. 2K, Prosa.
Lu., UEA, (1985). 293 p. II. H. Abranches.
["A narrative of the Ambo people, based on
the history , the legends and the mythology
of southern Angola, conceived in 1961 and
completed in 1979."] (NO)

410. *Cântico barroco.* Coll. Contemporâneos. Lis., Edições 70, & Lu., UEA, 1988. 55 p.(P)

411. *Diálogo.* Coll. Autores Ultramarinos, Série Literatura, 12. Lis., Ed. Casa dos Estudantes do Império, (1963). 55 p. (ST)

412. *Diálogo.* Coll. Lavra & Oficina, 83. Lu., UEA, 1987. 21 p. [One tale which could not be included in the v. of the same title in 1963 as planned.] (ST)

413. *Kissoko de guerra* [i.e.Wartime alliance of clans.] Prosa. Coll. Contemporâneos. 2 v. (Lu.), UEA, & Porto, Ed. Asa, 1989. 335 + 243 p. [About the civil war between the MPLA government and the UNITA movement supported by South Africa.] (NO)

414. *O clã de Novembrino.* 3 v.: 1. *Os primeiros passos*; 2. *O passo dos Omakissi*; 3. *O passo final.* Lu., UEA, & Porto, Ed. Asa, 1989. 407+278 +355 p. II. H. Abranches. (NO)

415. *Sobre a colina de Calomboloca e outros poemas.* Coll. Cadernos Lavra & Oficina, 66. Lu., UEA, 1987. 41 p. [Poems written in the early 1960s.] (P)

416. Varia: "Poema". In Cultura(II), v. 1, n. 5. Lu., September 1958, p. 17. "Poemas do *Cancioneiro de Ganguela.*". In Jornal de Angola, v. 9, n. 114. Lu., 30 November 1961, p. 2, 4. (P)

"Sangue como chuva na seca." In Cultura(II), v. 2, n. 8. Lu., June 1959, p. 24; also in Casa dos Estudantes do Império, *Contistas angolanos,* 1960, p. 107-111, and in G. Andrade & L. Cosme, *Novos contos d'África,* 1962, p. 79-86. "Incompatibilidade". In Jornal de Angola, v. 9, n. 113. Lu., 15 November 1961, p. 5. "Nós somos o vendaval." In Mensagem, v. 14, n. 4. Lis., 1962, p. 49-55. (ST)

ABRANTES José Mena

417. *Ana Zé e os escravos.* Teatro. Coll. Contemporâneos. Lu., UEA, & Porto, Ed. Asa, 1988. 75 p. [About slave-trading dona Ana Joaquina of Luanda and the deported Portuguese bandit José do Telhado.] (T)

ABREU Antero Alberto Ervedosa de
418. *A tua voz Angola.* Coll. Cadernos Lavra & Oficina, 11. (Lu., UEA, 1978.) 22 p. [Poems written between 1975 and 1977.](P)

419. *Permanência.* Coll. Autores Angolanos, 18. Lis., Edições 70, & Lu., UEA, 1979. 102 p. [Poems written between 1946 and 1977.] (P)

420. *Poesia intermitente.* Coll. Contemporâneos. Lis., Edições 70, & Lu., UEA, 1988. 53 p .(P)

421. Varia: "Poema da hora da partida," "Libertação", "Uma canção de primavera," "Aos novos gladiadores." In Meridiano. Coimbra, Secção da Casa dos Estudantes do Império,(1948). "Poema" and "Canto anónimo". In Via Latina. Coimbra, 1950, and in Mensagem, v. 3, n. 3/4. Lis., 1960, p. 28. "Aspiração", "Libertação", "Poema", "A alienação e as horas," "Aos novos gladiadores." In G. Andrade & L. Cosme, *Antologia poética angolana,* v. 1, 1950, p. 58-63, and in *Mákua,* v. 3, p. 60-65. Sá da Bandeira, 1963. "Uma canção da primavera." In Mensagem, n. 1. Lu., 1951, p. 12, later named "Aspiração". "Libertação". Ibidem, n. 2/4, 1952, and in C. Eduardo, *Poetas angolanos,* 1959,p. 33. "Mulata". In "Artes e Letras," of Província de Angola, Lu., 18 October 1972. [Written in 1960.] Ten poems, 3 of them not published before. In M. Ferreira, *No reino de Caliban,* v. 2, 1976, p. 119-128. [The additional poems were "J. B. Dias, no leito do hospital"(c.1950), "O homem canta"(c.1951) and "Concerto"(1961). (P)

ABREU Maia Maria Manuela de
422. Varia: Poems in "Panorama de Artes e Letras," of

Diário de Luanda, 1972. [Probably her first.]
Poems in "Artes e Letras," of A Província de
Angola, 5 April, 24 May, 28 June, 29 September, 4 October, 22 November 1972; 10 January, 28 February, 4 April, 20 June, 26 September, 31 October 1973; 11 March, 10 December 1974, among other dates. Lu.
Poems in "Convergência" of Ecos do Norte,
Malanje, 10 March, 26 May, 1 September
1974.
"Em cada manhã, de longe," "Visita", "Pastorela", "E pede o silêncio," and 2 unpublish--
ed poems, "Para Angola para o poema" and
"Pôr-de-sol". In M. Ferreira, No reino de
Caliban, v. 2, 1976, p. 372-375. (P)

AGUALUSA   José Eduardo
423.A conjura. Pref. Manuel dos Santos
Lima. Coll.Uma Terra Sem Amos.
Lis., Ed. Caminho, 1989. 187 p.;
2d ed.:
Porto, Ed. Asa, & Lu., UEA, 1990;
3d ed.: Coll. Palavra Africana.
Lis., Ed. Vega, c.1991.
[Subtitled "Relato dos infaustos acontecimentos que se deram nesta nossa terra de S.
Paulo da Assunção de Luanda no dia 16 de
junho de 1911."] (NO)

424.A feira dos assombrados. Coll. Palavra
Africana.
Lis., Ed. Vega, 1991. 79 p. (NO)

425.Coração dos bosques. Poesia 1980-
1990.
Coll. Contemporâneos.
Lu., UEA, (1991). 80 p. (P)

426.D. Nicolau Água-Rosada e outras
estórias verdadeiras e inverosímeis.
Postscript A. M. Leite. Coll. Palavra Africana.
Lis., Ed. Vega, 1990. 142 p. (ST)

"AGUILAR   António de (i.e. AZEREDO
    António de)
427.Aventuras de caça. Pref. José Osório de
Oliveira.
Lis., Ed. Parceria A. M. Pereira, 1935. 220, v
p. (ST)

428.Funantes. Romance de Angola. Pref.

Amândio César.
Braga, pr.pr., 1970. 342 p. (NO)

AIRES de Magalhães Sepúlveda   Cristóvão
429.O moleque. (Brinde aos senhores
assinantes do Diário de Notícias.)
Lis., Ed. Diário de Notícias, 1887. 159 p.
[6 stories.] (ST)

ALBUQUERQUE Ferreira   Orlando de
430.À sombra de Hipócrates.
(Braga, pr.pr., 1987.) 93 p. Dupl.
[6 of the 15 stories told by a physician are
based on experiences in the Lunda region
and during the civil war in Lobito. Written in
1976 and 1978.] (ST)

431.A casa do tempo. Crónicas.
Sá da Bandeira, Ed.Imbondeiro, 1964. 204 p.
(SK)

432.A porta fechada. Romance. Ms.(?) (NO)

433.As borboletas também voam. Crónicas.
Ms.(?) (SK)

434.A última estrela. Romance. Ms.(?) (NO)

435.Auto de Natal. Coll. Capricórnio.
Lobito, pr.pr., 1972. 16 p. (T)

436.A verdadeira história de Noé e da sua
arca.
(Braga, pr.pr., 1987.) 41 p. not num. Dupl.
[A pessimistic comedy, dated Ganda, 1965.]
(T)

437.Batuque negro.
Coimbra, 1947.
[Suppressed by the Portuguese censor in
Coimbra, after having been printed.] (P)

438.Cariango.
Lobito & Braga, Ed. Capricórnio, 1976. 89 p.
[Printed & published in Portugal.] (N)

439.Cidade do Índico.
(Lobito), Angola, Ed. Aos 4 Ventos, 1962. 47
p.;
2d ed.: Coll. Unidade, Poesia, 4.
Lis., Ed. Agência-Geral do Ultramar, 1963. 43

p.   (P)

440. *Cobra verde.* Ms.(?) c.1970.
[Mentioned by the author in "Artes e Letras" of A Província de Angola, Lu., 18 October 1972.]   (P)

441. *Crónica dos dias de vergonha.*
(Braga, pr.pr., 1985.) 103 p. Dupl.
["Testimony to the indecency of certain people who manage to turn the others into beasts."]   (SK)

442. *De coração nas mãos.* Ms.(?)   (P)

443. *De manhã cai o cacimbo.* Contos. Coll. Ultramar, 3.
Porto, Ed, Portucalense, 1969. 181 p. (ST)

444. *Encontro no café.* Ms.(?)   (N)

445. *Estrela perdida.*
Coimbra, Ed. Imprensa de Coimbra, 1954.
12 p.   (P)
2d, enl.ed.:
Estrela perdida e outros poemas. 1951-1962.
(Lobito?). Aos 4 Ventos, 1962. 32 p.   (P)

446. *Eu güenta, senhor doutor1 Eu güenta...*
(Braga?, pr.pr.), 1978.   (ST)

447. *Exílio de mim.* Ms.(?)   (SK)

448. *Herodes e o menino.* Mistério em 3 quadros e 1 presépio. Brinde de Natal.
Lobito,pr.pr., 1974. 23 p.   (T)

449. *História de um homem que se chamava Adalberto.* Ms.(?)   (ST)

450. *História do menino que não soube se o Natal tinha acabado.*
Lobito & Braga, (Ed.Capricórnio), 1976. 14 p.   (ST)
451. *Histórias de Sá Mucondo.* Ms.(?)
[For children.]   (ST)

452. *Histórias do diabo.* Contos.
Braga, Capricórnio & Pax, 1979. 116 p. (ST)

453. *Maxaquene.* Ms.(?)   (ST)

454. *Menino negro guardador de rebanhos.*
           (SK)

455. *O adeus a Ítaca.* Impressões e memórias. Ms.(?)   (SK)

456. *O filho de Zambi.* Coll. Cadernos Capricórnio, 14.
Lobito, Ed. Capricórnio, 1974. 47 p.
[Written in December 1969. First published in O Lobito, January 1972.]   (T)

457. *O grande capitão.* Teatro.
      1967. Ms.(?)
[Adapted for radio.]   (T)

458. *O homem que tinha a chuva.* Romance.
Lisa., Ed. Agência-Geral do Ultramar, 1968.
140 p.   (NO)

459. *O instante e a voz.* Ms.(?)   (P)

460. *Olá Negro!* Ms.(?)   (P)

461. *O silêncio intermédio.*
(Braga, pr.pr., 1987.) 68 p. not num. Dupl.
[2 works written in Angola.]   (P)

462. *Os olhos na noite.* Ms.(?)   (ST)

463. *Ovimbanda.* Coll. Círculo, 2/3.
Sá da Bandeira, Ed. Imbondeiro,(1967). 46 p.
[2 act play.];
2d ed.:
Lobito, Ed. Capricórnio, 1975. 39 p. (T)

464. *Poesia inútil.* Coll. Metrópole e Ultramar, 72.
Braga, Ed. Pax, 1972. 51 p.   (P)

465. *Quando a chuva molha.* 9 crónicas de "A casa do tempo."
Lu., Ed. Casa Ideal, 1964. 27 p.
[Sequel to *A casa do tempo*, 1964. Prose sketches and fables previously published in Angolan newspapers, e.g. O Lobito.](SK,ST)

466. *Quinze poemas para os amigos e um epílogo.*
Braga, pr.pr., 1977. 19 p. not num. Dupl.

[Written"quando o sonho morreu" and Albuquerque felt that he had to leave Angola for ever in 1977. Limited ed.] (P)

467. *São Nicolau.*
(Braga, pr.pr., 1984.) 142 p. Dupl.
[Stories about Cape Verdeans in Angola. Some were first published in A Província de Angola, Lu.] (ST)

468. *Saudades de Mandavir.* Ms.(?) (SK)

469. *Sobre o vento noroeste.*
Sá da Bandeira, Ed. Imbondeiro, 1964. 64 p. (P)

470. *Teatro infantil de Natal.* Ms.(?) [For children.] (T)

471. *Uma história de Natal.* Oferta de Natal. Lobito, Ed. Capricórnio, 1973. 14 p. (ST)

472. *Um grande negócio.* Coll. Cadernos Capricórnio, 1.
Lobito, Ed. Capricórnio, 1972. 14 p.
[Published earlier in Boletim Cultural do Huambo, v. 18, n. 19. Nova Lisboa, September 1965, p. 9-17, in his book *De manhã cai o cacimbo*, 1969, and in O Lobito, November 1972.] (ST)

"**ALEMQUER** Zacarias d'"
473. Varia:
"A preta e a mulata." In Novo Almanach de Lembranças Luso-Brasileiro para 1930. Lis., 1929, p. 278.
"A liberdade". Ibidem para 1930. Lis., 1930, p. 344. (P)

"Um casamento original." Ibidem para 1924. Lis., 1923, p. 309.
"Costumes gentílicos". Ibidem para 1927. Lis., 1926, p. 334
"Um verdadeiro contraste." Ibidem para 1928. Lis., 1927. p. 117f.
"O sombreiro". Ibidem para 1928. Lis., 1927, p. 181f.
"O palácio das Bolas." Ibidem para 1929. Lis., 1928, p. 108.
"Comboios morcegos". Ibidem para1931.Lis., 1930 , p. 14f.
"A biliosa e a perniciosa." Ibidem para 1931.

Lis., 1930, p. 195f. (SK)

ALMEIDA Júlio d'
474. *Imagens de Angola.* Literatura colonial.Pref. Mateus Moreno.
Porto, Ed. Liv. Simões Lopes, 1949. 115 p. II.
[Prose sketches and stories of Moçâmedes.] (SK, ST)

ALMEIDA Ribeiro
475. *O profeta.*
Lu.(?), pr.pr., 1972. (T)

"**ALMEIDA** Ruy d'" (i.e. **ALMEIDA** Rui Vitor da Silva)
476. Varia:
23 poems. In F. Neiva, *Antologia poética*, v. 2. Benguela, pr.pr., 1970, p. 7-31. (P)

"**ALMEIRIM** Zarco d'"
477. *Da terra dos pretos.* Crónicas gentílicas. Sá da Bandeira, Coimbra Ed., 1931. 95 p. II. (SK)

"**ALTAMIRA** Jorge d'"
478. *Mulata. Scenas da vida de Benguela.*
Benguela, Ed. Liv. M. de Mesquita, 1927. 263 p. (NO?)

ALVARENGA Fernando da Cunha
479. *Do Konjeve a Nzinga-a-Cuum.* Poemas. Nova Lisboa, Ed. Publicações Idealeda, 1975. 31 p. not num., printed on alternate p. (P)

480. *Hoje na madrugada.* Postscript Carlos Teiga: "Ainda os poetas do grupo literário *Vector.*" Coll. Idealeda, 2.
Nova Lisboa, Ed. Publicações Idealeda, (1972). (P)

481. Varia:
10 poems in Vector. Cadernos de Poesia, n. 1. Nova Lisboa, 1971.
14 poems ibidem, n. 2. Nova Lisboa, 1972.(P)

ALVES Carlos ("Cave")
481-a.*Manda.* Romance.
Lis., pr.pr., 1965. 276, 7 p.;
2d ed.;
Porto, pr.pr., (1968). (NO)

482. *Os filhos de Manda.* Pref. Ferreira da Costa. Coll. Três Continentes, 1. Lis., Ed. Publicações Novo Mundo, 1970. 253 p. (NO)

483. Varia:
"O senhor Cazongo." In A. César, *Contos portugueses do ultramar,* v. 2, 1969, p. 435-444. (ST)

ALVES José
484. *Um poema e sete estórias de Luanda e do Bengo.*
Lu.(?), 1988.
[For children.] (P, ST)

"ALVES Nito" (i.e. **BAPTISTA** Alves Bernardo)
485. *Memória da longa resistência popular.* Pref. Albertino Almeida. Coll. Cântico Geral, 1.
Lis., África Ed., 1976. 147 p. II. author's portrait. (P)

AMARAL J'UNIOR João
SANTOS Fidalgo dos
486. *Os aventureiros da selva. Cenas d'África.*
Lis., Ed. Renascença, 1929. 132 p.
[Incl. also 3 stories by Amaral Júnior: "O passageiro fantasma," "A peça que pregou peça" and "A cilada".] (N, ST)

AMARO Celestino Soares
487. *O mêdo.*
Nova Lisboa, pr.pr., 1975. 65 p. (N)

AMARO João
489. *Coisas da fronteira - Retratos do colonialismo.* Pref. Octaviano Correia.
(Lu.), INALD, n/d.(c.1987). 101 p. (ST)

AMBR'OSIO Raquel Leitão
490. *Missangas.* Coll. Iniciação.
Benguela, Ed. Convivium, 1972. (P)

AMORIM Maria de Lurdes Trindade
491. Varia:
29 poems in F. Neiva, *Antologia poética,* v. 1. Benguela, 1970, p. 32-56. (P)

ANDRADE António Marcos de

492. *Cartas angolanas.*
Lis., pr.pr., 1966. 57 p. (SK)

ANDRADE Francisco Fernando da Costa
493. *Armas com poesia e uma certeza.* Coll. Homem Novo, 5.
(Lusaka, Zambia), Ed. Serviço de Cultura do MPLA, 1973. 98 p. Dupl.
[Selections from various unpublished series.] (P)

494. *Estórias de contratados.* Pref. Pepetela. Coll. Autores Angolanos, 31.
Lis., Edições 70, & Lu.,, UEA, 1980. 111 p.
["Estórias of the author's youth, written in 1958 and 59."] (ST)

495. *Falo de amor por amor.* Coll. Cadernos Lavra & Oficina, 52.
Lu., UEA, 1985. 45 p. (P)

496. *Lenha seca. Fábulas recontadas na noite.* Coll. Vozes do Mundo.
Lis., Ed. Sá da Costa, 1986. 81 p. II. Espiga Pinto.
[All but the last fable had been published in a dupl. ed. in 1973 on the 'Eastern Front" by the Serviço de Cultura do MPLA . Rev. for this ed., while retaining their political message.] (ST)

497. *Limos de lume.* Poesia.
(Lu.), UEA, (1989). 55 p.
[Published under the pen name "Wayavoka André".] (P)

498. *No velho ninguém toca.* Poema dramático com Jika. Pref. Basil Davidson. Coll. Vozes do Mundo, 12.
Lis., Ed. Sá da Costa, 1979. 51 p.
[The play caused the author trouble with the Angolan government.] (T)

499. *O caderno dos heróis.* Coll. Lavra & Oficina, 2.
Lu., UEA, (1977). 29 p.;
2d ed. Ibidem, 1978;
3d ed. Ibidem, 1980. With a different cover.(P)

500. *O Cunene corre para o sul.* Poesia revoltada. Coll. Cadernos Lavra & Oficina, 37.

Lu., UEA, 1981. 27 p. (P)

501..*O país de Bissalanca*. Poema. Pref. Aristides Van-Dúnem. 14. Coll. Vozes do Mundo, 14.
Lis., Ed. Sá da Costa, & Lu., UEA, 1980. 31 p. (P)

502.*O regresso e o canto*. Coll.Cadernos Capricórnio, 32.
Lobito, Ed. Capricórnio, 1975. 19 p. (P)

503.*Os sentidos da pedra*. Coll. Contemporâneos.
Lu., UEA, & Porto, Ed. Asa, 1989. 95 p. (P)

504.*Poesia com armas*. Poemas. Pref. Mário de Andrade: "O canto armado do povo angolano" Coll. Vozes do Mundo, 4.
Lis., Ed. Sá da Costa, 1975. 158 p.
Poems selected from the series "O capim nasceu vermelho"(1960/61), "Cântico de acusação"(1961-63), "Cela 1"(S. Paulo, Brazil, April 1964), "Flores armadas"(1970), "O guerrilheiro"(1969-71), "O amor distante"(1969), "Requiem para um homem"(1973), "O povo inteiro"(1974), "O Lundoji e o foco" and "O futuro nasceu da noite"];
2d ed.:
Lis., Ed. Sá da Costa, & Lu., UEA, 1978. (P)

505.*Tempo angolano em Itália*. Poemas.
S. Paulo(Brazil), Ed. Felman Rego, 1963. 77 p. (P)

506.*Terra de acácias rubras*. Coll. Autores Ultramarinos, 6.
Lis., Ed. Casa dos Estudantes do Império, 1961. 47 p. (P)

507.*Um ramo de miosótis*...
Lusaka(Zambia), Ed. Departamento de Informação e Propaganda do MPLA, 1970. 1 folded sheet. Dupl. Il. (P)

508. Varia:
"Madrugada" and "Miragem". In M. Nobre, *Antologia de poesia angolana*, 1957, p. 125-127.
"Insubstância" and "Jangos". In Cultura(II), n. 11. Lu., May 1960.
"Nas vozes de todas as vozes." Ibidem, n.

12.Lu., 1960, p. 3.
"Poema". In Boletim Cultural do Huambo, v. 12/13, n. 12/13. Nova Lisboa, September 1960, p. 112f. (P)

"Calema". In Mensagem, v. 1, n. 4. Lis., March 1958, p. 14-17.
"Nova Lisboa". In Boletim Cultural do Huambo, v. 11, n. 11. Nova Lisboa, September 1958, p. 81-85.
"Jango". In Cultura(II), v. 2, n. 9/10. Lu., December 1959.
"Um conto igual a muitos." In Casa dos Estudantes do Império, *Contistas angolanos*, Lis.,1960, p. 135-148. (ST)

ANDRADE Freire de
509.*A grande burla*. Coll. África, 1.Lis., Ed. Seara Nova, 1974. 117 p.
(NO)

ANDRADE Garibaldino de Oliveira Conceição
510.*Ao pôr do sol*. Coll. Círculo, 1.
Sá da Bandeira, Ed. Imbondeiro, 1967. 26 p.
[Earlier in G. de Andrade & L. Cosme, *Contos d'África*, 1961, p. 211-235.] (ST)

511.*Contos da África e da Europa*. Coll. Livro do Bolso Imbondeiro, 5.Sá da Bandeira, Ed. Imbondeiro, 1964. 101 p.
[3 of the 6 stories have African themes, "O tesouro", "Natal africano" and "Ao pôr do sol."] (ST)

512.*O tesouro*. Coll. Imbondeiro, 1.
Sá da Bandeira, Ed. Imbondeiro, 1960. 35 p.;
2d ed. Ibidem, n/d. 35 p. (ST)

ANDRADE Inácio José Esteves Rebello de
513.*Apontamentos da rua*. Contos.
Lis., pr.pr., 1961. 91, 7 p.
[Opens and closes with the poems 'Prelúdio" and "Epílogo".] (P, ST)

514.*Um grito na noite*. Coll. Imbondeiro, 11.
Sá da Bandeira, Ed. Imbondeiro, 1960. 27 p.
Il. Raquel Ávila.
[Incl. also "O capataz Abel."] (ST)

515. Varia:

74

"Poema do canto escuro" and "A velha negra." In M. da C. Nobre, *Antologia de poesias angolanas*, 1957, p. 288-292. (P)

"ANDR´E Wayovoka" Vide **ANDRADE** Fernando Costa Andrade

ANON
516. Varia:
"As calamidades de Angola." In António de Oliveira Cadornega, *História geral das guerras angolanas, 1681-1683*, v. 3. Lis., Agência-Geral das Colónias, 1942, p. 383-386; New facsimile ed.:
Lis., Ed. Agência-Geral do Ultramar, 1972.
[A 17th century satire.] (P)

ANT´ONIO Fernandes de Oliveira Mário
517. *Afonso, o Africano.*
(Braga), Ed. Pax, (1980). 32 p.;
2d ed.: Ibidem, (1981). (P)

518. *Amor.* Poesias. Coll. Autores Ultramarinos, 1.
Lis., Ed. Casa dos Estudantes do Império, 1960. 29 p.
[Poems dated between 1954 and 1957.] (P)

519. *100 [Cem] poemas.*
Lu., Ed. ABC, 1963. 184 p.
[With the essays "O poeta angolano Mário António" by A. César and "A poesia de Mário António" by A. Margarido.] (P)

520. *Chingufo* (i.e. Trapezoid drum]. Poemas angolanos.
Lis., Agência-Geral do Ultramar, 1962. 81 p.
(P)

521. *50* [Cinquenta] *anos - 50 poemas.* Pref. Eugénio Lisboa, postscript Maria de Almeida e Sousa.
(Lis.),Ed. Átrio, 1988. 98, 2 p. (P)

521-a.*Coração transplantado.* Coll. Metrópole e Ultramar, 54.
Braga, Ed. Pax, 1970. 53 p. (P)

522. *Crónica da cidade estranha.* Coll. Unidade, Ficção, 3.
Lis., Agência-Geral do Ultramar, 1964. 135 p.;
2d ed.:

Queluz(Portugal), Ed. Literal, 1977. 135 p.;
3d ed.: Ibidem, 1977. Identical with 2d ed.
(N, P)

523. *Era, tempo de poesia.*
Sá da Bandeira, Ed. Imbondeiro,(1966). 79 p.
(P)

524. *Farra no fim de semana.* Coll. Metrópole e Ultramar, 15.
Braga, Ed. Pax, 1965. 107 p. (ST)

525. *Gente para romance: Álvaro, Lígia, António.* Coll. Imbondeiro, 19.
Sá da Bandeira, Ed. Imbondeiro, 1961. 34 p. Il. (C)

526. *Lusíadas.* Poema.
Braga, Ed. Pax, 1978. 15 p. (P)

527. *Mahezu.* Tradições angolanas.
Lis., Ed. Serviço de Publicações Ultramarinas, 1966. 73 p. Il. José Antunes.
[Freely adapted folktales.] (ST)

528. *Memórias e epitáfios.* Textos nostálgicos. Coll. Capricórnio, 23.
Lobito, Ed. Capricórnio, 1974. 16 p. Il. João Mário.
[Lyrical visions of Luanda.] (E)

529. *Nossa Senhora da Vitória. Massangano. 15 de Agosto de 1968.*
Lu., Ed. Imprensa Nacional, (1968). 4 p. (P)

530. *Poemas & canto miúdo.* Coll. Imbondeiro, 7.
Sá da Bandeira, Ed. Imbondeiro, 1960. 27 p. Il. Fernando Marques. (P)

531. *Poesias.*
Lis., pr.pr., 1956. 16 p. (P)

532. *Rosto de Europa.* Coll. Metrópole e Ultramar, 40.
Braga, Ed. Pax, 1968. 78 p. (P)

533. Varia:
"Não quero mais estudar," "À procura de um poema," "Noites de luar no morro de Maianga." In Távola Redonda, n. 13. Lis.-Algés, March 1952, p. (6). (P)

"Crónica luandense". In "Artes e Letras," of A Província de Angola, Lu., 4 December 1974,p. 15f.
"O medo". Ibidem, 1st January 1975, p. 13. (SK)

"Cipaio". In Mensagem, n. 2/4. Lu., October1952.
"Destino de pescador." In Boletim Cultural do Huambo, v. 4, n. 8. Nova Lisboa, September 1955, p. 44f. Also in Crónica da cidade estranha, 1964, p. 105ff.
"O cozinheiro Vicente." In Casa dos Estudantes do Império, Contistas angolanos, 1960, p. 73-78. (ST)

ANTUNES Gabriela
534. Sertanejos. Coll. Cadernos Coloniais, 9.Lis., Ed. Cosmos, n/d.(c.1940). 46 p.
[Biographical sketches.] (SK)

535. Estórias velhas roupa nova. Coll. Acácia Rubra.
Lu., UEA, 1988. 40 p. Il. Rui Truta.
[4 animal fables adapted for children.] (ST)

536. Lubuna - O menino que não conhecia Flor-Viva.
Lu.(?), UEA(?), n/d.
[For children.] (ST)

537. O castigo do dragão glutão.
Lu.(?), UEA(?), n/d.
[For children.] (ST)

ANTUNES Gabriela
POMBAL Rosalina
538. A águia, a rola, as galinhas e os 50 Iwei. Coll. Piô-Piô.
Lu., INALD, 1982. 16 p. Il. António P. Domingues.
[For children.] (ST)

539. Kibala, o rei leão. Coll. Piô-Piô.
Lu., INALD, 1982. 8 p. Il. António P. Domingues.
[For children.] (ST)

ARCHER Eyrolles Baltasar Moreira Maria Emília
540. Ninho de bárbaros. Coll. Cadernos

Coloniais, 15.Lis., Ed. Cosmos, n/d. 39 p.
[3 prose sketches.] (SK)

541. África sem luz. Pref. Paulo Dantas.
S. Paulo(Brazil), Ed.Clube do Livro, 1962. 143 p. (ST)

542. Varia:
"A carta". In O Mundo Português, v. 2. Lis., 1935.
"Legítima defesa". Ibidem, v. 6. Lis., 1939, p. 181-187.
"A morte do pigmeu." Ibidem, v. 7. Lis., 1940, p. 309-313. (ST)

ARCHER Maria
QUARTIM Pedro
543. Duas novelas.
Lu., pr.pr., c.1935. 72 p.
["Três mulheres" by M. Archer and "A lenda e o processo do estranho caso de Pauling" by P. Quartim.] (N)

ARRIMAR Jorge Manuel de Abreu
544. Ovatyilongo [i.e. Those of the country.] Pref. Carlos Estermann.
Sá da Bandeira, pr.pr., 1975. 48 p. (P)

545. 20 [Vinte] poemas de savana. Pref. Ruy Sousa Martins.
Ponta Delgada(Azores), pr.pr., 1981. 38 p.(P)

ARROJA J'UNIOR Joaquim
546. Flores negras. Poemas angolanos.
Coimbra, pr.pr., 1954. 79 p.
[Poems modeled after those by the Brazilian Catulo Cearense.] (P)

547. Imo. Poemas.
Coimbra, pr.pr., 1965. 67 p. (P)

548. Koringa, sortilégio negro. Contos.
Coimbra, Coimbra Ed., 1960. 117 p. (ST)

ASSIS J'UNIOR António de
549. O segredo da morta. Romance de costumes angolenses.
Lu., Ed. A Luzitana, 1935. 262 p. Il. author's portrait;
2d ed.: Pref. Henrique Guerra: "António de Assis Júnior - Sua época, sua obra." Coll. Autores Angolanos, 21.

Lu., UEA, & Lis., Edições 70, (1979). 288 p.
[First published partly as a serial in A Van-
guarda, Lu., 1929, and later on in Tribuna dos
Muceques, Lu., 1973.]   (NO)

550. Varia:
"Dondo". In M. de Andrade, Literatura
africana de expressão portuguesa. Prosa,
1968, p. 169ff.[A chap. of his novel of 1935.]
                                               (ST)

AUGUSTO da Silva   Artur ("Augusto")
551. A grande aventura.
Lis., Ed. Liv. Popular, (1941). 186, 2 p.   (NO)

AUGUSTO   Rui
552. A lenda do chá.
Lu., INALD, n/d. (1988). 80 p.
[Written in 1980. His first book.]   (P)

553. O amor civil.
Lu., INALD(?). 1991.   (P)

554. Varia:
"Confissão". In A. Botelho de Vasconcelos,
Células de ilusão armada, Lu., 1983.   (P)

AZEREDO   Guilhermina de Aguião de
555. Brancos e negros. Contos.
Lis., Ed. Agência-Geral do Ultramar, 1956.
175 p.   (ST)

556. Feitiços. Contos. Pref. J. Osório de
Oliveira.
Lis., A. M. Pereira, 1935. 221, v p.   (ST)

557. O mato. Romance. Coll. Metrópole e
Ultramar, 75.
Braga, Ed. Pax, 1972. 329 p.   (NO)

AZEVEDO   João Maria Cerqueira d'
558. A árvore das macutas.
Vila Nova de Famalicão(Portugal), pr.pr.,
1938.
216 p.   (NO)

559. Jinga, rainha de Matamba.
Braga, pr.pr., 1949. 323 p.   (NO)

BACELAR   José Jorge Andias Huet de
560. Varia:

10 poems in Vector. Cadernos de Poesia, 1.
Nova Lisboa, 1971.
14 poems. Ibidem, v. 2. Nova Lisboa, 1971.
22 poems. Ibidem, v. 3. Nova Lisboa, 1972.
"Se tivesse chovido." In "Artes e Letras" of
A Província de Angola, Lu., 22 August 1973.
2 poems in "Convergência" of Ecos do Norte,
n. 28 & 34.
"Receita". First in M. Ferreira, No reino de Caliban, v. 2. Lis., 1976.   (P)

BALBOA   Iolanda
561. Noite da nossa angústia.
Lu., Ed. Argos, 1965. 392 p.   (NO)

562. O cordeiro da meia-noite.
Lu., Ed. Argos, (c.1968). 441 p.   (NO)

BALSA   José Joaquim Galvão
563. Feitiço do Namibe.
Moçâmedes, pr.pr., 1968. 96 p.   (P)

564. Oiro e cinza do sertão. Poemas de
África (Angola).
Silva Porto, pr.pr., 1959. 79 p.   (P)

BANAZOL   Luís Ataíde da Silva
565. "Opróbio". In Coll. Imbondeiro, 8.
Sá da Bandeira, Ed. Imbondeiro, 1960, p. 7-
25. II. Fernando Marques.   (ST)

566. Varia:
"Meia-cinco". In G. de Andrade & L. Cosme,
Contos d'África,, Sá da Bandeira, 1961, p. 57-
70.   (ST)

BAPTISTA   Arnaldo Nunes
567. Víctor. Novela missionária.
Lis., pr.pr., 1933. 163 p.   (N)

BAPTISTA   Augusto Cerveira
568. Claridade. Poemas. Coll. Unidade.
Poesia, 5.
Lis., Agência-Geral do Ultramar, 1966. 118 p.
                                               (P)

569. Mais alto e mais além.
Lis., pr.pr., 1955. 143 p.   (P)

570. O céu ainda é azul.
Lis., pr.pr., 1960. 159 p.   (P)

571. *Poemas do tempo disperso.* Coll. Metrópole e Ultramar, 47.
Braga, Ed. Pax, 1969. 140 p. (P)

572. *Réstia de luz.* Versos.
Sá da Bandeira, Ed. Imbondeiro, 1963. 95 p. (P)

573. *Roteiro sentimental de Malanje.* Pref. Reis Ventura. Coll. Unidade. Poesia, 9.
Lis., Agência-Geral do Ultramar, 1970. 147 p. (P)

BARBEITOS Arlindo do Carmo Pires
574. *Angola Angolê Angolema.* Pref. I. Sá da Costa: "Conversando com Arlindo Barbeitos." Coll. Vozes do Mundo, 5.
Lis., Ed. Liv. Sá da Costa, 1976. 76 p.;
2d ed.:
(Lu.), UEA, (1977). 76 p.[Identical with the first];
3d ed.:
Porto, Ed, Asa, 1988. 86 p. (P)
- German ed. Trans. & pref. Per Båstad. Postscript Claus Peter Dressler.
(Amsterdam, The Netherlands), Ed. Anansi Presse, (1975). 67 p. Dupl.
[Bilingual ed.] (P)

575. *Nzoji (Sonho).* Poemas. Coll. Vozes do Mundo, 13.
Lis., Ed. Liv. Sá da Costa. 1979. 54 p. (P)

576. *O rio. Estórias de regresso.* Coll. Escritores dos Países de Língua Portuguesa, 3.
Lis., Ed. Imprensa Nacional/ Casa da Moeda, 1985. 59 p. (ST)

577. Varia:
"4 [Quatro] poems: 'Oh Morte...', 'eu quero escrever coisas verdes.' 'O João Cambuta que fora militar...' and 'Oh monstro enorme...'" In "Resistência" of Diário de Luanda, 25 October 1975, p. 8f. (P)

"BARCOS José" (i. e. **COSTA** José Barros da)
578. *O sol e a lua.*
(before 1963). (P)(?)

579. *Seiva e sangue.* Poemas.

Lu., pr.pr., 1961. (P)

BARRADAS Maria Margarida Gonçalves
580. Varia:
23 poems in F. Neiva, *Antologia poética,* v. 3.
Benguela, 1971, p. 33-57. (P)

BASTOS Augusto Thadeu Joaquim
581. *Aventuras policiais do repórter Zimbro.*
Benguela, pr.pr., 1932.
[3 from a series of 6 novellas. The others were published as serials in O Lobito in 1931.] (N)

581-a. *A vida nas selvas.* Coll. Romântico-Histórica.
Benguela, pr.pr., 1917 & 1919. 16,16 p.
[Published in 2 parts: 1. "O caçador de leões" and 2. "Debaixo de um búfalo."] (ST)

582. *A vingança e o fim de um escravo.*
Benguela(?), pr.pr., 1919(?) (N)

583. *Os gigantes lusitanos através dos mares.*
Benguela, pr.pr., 1919(?). 16, 16, 16, 16 p.
[Coll. of 4 historical tales of 16 p. each: 1. "Dois heróis de dezassete anos." 2."As proezas de Pedro Galego." 3."A viagem maravilhosa." 4."Entre a traição e a tormenta."] (N)

BATALHA Ladislau Estévão da Silva
584. *Memórias e aventuras,* 1. Reminiscências autobiográficas. Pref. author.
Lis., Ed. J. Rodrigues & Cia., 1928. 234 p. II. (SK)

585. Varia:
"Quadros africanos". In Jornal de Loanda, Lu., February 1879. (SK)

BERNARDETTE Maria
586. *Eu.* Poemas.
Lu., Pr.pr., 1958. 169 p. II. Neves e Sousa. (P)

BIRES Garcia
587. *Dia de calendário.* Pref. Fernando Costa Andrade. Coll. Cadernos Lavra & Oficina, 68.
Lu., UEA, 1988. 63 p. (P)

BOBELA-MOTTA Alfredo
588. *Desaguisados.*

Lis.(?), 1948. (P)

589. *Letras descontadas.* Pref. Maria Virgínia de Aguiar. Coll. Angola, 1.
Lu., Ed. Vértice, (1974). 155 p. (SK)

590. *Não adianta chorar.* Contos coloniais. Pref. Manuel Ferreira: "A coisificação do homem negro." Coll. Tempo Africano, 3.
Lis., África Ed., 1977. 116, (1) p. (ST)

591. *Sô Bicheira e outros contos.* Coll. Autores Angolanos, 13.
(Lis.), Edições 70, & (Lu.), UEA, (1978). 112 p.
2d ed.: 2K, Prosa.
(Lu.), UEA, (1985). 111 p. (ST)

592. Varia:
"Momento". In Jornal de Angola, n. 123. Lu., December 1963. (P)

"Baté". In Jornal de Angola, v. 1, n. 9. Lu., 31 August 1954, p. 5, & n. 10. Lu., 30 September 1954, p. 13. (ST)

"BONAVENA E." (i.e. **PESTANA** Nelson Eduardo Guerra)
593. *Ulcerado de míngua luz.* Coll. Cadernos Lavra & Oficina, 73.
Lu., UEA, 1987. 42 p. Il. Filipe Salvador & MAC.
[Title corr. by the author to *Ulcerados de míngua luz.*] (P)

BRAGA Maria Ondina
594. *Amor e morte.* Contos.
Lis., Ed. Sociedade de Expansão Cultural, 1970. 214 p. (ST)

BRAZ̄AO FILHO Eduardo Jorge Lopes
595. *Cidade e sanzala.*
Sá da Bandeira, pr.pr., 1972. 59 p. (P)

596. Varia:
5 poems in *Mákua*, v. 4. Sá da Bandeira, 1963, p. 30-35. (P)

BREHM Mesquita

597. *Kambuli, o despertar da consciência.*
Lu., 1962. 16 p. (T)

598. *O papagaio da meia-noite.* Peça em 3 actos.
Lu, Ed. Teatro Verney, 1970. 150 p. (T)

599. *Os mitos enforcados.*
Lu., 1962. (T)

600. *Zarco, o doido.* Peça em 1 acto.
Lu., Ed. Teatro Verney, 1970. 38 p. (T)

BRUNO Domingos Guerreiro
601. *Infinito.*
Lu., c.1964. (P)

"BUETI Rui" (i.e. **PACHECO** Rui Alberto da Costa Campos)
602. *Piô.* Coll. Cadernos Lavra & Oficina, 7.
(Lu., UEA, 1978.) 37 p. (P)

CABRAL Álvaro Rego
603. *A vingança de Macário.*
Lis., Ed. Sociedade de Expansão Cultural, 1974. 157 p. (ST)

604. *Jamba. Uma semana de outubro.* Romance.
Lis., Ed. Sociedade de Expansão Cultural, 1972. 339 p.
[Each of the 5 chapters opens with a poem.] (NO, P)

605. *O gatilho.* Narrativa-romance.
Lis., Ed. Sociedade de Expansão Cultural, 1975. 262 p. (NO)

606. *Tundavala, a oeste de Cassinga.*
Lis., Ed. Sociedade de Expansão Cultural, (1971). 338 p. (SK?)

CABRAL Maria Filomena
607. *Muxima.* Coll. Poesia de Autores Portugueses.
Porto, Brasília Ed., (1980). 85 p. (P)

CABRITA Carlos L. Antunes
608. *Em terras de Luenas.*
Lis., Ed. Agência-Geral do Ultramar, 1954. 195 p. Il. (ST)

CACHADINHA José Gomes
609.*Hino da dor.*
    c.1965.   (P)

610.*Invocação.*
Caxias(Portugal), pr.pr., 1967. xv, 60 p. (P)

611.*Tempo perdido.*
Caxias(Portugal), pr.pr., 1970. 54 p.   (P)

CACUEJI José Samuila
612.*Viximo.* Coll. Contemporâneos.
Lu., UEA, 1987. 89 p.
[Based on Luvale folklore. Bilingual ed.]
        (FW, ST)

CAETANO José Manuel Martins
613.*É preciso cantar.*
(Lu., Ed. Conselho Nacional de Cultura), n/d.
[Published for the 3d World Festival of Youth
and Students.]   (P)

'CAMACHO"
614. Varia:
"O Quanza". In Novo Almanach de Lembran-
ças Luso-Brasileiro para 1921. Lis., 1920, p.
81f.
"Costumes gentílicos: O *m'bambo* entre os
povos do Alto Songo." Ibidem para 1924.
Lis., 1923, p. 131-135.
"Costumes angolanos". Ibidem para 1925.
Lis., 1924, p. 357f. [About funerals.]
"Costumes angolenses. Proclamações gentí-
licas." Ibidem para 1928, p. 101f.
"Por terras de Angola. Dedicação de um pre-
to." Ibidem para 1929. Lis., 1928, p. 35-39.
[Meeting Mateus, a black servant of José do
Telhado, the deported Portuguese bandit.]
"A vida no sertão." Ibidem para 1930. Lis.,
1929, p. 76ff.
"O cristianismo em Angola", "Por terras de
Angola. N'*dambas"* , *"*Por terras do Alto Son-
go. A praga dos gafanhotos." Ibidem para
1931. Lis., 1930, p. 100f., 220f., 357ff.
"Por terras de Angola. Como se educa um fu-
turo Chefe de Estado." Ibidem para 1932.
Lis., 1931, p. 20f.   (SK)

"Lenda gentílica". In Novo Almanach de Lembranças Luso-Brasileiro para 1920. Lis., 1919,
p.204-207.
"Lenda gentílica". Ibidem para 1923. Lis.,

1922, p. 293ff. [Different from the earlier
one.]
"Brancos e pretos. Lenda africana." Ibidem
para 1931. Lis., 1930, p. 300ff.   (ST)

CAMPOS Luís Almeida de
615.*Rapsódia africana.*
Lis., pr.pr., 1985. 151 p.
["Angola dos anos 40/50 e Moçambique dos
anos 60. Quatro histórias de amor e humor, de
homens e bichos."]   (ST)

"CAOBELO" (i.e. **BELO** Carlos Alberto
Octávio)
616. Varia:
"Verdade". In Jornal de Angola, v. 7, n. 88.
Lu., 31 October 1960, p. 5.
2 poems. Ibidem, n. 89. Lu., 15 November
1960.
6 poems. In Various Authors, *Força Nova.*
Lu., 1961, p. 53-60.   (P)

"Ressaca". In Jornal de Angola, v. 7, n. 77 &
87. Lu., 15 May & 15 October 1960, p. 6 & 8
in both issues.   (ST)

CAPUTELO Flávio
617.*Terra em fogo.*
Vila da Feira(Portugal), pr.pr., 1979. 257 p.

        (NO)

CARDOSO António Dias
618.*A casa de mãezinha.* Cinco estórias
incompletas de mulheres. Coll. Obras, 1.
Lis., Ed. Ulmeiro, 1980. 139 p. Il. José Rodrigues.   (ST)

619.*A fortuna.* Novela de amor. Coll.
Poliedro, 13.
Lis., Plátano Ed., (1980). 130p.   (N)

620.*Baixa e musseques.* Coll. Autores
Angola nos, 30.
Lis., Edições 70, & Lu., UEA, 1980. 242 p.
[14 stories written in the jails of Lu., between
November 1961 and August 1963.]   (ST)

621.*Chão de exílio.* Pref. Fernando F.B.
Martinho. Coll. Cântico Geral.
Lis., África Ed., 1980. 142 p.
[Poems dated 1965-72, mostly written in the

prison camp of Tarrafal, Santiago Island, Cape Verde.] (P)

622. *Economia política, poética.* Pref. António Jacinto.
Lis., Plátano Ed., (1979). 96 p.
[Facsimile ed. of a ms. written in the secret police prison in Lu., December 1962.] (P)

623. *Lição de coisas.* Coll. Obras, 2.
Lis., Ed. Ulmeiro, & Lu., INALD, 1980. 164 p. (P)

624. *Nunca é velha a esperança...* Coll. Obras, 3.
Lis., Ed. Ulmeiro, & Lu., INALD, 1980. 136 p. (P)

625. *Panfleto (poético).* Pref. Manuel Ferreira:"Da luta anticolonialista à construção em terra libertada."
Lis., Plátano Ed., (1979). 45 p.
[Facsimile ed. of a ms. written in the secret police prison in Lu., December 1962-January 1963.] (P)

626. *Poemas de circunstância.* Coll. Autores Ultramarinos, 5.
Lis., Ed. Casa dos Estudantes do Império, 1961. 31 p.
[Ed. seized and destroyed by the censors.] (P)

627. "São Paulo". In Coll. Imbondeiro, 14, p. 21f. Sá da Bandeira, Ed. Imbondeiro, 1961. II. Luandino Vieira. (P)

628. *21* [Vinte e um]*poemas da cadeia.* Coll. Cadernos Lavra & Oficina, 16.
Lu., UEA, 1979. 30 p.
[Actually 22 poems.] (P)

629. Varia:
Several poems in Jornal de Angola, Lu., 1951-56.
"É inútil chorar." In Cultura(II), n. 2/3. L., January/March 1958, p. 9.
"Saudade é onça..." and "Árvore subversiva". Ibidem, n. 6/7. Lu., March 1959, p. 11, 13.
"Eis me regresso novamente"... Ibidem, n. 11. Lu., May 1960, p. 4. (P)

"Eu - Maria Bernadette." In Cultura(II), v. 2, n. 6/7. Lu., March 1959. (ST)

CARDOSO Boaventura
630. *A morte do velho Kipacaça.* Pref. Jorge Macedo. Coll. Contemporâneos.
Lis., Edições 70, & Lu., UEA, 1987. 111 p.
[Incl. also "O sol nasceu no poente" and "A árvore que tinha batucada."] (ST)

631. *Dizanga dia muenhu* (i.e. The lagoon of life.]
Coll. Autores Angolanos, 12.
Lis., Edições 70, 1977. 100 p. Il. author's portrait;
2d ed.: Coll. União.
Lu., UEA, (1981). 89 p.;
3d ed.: Coll. Autores Africanos, 16.
S. Paulo(Brazil), Ed. Ática, 1982. 48 p.;
4th ed.:
Lu., UEA, 1985. 100 p.;
5th ed.: Coll. 2k, Prosa.
Lu., UEA, 1988. 79 p. (ST)

632. *O fogo da fala.* Exercícios de estilo.Pref. Fernando J.B. Martinho. Coll. Autores Angolanos, 32.
Lis., Edições 70, & Lu., UEA, 1980. 119p.
[With a glossary of Kimbundu words.] (ST)

632-a. Varia:
Poems and stories in journals. Lu., from 1967 on. (P, ST)

"Sahel". In "Resistência" of Diário de Luanda.
Lu., 1 November 1975, p. 5.
"Na hora do Negro." Ibidem. Lu., 3 January 1976, p. 7. (P)

"Santa Rosa". In Angola, revista sócio-política. Lu., 1974.
"A chuva". In "Resistência" of Diário de Luanda. Lu., 1 November 1975, p. 8 & 9. (ST)

CARDOSO J. Albuquerque
633. *Quando cai a neve preta...*
Carmona, pr.pr., 1967. 16 p.
[For the 50th anniversary of the founding of Uíge.] (P?)

633-a. Varia:

"Aquela preta". In Ensaios, sample n. Lu.,
January 1936, p. 44-47.   (ST)

"CARLA   Sandra" (i.e. VIDAL   Luzia da
Luz Saramago)
634. Varia:
17 poems in F. Neiva, Antologia poética, v. 3.
Benguela, 1971, p. 109-135.   (P)

CARLOS Mota da Silva   Álvaro
635. Contos do Natal.
Lu., pr.pr., 1967. 52 p.   (ST)

"CARMO   Maria do"
636. A festa do mar. Coll. Piô...Piô...Piô, 12.
Lu., INALD, 1982. 10 p. Il. António P. Domingues.
[For children.]   (ST)

637. Contarelos. Coll. Cadernos Lavra &
Oficina, 39.
(Lu.), UEA, 1981.) 65 p.   (ST)

638. Marta, a lagarta. Coll. Piô...Piô...Piô, 6.
Lu., INALD, 1982. 10 p. Il. António P. Domin-
gues.
[For children.]   (ST)

639. Varia:
"Luta" and "Viagem ao Balombo". In Lavra &
Oficina, n. 4. Lu., January 1979, p. 7.   (P)

"Conto". In Lavra & Oficina, n. 5. Lu.,
February 1979, p. 1Of.   (ST)

CARMONA   Maria Teresa de Almeida
640. Varia:
16 poems in F. Neiva, Antologia poética, v. 2.
Benguela, 1970, p. 83-105.   (P)

CARNEIRO   João Paiva de
641. Ao encontro do poema.
Lu., pr.pr., 1972. 58 p.   (P)

642. Dezanove recontos. Coll. Bantu, 3.
Lu., pr.pr., 1974. Dupl.   (P)

CARPO   Arcénio Pompílio Pompeu de
643. Dedo de pygmeu.
Lis., pr.pr., 1853. 228 p.
[Some of the poems are dated 'Lu., 1853".]
                                           (P)

CARVALHO   José Ralf Corte Real Delgado de
644. O amor a doze graus de latitude sul.
Cenas da vida de Benguela.
Porto, pr.pr., 1935. 211 p.   (NO)

CARVALHO   Ruy Alberto Duarte Gomes de
645. A decisão da idade. Poemas. Coll.
Vozes do Mundo, 7.
Lis., Liv. Sá da Costa Ed., 1976. 97 p.
[The author's selections from Chão de oferta, "Tempo de ausência" and "Noção geográfica", written between 1970 and 1974];
3d ed.:
Lis., Liv. Sá da Costa Ed., 1977. 97 p.   (P)

646. Chão de oferta. Pref. A.F. [i.e. Aníbal
Fernandes]. Coll. O Livro de Angola.
Lu., Culturang Ed., 1973. 77 p.   (P, SK)

647. Como se o mundo não tivesse leste.
Estórias do sul e seca. Coll. O Vento e as
Vozes, 1.
(Porto), Limiar Ed., 1977. 131 p. Il. António
Ole.   (ST)

648. Exercícios de crueldade. Coll. & Etc.
Lis., Ed. Publicações Culturais Engrenagem,
(1978). 45 p. Il. António Ole.   (P)

649. Hábito da terra. Poesia. Coll. Contem-
porâneos.
Lu., UEA, & Porto, Ed. Asa, 1988. 71 p. Il.
António Ole.   (P)

650. Lavra paralela. Coll. Cadernos Lavra &
Oficina, 70.
Lu., UEA, (1987). 34 p. Il. author.
[With an untitled poem by Paula Tavares on
the back cover.]   (P)

651. Nelisita. Argumento de filme. Coll.
Cadernos Lavra & Oficina, 44.
(Lu., UEA, 1985.) 25 p.
[Based on 2 folktales coll. by C. Estermann.]
                                           (ST)

652. Ondula, savana branca. Expressão oral
africana: versões, derivações, reconversões.
Coll. Vozes do Mundo, 16.

Lis., Liv. Sá da Costa Ed., 1982. 94 p. II. João Silva (1 photograph).
[Portuguese prose recreating texts of many peoples of black Africa, among them the Nyaneka and Kwanyama of Angola and the Bushmen and Berg-Damara of Namibia.] (P)

653. *Sinais misteriosos... já se vê...* 7 textos e 10 desenhos de referência mumuíla. Coll. Autores Angolanos, Série Especial, 1. (Lis.), Edições 70, (1979). 67 p. II. author: drawings based on photographs by João Silva, Ruth Magalhães and the author. (P)

654. Varia:
10 poems in M. Ferreira, *No reino de Caliban,* v. 2. Lis., 1976, p. 401-411. [Among them 2 poems written in 1972 and not published before.] (P)

"João Carlos, natural do Chinguar, no Bié." (Fragmento). In "Resistência" of Diário de Luanda. Lu., 27 December 1975, p. 7. (ST)

CASIMIRO dos Santos Augusto
655. *África nostra.*
Coimbra, Coimbra Ed., 1922. 243 p.
[Sketches written on travels in 1913/14 and tales, among them "A nova largada - Esboço para uma novela."] (SK, ST)

655-a. *Alma africana.* Cadernos Coloniais. Lis., Ed. Cosmos, n/d. 46 p. (ST ?)

656. *Nova largada.* Romance de África. Pref. author.
Lis., pr.pr., 1929. 240 p. (NO)

CASTEL Lisa
657. *Mukanda.* Coll. Cadernos Lavra & Oficina, 76.
Lu., UEA, 1988. 45 p. (P)

658. Varia:
"Kechi nakagi", "Jornada", "O colar". In "Vida & Cultura". n. 100, of Jornal de Angola. Lu., 12 June 1983, p. 23. (P)

CASTELO BRANCO Emílio
659. *A terra de esperança.* Novela colonial. Pref. Augusto Cunha.
Espinho(Portugal), pr.pr.,(1940). ix, 250 p.

(NO)
660. Varia:
"Morto e bem morto." In O Mundo Português, v. 4. Lis., 1937, p. 455ff.
"Siga o enterro!" Ibidem, v. 5. Lis., 1938, p. 21ff.
"'Preto que pinta... despista-se." Ibidem, v. 5. Lis., 1938, p. 238ff.
"'Se calhasse". Ibidem, v. 5. Lis., 1938, p. 269-272.
"De preto... fez-se preta." Ibidem, v. 5. Lis., 1938, p. 291-294.
"A fera branca." Ibidem, v. 5. Lis., 1938, p. 495-498.
"Quem tudo quer saber..." Ibidem, v. 6. Lis., 1939, p. 33-37.
"*O Calcinhas".* Ibidem, v. 6. Lis., 1939, p. 71-74.
"Cafres e acafreados." Ibidem, v. 6. Lis., 1939, p. 225-228.
"O Joaquinzinho de Quitete." Ibidem,v. 7. Lis., 1940, p. 1199ff.
"Durou pouco... mas gozou-se!" Ibidem, v. 7. Lis., 1940, p. 153-156.
"Agora vai!... Agora vai!..." Ibidem, v. 7. Lis., 1940, p.389-392.
"Um banquete de assimilados." Ibidem, v. 8. Lis., 1941, p. 103-106.
"Um casamento de ricos escarumbas." Ibidem, v. 8. Lis., 1941, p. 179-182.
"Modo de vida à preto." Ibidem, v. 8. Lis., 1941, p. 453-457.
"'A maca". Ibidem, v. 10. Lis., 1943, p. 789-793.
"Nhá Maria". Ibidem, v. 10. Lis., 1943, p. 923-926. (ST)

CASTRO António Manuel Antunes de
661. *Poemas.*
(Lu.), pr.pr., 19746. 31 p. not num.
[Incl. only 1 poem on an African theme, the sonnet "Pretinho angolano".] (P)

CASTRO António Urbano Monteiro de
662. Varia:
Lyrical and satirical poems in O Cruzeiro do Sul and in Jornal de Loanda in the 1870s, possibly also in the weekly A Civilização da África Portuguesa, which he published in Lu., 1866-69.
"Primavera no desterro" and "Gloria soli

Domino!" In Almanach Popular for 1972, v.1.
Lu., 1871.   (P)

CASTRO   Fernando Norberto de
663. Varia:
Poems in several Angolan journals of the 20th
century.   (P)

CASTRO   Martinho Ferreira de
664. *Diálogo contigo e comigo.* Poemas.
Lu., pr.pr., 1959. 39 p.   (P)

665. *Onze poemas angolanos.*
(Lu.), pr.pr., n/d.(1957 or 58).   (P)

CASTRO   Melo e
666. *Solidão.*
Lu., pr.pr., 1973.   (P)

CERQUEIRA   Maria Manuela de Figueiredo
667. *Menina do deserto.* Pref. Esther de
Lemos.
Lis., pr.pr., 1969. 162 p. Map;
2d ed.: Coll. Unidade. Ficção, 7.
Lis., Agência-Geral do Ultramar, 1969. 209 p.;
3d ed.:
Lis., 1975 [First published in the review Missões, 1957-59.]   (ST)

CERVEIRA   Honorinda
668. *Kiangala.* Coll. Unidade. Ficção, 8.
Lis., Agência-Geral do Ultramar, 1971. 318 p.
                                             (NO)

669 *Transfiguração.* Poemas.
Braga, Ed. Pax, 1971. 118 p.   (P)

'CHARLIE   Joe"
670. *Maria Regina.* Romance.
Lis., Ed. A Poligráfica, 1944. 252 p.   (NO)

CINATTI Vaz Monteiro Gomes   Rui
671. *Os poemas do itinerário angolano.* Coll.
Cadernos Capricórnio, 18.
Lobito, Ed. Capricórnio, 1974. 43 p.   (P)

COBANCO   José Jorge Gonçalves
672. *Na margem do tempo.*
Sá da Bandeira, pr.pr., 1973. 242 p.   (SK)

673. *11 [Onze] meses de guerra em Angola.*

Crónicas. Pref. Gomes Cachadinha, Sammy
Santos.
n/p., pr.pr., 1970. 147 p. II.   (SK)

674. *Seiva de sangue.* Coll. Século XX, 295.
(Mem Martins, Portugal), Ed. Publicações Europa-América, 1988. 221 p.
[With a glossary. "África da magia, da selva e
da noite... África nascida na paz e destruída
na guerra."]   (NO)

COELHO   Mário
675. *A condenada. Vida de aventuras e
costumes coloniais.*
Lis., pr.pr., 1931. 163 p.   (NO)

676. *Contos negros.*
Lis., pr.pr., n/d. 111 p.
[Incl. some tales laid in Timor.]   (ST)

677. *Escrava branca.*
Lis., 1942. (8), 87 p.
[Reprinted from the journal Ecos de Belém.]
                                              (N)

678. *Na terra dos diamantes.* Novela africana.
Lis., Ed. Minerva, 1939. 111 p.   (N)

679. *O homem da gaita.* Contos negros.
Lis., pr.pr.,(1961). 180 p.
[Incl. tales laid in Timor and Portugal.]   (ST]

COELHO   Rui Ferreira de Gouveia
680. *Humor de Angola e não só.*
Vila do Conde(Portugal), pr.pr., 1989. 159 p.
                                             (P?)

681. *Regresso ao lar.*
Sá da Bandeira, 1954.
[Play in 1 act, to commemorate the 25th anni-
versary of the Liceu Diogo Cão.]   (T)

682. Varia:
"Um exemplo" and "Diogo Cão". In M. da C.
Nobre, *Antologia de poesias angolanas,*
1958, p. 299-303.
4 poems in G. de Andrade & L.Cosme, *Mákua,* v. 4. Sá da Bandeira, 1963.   (P)

COELHO   Rui Ferreira de Gouveia
ALEXANDRINO   Mário Borges
MOITA   Tolstói Lusitano Nóbrega Nunes

683. *Angola, saudade nossa.* Poesias.
Lis., pr.pr., 1991. 135 p.
["Caleidoscópio" by Coelho, "Fogo... (mal)-preso" by Alexandrino and "Vozes de exílio" by Moita.] (P)

COELHO   Rui Ferreira de Gouveia
SILVA   César Paulo
684. *Macongíadas.*
Sá da Bandeira, pr.pr., 1940.
["Memórias da vida académica do Liceu Diogo Cão."] (P)

"CORGO   Emanuel" (i.e. GONÇALVES Eurico Manuel Correia)
685. *E. Corgo.* Coll. Estão de Pé para Sempre.
Lis., Edições 70, & (Lu.), UEA, n/d.(c.1990). 112 p. II.
[Poems and letters. Part of a trilogy.] (P)

686. Varia:
"Contra a negritude" and "Escolha". In "Resistência" of Diário de Luanda. Lu., 21 February 1976, p. 8.
"Decisão". Ibidem. Lu., 28 February 1976, p. 8. (P)

CORRˆEA   Alberto
687. *A choldra dos títeres. Cenas da vida real da Baía dos Tigres - África Ocidental Portuguesa.* 1.o quadro d'uma extraordinária comédia em verso.
(Lu.), pr.pr., (1909). 53 p. (T)

688. *Paulo.* Poemeto.
Lu., pr.pr., n/d.(1896). (P)

689. *Pro rádio.*
Lu., pr.pr., 1908. (P)

690. *Trémulos.*
Lu., pr.pr., n/d.(1895). (P)

CORREIA   António Mendes
691. *Contos e novelas angolanos.* Pref. author.
Coimbra, Coimbra Ed., 1955. 343 p. (ST)

692. Varia:
"A nossa terra é o *Huambo*." [Excerpt]. In Boletim Cultural do Huambo, n. 2. Nova Lisboa, December 1949, p. 41-44.
"Sonho realizado". In Mensagem, n. 2/4. Lu., 1952. (ST)

CORREIA   Joaquim Augusto
693. *Três pedidos me fizeram...*
(Nova Lisboa), pr.pr., 1963. 43 p.
[3 prose sketches and 1 story.] (SK, ST)

CORREIA   Octaviano
694. *Amizade de leão... não se faz com traição.* Coll. Piô... Piô...Piô, 10.
Lu., INALD, 1982. II. António P. Domingues
[For children.] (ST)

695. *Era uma vez... que eu não conto outra vez.*
Coll. Acácia Rubra. Lu., UEA, 1988.
[For children.] (ST)

696. *Fizeste fogo à viuvinha.* Contos. Coll. Cadernos Lavra & Oficina, 29.
Lu., UEA, 1980. 38 p.
[His first book.] (ST)

697. *O esquilo da cauda fofinha e o dendém apetitoso.* Coll. A Rã que Ri, 15.
Lis., Ed. Plátano, (1982). 55 p. II. Zé Paulo.
[For children.] (ST)

698. *O país de mil cores.*
Lu., INALD, 1980. (48) p. not num. II. António P. Domingues.
[For children.] (ST?)

699. *O patinho que não sabia nadar.*
Lu., INALD, 1982. II. António P. Domingues.
[For children.] (ST)

700. *O reino das rosas libertas*
Lu., INALD, 1984.
[For children.] (ST)

701. Varia:
"Vem ouvir a voz." In "Resistência" of Diário de Luanda. Lu., 7 February 1976, p. 8.
[Dated December 1974.]
"Primeiro de Maio." Ibidem. Lu., 22 May 1976, p. 9.
"Mas insubmissos".Ibidem. Lu., 19 June 1976, p. 13.
"Choro da mãe velha." Ibidem. Lu., 14 August

1976, p. 13. [Dated 1974.]
"Resistência" and "Como possuir-te, mulher"
... Ibidem. Lu., 2 October 1976, p. 9.
"Lùcidamente". Ibidem. Lu., 6 November
1976, p. 11.
"África". Ibidem. Lu., 13 November 1976, p.
9.
"Amanhece lúcido na língua." In Lavra &
Oficina, n. 7. Lu., April 1979, p. 9.
"Os nossos olhos." Ibidem, n. 13. Lu., Octo-
ber 1979, p. 10.
"Raízes de Fevereiro." Ibidem, n. 17/18. Lu.,
February/March 1980, p. 5.   (P)

CORTEZ Alfredo
702. Varia:
"Moema". Peça em 1 acto. Pref. Duarte Ivo
Cruz. In Contravento, n. 1. Lis., August 1968.
[His last play. The action takes place near
Benguela. The title should be "Moamba", as
L.F. Rebello has pointed out.]   (T)

COSME Armando Leonel Augusto de
Matos
703. A dúvida. Novela. Coll. Imbondeiro,
25/26.
Sá da Bandeira, Ed. Imbondeiro, (1963). 101
p.   (N)

704. A revolta. Romance.
Sá da Bandeira,Ed. Imbondeiro, (1963). 28)
p.;
2d, rev. & enl. ed.: Coll. Fixões, 8.
Porto, Ed. Afrontamento, 1983. 196 p. (NO)

705. A terra da promissão.
Porto, Ed. Afrontamento, 1988. 280 p.
[2d v. of the trilogy A revolta.]   (NO)

706. Ecce homo. O destino exposto.
Poemas.
Sá da Bandeira, pr.pr., 1973. 79, 4 p.   (P)

707. Graciano. Coll. Imbondeiro, 2.
Sá da Bandeira, Ed. Imbondeiro, 1960. 30 p.
II. Fernando Marques..
[Incl. the story "A última vontade."]   (ST)

708. Quando a tormenta passar. Contos
angolanos.
Sá da Bandeira, pr.pr., 1959. 185, 4 p. (ST)

COSTA Artur de Morais Alvim Ferreira da
709. A punição do "soba vermelho".
Camaxilo, 1917. Coll. Cadernos Coloniais.
Lis., Ed. Cosmos, n/d.(1941). 37p.   (ST)

710. As chaves do inferno. Pref. Amândio
César.
Coll. Metrópole e Ultramar, 30.
Braga, Ed. Pax, 1968. 309 p. II. Neves e
Sousa;
2d ed.: Ibidem, 1969. 330, 1 p. II. (SK, ST)

711. Na pista do marfim e da morte. Romance.
Porto, Ed. Educação Nacional, 1944. 479 p.
II. Manuel Roiz Ribeiro;
2d ed. & 3d ed. identical with the first;
4th - 6th eds. identical. Ibidem, 1944. 459 p.;
7th ed. Ibidem, 1945. 445 p.;
8th - 11 eds. identical with the 7th;
12th ed. Ibidem, 1950. 417 p.   (NO)

712. Pedra do feitiço. Reportagens africanas.
Porto, Ed. Educação Nacional, 1945. 485 p.
II.;
2d - 4th eds. identical with the first;
5th - 8th eds. Ibidem,, n/d.   (SK)

COSTA Emília de Sousa
713. Joanito africanista. 2d ed.
Porto, Ed. Figueirinhas, 1949. 124 p. II.
[For children.]   (ST)

COSTA Eusébio Rodrigo da
714. Varia:
18 poems in F. Neiva, Antologia poética, v. 4.
Benguela, 1971, p. 85-109.   (P)

COSTA Francisco Alves da
715. Romance da mãe negra. Poesia.
Sintra(Portugal), pr.pr., 1955. 56 p.   (P)

COUTO Adriano
716. Heterogénea. Poesias.
Malanje, pr.pr., (1962). 72 p.   (P)

COUTO Fernando
717. A esta juventude. (Canto angustiado).
Coll. Pirilampo, 2.
Lu., Brigada Jovem de Literatura Ed., 1983.
64 p.   (P)

COUTO Maria Joana

718. *Braseiro ardente.* Poemas africanos. Figueira da Foz(Portugal), pr.pr., 1954. 153, 1(err.) p. (P)

719. *Cinzas de uma fogueira longe.* Coll. Unidade. Poesia, 8. Lis., Ed. Agência-Geral do Ultramar, 1969. 91 p. (P)

720. *Estrelas no deserto.* Poemas africanos. (Coimbra), Coimbra Ed., 1959 (1960 on the cover.) 86 p. (P)

721. *Recordações. Pétalas dispersas.* Sonetos. (Coimbra), Coimbra Ed., 1957. 84, 1(err.) p. (P)

722. *Sol tropical.* Romance. Coimbra, Coimbra Ed., 1963. 191 p (NO)

723. Varia: "Zongo, o amigo fiel." In A. César, *Contos portugueses do ultramar,* v. 2. Porto, 1969, p. 705-12. (ST)

CRUZ Tomaz Vieira da
724. *Cazumbi* (i.e. Spirits of the dead.] Poesia de Angola. Lis., Portugália Ed., 1950. 135 p. II. Neves e Sousa. (P)

725. *Cinco poesias de África.* (Lis., Liv. Bertrand Irmãos Ed.), 1950. 19 p. not num. [Containing "A Angola", "Romance de Luanda," "Sombra", "Melhor fôra andar ao sol" and "N'gola - flor de bronze."] (P)

726. *Cinco poesias.* Extraídas dos livros *Quissange - Saudade negra,* 1932, *Vitória de Espanha,* 1939, *Tatuagem,* 1941, *Cazumbi,* 1950, *Allegro triste - Motivos europeos* (to be published.) (Lis., Liv. Bertrand Irmãos Ed.), 1950. 23 p. not num. [Containing "Mulata", "Homagem ao Quicombo", "Soneto de Madrid," "Allegro triste" and "Colono".] (P)

727. *Quissange - Saüdade negra.* Versos. Lis., pr.pr., (1932). 113 p. not num. II. Luís

Malta. (P)

728. *Quissange.* Lu., Ed. Lello, 1971. 200 p. II. Neves e Sousa. Posthumous ed. [Organized by his son, the poet Tomás Jorge, this ed. combines *Quissange, Cazumbi* and *Tatuagem.*] (P)

729. *Tatuagem.* Poesia d'África. Lis., Ed. Oficinas Bertrand, 1941. 103 p. II. Mário dos Reis. (P)

730. *Vitória de Espanha.* Poema. Lu., Ed. Imprensa Nacional, (1939). 29 leaves not num. (P)

731. Varia: "Postal da Madeira." In Ensaios, sample n., Lu., January 1936, p. 40ff.[Dated 20 February (1935?)] (SK)

CRUZ Viriato Clemente da
732. *Poemas.* Colectânea de poemas (1947-1950). Coll. Autores Ultramarinos, 4. Lis., Ed. Casa dos Estudantes do Império, 1961. 3l p.; 2d ed.: Coll. Cadernos Capricórnio, 25. Lobito, Ed. Capricórnio, 1974. 16 p.; The same 6 poems also in M. de Andrade, *Literatura africana de expressão portuguesa. Poesia.* Algiers, 1967. (P)

733. Varia: "Sô Santo". In Cultura(I). Lu., 1950, p. 73f."Dois poemas à terra." In Mensagem, n. 2/4. Lu., 1952 (Dated 9 December 1951.) "Sá da Bandeira." In Jornal de Angola, v. 1, n. 6. Lu., 27 May 1954, p. 10, and ibidem, v. 7, n. 89. Lu., 15 September 1960, p. 8. [These 3 poems from Mensagem and Jornal de Angola are reprinted in M. Ferreira, *No reino de Caliban,* v. 2, p. 162ff., 171ff.] "Rimance da menina da roça." In Cultura(II), v. 1, n. 5. Lu.,, September 1957, p. 9. (P)

CUNHA António Luís do Amaral Cordeiro da
734. *Busca.* Coll. Iniciação, 1. Benguela, Ed. Convivium, 1972. 36 p. (P)

735. *Folhas da vida.* Versos.

Lobito, pr.pr., 1971. 102 p. (P)

"D'ALL'A Djamba" (i.e. **VASCON-CELOS** Dulce Ferreira Alves Mendes de)
736. *Calema.* Romance africano.
Lis., Ed. União Gráfica, 1960. 269 p. (NO)

737. *O miúdo bailundo.* Contos africanos.
Porto, pr.pr., 1963. 125 p. II.
[3 stories: "Terei eu perdão?", "O miúdo bailundo" and "A terra há-de florir."] (ST)

DAM´AZIO João Luís Serrano
738. *Herói das horas mortas.*
Lu., pr.pr., 1971. 66 p. (P)

D´ASKALOS Alexandre Mendonça de Oliveira
739. *Poemas.* Coll. Bailundo, 1. Pref. António Jacinto (in the form of a letter) and A. Margarido.
Nova Lisboa,, pr.pr., (1961). 24 p.;
2d, enl.ed.: Pref. Luís Bernardino.
Lu., pr.pr., 1975. 53 p. (P)

740. *Poesias.* Pref. A. Margarido. Coll. Autores Utramarinos, 10.
Lis., Ed. Casa dos Estudantes do Império, 1961. 71 p. (P)

741. Varia:
His first poem was published in O Planalto. Nova Lisboa, c.1940. (P)

D´ASKALOS Zaida
742. *Duas histórias.*
Lu., INALD, 1985. 32 p.
[For children. Based on stories told by Ana Magalhães Lima, godmother of the poet Costa Andrade.] (ST)

DAVID Raúl Mateus
743. *Colonizados e colonizadores.* Perfis.
Coll. N'gola, 2.
Lu., Ed. Livrangol, 1975. 103 p.;
2d. ed.:
Lu., Actualidade Ed., 1978. 102 p.;
3d, enl. ed.: Coll. Autores Angolanos, 38.
Lis., Edições 70, & Lu., UEA, 1984. 191 p. (ST)

744. *Crónicas de ontem para ouvir e contar.*

Coll. Contemporâneos.
Lu., UEA, & Porto, Ed. Asa, 1989. 125 p (SK)

745. *Ekaluko Iyakwafeka. Brado patriótico.*
Coll. Cadernos Lavra & Oficina, 78.
(Lu., UEA, 1988.) 51 p.
[Poems in Umbundu, with trans. into Portuguese.] (P)

746. *Escamoteados na lei (Rebelados).* Pref. Boaventura Cardoso. Coll. Contemporâneos.
Lis., Edições 70, & (Lu., UEA, 1987.) 71 p. (SK)

747. *Narrativas ao acaso.* Coll. Cadernos Lavra & Oficina, 32.
(Lu., UEA, 1981.) 45 p. (ST)

748. *Narrativas ao acaso*, v. 2. Coll. Cadernos Lavra & Oficina, 77.
(Lu., UEA, 1988.) 63 p. (ST)

749. *Poemas.* Pref. Jorge Macedo: "Palavra para a vitória humana."
Lu., (Edições de Angola), 1977. 47 p. (P)

DELGADO Francisco
750. Varia:
2 poems in Vértice, v. 21, n. 208. Coimbra, January 1961.
2 poems in César Oliveira, Ferreira Guedes, M. Losa, R. Namorado, *Poemas livres.* Coimbra, 1962.
4 poems in A. Borges, etc., *Antologia da poesia universitária.* Lis., 1964. (P)

DIAS António Manuel Lopes
751. *País ignorado.* Coll. Novo Tempo, Poesia, 5.
Coimbra, Ed. Centelha, 1973. 84 p. (P)

752, Varia:
5 poems in *Poemas livres.* Coimbra, 1962.
Poems in *Antologia da poesia universitária.* Lis., 1964.
One poem in¨E. Gonçalves & M. A. Valente, *Poesia 70.* Porto(?). 1971.
Other poems published earlier in Vértice, Coimbra. (P)

DIAS Eduardo Leiria

88

753. *Gotas d'água* . Quadras populares. Pref.
Silva Tavares.
(Lu.?), Angola, pr.pr., 1950. 50 p.   (P)

754. *Ressurreição. Portugal de ontem...*
Portugal de hoje...
Condeixa(Portugal), pr.pr., 1951. 125 p.   (P)

755.Varia:
"Terra vermelha". Soneto. In Boletim Cultural
do Huambo, n. 2. Nova Lisboa, December
1949, p. 27.
15 poems in F. Neiva, *Antologia poética,* v. 4.
Benguela, 1972, p. 33-57.   (P)

DIAS   Gastão Sousa
756. *No planalto da Huíla.* Crónicas de viagem,
impressões e aspectos. Pref. author.
Porto, Ed. A Renascença Portuguesa, 1923.
231, 1(err.) p.   (SK)

DION´ISIO   Manuel
757. *Escritos ao vento.*
Lu., INALD, (1983). 43 p.   (P)

DOMINGOS   Rodrigo Pedro
758.Varia:
"Resistência". In "Participação" of Diário de
Luanda, 24 January 1976, p. 10.
"4 de Fevereiro." Ibidem, Lu., 14 February
1976.
"Mensagem" and "Presságio". Ibidem. Lu.,
28 February 1976.
"Receio e quietude" and "Homenagem". Ibi-
dem. Lu., 27 March 1976, p. 10.
""Exemplo". Ibidem, Lu., 21 April 1976, p. 8.
"A terra é imensa" and "Oráculo". Ibidem.
Lu., 19 May 1976, p. 8.
"Sangue e coragem." Ibidem. Lu., 26 May
1976, p. 8.   (P)

DOMINGUES   Mário José
759."Má raça". Comédia em 3 actos. In África
Magazine, n. 1, p. 60-67: n. 2, p. 53-60; n. 3,
p. 57-61. Lis., April & May 1932.   (T)

DUARTE   Norberto
760. *Espiral indefinida.* Poemas (1967-72).
Lu., pr.pr., 1972. 46 p. not. num.   (P)

ERMO   Mário
761. *Canções do mar e da terra.*

Lu., Ed. de "O Apostolado", 1942. 89 p. (P)

762. *Sonetos.*
Lu., Ed. de "O Apostolado", 1941. 43 p. (P)

ERSE   Amélia
763. *Rosas de Jericó.* Sonetos. Pref. Maria
Helena.
Lu., pr.pr., 1971.   (P)

ERVEDOSA   Carlos Eduardo Manuel
Nascimento
764. *Era no tempo das acácias floridas.*Pref.
Manuel Ferreira. Coll. Vária - Angola.
Linda-a-Velha(Portugal), Ed. ALAC, 1991.
210 p.
[Inspired by memories of Lu., Lis., and the
Angolan intellectuals whom the author knew
intimately.]   (P, SK, ST)

765. *Saudades de Luanda.*
Vila Real(Portugal),pr.pr., 1986. 61 p. (P, SK)

766.Varia:
"Só Romeu". In Jornal de Angola. Lu., September 1963.   (ST)

"EVELINE" (i.e. FERREIRA   Eveline
Maria R. e Moreira)
767. *Minutos imensuráveis.* Poemas.
n/p., pr.pr., n/d. c.50 leaves not num., printed
on one side. Dupl.
[Poems dated Lu., Lis. or Nova Lisboa, 1971-
March 1975.]   (P)

EZAGUY   Lygia Toledano
768.Varia:
Poem in "Artes e Letras" of A Província de
Angola. Lu., 22 March 1972.
Poem . Ibidem. Lu., 10 May 1972.
Poem. Ibidem. Lu., 6 September 1972.
Poem. Ibidem. Lu., 22 November 1972.
Poem. Ibidem. Lu., 18 April 1973.   (P)

FAIAS   Firmão José
769. *Sinfonia da dor.*
Lu., pr.pr., 1927. 12 leaves not num.   (P)

FARIA   Diamantino
770. *Destino: Mucaba.* Romance da luta
contra o terrorismo.
Lis., pr.pr., 1962. 247 p.   (NO)

771. *Tormenta em África*. Romance.
Lu., pr.pr., 1960. 190 p.   (NO)

772. Varia:
"Quem disparou?" Romance policial. In Diário de Luanda. [Published as a serial.]   (NO)

FATAL Gomes Pereira   Julieta Pérez
773. *Ingénuo, leve, rasgado...*
Lis., pr.pr., 1965. 89 p.   (P)

774. Varia:
"Angola". In M. da C. Nobre, *Antologia de poesias angolanas*. Nova Lisboa, 1958, p. 192f.   (P)

FEIJO´O K.   J.A.S. Lopito
775. *Cartas de amor*. Coll. Cadernos do Povo - Poesia.
Pontevedra(Spain) & Braga, Liv. Minho Ed., 1990. 45 p.   (P)

776. *Doutrina*. Coll. Lavra & Oficina, 69.
Lu., UEA, 1987. 33 p.   (P)

777. *MeDitando*. Poesia. Coll. Sei-Breve, 1.
Lu., Ed. Katetebula, n/d.(1987). 9 p.
[Privately distributed ed. of 200 copies.](P)

778. *Rosa côr de rosa*. Poesia. Coll. Semi-Breve, 3.
Lu., Ed. Katetebula, n/d.(1987). 10 p.
[Privately distributed ed. of 200 copies.](P)

FERNANDES   Fernando Alfredo Lagrifa
779. *Canção dos meus tipoeiros*. Poemas.
(Lu.), pr.pr.,(1960). 76 p.   (P)

780. *Kaiala*.
(Lu.), pr.pr., 1963. 41 p.   (P)

FERNANDES   Maria Celestina
781. *A borboleta côr de ouro*. Coll. Acácia Rubra, 11.
Lu., UEA, 1990. 33 p. Il. João Inglês.
[For children.]   (ST)

FERR˜AO   José Bernardo
782. Vária:

"Melancolia". In (Novo) Almanach de Lembranças Luso-Brasileiro para 1868. Lis., 1867, p. 221.
"À memória do barão de Barth." Ibidem para 1878. Lis., 1877, p. 202ff.
"Revelação". Ibidem para 1879. Lis., 1878, p. 403.
"Gratia plena".Ibidem para 1880. Lis., 1879, p. 35f.
"Confesso-me". Ibidem para 1881. Lis., 1880, p. 224.
"Ao rio Quanza." Ibidem para 1888. Lis., 1887,p. 133 [Posthumously published.]   (P)

FERREIRA   Amadeu José
783. *As árvores reverentes do Congo*. Coll. Metrópole e Ultramar, 36.
Braga, Ed. Pax, 1967. 379 p.   (NO)

784. *Catana, canhangulo e arma fina*. Contos.
Lis., pr.pr., 1964. 216 p.;
2d ed.: Coll. Metrópole e Ultramar, 32.
Braga, Ed. Pax, 1967. 151 p.   (ST)

785. *Um dia de doze horas*. Romance. Coll. Metrópole e Ultramar, 21.
Braga, Ed, Pax, 1966. 199 p.   (NO)
[Three books inspired by the war in Angola which began in 1961.]

FERREIRA   Carlos Sérgio Monteiro
786. *Começar de novo*. Coll. Cadernos Lavra & Oficina, 61.
Lu., UEA, 1986. 42 p.   (P)

787. *Projecto comum, I*. Coll. Cadernos Lavra & Oficina, 40.
Lu., UEA, n/d.(1982). 59 p.   (P)

788. *Projecto comum, II*.
Lu., INALD, (1983). 65 p.   (P)

789. *Saber a sal. Crónicas de dias cinzentos*.
(Lu., INALD, 1985.) 63 p.
[Previously published in the literary supplement of the Jornal de Angola.]   (SK)

790. *Voz à solta*. Coll. Lavra & Oficina, 90.
Lu., UEA, 1991.   (P)

791. Varia:

90

"Vai dizer" and "És tu". In Lavra & Oficina, n. 13. Lu., October 1979, p. 11.
"Contra a raiva." Ibidem, n. 14. Lu., November 1979, p. 10.
"O impossível aconteceu." Ibidem, n. 23/24. Lu., August/September 1980, p. 14.
"Aqui passei". Ibidem, n. 31/33. Lu., April/June 1981, p. 17. (P)

"Extracto do inédito 'Há um tempo para todas as coisas.'" In "Vida & Cultura", n. 100, of Jornal de Angola, 12 June 1983, p. 29. (SK)

FERREIRA José da Silva Maia
792. *Espontaneidades da minha alma.* Às senhoras africanas. Poesias, 1.
Lu., Ed. Imprensa do Governo, 1849 [i.e.1850.] 140 p.;
2d ed.: Pref. Gerald Moser. Coll. Autores Angolanos, 34.
Lis., Edições 70, & Lu., UEA, 1980 [i.e. 1981]. xxxiv, 139, xix p.
[The spelling has been modernized. Probably the first book to have been printed in Angola.]
(P)

793. "Memorias intimas dum Africano." Ms., c.1855. [Probably lost. According to a prospectus dated 1855, its contents were: "Rapido esboço da vida do autor - Poesias - Impressões de viagem - Africa Portugueza: o que ella foi - o que é - o que poderá ser - Narrações sobre os Estados Unidos da America do Norte - Seus homens de vulto - Suas instituições - Commercio - Industria - [Artes] e Litteratura - Sua grandeza moral e politica - Cantos de exilio." Quoted by William P. Rougle, in "José da Silva Maia Ferreira, poeta angolano, correspondente brasileiro, homem de negócios americano" in Colóquio/Letras, n. 120. Lis., April/June 1991, p. 187.]
(E, P, SK, ST)

794. Varia:
"Improviso", "A noite", "À Carlinda", "Uma noite de Natal", "Beleza sem amor." In José Ferreira Monteiro, *Lisia poetica. Collecção de poesias modernas de auctores portuguezes*, v. 3. Rio de Janeiro, 1849, p. 193f., 242ff., 266f., 270ff., 307f. [Published before the author's return from Brazil to Angola.]
(P)

FERREIRA Mário César
795. *Monólogo às portas do nada.* Coll. Metrópole e Ultramar, 39.
Braga, Ed. Pax, 1968. 100 p.
[Wartime tale.] (N)

FIALHO José
796. *A idade e o tempo.* Poemas. Coll. Metrópole e Ultramar, 46.
Braga, Ed. Pax, 1968. 94 p. (P)

797. *As cinzas das raízes.* Poesia. Pref. author.
Lu., ABC, 1962. 98 p. (P)

798. *Célula e idéia.*
Lis., Ed. Império, 1958. 68 p. (P)

FIGUEIRA Luís
799. *Miragem africana. O preço da civilização em África.* Romance da vida colonial, sertaneja, de Angola, focando os usos, costumes, tradições de algumas tribos. A miragem enganadora...
Porto, Companhia Portuguesa Ed., 1935. 331 p. (NO)

800. *Princesa negra. O preço da civilização em África.* Novela histórica das lutas de ocupação no último quartel da barbárie... A tribo dos Bundas... Os perigos da selva em África. História da revolta das tribos dos Ganguelas em 1916.
Coimbra, pr.pr.(?), 1932. 430 p. Il. (NO)

FIGUEIREDO Maria da Conceição Pinho Simões Pimentel Teixeira de
801. *Eu também sou português!*
Lis., Ed. Parceria António Maria Pereira, 1945. 94 p. (N)

802. *No continente africano.* Novela.
Lis., Ed. Parceria António Maria Pereira, 1945. 95 p. (N)

803. *No continente africano.* Histórias para crianças.
Lis., 1970.
[For children.] (ST)

804. Varia:

"Moçâmedes". In Convivium, n. 7. Benguela, February 1972, p. 42. [Posthumously published.] (P)

FILIPE Emílio Luís Rodrigues
805. *Dossier Angola: 1[Um] coringe e os 3 irmãos.* Pref. author.
Lis., África Ed., 1974. 84 p.
[2 stories of colonial repression during the struggle for independence.] (ST)

806. Varia:
"2.o [Segundo] de maio." Ms. [Entered in a literary contest of the Casa dos Estudantes do Império, Lis., in 1962.] (ST)

FONSECA António
807. *Crónica dum tempo de silêncio.* Coll. Contemporâneos.
Lu., UEA, & Porto, Ed. Asa, 1988. 42 p. (ST)

808. *Poemas de raiz e voz.* Coll. Cadernos Lavra & Oficina, 58.
Lu., UEA, 1985. 29 p.
[Poems written between 1977 and 1985.] (P)

809. *Raízes.*
Lu., INALD, 1982. 31 p.
[Based on folktales collected by the author.] (ST)

810. Varia:
"Jardins" and "Poema miúdo". In Lavra & Oficina, n. 28/30. Lu., January/March 1981, p. 16f.
"Companheiros, cavemos rápido." Ibidem, n. 31/33. April/June 1981, p. 17. (P)

"FONSECA Lília da" (i.e. **SEVERINO** Maria Lígia Valente Fonseca)
811. *Filha de branco.* Coll. Imbondeiro, 3.
Sá da Bandeira, Ed. Imbondeiro, 1960. 26 p.
II. Alexandre de Resende.
[Also in A. César, *Contos portugueses do ultramar*, v. 2. Porto, 1969, p. 649-665. (ST)

812. *O relógio parado.* Coll. Autores Portugueses, 28/29.
Lis., Ed. Arcádia, (1961). 202 p. (NO)

813. *Panguila.* Romance.
Lis., Parceria António Maria Pereira, 1944. 307 p. (NO)

814. *Poemas da hora presente.*
Lis., Ed. Orion, (1958). 61 p. (P)

815. Varia:
"As primeiras chuvas de outono." In Ensaios, sample issue. Lu., January 1936, p. 21f.
"Poema impressionista". In O Mundo Português, v. 12, Lis., 1945, p. 435f. [Dated 1940.] (P)
[During her long residence in Portugal, L. da Fonseca published many other books unconnected with Africa.]

FONSECA Maria Beatriz
816. *Poemas.*
Lu., Lello & Cia. Ed., 1966. 121 p. (P)

FONTE João Barroso da
817. *É preciso amar as pedras.*
Braga, Ed. Pax, 1970. 62 p. II. author's portrait. (P)

818. *Formas e sombras.* Poemas.
Chaves(Portugal), pr.pr., 1966. 47 p. (P)

819. *O sangue e as palavras.* Poemas. *Dor. Sofrimento. Resignação.*
Chaves(Portugal), pr.pr., 1967. 59 p. (P)

[His three books were inspired by the war in Angola.]

FONTOURA L. D.
820. Varia:
"O santo n'gola (mitologia gentílica)." In Novo Almanach de Lembranças Luso-Brasileiro para 1923. Lis., 1922, p. 237f.
"Estranha prova de amor." Ibidem para 1924. Lis., 1923, p. 93.
"Angola. Costumes exóticos." Ibidem para 1927. Lis., 1926, p. 50ff.
"Relembrando." Ibidem para 1928. Lis., 1927, p. 277f.
"Pensares dum maganão." Ibidem para 1929. Lis., 1928, p. 381ff.
"Angola. A doença do sono." Ibidem para 1931. Lis., 1930, p. 268f. (SK)

FRANÇA José Augusto Rodrigues
821. *Natureza morta.* Romance.
Rio de Janeiro, Liv. Casa do Estudante do

Brasil Ed., 1949. 277 p.;
2d ed.: Coll. Autores Portugueses, 21.
Lis., Liv. Bertrand Ed., 1961. 221 p.;
3d ed. Pref. Eduardo Lourenço. Postscript
author.
Lis., Ed. Estampa, 1982. 217 p. (NO)

822.Varia:
"Tres pequenos contos de África." In *Despe-
dida breve.* Lis., Ed. Publicações Europa-
América, Mem Martins(Portugal), 1958, p. 83-
100.
- Russian ed. Trans. Helena Riáuzova. In
Antologia de contistas portugueses. Mos-
cow, 1962, p. 264ff. (ST)

FRANCISCO Armindo ("Kianda")
823.*A luta continua.* Poemas. Pref. R. Sotto-
Maior.
Lu., pr.pr., 1976. 41 p. Il. author's portrait. (P)

824. Varia:
"Noite longa". In "Resistência" of Diário de Luanda, Lu., 28 February 1976, p. 10.
"Disseram que era cadáver." Ibidem, 20 March
1976, p. 10.
"A luta continua." In "Participação" of Diário
de Luanda, 21 April 1976, p. 8.
"Se alguém soubesse." Ibidem, 28 April
1976, p. 8.
'1.o de Maio." Ibidem, 19 May 1976, p. 8.
"Se o vento falar," "O povo me pede um poema" and "Anúncio". Ibidem, 23 June 1976.
"A vitória é certa." Ibidem, 11 August 1976,
p. 13.
'O gigante bondoso." Ibidem, 13 October
1976, p. 11. (P)

"FREIANDE"
825.*Vidas sombrias.* Contos.
(Sá da Bandeira), Ed. Imbondeiro, n/d. 165 p.
(ST)

FREIRE Cochofel Miranda Mendes Maria
da Graça
826.*A primeira viagem.* Romance.
Lis., Ed. Parceria António Maria Pereira,1952.
341 p.;
2d ed.: Ibidem, 1955. 307, 1(err.) p.;
4th, rev. ed.: Coll. O Livro do Bolso, 55/56.
Lis., Portugália Ed., (1964). 240 p. Il. author's
portrait. [Corresponds to the 3d ed.] (NO)

827.*A terra foi-lhe negada.* Romance. Coll.
Contemporâneos, 1.
Lis., Portugália Ed., 1958. 295 p.;
2d ed.: Ibidem. 298 p. (NO)

828.Varia:
"História de Mariana Preta a respeito dela e
do seu filho." In *O inferno está mais perto.*
Contos. Lis., Ed. Tavares Martins, 1970, p.
63-73. (ST)

FREITAS José Ricardo de Jesus Almeida
de
829.*Silêncio em chamas.* Pref. Manuel Rui.
Coll. Autores Angolanos, 20.
(Lis.), Edições 70, & (Lu.), UEA, (1979). 131
p.
[Written in 1973.] (N)

FRIAS César de
830.*O pretinho de Angola.* Coll. Biblioteca
dos Pequeninos, 54.
Lis., Ed. Empresa do Anuário Comercial,
1930. 101, 1 p. Il. Albertino dos Santos.
[For children.] (ST)

FURTADO António Cândido Cordeiro Pinheiro
831. Varia:
Several forgotten works, according to Ino-
cêncio Francisco da Silva's *Diccionario Bi-
bliographico Portuguez.*

FURTADO Eusébio Cândido Cordeiro Pinheiro
832.*Ao dia eternamente fausto 10 de
Fevereiro de 1842, no terceiro aniversario do
estabelecimento da Carta Constitucional de
1826.*
Lis., Ed. Imprensa Nacional, 1845. 11 p. (P)

FURTADO de Mendonça d'Antas João Cân-
dido
833. Varia:
"N'um album". In Almanach de Lembranças
Luso-Brasileiro para 1863, Lis., 1862, p. 182f.
"No album de uma africana." Ibidem para 1864
Lis., 1863, p. 116.
"Na ultima folha de um album. Sentença." Ibi-
dem para 1865. Lis., 1864, p. 283.
"Num album" and "Religião" (Versão livre de V.

Hugo.) Ibidem para 1867. Lis., 1866, p. 149, 374f.
"Desejos".[Trans.of a poem by V. Hugo.] Ibidem para 1868. Lis., 1867, p. 264.
"A estrela do norte (Cabo de Palmas, a bordo do paquete português D. António, Julho de 1868)" Ibidem para 1871. Lis., 1870, p. 212ff.[Written after 8 years spent in Angola.] 7 poems in A Grinalda, v. 2. Porto, 1857, p.52-56, 102f., 125, 141ff., 151ff., 168ff, 184f.
3 poems. Ibidem, v. 3. Porto, 1860, p. 28f., 42ff., 57ff.
2 poems. Ibidem, v. 9. Porto, 1869, p.24-28, 121-124. (P)

GALV~AO Henrique Carlos Malta
834. Colonos. 1 acto. 1939. Ms. (T)

835. Como se faz um homem. 4 actos. 1935. Ms. (T)

836. Em terra de pretos. Crónicas d'Angola. Lis., pr.pr., 1929. 199 p. (SK)

837. Impala. Romance dos bichos do mato. Lis., Liv. Popular de Francisco Franco Ed., (1946). 212 p. II. J. de Moura;
2d ed.: Ibidem, (1935). (NO)

838. Kurika. Romance dos bichos do mato. Lis., Liv. Popular de Francisco Franco Ed., (1944). 231 p. II. J. de Moura;
2d & 3d eds.: Ibidem, n/d.(1944);
- Spanish ed.: Kurika. Novela de los habitantes de la selva. Trans. Felipe O. Ruiz. Coll. Lyke.
Buenos Aires, Ed. Morata, 1946. 207 p.;
2d ed.: Coll. Revista Literaria Novelas y Cuentos, v. 27, n. 128. Madrid, 1955. 53 p. (NO)

839. O sol dos trópicos. Romance colonial. Lis., Ed. Empresa do Anuário Comercial, 1936. 322, 1(err.) p. (NO)

840. O velo d'oiro. Novela colonial. Lis., Ed. Parceria António Maria Pereira, 1931. 278 p.;
2d ed.: Ibidem, 1933. 291 p.;
3d ed.: Ibidem, 1936. 272 p. II. Eduardo Mal-

ta;
4th ed.:
Lis., Liv. Popular de Francisco Franco Ed., 1936. 272 p. II. Eduardo Malta. (NO)

841. O velo d'oiro. Fantasia colonial em 3 actos. Em colaboração com Silva Tavares. Lis., Liv. Popular de Francisco Franco, 1936. 131 p.
[Dramatic adaptation of the novel.] (T)

842. Pele. Romance. Lis., pr.pr.(?), 1958. 369 p.
[Actually published in 1956 or 57];
2d ed.:
Lis., Liv. Popular de Francisco Franco Ed., 1974. 372 p. (NO)

843. Revolução. 3 actos. 1931. Ms.? (T)

844. Terras do feitiço. Contos africanos. Lis.,Ed. Parceria António Maria Pereira, (1934). 201 p. (ST)

845. Vagô. Romance. Lis., pr.pr.(?), 1953.
[Written in 1952/53 while Galvão was a prisoner in Lisbon, the entire ed. was confiscated by the police in the print shop. Only 24 copies escaped. Intended as the 3d v. of the trilogy "Romances dos bichos do mato."];
2d ed.: O homem e o tigre: Vagô.
S. Paulo(Brasil), Ed. Coliseu, 1966. 190 p. II. Francesc Domingo;
3d ed.: Vagô. Romance dos bichos do mato. Lis., Liv. Popular de Francisco Franco Ed., 1974. 264 p. (NO)

GALVEIAS Maria Teresa
846. Ivuenu! "Oiçam!"
Lis., Agência-Geral do Ultramar, 1969. 68 p. (P)

GAMELAS Filomena de Jesus Oliveira
847. Varia:
19 poems in F. Neiva, Antologia poética, v. 3. Benguela, 1971, p. 83-107. (P)

GENS Pedro
848. África. Poemas. Coll. O Livro de Angola, 2.

Lu., Ed. Culturang, (1972). 77 p.   (P)

GERALDO Manuel
849. *10* [dez] *farpas no medo.* Coll. Vias.
Poesia, 3.
Lis., Ed. Plexo, 1973. 39 p.   (P)

850. *Em Bisango de Bizangongo.* Teatro.
Peça em 3 actos.
Lis., pr.pr., 1977. 41 p. Il. author's portrait.
[Inspired by the struggle in Angola.]   (T)

851. *Emigrados e ofendidos.* Pref. Manuel da
Fonseca. Coll. O Homem no Mundo, 11.
Lis., Prelo Ed., 1972. 100 p.
[Some of the sketches inspired by the war
in Angola.]   (SK)

852. *Epitáfio a Pascoal.* Poema.
Lis., Ed. Publis, 1974. 45 p.   (P)

853. *Sangue negro, sangue branco e o
suor da guerra.* Novela. Coll. Vias. Ficção, 1.
Lis., Ed. Plexo, 1973. 45 p.
[Privately distributed during the government
of Marcelo Caetano in Portugal];
2d, rev. & enl. ed.:
Lis., Ibidem, 1974. 50 p. Il.   (N)

"GERRY" (i. e. **TORRADO** Horácio Martins)
854. *Caminhos da vida.* Poemas.
Lu., pr.pr., 1979. 27 p.   (P)

GIL Clodoveu Eduardo Brazão
855. *Temas eternos.* Poesias.
Lis., pr.pr., 1957. 186 p.   (P)

GOMES Glória Leal
GOMES M. J. Leal
856. *Reflexos.*
Lu., pr.pr., 1975. 61, 1(err.) p. Il. Glória Leal
Gomes.   (P)

GOMES Maurício Ferreira Rodrigues de
Almeida
857. Varia:
"Estrela pequenina". In Cultura(I). Lu., 1949;
again in Cultura(II), v. 1, n. 4. Lu., June 1958.
Also in Anon., *Antologia dos novos poetas
de Angola.* Lu., 1950.
"Doçura". In Mensagem, n. 1. Lu., 1951.

"Bandeira". In C. Ervedosa, *Roteiro da literatura angolana.* Lis., 1975, p. 85ff.
"Exortação". In M. da C. Nobre, *Antologia de
poesias angolanas,*1957; partly in C. Ervedosa, *Poetas angolanos,* 1959, p. 6, and according to him, already in 1948 in a journal.
"Se a minha terra tem côr..." In Cultura(II), v.
1, n. 5. Lu., September 1957, p. 9.   (P)

GOMES-TEIXEIRA Fernando Heitor
Pinto
858. *Obras quase completas.*
Sá da Bandeira, Ed. Imbondeiro, n/d. 95 p.(P)

859. *Os homens dividem-se em dois grupos.*
Farsa em 1 acto. Coll. Cadernos Imbondeiro,
17.
Sá da Bandeira, Ed. Imbondeiro, 1961. 35 p.
    (T)

GONGOLO Coimbra Juliana
860. *Juliana sem censura. O drama de uma
mulher angolana.* Pref.Eduardo de Oliveira.
S. Paulo(Brazil), Ed.Soma, (1980). 138 p.
[Narrative of a fictionalized autobiographical
character, by a Protestant from Angola who
took refuge in Brazil.]   (N)

GONZAGA Norberto
861. *África do sangue, do oiro e da morte.*
Lis., Ed. Universo, 1942. 256 p.   (ST)

861-a. *O grito da selva.*
Lis., Ed. Universo, n/d.(1942). 295 p.   (ST)

862. *Os que não transigem.* Coll. Uma Novela
por Mês.
Lu., pr.pr., 1934. 29 p.   (N)

GOURGEL Ciro
863. *Contos soltos.* Pref. Mário Mota.
Lu., Editora de Angola, 1972. 73 p.   (ST)

GOUVEIA Carlos José daSilva
864. *Olohali vietu ("Os nossos sofrimentos").* Pref.Emanuel Machado da Costa.
Benguela, pr.pr., 1976. 109 p.   (SK)

865. *Olusapo. Poemas da longa noite.* Pref.
Ruy d'Almeida.
Benguela, pr.pr., 1977. 159 p. Il. author's
portrait.   (P)

95

866. *Utanha wátua* [i.e. Burning sun].
Poema. Pref. Manuel Nunes Cardiga. Coll.
Cancioneiro Angolano, 2.
Benguela, Ed. Convivium, 1972. 91 p.   (P)

867. Varia:
12 poems in F. Neiva, *Antologia poética*, v. 2.
Benguela, 1974, p.59-81.
"Rua torta", "Canção *dos lavra*", "Moldura", "A
última esperança." In M. Ferreira, *No reino de
Caliban*, v. 2. Lis., 1976, p. 341-47. [The first
three poems not published before.] (P)

"Noites e madrugadas de espera." In "Artes
e Letras" of A Província de Angola. Lu., 23
February 1972.
"Os mesmos passos." Ibidem. Lu, 8 March
1972. [Repeated on 29 March.]
"A última farra." Ibidem. Lu., 10 May 1972.
"Retornar voltar caminhar!" Ibidem. Lu., 7
June 1972.
"Fronteira da idade." Ibidem. Lu., 12 July
1972.
"*Cambriquite* do amor" and "Farol da vida."
Ibidem. Lu., 30 August 1972.
"Memória para além do asfalto."Ibidem. Lu.,
15 November 1972.
"Natal além da cidade." Ibidem. Lu., 12 De-
cember 1972.
"Chão de vidros e gente de *Utanha Wátua.*"
In "Artes e Letras" of O Lobito. Lobito, 6
February 1973.
"A madrugada de amanhã." In "Artes e
Letras" of A Província de Angola. Lu., 21 Fe-
bruary 1973.
"O último carnaval de São Filipe." Ibidem. Lu.,
14 March 1973.
"Uma lágrima quente de amanhã." In "Artes e
Letras" of O Lobito. Lobito, 3 April 1973.
"Zona escura". In "Artes e Letras" of A
Província de Angola. Lu., 18 April 1973.
"Dona Margarida cansada da vida." Ibidem.
Lu., 19 August 1973. [Some of these texts
were included in *Olohali vietu.*]   (SK, ST)

GRADE   Fernando
868. *A + 2 = raiva.*
Lis., Ed. Difusão Dilsar, 1971. 109 p. Il.
author.
[Incl. some poems referring to Angola.]   (P)

GRAVE   António
869. Varia:
"O inimigo dos brancos." In Novo Almanach
de Lembranças Luso-Brasileiro para 1912.
Lis., 1911, p. 307f.
"Carteira d'um sertanejo: O cacimbo e as caçadas." Ibidem para 1914. Lis., 1913, p. 7f.
"Carteira de um sertanejo: Um enterro entre
povos lundas." Notas de viagem. Ibidem para
1916. Lis., 1915, p. 82-85.
"Carteira dum sertanejo: O kimbombo e as
danças gentílicas." Ibidem para 1917. Lis.,
1916, p. 299ff."Carteira dum sertanejo: Raça
ganguela. Ibidem para 1920. Lis., 1919, p.
58f.   (SK)

"Viva o manual de civilidade!" In Novo Almanach de Lembranças Luso-Brasileiro para
1915. Lis., 1914, p. 43-45.   (ST)

GRILO   Júlio Teles
870. *Cartas de Angola.*
Mirandela(Portugal), pr.pr., 1990. 120 p.(SK)

GUERRA   Henrique Lopes ("Andiki")
871. *A cubata solitária*. Contos. Coll. Imbondeiro, 31.
Sá da Bandeira, Ed, Imbondeiro, 1962. 26 p.
Il. Henrique Abranches.
[Incl. also "O regresso do Lunda" and "Mucanda, a escola da vida."]   (ST)

872. *Alguns poemas.* Coll. Cadernos Lavra &
Oficina, 12.
(Lu., UEA, 1978.) 31 p.
[Poems written between 1957 and 1975.]   (P)

873. *O círculo de giz de bombó.* Teatro. Coll.
Cadernos Lavra & Oficina, 17.
(Lu., UEA, 1979.) 31 p. Il. Henrique Guerra.
[For children. Inspired by Alfonso Sastre's
Spanish adaptation of Bertolt Brecht's play.]
(T)

874. *Quando me acontece poesia.* Poemas.
Lu., pr.pr., 1976. 51 p. Il. author's portrait.
[Incl. poems written in Portuguese prisons,
where he was confined from 1965 to 1974.]
(P)

875. *Três histórias populares.* Coll. Autores
Angolanos, 29.

(Lis.), Edições 70, (1980). 73 p.　　(ST)

876. Varia:
"Poema" and "Eu quero fugir de mim." In O Brado Africano. L.M., 23 February 1956, p. 1 & 2.
"Negras" and "Carta a um amigo." In Cultura (II), v. 2, n. 8. Lu., June 1959, p. 3.
"O moringo". In Jornal de Angola, v. 7, n. 78. Lu., 31 May 1960, p. 8.
"Evocação poética do cacimbo." Ibidem, n. 80. Lu., 30 June 1960, p. 8. [Later, as "Vem, cacimbo" in A. Margarido, Poetas angolanos, 1962, p. 110.]
"Entardecer". Ibidem, n. 88. Lu., 31 October 1960.
"Pungo-Andongo". Ibidem, v. 8, n. 90. Lu.,30 November 1960, p. 5.
"O dançarino de muquixe desce à mina." In "Resistência" of Diário de Luanda. Lu., 8 November 1975, p. 9.　　(P)

"O beijo do cacimbo já se foi." In Mensagem, v. 2, n. 2. Lis., February 1959, p. 4ff.
"Um conto kicongo." In Cultura(II), n. 4. Lu., June 1958, p. 8.
"A história de Escalibo." Ibidem, n. 6/7. Lu., March 1959, p. 11.
"O regresso de Salambiô." Ibidem, n. 8. Lu., June 1959, p. 22.
"Virgínia voltou". Ibidem, n. 9/10. Lu., December 1959, p. 4.
"Chico Luanda". In Jornal de Angola, v. 8, n. 101. Lu., 15 May 1961.　　(ST)

GUERRA　Mário Lopes
877. A bola e a panela de comida. Coll. Capricórnio, 5.
Lobito, Ed. Capricórnio, 1973. 16 p. Il. author.　　(ST)

878. Nossa vida nossas lutas. Estórias.
Coll.Ficção Africana, 1.
(Coimbra), Ed.Centelha, & Lu., UEA, n/d. (1979). 105 p.　　(ST)

879. Varia:
One poem in Cultura(II), v. 2, n. 8. Lu., June 1959.
4 poems in A. Margarido,Poetas angolanos, 1962.
2 poems in M. de Andrade, Literatura africana

de expressão portuguesa, 1967.　　(P)

"Aparício mandou". In Cultura(II), n. 2/3. Lu.,January/March 1958, p. 4.
"Canção do moribundo." Ibidem, n. 4. Lu., June 1958.
"As mais lindas lavras." Ibidem, n. 5. Lu., September 1958, p. 20.
"Pangu'ié pensou". In Mensagem, v. 2, n. 1.Lis., January 1959, p. 5f.
"Os meninos e os caçadores." In Cultura(II), n. 6/7. Lu., March 1959, p. 12.
"Sonho com uma estrela." Ibidem, n. 8, Lu., June 1959, p. 4.
"O escravo voltou." In Mensagem, v. 3, n. 2. Lis., February 1960.
"O caçador e o vento." Ibidem, v. 3, n. 3/4. Lis., March/April 1960, p. 9f. & 37.
"O tocador e o vento." In Cultura(II), n. 11. Lu., May 1960, p. 4.
"Escuta o orvalho que caíu de madrugada," In Jornal de Angola, v. 7, n. 83. Lu., 15 August 1960, p. 9f.　　(P)

"O homem que ia fazer o dique." Ibidem, n. 85. Lu., 15 September 1960, p. 4.
"O príncipe e o orvalho." Ibidem, n. 86. Lu., 30 September 1960, p. 4 & 6.
"A águia e o menino." Ibidem, v. 8, n. 92. Lu., 24 December 1960, p. 3f.
"Dumba e a bangala." In Coll. Imbondeiro, 14. Sá da Bandeira, Ed. Imbondeiro, 1961, p. 7-11.
"Papá Caxito".In "Artes e Letras" of A Província de Angola. Lu., 17 November 1973.　　(ST)

GUTERRES　Maria Lígia
880. A roda. Coll. Imbondeiro, 65.
Sá da Bandeira, Ed. Imbondeiro, 1964. 30 p.　　(ST)

881. Kalunga.
Lis., Ed. Parceria António Maria Pereira, 1972. 247 p.
[Incl. also "Katoki", "Barco parado" and "Um dos Onongano."]　　(N, ST)

882. Mussumar. Coll. Unidade. Ficção, 5.
Lis., Agência-Geral do Ultramar, 1966. 161 p.　　(ST)

883. Varia:
"A prisão das ilhas." In Jornal de Angola, v. 9,
n. 119. Lu., August 1962, p. 11.
[About Cape Verdeans in Angola.] (ST)

HALLER   Maria de Jesus
884. Fá... pe... Iááá!!! Coll. Acácia Rubra.
Lu., UEA, 1988. 22 p. II. Crisóstomo Alberto.
[For children.] (ST)

HENRIQUES   José Cristóvão
885. Varia:
6 poems, dated from Angola, 1948-1956. In
Piedade da Rosa Cristóvão & Rita Florinda
Cristóvão, Testemunhos de José Cristøvão
Henriques (Engenheiro-Silvicultor). Lis., Ed.
Junta de Investigações do Ultramar, 1981,
p. 21-28. (P)

"Retalhos do Maiombe. " In Piedade da Rosa
Cristóvão & Rita Florinda Cristóvão, Testemunhos de José Cristóvão Henriques (Engenheiro-Silvicultor). Lis., Ed. Junta de Investigações de Ultramar, 1981, p. 15-20. [Dated
1957.] (ST)

HORTA   Manuel Rodrigues
886. O inferno da magia negra. Romance
histórico de costumes e crenças na selva
africana.
Coimbra, Coimbra Ed., 1948. 379, 1(err.) p.
(NO)

JACINTO do Amaral Martins   António
887. Em Kiluanji do Golungo. Conto.
(Lu.), INALD, (1984). 31 p.
[Written in the prison camp of Tarrafal,
Santiago Island, Cape Verde, in 1969];
2d ed.: Coll. Cadernos Lavra & Oficina, 65.
Lu., UEA, 1987. 18 p. (ST)

888. Fabulário de Sanji. Pref. Lopo do
Nascimento. Coll. Contemporâneos.
Lu., UEA, 1988. 63 p.
[One story, a prose sketch and two poems re-
ferring to his native region, Golungo Alto.]
(P, SK, ST)

889. Poemas. Colectânea de poemas. Coll.
Autores Ultramarinos, 9.
Lis., Ed. Casa dos Estudantes do Império,
1961. 47 p.;

2d ed.: Pref. Costa Andrade. Coll. Os Olhos
e a Memória, 17.
Porto, Ed. Limiar, & Lu., INALD, 1982. 55 p.
II. José Rodrigues. (P)

890. Prometeu. Coll. Cadernos Lavra &
Oficina, 71.
Lu., UEA, 1987. 35 p.
[Incl. an interview given in 1981, the tale
"Prometeu", and 3 poems: "Um canto moço,
ousado e forte," 1950; "Prometeu", 1952;
and "Ainda Prometeu", 1961.] (P, ST)

891. Sobreviver em Tarrafal de Santiago.
Pref. Irene Guerra Marques.
Lis., Ed. Ulisseia, & Lu., INALD, 1984. 94 p.
II. José Rodrigues.
- German ed.: Überleben in Tarrafal de
Santiago/ Sobreviver em Tarrafal de Santia-
go. Trans. Inés Köbel. Pref. Peter Weidhaas.
Frankfurt a/Main(Germany), Verlag TFM [Teo
Ferrer de Mesquita], (1986). 16 p. not num.
[Bilingual ed. of 16 poems, published on the
occasion of Jacinto receiving the Nome prize
during the book fair in Frankfurt, 1986 (P)

892. Vôvô Bartolomeu (conto) seguido dos
poemas "Era uma vez..." e "Outra vez
vôvô Bartolomeu." Pref. Manuel Ferreira:
"Apresentação de António Jacinto." Coll.
Autores Angolanos, 17.
(Lis.), Edições 70, & (Lu.), UEA, (1979). 41 p.
[Written in 1946 and first published in 1952
with the title "Sorte".] (P. ST)

893. Varia:
"Decena". In Boletim Cultural do Huambo, v.
2, n. 2. Nova Lisboa, December 1949, p. 31.
"Poema dedicado ao marechal Carmona, na
sua visita a Angola em 1938." In Mensuário
Administrativo, Lu., 1951. [Published with-
out four of the final negative lines: "Ai pobre
Antoninho,/ assim eram/ - e acreditaste -/ as
mentiras que te contaram."]
"Um poema". In Itinerário, v. 11, n. 122. L.M.,
April/May 1952, p. 6.
"Eu queria escrever-te uma carta, amor,..."
In Cultura(II), n. 5. Lu., September 1958, p.
10.
Poems in Jornal de Angola, beginning in v. 7,
n. 76. L., 30 April 1960, some of which were
not included in Poemas, 1961. (P)

"Sorte". In Itinerário, v. 11, n. 122. L.M., April/May 1952, p. 3.
"Orfeu". Ibidem, n. 125. L. M., October/November 1952, p. 3.
"Vôvô Bartolomeu". In Casa dos Estudantes do Império,, Contistas angolanos, 1960, p. 69-72.
"Prometeu". In Mensagem, v. 3/4. Lis., March/April 1960, p. 15f.   (ST)

JAMBA   José Sousa
894. Patriots.
London, Ed. Viking, 1990.
[Autobiographical novel, originally written in English.]
- Portuguese ed.: Patriotas.
Lis., Ed. Cotovia, 1991. 310 p.   (NO)

JARA   António Bellini
895. 1 [Um]processo poético em 41 poemas.
Nova Lisboa, pr.pr., 1971. 90, 1("Nota") p. (P)

896. Vitral do tempo.
Braga, Ed. Pax, 1970. 113 p.   (P)

JORD'AO   Carlos Alberto de Carvalho
897. Varia:
6 poems in Vector. Cadernos de Poesia, 3.
Nova Lisboa, 1972.
"Hillbrow-Joanesburgo". In "Artes e Letras" of A Província de Angola. Lu., 21 February 1973, p. 17.
"Náusea". Ibidem, 4 April 1973, p. 17.
One poem. Ibidem, 27 June 1973.
One poem. Ibidem, 25July 1975.   (P)

JORGE   Víctor Oliveira
898. Luz no prisma. Coll. Pirilampo, 3.
Lu., Brigada Jovem de Literatura, 1985. 77 p.   (P)

899. Nossa luminosa contemporaneidade.
Sá da Bandeira, pr.pr., 1974. 55 p.   (P)

900. 39 [Trinta e nove]poemas literais.
Sá da Bandeira, pr.pr., 1973. 93 p.   (P)

901. Varia:
"Neste momento, o poema e seu poeta..."
In "Artes e Letras" of A Província de Angola.
Lu., 2 May 1973, p. 17.   (P)

JORGE Vieira da Cruz   Tomás
902. Areal. Poemas. Coll. Imbondeiro, 21/22.
Sá da Bandeira, Ed. Imbondeiro, 1961. 79 p.
(P)

903. Varia:
"Búzio". In Cultura(II), n. 5. Lu., September 1958, p. 11.
"Ama negra". Ibidem, n. 9/10. Lu., December 1959, p. 11.
One poem. In Jornal de Angola, v. 7, n. 89.
Lu., 15 November 1960.   (P)

"Filho sem pai." In Diário de Luanda. Lu., 1953. Later in A. César, Contos portugueses do ultramar, v. 2. Porto, 1969, p.801-810.
"Infância". Conto poético. In Mensagem, v. 15, n. 1. Lis., July 1964, p. 27-34.   (ST)

"KAFUNDANGA   Said"
904. Varia:
"O Babaiéra (Água Branca)," "Catumbela", "O Samacaca". In Novo Almanach de Lembranças Luso-Brasileiro para 1913. Lis., 1912, p. 164, 188f., 229f.
"Uma excursão ao Sombreiro," and "Os Makangos"." Ibidem para 1914. Lis., 1913, p. 19ff., 132f.
"Devaneios". Ibidem para 1917. Lis., 1916, p. 61f.
"Saudação à lua." Ibidem para 1918. Lis., 1917, p. 12f.
"Feiticeiros". Ibidem para 1919. Lis., 1918, p. 141f.
"O Cunene". Ibidem para 1920. Lis., 1919, p. 117ff.
"Costumes bárbaros". Ibidem para 192I. Lis., 1920, p. 310ff.
"De Zanzibar a Benguela" and "O marfim". Ibidem para 1929. Lis., 1928, p. 163f., 196f.
"Benguela depois da sua fundação" and "Costumes barbaríssimos" [the latter in defense of black Angolans against allegations by H.G. Costa and J. Farinha in articles published in the Novo Almanach for 1929. Ibidem para 1930. Lis., 1929, p. 37ff., 300f.
"Costumes angolanos. Feitiços e feiticeiros." Ibidem para 1931. Lis., 1930, p. 348f. [Also written in protest against H. G. Costa.]   (SK)

"Cassanda" and "A formação do mundo.

Conto tradicional." In Novo Almanach de Lembranças Luso-Brasileiro para 1915. Lis., 1914, p.2f., 54.
"Damba Maria" and "Lago Dilolo. Lenda." Ibidem para 1917. Lis., 1916, p. 15f., 162f.
"O marido infiel (Lenda gentílica)." Ibidem para 1917. Lis., 1916, p. 94f.
"Morte dum negreiro." Ibidem para 1919. Lis., 1918, p. 252ff.
"Um drama da escravatura." Ibidem para 1921. Lis., 1920, p. 45f.
"Brancos e pretos. Lenda." Ibidem para 1931. Lis., 1930, p. 254f.
"O morcêgo (Lenda gentílica)." Ibidem para 1932. Lis., 1931, p. 214ff.   (ST)

K⁻OPKE   Manuel
905. Varia:
"Ellen..." In his Cartas de África, 1928, and reprinted in A. César, Contos portugueses do ultramar, v. 2, 1969, p. 667-683.   (ST)

LAGE   José da Fonseca
906. Os bandidos d'Angola. Grande romance sensacional. Pref. Horácio Rosas.
Lis., pr.pr., 1907. viii, 523 p.   (NO)

LARA   Alda Ferreira Pires Barreto de
907. Poemas. Pref. Orlando de Albuquerque. Sá da Bandeira, Ed. Imbondeiro, 1966. 198 p. [Posthumously ed.];
2d ed.: Identical with the first.
Sá da Bandeira, Ed. Imbondeiro, 1967;
3d ed.: Identical with the first.
Lobito, Ed. Capricórnio, 1973;
4th ed., enl.:
Porto, Ed. Vertente, 1984. 176 p.
[Incl. 5 additional poems.]   (P)

908. Poesia. Coll. Cadernos Lavra & Oficina, 18.
(Lu., UEA, 1979.) 22 p.
[Containing 12 poems.]   (P)

908-a. Tempo de chuva. Coll. Cadernos Capricórnio, 2.
Lobito, Ed. Capricórnio, 1973. 36 p.
[Posthumous ed. of 7 stories.]   (ST)

909. Varia:
"Apelo..." In Ciência, Revista dos Estudantes da Faculdade de Ciências de Lisboa. Lis.,

October/December 1949.
"Para João Dias." In The Guardian. L.M., 1952.
"Presença". In Jornal de Angola, v. 3, n. 29. Lu., May 1956, p. 15.
"Regresso" and "Presença". In M. da C. Nobre, Antologia de poesias angolanas, 1958, p. 36-40.
"Rumo" and "Testamento". In Mákua, v. 2. Sá da Bandeira,1963, p. 11f.
"Presença", "Anúncio", "Testamento" and "Momento". In Mákua, v. 3. Sá da Bandeira, 1963, p. 30-34.   (P)

"Desencontros". In A. César, Contos portugueses do ultramar, v. 2. Porto, 1969, p. 380-386. [Written in 1962.]
"Tempo de chuva." In "Artes e Letras" of A Província de Angola. Lu., 17 May 1972, p. 17f. [Written in 1962.]   (ST)

LARA FILHO   Ernesto Pires Barreto de
910. Crónica da roda gigante. Pref. Artur Queiroz. Coll.Ficções, 19.
Porto, Ed. Afrontamento, 1990. 227 p.
[Sketches selected among those published in Jornal de Angola (1956-58), A Notícia (1960-63), ABC(1959-61) and Planalto (1961). All but the last published in Lu.]   (SK)

911. O canto do martrindinde e outros poemas feitos no Puto [i.e. in Portugal].
Lis., Ed. Minerva, (1963). 42 p.
[On the title page: "Huambo, 1964." Withdrawn from circulation.]   (P)

912. O canto do martrindinde. Coll. Cadernos Capricórnio, 21/22.
Lobito, Ed. Capricórnio, 1974. 71 p.
[Incl. also Picada de marimbondo and Seripi-pi na gaiola.];
2d ed.:
Lis., Edições 70, & Lu., UEA, 1987. 87 p.
[Incl. a poem by Ruy Duarte de Carvalho,dedicated in 1982 to Lara Filho.]   (P)

913. Picada de marimbondo. Ciclo Soba Catimbala, Ciclo Chico Benguela e outros poemas. Coll. Bailundo, 2.
Nova Lisboa, Ed. Publicações Bailundo, 1961. 35 p.   (P)

914.*Seripipi na gaiola.*
Lu., Ed. ABC, 1970. 30 p.   (P)

915.Varia:
"Poema de amanhã." In C. Ervedosa, *Poetas angolanos.* Lis., 1959, p. 51.[In *O canto do martrindinde,* Lobito, 1974, the title became "Poema da manhã", perhaps because the April revolution had happened in Portugal.]
                                   (P)

Many other sketches in "Artes e Letras" of A Província de Angola, Lu., in 1972 and 1973, and perhaps already before those years. (SK)

LEAL   Faria ("Júlio Candal")
916.*Algas do mar.* (Versos).
Lis.., pr.pr., 1904. 227 p.   (P)

917.*Romance da Ausenda.*
Benguela, pr.pr., 1932. 8 p.
[Pamphlet with 8 sonnets.]   (P)

LEITE   Luísa Linto
918.*Queixumes.* Poemas.
Lu., pr.pr., 1968. 117 p.   (P)

LEMOS   Jacinto de
919.*Undengue.* Coll. Prosa.
Lu., UEA, 1989.   (ST)

LEMOS   João Maria Gonzaga de
920.*Almas negras. Contos da África misteriosa.*
Lis., Liv. Clássica Ed., 1937. 285 p.   (ST)

"LIAGIRA" (i. e. CRUZ Abigail de Paiva)
921.*África: Mossâmedes. Episódio histórico.*
Lis., Ed. Olegário Fernandes, 1937. 14 p.(P)

LIMA   Bandeira de
922. Varia:
"Finalidade". In Mensagem, v. 2, n, 2/4. Lu., October 1952, p. 1.
"Ser poeta". Ibidem, p. 23.
Several poems in Jornal de Angola. Lu., 1953-1965.   (P)

LIMA   Cremilde de
923.*A múcua que baloiçava ao vento.* Coll. Acácia Rubra, 12.

Lu., UEA, 1990. 31 p. II. Katy Lima.
[For children.]   (ST)

924.*A velha sanga partida.* Coll. Piô-Piô.
Lu., INALD, 1982.
[For children.]   (ST)

925.*Missanga e o sapupo.*
Lu., INALD, n/d. (c.1980).
[For children.]   (ST)

926.*O balão vermelho.*
Lu., INALD, n/d. (1985). 24 p.
[For children.]   (ST)

927.*O tambarino dourado.* Coll. Piô-Piô.
Lu., INALD, 1982.
[For children.]   (ST)

LIMA   Manuel Guedes dos Santos
928.*A pele do diabo.* Drama em 3 actos.
Coll. Tempo Africano, 4.
Lis., África Ed., 1977. 66 p. II. M. M. Garcia.
[Written in 1957. The 3d act was revised later on.]   (T)

929.*As lágrimas e o vento.* Romance.
Lis., África Ed., 1975. 296 p.;
2d ed.: Coll. Fixões.
Porto, Ed. Afrontamento, 1989. 205 p. (NO)

930.*As sementes da liberdade.* Coll. Biblioteca do Leitor Moderno, 62.
Rio de Janeiro, Ed. Civilização Brasileira, 1965. 161 p.   (NO)

931.*Kissange.* Coll. Autores Ultramarinos, 7.
Lis., Ed. Casa dos Estudantes do Império, (1961). 31 p.   (P)

932.*Os anões e os mendigos.* Coll. Fixões, 10.
Porto, Ed. Afrontamento, 1984. 183 p.(NO)

933. Varia:
"Poema para uma jovem negra de Joanesburgo." In Boletim da Casa dos Estudantes do Império, v. 2, n. 3. Lis., 1959.   (P)

"O sapo e o mocho." In M. de Andrade, *Literatura africana de expressão portuguesa,* 1968, p. 263ff., and in Z. Hampl, *Moderni brazilská a portugalská próza*, v. 2. Prague, 1969, p. 288-291.   (ST)

LIMA <u>Silva</u>   Maria Eugénia <u>Pimentel</u>
934. *Entre a pantera e o espelho.*
Porto, pr.pr., n/d. 53 p.
[On the wrapper: "Lisboa, 1964".]   (P)

935. Varia:
"Descrença". In <u>Jornal de Angola</u>, v. 2, n. 22.
Lu., October 1955, p.6.
"Quitandeira de Luanda," "Baía de Luanda,"
"Navio errante", "O graxa", "Madalena". <u>In</u> M.
Ferreira, *No reino de Caliban*, v. 2. Lis., 1976,
p. 324-221. [The last 2 poems unpublished
before.]   (P)

LIMA   <u>Augusto Guilherme</u> Mesquitela
936. Varia:
"A bolachuda". In <u>Folha de Informação da
Casa do Pessoal da Diamang</u>. Dundo, Angola,
November 1954. Also in <u>Jornal de Angola</u>,
Lu., Christmas 1955.
"O espectro". In *Revista d'Aquem e d'Além
Mar.* Lis., January 1955.
"O escrito". In <u>Folha de Informação da Casa
do Pessoal da Diamang</u>. Dundo, Angola,
November 1955. Also in <u>Almanaque de
Angola</u>, 1956.
"A queimada". In <u>A Província de Angola</u>. Lu.,
August 1956.
"A carta". In <u>Jornal de Angola, v. 7</u>. Lu., May
1960.
"Ela era apetitosa..." Ibidem,v. 7, n. 78.. Lu.,
31 May 1960, p. 7f.
"Era igual aos outros." Ibidem, v. 7. Lu., June
1960.   (ST)

LINDO   <u>Admário</u> Costa
937. Varia:
"4 [Quatro] poemas: "monangamba...". "eles
matam nossos pais...", "PRETO & BRANCO
S.A.R. L....", "o debotado de ganga no farra-
po calção." In "Resistência" of <u>Diário de Lu-
anda</u>.Lu., 29 November 1975, p. 9.
"Fome-poema-mundo (em 3 gritos e um recado.)" Ibidem. Lu., 31 January 1976, p. 8.
"2 [Dois] poemas: "uma quinda sentada..."
and "ainda neste chão de séculos." Ibidem,.
Lu., 14 February 1976, p. 8.
"Vavô nasceu caxico lutando..." Ibidem. Lu.,
5 June 1976, p. 8.

"Sahara Sahara..." Ibidem. Lu., 14 August
1976, p. 13.
"3 [Três] poemas: "com as chagas das alge-
mas...", "kimbar viveu no mar...", "o sol/ ainda
não nasce palestina..." Ibidem. Lu., 28
August 1976, p. 11.   (P)

LOANDA   Fernando Ferreira de
938. *Poemas.* Pref. David Mestre. Coll.
Cadernos Lavra & Oficina, 45.
(Lu., UEA, 1982.) 43 p.
[The author, born in Luanda in 1924, was
taken to Rio de Janeiro in 1936.]   (P)

LOPES   Basílio
939. Varia:
Seven poems in G. de Andrade and L. Cosme, *Mákua*, v. 4. Sá da Bandeira, 1963, p. 18-
21.   (P)

"Os figos ainda não estavam maduras." In
<u>Notícias de Imbondeiro</u>, n. 39. Sá da Ban-
deira, November 1962, p. 5.   (ST)

LOPES   José Martins
940. Varia:
"Os calendários são um logro..." In <u>Boletim
Cultural do Huambo</u>, n. 1. Nova Lisboa, De-
cember 1948, p. 65ff.
"Com mulheres como tu." Ibidem, n. 2. Nova
Lisboa, December 1949, p. 45- 50.
"Fundanga, moleque de branco." Ibidem,
n. 4/8. Nova Lisboa, September 1952, p.35-
43.
"Canepa, o caçador." Ibidem, n. 22. Nova Lis-
boa, September 1968, p. 7-15.
"Lubíri ná M'Bimbi." Ibidem, n. 23. Nova
Lisboa, September 1969, p. 9-12.
"Làlipa, tchindere..." Ibidem, n. 26. Septem-
ber 1971, p. 77-82.
"Beijei a mão à Primavera","Altitude 2.000
metros" and "Noite sem cama." In *Jogos
florais do CFB.* (Lobito), Ed. Caminho de
Ferro de Benguela, 1975, p. 6-11, 25ff.,
32ff.   (SK,ST)

LOPO   Júlio de Castro
941. *Recordações da capital de Angola de
outros tempos.*
Lu., Ed. CITA, 1963. 43 p. II.   (SK)

942. *Uma Bragança no cemitério de Luanda.*

Narrativa. Lu., Ed. Liv. Lusitana, 1933. 36 p.
(ST)

943.Varia:
"Angola nostra". In Portucale, v, 15, n. 88/89.
Porto, July/August 1942, p. 136ff.   (P)

"LUCENA Jorge de" (i.e. FERREIRA
Joaquim de Jesus)
944. Varia:
"Soneto (A Eduardo Neves)." In Novo Almanach de Lembranças Luso-Brasileiro para
1897. Lis., 1896, p. 99.
"Africanas (Gosto estragado)" Ibidem para
1898. Lis., 1897, p. 175.
"O meu retrato." Ibidem para 1906. Lis.,
1905, p. 66.
"Uma paixão". Ibidem para 1907. Lis., 1906,
p. 262f.
"Símbolo de gratidão." Ibidem para 1910. Lis.,
1909, p. 226.
"Provérbios e conceitos angolanos" [Poem
in Kimbundu with trans. into Portuguese] and
"A umas gentis cantoras de fado." Ibidem
para 1914.Lis., 1913, p. 227f.,351.351.
"Alambamento" [In Kimbundu and Portuguese.] Ibidem para 1917, Lis., 1916, p.
180f.   (P)

"Kuricenga (Divorciar-se)" and "Comerciantes
milicianos". In Novo Almanach de Lembran-
ças Luso-Brasileiro para 1921. Lis., 1920, p.
68ff., 267-271.
"A indolência... dos pretos." Ibidem para
1922. Lis., 1921, p. 259-262. [In defense of
the Cabindas and Ambaquistas.]
"Ainda os Calinos." Ibidem para 1923. Lis.,
1922, p. 52f. [About the "Club Infernal" of Lu-
anda.]
"Os ambaquistas" and "Costumes africanos".
Ibidem para 1924. Lis., 1923, p. 20-23, 364f.
"A discrição dos pretos." Ibidem para 1925.
Lis., 1924, p. 83ff.
"Maêzo (Edecetra)". Ibidem para 1927.
Lis.,1926, p. 55f. [Autobiographical.]
"Crendices". Ibidem para 1931. Lis., 1930, p.
156f.
"Quimbandas e feiticeiros." Ibidem para
1932. Lis., 1931, p. 307ff.   (SK)

L'UCIA de Pimentel Teixeira Carmona Antunes Vera

102

945. Varia:
16 poems in F. Neiva, Antologia poética, v. 3.
Benguela, 1971, p. 7-31.   (P)

"A mãe". In Boletim Cultural do Huambo, n.
26. Nova Lisboa, September 1971, p. 73-76.
(ST)

L'UPI Maria Isabel Duarte de Almeida
946.Movimento antigo . Poemas.
Lis., pr.pr., 1953. 101 p.   (P)

947. Tambor. Retratos de África.
n/p., pr.pr., n/d.(19..)   (P)

"L'UPI Nita" (i.e. L'UPI Mariana Duarte
de Almeida)
948.Dikembe. Poemas tropicais.
Lis., Ed. Ática, (1960). 136 p.   (P)

MACEDO António Dias de
949.Varia:
Satirical poems referred to in Cadornega,
História geral das guerras angolanas, v. 1. Lis.,
Agência-Geral das Colónias, 1940, p. 515.
[Incl. the text of a décima directed against the
Governor of Angola in 1646 or 1647.]   (P)

MACEDO Jorge Mendes
950.As mulheres. Poemas.
Lu., Ed. NEA, 1970. 13 p.not num.   (P)

951.Clima do povo. Coll. Autores Angolanos,
5.
Lis., Edições 70, 1977. 46 p. Il. author's portrait.   (P)

952.Gente do meu bairro. Cenas e contos.
Coll. Autores Angolanos, 4.
Lis., Edições 70, 1977. 157 p. Il. author's
portrait.   (SK, ST)

953.Geografia da coragem. Romance. Coll.
Autores Angolanos, 23.
(Lis.), Edições 70, & (Lu.), UEA, (1980). 193
p.;
2d. ed.: Coll. 2K, Prosa.
(Lu.), UEA, (1985). 187 p.;
3d ed.: Coll. 2K, Prosa.
(Lu.), UEA, 1988. 171 p.
[Autobiographical narrative in the form of a no-
vella, about life in Luanda during the "War

103

Between the Movements," i.e. between the
MPLA and the FNLA, August/September
1975.] (N)

954.*Irmã humanidade*. Coll. Cadernos
Capricór nio, 3.
Lobito, Ed. Capricórnio, 1973. 32 p.
[First published in O Lobito. Lobito, February
1973.] (P)

955.*Pai Ramos*. Poemas.
Lu., Ed. NEA, 1971. 17 p. not num., printed
on the odd-num. p. only. (P)

956.*Itetembu*.
Lu., pr.pr., 1966. 24 p. (P)

957.*Voz de tambarino*. Coll. Autores
Angolanos, 28.
(Lis.), Edições 70,& (Lu.), UEA, (1980). 99 p.
(P)

958.Varia:
Poems in Angola Norte. Malanje, 1962.
4 untitled poems in G. de Andrade & L. Cos-
me, *Mákua*, v. 2. Sá da Bandeira, 1962, p. 35f.
"Ilhas de ronda," "Nós fomos", "Poema de pa-
pumukar," :Vestiremos". In Ngoma, n. 1. Lu.,
1974, p. 8f.
"Novena". In "Artes e Letras" of O Lobito.
Lobito, 17 April 1973, and of A Província de
Angola. Lu., 6 June 1973.
"Júlia-1". Ibidem, 19 June 1973 and 18 July
1973 respectively.
"A torneira". In A Província de Angola. Lu.,
22 August 1973.
"Júlia" (fragmento). Ibidem,. Lu., 31 October
1973.
"Ti Wilson". Ibidem, 5 December 1973.
"Mahezu ngana" (Cena). In Ngoma, n. 1. Lu.,
December 1974, p. 20. (ST)

MACHADO   Julião Félix
959."Um passepartout em perspectiva." Ms.
[Comedy scene, alluding to travels of explora-
tion.Performed in Lu. on 13 August 1885, as
an homage to the explorers H. Capelo and R.
Ivens.] (T)

960.Varia:
"Notas a carvão - Da carteira de um bohe-
mio." In Avé Charitas, n. único, "a favor do

Asylo de D. Pedro V." Lu., 4 April 1885. (SK?)

MACHADO   Pedro Félix
961.*Os beijos*. Monólogo em verso.
[Probably lost.] (T)

962.*Scenas d'Africa*. Romance intimo.
2d ed.: Pref. (in the form of a letter) Francisco
António Pinto. 2 v.
Lis., Ed. Ferin, 1892. 24, 213 & 146, 1 p
.[First published as a serial in the Lisbonese
newspapers A Tarde (1872) and Gazeta de
Portugal (1880). The first v. bears the title "O
dr. Duprat", the second "O filho adulterino."
(NO)

963.*Sorrisos e desalentos*. Sonetos.
Lis., pr.pr., 1892. (8), 39, 1(err.) p.
[Poems dated 1870-1892.] (P)

964.Varia:
"Uma teima". Monólogo em verso. In O Futu-
ro d'Angola. n. 105. Lu., 1 July 1888.
["Recited... at the Teatro da Associação on 31
October 1888 in this city." Facsimile repro-
duction in Archote, n. 1. Lu., 1986, p. 37ff.]
(T)

"MADI"
965.*A notazinha musical*. Coll. Dendela.
Sá da Bandeira, Ed. Imbondeiro, 1963.
[For children.] (ST)

966.Varia:
2 poems in G. de Andrade & L. Cosme, *Mákua*, v, 1. Sá da Bandeira, Ed. Imbondeiro,
1962, p. 48ff.
"Naufrágio". In Imbondeiro, n. 48. Sá da Bandeira, June 1963, p. 5.
1 poem. Ibidem. n. 55. Sá da Bandeira,
November 1963, p. 3. (P)

"O livro da primeira classe" and "Missangas de
cor." In Coll. Cadernos Imbondeiro, 47. Sá da
Bandeira, Ed. Imbondeiro, 1963, p. 21-43.
"O Natal de Chininha." In Imbondeiro, n. 56.
Sá da Bandeira, 1963, p. 1f. (ST)

MAIMONA   João
967.*As abelhas do dia*. Coll. Contemporâneos.
(Lu.), UEA, & Lis., Ed. Sá da Costa, (1988).

97 p. (P)

968. *Diálogo com a peripécia*. Peça em 2 actos.
Coll. A Letra, Literatura Angolana.
Lu., INALD, n/d.(1987). (T)

969. *Les roses perdues de Cunene*.
1985. (P)

970. *Traço de união*. Coll. Contemporâneos.
Lis., Edições 70, & Lu., UEA, 1987. 41 p.
[Incl. "Canto vernacular".];
2d ed.: Coll. 2K. Poesia.
Lu., UEA, 1989. (P)

971. *Trajectória obliterada*.
Lu., INALD, (1985). 72 p. (P)

MALHEIRO Alexandre José
972. *Amaram-se na selva*. Romance. Coll.
Portuguesa, 29.
Porto, Ed. Domingos Barreira, 1943. 236 p.;
2d and 3d ed.: Ibidem, 1943. [Identical with
the first.] (NO)

973. *Chronicas do Bihé*.
Lis., Liv. Ferreira Ed., 1903. 240 p. (SK)

MALTA Luís
974. *Rimas ao vento*. Pref. Tomás Vieira da
Cruz.
Novo Redondo, pr.pr., 1930. (P)

MÂNTUA Bento
975. *A morte*. Peça em 1 acto. And *Ordinário... marche!* Peça em 3 actos. Coll.
Teatro, 3. Lis., Monteiro & Cia., Liv. Brasileira
Ed., 1915. 192 p. (T)

976. *Freira*. Episódio dramático em 1 acto.
Lis., Ed. J. Rodrigues & Cia., 1916. 14 p. (T)

977. *Mulher sempre mulher*.
19.. (T)

978. *Novo altar*. Um acto em verso. And
Má sina. Peça em 3 actos. Coll. Teatro, 1.
Lis., Carnadas & Cia., Liv. Ed., 1911. 139 p.:
2d ed.:
Novo altar.
Lis., J. Rodrigues & Cia., 1916. 14 p.

979. *O alcool*. Um acto. And *Gente moça*.
Peça em 3 actos. Coll. Teatro, 2.
Lis., Monteiro & Cia., Liv. Brasileira Ed., 1913.
169 p.
[Twice performed in 1912 at the Teatro Nacional Almeida Garrett, Lis.] (T)

980. *O fado*. Episódio em 1 acto. Pref.
author.
Paris & Lis., Liv. Aillaud & Bertrand Ed., 1915.
39, 4 p. (T)

981. *Quando o coração manda*.
19.. (T)
[Some of Mântua's plays were translated into
Spanish and, by Ribera y Rovira, into Catalan.]

MÂNTUA Bento
SACRAMENTO Júnior António
982. *Cerco de Tânger*. Drama histórico em 5
actos.
Lis., Liv. Aillaud & Bertrand Ed., 1923. 157 p.
(T)

MÂNTUA Bento
SAMPAIO Albino Forjaz
983. *O livro das cortesãs*.
1916. (T)

MANUEL Ricardo
984. *Angola, meu amor, e outros poemas*.
Pref. A. Bobela-Motta, Ernesto Lara Filho.
Lu., Ed. Maiaka, 1979. 86 p. (P)

985. *Na ponta da lança*. Poemas.
Lu., pr.pr., 1981. 115 p. (P)

986. Varia:
"Meu cavalinho de pau." In Diário de Luanda.
Lu., 1964.
"Momento". In O Sul. Lobito, 1967.
"Descontentamento". In A Província de Angola. Lu., 1968.
"Pesadelo". In Diário de Luanda. Lu., 1968.
"Ângulo raso". Ibidem, 1969.
"Ser livre". In A Província de Angola. Lu.,
1970.
"Promessa frustrada". In Diário de Luanda,
Lu., 1975.
"Poema de mágoa a um pioneiro angolano."

105

Ibidem. Lu., September 1976. (P)

MARCELINO Fernando
987. *Canto motivado.* Coll. Cadernos Lavra &
Oficina, 21.
(Lu., UEA, 1979.) 30 p. (P)

MARCELINO Maria do Carmo
988. *Obra poética.* Pref.author's family.
Nova Lisboa, pr.pr., 1972. 82 p.
[Posthumously published.] (P)

MARCELINO Rosário
989. *lbundos vermelhos.* Pref. Jorge
Macedo.
(Lu.), pr.pr., (1979). 43 p. (P)

990. *Loucura e kimbandices.* Pref. Raúl Neto
Fernandes. Coll. Contemporâneos.
Lu., UEA, & Porto, Ed. Asa, 1989. 100 p. (N)

991. Varia:
"A valentia de um revolucionário." In "Resistência" of Diário de Luanda. Lu., 27 December 1975, p. 10. (P)

"Galinha piquinote". In Lavra & Oficina, n. 8.
Lu., May 1979, p. 15.
"A oficina 1.o de Maio." Ibidem, n. 9/10. Lu.,
June/July 1979,p. 15.
"A lebre impune." Ibidem, n. 16. Lu., January
1980, p. 9.
"A vingança". Ibidem, n. 23/24. Lu., August/
September 1980, p. 12.
"O porco feiticeiro." Ibidem, n. 28/29/30. Lu.,
January/March 1981, p. 8f.[Also in África, v. 3,
n. 11. Lis., January/July 1981, p. 60-63.
"O pastor e o tropeiro." Ibidem, n. 31/33.
Lu., April/June1981, p. 5. (ST)

MARCHI João de
992. *Titíri.*
Leiria(Portugal), pr.pr., 1954. 149 p.
[Written by an Italian Catholic missionary.] (NO)

MARECOS Ernesto Frederico Pereira
993. *Juca, a matumbolla.* Lenda africana.
Lis., Ed. Panorama, 1865. 42 p.
[Previously published in the review Panorama, Lis.] (P)

994. Varia:

"A Loanda". In O Futuro d'Angola, v. 3, n. 41.
Lu., 3 August 1886., p. 1. [Dated Lu., 1857.]
"O povo livre." In Boletim Oficial do Governo-
Geral da Provincia de Angola. Lu., September
1857. Reproduced in A. Soares & S. Trigo,
Angolana. Lu., 1974, p. 21. (P)

MARGARIDO Alfredo
995. *Poema para uma bailarina negra.*
Lis., Ed. Folhas de Poesia, 1958. 24 p. II. A.
Areal. (P)

996. Varia:
"A primeira montanha estala...", "Eles des-
embarcaram há centenas de anos...", "Somos
os únicos construtores...", "Talvez a mulher
nasça de entre a treva..." In G. de Andrade &
L. Cosme, *Mákua,* v. 3. Sá da Bandeira, 1963,
p. 40-44. [From an unpublished coll., "20
poemas com estribilho Cabinda."]

"A osga". In G. de Andrade & L. Cosme, *Novos contos d'África.* Sá da Bandeira, 1962, p.
11-41. (ST)

MARINHO J. A.
997. *O trono de Satanaz e outros contos.*
Lu., Ed. Angolana, 1968. 221 p. II. Neves e
Sousa. (ST)

"MARJANE" (i.e. **MARINHO** J.A.?)
998. *Os meus encontros no bosque.*
Lu., Ed. Angolana, n/d. 109 p. (N)

MARQUES A. Lopes
999. *O feitiço do branco (Tadúa mazungo).*
Romance de África. Coll. Ultramar.
Lis., pr.pr.(?), n/d. 301 p. (NO)

1000. *Poesia pró-Angola.*
n/p., pr.pr., n/d. Dupl.
[Clandestinely distributed in Angola according
to A. Pires Laranjeira, "Introdução à poesia
pré-angolana," *Antologia da poesia pré-
angolana.* Porto, 1976.] (P)

MARTINS A. Leston
1001. Varia:
One poem in Cultura(II), v. 5, n. 15. Lu., December 1948.
"A minha glória." In Anon., *Antologia dos
novos poetas angolanos.* Lu., 1950.

"Canto de amor e esperança." In Mensagem, n. 1. Lu., 1951, p. 13.

"Desejos". In Itinerário, v. 11, n. 119. L.M., January 1952, p. 9.

One poem. Ibidem, v. 15, n. 146. L.M., May 1954.

"Canção do Mar Vermelho." In C. Eduardo, Poetas angolanos . Lis., 1959, p. 31f.   (P)

MARTINS   Eusébio Cardoso
1002.Anti-palavra. Coll. Difusão Dilsar. Lis., Sociedade Comercial de Expansão Livreira Ed.,(1970). 53 p.   (P)

1003.Coração em punho. Estórias. Coll. Poliedra, 6.
Lis., Plátano Ed., 1975. 115 p. Il. author's portrait.
[The first 3 stories were inspired by the Angolan struggle for independence.]   (ST)

1004.Liberdade vigiada.
c.1971.
[Dedicated to Portuguese novelist Alves Redol upon his death.]   (P)

1005.Quissange, Poema em 21 andamentos. Pref. Eduardo Miranda.
Lu., pr.pr., c.1968. 31 p. not num. Il. author's portrait.   (P)

"MARTINS Linda" (i.e. **MARTINS** Maria Olinda Pinto da Silva)
1006.Amor, eu quero viver. Poemas.
Lu., Ed. ABC, 1963. 104 p.
[Incl. French and Spanish versions of some of her poems.]   (P)

1007.Chora, meu coração. Pref. Mário Mota.
Lu., pr.pr., 1962. 70 p. Il. author's and her husband's portrait.   (P)
1007-a. Flores do meu jardim. Poemas.
Lu., pr.pr., 1963. 44 p. Il. author's portrait.   (P)
1008.Mesmo que seja pecado.
Lis., pr.pr., n/d.(c.1964). 111 p. Il. author's portrait.   (P)

1009.Retrato poético.
Sever do Vouga(Portugal), pr.pr., 1962. 2 p. Leaflet.   (P)

MARTO   José Manuel
1010.Asas...
Lu., pr.pr., 1971. 34 p.   (P)

MATA   Joaquim Dias Cordeiro da (Jaquim Ria Matta")
1011.Delirios. Versos. 1875-1887.
Lis., pr.pr., 1888. 188 p.
[Incl. "Lagrimas", a section of four elegies.]; 2d ed.:
Lu., UEA, 1988. 188 p.   (P)

1012. Varia:
"A minha sina." In [Novo] Almanach de Lembranças Luso-Brasileiro para 1879. Lis., 1878, p. 407.
"A uma jovem." Ibidem para 1881. Lis., 1880, p. 45.
"Negra!" Ibidem para 1884, p. 124.
"A criança no berço." Ibidem para 1886. Lis., 1885, p. 440.
"Nunca mais..." and "A ciosa". Ibidem para 1886 (Suplemento). Lis., 1885, p. 52, 144.
'Messalina". Ibidem para 1887. Lis., 1886, p. 132.
"Kicôla!" Ibidem para 1888. Lis., 1887, p. 383f.
"Linda e má. Decepção de D. Juan." Ibidem para 1889 (Suplemento). Lis., 1888, p. 128.
"Ideal" and "Cambûta". Ibidem para 1890. Lis., 1889, p. 226, 293
"Situação dolorosa" and "A felicidade". Ibidem para 1890 (Suplemento). Lis., 1889, p. 44f., 171.
"Uma quissama". Ibidem para 1891. Lis., 1890, p. 315.
"Ella bem sabe" and "Sob palmeiras". Ibidem para 1892. Lis., 1891, p. 284, 438.
"Amar". Ibidem para 1897. Lis., 1896, p. 23.
[Posthumously published.]   (P)

"Jeremiadas historicas". In Jornal de Loanda.Lu., 1878ff. [Several sketches. The one of 20 March 1880, about the wretched state of the city, reproduced in¨S. Trigo, Introdução à literatura angolana de expressão portuguesa. Porto, 1977, p. 45-48.]
"Coisas tristíssimas". In Novo Almanach de Lembranças Luso-Brasileiro para 1887 (Suplemento). Lis., 1886, p. 195.
"O acaso" and "Virtude da raiz tate." Ibidem para 1888(Suplemento). Lis, 1887, p. 127,

163ff.
"A Ingombota e o bródio." Ibidem para
1890(Suplemento). Lis., 1889, p. 23.
"À memória de José de Fontes Pereira." Ibi-
dem para 1894. Lis., 1893, p. 419-422.
"O sonho e a realidade." Ibidem para 1895.
Lis., 1894, p. 234f. (SK)

"O leão e o fogo." Conto angolense. Trans.
In Novo Almanach de Lembranças Luso-
Brasileiro para 1895. Lis., 1894, p. 213. (ST)

MATOS Albano Mendes de
1013.*O jangadeiro.* Coll. Cadernos
Capricórnio, 17.
Lobito, Ed. Capricórnio, 1974. 32 p.
[Incl. 2 other stories, "A bailarina" and "O úl-
timo soba."] (ST)

1014. Varia:
"Batuque no planalto." In Boletim Cultural do
Huambo, v. 25, n. 27. Nova Lisboa, August
1972, p. 65ff. (P)

"Binga, o rei do povo." In Boletim Cultural do
Huambo. v. 25, n. 27. Nova Lisboa, August
1972, p. 47-51.
"A aventura de Betinho Rosa." Ibidem, v. 26,
n. 28. Nova Lisboa, August 1973, p. 53--66.
"A dança das lagartas." In "Artes e Letras" of
A Província de Angola. Lu., 21 November
1973.
"O mulato Simão" and "Meninos de
mucanda." In Boletim Cultural do Huambo,
v. 27, n. 29. Nova Lisboa, August 1974, p. 95-
103, 129-135. (ST)

MATOS Eduardo Correia de
1015."Ombambi". Ms.\[Submitted for a com-
petition of colonial literature in 1928.] (NO)

1016.*Sinfonia bárbara.*
L.M., Liv. Académica (Depository), 1935. 294
p.;
2d ed.:
Ibidem, 1945.
[Plot laid in southern Angola and the Portu-
guese Congo, between a Bushman woman
and a Portuguese botanist.] (NO)

M'BALUNDO Cikakata
1017.*Cipembúwa.*

Porto, Ed. Asa, & Lu., UEA, 1991. 162 p.
(NO)

MELO Carlos A. Abrantes
1018.*A aurora nasceu cinzenta.* Novelas.
Sá da Bandeira, pr.pr., 1966. 181 p. (N)

1019.*Meia dúzia de palestras, meia dúzia de
artigos de jornal, meia dúzia de poemas.*
Sá da Bandeira, pr.pr., 1973. 123 p. (P, SK)

1020.*Sol e sombras.* Poemas.
Lis., Ed. Orion, 1957. 63 p. (P)

MELO Dario de
1021.*Estórias da nossa terra.* Coll.Acácia
Rubra.
Lu., UEA, 19..
[For children.] (ST)

1022.*Estórias do leão velho.* Dramatizações
infantis. Coll. Cadernos Lavra & Oficina, 48.
(Lu., UEA, 1985.) 72 p. Il. Lina Correia.
[5 fables dramatized for children.] (T)

1023.*No país da brincaria.* Coll. Acácia Rubra.
Lu., UEA, 1988. 38p. Il. Paula Oliveira.
[For Children.] (ST)

1024.*Quem se gaba sempre acaba.* Coll.
Piô...Piô..., 7.
Lu., INALD, 1982. 10 p. Il. António P. Domin-
gues.
[For children.] (ST)

1025.*Quem vai buscar o futuro?* Coll.
Piô...Piô...
Lu., INALD, 1982. Il. António P. Domingues.
[For children.] (ST)

1026.*Queres ouvir?* Coll. Acácia Rubra.
Lu., UEA, 19..
[For children.] (ST)

1027.*Vou contar.* Coll. Acácia Rubra.
Lu., UEA, 19..
[For children.] (ST)

MELO João de
1028.*Canção do nosso tempo (1988).* Coll.
Contemporâneos.
Porto, Ed. Asa, & Lu., UEA, 1989. 63 p. (P)

108

1029. *Definição.* Pref. F. Costa Andrade. Coll.
Cadernos Lavra & Oficina, 36.
Lu., UEA, 1985. 63 p.
[His first book. Poems written between 1970
and 1980.] (P)

1030. *Fabulema.* Coll. Cadernos Lavra &
Oficina, 59.
Lu., UEA, 1986. 41p. (P)

1031. *O comandante sem arma.*
Lu., UEA, 198. (ST)

1032. *Poemas angolanos.* Coll.
Contemporâneos.
Porto, Ed. Asa, & Lu., UEA, 1989. 85 p. (P)

1033. *Tanto amor (1983-1988).* Pref. Manuel
Rui.
Coll. Contemporâneos.
Porto, Ed. Asa, & Lu., UEA, 1989. 67 p. (P)

1034. Varia:
"1.o [Primeiro] poema para Kamashilu." In Lavra & Oficina, n. 25/26/27. Lu., October/De-
cember 1980, p. 8.
"A Goytisolo, mi amigo, e outros", "Africambi
(fragmento)" and "Salalé". Ibidem, n. 28/29/
30. Lu., January/March 1981, p. 13.
"A mabanga", "O camaleão" and "A cobra
e o arco-íris." Ibidem, n. 52. Lu., October/
December 1985, p. 15. (P)

"A fonte milagrosa." In Lavra & Oficina, n. 7.
Lu., April 1979, p. 2f. (ST)

MELO Maria de Deus Matos e
1035. *Vida teu nome é sofrimento.* Poemas.
Lis., pr.pr., (1971). 35 p. (P)

1036.Varia:
23 poems in F. Neiva, *Antologia poética,* v. 1.
Benguela, 1970, p. 106-130. (P)

MELO Pedro de
1037. *Aiué!.. Scenas alegres da vida africana.*
Lu., pr.pr., (1934). 227(?) p. (ST)

MENDONÇA José Luís Fortunato de
1038. *Chuva novembrina.*
Lu., INALD, 1982. 77 p. (P)

1039. *Gíria de cacimbo.* Coll. Cadernos Lavra
& Oficina, 64.
Lu., UEA, 1987. 31 p. (P)

"MESTRE David" (i.e. **VEIGA** Luís Filipe Guimarães da Mota)
1040. *Crónica do ghetto.* Coll. Cadernos
Capricórnio, 12.
Lobito, Ed. Capricórnio, 1973.. 32 p.
[First published in O Lobito. Lobito, November 1973.] (P)

1041. *Do canto à idade.* Coll. Poesia Nosso
Tempo, 14.
Coimbra, Ed. Centelha, 1977. 80 p.
[Poems written between 1972 and 1976,
some of which were already in *Crónica do
ghetto,* 1973.] (P)

1042. *Kir-nan.* Poemas.
Lu., pr.pr., 1967. 35 p. not num., 8 of them
blank. (P)

1043. *Nas barbas do bando.* Coll. Biblioteca
Literária Ulmeiro, 4.
Lis., Ed. Ulmeiro, & Lu., UEA, 1985. 57 p. (P)

1044. *Obra cega.*
Lu., pr.pr., 1991.
[12 poems.] (P)

1045. *O pulmão.* Coll. Bantu, 2.
Lu., pr.pr., 1974. 11, 2 p. Dupl. Il. author's
portrait.
[with a poem by Santos Barros.] (P, ST)

1046. *O relógio de Cafucôlo.* Coll. Cadernos
Lavra & Oficina, 62.
Lu., UEA, (1987). 22 p. Il. António P. Domin-
gues. (ST)

1047. Varia:
Several poems in "Artes e Letras" of A Província deAngola.Before 1973 and later..
2 poems in F. Neiva, O. de Albuquerque, W.
de Macedo, *Angola, poesia 71.* Benguela,
1972.
"Mukonda dia Calumba." In Vértice. n.
336/337. Coimbra, January/February 1972.
"O sol nasce a oriente", "Pedaço de pão",
"Crónica dos anos da seca", "Maka ma Muxi-

ma", "Espera", "Mukonda dia Calumba", "Salário de guerra", "África", "Canção do exílio", "Carreira da Caala". In M. Ferreira, *No reino de Caliban*, v. 2. Lis., 1976, p. 387-393.
(P)

"Tonico e Aninhas futuramente." In "Artes e Letras" of A Província de Angola. Lu., 13 September 1972.
"Imposto para Ganda." Ibidem. Lu., 13 December 1972.
(ST)

"MESTRE David"
ALVARENGA Fernando
1048.*Dizer país.* Coll. Publicações Idealeda, 3.
Nova Lisboa, Ed. Publicações Idealeda, (1975). 15 p. not num.
[3 poems by Mestre under the common heading "Liber(tini)dade" and 3 by Alvarenga under the heading "Urgente soltar a palavra."]
(P)

"MESTRE David
CARNEIRO João Paiva de
PIRES Maria Ângela
1049.*Kitatu mu'lungo* [i.e. Whitey's book].
Lu., pr.pr., 1974. 56 p. Dupl.
[Incl. a poetic narrative by Mestre, 3 short prose poems by Carneiro, and 7 poems by M. A. Pires.]
(P, ST)

MILHEIROS Mário Simões ("Farinha Torres")
1050.*Entre negros e corsários.*
Lu., Ed. Mondego, 1957. 216 p.
(NO)

1051.*Muata Maiendo, o "crocodilo".* Coll. Aventuras, 2.
Porto, pr.pr., 1950. 1193 p.
(ST)

1052.*Não!...* Poemas.
Lu., Ed. ABC, 1960. 32 p.
(P)

1053.*O imbondeiro maldito.* Coll. Aventuras, 1.
Porto, pr.pr., 1948. 119 p.
(N)

1054.Varia:
'O imbondeiro". In A. César, *Contos portugueses do ultramar*, v. 2, 1969, p. 7411-19[First published under his pen name.] (ST)

MINGAS Saydi Vieira Dias
1055.*Poesia.* Pref. F. Costa Andrade. Coll. Cadenos Lavra & Oficina, 6.
(Lu., UEA, 1978.) 39 p. II. author's portrait.
[Posthumously published.]
(P)

1056.*Saydi Mingas.* Coll. Estão de Pé para Sempre.
Lu., UEA, & Lis., Edições 70, n/d.(c.1990). 47 p. II. 3 portraits.
[Identical with the poems of *Poesia*, 1978.] (P)

1057.Varia:
"Não sei chorar." In Jornal de Angola. Lu., October 1976.
(P)

MONTALBERNE J.
1058.*Fumo negro.* Poemas.
Coimbra, pr.pr., 1970. 114 p.
(P)

MONTEIRO Fernando
1059.*Como um pingo de caju.* Livro primeiro. Coll.Autores Angolanos, 19.
(Lis.), Edições 70, & (Lu.), UEA, (1979). 93 p.
(P)

1060. Varia:
"4 [Quatro] poemas: "Emagrecer o peito...", "O País ergue-se...", "Enquanto procurares a seiva...", "Viajo os pulmões oprimidos a arderem..." In "Resistência" of Diário de Luanda, 8 November 1975, p. 8.
(P)

MONTEIRO Fernando Amaro
1061.*O coronel Sardónia. Seis perfis de gente desencontrada e mais a sombra de um menino.* Contos. Pref. Vélez Grilo.
L.M., pr.pr., 1970. 89 p.
(ST)

1062.*Poema para um ritmo bíblico.*
L. M., pr.pr., 1963 or 1964.
(P)

1063.*Um certo gosto a tamarindo.* Coll. Cadernos Capricórnio, 13.
Lobito, Ed. Capricórnio, 1973. 16 p.
[First published in O Lobito. Lobito, December 1973.]
(ST)

1064.*Um certo gosto a tamarindo.* Estórias de Angola. Pref. Amândio César.
Braga & Lis., Braga Ed., n/d.(1979). 231 p.

(Incl. also stories from *O coronel Sardónia*.]
(ST)

1065. *Vozes no muro*. Primeiro caderno (de
alef a jod.) Poemas.
Tomar(Portugal), pr.pr., 1961. 28 p. II. C. Martins Pereira. (P)

1066. Varia:
"Maria Octávia". In "Artes e Letras" of A Voz
de Moçambique, v. 5, n. 119. L. M., 7 March
1964, p. 7, and n. 120, 14 March 1964, p. 6f.
"Cela". Ibidem, v. 6, n. 174. L. M., 2 May 1963.
"O coronel Sardónia." In A. César, *Antologia
do conto ultramarino*, 1972, p. 83-89. (ST)

MONTEIRO Guilherme Ayala
1067. *A conquista do sertão*.
Lis., Ed. Portugal-Ultramar, 1930. 253 p. (ST)

MONTENEGRO Maria da Soledade
1068. *Meu destino de mulher*. Poemas. Coll.
Imbondeiro.
Sá da Bandeira, Ed. Imbondeiro, 1965. 130
p. (P)

MORAIS Fragata de
1069. *Como iam as velhas saber disso?* Pref.
Paulo Monteiro. Coll. A Letra.
Lu., INALD, n/d.(c.1988). 31 p
.[The story is dated 1980.] (ST)

MORAIS Manuel de
1070. *Flores algemadas*.
Amsterdam(Holland)?, c.1977. (ST)

MOTA Mário Hermínio
1071. *Angola, eu quero falar contigo*. Coll.
Unidade, 2.
Lis., Ed. Agência-Geral do Ultramar, 1962.
59 p. (P)

1072. *As palavras e os frutos e outros
motivos de poesia*.
Lu., pr.pr., 1973. 5 p. (P)

1073. *Barro vermelho e O colono*. Dois
poemas de Angola.
Lis.-Amadora, pr.pr., 1965. 22 p. (P)

1074. *Dança negra*. Coll.Acácia Rubra, 1.
Benguela, Ed. Convivium, 1972. 32 p. II.

author's portrait. (P)

1075. *Gonga*. Poemas de Angola.
Lu., Ed. Comissão Municipal de Turismo,
1962. 81 p. (P)

1076. *Humanidade*. Poema.
Lis., pr.pr., 1977. (P)

1077. *Os troncos e as raízes*. Poesia negra.
c.1973. (P)

1078. *Reencontro com Luanda*. Poemas de
Angola.
Lis.-Amadora, pr.pr., 1967. 22 p. (P)

MOTA J´UNIOR Joaquim
1079. *O feitiço do império*.
Lis., Ed. Agência-Geral das Colónias, 1940.
196 p. (NO)

MOURA Jaime Artur Salinas Herculano de
1080. *Longe... Conto de Natal*.
Lu., Ed. Empresa de Angola, 1936. 5 p. (ST)

1081. Varia:
"Amor 100 %". In Itinerário, v. 1, n. 15. L.M., 1
April 1942, p. 4. (ST)

MOURA Júlio Diamantino de
1081-a. Varia:
"Vida dum colono em terras do planalto." In
Boletim Cultural do Huambo, v. 1, n. 1. Nova
Lisboa, December 1948, p. 59ff.
"Uma história entre lendas.." Ibidem, v. 11, n.
11. Nova Lisboa, September 1958, p. 46-80 .
"Gentes do Nano." Ibidem, v. 12/13, n. 12/13.
Nova Lisboa, September 1960, p. 78-101.
"A estranha história que o velho Capamba
contou." Ibidem, v. 16, n. 17. Nova Lisboa,
September 1963, p. 9-16. (ST)

MOURA Russo Sofia da Costa Serra e
1082. *Chuva de saudade*. Poesias inéditas.
Lis., pr.pr., 1936. 102 p. (P)

1083. *De tudo um pouco*.
Lis.(?), pr.pr., c.1940.
[Posthumously published.] (ST)

"MOURINHO Branca" (i.e. NEVES
Maria Palmira de Moura Henriques Lobo das)

1084. *Cinza que o vento levou.*
Coimbra, pr.pr., 1951. 43 p.   (P)

1085. *Kalunga.* Poemas. Pref. Filipe Neiva.
Benguela, Ed. Convivium, 1971. 92 p.
[Incl. "Acusação à humanidade," poem by
Ruy de Moura Lobo das Neves, the author's
brother. Posthumously published.]   (P)

1086. *Maria da Soledade.*
Coimbra, pr.pr., 1953. 54 p.   (P)

1087. *Tronco sem raiz.*
Coimbra, pr.pr., 1956. 54 p.   (P)

1088. *Último grito.*
Coimbra, pr.pr., 1959. 53 p.   (P)

MOUTINHO Teixeira João
1089. Varia:
15 poemas in F. Neiva, *Antologia poética*, v. 2.
Benguela, 1970, p. 107-132.   (P)

NASCIMENTO Abílio Augusto de Brito e
("Ruy Sant'Elmo")
1090. *Falhados.*
Lis., Ed. Portugal-Brasil, n/d. 134 p.   (NO)

1091. *Terra da promissão.* Romance. Pref.
author.
Sintra(Portugal), pr.pr., 1940. xxii, 264, 8 p.
[With a note by Mário de Freitas e Silva and a
letter by Augusto Cunha.]   (NO)

1092. Varia:
"Terra da promissão" In O Mundo Português,
v. 7. Lis., 1940, p. 361-365.
[A chapter of the novel with the same title.]
          (NO)

NEGRÃO Carlos
1093. *Poemas negros.*
n/p., pr.pr., 1940.   (P)

1094. Varia:
"A lenda do munhiangôlo." In O Mundo Por-
tuguês, v. 6. Lis., 1939, p. 151-154.
"Nandjala". Ibidem, v. 7. Lis., 1940, p. 305ff.
          (P)

"Novo rumo". Páginas de novela africana inédita. In O Mundo Português, v. 4. Lis., 1937,

p. 537-543.   (ST)

NEIVA Soares António Filipe Sampaio
1095. *Namoro tropical.* Coll. Acácia Rubra.
Benguela, Ed. Convivium, 1972. 37 p.   (P)

1096. Varia:
3 poems in F. Neiva, *Antologia poética*, v. 1,
Benguela, 1970, p. 7-31.   (P)

NERY Felipe
1097. *Rumores da Lunda.* Poemas e
crónicas. Pref. José Redinha.
Dundo, Ed. Império, n/d.(1950?). 136 p.
          (P, SK)

NETO António Agostinho ("Manguxi")
1098. *A renúncia impossível.* Poemas
inéditos. Ed. Eugénia Neto, Dario de Melo
and Antero Abreu.
Lu., INALD, 1983. 99 p.
[18 poems, among them "A renúncia impossível: Negação" of 1949.];
2d ed.: Coll. 2K Poesia.
Lu., INALD, 1985. 100 p.;
3d ed.:Pref. Manuel Ferreira. Coll. Escritores
dos Países de Língua Portuguesa.
Lis., Ed. Imprensa Nacional/Casa da Moeda,
1987. 67 p. ;
- Italian ed.: *La rinuncia impossibile.* Trans. Fátima Vargas & Giovanna de Matteis.
Rome, Embassy of the People's Republic of
Angola, 1984.   (P)

1099. *Con occhi asciutti.* Italian trans. Joyce
Lussu.
Note by Agostinho Neto. Coll. Biblioteca delle
Silerchie, 96.
Milan, Ed. Il Saggiatore, 1963. 144 p.
[Bilingual ed. of 28 poems];
- Portuguese ed.: *Com os olhos secos.* Pref.
F. Costa Andrade.
Algiers, Ed. MPLA, 1969.   (P)

1100. *La lucha continúa.* Spanish trans. and
pref. J. A. Goytisolo & Xosé L. García.
Barcelona, Ed. Laia, 1980. 97 p.
[30 poems.]   (P)

1101. *Náusea* (conto) - *O artista* (desenho).
Pref. António Jacinto: "Lembrança remota de
Náusea" and pref. Antero Abreu. Coll.

112

Autores Angolanos,Série Especial.
Lis., Edições 70, & Lu., UEA, 1980. 45 p. Il.
António P. Domingues, Agostinho Neto.
[First published in Mensagem, n. 24. Lu.,
1952.]   (ST)

1102.*Poemas.* Coll. Autores Ultramarinos, 8.
Lis., Ed. Casa dos Estudantes do Império,
1961. 51 p.   (P)

1103.*Poemas.*
Léopoldville (Belgian Congo), Departamento
de Propaganda e Cultura do MPLA,
n/d.(c.1968). p. not num. Dupl.   (P)

1104.*Poemas.* Coll. Capricórnio, 28/29.
Lobito, Ed. Capricórnio, 1975. 39 p.
[20 poems, 3 of them absent from *Sagrada
esperança.* Lis., 1974.]   (P)

1105.*Poemas da Sagrada esperança..*
Homenagem ao poeta Agostinho Neto.
(Lis.), Ed. Embassy of the People's Republic
of Angola, 1982. Il. Benúdia, Vitex, Francisco
Van Dúnem.   (P)

1106.*Poemas de Angola.* Pref. Jorge Amado.
Coll. Edições do Pasquim, 5.
Rio de Janeiro, Ed. Codecri, 1976. 51 p.
[Identical with *Poemas,* Coll. Cadernos Capricórnio. Lobito, 1975, with the addition of pref.
and a reproduction of the mandate of 9 June
1960 to arrest Neto.]   (P)

1107.*Quatro poemas de Agostinho Neto.*
Coll. Cadernos de Poesia.
Póvoa de Varzim(Portugal), pr.pr., 1957. 8 p.
[Incl. "Quitandeira", "Um bouquet de rosas
para ti", "Minha mãe...", "Um aniversário".] (P)

1108.*Sagrada esperança.* Pref. Basil
Davidson. Introduction Marga Holness. Coll.
Vozes do Mundo, 1.
Lis., Liv. Sá da Costa Ed., 1974. 138, 1 p.
[48 poems];
11th ed., enl.:
Lis., Liv. Sá da Costa, 1987. 192 p.
[From the 2d ed. on, enl. by longer versions
of "Assim clamava esgotado" and "Depressa"
and by 3 additional poems, "Fogo e ritmo",
"As terras sentidas", "Para enfeitar os teus
cabelos."]

- Brazilian ed.: *Sagrada esperança.* Pref. Basil
Davidson. With a glossary. Coll. Autores Afri-
canos, 24.
S. Paulo, Ed. Ática, 1985. 126 p.
- English ed.: *Sacred hope.* Trans. Marga Hol-
ness. Pref. Basil Davidson, M. Holness.
Dar-es-Salaam, Ed. Tanzania Publishing
House, 1974. xliv, 84 p. Il. author's portrait.
[Differs from the Portuguese ed. of 1974.
Many trans. into other languages were based
on this English trans., e.g. the Cuban, Ger-
man, Mexican, Romanian, Russian and
Vietnamese ones];
2d, rev. English ed.: *Sacred hope.* New pref.
Basil Davidson, M. Holness. Coll. Represen-
tativee Works, African Series, UNESCO.
London, Ed. UNESCO, 1988. 143 p. Il.
Henrique Abranches.
-French ed.: *Espérance sacrée,* Trans.
Françoise Reveli. Pref. Basil Davidson, M.
Holness.
Paris, Ed. Delroisse, & Lu., UEA, 1980.
xxxiv, 115 p.
- West German trans.: *Angola: Heilige
Hoffnung.* Trans. Maria Adélia Melo &
Hermann Pflueger.
Cologne, Labbé & Muta Ed., 1976. 164 p.
- East German ed.: *Gedichte* [i.e. Poems].
Trans. Tilla Thonig. Pref. A. S. Arnold. Post-
script M. Holness. Coll. Reclams Universal-
Bibliothek.
Leipzig, Philipp Reclam Junior & Frankfurt
a/M., Roederberg Ed., 1977. 120 p.
[Ed. based on the Portuguese ed., Lis.,
1974.]
- Russian ed.: *Zvezdnyi puti stikhi* [i.e. The
starry way: Verses.] Trans. Mikhail Kurgántsev.
Coll. Ogonek.
Moscow, Ed. Pravda, 1977. 30 p.   (P)

1109.*Sagrada esperança.* Coll. 2K, De
Kabinda ao Kunene.
Lis., Edições 70, & Lu., UEA, 1977. 144 p.
[Identical with enl. ed. Lis., Sá da Costa.]
New ed.:
Lu., UEA, 1988. 150 p.   (P)

1110.*Sagrada esperança.* Coll. União. Special
ed.
Lu., UEA, & Lis., Liv. Sá da Costa Ed., (1979).
xx, 150p.
[Identical with enl. ed. Lis., Sá da Costa, but

adding Lúcio Lara's funeral oration for Neto of 17 September 1979.] (P)

1111.*Seis poemas Sagrada espernaça/ Six poèmes Espérance sacrée/ Six poems Sacred hope.* Translators not named. LU., (UEA), 1985. 6 leaves. II. António P. Domingues.
[Trilingual ed. for the ministers' conference of the non-aligned countries. Incl. "Quitandeira", "Velho negro", "Meia-noite na quitanda", "Comboio africano", "Crueldade", "Para além da poesia."] (P)

1112. Varia:
"Elos quebrados". Ms.
[Completed in Coimbra, Portugal, probably in 1945. Ms. owned by Orlando de Albuquerque.]
"Ópio" and "Voz do sangue." In Meridiano. Coimbra, 24 January 1948.
"Ópio: Casaram-me com a tristeza." In O Estandarte, Pregoeiro Cristão dos Bairros. Lu., December 1948. [Within an article by his brother Pedro Agostinho Neto, "Porque fugiste?...", written in memory of their father, pastor Agostinho Pedro Neto, who had died in 1946. As pointed out by M. A. de Oliveira in "Agostinho Neto: Nascimento de um poeta," (Angolê, v. 2, n. 6. Lis., July/September 1987, p. 2f.) Neto had already published youthful articles and poems in O Estandarte during the early 1940s.]
"Certeza"... In Cultura(I), v. 5, n. 8. Lu., June/ December 1949.
3 poems. in Momento, v. 1, n. 1. Coimbra, 1950, p. 2.
"Noite" and "Confiança". In Meridiano, v. 1, n. 2. Coimbra, 22 June 1950, p. 18.
"A voz da vida." In Cultura(I), v. 7, n. 19. Lu., May 1951.
"Desfile de sombras." In Mensagem, n. 1, Lu., July 1951. [Title later on changed to "Sombras".] (P)

"Náusea". In Mensagem, n. 2/4. Lu., October1952, p. 33f. Earlier in Itinerário, v. 11, n. 123. L. M., April/May 1952, p. 6. Afterwards in Casa dos Estudantes do Império, Contistas angolanos. Lis., 1960, p. 56-59. (ST)

NETO   António Raúl Simões

1113. Varia:
"Três momentos de um estilo pagão", "Programa", "Apelo para não ser ouvido", "Arte poética". In Momento, v. 1, n. 1. Coimbra, 22 May 1950, p. 2.
"Os mortos perguntam." In C. Ervedosa, Poetas angolanos. 1959, p. 35f., in G. de Andrade & L.Cosme, Mákua, v. 3. Sá da Bandeira, 1963, p. 79f.(Together with "Arte poética") , and in G. de Andrade & L. Cosme, Antologia de poetas angolanos. Sá da Bandeira, 1963. (P)

NETO   Carmo
1114.*A forja.*
Lu., Ed. Brigada Jovem de Literatura, (1986). (SK)

NETO   Hélder Ferreira
1115.*Hélder Neto,* Coll. Estão de Pé para Sempre.
Lu., UEA, & Lis., Edições 70, n/d.(c.1990). 63 p. II. author's portrait. (P, ST)

1116. Varia:
"nós não estamos a chorar os mortos." Trans. into Russian. In H. Riáusova, Poesiya borbi [i.e. Poetry of struggle]. Moscow, 1976.
"Nem medalhas, nem louvores." In Lavra & Oficina, n. 8. Lu., May 1979, p. 7. [Dated 17 August 1957.] (P)

"Reencontro". In Cultura(II), v. 1, n. 4. Lu., June 1958, p. 9.
"Uma história de amor." Ibidem, v. 1, n. 5. Lu., September 1958, p. 20, and in Casa dos Estudantes do Império, Contistas angolanos. Lis., 1960, p. 85f.
"O comboio eléctrico" and "A história dos bonecos de barro." Ibidem, v. 2, n. 6/7. Lu., March 1959.
"O comboio do onze." In Lavra & Oficina, n. 28/29/30. Lu., January/March 1981, p. 19. [Fragment of the not yet published narrative "Saudar novembro em viagem."] (ST)

NETO   Maria Eugénia
1117.*A formação de uma estrela e outras histórias.*
Lis., Edições 70, & Lu., INALD, (1979). 68 p. II. A. Vaz de Carvalho.
[4 stories for children.] (ST)

1118.*A lenda das asas e da menina Mestiça-Flor.*
Pref. Rui Carvalho. Coll. Cadernos Lavra & Oficina, 35. Ed. especial.
Lu., UEA, 1981. 44 p. Il. Viteix.
[For children.] (ST)

1119.*A menina Euflores Planeta da estrela Sikus.*
Lis., Plátano Ed., 1988. 49 p. Il. António Pimentel Domingues.
[For children. The title should be "A menina Euflores, planeta da estrela Sikus."] (ST)

1120.*As nossas mãos constroem a liberdade.*
(Lis.), Edições 70, & Lu., INALD, (1979). 66, (1) p. Il. António Pimentel Domingues.
[For children. Written between 1966 and 1971, with one poem, "Poema para Henda" of 1969.] (P, ST)
- English ed.: *Our hands are building freedom.*
Dar-es-Salaam(Tanzania), Ed. Departamento de Informação e Propaganda do MPLA, n/d. (c.1970). 25 p. Il. (ST)

1121.*A trepadeira que queria ver o céu azul e outras histórias.*
Mem Martins(Portugal), Ed. Publicações Europa-América, (1984). 46p. Il. António Pimentel Domingues.
[For children.] (ST)

1122.*E nas florestas os bichos falaram...*
Lu., UEA, 1977. 52, 1 p. Il. António Pimentel Domingues.
[For children. Dated Dar-es-Salaam, 1st November 1972];
2d and 3d ed,\.: Coll. 2k.
Lis., Edições 70, & Lu., UEA, 1978. 72 p.
4th ed.: Ibidem, 1980.
[Identical with the 2d ed.] (ST)

1123.*Este é o canto...* Homenagem a Agostinho Neto.
Lu., INALD, 1989. 30 p.
[Homage rendered on the 10th anniversary of her husband's death.] (P)

1124.*Foi esperança e foi certeza.* Coll.

Autores Angolanos, 22.
(Lis.), Edições 70, & Lu., UEA, (1979). 73 p.
[Poems written between 1963 and 1976.](P)

1125.*No prelúdio da vitória.*
Dar-es-Salaam(Tanzania), Ed. Departamento de Informação e Propaganda do MPLA, 1969. 9 p. Il.;
- English ed.: *Prelude to victory.* Anon. trans.
Dar-es-Salaam(Tanzania), Ed. Departamento de Informação e Propaganda do MPLA, 1969. 9 p. Il.;
- French ed.: "Ngangula". In <u>Femmes du Monde Entier.</u> n. commemorating the 20th anniversary of the International Democratic Federation of Women.
Paris(?), 19.. (ST)

1126.*O humanismo de Henda.*
Dar-es-Salaam(Tanzania), Ed. Departamento de Informação e Propaganda do MPLA, 1973. 2, 11 p.;
- English ed.: *The humanism in Henda.*
Dar-es-Salaam(Tanzania), Ed. Departamento de Informação e Propaganda do MPLA, 1973. 2, 11 p.
[Incl. 'Poem for Henda."] (P, ST)

1127.*O vaticínio da Kianda na piroga do tempo.*
(Lis.), Ed. Caminho, & (Lu.), INALD, 1989. 35 p. Il. Henrique Arede.
[For children. "Homage to Agostinho Neto as a contribution to the national epic."] (ST)

1128. Varia:
"Jinga Mbandi, primeira guerrilheira." In <u>Angola, Cultura e Revolução</u>, n. 3. Algiers, Centro de Estudos Angolanos, 1966. (P)

NETZ Hildegard
1129.*Sorrisos de África. Impressões angolanas.*
Lu., pr.pr.(?), 1962. 58 p. (SK?)

NEVES Eduardo <u>Paulo Ferreira</u> ("Cecílio")
1130. Varia:
"Num batuque". In <u>Novo Almanaque de Lembranças Luso-Brasileiro</u> para 1880. Lis., 1879, p. 214.
"Amor e vinho." Ibidem para 1881. Lis.,

1880, p.100.
"Benvindo". Ibidem para 1882. Lis., 1881, p. 54.
"Africanas". 3 sonnets. Ibidem para 1884. Lis., 1883, p. 138.
"A consciencia". Ibidem para 1885. Lis., 1884, p. 157.
"O seu olhar." Ibidem para 1888. Lis., 1887, p. 168.
"Quadro africano" and "O olhar d'uma africana." Ibidem para 1890(Suplemento). Lis., 1889, p. 35, 167.
"Hoc opus..." Ibidem para 1891. Lis., 1890, p. 316.
"A uma africana." Ibidem para 1892. Lis., 1891, p. 159. (P)

NEVES   José Alves das
1131.Contos de cá e lá.
Lis., pr.pr., 1982. 251 p. (ST)

NEVES   Mariana de Azevedo Ferreira Lobo
1132.Varia:
21 poems in F. Neiva, Antologia poética, v. 4. Benguela, 1971, p. 59-83. (P)

NEVES   Mateus das
1132-a. Varia:
18 poems in F. Neiva, Antologia poética, v. 1. Benguela, 1971, p. 57-80. (P)

"N'GOLA   Madié"
1133."Tem-Tem" na universidade.
N/p., pr.pr., 1971. 84 p. (P)

NOGUEIRA   António Horácio Alves
1134. A vida recomeça hoje. Novelas.
Sá da Bandeira, Ed. Imbondeiro, 1962. 150 p.
[Incl. "A vida recomeça hoje", "Natal em S. Tomé", and a tale unrelated to Africa, "O velho piano."] (N)

1135.Nova rota. Versos. Pref. author.
Sá da Bandeira, Ed. Imbondeiro, 1962. 130 p. (P)

1136. Varia:
"Chilombo". In G. de Andrade & L. Cosme, Novos contos d'África. Sá da Bandeira, 1962, p. 97-115. (ST)

NOLASCO   Teresa Pereira Coutinho
1137.Horas rubras.
Lobito, pr.pr., 1952. (P)

1138.Papoilas negras. Sonetos.
Lu., pr.pr., 1958. 133p. (P)

NORONHA   José Eduardo Alves de
1139.José do Telhado. Romance. Baseado sobre factos históricos.
Porto, Ed. Empresa do Jornal O Primeiro de Janeiro, 1933. 558 p. II.;
2d ed.: Pref. "Breves considerações à 2.a ed." by publisher.
Porto, Liv. Simões Lopes Ed., 1954. 422 p. II. author's portrait. (NO)

1140.José do Telhado em África. Dramas do sertão. (Romance baseado sobre factos históricos.)
Porto, Ed. Empresa do Jornal O Primeiro de Janeiro, 1924. 458 p. II.;
2d ed., enl. by "História da vida de José do Telhado na Lunda" and pref., "Duas palavras a abrir" by publisher.
Porto, Liv. Simões Lopes Ed., 1954. 422 p. II. author's portrait. (NO)

NOVAIS   Henrique
1141.Transplantação. Poemas.
Lu., pr.pr., 1957. 92 p. (P)

1142.Varia:
"O João Moedas." In Boletim Cultural da Câmara Municipal de Luanda, n. 26. Lu., 1970, p. 27-31. (ST)

OLIVEIRA   Agnelo Alves de
1143.A gaivina. Coll. Imbondeiro, 67.
Sá da Bandeira, Ed. Imbondeiro, 1964. 21 p.
[Incl. also the story "Júlia".] (ST)

1144.Aleluia. Versos. Pref. Horácio Nogueira.
Sá da Bandeira, pr.pr., 1963. 139 p.
[Ending with a letter by father E. Courtial and the author's reply.] (P)

1145.Exortação à juventude transviada.
Sá da Bandeira, Ed. Imbondeiro, c.1965.(P)

OLIVEIRA   Agnelo Alves de

TRINDADE   J.
1146.*Os nossos versos...*
Moçâmedes, pr.pr., 1932. 48 p.   (P)

OLIVEIRA   Alberto Estima de
1147.*Tempo de angústia.* Coll. Cadernos
Capricórnio, 15.
Lobito, Ed. Capricórnio, 1974. 31 p.   (P)

1148.Varia:
4 poems in *Vector,* v. 2. Nova Lisboa, 1972, p.
7f.
2 poems. Ibidem, v. 3. Nova Lisboa, 1972, p.
73f.   (P)

OLIVEIRA   António César Gouveia
1149.*O amor e a guerra.*
n/p., pr.pr., c.1967. 48 p. not num.
[Inspired by the struggle for Angolan independence.]   (P)

OLIVEIRA   Germano Pais de
1150.*Flores singelas.* Versos de além-mar.
Coimbra, Coimbra Ed., 1936. 104 p.   (P)

OLIVEIRA   Humberto Luna da Costa
Freire e
1151.*Sinfonia do sertão.* Poemetos africanos.
Lis., Ed. Agência-Geral das Colónias, 1945.
92 p.   (P)

OS´ORIO   Ernesto Cochat
1152.*Biografia da noite.* Poemas.
Lu., Ed. Lello, 1966. 219 p.   (P)

1153.*Calema.* Poemas. Pref. author.
Lu., Ed. Lello, 1956. 162 p.   (P)

1154.*Capim verde.* Contos.
Lu., Ed. Lello, 1957. 279 p.   (ST)

1155.*Cidade.* Pref. author.
Lu., Ed. Rotary Club de Luanda, 1960. 75 p.
Il. Neves e Sousa.   (P)

1156.*O homem do chapéu.* Coll.
Imbondeiro, 33.
Sá da Bandeira, Ed. Imbondeiro, 1962. 35 p.
                                          (ST)

1157.Varia:

"Descobertas". In Cultura(I), v. 1, n. 3. Lu.,
June 1945, p. 5.
One poem in Almeida Santos, *Luanda 61 -
Angola.* Lu., 1961.   (P)

"Aiué". In J.A. das Neves, *Poetas e contistas africanos.* S. Paulo, 1963, p. 161-166.
"O homem do chapéu." In A. César, *Antologia do conto ultramarino,* Lis., 1972, p. 109-
184.   (ST)

PACAVIRA   Manuel Pedro
1158.*Gentes do mato.*
Lis., África Ed., 1974. 125 p.;
2d ed.: *Gentes do mato.* Seguido de *Mingo-
ta.* Coll. Autores Angolanos, 35.
Lis., Edições 70, & Lu., UEA, 1981. 202 p.
                                          (N)

1159.*Nzinga Mbandi.* Romance. Coll.
Biblioteca Popular Nzinga Mbandi.
n/p.(Lu.), (Actualidade Ed., 1975.) 208 p.;
2d ed. Coll. Autores Angolanos, 15.
(Lis.), Edições 70, & Lu., UEA, (1979). 220 p.
                                          (NO)

PAIS   Álvares
1160.Varia:
"A uma Africana" and "Resquiescat in pace."
In Jornal de Loanda, n. 9. Lu., 4 September,
and n. 18, 6 December 1878
"Ciume". Ibidem. Lu., 7 August 1880.
"Nunca mais". Ibidem. Lu., 7 August 1880.
[The same 4 poems in S. Trigo, *Introdução à
literatura angolana de expressão portugue-
sa.* Porto, 1977, p. 157-163. "A uma Africa-
na", wrongly attributed to Artur de Paiva in C.
Nobre, *Antologia de poesias angolanas,* Nova
Lisboa, 1957, p. 52f.]
"Africana". In Novo Almanach de Lembranças
Luso-Brasileiro para 1881. Lis., 1880, p. 180.
"Necrologia à moderna." Ibidem para 1882, p.
52.   (P)

PAIS   A. Sousa
1161.Varia:
"Cheveux d'or" and "In illo tempore." In "Torre
de Ébano" of Correio de África, 1st series, n.
22. Lis., 29 December 1921.
"A mascote". Ibidem, n. 28. Lis., 9 February
1922.
"A luz". Ibidem, n. 35. Lis., 30 March 1922.

"Natal". Ibidem, n. 58. Lis., 25 December 1922.

"Caxito". Ibidem, 2d series, n. 5. Lis., 8 November 1924. (P)

PEDRO João
1162.*Poemas cacimbados*. Coll. Cadernos Lavra & Oficina, 83.
(Lu., UEA, 1989.) 37 p. (P)

1163.*Ponto de situação*. Coll. Cadernos Lavra & Oficina, 14.
(Lu., UEA, 1978.) 29 p.
[Poems written betrween 1974 and 1976.] (P)

1164. Varia: "Poema".
In "Artes e Letras" of A Província de Angola. Lu., 1st January 1975.
"Vamos" and "N'giva". In "Resistência" of Diário de Luanda.. Lu., 4 October 1975, p. 8f.
"3 [Três] poemas: Ponto 1, 2, 3." Ibidem. Lu., 31 January 1976, p. 9. (P)

PEIXOTO Sílvio
1165.*Crónicas indigestas*. Pref. Jofre Rocha. Lu., INALD, 1987. 112 p. (SK)

1166.*O abraço da guilhotina*. Contos. Coll. Cadernos Lavra & Oficina, 84.
Lu., UEA, 1989. 39 p. (ST)

"PEPETELA" (i.e. **PESTANA** dos Santos Artur Carlos Maurício) ("Carlos Alves Pereira", "A. Pepetela")
1167.*A corda*. Coll. Lavra & Oficina, 3.
(Lu., UEA, 1978.) 49 p.
[Play in 1 act written in 1978];
2d ed.: Ibidem, with a few textual changes. Lu., UEA, 1980. 49 p. (T)

1168.*A revolta da casa dos ídolos*. Peça em 3 actos. Coll. Autores Angolanos, 26.
Lis., Edições 70, & Lu., UEA, 1980. 157 p.
[Written in 1979.] (T)

1169.*As aventuras de Ngunga*.
n/p., Ed. Serviços de Cultura do MPLA, 1973.
[Ed. of 300 copies, dupl. and distributed on the Eastern Front during the war. Written in 1972];
2d ed.: Coll. Autores Angolanos, 1.
Lis., Edições 70, 1976. 128 p.;

3d ed.: Coll. 2K de Kabinda ao Kunene.
Lu., UEA, 1977.
[Identical with the 2d ed.];
4th and 5th ed.: Lis., Edições 70, 1978.
[Identical with 1st ed.]
- Brazilian ed.: Coll. Autores Africanos, 3.
S. Paulo, Ed. Ática, 1980. 62 p.;
2d - 4th eds. Ibidem, 1981, 1983, 1991.
[Identical with the 1st Brazilian ed.]
- English ed.: *Ngunga's adventures*. Trans. Chris Searle. Coll. Liberation/ Young World Books.
London, Ed. Writers & Readers Publishing Corporation, 1980.
- East German ed.: *Ngunga*. Trans. Tilla Thonig.
Berlin, Ed. Kinderbuchverlag, 1981. Il. Herbert Pohl.
- Russian ed.: "Prikliutchénia Ngungui." [i.e. Ngunga's adventures]. Trans. Helena Riáusova. In *Afrika almanac,* Moscow, 1977, and *Izbrannie proizvedénia pisatelei Tashnoi Afriki* [i.e. Selected works of the writers of southern Africa], Moscow, 1978. Later on in *Tchiki i rieka*[i.e. Chiki and a river], Moscow, 1981, and *Vozvashchénie* [i.e. The return], Moscow, 1982. (N)

1170.*Luandando*.
Lu., Ed. FINK, 1990. c.200 p.
[Chronicle of life in Luanda from the arrival of the Portuguese in the 16th century to contemporary times.] (SK?)

1171.*Lueji. O nascimento de um império*.
Lis., Ed. Publicações Dom Quixote, 1990. 488 p.
[Historical novel about the Lunda empire.] (NO)

1172.*Mayombe*. Romance. Coll. Autores Angolanos, 25.
Lis., Edições 70, & Lu., UEA, 1980. 290 p.
Il. Henrique Abranches.
[Written in 1971/72];
2d ed.: Ibidem, 1982;
3d (pocket) ed.: Coll. 2K Prosa.
Lis., Edições 70, &Lu., UEA, 1981. 288 p.;
4th ed.:
Lis., Ed. Círculo de Leitores, (1983). 353 p.;
5th ed.:
Lis., Edições 70, 1988. 288 p.

118

- Brazilian ed.: Coll. Autores Africanos, 14.
S. Paulo, Ed. Ática, 1982. 270 p.;
2d Brazilian ed: Ibidem, 1991. [Identical].
-English ed.: *Mayombe*. Trans. Michael Wolfers. Coll. ZP 4 Writers Series, 18.
Harare, Ed. Zimbabwe Publishing House, &
Coll. African Writers Series. London,
Heinemann, 1983. 183 p.
- East German ed.: *Mayombe oder eine afrikanische Metamorphose* [i.e. Mayombe or
an African metamorphosis.] Trans. Maritta
Tkalec. Postscript Christa Serauky.
Berlin, Ed. Volk und Welt, 1983, & Bonn,
1984. 280 p.   (NO)

1173.

Muana Puó. Coll. Autores Angolanos, 14.
(Lis.), Edições 70, & Lu., UEA, (1978). 171 p.
ll.
[Written in 1969.]   (NO)

1174.*O cão e os caluandas. Estórias de um
cão pastor na cidade de Luanda.* Coll. Autores de Língua Portuguesa.
Lis., Ed. Publicações Dom Quixote, &
Lu.,UEA, 1985. 191 p.
- German ed.: *Der Hund und die Leute von
Luanda* [i.e. The dog and the people of
Luanda.] Trans. Inés Koebel.
Bonn, Ed. ISSA, 1987. 168 p.   (NO)

1175.*Yaka.* Pref. António Callado. Coll.
Autores Africanos, 23.
S. Paulo, Ed. Ática, 1984. 304 p.;
2d ed.:
Lis., Ed. Publicações Dom Quixote, & Lu.,
UEA, 1985. 397 p.;
3d (pocket) ed.: Coll. 2K Prosa.
Lu., UEA, 1988. 387 p.   (NO)

1176.Varia:
Poems in Escora, n. 2. Coimbra, 1973.
"Serra mais alta." In "Artes e Letras" of A Província de Angola. Lu., 21 February 1973.
"No teu falar." Ibidem, 3 October 1973.
"Os deuses dos meus avós" and "Transformação do tempo." Ibidem, 3 October 1973.
"Uma estrela". In "Resistência" of Diário de
Luanda. Lu., 7 February 1976, p. 8.   (P)

"Velho João". In Mensagem, v. 414, n. 2. Lis.,
Casa dos Estudantes do Império, 31 May
1962, p. 25-28.
"As cinco vidas de Teresa." In G. de Andrade
& L. Cosme, *Novos contos de África.* Sá da
Bandeira, 1962, p. 43-54.
"A revelação". In J. A. das Neves, *Poetas e
contistas africanos.* S. Paulo, 1963, p. 173-79.
"O'lembi - Histórias de vóvó," In "Artes e
Letras" of A Província de Angola. Lu., 27
December 1972.
"Cachipa - velho moleque." Ibidem. Lu., 14
February 1973.
"Azar de gato." Ibidem. Lu., 11 April 1973.
"Zeca Baçula". In 'Convergência", n. 23, of
Ecos do Norte. Malanje, 28 April 1974.
"Aventuras de Ngunga." In "Artes e Letras"

of A Província de Angola. Lu., 20 November 1974. (ST)

PEREIRA Alfredo Nunes
177.*Musa angolana*. (Poesias).
Covilhã, Portugal), pr.pr., 1963. 45 p. (P)

178.Varia:
2 poems in C. Nobre, *Antologia de poesias angolanas*. Nova Lisboa, 1957. (P)

PEREIRA Carlos Martins
179.*Terra vermelha. Estórias para a história da guerra colonial em Angola.*
Lis.), África Ed., 1978. 155 p. II. author. (SK)

PEREIRA João Baptista
180.*Canções do sertão.*
Coimbra, Coimbra Ed., 1946. 134, xi p. (P)

181.*Flores do mato*. Poemas negros,
Coimbra, Coimbra Ed., 1949. 134, 74 p. (P)

182.*Fumo passageiro.*
1930. (P)

183.*70* [Setenta] *sonetos.*
1949. (P)

184.*Sombras do caminho.*
Coimbra, Coimbra Ed., 1940. 126 p. (P)

PESSOA Henrique Novais
185.*Comboio comakovi*. Histórias africanas.
Contos da vida real.)
lhos Vedros(Portugal), pr.pr., 1987. 147 p.

ncl. "Axixe - Lendas africanas."] (ST)
186.*Da minha infância*. Histórias africanas.
omanceado.
lhos Vedros(Portugal), pr.pr., 1988. 195 p. (ST)

187.*Histórias infantis africanas de embalar.*
endas africanas.
lhos Vedros(Portugal), pr.pr., 1988. 55p.

or children.] (ST)

188.*O jacaré no bote*. Histórias infantis
ricanas.

Alhos Vedros(Portugal), pr.pr., 1986.
[For children.] (ST)

PIMENTA Eduardo Fernandes
1189.*Dipanda*. Coll. Cadernos Lavra & Oficina, 72.
Lu., UEA, 1987. 37 p.
[3 chapters of a novel in progress.] (ST)

1190.Varia:
"Ngana Pondero e o seu filho Luango." In Lavra & Oficina, n. 6. Lu., March 1979, p. 10f., n. 7, April 1979, p. 10f., and n. 8, May 1979, p. 10f.
"Kalaxi-mukuaxi". Ibidem, n. 17/18. Lu., February/March 1980, p. 11. (ST)

PIMENTEL Carlos
1191.*Pano barato*. Coll. Cadernos Lavra & Oficina, 86.
Lu., UEA, 1989. 39 p.
(P)

1192.*Tijolo a tijolo*. Poesia. Coll. Autores Angolanos, 33.
Lis., Edições 70, & Lu, INALD, 1981. 65 p.
[Poems written between 1970 and 1979.] (P)

1193.Varia:
"Tio", "Salfabetizando", "Pra o amanhã." In Lavra & Oficina, n. 5. Lu., February 1979, p. 11. (P)

PINHEIRO Nelson
1194.*Miscelânea poética.*
Lu.,pr.pr.,1974. (P)

1195.*Poemas do meu rosário.*
Lu., pr.pr., 1973. (P)

1196.*Poente musical.*
Benguela, pr.pr., 1973. (P)

PINTO Alberto Oliveira
1197.*Eu à sombra da figueira da Índia*. Coll. Fixões, 27.
Porto, Ed. Afrontamento, 1990. 105 p.
[Childhood memories of Luanda.] (SK)

PINTO António
1198.Varia:
"A Pietro Bruno." In "Participação" of Diário

de Luanda. Lu., 31 January1976, p. 10.
"Forja da liberdade." Ibidem. Lu., 14 February 1976, p. 10.
"Promessa"." Ibidem. Lu., 3 April 1976, p. 10.
"Heróis". Ibidem. Lu., 10 April 1976, p. 10.
"Oferenda". Ibidem. Lu.,26 May 1976, p. 8.
"Blues do contratado", "Ano mais longo", "Poema de uma hora histórica." Ibidem. Lu., 7 July 1976, p. 13.
"Acácia mãe-árvore." Ibidem. Lu., 14 July 1976, p.13.
"Anúncio". Ibidem. Lu., 1st September 1976, p. 13.
"Se..." Ibidem. Lu., 13 October 1976, p. 11.
"Vida-tempo-vida." Ibidem. Lu., 27 October 1976, p. 11.
"Dilanga". Ibidem. Lu., 3 November 1976, p. 11. (P)

"Um carnaval diferente." In "Participação" of Diário de Luanda. Lu., 3 April 1976, p. 10.
"Na morte do soba Dumba." Ibidem. Lu., 4 August 1976, p. 13. (ST)

PINTO Arnaldo
1199.*Kubula, um drama em Angola.* Romance.
Porto, Ed. Avis, (1963). 163 p. (NO)

PINTO Manuel de Jesus ("João da Chela")
1200.*África lusíada.* Crónicas angolanas.
Lis., Ed. Orion, 1956. 318 p. (SK)

1201.*África redentora.* Pref. author.
Romance colonial português.
Sá da Bandeira, pr.pr., 1940. 215 p. (NO)

1202.*Caminho eterno.* Romance.
Porto & Sá da Bandeira, pr.pr., (1967?). x, 225 p. (NO)

1203.*Da lira da nossa gente.* Quadras.
Sá da Bandeira, pr.pr., 1939. 94 p. (P)

1204.*Nimbos da serra.*
1932. (P)

1205.*O convite.* Novela africana.
Sá da Bandeira, pr.pr., 1936. 224 p. (N)

1206.*Ramo de cantigas.*

Sá da Bandeira, Ed. C. A. Cancela de Vitória Pereira, 1932. 95 p. (P)

1207."Sertão florido". Ms. dated Sá da Bandeira, 1934.
[Typewritten copy sold in Lis., 1971.] (P?)

PIRES António
1208.*A última viagem. O êxodo dos brancos de Angola.* Romance. Pref. author.
Lis., Liv. Popular de Francisco Franco Ed., 1975. 326 p.
["For me merely a testimony, gathering a certain number of true episodes and stories."] (NO)

1209.*Desalojados. A tragédia nacional dos "retornados"', portugueses expulsos de Angola.*
Lis., Liv. Popular de Francisco Franco Ed., (1976). 356 p.
["Fictionalized reportage. On the cover the title "Retornados desalojados espoliados."] (NO)

1210.*Sangue cuanhama.* Romance.
Lis., Ed. Agência-Geral das Colónias, 1949. 177 p. (NO)

1211.*Tonga. Epopeia do café.* Romance.
Lu., Liv. Lello Ed., 1959. 288 p. (NO)

PIRES Maria Ângela Vide
"MESTRE David"

POMBAL Rosalina
1212.*Lutchila e outras histórias.* Coll. Piô-Piô, 9.
Lu., INALD, 1982. 8 p. Il. António P. Domingues.
[For children.] (ST)

1213.*O pequeno elefante e o crocodilo.* Coll. Piô-Piô.
Lu., INALD, 1982. Il. António P. Domingues.
[for children.] (ST)

PR´INCIPE Sérgio Joaquim
1214.*Diamantes que falam.* Romance histórico.
Lobito, pr.pr., 1965. 219 p. (NO)

QUARTIM Pedro Vide
ARCHER Maria

QUEIROZ Artur Orlando Teixeira
1215.*Mukandano.* Contos. Pref. Costa Andrade ("Ndunduma"). Coll. Biblioteca Literária
Ulmeiro, 2.
Lis., Ed. Ulmeiro, 1980. 134 p. (ST)

1216.Varia:
21 poems in F. Neiva, *Antologia poética,* v. 4.
Benguela, 1971, p. 7-31.
3 poems in Convivium, n. 6. Benguela, De-
cember 1971.
One poem in *Vector,* v. 3. Nova Lisboa, 1972.
"Manhã dentro uma canção." In "Artes e
Letras" of O Lobito. Lobito, 6 March 1973.
"O falador do matadouro." In "Resistência" of
Diário de Luanda. Lu., 6 Dexember 1975, p.
8.
"Canção nocturna". Ibidem. Lu., 3 January
1976, p. 7.
"Para ti a verdade." Ibidem, 14 February
1976, p. 9.
"Eles falam", Ibidem, 6 May 1976, p. 8. (P)

QUETA Luís Elias
1217.*Semear semear.*
Uíge, pr.pr., 1986. Dupl.

1218.*Silêncio.* Poesia.
Uíge, Ed. Brigada Jovem da Literatura, 1986.
7 p.
[4 short poems.] (P)

RAMOS Wanda
1218-a. *Percursos (do luachimo ao luena.)*
Lis., Ed. Presença, (1981). 97 p.
[Incl. fictionalized "reminiscences" of childhood experiences in the Lunda region between 1949 and 1954 and of two later re-
turns to Angola.] (N)

1218-b. Varia:
"Do Luachimo ao Luena (Fragmentos de um
romance.)" In África, n. 6. Lis., October/ December 1979, p. 21-25. (ST)

RAPOSO José Hipólito Vaz
1219.*Ana a kalunga. Os filhos do mar.*
Contos.
Lis., pr.pr., 1926. 247 p. (SK, ST)

1220.*Areias de Portugal.* Em que se contam
alguns cativeiros de almas e outros casos de
África.
Porto, Liv. Civilização Ed., 1935. 235 p. (ST)

1221.Varia:
"Branco moleque". In A. César, *Contos portugueses do ultramar,* v. 2. Porto, 1969, p.
585-600. [Also in *Ana a kalunga.]* (ST)

REDOL António Alves
1222.*Histórias afluentes.*
Lis., Portugália Ed., 1963. 325 p.
[Incl. some Angolan stories.] (ST)

"REIS Álvaro" (i.e. **BARRADAS**
Acácio)
1223.Varia:
5 poems in *Mákua,* v. 3. Sá da Bandeira, 1963,
p. 45-53. (P)

REIS João dos
1224.*Antes e depois dos cravos.*
Braga, Ed. Pax, (1973?). 118 p. (P)

1225.*Mulata Milú rainha da muamba.* Contos.
Braga, Ed. Pax, 1975. 223 p. (ST)

1226. Varia:
"Aquela negra retinta." In "Artes e Letras" of
A Província de Angola. Lu., 31 May 1972, p.
22. (P)

RESENDE Manuel Mendes Duarte de
1227.*Negra.* Versos.
Lu., pr.pr., 1953. 38 p. (P)

1228.*O raio x.*
Malanje, pr.pr., 1932. Il. Jaime Almeida.
[Mardi Gras poetry.] (P)

1229.*Poemas em três quadras.*
Lu., Ed. Lello, 1957. 114 p. (P)

1230.*Serra mais alta.*
Sá da Bandeira, pr.pr., 1966. (P)

1231.Varia:
"Riamba - ópio negro." In A. César, *Contos
portugueses do ultramar,* v. 2. Porto, 1969,
p. 685-694. (ST)

RIBAS Óscar Bento
1232.*A praga*. Coll. Cadernos Lavra & Oficina, 9.
(Lu., UEA, 1978.) 25 p.
[First in *Ecos da minha terra*, 1952.] (ST)

1233.*Ecos da minha terra*. *Dramas angolanos*. Pref. author.
Lu. & Lis., pr.pr., 1952. xix, 4, 187 p.;
2d, rev, ed.: Coll. Contemporâneos.
Lu., UEA, & Porto, Ed. Asa, 1989. 189 p.
[With an enl. glossary of Angolan terms.] (ST)

1234.*Flores e espinhos*.
Lu., pr.pr., 1948. 189 p.;
2d ed., facsimile of the first:
Nendeln(Liechtenstein), Kraus Reprint Ed.,
(1970). 189 p. (SK, ST)

1235.*Nuvens que passam*. Novela.
Lu., pr.pr., 1927. (N)

1236.*O resgate duma falta*.
Benguela, pr.pr., 1929. 50 p. (N)

1237.*Quilanduquilo*. Contos e instantâneos.
Pref.author.
Lu., pr.pr., 1973. 185 p.
[In 3 parts: "Contos estruturados em episódios reais da vida angolana," "Contos tradicionais", and "Breves ocurrências, particularmente respeitantes ao modo de agir do nativo." With a glossary, p. 155-182.] (SK, ST)

1238.*Tudo isto aconteceu*. Romance autobiográfico.(Lu.), pr.pr., 1975. 641 p. (NO,SK)

1239.*Uanga - Feitiço*. Romance folclórico angolano.
Lu., Ed. Lello, 1951. 260p.
[Written before 1934, with the title "Henda a nga muhatu Tete - Saudades da senhora Tete." Incl. 24 texts in Kimbundu];
2d, enl. and corr. ed.:
Lu., pr.pr., 1969. 321 p.;
3d ed., facsimile:
Nendeln(Liechtenstein), Kraus Reprint Ed.,
(1970);
4th ed,: Pref. Irene Guerra Marques.
Lu., UEA, 1981. 311 p.;

5th (pocket) ed: Coll. 2K, Prosa.
(Lu.), UEA, (1985). 309 p. (NO)

1240.Varia:
"A praga". In Casa dos Estudantes do Império,*Contistas angolanos*. Lis., 1960. Also in A. César, *Antologia do conto ultramarino*. Lis., 1972, p. 131-143, and *Contistas portugueses do ultramar*, v. 2. Porto, 1969, p. 769-786.
- German ed.: Trans. Peter Sulzer in his *Christ arscheint am Kongo* [i.e. Christ appears at the Congo.] Heilbronn(Germany), 1958.
"A medalha". In G. de Andrade & L. Cosme, *Contos d'África*. Sá da Bandeira, 1961, p. 149-168.
- English ed.: "The medallion". Trans. N.S. Coissoró. in W. H. Whiteley, *A selection of African prose*. Oxford(England), 1964. [Shortened.]
"A pessoa não tem coração." In J. A. das Neves, *Poetas e contistas africanos*. S. Paulo, 1963, p. 157ff.
"A quianda". In *Imbondeiro gigante*, v. 1. Sá da Bandeira, 1963, p. 155f.
French trans. of an episode of *Uanga - Feitiço*. In L. Sainville, *Romanciers et conteurs négro-africains*. Paris, 1963.
"A massemba". In M. de Andrade, *Literatura africana de expressão portuguesa*, v. 2, Prosa. Algiers, 1968, p. 177ff. (ST)

RIO João Pereira do
1241.*A bailarina negra*.
Sá da Bandeira, pr.pr., 1942. 25 p. (P)

1242.*Da terra dos pretos*. Crónicas gentílicas.
Sá da Bandeira, Ed. Joaquim Fernandes dos Santos, n/d.(1931). 95 p. (SK)

1243.*Olga*.
Lis., pr.pr., 1928. 155 p. (NO)

ROCHA Hugo Amílcar de Freitas
1244.*Éramos quatro irmãos*. Pref. author.
P{orto), Ed. Astra, 1945. 598 p. II. Almeida Granjo;
2d ed.: Ibidem, 1946. (NO)

1245.*Quissange*. Poema.
Porto, Ed. Educação Nacional, 1940. 32 p. II. Jaime de Almeida. (P)

1246. *Rapsódia negra*. Poemas africanos.
Porto, pr.pr.(?), 1933. 235 p.   (P)

1247. Varia:
"O homem que morreu no deserto." In M.
Cruz, *Dez novelas, dez novelistas*. Lis., 1944.
"Um crime no mato ou uma história da África
como há tantas." In O Mundo Português,
v. 12. Lis., 1945, p.489-496.
"O ciúme negro." In *Histórias de amor*. Lis.,
Ed. Panorama, (1970).   (ST)

"ROCHA Jofre" (i.e. ALMEIDA Roberto António Victor Francisco de)
1248. *Assim se fez madrugada. (Canções do
povo e da revolução.)* Coll. Autores
Angolanos, 9.
Lis., Edições 70, 1977. 78 p.
[Poems dated between 1962 and 1976];
2d (pocket) ed.: Coll. 2K, Poesia.
Lu., UEA, (1985). 76 p.;
3d (pocket) ed.: Coll. 2K, Poesia.
Lu., UEA, 1988. 70 p.   (P)

1249. *Crónicas de ontem e de sempre*. Coll.
Cadernos Lavra & Oficina, 47.
(Lu., UEA, 1985.) 53 p.
[Dated between 1961 and 1983.]   (SK)

1250. *Entre sonho e desvario*. Coll. Cader--
nos Lavra & Oficina, 85.
Lu., UEA, 1989. c.20 p.
[Poetic prose.]   (P)

1251. *Estória completa da confusão que
entrou na vida do ajudante Venâncio João e
da desgraça do cunhado dele Lucas Manuel*. Coll. Cadernos Lavra & Oficina, 56.
(Lu., UEA, 1985.) 32 p.
[Part of the tale was published in 1957 in *Estórias de musseque*.]   (ST)

1252. *Estória de Kapangombe*. Coll. Ca-
dernos Lavra e Oficina, 13.
(Lu., UEA, 1978.) 19 p.
[Written in 1978.]   (ST)

1253. *Estórias de musseque*. Coll. Autores
Angolanos, 2.
Lis., Edições 70, 1977. 91 p. Il. author's por-
trait;

2d ed.: Coll. Livro de Bolso 2K, Prosa.
Lu., UEA, 1979. 91 p.
- Brazilian ed,: Coll. Autores Africanos, 5.
S. Paulo, Ed. Ática, 1980. 47 p.   (ST)

1254. *60* [Sessenta] *canções de amor e
luta*. Pref. Aires de Almeida Santos. Coll.
Contemporáneos.
Porto, Ed. Asa, & Lu., UEA, 1988. 82 p. Il.
Henrique Abranches.   (P)

1255. *Tempo de cicio*. Coll. Cadernos
Capricórnio, 6.
Lobito, Ed. Capricórnio, 1973. 32 p.   (P)

1256. Varia:
Poems in O Estudante, student journal of
the Liceu Correia de Sá. Lu., c.1959.
"Quando a manhã vier", "Rusga", "O
combate", "É triste" and 5 poems
from *Tempo de cicio* in M. Ferreira, *No reino
de Caliban*, v. 2. Lis., 1976, p. 380-386.
[The first four having been written in the
1960s.]
Poems in "Artes e Letras" o fA Província de
Angola. Lu., 1971-72.
One poem in Convivium, n. 5. Benguela,
September 1971.
2 poems. Ibidem, n. 9. Benguela, June 1972.
          (P)

"Companheiros". In Convivium, n. 9.
Benguela, June 1972, p. 49ff.
"O drama de vavó Tutúri." In "Artes e Letras"
of A Província de Angola. Lu., 11 October
1972.
"Pedaços da vida de Marcos *Kabissende*." Ibi-
dem. Lu., 8 November 1972.
"Cambuta". Ibidem. Lu., 12 September 1973.
"Zé Cândido". Ibidem. Lu., 3 October 1973.
"Cena de musseques (Fragmento)." In "Artes
e Letras" of O Lobito. Lobito, 24 April 1973.
"Roda de saudade." Ibidem. Lobito, 3 January
1973.
"Cena dos musseques (Fragmento)." Ibidem.
Lobito, 3 May 1973.
"Mariazinha". Ibidem. Lobito, 10 October
1973.
""Pedaços da vida de Marcos *Kabissende*." In
"Convergência", n. 32ff. Malanje, 1974.
"Da raiz da morte de miúdo Paizinho (Frag-
mento, julho 1973.}" In "Resistência" of Diário

de Luanda. Lu., 21 February 1976, p. 8f. (ST)

RODRIGUES Alberto Martins
1257. *Eu nunca quis estar aqui nem fazer estes poemas.* Pref. author. Coll. Bantu, 1.
Lu., pr.pr., 1974, 28 p. not num. Il. author's portrait. Dupl.;
2d, enl. ed.: *O nosso amor não se prende a olhos nem a cabelos. De Angola à reforma agrária passando por antigamente.* Poemas.
Castelo Branco(Portugal), MIC(Movimento de Intervenção Cultural), 1976. 48 p. Il. author's portrait. (P)

RODRIGUES António Jacinto
1258. *Na ilha há gritos de revolta (Diário de Sexta-Feira.)*
Lu., pr.pr., (1976). Dupl.
[Angola appears disguised as Robinson's island.] (N)

1259. Varia:
3 poems in Various Authors, *Força Nova.* Lu., 1961, p. 11-20. (P)

RODRIGUES Teresa
1260. *Cruz da santa.* Poemas.
Tomar(Portugal), pr.pr., n/d.(c.1970). 66 p. (P)

RODR´IGUEZ Limbania J.
1261. *Heroínas de Angola.*
c.1985. (SK)

ROMANO Rui
1262. *Poesia. Velhas latitudes.* Pref. Rodrigo Emílio.
Lis., pr.pr., 1974. 174p. (P)

ROMARIZ Jorge
1263. *Ao correr da minha imaginação.* Contos e divagações.
Sá da Bandeira, pr.pr., 1974. 134 p. (ST)

ROSA Jorge Eduardo
1264. "Thernos idylios". Ms. c.1900. (P?)

1265. Varia:
"Recordações da minha terra", "Sonho","O meu desejo", "Aguarelas tristes", "Súplica". In Luz e Crença, v. 1, n. 2. Lu., 1903, p. 66, 79f., 99. 110f. (P)

"Por um beijo uma tragédia." In Luz e Crença, v, 1, n, 1. Lu., 1903, p. 75-78. (ST)

RUI Alves Monteiro Manuel
1265-a. *A caixa.*
Lu., (UEA/), 1977.
[For children.] (ST)

1266. *Agricultura.* Poemas.
Lu., Ed. Conselho Nacional de Cultura/ Instituto Angolano do Livro, (1978). 39 p.;
2d ed. Ibidem, 1979. 39 p. (P)

1267. *A onda.* Coll. Nosso Tempo. Poesia, 6.
Coimbra, Centelha Ed., 1973. 54p. (P)

1268. *Assalto.*
Lu., INALD, (1981). 51 p. Il. Henrique Arede.
[For children.] (P)

1269. *Cinco dias depois da independência.*
Coll. Livro de Bolso 2K.
Lu., UEA, & Lis., Edições 70, 1979. 101 p.
[Previously published in *Sim camarada*! (ST)

1270. *Cinco vezes onze: Poemas em novembro.*
Coll. Autores Angolanos, 39.
(Lis.), Edições 70, & (Lu.), UEA, (1985). 160 p.
[Reprint of the poems published under the title *Poemas em novembro* between 1976 and 1980.] (P)

1271. *Crónica de um mujimbo.* Prosa. Coll. Contemporâneos.
Lu., UEA, 1989. 146p.;
2d ed.:
Lu., UEA, & Lis., Ed. Cotovia, 1991. 159(?) p.
["Mujimbo" means rumor.] (NO)

1272. *Memória do mar.* Coll. Autores Angolanos, 27.
Lis., Edições 70, & Lu., UEA, 1980. 119 p.
- East German ed.: *Das Meer und die Erinnerung* [i.e. The sea and memory.] Prosa und Lyrik. Trans. Gudrun Kohl, Horst Schulz, Annemarie Bostroem. Coll. Edition Neue Texte.
Berlin & Weimar, Ed. Aufbau-Verlag, 1988. 124 p.

[Incl. interview by Christa Serauky.] (N, P)

1273. *11 [Onze] poemas em novembro.* Coll.
Cadernos Lavra & Oficina, 1.
(Lu., Ed. Imprensa Nacional, 1976.) 59 p.
[With Costa Andrade's note on the back cover];
2d ed.: Ibidem, (1977). 40 p.;
3d ed.: UEA, 1980. 40 P. (P)

1274. *11 [Onze] poemas em novembro (ano 2).* Coll. Cadernos Lavra & Oficina, 4.
(Lu., UEA, 1977.) 49 p.;
2d ed.: Ibidem, 1980. 49 p. (P)

1275. *11 [Onze] poemas em novembro: ano 3)*
Coll. Cadernos Lavra & Oficina, 10.
(Lu., UEA, 1978.) 31 p. (P)

1276. *11 [Onze] poemas em novembro: ano 4.* Coll.
Cadernos Lavra ¶ Oficina, 25.
(Lu., UEA, 1979.) 21 p.
[Poems inspired by the death of Agostinho
Neto in September 1979.] (P)

1277. *11[Onze] poemas em novembro: ano 5.* Coll. Cadernos Lavra & Oficina, 30.
(Lu., UEA, 1980.) 33 p. (P)

1278. *Ano 6 - 11 poemas em novembro.*
Coll. Cadernos Lavra & Oficina, 42.
(Lu., UEA, 1981.) 23 p. Il. Cilita. (P)

1279. *11 [Onze] poemas em novembro (ano sete).*
Coll. Cadernos Lavra & Oficina, 50.
(Lu., UEA, 1984.) 19 p. (P)

1280. *11[Onze] poemas em novembro (ano oito).*
Coll. Cadernos Lavra & Oficina, 57.
(Lu., UEA, 1988.) 18 p. (P)

1281. *Poesia sem notícias.*
(Porto), pr.pr., n/d. (1967). 84 p.
(P)

1282. *Quem me dera ser onda.* Coll. Autores
Angolanos, Série Especial.
Lis., Edições 70, 1982. 78 p. Il. Alice Salda-

nha Coutinho;
2d ed.: Ibidem, 1984;
3d ed.:
Lis., Ed. Cotovia, 1991. 71 p. (N)

1283. *Regresso adiado.* Contos. Pref.
Manuel Ferreira. Coll. Poliedro, 4.
Lis., Plátano Ed., (1974). 161 p.;
2s ed.: Pref. and postscript Manuel Ferreira.
Coll. Autores Angolanos, 7.
Lis., Edições 70, 1978. 160 p. (ST)

1284. *Sim camarada!* Coll. Autores
Angolanos, 5.
Lis., Edições 70, 1977. 195 p. Il. author's
portrait. (ST)

1285. Varia:
"Poema". In Mensagem, v. 14, n. 2. Lis.,
1962, p. 24. [Previously published in an Angolan journal.] (P)

"Sob os teus olhos vinte." In Vértice, v. 32, n.
340. Coimbra, May 1972, p. 356ff.
"Insónio em 7 andamentos." Ibidem, v. 33, n.
356. Coimbra, 1973, p. 725ff.
"Trés ovos". Ibidem, v. 34, n. 363. Coimbra,
1974, p. 286ff. (ST)

"Texto no contexto." In "Vida e Cultura" of
Jornal de Angola.Lu., 1981-82. [Series of
prose sketches.] (SK)

RYDER Mariza
1286. *Bixila kiambote* [i.e. Farewell]. Contos
angolanos.Pref. Amándio César.
Lis., pr.pr., 1979. 133 p. (ST)

S´A Albino Fernandes de
1287. *Encontro.* Poemas de amor.
Braga, pr.pr., 1954. 168 p. (P)

SACRAMENTO J´UNIOR António
Vide **M^ANTUA** Bento

SALEMA Lygia
1288. *Desterro de mim.* Coll. Capricórnio, 9.
Lobito, Ed. Capricórnio, 1973. 32 p.
[Prose poems.] (P)

SALVADO António

1289.*Anunciação.*
Lu., pr.pr., 1965. 32 p.   (P)

1290.*Cicatriz.*
Lu., pr.pr., 1965. 104 p.
[Combines the contents of *Anunciação* and
Equador sul.]   (P)

1291.*Equador sul.*
Lis., Ed. Delfos, 1963. 32 p.;
2d ed.: Ibidem, 1964. 32 p.   (P)

SAMPAIO   Albino Forjaz de   Vide
   M^ANTUA   Bento

"SAN BRUNO   Emílio de" (i.e. **PAIVA**
   Filipe Emílio de)
1292.*A velha magra da ilha de Luanda.*
Scenas da vida colonial.
Lis., pr.pr., 1929. 354 p.   (ST)

SANCHES   Eleutério
1292-a. *Tuque-tuque de batuque.* Poemas.
Lis., pr.pr., 1970.. 42 p. II. Author.   (P)

"SAN PAYO   Oliveira" (i.e. **MONTEIRO**
   Joaquim de Oliveira da Silva)
1293.*Mimburgo, cidade aberta.* Poemas.
Benguela, Ed. Convivium, 1969.
[Written in Portugal between 1943 and 1948.]
                                                  (P)

1294.Varia:
2 poems in C. Nobre, *Antologia de poesias
angolanas.* Nova Lisboa, 1957, p. 282-86.
21 poems in F. Neiva,*Antologia poética,* v. 1.
Benguela, 1970, p. 81-105.   (P)

SANTANA   Ana Paula de
1295.*Sabores odores & sonho.* Coll. Cadernos Lavra & Oficina, 53.
(Lu., UEA, 1985.) 47 p.   (P)

"SANT'ELMO   Ruy"   Vide
   NASCIMENTO   Abílio Augusto de Brito
e

SANTOS   A. Ciríaco
1296.*José Bacela. História de um rapaz
macua.*
Porto, pr.pr., 1945. 60 p.   (N)

1297.*Os três irmãos africanos.*
Porto, pr.pr., 1953. 383 p. II.   (ST)

SANTOS   Airam Alice Pereira
1298.*O tempo e a memória.*
Lu., pr.pr., 1975. 157, 1(err.) p.   (P)

SANTOS   Aires de Almeida
1299.*Meu amor da rua Onze.* Coll. Autores
Angolanos.
Lis., Edições 70, 1987. 73 p.
[Original title: *Poemas para Benguela.*]   (P)

1300.Varia:
His first poems and stories were published in
O Planalto (Nova Lisboa) and Jornal de Ben-
guela (Benguela) before 1956.
"A mulemba secou." In Cultura(II), v. 1, n. 2.
Lu., September 1955. Thereafter in C. Nobre,
Antologia de poesias angolanas. Nova
Lisboa, 1958, p. 59f., in Estudos Ultramari-
nos, n. 3. Lis., 1959, and in C. Ervedosa, *Po-
etas angolanos.* Lis., 1959, p. 39.
"Queixa". In Jornal de Angola. Lu., 5 August
1956, p. 3.
"Heróis do mar." Ibidem, v. 6, n. 65. Lu., 15
August 1959, p. 2.
5 poems in Casa dos Estudantes do Império,
Poetas angolanos. Lis., 1962, p. 18-27.
"Juro", "Meu amor da rua Onze', "Quem tem
o canhé", "A mulemba secou." in G. de
Andrade & L. Cosme, *Antologia poética
angolana.* Sá da Bandeira, 1963, p. 88-94. Also in *Mákua,* v. 3. Sá da Bandeira, 1963, p. 23-
29.
"A mulemba secou" and "Quando os meus
irmãos voltarem" . In M. de Andrade, *Literatura africana de expressão portuguesa,* v. 1.
Poesia.. Algiers, 1967, p. 85, 297.   (P)

SANTOS   António M. dos
1301.*Nostálgicos.* Versos.
(Lu.?), pr.pr., 1923.   (P)

SANTOS   António Jorge Monteiro dos
1302.*Corpus.*
n/p., pr.pr., n/d.(1974?). 24 p.
[Poems written between January and December 1973.]   (P)

1303.*Flor de jacaré.* Coll. Os Olhos e a
Memória, 8.

(Porto), Ed. Limiar, (1977). 101p. II. author's portrait. (P)

1304.*Mar ie mil.*
Águeda(Portugal), pr.pr., 1974. 67 p.
[Some of the poems had been published before in A_Província de Angola, Lu., and in & Etc., Portugal.] (P)

1305.*Nós nossos.*
n/p., pr.pr., n/d.(1979). 87 p. not num. Dupl. (P)

SANTOS Arnaldo Moreira dos
1306.*Fuga.* Poemas. Coll. Autores Ultramarinos, 3.
Lis., Ed. Casa dos Estudantes do Império, (1960). 31 p. (P)

1307.*Na m'banza do Miranda.* Pref. Manuel Rui.
Lu., INALD, 1984. 52 p. II.Cabé.
[2 stories: "Na m'banza do Miranda" and "A força de viver."] (ST)

1308.*Nova memória da terra e dos homens.*
Coll.Cadernos Lavra & Oficina, 67.
Lu., UEA, 1987. 38 p. (P)

1309.*O cesto de Katandu e outros contos.*
Coll. Autores Angolanos, 42.
Lu.,UEA, & Lis., Edições 70, (1987). 104 p. (ST)

1310.*Poemas no tempo.* Coll. Autores Angolanos, 2.
Lis., Edições 70, & Lu., UEA, 1977. 81 p. II. author's portrait.
[Selected poems from *Fuga* (1960), as well as later poems dated 1959-1975.];
2d (pocket) ed.: Coll. 2K, Poesia. (Lu.), UEA, (1985). 81 P.;
3d (pocket) ed.: Coll. 2K, Poesia.
Lu., UEA, 1988. 71 p. (P)

1311.*Prosas.* Coll. Autores Angolanos. 8.
Lis., Edições 70, & Lu., UEA, 1977. 187 p. II. author's portrait.
[Incl. *Quinaxixe, Tempo de munhungo* and "other sketches"];
2d ed.: Ibidem, 1981. 106 p. [Identical text];
3d ed.:

Lu., UEA, 1985. 187 p.
- Brazilian ed.: *Kinaxixe e outras prosas.* Coll. Autores Africanos, 8.
S. Paulo, Ed. Ática, 1981. 144 p.
[Without the story "O guarda das obras."] (ST)

1312.*Quinaxixe.* Contos. Coll. Autores Ultramarinos, 15.
Lis., Ed. Casa dos Estudantes do Império, (1965). 109 p. (ST)

1313.*Tempo de munhungo.* Crónicas.
Lu., Ed. N. O. S., 1968. 111 p.
[*Munhungo* means vertigo among other things.] (SK)

1314."Uige". In Coll. Imbondeiro, 14.
Sá da Bandeira, Ed. Imbondeiro, 1961, p. 13-18. (P)

1315. Varia:
Poems in O Brado Africano. L.M., c.1958.
"Criança com tétano." In Cultura(II), n. 2/3. Lu., January/March 1958, p. 9.
"Um caminho roto" and "Choravam bordões". Ibidem, n. 5. Lu., September 1958, p. 10.
"Soneto: Oiço no espaço o clangor das horas" and "Poema: A marcha lenta dos teus passos." Ibidem, n. 6/7. Lu., March 1959, p. 7, 12.
"Tu". Ibidem, n. 8. Lu., May 1959, p. 4."Rumo ao norte." Ibidem, n. 11. Lu., May 1960, p. 4. (P)

"Um quadro de Natal." In Cultura(II), n. 6/7. Lu., March 1959, p. 14.
"Chico Macaco". Ibidem, n. 8. Lu., June 1959, p. 6.
"O maximbombo". In Casa dos Estudantes do Império, *Contistas angolanos.* Lis., 1960, p. 94ff.
"Joana de Cabo Verde." In G. de Andrade & L. Cosme, *Novos contos d'África.* Sá da Bandeira, 1962, p. 117-123.
"A menina Vitória," In Mensagem, v. 15, n. 1. Lis., April 1963, p. 18-22. Also in"M.de Andrade, *Literatura africana de expressão portuguesa,* v. 2. *Prosa.* Algiers, 1968, p. 244ff., and in *Quinaxixe.* Lis., 1965.
"Quinaxixe". In"A. César, *Contos portugueses do ultramar,* v. 2. Porto, 1969, p. 421-431.
- Russian ed.: Trans. H. Riáuzova. In G. Golov-

nev, *Sovremennaia afrikanskaia novella.* Moscow, 1972. (ST)

SANTOS Corte Real
1316.*Agonia e morte 13,43 graus de latitude sul.*
2d ed.:
Sá da Bandeira, Ed. Imbondeiro, 1963. 87 p. (N, ST)

SANTOS José de Almeida
1317.*Luanda d'outros tempos.* Pref. José Redinha.
Lu., n/d. 152 p. Il. (SK)

1318.*Servidão de mulher.* Episódios provincianos.
S. Paulo, Ed. Brasiliense, 1947. 221 p. Il. (ST)

SANTOS J'UNIOR José de Almeida
1319. "Aquele chapéu velho" and "Traição".
In Coll. O Livro de Bolso Imbondeiro, 6.
Sá da Bandeira, Ed. Imbondeiro, 1964. 86 p.
[In collaboration with Maria Lygia de Almeida Santos.] (T)

1320.*Crónicas da velha cidade.*
Lu., Ed. Câmara Municipal, 1972. 440 p. Maps. Il. (SK)

1321. *Longe, lá longe.* Poemas dispersos.
Pref. Ó. Ribas.
Lu., pr.pr., 1962. 65 p. (P)

1322.*Seis histórias quiocas.* Poemas.
Lu., Ed. Instituto de Angola, 1963. 39 p. Il.
José Redinha. (P)

1323*Tábua de esmeralda.* Coll. Metrópole e Ultramar, 23.
Braga, Ed. Pax, 1966. 84 p. (P)

S˜AO VICENTE
1324.*Sul do sol.* Poesia. Coll. Contemporâneos.
Lu., UEA, & Porto, Ed. Asa, 1989. 131 p.
[One long poem.] (P)

SARMENTO Alfredo de
1325.Varia:
"Juca, a matumboila (Lenda africana)" In Bole-

tim Oficial de Angola, n. 713. L., 28 May 1859, p. 5ff.
[Story inserted in travel sketches. Also in *Os sertões d'Africa..* Lis., 1880. Vide Ernesto Marecos, who treated the same legend in a poem.] (ST)

SAVIMBI Jonas Malheiro
1326.*Quando a terra voltar a sorrir um dia.*
Lis., Ed. Perspectivas & Realidades, 1985.
112 p. (P)

SEIXAS Manuel
1327.*O homem que matou a preta.* Novela.
Lu., pr.pr., 1933. 117 p. (N)

"SELVAGEM Carlos" (i.e. **SANTOS** Carlos Tavares de Andrade Afonso dos)

1328.*Telmo, o aventureiro.* Peça em 3 actos.
Lis., Ed. Europa, 1937. 165, 4 p. not num.(T)

SEQUEIRA Guilhermino
1329.*Fogo no espírito.*
Lu.(?), pr.pr., 19.. (P)

"SERRA João (i.e. **MARTINS** João Alberto)
1330.*Hino geográfico aos heróis.* Coll. Escrever É Lutar, 2.
Lu., pr.pr., 1977. 8 p. (P)

1331.*Venho das teses de outubro.* Coll. Escrever É Lutar, 1.
Lu., pr.pr., 1977. 4 p. (P)

1332. Varia:
Poem in A Província de Angola. Lu., 8 March 1972.
Poem, Ibidem. Lu., 21 June 1972.
Poem. Ibidem. Lu.,9 August 1972.
Poem. Ibidem, 5 September 1972.
Poem. Ibidem. Lu., 13 September 1972.
Poem. In "Artes e Letras" of O Lobito. Lobito, 13 March 1973.
Poem. In "Artes e Letras" of A Província de Angola. Lu., 14 March 1973.
Poem. Ibidem. Lu., 10 October 1973.
Poem. Ibidem. Lu., 17 October 1973. (P)

SERRANO Miguel
1333.*A árvore.* Coll. Dendela, 4.

Sá da Bandeira, Ed. Imbondeiro, 1964. 24 p.
II.
[For children.] (P)

"SIGMA Alfa"
1334. Varia:
6 sonnets in Novo Almanach de Lembranças
Luso-Brasileiro para 1923-1927. Lis., 1922-
1926. (P)

SILVA Artur Augusto da Vide
AUGUSTO da Silva Artur

SILVA Carlos
1335. Longo caminho. Coll. Pirilampo.
Lu., Ed. Brigada Jovem de Literatura, 1982.
32 p.[For children.] (ST)

SILVA Eugénio Ferreira
1336. Arco-íris. Coll. Unidade, Poesia, 2.
Lis., Ed. Agência-Geral do Ultramar, 1962. 76
p. (P)

1337. Trovas malditas. Poemas.
Lis., pr.pr., 1971. 128 p. (P)

SILVA Joana Couto da
1338. Brazeiro ardente.
1954. (NO?)

1339. Cinzas de uma fogueira longe.
1969. (NO?)

1340. Estrelas no deserto.
1960. (NO?)

1341. Recordações.
1957. (NO?)

1342. Sol tropical.
1963. (NO)

SILVA João de Azevedo e
1343. Angola. Quotidiano - 1. Pref. author.
Lis., pr.pr., 1975. 95 p. ll. author. (P)

SILVA Manuel Correia da
1344. Cantares de Angola. Versos. Pref.
Heitor de Campos Monteiro.
Porto, pr.pr., 1960. 980, 78 p. (P)

1345. De longe. Versos d'além-mar.

Porto, pr.pr., 1932. 96 p. (P)

1346. Varia:
Poem in Jornal de Angola, v. 4, n. 40. Lu., 23
June 1957.
2 poems in C. Nobre, Antologia de poesias
angolanas. Nova Lisboa, 1957. (P)

SILVA Maria Perpétua Candeias da
1347. A mulher de duas cores & Falsos
trilhos. Contos.
Ganda, pr.pr., n/d.(c.1960). 62 p. (ST)

1348. Navionga, filha de branco. Romance.
Coll. Unidade, Ficção, 4.
Lis., Ed. Agência-Geral do Ultramar, 1966.
155 p. (NO)

1349. O homem enfeitiçado. Coll. Imbon-
deiro, 20.
Sá da Bandeira, Ed. Imbondeiro, 1961. 34 p.
Il. Fernando Marques. (ST)

1350. Varia:
"Nihova". Ms.[Written for a literary contest in
Nova Lisboa, 1949.]
"Escrava". In G. de Andrade & L. Cosme,
Novos contos d'África. Sá da Bandeira, 1962,
p. 179-211.
"O mágico e a flor." In Notícias de Imbon-
deiro. Sá da Bandeira, October 1962, p. 6f.
"Ka-tenda, morto-vivo." In A. César, Contos
portugueses do ultramar, v. 2. Porto, 1969, p.
713-730. (ST)

SILVA Ruy Burity da ("Afonso Milando")
1351. Cantigas de Mama Zefa. Coll. Unidade,
Poesia, 6.
Lis., Ed. Agência-Geral do Ultramar, 1969. 81
p. (P)

1352. Foi assim... Coll. Convergência.
Lis., Ed. Sociedade de Expansão Cultural,
1971. 57 p. (P)

1353. IN... também já fomos um.
n/p., pr.pr., n/d. 18 p. not num. Dupl. (P)

1354. Ochandala.
Nova Lisboa, pr.pr., 1965. 44 p. (P)

1355. Recado para Deolinda. Coll. Cadernos

Capricórnio, 11.
Lobito, Ed. Capricórnio, 1973. 14, 2 p.
[Its first part was first published in "Artes e Letras" of A Província de Angola. Lu., 19 July 1972.] (ST)

1356. Varia:
"Marimba". In Boletim Cultural do Huambo, v. 17, n. 18. Nova Lisboa, September 1964, p. 31f. (P)

"Otjinswa". In Alvorada. Lourinhã(Portugal), 25 December 1965.
"Regresso". In Cartaz, n. 34. Lis., 1970. (ST)

SILVA   Silvano Sátiro
1357. Do amor e da saudade.
Lu.(?), pr.pr., 19.. (P)

1358. Varia:
2 poems in C. Nobre, Antologia de poesias angolanas. Nova Lisboa, 1957, p. 321ff. (P)

SOARES   Mário Varela
1359. A inutilidade da memória. Coll.
Escritores Polémicos, 1.
Lis., Lince Ed., 1976. 105 p. (N)

SOARES   Maurício Ramos
1360. Casa de sobrado. Pref. author.
Lu., pr.pr., 1974. 135 p.;
2d ed.:
Lis., Ed. Literal, 1979. 148 p. (NO)

1361. Crepúsculo na alvorada.
Lis., Agência-Geral do Ultramar, 1971. (NO)

1362. O teu marido trocou-te por ela... Pref.
G. de Andrade & the author.
Lis., Ed. Orion, 1957. 160 p.
[Humorous stories.] (ST)

1363. Varia:
'... E Ramiro também ficou." Novela. Ms.
[First prize in a literary contest, Lu., 1940.. Published?]
"Quando o sangue manda." Novela. Ms.
[First prize in a literary contest, Sá da Bandeira, 1960. Published?] (N)

"O devoto de Santa Teresa." Ms. [Entered in a literary contest, Lu., 1951. Published?]

"Silvina. Retrato de uma madeirense." Ms.
[Second prize in a literary contest, Sá da Bandeira, 1958.] (ST)

SOROMENHO   Fernando Monteiro de Castro
1364. A aventura e a viagem de Angola a Moçambique. Coll. Gládio, 2. Série 8.
Lis., Liv. Clássica Ed., 1943. 88 p.
[Fictionalized biography of "O grande sertanejo."] (N)

1365. A chaga. Romance. Pref. Ruy Coelho.
Coll. Biblioteca do Leitor Moderno, 126.
Rio de Janeiro, Ed. Civilização Brasileira, 1970. (5), 189 p.
[Posthumously published. Dated Paris, 1964];
2d ed.: Coll. Vozes do Mundo, 10.
Lis., Liv. Sá da Costa Ed., 1975. 241 p.;
3d ed.: Ibidem, 1979. [Identical with the 2d];
4th (pocket) ed.: Coll. 2K, Prosa.
Lu., UEA, 1988. 230 p. (NO)

1366. A voz da estepe. Coll. Novela, 14.
Lis., Ed. Fomento de Publicações, n/d. (1956). 48 p.
[Incl. the story "Samba". Both were taken from Rajada e outras histórias, 1941. Also in F. Correia da Silva, As maravilhas do conto africano. Brazil, 1962, and in Contos africanos. S. Paulo, Ed. de Ouro, 1966. (ST)

1367. Calenga. Contos. Pref. author.
.Lis., Ed. Inquérito, 1945. 234 p. II. Manuel Ribeiro de Pavia;
2d, rev. ed.: In Histórias da terra negra, v. 1.
Lis., 1960. (ST)

1368. Histórias da terra negra. Contos e novelas e uma narrativa. Pref. Roger Bastide. 2 v.
Lis., Ed. Gleba, 1960. xxv, 196 + 229 p. II. Alice Jorge & Júlio Pomar.
[The 2d v. contains rev. versions of 2 novels, Noite de angústia and Homens sem caminho.]
- Russian ed.: Istorii tchernoi zemlia.
Moscow, 1962. (NO, ST)

1368-a. Homens sem caminho. Romance.
Lis., Liv. Portugália Ed., (1942). 238, 1(err.)

p.;
2d ed.:Lis., Ed. Inquérito, 1946. iv, 235 p.;
3d, rev. ed.: In *Histórias da terra negra*, v. 2.
Lis., 1960;
4th ed.: Coll. Atlântida, 18.
Lis., Ed. Ulisseia, 1966. 211 p.   (NO)

1369.*Imagens da cidade de S. Paulo de Luanda.*
Coll. Cadernos Coloniais, 55. Lis., Ed.
Cosmos, n/d.(c.1938). 27 p.   (SK)

1370.*Nhári. O drama da gente negra.*
Porto, Liv. Civilização Ed., 1938. 183, 1(err.)
p.   (ST)

1371.*Noite de angústia.*
Porto, Liv. Civilização Ed., 1939. 227 p.;
2d ed.:Lis., Ed. Inquérito, 1943. 234 p.;
3d ed.:
Lis., Ed. Gleba, 1960;
4th ed.: Coll.Atrlântida, 13.
Lis., Ed. Ulisseia, 1965. 155 p.   (NO)

1372.*Rajada e outras histórias.*
Lis., Portugália Ed., (1943). 181 p.;
2d, rev.ed.: In *Histórias da terra negra*, v. 1.
Lis., 1960.   (ST)

1373.*Sertanejos de Angola.* Coll. Pelo Império, 98.
n/p.(Lis.), Ed. Agência-Geral das Colónias,
1943. 37 p.   (SK)

1374.*Terra morta.*Romance. Coll. Gaivota, 1.
Rio de Janeiro, Liv. Casa do Estudante do Brasil Ed., 1949. 228 p.;
2d ed.:Lis., Ed. Arcádia, 1961. 268 p.;
3d ed.: Coll. Vozes do Mundo, 3.
Lis., Liv. Sá da Costa Ed., 1976. 261 p.;
4th ed.: Ibidem, 1979. [Identical with the 3d.]
[Written in 1945];
5th ed.:Lis., Liv. Sá da Costa Ed., & Lu., UEA,
1979. 261 p. [Identical with the 3d];
6th (pocket) ed.: Coll. 2K, Prosa.
Lu., UEA, 1988. 238 p.
- French ed.: *Camaxilo.* Trans. Violante do Canto. Pref. Roger Bastide.
Paris, Ed. Présence Africaine, 1956. 322 p.;
2d ed.: Ibidem. Paris, 1963.
- East German ed.: *Senhor Américo kehrt nicht zurück* [i.e. Senhor Américo does not

return]. Trans. Johannes Klare. Pref. Alfred Antkowiak.
Berlin, Ed. Volk und Welt, 1964. 255 p.
- Russian ed.: *Mërtvaia zemlia.* Trans. A. Dolgopolski & L. Nekrássova. Pref. I. Potekhin.
[Coll. The Foreign Novel of the 20th Century.]
Moscow, 1962. 206 p.   (NO)

1375.*Viragem.* Romance. Coll. Atlântida, 1.
Lis., Ed, Ulisseia, 1957. 218 p.;
2d ed.: Pref. Fernando Mourão.
S. Paulo, Arquimedes Ed., (1967). 181 p.;
3d ed.:n/p.(L.M.), pr.pr.,, s/d.(1975?);
3d ed. (sic). Coll. Vozes do Mundo, 11.
Lis., Liv. Sá da Costa, Lu., UEA, 1979. 226 p.;
5th (pocket) ed.: Coll. 2K, Prosa. Lu., UEA,
1988. 207 p.
- French ed.: *Virage.* Trans. Marlyse Meyer
.Coll. Du Monde Entier.
Paris, Ed. Gallimard, 1962. 224 p.
- Italian ed.: *Giro di boa.* Trans. Luigi Pellisari.
Milan, Ed. Bompiani, 1965. 244 p.   (NO)

1376.Varia:
"Bailado bângala." In Ensaios, specimen n.
Lu., January 1936, p. 49f.
"Gando, o feiticeiro.." In O Mundo Português,
v. 3. Lis., 1936, p. 361-366.
"A lenda do lago Carumbo ou o lago enfeitiçado." In J. Osório de Oliveira, *Literatura africana.* Lis., 1944, p. 101-104, and in A. César, *Contos portugueses do ultramar*, v. 2. Porto, 1969, p. 445-453."
"Samba". In Casa dos Estudantes do Império, *Contistas angolanos.* Lis., 1960, 147-156. Also in G. Castilho, *Os melhores contos portugueses*, 2d series. Lis.(?), n/d., p. 319-333, and in J. A. das Neves, *Poetas e contistas africanos.* S. Paulo, 1963, p. 147-156. [Italian and Russian ed. exist.]
"A estação das chuvas", "A Companhia do Nordeste", "A branca nova." In M. de Andrade, *Literatura africana de expressão portuguesa*, v. 2, *Prosa..* Algiers, 1968, p. 183ff.   (ST)

"A Lunda negra. A queda do sobado Caungula." In O Mundo Português, v. 7. Lis.,
1940, p. 59-65.
[Based on what the author had heard in 1935 about events of 1906 and used in part in his

novel *Terra morta*] (SK)

SOUSA Albano Silvino Gama de Carvalho das Neves e
1377.*Angola a branco e preto.* Pref. Jorge Amado.
Lu., Ed. Lello, n/d. 122p. II. author.
[Poems in Portuguese, English, French and German.] (P)

1378.*Batuque,*
Lu., Ed. ABC, 1962. 54 p. (P)

1379. ...*Da minha África e do Brasil que eu vi...* Pref. Luís da Câmara Cascudo.
Lu., Ed. Lello, n/d. 124 p. II. author.
[Poems in Portuguese, English, French and German.] (P)

1380.*Mahamba.* Poesias, 1943-1949.
Lamas da Feira(Portugal), pr.pr., n/d.(1949).
85 p. II. author. (P)

1381.*Motivos angolanos.*
n/p., pr.pr., 1944.
(P)

1382.*Muênho.* Coll. Metrópole e Ultramar, 45.
Braga, Ed. Pax, 1968. 102 p. II. author.
[Poems written between 1961 and 1967 in Angola, S.Tomé, Mozambique and Brazil.] (P)

SOUSA Alberto Samuel de
1383.*Poesia, 1972.* Coll. Cadernos Lavra & Oficina, 8.
(Lu., UEA, 1978.) 24 p. (P)

1384. Varia:
Poems in ABC. Lu., c.1960/61.
2 poems in Cultura(II), v. 2, n. 8. Lu., June 1958.
2 poems in "Artes e Letras" of A Província de Angola. Lu., 23 March 1972.
1 poem. Ibidem. Lu., 1 August 1973.
1 poem. Ibidem. Lu., 24 October 1973.
1 poem. Ibidem. Lu., 19 November 1973.
1 poem. Ibidem. Lu., 12 December 1973.
Poems in "Convergência", n. 17, of Ecos do Norte. Malanje,12 January 1974; n. 22, 7 April 1974; n. 23, 28 April 1974; n. 28, 14 June 1974; n. 34, 10 November 1974.

"Sol grande do meio-dia." In "Resistência" of Diário de Luanda, Lu., 4 October 1975, p. 8.
Six poems in M. Ferreira, *No reino de Caliban*, v. 2. Lis., 1976, p. 245-249:"Mamã/ Mamãzinha...", "Cantiga para a Jinga da Maxinde", "Mpungu ia Ndongu", "Escorre o punhal...", "Dikolombolo diàdilé...", "3.a canção de amor." (P)

SOUSA João Alberto Angerino de
1385.*O laço vermelho.* Farsa em 1 acto. Coll. Imbondeiro, 58.
Sá da Bandeira, Ed. Imbondeiro, 1964. 30 p. (T)

SOUSA Júlio de
1386.*História da menina triste.* Poemas.
Lis., Ed. Agência-Geral do Ultramar, 1962. 42 p. (P)

1387.*Jogo perdido.* Poemas.
Lis., Ed. Agência-Geral do Ultramar, 1962. 126 p. (P)

SPENCER Nicolau Gomes
1388.*Poesia de Nicolau Spencer.* Pref. Fernando Costa Andrade: "Breve apontamento biográfico de Nicolau Gomes Spencer." Coll. Contemporâneos.
Lis., Edições 70, & Lu., UEA, 1984. 114 p.(P)

SPIELE Tchiaku" (i.e. **FILIPE** Spiele Tendele Maurício)
1389.*Diário de um guerrilheiro.* Pref. A[ntónio] C[ardoso]. Coll. Cadernos Lavra & Oficina, 43.
(Lu., UEA, 1982.) 122 p.
[Poems in Portuguese, followed by poems in Fiote, the language of Cabinda.] (P)

1390. Varia:
"Eles vieram". In Anon., *Textos africanos de expressão portuguesa.* Lu., n/d.(c.1979), p. 220ff.
"Minú nvúla(Sou chuva)." In Lavra & Oficina, n. 19/20. Lu., April/May 1980, p. 13. (P)

"SYLVAN Humberto da" (i.e. **SILVA** Humberto José de Leston e)
1391.*Silêncio.* Líricas.
Lu., Ed. Imprensa Nacional, (1948). 102 p (P)

1392. Varia:
"Sonetos". In Cultura(I), v. 1, n. 2. Lu., May
1945. (P)
" A conceição..." In Mensagem, n. 1. Lu.,
1952, and in Casa dos Estudantes do Império, Contistas angolanos. Lis., 1960, p. 60-68.
"A menina Lígia, uma história da minha infância." In Jornal de Angola, v. 1, n. 8. Lu., 31 July 1954, p. 4. (ST)

TAVARES José Correia
1393. E não me tiveram.
Lis., Ed. Parceria A.M. Pereira, 1976. 64 p.
[Incl. poems inspired by the struggle for
Angolan independence.] (P)

1394. Porcelana.
Castelo Branco(Portugal), pr.pr., 1972. 56 p.
[Incl. poems inspired by the struggle for
Angolan independence.] (P)

1395. Três Natais. Pref. Liberto Cruz.
(Lis.), pr.pr., (1967). 19 p. Il. Rocha de
Sousa;
2d, rev, ed.: Pref. João de Melo.
(Castelo Branco, Portugal, Ed. ADPA), 1981.
29 p. Il. Rocha de Sousa.
[The first two tales inspired by the struggle for
Angolan independence.] (ST)

TAVARES Paula
1396. Ritos de passagem. Poemas. Coll.
Cadernos Lavra & Oficina, 55.
(Lu., UEA, 1985.) 36 p. (P)

TAVARES Vítor Silva
1397. Hot e etc. Coll. Imbondeiro, 60.
Sá da Bandeira, Ed. Imbondeiro, 1964. 35 p.
(ST)

TEIXEIRA Heitor Gomes
1398. Obras quase completas.
Sá da Bandeira, Ed. Imbondeiro, n/d. (P)

TEOD´OSIO César Luís C. Marques de
1399. Lágrimas, meu coração chora. Poesia.
Benguela, Ed. Convivium, 1972. 31 p. (P)

TE´OFILO Braga Eduardo
1400. Cacimbo em Angola. Notas, contos,
crónicas e narrativas.
Sá da Bandeira, Ed. Imbondeiro, 1966. 191

p. (SK, ST)

1401. Contos velhos. Coll. Metrópole e
Ultramar, 65.
Braga, Ed. Pax, 1971 265 p. Il. Carlos Ribei-
ro & Manuel Ribeiro de Pavia.
[27 selected stories, 7 of them laid in Africa.]
(ST)

1402. Estrelas na noite escura.
Lis., Ed. Portugália, 1958. 190 p. (ST)

1403. O regresso do emigrante. Coll. Imbon-
deiro, 18.
Sá da Bandeira, Ed. Imbondeiro, 1961. 27 p.
Il. João Manuel Mangericão. (ST)

1404. Primeiro livro de horas.
Sá da Bandeira, Ed. Imbondeiro, 1964. 76 p.
[Incl. some poems on African themes.] (P)

1405. Quando o dia chegar. Contos.
Sá da Bandeira, Ed. Imbondeiro, 1962. 225
p. (ST)

1406. Tempestade. Coll. Imbondeiro, 6.
Sá da Bandeira, Ed. Imbondeiro, n/d(1960).
29 p. Il. Fernando Marques. (ST)

1407. Tempo para meditar. Crónicas. Coll.
Metrópole e Ultramar, 63.
Braga, Ed. Pax, 1971. 182 p. (SK)

1408. Vida ou pecado. Poemas.Lis., pr.pr.,
1955. 49 p.
[On European themes.] (P)

1409. Varia:
"O contrato". In G. de Andrade & L. Cosme,
Contos d'África. Sá da Bandeira, 1961, p.
181-210.
'Uma poça de água." In A. César, Contos
portugueses do ultramar, v. 2. Porto, 1969, p.
455-468. [Both tales from Cacimbo em
Angola. Sá da Bandeira, 1966.] (ST)

TORRES Guimarães Adelino Augusto
1410. Varia:
1 poem in Cultura(II), v. 2, n. 8. Lu., June
1959.
5 poems in Various Authors, Força Nova. Lu.,
1961, p. 21-35. (P)

TOULSON   João Eusébio da Cruz
1411. Varia:
Poems in Jornal de Loanda. Lu., 1878.
"Lá na ilha pequenina." In S. Trigo, Introdução à literatura angolana de expressão portuguesa. Porto, 1977, p. 41. [One of the
poems in the Jornal de Loanda.]   (P)

TRONI   Alfredo
1412. Nga mutúri [i.e. Widow lady]. Cenas
de Luanda. Pref. Mário António. Coll. Textos
Breves.
Lis., Edições 70, 1973. 77 p.
[First published as a serial in Diário da Manhã.
Lis., 16 June -6 July 1882, then in Jornal das
Colónias. Lis., 8 July-25 August 1882, and
Jornal de Luanda, Lu., 25 July-16 August
1882, with the subtitle "Scenas da vida de
Loanda" ;
2d ed.: Pref. C. Ervedosa. Coll. Precursores.
Lis., Edições 70, & Lu., UEA 1981. 75 p.;
3d ed.: Pref. M. António. Postscript C. Erve-
dosa.
Lis., Edições 70, 1991, 93 p.   (N)

1413. Varia:
"A bruxa". In Jornal de Loanda, v. 1, n. 1. Lu.,
7 July 1878. [Chap. 1 of the novel "Scenas de
Loanda." Reproduced in facsimile with com-
ments by E. Bonavena in Archote, n. 2. Lu.,
September 1986, p. 38f.]   (ST)

"ULIKA   Timóteo" (i.e. CALEY   Cor-
nélio)
1414. A rola de Tchingandu.
n/d.(c.1989).   (ST)

"VALL   Haydée" (i.e. SANTOS   Maria Haydée de Freitas dos)
1415. Pôr-do-sol.
Lu., pr.pr., 1961.   (P)

1416. Varia:
"Pássaro azul" and "Orgulho e humildade."
In A Província de Angola, Lu., before 1963.
        (ST)

VAMPA   Luigi
1417. Varia:
"Mãe". In Novo Almanach de Lembranças
Luso-Brasileiro para 1907. Lis., 1906, p. 304.

134

"Alguém!..." Ibidem para 1908. Lis., 1907, p.
272.
"Noite de luar." Ibidem para 1909. Lis., 1908,
p. 363.
"Versos do exílio." Ibidem para 1917. Lis.,
1916 , p. 31.
"Quadras soltas". Ibidem para 1922. Lis.,
1921, p. 379.
"Lamentos!..." Ibidem para 1924. Lis., 1923,
p. 139.
"Sonho!" Ibidem para 1925. Lis., 1924, p.
287.
"Eterna esfinge" and "Pai apócrifo...". Ibidem
para 1926. Lis., 1925, p. 63, 168.
"Por toda a vida!" Ibidem para 1927. Lis.,
1926, p. 50.
"Homo homini lupus" and "Desterrado!" Ibidem para 1930. Lis., 1929, p. 55, 171.   (P)

"Ceremónias gentílicas". In Novo Almanach
de Lembranças Luso-Brasileiro para 1910.
Lis., 1909, p. 212ff. [About funerals in the
Lunda region.]
"Execução d'uma n'ganga [i.e. witch]." Ibidem
para 1911. Lis., 1910, p. 270ff.
"Coisas de Angola." Ibidem para 1922. Lis.,
1921, p. 293ff.
"Coisas de África." Ibidem para 1926. Lis.,
1925, p. 44ff.   (SK)

"O epomumo (Fábula gentílica)." In Novo Al-
manach de Lembranças Lus-Brasileiro para
1909. Lis., 1908, p. 237ff.
"O cágado e a malanca" and "O lobo e a
giboia." Ibidem para 1913. Lis., 1912, p. 381f.
"Aventuras de Cassongolambinga (História
indígena)." Ibidem para 1918. Lis., 1917, p.
35-39.
"O branco e a malanca. Lenda gentílica". Ibi-
dem para 1924. Lis., 1923, p. 173f.
"Vingança dum Negro." Ibidem para 1929.
Lis., 1928, p. 20ff.
"A morte do hipopótamo." Ibidem para 1930.
Lis., 1929, p. 132ff.   (ST)

VAN-D'UNEM   Aristides Pereira dos
Santos
1418. A última narrativa de vavó Kiála. Coll.
Cadernos Capricórnio, 7.
Lobito, Ed. Capricórnio, 1973. 16 p.   (ST)

1419. Estórias antigas. Pref. Manuel Ferreira.

135

Lis., pr.pr., 1981. 71 p.
[5 stories, incl. "A última narrativa de vavó Kiála"];
2d ed.: Pref. Manuel Ferreira, David Mestre.
Coll. Autores Angolanos, 41.
Lis., Edições 70, 1987). 89 p
[D. Mestre's "Notas de leitura" are a book review published in A Província de Angola. Lu.,
18 July 1973.]   (ST)

1420. *Resignação. (Um quadro da vida de
Luanda.)*
Coll. Capricórnio, 7.
Lobito, Ed. Capricórnio, 1974. 20 p.
[Written in 1960.]   (ST)

1421. Varia:
"Poemeto" and "Quadras". In Boletim Cultural
do Huambo, v. 15, n. 16. Nova Lisboa, September 1962, p. 99-113. [5 poems and 7
quatrains commemorating the 50th anniversary of the town of Nova Lisboa.]   (P)

"O regresso da avó Chica." In Jornal de
Angola, v. 9, n. 118. Lu., 1 July 1962., p. 8.
                                            (ST)

VAN-D´UNEM Domingos (I)
1422. Varia:
"Mbamvu e Seki." In Novo Almanach de Lembranças Luso-Brasileiro para 1916. Lis., 1915,
p. 172ff.
"M'bámbu". Ibidem para 1918. Lis., 1917, p.
326f.
"Nbámbu". [Addition to the preceding
sketch.] Ibidem para 1924. Lis., 1923, p.
221f.
"Nzúmbi". Ibidem para 1924. Lis., 1923, p.
348ff.
"Pensamentos angolenses". Ibidem para
1925. Lis., 1924, p. 372ff. [Reflections on
women in Kimbundu and Portuguese trans.]
"Muloji" [i.e. sorcerer].Ibidem para 1929. Lis.,
1828, p. 268f"O nzombo". Ibidem para 1931.
Lis., 1930, p. 261.   (SK)

"Fábulas indígenas: Kikata mulonga poko
ndeng'e (É mais violenta a dôr de uma ofen-
sa que a de uma facada.)" In Novo Almanach
de Lembranças Luso-Brasileiro para 1914.
Lis., 1913, p. 235f.
"Fábulas indígenas: A caveira." Ibidem para

1919. Lis., 1918, p. 22-25.
"Contos angolenses: O ulaji ua muhatu (a lo-
cura da mulher.)" Ibidem para 1922. Lis.,
1921, p. 195-198.
"Ajuste de contas." Ibidem para 1923. Lis.,
1922, p. 180ff.
"Contos angolenses: O cabelo e a fome." Ibidem para 1923. Lis., 1922, p. 340ff.
"Contos angolenses: O resultado duma
acusação infundada." Ibidem para 1926. Lis.,
1925, p. 340f.
"Contos angolenses: O kuxima kua iála (A
desgraça dum homem.)" Ibidem para 1927.
Lis., 1926, p. 163ff. (A better version of the
preceding tale.]   (ST)

VAN-D´UNEM Domingos (II)
1423. *Auto de Natal.* Pref. Alexandre do
Nascimento.
Lu., pr.pr., 1972. 16,1(err.) p. II.
[One-act play . Portuguese text, with Maurício
Caetano's trans. into Kimbundu. Performed in
Luanda.]   (T)

1424. *Dibundu.* Coll. Contemporâneos.
Lis., Ed. Vega, & Lu., UEA, 1988. 84 p. (N)

1425. *Kukula.* Recolha de contos. Coll. Outras Obras.
Lis., Ed.Vega, & Lu., UEA, 1988. 87 p. (ST)

1426. *Milonga.* Pref. Salvato Trigo.
Porto, Brasília Ed., 1985. 97 p.   (ST)

1427. *O panfleto.* Teatro. Coll. Contempo-
râneos.
Lu., UEA, & Porto, Ed. Asa, 1988. 46 p.
[One-act play.]   (T)

1428. *Uma história singular.*
Lu., pr.pr., 1975. 15 p. II. Mário de Araújo.(ST)

1429. Varia:
"Quem vai contar nosso futuro?" In
Colóquio/Letras, n. 74. Lis., July 1983, p. 50-
54.
[About events of 1961.]   (SK)

"Dilebu". In Diário de Luanda. Lu., 15 August
1949. Reproduced in Angolê, v. 1, n. 2. Lis.,
July/September 1986, p. 7.   (ST)

136

VARIOUS AUTHORS
1430. *Estão de pé para sempre: Raízes,* de
Emanuel Corgo; *Poesia,* de Helder Neto,
and *Poesia, de Saydi Mingas.* 3 v.
Lu., UEA, n/d.(c.1985) 122+63+47 p. II.(P)

VARIOUS AUTHORS
1430-a. *Manifesto.* Coll. Semi-Breve, 2.
Lu., Ed. Katetebula, 1987.
[By the group 'Colectivo de Trabalhos Literários Ohandanji."] (P)

VARIOUS AUTHORS
1431. *Trovas em louvor de Nova Lisboa.*
Nova Lisboa, Ed. Departamento Cultural da
Câmara Municipal, 1962. 52 p., printed on alternate pages.
[Poems written for literary contests since
1949.] (P)

VASCONCELOS Adriano Botelho de
1432. *Anamnese.* Pref. Marta Leão.
Lis., Ed. Associação Académica da Faculdade
de Direito, 1989. (P)

1433. *Células de ilusão armada.* Antologia
poética, 1.
Lu., INALD, 1983. 90 p. not num.
[Poems written between 1973 and 1982.] (P)

1434. *Emoções.* Poesia. Coll. Contemporâneos.
Porto, Ed. Asa, & Lu., UEA, 1988. 103 p (P)

1435. *Voz da terra.* Ano 73-74. Pref. S[amuel
de] S[ousa].
(Malanje, pr.pr., 1974.) 86 p., printed on alternate pages. II. author's portrait. (P)

VASCONCELOS João Teixeira de
1436. *Memórias de um caçador de elefantes.*
Pref. Raul Brandão.
Porto, Ed. Marânus, 1924. 190 p. II.;
2d, enl. ed.: With the subtitle *África vivida.*
Porto, Liv. Fernando Machado Ed., 1957. 402
p. II. (SK)

1437. Varia:
"Morte de Giatica." *In* A. César, *Contos portu-
gueses do ultramar.* Porto, 1969, p. 627-38.
[Taken from *Memórias.*] (SK)

"VASCONCELOS Olga de" (i.e. AL-
VES Olga Coelho)
1438. Varia:
22 poems *in* F. Neiva, *Antologia poética,* v. 2.
Benguela, 1970, p. 33-57. (P)

VEIGA da Silva Amélia Maria Ramos
1439. *Destinos.*
Sá da Bandeira, Ed. Imbondeiro, (1962). 63
p. (P)

1440. *Libertação.* Poemas.
Sá da Bandeira, pr.pr., 1974. 181 p.
["For Angola, with the love of a stay of 24
years." Poems written between 1958 and
1974.] (P)

1441. *Poemas.*
Sá da Bandeira, Ed. Imbondeiro, 1963. 102
p. (P)

VEIGA João Conde
1442. *Plenilúnio.*
Lis., Ed. Panorama, 1968. 70, 1 p.
[Incl. "Da guerra", poems inspired by the war
for the independence of Angola.] (P)

VELHA Cândido Manuel Oliveira da

1443. *As idades de pedra.*
Lu., pr.pr., 1969. 121 p. (P)

1444. *Corporália.*
Sá da Bandeira, pr.pr., (1972). 47 p. (P)

1445. *Equador.* Coll. Imbondeiro, 17.
Sá da Bandeira, Ed. Imbondeiro, 1961. 27 p.
[Repudiated by the author.] (ST)

1446. *Memória breve de uma cidade.* Coll.
Maconge, 1.
Parede(Portugal), pr.pr., (1988). 29 p. II. A.
Neves e Sousa.
[A prose sketch about the town of Novo
Redondo, a story and 2 poems written in the
1970s.] (P, SK, ST)

1447. "Quero-te intangível, África!" In Coll.
Imbondeiro, 8.
Sá da Bandeira, Ed. Imbondeiro, 1960, p. 27-
30. (P)

1448. *Signo do caranguejo.* Coll. Idealeda, 2. Lis., Ed. Publicações Idealeda, 1972. 23 p. II. author's portrait. (P)

VENTURA Manuel Joaquim Reis
1449. *A 100.a* [centésima] *C. Comds. (Uma companhia de comandos em Angola.)* Romance. Coll. Metrópole e Ultramar, 57. Braga, Ed. Pax, 1970. 317 p. (NO)

1450. *A grei.* (Lu.), Ed. Imprensa Nacional, 1941. 177, 1 p.; 2d, rev. ed.: (Lu.),Ed. Imprensa Nacional, 1941. (P)

1451. *Cafuso. Memórias de um colono de Angola.* n/p., pr.pr., 1956. 320, 1 p.; 2d ed.: Coll. Diamante, 7. Porto, Liv. Civilização Ed., 1957. 254 p. [*Cafuso* means son of a black and a mulatto parent.] (NO)

1452. *Caminhos. Vida e paixão de um motorista de Angola.* Lu., Ed. Lello, 1961. 288 p.; 2d ed.: Coll. Metrópole e Ultramar, 13. Braga, Ed. Pax, 1965. 240, 1 p. (NO)

1453. *Cidade alta. Cenas da vida de Luanda.* Lu., Ed. Lello, 1958. 266 p. (NO)

1454. *Cidade e muceque.* Contos. Coll. Metrópole e Ultramar, 53. Braga, Ed. Pax, 1970. 183 p. (ST)

1455. *Engrenagens malditas.* Coll. Metrópole e Ultramar, 4. Braga, ed. Pax, 1964. 293 p. (NO)

1456. *Fazenda abandonada.* Romance. Sá da Bandeira, Ed. Imbondeiro, (1962). 396 p. (NO)

1457. *Filha de branco. Cenas da vida de Luanda.* Lu., Ed. Lello, 1960. 280 p. (NO)

1458. *Gente para amanhã.* Romance. Coll. Metrópole e Ultramar, 74. Braga, Ed. Pax, 1972. 239 p. (NO)

1459. *Os dias da vergonha. De 15 de Abril de 1974 a 11 de Novembro de 1975.* Pref. Silvino Silvério Marques. Lis., Ed.Fernando Pereira, n/d.(1976). 213 p. (P, SK)

1460. *Quatro contos por mês. Cenas da vida de Luanda.* Lu., pr.pr., 1955. 304 p. (NO)

1461. *Queimados do sol.* Coll. Metrópole e Ultramar, 27. Braga, Ed. Pax, 1966. 231 p. (NO)

1462. *Sangue no capim. (Cenas da guerra em Angola.)* Pref. João Falcato and Author. 2 v. 1st v.: Lis., Ed. Empresa Nacional de Publicidade, 1962. 180 p. II. author's portrait. 2d ed.: Ibidem, 1962. Identical with the 1st. 3d - 6th eds.: Lis., pr.pr., (1962?). 188 p.; (1964); (1964?); n/d. Identical editions. 2d v.: Braga, Liv. Cruz Ed., 1963. 213 p. II. author's portrait. 2d - 6th eds.: Ibidem; Identical with 1st ed. 7th ed.: Braga, Ed. Pax, 1972. 2 v. 8th ed., rev. and annotated: *Sangue no capim atraiçoado.* Lis., Ed. Fernando Pereira, 1981. 317 p. II. (SK, ST)

1463. *Soldado que vais à guerra.* Auto em louvor dos soldados de Portugal que acudiram em defesa de Angola. Braga, Liv. Cruz Ed., 1964. 148 p. [Rev. version of *A grei,* 1941.] (P)

1464. *Um homem de outro mundo.* Antecipação. Coll. Metrópole e Ultramar, 44. Braga, Ed. Pax, 1968. 285, 1(err.) p. (NO)

1465. Varia: "O drama do velho Cafaia." In G. de Andrade & L. Cosme, *Novos contos d'África.* Sá da Bandeira, Ed. Imbondeiro, 1962, p. 229-240. "Mãe-preta". In A. César, *Contos portugueses do ultramar,* v. 2. Porto, 1969, p. 787-799. "Carabina de precisão." In A. César, *Antolo-*

gia do conto ultramarino. Lis., 1972, p. 145-154. (ST)

VICTOR Geraldo Bessa
1466. *Ao som das marimbas.*
Lis., Liv. Portugália Ed., 1943. 123 p.;
Facsimile ed.:
Nendeln(Liechtenstein), Kraus Reprint Ed.,
1974. 123 p. (P)

1467. *A restauração de Angola.*
Lis., pr.pr., 1951. 8 p. (P)

1468. *Cubata abandonada.* Poesias de
motivos negro-africanos.
Lis., Ed. Agência-Geral do Ultramar, 1958.
107 p.;
2d ed.: Pref. Manuel Bandeira. Coll. Metrópole e Ultramar, 25.
Braga, Ed. Pax, 1966. 92 p.;
Facsimile ed.:
Nendeln(Liechtenstein), Kraus Reprint Ed.,
1970. 92 p. (P)

1469. *Debaixo do céu.*
Lis., Ed. Império, 1949. 118 p.;
Facsimile ed.
:Nendeln(Liechtenstein), Kraus Reprint Ed.,
1970. 118 p. (P)

1470. *Ecos dispersos.* Pref. João de Barros.
Lis., pr.pr., 1941. 118 p. (P)

1471. *Monandengue* (i.e. Little boy].
Lis., Liv. Portugal Ed., 1973. 57 p. Il.Aniceto
Carmona.
[Written after a short visit to Angola after 24
years spent in Portugal.] (P)

1472. *Mucanda* [i.e. Message]. Coll. Metrópole e Ultramar, 2.
Braga, Ed. Pax, 1964. 80 p.;
2d ed.: Ibidem, 1965. Identical with the 1st.;
Facsimile ed.:
Nendeln, Kraus Repring Ed., 1970. 80 p.(P)

1473. *Poèmes africains.* French trans. Gaston-Henri Aufrère.
Braga, Ed. Pax, 1967. 102 p.
[Poems from *Ao som das marimbas, Cubata
abandonada, Mucanda.*] (P)

1474. *Sanzala sem batuque.* Coll. Metrópole
e Utramar, 29.
Braga, Ed. Pax, 1967. 125 p. (ST)

1475. Varia:
"O tocador de marimba", "Ngongo",
"Kalundu", "O menino negro não entrou na
roda," "Ezuvi", "Soneto ao mar africano," "Lamento da Maricota,"Voz imortal", "Adeus,
irmão branco!" "Eis-me navegador." In M.Ferreira, *No reino de Caliban*, v. 2. Lis., 1976. p.
53-60.
2 poems. English trans. D. Burness. In D. I.
Nwoga, *Rhythms of creation: A decade of
Okike poetry.* Enugu(Nigeria), Ed. Fourth Dimension Press, 1982, p. 5, 24. [2 of the 5
poems in Burness's trans. first published in
the review Okike, n. 6. Ife(Nigeria), 1974, p.
28-39. Possibly the same, "Apontamento na
quitanda do muceque" and "A velha mulemba," incl. in Burness's bilingual *A horse of
white clouds.* Athens, Ohio(USA), 1989, p.
16-21.] (P)

"Quadro gentílico". In O Mundo Português,
v. 4. Lis., 1937, p. 61. (SK)

"A soberba castigada." In O Mundo Português, v. 3. Lis., 1936, p. 321ff.
"A filha de ngana Chica." In A. César, *Contos
portugueses do ultramar*, v. 2. Porto, 1969, p.
535-551. (ST)

VIDEIRA António Gonçalves
1476. *Angola.* 10 [Dez] bilhetes-postais
ilustrados. Pref. author.
Lis., (Ed. José André), 1955. 149 p. (SK)

1477. *Na esteira das naus.* Comédia em 3
actos.
Lu., Ed. Lello, 1945(?). 157 p. (T)

1478. *"Talvez..." Quatro dias à sêde no
deserto do Kalahari.*
(Lu.), Ed. Aéro Clube de Angola, 1938. 189
p. Il. Maps. (SK)

1479. Varia:
"Job". In Ensaios, specimen n. Lu., January
1936, p. 3ff., and with the title "Job M." in A.
César, *Contos portugueses do ultramar*, v. 2.
Porto, 1969, p. 399-407. (ST)

"**VIEIRA**   José Luandino" (i.e. **GRAÇA**
José Vieira Mateus da)
1480.*A cidade e a infância*. Contos. Coll.
Cadernos Nzamba, 1.
Lu., pr.pr., 1957. 19 p.
[Ed. destroyed by the secret police at the
printshop, except perhaps 1 or 2 copies. It
contained "A Chica Pardoca", "Vidas", "A
morte dum negro" and "Encontro de acaso."
Only the last two were included in the 1960
ed.]   (ST)
2d , rev. and enl. ed.: Pref. Costa Andrade.
Coll. Autores Ultramarinos, 2.
Lis., Ed. Casa dos Estudantes do Império,
n/d.(1960). 79p.;
3d, enl. ed.: *A cidade e a infância*. Estórias.
Pref. Manuel Ferreira, Costa Andrade.
(Lis.), Edições 70, & Lu., UEA, (1977). 167
p.;
4th ed.: Ibidem, 1986. II. António Pimentel
Domingues. Identical with the 3d ed.
- Russian ed.: Trans. & pref. Lídia Nekrássova.
In *V ozhidanii sveta. Izbrannye proizvedeniia, 1954-1961* [i.e. Waiting for the moon to
shine. Selected works of 1954-1961.]
Moscow, Nauka Ed., 1970.
[5 of the original 10 tales.]   (ST)

1481.*A vida verdadeira de Domingos Xavier.*
Lis., Edições 70, 1974. 128 p.
[Dated 10 November 1961, it was first published in Russian and French. The script of Sarah
Maldoror's film *Sambizanga* was based on it in
1972];
2d ed.; Ibidem, 1975. Identical with the 1st.
3d ed.;
Lis., Edições 70, & Lu., UEA, 1977. Identical.
4th and 6th(pocket) ed.: Coll. 2K.
Lis., Edições 70, & Lu., UEA, 1977, 1979.
162 P.;
5th, special ed.: Lu., UEA, & Lis., Edições 70,
1977. 155 p. II. António Ole. [For the 1st
MPLA congress.];
7th ed.:
Lis., Edições 70, 1987. 155 p.;
8th ed.:Coll. Obras de José Luandino Vieira.
Lis., Edições 70., 1989. 100 p.;
- Brazilian ed.:Pref. Fernando Augusto Albuquerque Mourão: "Memória antiga num tempo
novo." Coll. Autores Africanos, 1.
S. Paulo. Ed. Ática, (1979). 96 p.

Cuban ed.: *La vida verdadera de Domingos
Xavier, El traje de Lucas Mateus, El ejemplo
de Job Hamukuaja*. Spanish t rans. A. Bení-
tez Rojo.
Havana, Ed. Arte y Literatura, 1980 [Actually
only from 1985 on]. 128 p.
- English ed.: *The real life of Domingos
Xavier*. Trans. & pref. Michael Wolfers. Coll.
African Writers Series, 202.
London, Ed. Heinemann, 1978. iv, 84 p.
- French ed.: *La vraie vie de Domingos
Xavier*, followed by *Le complet de Mateus*.
Trans. Mário de Andrade & Chantal
Tiberghien. Pref. M. de Andrade:"Nouveau
langage dans l'imaginaire angolais."
Paris, ed. Présence Africaine, 1971. 159 p.
II.
[The second story had been trans. into
French and published in Novembre, n. 4.
Algiers, 1965, and immediately afterwards in
France Nouvelle (Paris). Only thereupon did it
appear in the Portuguese original, first in M.
de Andrade, *Literatura africana de expressão
portuguesa*, v. 2, *Prosa*. Algiers, 1968.]
-East German ed.: *Das wahre Leben des
Domingo Xavier* and *Grossmutter Xixi und ihr
Enkel Zeca Santos* [i.e. Grandmother Xixi and
her grandson Zeca Santos]. Trans. Kristina
Hering.
Berlin, Ed. Volk und Welt, 1974;
2d ed.: Postscript Gerhard Grohs.
Frankfurt am Main, Ed. Otto Lembeck, 1981.
175 p.
[The 2d story was first published in *Luanda*,
1964.]
- Russian ed.: "Istinnaia zhizn Domingusha
Shaviera." Trans. L. Nekrássova. In Inostran-
naia Literatura, n. 8. Moscow, 1963.   (N)

1482.*Duas histórias de pequenos
burgueses*. Coll. Imbondeiro, 1961. 27 p. II.
author.
[The stories are "Inglês à hora" and "O sábado, as raparigas e o gato."]   (ST)

1483.*Estória da baciazinha de quitaba*. Coll.
Cadernos Lavra & Oficina, 60.
Lu., UEA, 1986. 21 p.
[Written in 1961 to be part of *Vidas novas*.]
                                            (ST)

1484.*João Vêncio : os seus amores*. Estória.

Pref. Fernando Martinho.
(Lis.), Edições 70, & (Lu.), UEA, (1979). 142
p.
[Dated 1968. Exceptionally the author provided a glossary];
2d ed.: Coll. Obras de José Luandino Vieira.
Lis., Edições 70, & Lu., UEA, (1987). 113 p.
(N)

1485. *Lourentinho, d. Antónia de Sousa Neto & eu.* Coll. Obras de José Luandino Vieira.
Lis., Edições 70, & Lu., UEA, 1981. 153 p.
[2 stories; "Kinaxixi kiami! (Lourentinho)" and "Estória de família (Dona Antónia de Sousa Neto)", written at the Tarrafal penal camp, Cape Verde, in 1971/72.];
2d ed.: Ibidem, 1987. Identical with the 1st;
3d ed.: Coll. Obras Completas de José Luandino Vieira.
Lis., Edições 70, 1991. 160 p. (ST)

1486. *Luuanda.*
Lu., pr.pr., 1964. 105 p.
[The title page gives 1963 as the date, but the book was printed in September 1964. Incl. 3 stories: "Vavó Xixi"..., "A estória do ladrão", "A estória da galinha"] ;
2d, pirated ed.:
Belo Horizonte(Brazil), Ed. Eros, 1965. 168 p.;
3d, rev. ed.: *Luuanda.* Estórias.
Lis., Edições 70, 1972. 189 p.
[A limited ed.]
4th ed.: Identical with the 3d. Ibidem, 1974:
5th ed.: Lis., Edições 70, 1974. 173 p.;
6th ed.: Ibidem, 1974. 189 p.
7th ed.:
Lis., Edições 70, & Lu., UEA, 1977. 191 p.;
8th(pocket) ed.: Coll. 2K.
L., UEA, & Lis., Edições 70, (1978);
9th ed.:
Lis.,Edições 70, 1981. 168 p.;
10th ed.: Coll. Obras de José Luandino Vieira.
Lis., Edições 70, 1988. 168 p.;
11th ed.: Identical with the 10th. Ibidem, 1989.
- Brazilian ed.: *Luuanda.* Estórias. Coll. Autores Africanos, 10. Annotated.
S. Paulo, Ed.Ática, 1982. 127 p.
- English ed.: *Luuanda.* Trans. Tamara L.Ben-

der. Coll. African Writers Series, 222.
London, Ed. Heinemann, 1980. x, 118 p.
- Italian ed.: Trans. Rita Deati.
Rome, Ed. Feltrinelli, 1989. 144 p.
- Russian ed.: In *V ozhidanii sveta. Izbrannye proizvedeniia, 1954-1961.*
Moscow, Ed. Nauka, 1970. [Earlier in Innostrannaia Literatura, n, 12. Moscow, 1968, p. 7-49.] (ST)

1487. *Macandumba.* Estórias.
(Lis.), Edições 70, & (Lu.), UEA, (1978). 197 p.;
2d ed.: Ibidem, 1987. Identical with the 1st. (ST)

1488. *No antigamente na vida.* Estórias.
Lis., Edições 70, 1974. 223 p.;
2d ed.; Ibidem, 1975. Identical;
3d, definitive ed.:
Lis., Edições 70, & Lu., UEA, 1977. 203 p.;
4th ed.: Coll. Obras de José Luandino Vieira, 6.
Lis., Edições 70, & Lu., UEA, (1987). 151 p.
- French ed.: *Autrefois, dans la vie.* Trans. Michel Laban. Coll. Du Monde Entier.
Paris, Ed. Gallimard, 1981. 168 p. (ST)

1489. *Nós, os do Makulusu.* Narrativa.
Coll.Vozes do Mundo, 2.
Lis., Liv. Sá da Costa Ed., 1974. 140, 1 p.;
2d + 3d eds.: Ibidem, 1976 +1977. Identical with the first;
4th ed.:
Lis., Edições 70, & Lu., UEA, 1977. 159 p.;
5th - 7th eds.: Ibidem, 1985, 1986, 1987. identical with the 4th.
- Brazilian ed.: Pref. Rita Chaves: "Memória e liberdade na ficção angolana." Coll. Autores Africanos, 27..
S. Paulo, Ed. Ática, 1991. 127 p. Glossary.
- French ed.: *Nous autres, de Makulusu.* Trans. & pref. Michel Laban. Coll. Du Monde Entier. With a glossary.
Paris, Ed. NRF/ Gallimard, 1989. 150 p.
[Written at the Tarrafal penal camp, Cape Verde, in 1967.] (NO)

1490. *Velhas estórias.* Contos. Coll. Poliedro, 5.
Lis., Plátano Ed., 1974. 261 p.;
2d ed.: Coll. Escritores Angolanos, 2.

141

Lis., Edições 70, & (Lu.), UEA, (1976). 227
p.;
3d ed.: Coll. Obras de José LuandinoVieira,
Lis., Edições 70, & Lu., UEA, (1986). 208 p.;
4th ed.:
Lu., UEA, 1987. 208 p.   (ST)

1491. *Vidas novas.* Contos.
Paris, Ed. Anticolonial (Madame A. Bros), n/d.
(1968).
[Not proofread by the author. Incl. "O fato
completo de Lucas Matesso."];
2d ed.:Porto, Ed. Afrontamento, 1975. 113
p. II. José Rodrigues;
3d ed.: Coll. Escritores Angolanos, 1.
(Lis.), Edições 70, & (Lu.), UEA, (1976). 174
p.;
4th + 5th eds.: Ibidem, (1981) + 1986. Identical with the 3d.
[Stories written in 1962, while imprisoned in
Luanda as a political prisoner.]
- Russian ed.: Trans. & pref. L. Nekrássova.
In *V ozhidanii sveta* [i.e. Waiting for the
moon to rise]. Moscow, 1970.   (ST)

1492. Varia:
"Canção para Luanda." In Mensagem, v. 1, n.
3. Lis., February 1950, p. 18ff. Also in Cultura
(II), v. 1, n. 1. Lu., November 1957, p. 7.
"Natal". In Jornal de Angola, v, 8, n. 92. Lu.,
24 December 1960."Luanda-Dondo". In
Mensagem, v. 14, n. 3. Lis., August 1962, p.
8f.
"Buganvília" and "Girassóis". Ibidem, v. 15, n.
1. Lis., April 1963, p. 19. [Both had appeared
earlier in a special Luanda issue of Jornal de
Angola. Lu., n/d.(End of 1962).]
"Sons" and "Estrada". In Jornal de Angola, n.
126. Lu., September 1963, p. 37. ["Estrada"
appeared elsewhere with the title "Luanda".]
"Os hinos". In Manguxi da nossa esperança.
Lu., UEA, 1980, p. 47f.   (P)

"O cartaz". In O Estudante, v. 17, n. 66. Lu.,
March 1952, p. 19.
"Companheiros". In Casa dos Estudantes do
Império, *Contistas angolanos.* Lis., 1960, p.
102-106, and in J. A. das Neves, *Poetas e
contistas africanos.* S. Paulo, 1963, p. 167-
171.
"1.a [Primeira] canção do mar."" In Coll. Imbondeiro, 14. Sá da Bandeira, 1961, p. 23-31.

"Os miúdos do capitão Bento Albano." In G.
de Andrade & L. Cosme, *Novos contos
d'África.* Sá da Bandeira, 1962, p. 161-178.
"O fato completo de Lucas Matesso." In M. de
Andrade, *Literatura africana de expressão
portuguesa,* v. 2, *Prosa.* Algiers, 1968, p.
215ff.
"Zito Makoa, da 4.a classe." and "O prisioneiro". Ibidem, p. 206-214, 236ff.
"Estória da galinha e o ovo" in German trans.
Curt Mayer-Clason. In *Der Gott der Seefahrer
und andere portugiesische Erzählungen* [i.e.
The mariners' god and other Portuguese narratives.] Tübingen(Germany), 1972. Also in
Andreas Klotsch, *Erkundungen* [i.e. Recon-
noiterings].Berlin, 1973, p. 280-288.   (ST)

"VIEIRA   Sá (i.e. TENREIRO   Álvaro)
1493. *O tecido da esperança.* Poemas.
Sá da Bandeira, Ed. Imbondeiro, (1965). 76
p.   (P)

VIEIRA   Sílvia Maria
1494. *3* [Trés] *histórias de amor.* Coll. Imbondeiro, 62.
Sá da Bandeira, Ed. Imbondeiro, 1964. 24 p.
                                       (ST)

VIEIRA   Vergílio Alberto
1495. *Guerrilheiro é terra móvel.* Estórias.
Pref. Manuel Ferreira: "A dialéctica dos
signos do colonialismo." Coll.Ficção/ Centelha, 4.
Coimbra, Ed. Centelha, 1977. 96 p.   (ST)

1496. *Ritual negro.*
Malanje, pr.pr., 1973. 68 p. not num. and printed on alternate p.   (P)

1497. Varia:
"Diogo Manaça não chegou ao destino." In
"Resistência" of Diário de Luanda. Lu., 3 April
1976, p. 8.   (ST)

"VILALVA   Marcos" (i.e. SANTOS   Vítor M. C.)
1498. *Missangas poéticas.*
Benguela, pr.pr., 1972. c.75 p.   (P)

"VILANOVA   João-Maria" (i.e. perhaps
FREITAS   João?)
1499. *Caderno dum guerrilheiro.*

n/p.(Lu.), Ed. Kalema, 1974. 63 p.   (P)

1500. *Vinte canções para Ximinha.*
Lu., Ed. Nós, 1971. 45 p.
[8 of the poems also in F. Neiva, Albuquerque
& Macedo, *Angola poesia 71.* Benguela,
1972, p. 39-44.]   (P)

VITORINO   Virgínia Vila Nova de Sousa
1501. *Degredados.* Peça em 3 actos.
Lis., Ed.Parceria A. M. Pereira, (1930). 224 p.
     (T)

WALTER   Jane
1502. *Despertar.* Poemas.
Sá da Bandeira, Ed. Imbondeiro, 1965. 162
p.   (P)

"WENDEL   Ngudia" (i.e. NOGUEIRA
Víctor Sebastião Diogo)
1503. *Ngombe filho de Kambole e de
Niangombe.* Diário de viagem na zona
libertada pelo MPLA. Pref. João Abel, author.
n/p.(Lu.), pr.pr., 1976. 73 p. II. author's portrait.
[Incl.also 5 poems by N. Wendel and one by
Sá Cortez on the back cover.]   (P, SK)

1504. *Nós voltaremos, Luanda!* Poemas.
Lusaka(Zambia), 1970;
2d ed.: In Portuguese and in Italian trans.
Forli(Italy), 1974;
3d ed: Pref. Hélder Neto.
Lu., pr.pr., 1976. 39 p. II. author's
portrait.[With Deolinda Rodrigues de Almeida's poem "Mamã" on the back cover.]   (P)

1505. Varia:
"Sobre ti escrevo Comandante Lembe
(1962)." In "Resistência" of Diário de Luanda. Lu., 21 February 1976, p. 7f., 15.
[First part of a story about a guerrilla fighter.]
     (ST)

"WOCHAY   Fonseca" (i.e. MARTINS
Fonseca Lopes)
1506. *Lutar é viver.* Coll. Cadernos Lavra &
Oficina, 46.
Lu., UEA, 1982. 54 p.
(P)

XAVIER   Ermelinda Pereira

1507. Varia:
First poems in Padrão. Sá da Bandeira,
c.1950.
"Asas partidas" and "Prima lux". In Anon.,
Antologia dos novos poetas angolanos. Lu.,
(1950).
"Mensagem". In "Mensagem, n. 1. Lu., 1951,
p. 1.
2 poems. Ibidem, n. 2/4. Lu., 1951.
"Prima lux". In Itinerário, v. 10, n. 110. L. M.,
April 1951, p. 7.
"Imobilidade". Ibidem, v. 11, n. 122. L. M.,
April/May 1952, p. 7.
"Estranha flor" and "Quando eu morrer." In
Cultura(II), v. 1, n. 4. Lu., June 1958, p. 8.
"Mensagem", "Asas partidas", "Prima lux",
"Nossa fome","Quando eu morrer"...,
"Choro". In M. Ferreira, No reino de Caliban,
v. 2. Lis., 1976, p. 72-76 + 5 more poems.)
     (P)

"XITU   "Uanhenga" (i.e. CARVALHO
Agostinho Mendes de)
1508. *Bola com feitiço.*
Lu., pr.pr., 1974. 20 p.   (ST)

1509. *Maka na sanzala* [i.e. Conflict in the
village.]
Coll. Autores Angolanos, 16.
(Lis.), Edições 70, & (Lu.), UEA, (1979). 147
p.   (N)

1510. *Manana* (i.e. Bracelet]. Pref. author.
Sá da Bandeira, pr.pr., 1974. 103, 1(err.) p.;
2d ed.: Coll. Autores Angolanos, 11.
Lis., Edições 70, 1978. 187 p.
3d (pocket) ed.: Coll. 2K, Prosa.(Lu.), UEA,
(1985). 187 p.;
4th (pocket) ed.: Coll. 2K, Prosa.
Lu., UEA, 1988. 135 p.   (N)

1511. *"Mestre" Tamoda.* Coll. Cadernos
Capricórnio, 19.
Lobito, Ed. Capricórnio, 1974. 23 p.   (ST)

1512. *"Mestre" Tamoda & Kahitu.* Contos.
Coll. Autores Africanos, 22.
S. Paulo, Ed. Ática, 1984. 111 p.
[The complete title of the 2d tale is "Vozes na
sanzala (Kahitu)".]   (ST)

1513. *"Mestre" Tamoda e outros contos.* Coll.

Autores Angolanos, 10.
Lis., Edições 70, 1977. 235 p. II. author's portrait.
[Incl. "*Mestre* Tamoda", "Bola com feitiço" and "Vozes na sanzala."];
2d (pocket) ed.: Coll. 2K, Prosa.
Lu., UEA, 1978(?). (ST)

1514.*O ministro.* Coll. Contemporâneos.
Lu., UEA, 1990. 339 p.;
2d ed. Ibidem, 1990. Identical. (NO)

1515.*Os discursos de "Mestre" Tamoda.*
Pref. António Jacinto, Salvato Trigo, and postscript by the author.
Lis., Ed. Ulisseia, & Lu., UEA, n/d. 171 p.
[Both prefaces are dated 1984];
2d ed.:
Lis., Ed. Ulisseia & Lu., INALD, 1985. 189 p.
- English ed.: *The world of mestre Tamoda.*
Pref. A. Jacinto. Trans. Annella McDermott.
London, Ed. Readers International, 1988.
vi, 158 p. (ST)

1516.*Os sobreviventes da máquina colonial depõem...*
Lis., Edições 70, & Lu., UEA, 1980. 161 p. II.
[Incl. 3 poems written in the Tarrafal penal camp, Cape Verde, between 1963 and 1968, and "Marginália crítica", p. 127-161.] (N)

1517.*Vozes na sanzala (Kahitu).* Conto.
Lu., pr.pr., 1976. 127 p.
[Written in the Tarrafal penal camp, Cape Verde, in 1969.] (N)

"Z´EZERE Rui do" (i.e. SANTOS
João Antunes dos)
1517-a. Varia:
13 poems in F. Neves, *Antologia poética*, v. 3.
Benguela, 1971, p. 59-81. (P)

Section C   Secção C

Literary History and   História e Crítica

Criticism   Literárias

ABRANCHES Henrique Moutinho
1518.*Reflexões sobre cultura nacional.*

(Lis.), Edições 70, 1980. 127, 1(index) p. II.
[About fine arts, crafts, oral and written literature, particularly the latter in chap. 4 and 6.] (E)

1519.*Sobre culturas regionais angolanas.*
Coll. Cadernos Lavra & Oficina, 19.
Lu., UEA, 1979. 29 p.
[Touches lightly on oral literature only, in defense of the indigenous cultures. Included in *Reflexões sobre cultura nacional,* 1980.] (E)

ALBUQUERQUE Orlando de
1520.*Alda Lara. A mulher e a poetisa.*
Sá da Bandeira, pr.pr., 1967. 48 p. (E)

1521."José Régio e os poetas do ultramar português: Depoimento de um escritor ultramarino." In *In memoriam de José Régio,* ed. J. Silva Couto. Porto, Brasília Ed., 1970, p. 451-57. [On Régio's influence on poets, such as Alda Lara and Reinaldo Ferreira.] (E)

1522.*Pediram-me que vos falasse de Alda...* 1975.
[On Alda Lara.] (E)

ALMEIDA Roberto de
1523.*A vida e a obra de Agostinho Neto.*
n/p.(S. Paulo, Universidade de S. Paulo), n/d. (1987). 17 p.
[A lecture given at the University.] (E)

ANDRADE Francisco Fernando da Costa
1524.*Alguns problemas culturais de um país recém-libertado.* Coll. Cadernos Cultura, 3.
Lu., Ed. IAL(Instituto Angolano do Livro), 1978. 18 p. (E)

1525.*Literatura angolana (Opiniões).* Pref. H. Abranches. Coll. Estudos/ Autores Angolanos, 5.
Lis., Edições 70, & Lu., UEA, 1980. 138 p.
[9 essays, ending with one on "Línguas nacionais e identidade nacional."] (E)

1526. *Poetas angolanos.* Pref.author:
"Literatura angolana: alguns aspectos sócio-históricos." Coll. Homem Novo, 2.
Lusaka(Zambia), Serviços Culturais do MPLA, 1973. xxviii, 106 p.
[Incl. poems by A. de Almeida Santos, A. Jacinto, Agostinho Neto, A. Dáskalos, A. Cardo-

so, Arnaldo Santos, Deolinda Rodrigues, Costa Andrade, G. Bires, Gasmin Rodrigues, Hélder Neto, H. Lopes Guerra, Julião Paulo, Manuel Lima, Mutambo Negro, Nicolau Spencer, Pedro de C. Vandúnem, Rui de Matos.]
(A, P)

ANDRADE Garibaldino de Oliveira da Conceição
COSME Leonel
1527. *Antologia poética angolana, 1.* Pref. authors: "Tópicos para a compreensão da presente antologia." Coll. Imbondeiro, 49/50. Sá da Bandeira, Ed. Imbondeiro, 1963. 94 p. [Same contents as *Mákua*, v. 3. Incl. poems by A. Neves e Sousa, Agostinho Neto, Alda Lara, A. Dáskalos, A. Margarido, Álvaro Reis, Amélia Veiga, Antero Abreu, A. Cardoso, Arnaldo Santos, A. de Almeida Santos.] (A, P)

1528. *Contos d'África.* Pref. authors: "A propósito". Antologia de contos angolanos. Sá da Bandeira, Ed. Imbondeiro, 1961. 235, 3 p. II.A. Resende, L. A. Banazol, Luandino Vieira, R. de Castro, R. de Ávila, Costa Andrade, F. Rodrigues, J. M. Mangericão, G. da Silva, F. Marques.
[Stories by L. Cosme, Lília da Fonseca, Luís A. Banazol, Mário António, A. Narino e Silva, Rebelo de Andrade, Ó. Ribas, Costa Andrade, Cochat Osório, E. Teófilo, Garibaldino de Andrade.] (A, C)

1529. *Novos contos d'África.* Pref. authors: "A propósito". Antologia de contos angolanos.
Sá da Bandeira, Ed. Imbondeiro, 1962. 241 p.
II. M. de Resende, J. M. Mangericão, F. Marques, Luandino Vieira.
[Stories by A. Margarido, "Pepetela", Djamba Dàllá, H. Abranches, H. L. Guerra, H. Nogueira, "Ingo Santos"(Arnaldo Santos), Julieta Fatal, Luandino Vieira, Maria P. Candeias da Silva,"Orlando Távora"(A. Jacinto), P. Sobrinho, Reis Ventura.] (A, C)

ANDRADE Mário Coelho Pinto de
1530. "'Littérature et nationalisme en Angola." Russian trans. N. G. Kovalénskaia. In *Literatura stran Afriki,* v. 2. Moscow, 1966, p. 212-220.

[Originally in Présence Africaine, French ed., n. 41. Paris, 1962, p. 91-99, and its English trans. in the English ed., n. 41, p. 115-122.] (E)

ANON.
1531.*Antologia dos novos poetas de Angola.*
Lu., Ed. Departamento Cultural da Associação dos Naturais de Angola, (1950). 28 p. not num. Dupl.
[The first attempt at an anthology of modern Angolan poetry. Poems by A. Leston Martins, A. Jacinto, Cochat Osório, Ermelinda P. Xavier, H. da Sylvan, Maurício Gomes, Lília da Fonseca, Viriato da Cruz.] (A, P)

ANON.
1532.*Exposição dos poetas e escritores de Angola.* Pref. António José Gavino de Vasconcellos.
Lu., Ed. Comissão Municipal de Turismo, 1962. 12 p. not num.
[Catalogue by title of the works by 58 authors born or living in Angola at that time. Without bibliographical details.] (B)

ANON.
1533.*Poesia angolana, 1.*
(Lis.), Ed. CCUL, 1974. (4), 18, (2) p. Dupl.
[Poems by A. Dáskalos, Alda Lara, Jorge Macedo, A. Neves e Sousa, A. Cardoso, A. Jacin to, António Neto, Arnaldo Santos, Luandino Vieira, A. Margarido, T. Vieira da Cruz.]
(A, P)

ANON.
1534.*Poesia angolana de amor dos anos 80.*
Coll. Cadernos do Povo.
Braga, Liv. Minho Ed., 1991. 59 p.
[Poems by José Luís Mendonça, Rui Augusto, J.A.S.Lopito Feijóo K., Paula Tavares, João de Melo and others.] (A, P)

ANON.
1535.*Poesia de Angola.* Pref. anon.[Irene G. Marques.]
Lu., Ed. Ministério de Educação e Cultura, 1976 (actually 1977). 406, 2(err.) p. II. José Rodrigues.
[In 3 parts:
Poesia tradicional (Kimbundu, umbundu,

kuanhama, nhaneca-humbe.)
Precursores oitocentistas. J. da S. Maia Fer-
reira, J. C. Furtado, Eduardo Neves, Cordeiro
da Mata, L. do Carmo Ferreira, Jorge Rosa, C.
de Sousa Vasconcellos, A. P. P. do Carpo,
"J.", J. M.de Carvalho, "Alfa Sigma".
Geração moderna. (4th to 7th decade of 20th
century.)
T. Vieira da Cruz, M. de Almeida Gomes, Aires
de Almeida Santos, V. da Cruz, A. Jacinto,
Agostinho Neto, Tomás Jorge, Alda Lara, A.
Dáskalos, Arnaldo Santos, Costa Andrade, Er-
nesto Lara Filho, Henrique L. Guerra, J. Abel,
Deolinda Rodrigues, Emanuel Corgo, Nicolau
Spencer, Ngudia Wendel, Rui de Matos, Sá
Cortez, Jofre Rocha, R. Duarte de Carvalho, J.
M. Vilanova, D. Mestre, Manuel Rui Monteiro,
J. Macedo, Samuel de Sousa, A. Botelho de
Vasconcelos.Textbook.]   (A, P)

**ASSOCIAÇ~AO DOS ESCRITORES
AFRO-ASI'ATICOS**
1536.Lotus: Afro-Asian Writings, n. 40/41/ 2-
3.
n/p. [East Germany], April/September 1979.
117 p. Il. Pref. Jofre Rocha. Arabic and
French ed. of the same issue exist.
[Special Angolan issue prepared by the Angolan Unions of Writers and Artists for the 6th
Congress of Afro-Asian Writers held in Luanda that year .Incl. English trans. of essays by
Agostinho Neto and Henrique Guerra, of stories by O. Ribas, R. David, J. Luandino Vieira,
"Pepetela", and of poems by Agostinho Neto,
A. Jacinto, Eugénia Neto, Costa Andrade, A.
Cardoso, Manuel Rui, Cochat Osório, R. Du-
arte de Carvalho.]   (A, E, P, ST)

ASSUMPÇ~AO Maria Elena Ortega Ortiz
1537."A identidade nacional na dramaturgia
angolana: A revolta da casa dos ídolos [de
Pepetela] e A pele do diabo [de Manuel
Lima]."In J. M. Massa, Les littératures africaines de langue portugaise. Paris, 1985, p.
51-56.   (E)

BALSA José Joaquim Galvão
1538."A língua pátria como instrumento vivo
da literatura e cultura portuguesas." In I
Primeiro] encontro de escritores de Angola.
Sá de Bandeira, 1963, p. 187-197, 2 (debate)

p.   (E)

BASTIDE Roger
1539.L'Afrique dans l'oeuvre de Castro
Soromenho.
Paris, Ed. P. J. Oswald, 1960. 30 p.   (E)

"BATUAMA"
1540.Gritos de Cabinda. Antologia de
poemas de escritores cabindenses.
Porto, pr.pr., 1980. 87 p.
[Poems by Simão António Mamboma, Barnabé Lelo-Tabi, Francisco Sumbo Sebastião,
Cristiano Izinga-Veterano.]   (A, P)

BEIRANTE Cândido
1541. Castro Soromenho - Um escritor inter-
valar.
Lis., pr.pr., 1989. 776 p.
[Ph. D. dissertation, Universidade do Porto.]
                                           (E)

BIRES João Garcia
1542.O canto da liberdade. Antologia de
escritores angolanos.
Moscow(?), c. 1975.
[In Russian trans.?]   (A. P. ST)

BONVINI Emilio
1543."Textes oraux et texture orale dans
Uanga (Feitiço) d'Oscar Ribas." In J. M.
Massa, Les littératures africaines de langue
portugaise.
Paris, 1985, p. 57-64.   (E)

"BUETI Rui" (i.e. **PACHECO** Rui
Alberto da Costa Campos)
1544."Contribuição para o estudo da obra de
Luandino Vieira." In Various Authors, Luan-
dino: José Luandino Vieira e a sua obra.
Lis., 1980, p. 271-287. [Analyses the novel
Nós, os do Makulusu.]   (E)

BURNESS Donald
1545."Arlindo Barbeitos and the voice of
silence." In C. Parker & S. Arnold, When the
drumbeat changes. Washington (D.C.),
Three Continents Press, 1981, p. 134-140.
                                           (E)

Fire: Six writers from Angola, Mozambique,
and Cape Verde. Vide General, Section C.

146

BUTLER Phyllis R.
1545-a. "Writing a national literature: The
case of José Luandino Vieira." In Roberto
Reis, ed., *Toward socio-criticism: [...] Luso-
Brazilian literatures [...]*. Tempe (Arizona,
USA), Center for Latin American Studies,
1991, p. 135-42.
(E)

C^AMARA MUNICIPAL DE LUANDA
1546. *Exposição-concurso de poesia
ilustrada, 10 de Junho de 1964*.
Lu., Ed. Câmara Municipal, 1964. 30 p. Il.
[Catalogue with bio-biographical lnotes of 45
poets, most of them from Portugal.] (B, P)

CAMPOS Fernando da Costa
1547. "O ambiente coimbrão e a presença
da produção literária de Agostinho Neto entre
os estudantes ultramarinos." In *A voz igual*.
n/p. [Porto], Ed. Fundação Eng. António de
Almeida & Angolê, n/d. [c.1990]. (E)

**CASA DOS ESTUDANTES DO
IMP´ERIO**
1548. *Contistas angolanos*. Pref. editors,
Fernando Mourão.
Lis., Ed. Casa dos Estudantes do Império,
1960. 117 p. Dupl.
[In 4 parts: Contos tradicionais angolanos,
Castro Soromenho e Óscar Ribas, Contistas
da Mensagem and Contistas da Cultura. With
biobliographical notes. Incl. Agostinho Neto,
Arnaldo Santos, Castro Soromenho, Costa
Andrade, Hélder Neto, H. Abranches, H. da
Sylvan, Luandino Vieira, Mário de Andrade,
Mário António, Mário Guerra, "Orlando Távo-
ra"(A. Jacinto), Ó. Ribas, Pedro Sobrinho, and
traditional African folktales taken from various
sources.] (A, ST)

1549. *Poetas angolanos*. Pref. Departamento
Cultural, Alfredo Margarido.
Lis., Ed. Casa dos Estudantes do Império,
1962. 137 p. Dupl.
[Poems by Agostinho Neto, A. de Almeida
Santos, Alda Lara, A. Dáskalos, A. Cardoso,
A. Jacinto, Arnaldo Santos,Cochat Osório, ,
Costa Andrade, E. Lara Filho, G. Bessa Victor,
H. Lopes Guerra, J. Abel, Luandino Vieira,
Manuel Lima, Mário António, M. Almeida

Gomes, Tomás Jorge, T. Vieira da Cruz, Viriato
da Cruz, and 16 folk poems in various African
languages, with Portuguese trans.] (A, P)

C´ESAR Pires Monteiro Amândio
1550. *Alda Lara na moderna poesia de Angola*. Coll. Campo Livre, 1.
Lis., Ed.do Templo, 1978. 43 p. Il. portrait by
José Pádua and 3 photos. (E)

Contos portugueses do ultramar, v. 2,
Angola. Antologia. Vide General, section C.

1551. *Elementos para uma definição de
cultura angolana*.
Lis., Ed. Agência-Geral do Ultramar, 1965. 54
p. [Offprint, Boletim Geral do Ultramar, n. 477,
March 1965.] (E)

Novos parágrafos de literatura ultramarina.
Vide General, section C.

Parágrafos de literatura ultramarina. Vide General, section C.

CHANG Linda Stockton
1552. "Identity behind bars: Political prisoner
protagonists of Luandino Vieira." In *Literature and revolutionary culture*, v. 1.
Minneapolis(USA), 1984/85, p. 391-405. (E)

CONTAG Kimberly
1553. "O mundo crioulo: A tensão do sujeito
poético em *100 poemas* [de Mário António]."
In *Literature and revolutionary culture*, v. 1.
Minneapolis(USA), 1984/85, p. 433-454. (E)

CORREIA Morão
1554. *Alda Lara. Breves considerações
sobre a sua obra*.
Lu., Ed. Câmara Municipal, 1972. 30p. Offprint, Boletim Cultural da Câmara Municipal de
Luandao, n. 37. (E)

1555. *Mensagem luso-africana*.
Lis., 1972. 26 p.
[About *Dikembe* by Nita Lupi.] (E)

COSME Armando Leonel Augusto de Ma
tos
1556. "A autenticidade da literatura angolana." In *I [Primeiro] encontro dos escritores*

le Angola.
>á da Bandeira, 1963, p. 153-163, 3(debate)
>.   (E)

557. Agostinho Neto. *A poesia e o*
>omem.
.u., Ed. INALD, 1986. 38 p.   (E)

558. *Breve África.* Antologia de contistas e
>oetas de Lubango.
.ubango, Departamento Cultural da Câmara
/lunicipal, 1975. 58 p. II. Pitta Simões,
>uedes da Silva, Luís Taquelim, Neves e
>ousa, Rogério de Castro. Supplement of the
>oletim Cultural do Lubango.
Stories by L. Cosme, Cândido da Velha, Mau-
ício Soares and poems by Amélia Veiga,
>ândido da Velha, L. Cosme.]   (A, P, ST)

559. *Cultura e revolução em Angola.* Coll.
>olso, 9.
>orto, Ed. Afrontamento, 1978. 88 p.
Incl. a chapter on the history of the Imbondei-
o bookstore and publishing house in Sá da
>andeira.]
E)

560. *Primeira exposição de bibliografia*
angolana. Catálogo.
>á da Bandeira, Ed. Câmara Municipal, 1962.
>25 p.
C.700 titles. 1. History & sociology. 2. Ethnography. 3. Literature & fiction.4. Travels &
narratives 5. Various studies. 6. Anthropo-
>gy.]   (B)

DIAS   Gastão Sousa
561. "Os livros nas colónias." In his *Cartas*
le Angola. Lis., Ed. Seara Nova, 1928.   (E)

DIJK   Bertus
562. *Angolese verhalen* [i.e. Angolan
ales]." Dutch trans., pref. author.
Jtrecht & Antwerp(The Netherlands), A. W.
>runs & Zoon, 1972. 158 p.
Prose by H. Abranches, Costa Andrade,
/lário de Andrade, Lília da Fonseca, A. Jacin-
o, Lúcio Lara, M. dos Santos Lima, Manuel de
/lorais, Agostinho Neto, M. M. de Pádua, Ar-
ur C. Pestana ('Pepetela"), Arnaldo Santos ,
>astro Soromenho, Luandino Vieira.]   (A, ST)

D´ORIA   A. Álvaro
1563. *Um poeta da negritude.*
Guimarães(Portugal), 1966. 11 p. Offprint, Gil
Vicente.   (E)

ERVEDOSA   Carlos Eduardo Manuel
Nascimento
1564. "Cartas do Tarrafal."In Various Authors,
Luandino: José Luandino Vieira e a sua
obra. Lis., 1980, p. 83-103.   (E)

1565. *Breve resenha histórica da literatura*
angolana.
Lu., Ed. Universidade de Luanda, 1973. 49
p.   (E)

1566. *Itinerário da literatura angolana.* Coll. O
Livro de Angola, 1.
Lu., Ed. Culturang, 1972. 140 p.   (E)

1567. *Poetas angolanos.* With an essay by
Mário António.
Lis., Ed. Casa dos Estudantes do Império,
(1959). (21), 64 p. II. Rui Mendo, Costa An-
drade. Offprint, Boletim da C.E.I. Dupl.
[Poems by Agostinho Neto, A. de Almeida
Santos, Alda Lara, A. Dáskalos, Amílcar Barca,
A. Abreu, A. Cardoso, A. Jacinto, António Ne-
to, Arnaldo Santos, Cochat Osório, Ermelinda
Xavier, E. Lara Filho, Costa Andrade, G. Bessa
Victor, Humberto da Sylvan, J. Abel, José Gra-
ça (- Luandino Vieira), Leston Martins, Lília da
Fonseca, Manuel Lima, M. António, M. de Al-
meida Gomes, Tomás Jorge, V. da Cruz.] (A,P)

1568. *Roteiro da literatura angolana.* Pref.
author.
n/p.(Lu.) , Ed. Sociedade Cultural de Angola,
n/d.(1974). 124p.;
2d ed., rev. & updated: Coll. Livros de Bolso
2K.
Lis., Edições 70, & Lu., UEA, (1979). 167 p.
[Updated version of *Itinerário da literatura an-*
golana, 1972.]   (E)

FEIJO´O K.   J. A. S. Lopito
1569. *No caminho doloroso das coisas.*
Antologia panorâmica de jovens poetas
angolanos. Pref. editor. Coll. Cadernos Lavra
& Oficina, 81/82.
Lu., UEA, 1988. 149 p. Il. A. Feliciano "Kidá",
Banzadio José, Álvaro Cardoso, Francisco

148

Van-Dúnem, João Inglês.
[Poems by Rui Augusto, António Cebola, Fernando Couto, "Doriana" (Ana F. S. Major), "Rui Eduardo", J.A.S. Lopito Feijoó , Carlos Ferreira, António Fonseca, D. Ginginha, Victor Jorge, L.P. Lussakalalu, J. Maimona, J. L. Mendonça, "Joca Paixão", Gastão Rebelo, Ana de Santana, Paula Tavares.] (A, P)

FERREIRA Eugénio
1570.*A crítica neorealista.* Coll. Cadernos Lavra & Oficina, 27.
Lu., UEA, 1980. 31 p.
[2 essays: "Alguns aspectos sócio-culturais da problemática da ficção literária em Angola" and "Metodologia da crítica neorealista." The first of these was published earlier in his *O realismo literário.* Coll. Cadernos Culturais, 1. Lu., Ed. Sociedade Cultural de Angola, 1961. 27 p.] (E)

1571.*A letra.*
Lu., Ed. INALD, c.1976.
[Anthology of poems inspired by the struggles for the independence of Angola, by Ngyalo Afonso, Ángela Brito, Luíza Canzamba, "Divua", Cesário António Ebo, José Coelho Fortes Júnior, Elisa Gourgel, Maria Edith José, Miguel Ângelo Pires, Martinho Rodrigues, "Samy", Gaspar Rodrigues da Silva, Maria Saturnino da Conceição e Silva, "Talamun--gongo" and anon.] (A, P)

1572."Literatura de ficção em Angola - Romance, novela, conto." In his *O alvorecer dos dias findos. Questões da crítica realista.*
Lu., pr.pr., 1963, p. 83-90. (E)

1573."O meio literário de Luanda." In his *Itinerário.* (Estudos e ensaios.)
Lis., pr.pr., 1954, p. 101-103. (E)

FERREIRA Manuel
1574."Angola". In J. J. Cochofel, *Grande dicionário da literatura portuguesa e de teoria literária*, v. 1. Lis., 1977, p. 297-312. (E)

Literaturas africanas de expressão portuguesa, v. 2. Vide General. section C.

1575."*Luuanda*/Sociedade Portuguesa de Escritores - Um caso de agressão ideológica."

In Various Authors, *Luandino: José Luandino Vieira e a sua obra.* Lis., 1980, p. 105-116.
[Referring to the suppression of the Society for having awarded a prize to Vieira who was a political prisoner at the time.] (E)

No reino de Caliban, v. 2, *Angola e São Tomé e Príncipe.* Vide General. section C.

1576."Quem é autor africano?" In *Comunicações - 1 congresso de escritores de língua portuguesa.* (Lis., Ed. Associação Portuguesa de Escritores & Sociedade Portuguesa de Autores, 1991) , p. 74-77.
[The congress was held in Lis. in 1989.] (E)

GONÇALVES Egito
CARLOS Papiniano
LEIT˜AO Luís Veiga
NAVARRO António Rebordão
1577.*Notícias do bloqueio.* Fascículos de poesia, 8.
Porto, March 1961. 24 p. [num. 177-200.]
[Poems by A. Jacinto, M. António, V. da Cruz and Agostinho Neto.] (A, P)

GONÇALVES José Júlio
1578.*A informação em Angola.* Alguns subsídios para o seu estudo.
Lis., Ed. Instituto Superior de Ciências Sociais e Política Ultramarina, 1964. 86 p. (E)

1579.*Bibliografia do ultramar português existente na Sociedade de Geografia de Lisboa.* Fasc.iv: *Angola.*
Lis., Ed. Sociedade de Geografia, 1962-63. 122 p. Annex to the Boletim da Sociedade de Geografia de Lisboa. (B)

GUIMAR˜AES Ângela
1580."*Mayombe* [de Pepetela]: Do passado ao futuro." In J. M.Massa, *Les littératures africaines de langue portugaise.* Paris, 1985, p. 65-71. (E)

HAMILTON Russell G.
1581."Angola". In *Encyclopaedia of world literature in the 20th century*, v. 1. New York, Ed. Ungar, 1981, p. 95ff. [Rev., enl. & updated ed.of *Herders Lexikon der Weltliteratur im 20. Jahrhundert.*] (E)

1582."Class, race, and authorship in Angola." In G. M. Gugelberger, *Marxism and African literature*. London, Ed. James Currey, 1985, p. 136-149. (E)

1583."Echoes of Pessoa in the poetry of lusophone Africa." In *Acta do 2.o congresso internacional de estudos pessoanos*. Porto,Ed. Centro de Estudos Pessoanos, 1985, p. 253-61. (E)

1584.*Literatura africana, literatura necessária*, v. 1, *Angola*. Coll. Biblioteca de Estudos Africanos, 3. Lis., Edições 70, (1981). 247 p. [Portuguese trans. by the author, of the Angolan chapters of his *Voices from an empire*, rev., enl. and updated.] (E)

1585."Posturing with resolve: Poetry and revolution in Mozambique and Angola." In *Literature and contemporary revolutionary culture*, v. 1. Minneapolis(USA), 1984/85, p. 158-73. (E)

1586."Preto no branco, branco no preto - contradições linguísticas na novelística angolana." In Various Authors, *Luandino: José Luandino Vieira e a sua obra*. Lis., 1980, p. 147-187. [Trans. of "Black from white and white on black: Contradictions of language in the Angolan novel." In Ideologies and Literatures, v. 1, n. 1. Minneapolis(USA), December/January 1977, p.25-58. About novels of Assis Júnior, Castro Soromenho, Santos Lima and Luandino Vieira.] (E)

HAMPL   Zdenek
1587. *Portugalsk´y spisovatel ´cer né Angoly* [i.e. A Portuguese author of black Africa.] Prague, 1960. (E)

HANGANU   Mariana Ploae
1588."La matrice nationale dans la prose angolaise contemporaine, tout particulièrement dans *Mayombe* de Pepetela." In J. M. Massa, *Les littératures africaines de langue portugaise*. Paris, 1985, p. 73-77. (E)

IANNONE   Carlos Alberto
1589.*Personagens e descrição no romance de Castro Soromenho*. São Paulo, Ed. Universidade de S. Paulo, 1978. [Master's thesis.] (E)

JAHN   Janheinz
1590.*The black experience. 400 years of black literature from Africa and the Americas*. Series 1, a critical selection. Nendeln(Liechtenstein), Ed. Kraus Reprint, (1969). 54 p. [With pages on Mário de Andrade, Óscar Ribas, and Geraldo Bessa Victor.] (E)

KANDJIMBO   Luís
1591.*Apuros de vigília*. Ensaios de meditação genésica. Pref. Boaventura Cardoso. Coll. Estudos. Lis., Ed. Sá da Costa, n/d.(c.1988). 119 p. (E)

KANDJIMBO   Luís
FEIJO´O K.   J.A. S. Lopito
1592.*A geração da revolução - Novos poetas angolanos em volta*. Lu(?), UEA(?), 1988. (E)

LABAN   Michel
1593.*Angola - Encontros com escritores*. 2 v. Porto, Ed. Fundação Engenheiro António de Almeida, 1991. 925 p. [Interviews of 26 writers conducted by Laban, among them Ó. Ribas, A. Jacinto, M. António, Luandino Vieira, Santos Lima, H. Abranches, Pepetela, and younger ones, such as Paula Tavares, E. Bonavena and Lopito Feijoó.] (E)

1594."Encontros com Luandino Vieira." In Various Authors, *Luandino: José Luandino Vieira e a sua obra*. Lis., 1980, p. 9-82. [Series of 5 interviews.] (E)

1595."La recherche de l'identité dans *No antigamente, na vida*, de Luandino Vieira." In J. M. Massa, *Les littératures africaines de langue portugaise*. Paris, 1985, p. 79-83. (E)

1596. *L'oeuvre littéraire de Luandino Vieira.*
Paris, Ed. Université IV. 1979. 427 p. Dupl.
[Ph. D. dissertation of the 3d cycle.]   (E)

LAMBETH Duane Patrice
1597. *Implicações socio-políticas na poesia de quatro poetas angolanos.*
Washington, D.C., Ed. Georgetown University, 1985. Dupl.
[Ph. D. dissertation about the poetry of G. Bessa Victor, Viriato da Cruz, Agostinho Neto and Mário António.]   (E)

LARANJEIRA José Luís Pires
1598. *Antologia da poesia pré-angolana.* Pref. author: "Introdução à poesia pré-angolana (1948-1974)." Coll. Libertação dos Povos das Colónias, 10.
Porto, Ed. Afrontamento,(1976). 106 p.
[Poems by A.Cardoso, Ruy de Carvalho, V. da Cruz, A. Dáskalos, A. Jacinto, E. Lara Filho, A. Margarido, D. Mestre, Agostinho Neto, A. Novais, Manuel Rui, A. de Almeida Santos, Arnaldo Santos, C. da Velha, J.-M. Vilanova.]   (A, P)

LEMOS Alberto de
1599. *Nótulas históricas.*
Lu., Ed. Fundo de Turismo e Publicidade, 1969. 244 p.
[Incl. articles on Augusto Bastos, Oliveira de Cadornega and Alfred Troni.]   (E)

LIDMILOV´A Pavla
1600. "Nas anharas do texto: A interpretação da mensagem pelo tradutor e a sua retransmissão ao leitor da tradução." In Various Authors, *Luandino: José Luandino Vieira e a sua obra.* Lis., 1980, p. 211-217. [On the trans. of *No antigamente, na vida.*]   (E)

LIMA Manuel Guedes dos Santos
1601. *O negro e o branco na obra de Castro Soromenho.*
Eysins sur Nyon(Switzerland), pr.pr., 1975. 245, 1(err.) p.
[Ph. D. dissertation, University of Lausanne, Switzerland.]   (E)

LOPES Óscar
LEIT´AO Luís Veiga
1602. *A sagrada esperança de um homem.*

Homenagem a Agostinho Neto.
Porto, Ed. O Oiro do Dia, 1981. 9 p. Il. José Rodrigues.
[With a poem by Luís Veiga Leitão.]   (E)

LOPO Júlio de Castro
1603. *Algumas coisas sobre jornalismo.*
Lu., Ed. Fundo de Turismo e Publicidade, 1965. 16 p. Il.   (E)

1604. *Jornalismo de Angola. Subsídios para a sua história.*
Lu., Ed. Centro de Informação e Turismo de Angola, 1964. 127 p. Il.   (B, E)

1605. *Para a história da imprensa de Angola.*
Lu., Ed. Museu de Angola, 1962. 31p. Il.
Offprint, Arquivos de Angola.   (E)

1606. *Para a história do jornalismo de Angola.*
Lu., Ed. Museu de Angola, 1952. 30 p. Il.
Offprint, Arquivos de Angola, 2d series, v. 8, n. 31/34, January/December 1951, p. 91-114.   (E)

1607. *Recordações da capital de Angola de outros tempos.*
Lu., Ed. Centro de Informação e Turismo de Angola,, 1963. 44 p. Il.;
2d ed.:
Ibidem, 1964. 47 p. Il.   (E)

1608. *Um doutor de Coimbra em Luanda.*
Lu., Ed. Museu de Angola, 1959. 22 p. Il.
Offprint, Arquivos de Angola, 2d series, v. 12, n. 47/50, January/October 1955, p. 217-234.
[On the life of Alfredo Troni in Luanda.]   (E)

1609. *Um intelectual: Monsenhor doutor Manuel Alves da Cunha.* Notas biográficas e bibliográficas. Subsídios.
Lu.,Ed. Imprensa Nacional, 1948. 79p. Il.
Offprint, Arquivos de Angola.]   (B, E)

MACEDO Jorge Mendes
1610. *Literatura angolana e texto literário.*
Coll. Estudos, 16.
Lu., UEA, c.1990.   (E)

1611. *Obreiros do nacionalismo angolano,*

Ngola Ritmos. Coll. Cadernos Lavra & Oficina, 87.
(Lu., UEA, 1989.) 37 p.
[Ngola Ritmos was a band of musicians founded in Luanda in 1940 by Liceu Vieira Dias, composer of political songs coming out of the Movimento dos Intelectuais, eventually combined with the experimental theater group 'Gexto".] (E)

1612.*Poéticas na literatura angolana.*
Lu., UEA, (1991). 103 p. (E)

MACIEIRA Álvaro
1613.*Castro Soromenho. Cinco depoimentos.* Coll. Cadernos Lavra & Oficina, 75.
Lu., UEA, 1988. 53 p.
[Testimonials by Castro Soromenho's daughter Stella Soromenho, Carlos Serrano, Carlos Alberto Iannone, Óscar Lopes and Paulo Teixeira Jorge.] (E)

MALL´E Kissé
1614.*La ville dans le roman angolais contemporain.*
Rennes(France), Université de Haute Bretagne, 1990. Dupl. Ph. D. dissertation. (E)

MARQUES Irene Guerra
1615.*Algumas considerações sobre a problemática linguística em Angola - Português, quimbundo, kikongo, umbundu, çokwe, mbunda.*
Lu., Ed. INLD, n/d. (E)

MARQUES J. M.
1616.*Poesia pró-Angola.*
n/p., pr.pr., n/d. (c.1964). Dupl.
[Secretly circulated in Angola.] (A, P)

MARTINHO Ana Maria
1617.*Narrativas curtas de ficção e suas autoras - Angola, Cabo Verde, Moçambique.*
Lis.,Ed. Universidade de Lisboa, 1988. Dupl.
[Master's thesis]. (E)

MARTINHO Fernando José Baptista
1618."A poesia de Luandino Vieira." In Various Authors, *Luandino: José Luandino Vieira e a sua obra.* Lis., 1980, p. 117-131. (E)

MARTINS-GARCIA José
1619."*Luuanda* de José Luandino Vieira." In *Linguagem e criação.* Lis., 1973, p. 81ff. (E)

MASSA Françoise
1620."Identité individuelle et nationale dans *Les aventures de Ngunga* [de Pepetela]." In J. M. Massa, *Les littératures africaines de langue portugaise.* Paris, 1985, p. 85-92. (E)

MATA Inocência Luciano dos Santos
1621."A oralidade: Uma força comunicativa do texto luandino. O exemplo da 'estória da galinha e o ovo'." In J. M. Massa, *Les littératures africaines de langue portugaise.* Paris, 1985, p. 93-98. (E)

MEA Giuseppe
1622.*Poesia angolana de revolta.* Antologia. Coll. Arte Poética, 4.
Porto, Ed. Paisagem, 1975. 193, (4) p.
[Poems by Maria José Abranches, A. de Abreu, Deolinda Rodrigues de Almeida, Rui d'Almeida, Costa Andrade, Eliseu Areia, Eduardo Brasão Filho, A. Cardoso, João Carneiro, Maria Corça, E. Corgo, O. Correia, Sá Cortez, V. da Cruz, A. Dáskalos, "Diandengue", Maurício Gomes, A. Jacinto, E. Lara Filho, Rui de Matos, David Mestre, Agostinho Neto, Cochat Osório, Maria Ângela Pires, Jofre Rocha, A. de Almeida Santos, Humberto Silva(-H. da Sylvan), N. Spencer, P. de Castro Van- Dúnem, Amélia Veiga, José Luandino Vieira, N. Wendel.] (A, P)

MELO João de
1623.*Os anos de guerra, 1961-1975: Os Portugueses em África, crónica, ficção e história.* 2 v.
Lis., Ed. Dom Quixote, 1988. 222 + 265 p. Il.
[Anthology of short extracts, among them "Luanda sessenta e um" by Henrique Guerra, *Mayombe* by Pepetela and *A vida verdadeira de Domingos Xavier* by Luandino Vieira.] (A, NO, SK, ST)

MENDES José Manuel
1624."Manuel Rui: Uma identidade construída da resistência à libertação." In J. M. Massa, *Les littératures africaines de langue portugaise.* Paris, 1985, p. 99-106.

(E)

MENEZES   Filinto Elísio de
1625."Apontamentos sobre a poesia de
Angola - Maurício Gomes e Viriato da Cruz,
precursores de uma poesia em formação."
Lu., 1949 or 50. 9 p. Offprint, Cultura (I).
[Possibly the first text to call attention to the
beginnings of a national Angolan literature.
Incl. Maurício Gomes' poem "Estrela pequenina" and Viriato da Cruz' poems "Sô Santo"
and the ending of "Mamã negra".]
(E, P)

MERWIN   W. S.
1626."To name the wrong." In Ulli Beier,
*Introduction to African literature: An
anthology of critical writing from "Black
Orpheus".* London, Ed. Longmans, &
Evanston(USA), Northwestern University
Press, 1967, p. 132-138.
[About Agostinho Neto. First published in
The Nation. New York, 24 February 1962,
then in Black Orpheus, n, 15. Ikeja(Nigeria),
August 1964, p. 34-37. Incl. English trans. of
Neto's poems "African poem", "Friend
Mussunda", "Kinaxixi" and an untitled one.
A Portuguese trans. of Merwin's article by
Wanda Ramos in África, v. 2. n. 7. Lis., 1980,
p. 178-182.]   (E, P)

"**MESTRE**   David" (i.e. **VEIGA**   Luís
Filipe Guimarães da Mota)
1627.*Crítica literária em Angola.* Resenha
histórica e situação actual. Coll. Kuzuela.
Série Crítica, 1.
Lu., pr.pr., 1971. 15 p.   (E)

1628.*Nem tudo é poesia.* Pref. Mário de
Alcântara Monteiro. Coll. Estudos, 10.
Lis., Edições 70, & Lu., UEA, 1987. 78 p.;
2d ed., rev. and enl.:
Ibidem, 1989.   (E)

1629.*Ponto de partida, 1.* Pref. (on the
cover) author. Coll. Cadernos Lavra & Oficina,
38.
Lu., UEA, 1981. 134 p.
[Prose and verse by 33 young authors, previously published up to December 1980 in
the review lavra & oficina in Luanda: Poetry
by J. M. Martins Caetano, "Maria do Carmo",

"Cassé" (Carlos Sérgio M. Ferreira),"Catúrio"
(A. F. Manuel), "Céulindoazul"(L. Pimentel),
Alba Chaves, P. Correia, Fernando Couto,
"Dianza"(Gonçalves Pedro Pacavira,), M. da
Cunha Dias, Carlos Ferreira, Fátima Ferreira,
Armindo Francisco, Joaquim Gouveia, "Kakie-
zu", "Kudijimbe", Virgílio Lapin, "Macivy" (A.
S. Lundoloque), "Nato"(I. T. Pina), Rosário
Marcelino, V. Ndembu, Filomena Oliveira,
Carlos Pimentel, João Rodrigues, O. Salda-
nha, "São Vicente", Regi Telmo, Horácio
Martins Torrado, Carlos Yoba. Prose by Gil-
da António, Catarino Barber, "Maria do Car--
mo", M. da Cunha Dias, António Fonseca, R.
Marcelino, "Ndungo"(E. F. Pimenta), Orlando
Saldanha.]   (A, P, ST)

'**MESTRE**   David"
CHIFUCHI   Luisiário António
PIRES   Maria Ângela
1630..*Kuzuela, 1, 2, 3. Nova poesia de
Angola.* Three booklets.
Lu., pr.pr., October 1973, May 1974, October
1974. 24, 12, ? p. not num. Dupl.
[Poems by Pires Laranjeira, J. Macedo, Manu-
ela de Abreu, Jofre Rocha, David Mestre, C.
da Velha, Pepetela, J.-M. Vilanova, M. A. Pi-
res, João Carneiro, Arnaldo Santos, Samuel
deSousa, E. Lara Filho, Vergílio A. Vieira, J. H.
Bacelar, João Serra, V. Oliveira Jorge, M.
António, Hugo Beja, António Cardoso, and
the Mozambicans Sebastião Alba, Heliodoro
Baptista, Eduardo Pitta, Eugénio Lisboa.]
(A, P)

MOLONEY   Raymond L.
1631."Castro Soromenho's Africa. In Various
Authors, *Studies in honor of Lloyd A. Kas-
ten.*
Madison,Wisconsin(USA), Ed. Hispanic
Seminar of Medieval Studies, 1975, p. 175-
184.   (E)

MONNIER   Laurent
1632."Identité nationale et pouvoir actuel de
la littérature en Angola." In J. M. Massa, *Les
littératures africaines de langue portugaise.*
Paris, 1985, p. 78ff.   (E)

MONTEIRO   Adolfo Casais
1633."Castro Soromenho: *Terra morta."*In his
O romance e os seus problemas. Lis., Casa

do Estudante do Brasil, 1950, p. 313ff. Also in his *O romance: Teoria e crítica*. Rio de Janeiro, Ed. José Olympio, 1964, p. 393-396. (E)

MOSER Gerald Max Joseph
1634."Castro Soromenho, an Angolan realist." In his *Essays in Portuguese-African literature* .University Park,Pennsylvania(USA), 1969, p. 42-60. (E)

Essays in Portuguese-African literature. Vide General, section C.

1635."José Luandino Vieira, desenhador." In Various Authors, *Luandino: José Luandino Vieira e a sua obra*. Lis., 1980, p. 133-146. II. (E)

1636."Nationalliteratur in Angola und Mozambique." In E. J. Tetsch, *Afrikanische Literatur - Perspektiven und Probleme*. Stuttgart(Germany), 1979, p. 189-196. (E)

1637."Queen Nzinga in fact and fiction." In B. Lindfors & U. Schild, *Neo-African literature and culture*. Essays in memory of Janheinz Jahn.
Wiesbaden(Germany), 1976, p. 220-242.
[Deals with writings about the ruler of Matamba from her confessor father António da Gaeta's biography of 1660 to M. P. Pacavira's novel of 1975.] (E)

1638."Tradition et révolution en Angola. Tentatives d'une conciliation par la littérature reflétées dans deux suppléments littéraires (1972-1976)." In J. M. Massa, *Les littératures africaines de langue portugaise*. Paris, 1985, p. 113-120. (E)

MOSER Gerald Max Joseph
FERREIRA Manuel
Bibliografia africana das literaturas de expressão portuguesa. Vide General, section C.

MOTA Mário Hermínio
1639.*Dois poetas em África. Tomás Vieira da Cruz (Angola) ; Reinaldo Ferreira (Moçambique)*.
Santarém(Portugal), pr.pr., 1966. 38 p. (E)

MOUR˜AO Fernando Augusto Albuquerque
1640.*A sociedade angolana através da literatura*. Coll. Ensaios, 38.
São Paulo, Ed. Ática, 1978. 157 p.
[Analyses the literature produced in Luanda since the end of the 19th century and the two phases of Castro Soromenho's writings. Based on Mourão's sociological master's thesis, University of S. Paulo, 1969.] (E)

1641."O problema da autonomia e da denominação da literatura angolana." In J.M. Massa, *Les littératures africaines de langue portugaise*. Paris, 1985, p. 121-131. (E)

NEIVA Soares António Filipe Sampaio ("António Soares")
1642.*A literatura angolana de expressão portuguesa*.
Porto Alegre(Brazil), 1983. (E)

1643.*Antologia poética*. 4 v.
Benguela, Ed. Convivium, Centro Cultural de Benguela, 1970/1971. 130+132+135+109 p.
[v. 1: A.F. Neiva, Maria de Lurdes Amorim, Maria de Deus Lemos, Oliveira San Payo, Mateus das Neves.
v. 2: Carlos Gouveia, Olga deVasconcelos, Ruy de Almeida, Teresa Cunha.
v. 3: Filomena Gamelas, Margarida Barradas, Rui do Zêzere, Vera Lúcia, Sandra Carla.
v. 4: Artur Queiroz, Eusébio Rodrigo da Costa, Leiria Dias, Mariana Lobo das Neves.]
(A, P)

1644.*Apontamentos de literatura angolana, 1*.
Benguela, 1975. (E)

1645.*Lendo e comentando, 1. Apontamentos críticos sobre a poesia angolana, 1971*.
Benguela, Ed. Convivium, 1972. 72 p.
[Book reviews published mainly in A Província de Angola, Luanda.] (E)

1646.*Poesia angolana. Antologia*. Coll. Caravela, 1.
Porto Alegre(Brazil), Ed. Vega, 1979. 111p.

II.;
2d ed.: Ibidem, 1983. [Identical].   (A, P)

NEIVA Soares António Filipe Sampaio
ALBUQUERQUE Orlando de
MACEDO Fernando Wolfango de
1647.*Angola, poesia 71.* Coll. Cancioneiro
Angolano, 1.
Benguela, Ed. Convivium, 1972. 53 p.
[Poems published in 1971 by A.Cordeiro da
Cunha, A. F. Neiva, ArnaldoSantos, A. Quei-
roz, Branca Mourinho, C. Gouveia, David
Mestre, F. Alvarenga, H. da Sylvan, J. Abel,
J-M. Vilanova, Jofre Rocha, J. Macedo, Maria
do Rosário Bravo, O. de Albuquerque, S.
Amaro, Tomás Jorge.]   (A, P)

NEKR'ASSOVA Lídia
1648.*Doroga. Rasskaz i povesti angol'skikh
pisateleï* [i.e. The road. Stories and novel-
lettes by Angolan writers]. Pref. Y. Oganis--
sián.
Moscow, Ed. Khudoshestvennaia Literatura,
1964. 199 p. II.
[Writings by Castro Soromenho, Lília da Fonseca, Costa Andrade, M. António, Rebello de
Andrade, Luandino Vieira.]   (A, N, ST)

NETO António Agostinho
1649. ...*Ainda o meu sonho...* Discursos
sobre a cultura nacional. Coll. Estudos,
Autores Angolanos, 6.
Lis., Edições 70, & Lu., UEA, 1980. 77 p. II.
[5 speeches delivered between 1977 and
1979.]   (E)

1650.*Sobre a cultura nacional.* Coll.
Cademos Lavra & Oficina, 15.
Lu., UEA, 1979. 18 p.
[Speech delivered in January 1979 to the
UEA in Luanda.]   (E)

1651.*Sobre a literatura.* Coll. Cadernos
Lavra & Oficina, 5. 2d ed.:
Lu., UEA, 1978. 27 p.
[Speech delivered in November 1977 before
the UEA upon taking office as its president.
Followed by his address of 10 December
1975 when the UEA was proclaimed and the
text of its proclamation.]   -
English ed. of the preceding two items: *On
literature and national culture.* Trans. anon.

(i.e. Russell G. Hamilton.) Coll. Cadernos
Lavra & Oficina, 20.
Lu., UEA, 1979. 30 p.
[Also in "Three speeches on Angolan cul-
lture," anon. trans., Ideologies & Literatures,
v, 2, n. 10. Minneapolis, Minnesota (USA),
1979, p. 3-15.]   (E)

1652.*Sobre poesia angolana.* Pref. Carlos
Ervedosa. Coll. Lavra & Oficina, 79.
Lu., UEA, 1988. 21 p.
[Talk given in Lis. in 1959 and first published
in Mensagem, v. 2, n. 5. Lis., 1960, p. 43-
49, with the title "Introdução a um colóquio
sobre poesia angolana."]   (E)

NETO Maria Eugénia
1653.*Deve-se escrever para crianças empre-
gando o maravilhoso?*
Lu., UEA, c.1979.
[Followed by her tale "A formação de uma estrela."]   (E, ST)

NEVES Fernando
1654.*Negritude e revolução em Angola.*
Pref. Rola da Silva.
Paris, Ed. ETC, 1974. 219 p.   (E)

NOBRE Maria da Conceição
1655.*Antologia de poesias angolanas.*
Nova Lisboa, Ed. Câmara Municipal, 1958.
348p.
[The cover gives the date 1958, the title page
1957.
Poems by G. de Altamira, Rebello de An-
drade, Aurélio Fernandes Alves, Fernando
Amaral,Virgínia Argentil, J. P. Arroja Júnior, J.
Galvão Balsa, Mário Beirão, M. Brazins, Luís
Miranda Cabral, Augusto de Carvalho, João da
Chela, Rui Coelho, Alberto Correia, Luís Ry-
der da Costa, Joana Couto, T. Vieira da Cruz,
"Dala", E. Leiria Dias, Hélder A. de F. Duarte,
Carlos Faria, Julieta Fatal, Lília da Fonseca,
Clodoveu Gil, M. de Almeida Gomes, Maria de
Jesus Ladeira, Alda Lara, Maria Isabel Lúpi, A.
Lopes de Melo, M. Gonçalves Merrelho, Tol-
stoi Nunes Motta, M. Moreira, Sofia de Serra
e Moura, Carlos Negrão, Alfredo de Oliveira,
Artur de Paiva, António de Penacova, Alfredo
Nunes Pereira, Ivone H. S. Santos Pereira,
João Baptista Pereira, Fernando Pessoa,
Sérgio Príncipe, Manuel Rezende, Luís Ro-

155

seira, A. Fernandes Sá, "Sançardote", Oliveira San-Payo, Ary [-Aires] de Almeida Santos, Manuel Sequeira, M. Correia da Silva, Silvano Sátiro Silva, Flávio Silvestre, Carlos Soares, Sebastiana MartinsSobrinho, A. Neves e Sousa, Luís da Silva e Sousa, H. da Sylvan, Reis Ventura, G. Bessa Victor.] (A, P)

OLIVEIRA M.
1656.*Canto pioneiro, 2.*
Huambo, Ed. Pioneiros da Cidade, 1979. 44 p. Il. Vítor Monteiro. (A, P)

OLIVEIRA Mário António Fernandes de
1657.*A formação da literatura angolana (1851-1950).*
Lis., Ed. Universidade Nova de Lisboa, 1985. 781, 1(err.) p. Dupl.
[Ph. D. dissertation] . (E)

1658."A poesia angolana nos seus múltiples aspectos e rumos." In Various Authors, *1* [Primeiro] *encontro de escritores de Angola.*
Sá da Bandeira, 1964, p.137-149 + 2(debate) p. [The meeting took place in January 1963.] (E)

1659.*A sociedade angolana do fim do século -lo XIX e um seu escritor.* Ensaio.
Lu., Ed. N´OS, 1961. 79 p.
[On J. D.Cordeiro da Matta.] (E)

1660.*Colaborações angolanas no "Almanach de Lembranças", 1851-1900.*
Porto, 1966. Offprint, Boletim do Instituto de Investigação Científica, v. 3. Lu., 1966, p. 75-85. (B, E)

1661.*Luanda, "ilha" crioula.*
Lis., Ed. Agência-Geral do Ultramar, 1968. 163 p.
[6 essays: "Quadro de referência: O arquipélago sul-atlântico português", "Luanda, ilha crioula", "Um intelectual angolense do século XIX", "O romancista angolense António Assis Júnior", "Tomás Vieira da Cruz, poeta" and "A obra literária de Óscar Ribas."]
- French ed.: *Luanda, "île créole".*
Lis., Ed. Agência-Geral do Ultramar, 1970. 150 p. (E)

1662.*O primeiro livro de poemas publicado na África portuguesa.*
Lis., 1970. 38 p. Offprint, Ocidente, v. 79.
[About J. da S. Maia Ferreira's *Espontanei- dades da minha alma,* a copy of which had been discovered in the New York Public Library.] (E)

1663.*Para uma perspectiva crioula da literatura angolana: O "Repositório de coisas angolanas" de J. D. Cordeiro da Matta.* Coll. Cadernos Gil Vicente.
Guimarães(Portugal), Ed. Gil Vicente, 1974. 15p. (E)

1664.*Poesia angolana de Tomaz Vieira da Cruz.* Pref. & selection by M.A. F. de Oliveira. Coll. Autores Ultramarinos, 14.
Lis., Ed. Casa dos Estudantes do Império, (1963). 62 p. Il. (A, E, P)

1665.*Reler África,* ed. Heitor Gomes Teixeira. Coimbra, Ed. Instituto de Antropologia, 1990. 554 p.
[Incl. "Poesia moderna de Cabinda", "Um João de Deus angolano" [i.e. J.D. Cordeiro da Matta], "Um poeta em Angola: David Mestre", "A sombra do marquês de Pombal" (On the historian Elias Alexandre da Silva Corrêa], "Para a história da poesia angolana", "Colaborações angolanas no Almanach de Lembranças, 1851-1900", "Influências da literatura brasileira sobre as literaturas portuguesas do Atlântico tropical", "Unidade e diferenciação linguísticas da literatura ultramarina portuguesa", "O primeiro livro de poemas publicado na África portuguesa". "A poesia angolana nos seus múltiples aspectos e rumos". "Memória de Luanda (1949-1953): 'Vamos descobrir Angola!' " Incl. also the interview given to M. Laban in 1984.] (E)

OLIVEIRA Vera Lúcia de
1666.*Fernando Costa Andrade: un poeta, una cultura, una lotta.*
Perugia(Italy), Ed. Facoltá di Lettere e Filosofia, 1990. Dupl. Master's thesis. (E)

PACHECO Carlos
1667.*José da Silva Maia Ferreira. O homem e a sua época.* Coll. Estudos.
Lu., UEA, 1990. 307 p. Il. (E)

PIRES José Cardoso
1668.*E agora, José?*
Lis., Ed. Moraes, 1977. 333p.
[Incl. pages about Castro Soromenho and José Luandino Vieira.] (E)

REISMAN Phyllis Anne
1669.*National literary identity in contempo-rary Angolan prose fiction.*
Minneapolis & Saint Paul,Minnesota(USA),
Ed. University of Minnesota, 1986. v, 235 p.
Dupl.
[Based on works by J.Luandino Vieira, Uanhenga Xitu, Pepetela and Manuel Rui.] (E)

RY´AUZOVA Helena A.
1670.*Byla tëmnaia noch. Rasskazy sovremennykh portugalskikh pisatelei* [i.e. The night was dark. Stories by contemporary Portuguese writers]. Selection, pref. & commentaries by author.
Moscow, 1962. 319 p.
[Incl. Castro Soromenho's story "Samba" in Russian trans., p. 172-179.] (A, ST)

1671,*Dez anos de literatura angolana. Ensaio sobre a moderna literatura angolana 1975-1985.* Coll. Estudos, 11.
Lis., Edições 70, & Lu., UEA, (1987). 128 p. (E)

1672.*"João Vêncio: Os seus amores* na criação de Luandino Vieira." In Various Authors, *Luandino: José Luandino Vieira e a sua obra.* Lis., 1980, p. 289-297. (E)

1673."Literatura Angoly v 70-e gody" [i.e. Angolan literature in the 1970s]. In Various Authors, *Razvitie literaturi v nezavissimykh stranakh Afriki (60 - 70-e gody XX veka)* [i.e. The discovery of the literatures in the independent countries of Africa during the 1960s and 70s].
Moscow, Izdalel'stvo Nauka, 1980. (E)

1673-a."Literatury Angoly i Mozambika." [i.e. The literatures of Angola and Mozambique]."
In Various Authors, *Sovremennye literatury Afriki: Vostochnaia i iuzhnaia Afrika* [i.e.Contemporary literatures of Eastern and Southern Africa], v. 2, chap. 5, p. 196-223.
Moscow, Ed. Izdatel'stvo Nauka, 1974. (E)

1674.Luandino Vieira, [Selected Works].
Russian trans. and selection by Helena A. Ryáuzova.
Moscow, Ed. Arco-Iris, 1984. (E)

1675."Proza Angoly (realistichiskie i national'no-osvoboditel'nye tendentsii)" [i.e. Angolan fiction.The realistic and national liberation tendencies]. In *Folklor i literatura narodov Afriki* [i.e. Foklore and literature of the peoples of Africa].
Moscow, Ed. Izdatel'stvo Nauka, 1970, p.350-374. (E)

1676."Revoliutsionnaia poeziia Angoli i Mozambika" [i.e. The revolutionary poetry of Angola and Mozambique]. In Various Authors, *Progressivinie literatury, mira i revoliutsionnii protsess* [i.e. Progressive literatures of the world and the revolutionary process].
Moscow, 1976. (E)

1677."Rol' literaturnykh sviazeï v stanovlenii angol'skoï prozy" [i.e.The role of literary relations in the development of Angolan prose].
.In I. D. Nikiforova, *Vzaimo-sviazi afrikanskikh literatur i literatur mira: Sbornik statei* [i.e. The relations between Africa and the world.]
Moscow, Ed. Izdatel'stvo Nauka, 1975, p. 194-236. (E)

1678.*Vizviatshenie: Sovremennaia proza Angoli* [i.e. The return: Modern Angolan prose]. Selection and pref. Russian trans. A. Bogdanovsky, D. Grushkó, H. Ryáuzova.
Moscow, Ed. Arco-Aris, 1983. 235 p.
[Stories by Uanhenga Xitu, A. Cardoso, J. Luandino Vieira, A, Jacinto, Pepetela, Manuel Rui, Boaventura Cardoso and José Freitas.] (A, ST)

RIBAS Óscar Bento
1679. "O folclore. Sua investigação e literatura oral." In Various Authors, *I* [Primeiro] *encontro de escritores de Angola.*
Sá da Bandeira, 1963, p. 201-215. (E)

RODRIGUES Urbano Tavares
1680."Luandino Vieira: Uma língua de autor."
In J. M. Massa, *Les littératures africaines de*

langue portugaise. Paris, 1985, p. 145-149
(E)

SACRAMENTO Mário
1681."Castro Soromenho: Evocação." In
Ensaios de domingo, v. 2. Porto, Inova,
1974, p. 69-71. [First published in Seara
Nova, n, 1476. Lis., October 1968, p. 357.]
(E)

SANTILLI Maria Aparecida
1682."A *Luuanda* de Luandino Vieira." In
Various Authors, *Luandino: José Luandino
Vieira e a sua obra.* Lis., 1980, p. 257-269.
(E)

1683."Poética da identidade nacional na literatura angolana: Simbolização e emoção."
In J. M. Massa, *Les littératures africaines de
langue portugaise.* Paris, 1985, p. 151-158.
(E)

SANTOS António de Almeida
1684.*Páginas de política e literatura.* Coll.
N'gola, 1.
Lu., Ed. Livrangol, 1975. 163p. II.   (E)

SANTOS Bibiano
1685. "Problématique de la recherche
d'identité chez Castro Soromenho." In J. M.
Massa, *Les littératures africaines de langue
portugaise.* Paris, 1985, p. 159-167.   (E)

SCHARFMAN Gerald B.
1686.*Castro Soromenho and his total vision
of Africa.*
New York, City University of New York, 1978.
Dupl.
[Ph. D. dissertation].   (E)

SEABRA José Augusto
1687. Poética e logotetismo." In Various
Authors, *Luandino: José Luandino Vieira e
a sua obra.* Lis., 1980, p. 199-209. (A paper
presented in Lisbon in 1976 under another
title applying a linguistic theory to J. Guimarães Rosa and Luandino Vieira.]   (E)

SILVA Manuel Costa e
1688.*Os meus amigos.*
Lis., Ed. Publicações Dom Quixote, 1983.
[Incl. a chap. on Luandino Vieira.]   (E)

SILVA Mário Moreira da
1689.*A imprensa não diária em Angola.*
Lis.(?), c.1970.   (E)

SIM͂OES João Gaspar
1690."Castro Soromenho, *Homens sem
caminho.*" " In his *Crítica III, Romancistas
contemporâneos (1942-1961).*
Lis., Ed. Delfos, n/d., p. 45-52.
[Dated 1943, this article also deals with colonial novels in general. It was one of the first
book reviews of one of Castro Soromenho's
novels by a wellknown Portuguese critic.] (E)

SOARES António Vide NEIVA Soares
António Filipe Sampaio

STERN Irwin
1691."A novelística de Luandino Vieira:
Descolonização ao nível do terceiro registo."
In Various Authors, *Luandino: José
Luandino Vieira e a sua obra.* Lis., 1980, p.
189-198. [Portuguese trans. of a paper
presented in 1978 in Boone, North Caroli-
na(USA) as "Luandino's short fiction. Decolonization in the third register" and published in
C. A. Parker, etc., *When the drumbeat
changes.* Washington, D.C.(USA), 1981, p.
141-152.]   (E)

TORRES Alexandre Pinheiro
1692."Onde se vê como se passa do homem
'biológico' ao 'homem histórico-social'." In
Romance: O mundo em equação. Coll. Problemas, 19. Lis., Portugália Ed., 1967, p.
206-210.
[On Castro Soromenho.]   (E)

1693. *O neo-realismo literário português.*
Coll. Temas e Problemas.
Lis., Moraes Ed., 1977.
[Incl. essays on Agostinho Neto and Luandi-
no Vieira.]   (E)

1694."O problema da privação biográfica ou
um seu correlativo (indeterminação de
identidade individual e nacional) em 'mulatos-
tipo' de Castro Soromenho." In J. M.Massa,
*Les littératures africaines de langue portu-
gaise.* Paris,1985, p. 169-174.   (E)

TORRIELLO Fernanda
1695. *Poesia angolana moderna.* Coll. Antologie e Traduzioni, 1.
Bari(Italy), Adriatica Ed., 1981. 465 p.
[Bilingual anthology of many poems by A.
Barbeitos, F. Costa Andrade, A. Jacinto, A.
Cardoso, V. da Cruz and Manuel Lima.] (A, P)

TRIGO Salvato
1696. *Angolana.* Selecta literária para o 1.o
ano dos cursos gerais do ensino secundário.
Lu., Livrangol Ed., 1974. 256 p. II.
[Brief selections of Portuguese and Angolan
writers . Among those resident in Angola: A.
de Almeida Santos, Alda Lara, A. Diogo
Júnior, António Pires, A. Videira, C. Alves
("Cave"), Castro Soromenho, Cerqueira de
Azevedo, Charrulla de Azevedo, A. Dáskalos,
Amaro Monteiro, Assis Júnior, Bessa Victor,
Branca Mourinho, Cordeiro da Matta, F. Neiva, Garibaldino de Andrade, Eduardo Neves,
E. Teófilo, E. Lara Filho, H. Raposo, J.B. Pereira, J. da Chela, José de Almeida Santos,
Leiria Dias, Lília da Fonseca, Luiz Malta, Maia
Ferreira, Manuel de Resende, Maria Archer,
Mário Mota, Mesquitela Lima, Neves e Sousa,Óscar Ribas, Mourão Correia, Pedro Félix
Machado, T. Vieira da Cruz, Urbano de Castro,
E. Marecos, A. Troni, Agostinho Neto, V. da
Cruz, A. Jacinto, Luandino Vieira, Arnaldo
Santos, Costa Andrade, A. Cardoso, Jofre
Rocha, M. António, J. Macedo, António de
Penacova, Capelo & Ivens, Henrique Galvão,
Reis Ventura, Carmo Vaz, Carlos Amorim,
Eduardo de Azevedo, José Redinha.
(A, FW, NO, P, ST)

1697. *A poética da "geração da Mensagem".*
Coll. Literaturas Africanas, 2.
Porto, Brasília Ed., (1978). 193 p. (E)

1698. *Introdução à literatura angolana de
expressão portuguesa.* Pref. R. Ehrentraut.
Coll. Literaturas Africanas, 1.
Porto, Brasília Ed., 1977. 163 p. (E)

1699."O texto de Luandino Vieira." In Various
Authors, *Luandino: José Luandino Vieira e
a sua obra.* Lis., 198).p. 229-255.
[Mainly about *Velhas histórias.*] (E)

TRIGUEIROS Luís Forjaz

1700. *Angola.* Coll. Antologia da Terra Portuguesa, 10.
Lis., Liv. Bertrand Ed., 919620. 238 p. II.
[Incl. among the authors of prose or poetry
A. Casimiro, Guilhermina de Azeredo, Ó. Ribas, Castro Soromenho, Reis Ventura, António Pires, T. Vieira da Cruz, Ferreira da Costa,
G. Bessa Victor, A. de Almeida Santos, E. Teófilo, Alda Lara, A. Cardoso, L. Cosme, M. António.] (A, P, ST)

VARIOUS AUTHORS
1701. "Agostinho Neto issue." Okike, n.18.
Nsukka(Nigeria), 1981.
[Biographical introduction followed by poems
of homage to A. Neto by Chinua Achebe and
other Nigerian poets, by Dennis Brutus
(South Africa), Andrew Salkey (Jamaica), and
Tijan M. Sallah(Gambia).] (E, P)

1702. "À *memória de Agostinho Neto.*"
Special issue. África, v. 2, n. 7. Lis.,
January/March 1980.
[Beside 3 prose texts by A. Neto, poems by
Corsino Fortes, A. Bellini Jara, A. Pinheiro
Torres, E. Gonçalves, Orlando da Costa, Manuel Alberto Valente and Orlando Mendes,
articles by Arménio Ferreira, A. Pinheiro
Torres, M. Simões, Fernando J. B. Martinho,
U. Tavares Rodrigues, W. S. Merwin, M. T.
Marques, R. G. Hamilton, P. Lidmilová, H.
Ryáuzova, and recollections by Manuel
Ferreira, Carlos Eurico da Costa and José Gomes Ferreira.] (E, P)

1703. *Aspiração.* Caderno literário dos jovens
escritores e amantes da literatura em saudação à proclamação da Brigada Jovem de Literatura. Pref. São Vicente and program of the
Brigada. Coll. Cadernos Lavra & Oficina, 33.
Lu., UEA, 1981. 79 p.
[Beside Agostinho Neto's poem "Aspiração"
poems by São Vicente, Anadello, Mafala dyá
Katambi Kyamba, Kakiezu, António Cazevo,
Junot, Gastão Rebelo,Rui Eduardo, Carlos
Ferreira, Felisberto Costa, Luís Rita, António
Fonseca, Fernando Couto, Tito Fernando,
Leal Cordeiro, Alberto Lussoki, Kalalaia, Víctor Jorge, Ministro Cisco, Antero do Valle,
Bento Bento, Manuel Correia Víctor, Chico
Zé.] (P)

1704.*A voz igual.* Ensaios sobre Agostinho Neto, v. 1. Pref. Salvato Trigo.
Porto, Ed. Fundação Engenheiro António de Almeida, & Lis., Ed. Angolê, (1990). 491 p. II. photos.
[Proceedings of the 1st international symposium on Angolan culture, Porto, May 1989. Incl. A. Barbeitos, "O mesmo e o outro em A. N."; Virgílio Coelho, "A. N.: Kilamba kyass da nossa esperança"; Jorge Macedo, "A. N.: Uma escritura humanista"; João Maimona, "As vias poéticas da esperança de A. N."; G. Moser, "Um casal de escritores complementários"; Eugénia Neto, "A poética de N. como praxis social."]   (E)

Breve África: Antologia de contistas e poetas do Lubango.   Vide 1558.

1705.*Canto pioneiro.* Coll. Cadernos da Frente Cultural, 2d series, n. 1. 2d ed. (Lu.), Instituto Angolano do Livro, (1978).
[Poems of young *pioneiros.*]   (A, P)

1706. *Canto pioneiro II.* Coll. Ano Internacional da Criança.
Lu., INALD, & Huambo, Comissão Provincial de Apoio ao Ano Internacional da Criança, 1979. 43 p. II. Vítor Monteiro.
[Poems of young *pioneiros* of the town of Huambo, collected by M. Oliveira.]   (A, P)

1707.*Documentos da VI conferência dos escritores afro-asiáticos,* v. 1: *Teses angolanas.*
Lis., Edições 70, & Lu., UEA, 1981. 204 p. II.   (E)

1708. *Escritores, literatura & desenvolvimento.* Coll. Cadernos Lavra & Oficina, 86.
Lu., UEA, 1990.
[Proceedings of the Colloquy on the cultural dimension of development held in Luanda, 10-16 September 1989.]   (E)

1709. *Exposição- concurso de poesia ilustrada.*
Lu., Ed. Câmara Municipal, 1964. 51 p. II. (P)

1710.*Força nova.* Colectânea de poesia de estudantes de Luanda. Pref. Jorge Fernandes.

Lu., pr.pr., 1961. 147 p.
[Poems by students of the Liceu Salvador Correia, Luanda.]   (A, P)

1711.*La langue portugaise en Afrique.* Coll. Travaux du Centre d'Études Hispaniques, v. 21, new series, 6.
Rennes(Francs), Ed. Université de Haute Bretagne, 1989. 179, 1 p.
[2 of the 10 papers deal with Angolan themes: S. de Menezes-Leroy, "La structure tri-unitaire dans *Nós, os do Makulusu* [by Luandino Vieira]", and M. F. Bidault, "L'exemple de *Os cus de Judas* de António Lobo Antunes".]   (E)

1712.*Lavra & Oficina: Caderno especial dedicado à literatura angolana em saudação à VI conferência dos escritores afro-asiáticos.*
Lu., UEA,1979. 135 p. II.
[Selections from the writings of A. Abreu, Costa Andrade, A, Barbeitos, Benúdia, R. Bueti, A. Cardoso,B, Cardoso, R. D. de Carvalho, R. David, H. Guerra, A. Jacinto, J. Macedo, A. Neto, Eugénia Neto, M. P. Pacavira, Pepetela,Ó. Ribas, J. Rocha, M. Rui, A. Santos, F. Castro Soromenho, D. Van-Dúnem, J. L. Vieira, Uanhenga Xitu.]   (A, P, ST)

1713.*Literatura angolana. Inconfidência & consciência crítica.*
Petrópolis(Brazil), Ed. Vozes, 1979. 80 p.
[Contents: Pires Laranjeira,"Luandino Vieira, apresentação da vida verdadeira"; João Carneiro, "Viriato da Cruz: Da urgência de reler um poeta"; Pedro Lyra, "Entre o amor e o poder"; and Rogério de Almeida Cunha, "Consciência crítica".]   (E)

1714. *Luandino: José Luandino Vieira e a sua obra.* Estudos, testemunhos, entrevistas.
Coll. Signos, 32.
Lis., Edições 70, (1980). 323 p. II.
[Essays by Mário P. de Andrade, Rui Bueti, Ferreira de Castro, C. Ervedosa, Manuel Ferreira, R. G. Hamilton, M. Laban, P. Lidmilová, Fernando J. B. Martinho, G. Moser, H. Riáuzova, M. A. Santilli, J. A. Seabra, J. de Sena, I. Stern, S. Trigo, and a bibliography.]   (B, E)

1715. *Manguxi da nossa esperança.*

Homenagem literária de escritores nacionais e estrangeiros à memória do camarada presidente António Agostinho Neto. Coll. Cadernos Lavra & Oficina, 26.
Lu., UEA, 1979. 76 p.
[Essays by "Orlando Távora"(A. Jacinto), A. Abreu, J. Rocha, Eugénio Ferreira; poems by the Angolans A. Abreu, A. Cardoso, A. Jacinto, Arnaldo Santos, B. Cardoso, Costa Andrade, D. Mestre, Fernando Monteiro, João Pedro, J. Rocha, J. Luandino Vieira, M. Rui, O. Correia, R. David, R. Marcelino, C. S. Monteiro Ferreira, H. Martins Torrado, I. Torres Pina, "Nato", Orlando Saldanha, Pedro Correia, the Cuban Ana Castellanos, an anon. Cuban, and Fernando Sylvan from East Timor.] (E, P)

1716. *O caminho das estrelas. Nova poesia para Agostinho Neto. Homenagem literária dos jovens escritores e amantes da literatura.* Pref. São Vicente, Fernando Couto. Coll. Cadernos Lavra & Oficina, 34.
Lu., UEA, 1981. 66 p.
[Beside A. Neto's "O caminho das estrelas", "A voz igual" and "Não peças sorrisos", poems by Carlos Ferreira, F. Couto, São Vicente, Tony Gonçalves, R. Eduardo, Vítor Jorge, "Ministro Cisco", Luís Rita, Gastão Rebelo, Katetebula, Lalão, Mafala diya Katambi Kyamba, Kudijimbe.] (A, P)

1717. *Poesia de combate.* Pref. António Jacinto.
n/p.(Porto Alegre,Brazil?), Ed. Globo, n/d. (c. 1974). 32 p.
[Pref. dated 19 June 1974. Poems by Agostinho Neto, Deolinda Rodrigues de Almeida, A. Jacinto, Sá Cortez, N. Spencer, Pedro de Castro Van-Dúnem, 'Diandengue", T. Spiele, N. Wendel, E. Corgo, F. Wochay. Also prose "Cartas de clandestinidade de um amigo a Simeão Kafuxi."] (A, P. SK)

1718. *Presença de Idealeda.* Poemas. Poetas angolanos.
n/p.(Nova Lisboa), pr.pr., 1973. 80 p., printed on the odd num. ones. Dupl.
[Poetry recital on the 1st anniversary of the Ateneo Literário e Artístico Idealeda of Nova Lisboa. Poems by R. Burity da Silva, Carmo Marcelino, Norberto Duarte, Tomás Jorge,

Oliveira San Payo, A. de Almeida Santos, C. da Velha, José Fialho, J. Huet Bacelar, T. Vieira da Cruz, M. António, Arnaldo Santos, Ruy de Carvalho, F. Neiva, A. Bellini Jara, Alda Lara, D. Mestre, Manuela de Abreu, Amélia Veiga, J.Macedo, Maria Olímpia Lucas, G. Bessa Victor, E. Lara Filho, Mário Graça, Carlos Gouveia, J. Abel, Santos Costa, A. Jacinto, J.-M. Vilanova, O. de Albuquerque, Nelson Vilela, Leiria Dias, F. Alvarenga, A. Dáskalos, Maria José de Sousa.] (A, P)

1719. *I* [Primeiro] *encontro de escritores de Angola.* Realizado em Sá da Bandeira, de 19 a 27 de janeiro de 1963.
Sá da Bandeira, Ed. Publicações Imbondeiro & Serviços Culturais do Município, 1963. 323 p. II.
[Incl.papers by M. António, L. Cosme, J. Redinha, Galvão Balsa, Ó. Ribas, and Heitor Gomes Teixeira.] (E)

1720. "Suplemento Literário" dedicado a Castro Soromenho, <u>Diário de Lisboa.</u> Lis., 4 July 1968.
[Essays by Roger Bastide, "Um edifício admirável"; Manuel Ferreira, "O primeiro romancista de temas africanos"; José Augusto França, "Na morte de Castro Soromenho"; José Cardoso Pires, "Um homem de perfil."] (E)

VEN^ANCIO José Carlos
1721."Para uma perspectiva etnológica da literatura angolana." <u>In</u> J. M. Massa, *Les littératures africaines de langue portugaise.* Paris, 1985, p. 175-182. (E)

1722. *Uma perspectiva etnológica de literatura angolana: "Chuva chove em cima da nossa terra de Luanda."* Coll. Universidade, 9.
Lis., Ed. Ulmeiro, 1987. 141 p. Maps. (E)

VICTOR Geraldo Bessa
1723. *A poesia e a política.*
Lu., Ed. Mondego, 1937. 37 p. (E)

1724."Em torno da primeira obra de quimbundo." In *Língua e Cultura.* Lis., 1975. [First published in "Artes e Letras", <u>A Província de Angola.</u> Lu., 30 October, 6 and

13 November, 18 December 1974 and 6 January 1975. About the catechism written in Kimbundu by father Francesco Paccone, published by father António do Couto, Lis., 1642.] (E)

1725. *Intelectuais angolenses dos séculos XIX e XX: 1. Augusto Bastos.*
Lis., pr.pr., 1975. 19 p. (E)

1726. *Minha terra e minha dama.* Ensaios sobre temas literários de África.
Lis., pr.pr., 1952. (E)

VIEIRA Vergílio Alberto
1727. *Monangola: A jovem poesia angolana.* Coll. Os Olhos e a Memória, 4.
Porto, Ed. Limiar, 1976. 78 p.
[Poems by J. Abel, Ruy D. de Carvalho, J. Macedo, D. Mestre, J. Rocha, M. Rui, Arnaldo Santos, Monteiro dos Santos, J.-M. Vilanova.]
(A, P)

"VILANOVA João-Maria"
1728. *Para uma interpretação da poesia de Aimé Césaire.*
Lu., pr.pr.(?), 1971. (E)

VOGT Elke
1729. *Die Stellung des Mestizo in der ango-lanischen Literatur vor der Unabhängigkeit* (i.e. The position of the Mestizo in Angolan literature before Independence.]
Mainz(Germany), Ed. Institut für Ethnologie und Afrikastudien, 1982.
[Master's thesis]. (E)

WHEELER Douglas L.
1730. "Origins of African nationalism in Angola: Assimilado protest writing, 1859-1929." In Ronald H. Chilcote, *Protest and resistance in Angola and Brazil.* Los Ange-les(USA), Ed. African Studies Center (University of California), 1972, p. 67-87. (E)

WOLFERS Michael
1731. *Poems from Angola.* Pref. and English trans.by author. Coll. African Writers Series, 215.
London, Ibadan & Nairobi, Heinemann, 1979. (15), 112 p.
[Poems by J. Abel, H. Abranches, M.António, Costa Andrade, A. Barbeitos, A. Cardoso, Ruy D. de Carvalho, E. Corgo, V.da Cruz, A. Dáskalos, H. Guerra, A. Jacinto, R. de Matos, Agostinho Neto, Hélder Neto, J. Rocha, Deo-linda Rodrigues, Gasmin Rodrigues, M. Rui, Arnaldo Santos, J. Luandino Vieira, N. Wendel.]
(A, P)

2. CAPE VERDE

ALMEIDA António de
1732. *Sobre o ciclo do Lobo em Cabo Verde e na Guiné Portuguesa.*
Lis., Junta de Investigações do Ultramar, 1965.
12 p. Off. *Actas do Congresso Internacional de Etnografia, 1963*, v. 2. (E)

BARROS Simão de
1733. *De rebus hesperitanis. Artigos, estudos, notas e observações sobre história, geografia, literatura, folk-lore, vida administrativa e estado social de Cabo Verde.* Caderno 1.
Lis., Ed. Hesperitanas, n/d.(c.1944). 70 p. (E)

BRITO António de Paula
"Dialectos crioulos portugueses. Vide Section C

CARDOSO Pedro Monteiro ("Afro")
1734. *Folclore caboverdiano.* Pref. J. B. Amâncio Gracias. Author's introduction: "1460".
Porto, Ed. Maranus, 1933. 120 p.
[Part I: "Folclore caboverdeano", with the sub-headings "Cabo Verde e Brasil," "Noções elementares de gramática," and Part II: "Cancioneiro", "Crioulo do Fogo" and "Crioulo de Santiago," with António Cortez as co-author; an appendix, "Mornas de Cabo Verde," incl. the music of "Maria Adelaide", possibly the oldest *morna* known on the Islands, and of 2 *mornas* by Eugéno Tavares, "Oh! bai, já bu triste!" and "Tarde de aguada"; final p. containing "In memoriam" of António Cortez and Eugénio Tavares, incl. 3 of their poems in Creole.]
2d ed. Pref. Luís Silva, A. Margarido.
Paris, Ed. Solidariedade Caboverdiana, & Lis., Ed. Ulmeiro, 1983. 120 p. II. (E, P)

CASIMIRO dos Santos Augusto
1735. *Ilhas crioulas.* Coll. Cadernos Coloniais, 3.
Lis., Ed. Cosmos, (1935).
[Chap. iv: "O folklore crioulo," p. 21-27.] (E)

COSTA Joaquim Vieira Botelho da
DUARTE António José
"O crioulo de Cabo Verde"... Vide Section C.

LOPES da Silva Baltasar
1736. "Lúcio-e-Fé" and "O Lobo e o Chibinho." In Manuel Ferreira, "Fabulário do ultramar português," in Vieira de Almeida & Luís da Câmara Cascudo, *Grande fabulário de Portugal e Brasil*, v. 2.
Lis., Ed. Fólio, 1962, p. 343, 347-352. (ST)

LOPES FILHO João
1736-a. "Tradição oral". In *Cabo Verde : Subsídios para um levantamento cultural.* Lis., Plátano Ed., 1981, p. 103-129. (E)

MARTINS Vasco
1737. *A música tradicional cabo-verdiana - I: A morna.*
Praia, ICLD, 1989. 183 p.
[Essay on this folk dance and song.] (E)

MONTEIRO Jorge Fernandes ("Jótamont")
1738. *56* (Cinquenta e seis) *mornas de Cabo Verde.* Recolhidas. Pref. "Marmellande" (i.e. Martinho de Mello Andrade.]
Mindelo, pr.pr., (1988). 123 p. II. author's portrait & a drawing by Manuel Figueira.
[Lyrics in Creole & melodies, by various authors and composers.] (P)

MOURA Jacinto José do Nascimento
1739. *Crioulo e folclore de Cabo Verde.* Off. *Primeiro Congresso Nacional de Antropologia Colonial*, v. 2. Comunicações.
Porto, Ed. I.a Exposição Colonial Portuguesa, 1934. 34 p. (E)

NYHAN Patrícia
ALMEIDA Raymond A.
1740. *Nho Lobo folktales of the Cape Verde people.* Trans. from Creole by the Cape Verdean Educators Collaborative.
Boston (USA), Ed. Tchuba & The American Committee for Cape Verde, c.1976. 27 p. II. John Cooney.
[Prepared for American elementary schools.] (ST)

OLIVEIRA José Osório de Castro
1741. *As ilhas portuguesas de Cabo Verde.* Coll. Educativa, Série E, 3.
Lis., Ed. Imprensa Portuguesa, (1955). 122 p. II. map.

[Incl. 2 folktales in Baltasar Lopes' Portuguese version, "O Lobo e o Chibinho" and "João-Que-Mamou-Na-Burra" as an appendix to poems by Eugénio Tavares, Jorge Barbosa and "Osvaldo Alcântara", as well as prose by Baltasar Lopes and Manuel Lopes.] (E,ST)

"OSO´RIO Oswaldo" (i.e. **CUSTO´DIO** Osvaldo Alcântara Medina)
1742. *Cantigas de trabalho.* Tradições orais de CaboVerde. Recolha, transcrição, tradução, comentários, notas. Pref. Manuel Veiga.
(Praia),Ed. Sub-Comissão para a Cultura, & (Lis.), Plátano Ed., n/d.(c.1980). 83 p. Il., map. With a recording of four songs. (P)

PARSONS Elsie Clews
1743. *Folk-lore from the Cape Verde Islands.* Coll. Memoirs of the American Folk-Lore Society, I5.
Cambridge (Massachusetts, USA) & New York City, Ed. American Folk-Lore Society, I923. 2 v.
[V. I: Folktales in English trans.; v.2: Folktales in Cape Verdean Creole, proverbs, sayings and riddles, gathered among Cape Verdeans in New England with the assistance of Gregório Teixeira da Silva. Several tales had previously been published by E. Parsons in the Journal of American Folk-Lore, v.30 (1917), 33(1920) and 34 (1921), Lancaster & New York.]
- Portuguese ed.: *Folclore do arquipélago de Cabo Verde.* Pref. Fernando de Castro Pires de Lima.
Lis., Ed. Agência-Geral do Ultramar, 1968. 790 p. (FW,ST)

ROMANO Madeira de Melo Luís
1744. *Cabo Verde. Renascença de uma civilização no Atlântico Médio.*
Lis., Ed. Ocidente,1967. 199 p.;
2d ed. Lis., Ed. Ocidente, 1970. 312 p.
[Originally published in the review Ocidente, Lis., 1966/67.] (E,P,ST)

SILVA Tomé Varela da
1745. *Finasons di ña Nasia Gomi.* Coll. Tradisons Oral di Kauberdi. Pref. Author.
Praia, ICL, 1985. 117 p. Il.
[Songs used in contests of singers.] (A,P)

1746. *Na bóka noti,* v. 1. Coll. Tradisons Oral di

Kauberdi. Pref. Author.
Praia, ICL, 1987. 400 p.
[85 folktales in Creole.] (ST)

1747. *Ña Bibiña Kabral. Bida y obra.* Coll. Tradisons Oral di Kauberdi.
Praia, ICL, 1988. 288 p. Il.
[Ed. in collaboration with Horácio Santos and Alexandre Semedo. Texts of finasons, sanbune, sanfonas, batuques composed and sung by Maria Semedo da Veiga, the spouse of José Cabral.] (P)

1748. *Ña Gilda Mendi. Sementi di onti na ´con di mañan.* Pref. Author.
Praia, ICL, 1990. 266 p. (ST?)

SOUSA José Maria de
1749. *Hora di bai. Mornas e coladeiras de Cabo Verde.* 2 v.
(East Providence, Rhode Island, USA), Ed. Capeverdean American Federation, (1973 & 1975.) 239, 213 p. Il. Pinto Sousa, Neves e Sousa & photos.
[While living in Praia, Santiago Island, Father Sousa collected the melodies and lyrics of these 84 *mornas* and *coladeiras* sung by M. Barros, alderman of S. Salvador do Mundo, Santiago Island, in Creole. He added trans. into Portuguese, English and French. His introduction to v. 1 sketches the main features of Creole and of Cape Verdean music. Appended to v. 1 is a selection of 3 stories, 20 proverbs and 20 riddles contributed by Veríssimo Manuel, p. 177-211.] (A,FW,P,ST)

Section B	Section B
Creative Writing (Novels, novellas, stories, prose sketches, theater, poetry)	Literatura culta (Romance,novela, conto, crónica, teatro, poesia)

AFRA João Simões ("J.S. A.")
1750. Varia:
"Augusto Barreto". In Novo Almanach de Lembranças Luso-Brasileiro para 1884. Lis.,

1883, p. 159f. [Incl. Barreto's poem "A vida".]
"Guilherme da Cunha Dantas." Ibidem para
1889, suplemento. Lis., 1888, p.91-94. [With
2 poems by Dantas.]   (SK)

"O vinho". Ibidem para 1889. Lis., 1888, p. 239.
"Que tempos!" Ibidem para 1890, suplemento.
Lis., 1889, p. 196ff.   (ST)

"ALCA'NTARA   Osvaldo" Vide LOPES
da Silva   Baltasar

ALFAMA   Jorge Miranda
1751. Varia:
A poem in Creole, with Portuguese trans. In
Cabo Verde, v.12, n. 142. Praia, July 1961.
A poem in Notícias de Imbondeiro, n. 32. Sá da
Bandeira, Angola, May 1962.
2 poems in Sèló, n. 1, of Notícias de Cabo Verde.
S. Vicente, 25 May 1962.
One poem. Ibidem, n. 2. S. Vicente, 28 August
1962.
5 poems in Mákua, v. 4. Sá da Bandeira, 1963,
p. 39-42.
3 poems in Imbondeiro, n. 57. Sá da Bandeira,
January 1964.
One poem. Ibidem, n. 58. Sá da Bandeira, Fe-
bruary 1964.
One poem. Ibidem, n. 61. Sá da Bandeira, May
1964.
"Oração" and "Regresso" . . In M. Ferreira, No
reino de Caliban, v. 1. Lis., 1975, p.225ff.
"Esperança 2" and "No fim da jornada." In
Raízes, Praia,January/April 1977, p. 91.   (P)

ALFAMA   José Bernardo
1752.Canções crioulas e músicos populares
de Cabo Verde. Pref. author.
Lis., pr.pr., 1910. 21 p.
[Incl. several songs with melodies.]   (P)

1752-a. Varia:
."O teu olhar." Quadra. In Revista de Cabo Verde,
n. 2. S. Vicente, February 1899, p. 53.
"Quatro anos de ausência." In A Voz de Cabo
Verde, n. 9. Praia, 20 April 1911.
"Resposta a José Lopes." Ibidem, n. 17, 10
May 1911.   (P)

ALMADA   David Hopffer
1753.Canto a Cabo Verde. Coll. Poesia.
Praia, ICL, 1988. 70 p.

[In two parts, "Canto da longa noite" and "Canto
da nova esperança," incl. several poems in Creole.]   (P)

ALMADA   José Luís Hopffer Cordeiro ("Dionísio de Deus", "Fontana", "Alma Dofer","Zé de
Sant'y Agu", "Naiz d'Itanta")
1754.À sombra do sol. 2 v.
Praia, Ed. Voz di Povo & Movimento Pró-Cultura,
1990. I54 & 92 p.   (P)

1755. Varia:
"África". In O Despertar do Escolar. Praia, c.1937.
"Memória para Jorge Barbosa," in Voz di Letra, n.
1. Praia, 1986, p. 3;
"Verde afã ou uma palavra vã." Ibidem, n. 3.
Praia, 1986, p. 1;
"Permanência". Ibidem, n. 4. Praia, 1986, p. 4;
"País ilhéu". Ibidem, n. 5. Praia, 1986, p. 6;
"Meio-dia putrefacto." In Seiva, n. 5.Praia,
1987, p.25.
"Exercício poético sobre a côr e o amor", "Pa-
ra Vadinho, o possesso da eternidade." In Frag-
mentos, n. 1. Praia, 1987, p. 15, 39;
"Angústia". Ibidem, n. 2. Praia, 1988, p. 27;
"Ta madura na spiga," "Buska", "Poema ante o
crepúsculo." Ibidem, n. 3/4. Praia, 1988, p. 44,
49;
"Fede o féretro," "Exílio", "In memoriam de Che
Guevara," "Cicatrizes da seca," "Brain storming".
Ibidem, n. 5/6. Praia,1989, p. 47f., 93f.
"Vou andando sem pressas," "Os momentos per-
dem-se e sucedem-se." "Sofrimentos e fingi-
mentos," "Foste o sol que despontou." In Fragmentos, n. 7/8. Praia, December 1991,p. 63.
                                             (P)

"Março". In Fragmentos, n. 2. Praia, 1988, p.
15-17;
"Lembransas di arvi." Ibidem, n. 5/6. Praia, 1989,
p. 71f;
"O convívio". In Fragmentos, n. 1. Praia, 1987,
p. 5f;
"Rememoração da terra e da humidade." Ibidem,
n. 5/6. Praia, 1989, p. 63f.;
"Chuva nocturna". Ibidem, n. 5/6. Praia, 1989,
p. 79f.
                                             (ST)

ALMEIDA   Eudo Tavares de ("Etalmeida")
1756. Varia:
"Morna" and "Lembrança". In Arquipélago, v. 1,

n. 2. Boston, October 1985, p.15.
"A chuva caía..." Ibidem, n. 6. Boston, February 1987, p.15.
"Saudade". Ibidem, n. 8. Boston, December 1987, p. 17.
"Perturbação". Ibidem, n. 9. Boston, May 1988, p.36. (P)
"Tempo difícil". Ibidem, v. 2, n. 7. Boston, June 1987, p. 31.
"Lembrança de Salrei." Ibidem, v. 6, n. 15. Boston, May 1991, p. 12f. (SK)

Aquela lojinha". In Arquipélago, v. 2, n. 6. Boston, February 1987, p. 10.
"A carta". Ibidem, v. 2, n. 8. Boston, December 1987, p. 37f.
"A praga". Ibidem, v. 6, n. 15. Boston, May 1991, p. 30f. (ST)

ALMEIDA Germano ("Filinto Barros", "Romualdo Cruz"))
1757.*O meu poeta.* Pref. Ana Cordeiro. (S. Vicente), Ilhéu Ed., 1990. 452 p. (NO)

1758.*O testamento do sr. Napomuceno da Silva Araújo.* Pref. Ana Cordeiro. Coll. Estórias. Mindelo, Ilhéu Ed., 1989. 184 p.; 2d ed. Ibidem, 1991. 184 p.; 3d ed. Lis., Ed. Caminho, 1991. 160 p. (NO)

1759. Varia:
"Milho versus bargadjo: Kanina está na cidade." In Ponto & Vírgula, n. 7. S. Vicente, January/February 1984, p. 29. (SK)

"Estórias, I". In Ponto & Vírgula, n. 1. S. Vicente, February/March 1983, p. 13-17.
"Estórias, II". Ibidem, n. 2. S. Vicente, April/May 1983, p. 16-19.
"Estórias, III". Ibidem, n. 4. S. Vicente, August/ September 1983, p. 27-30.
"Estórias, IV". Ibidem, n. 5. S. Vicente, October/ November 1983, p. 24-26.
"Estórias". Ibidem, n. 6. S. Vicente, December 1983, p. 26-32.
"Estórias, V". Ibidem, n. 8. S. Vicente, March/ April 1984, p. 18-23.
"O poeta meu amigo." Ibidem, n. 9. S. Vicente, May/June 1984, p. 33-35.
"Estórias, XI". Ibidem, n. 12. S. Vicente, November

/December 1984, p. 30-37. (ST)

ALMEIDA José Evaristo d'
1760.*Epístola a* ...
Lis., Imprensa Nacional, 1856. 8 p.
[With a reference to Cape Verde.] (P)

1761.*O escravo.*
Lis., pr.pr., 1856. 213 p.
[Republished as a serial in A Voz de Cabo Verde, n. 244-294. Praia, 22 May 1916 - 21 May 1917]; 2d ed.: Coll. Para a História das Literaturas Africanas de Expressão Portuguesa,11. Pref. Manuel da Veiga and note by M(anuel) F(erreira). Linda-a-Velha, ALAC Ed., 1989. 157 p. (NO)

"ALSASEM" (i.e. SEMEDO Alexandre Sanches)
1762. Varia:
"Konkista". In Terra Nova, v. 9, n. 100. S. Vicente, January 1984, p. 4.
[Modified from the folk version].
"Banalidade". In Seiva, n. 5. Praia, 1987, p. 23. (P)

"Mangui - cidadi di manham." In Terra Nova, v. 7, n. 71. S. Vicente, May 1981, p. 5.
"O luminari de São João nos Órgãos." Ibidem, v. 8, n. 85. S. Vicente, August 1982, p. 3. (SK)

ALVES José Manuel Pauliac de Menezes
1763.*Julinha castanha cajú.* Poemas de Cabo Verde. S. Vicente, pr.pr., 1973. 48 p. (P)

ALVES Miguel
1763-a. Varia:
"A um iate X." In Terra Nova, v. 5, n. 60. S. Vicente, March 1980, p. 3.
"Ao escritor Manuel Ferreira, autor do livro *Aventura creoula.*" Ibidem, p. 5.
"Castelo de cartas" Ibidem, v. 8, n. 88. S. Vicente, November 1982, p. 4. (P)

"Cesária, a grande cantora de Cabo Verde." In Terra Nova, v. 14, n. 152. S. Vicente, October 1988, p. 4.
[About certain *mornas*, among them "Praia de Nantucket," their poets, composers and singers, such as Cesária Évora.] (SK)

AMAR´ILIS Lopes Rodrigues Fernandes Ferreira Orlanda

1764. *A casa dos mastros*. Contos caboverdianos. Pref. Pires Laranjeira. Coll. Africana, 2. Linda-a-Velha, ALAC/África Ed., 1989. 129 p. (ST)

1765. *Cais-de-Sodré té Salamansa*. Coll. Nosso Tempo, 2. Coimbra, Ed. Centelha, 1974. 127 p.; 2d ed.: Coll. Africana, 2. Linda-a-Velha, ALAC Ed., 1991. 83 p. II. author's portrait. (ST)

1766. *Facécias e peripécias*. Coll. Autores Portugueses, 11. Porto, Porto Ed., 1990. 33 p. II. Avelino Rocha. [Two new adventures of Ti Lobo, with several endings to choose from: " Ti Lobo foi na safári" and "Os ovos de Ti Ganga." For children.] (ST)

1767. *Ilhéu dos Pássaros*. Coll. Poliedro, 14. Lis., Plátano Ed., 1982. 135 p. (ST)

1768. Varia: "Desencanto". *In* Various Authors, *Escrita e combate*. Lis., Ed. Avante, 1976, p. 335-341; "Alegoria". *In* Various Authors, *O texto manuscrito: Reproduções de autógrafos de poetas e ficcionistas portugueses contemporâneos.* (Lis.), 1977. Loose leaves boxed in a carton. "Laura", "Bico-de-lacre." *In* Various Authors, *Antologia de modernos contistas portugueses.* Lis., Ed. Caminho, 1985, p. 167-181, 237-248. "Tosca". *In* Various Authors, *Afecto às letras: Homenagem da literatura portuguesa contemporânea a Jacinto do Prado Coelho.* Lis., Imprensa Nacional/Casa da Moeda, 1985, p. 581-588. (ST)

ANAHORY Silva Terêncio Casimiro 1769. *Caminho longe.* Lis., Ed. Sagitário,(1962). 89 p. (P)

1770. Varia: "Impermeabilidade", "Viagem", "Depois da chuva." *In* Claridade, n. 8. S. Vicente, December 1949, p. 32f. A poem in Cabo Verde, v. 8, n. 93. Praia, June 1957, p. 18. "Sorriso". Ibidem, v. 10, n. 112. Praia, January 1959. "Romance de Bia." Ibidem, v. 13, n. 145. Praia,

October 1961, p. 21. (P)

ANDRADE Aguinaldo 1771. *Ramalhete.* Lis., pr.pr., 1938. 21 p. [On the cover: "Guiné, 1938".] (P)

ANDRADE Martinho de Mello ("Marmellande") Vide also **MARMELLANDE** 1772. *Drama de uma família cabo-verdiana.* Pref. Daniel Bacelar. Commentary by Luís Romano. (S. Vicente), pr.pr.,(1985). 77 p. [Written in 1957 about the drought of 1941/42 on S. Nicolau Island.] (P,ST)

1772-a. Varia: "Periplo em sonho, pelo mundo da miséria." *In* Terra Nova, v. 8, n. 89. S. Vicente, December 1982, p. 4. "Saudade (Sobre a morte de A.A.Gonçalves.)" Ibidem, v. 10, n. 109. S. Vicente, November 1984, p. 4. "16 e 17 de Setembro." Ibidem, v. 10, n. 113. S. Vicente, March 1985, p. 4. [Lyrics of a *coladeira*, with music by "Jótamont".] (P)

"Aqui há mármore que fala!..." *In* Terra Nova, v. 8, n. 91, suplemento. S. Vicente, February/March 1983, p. 2. "Tude mnine de mund era fidje de mã Djódja." Ibidem, v, 8, n, 92. S. Vicente, April 1983, p. 5; "Brada na Saniclau." *In* Terra Nova, v. 4, n. 41. S. Filipe, August1978, p. 5 "O ratinho astuto." Conto infantil. Ibidem, v. 4, n, 43. S. Filipe, October(?) 1978, p. 6. "Kal ê banda ke sol ta nascê?" Ibidem, v. 5, n. 59. S. Vicente, February 1980, p. 5. (ST)

ANON. 1773. *Pàdás de scritura sàgrada na criôlo de Djà-Bravà.* Trechos bíblicos no crioulo da Ilha Brava. Edinburgh, Ed. National Bible Society of Scotland, n/d. 11 p. [Poetical versions of Bible stories and one poem.] (P,ST)

"ANO NOBO" 1774. Varia: "Cassamento di nai di'Ntónia." Oratura. *In* Fragmentos, n. 7/8. Praia, December 1991,p. 67,

167

69f.[Oral poem fromS. Domingos, Santiago Island, dated 23 May 1987.] (P)

ARAÚJO Carlos Manuel de Melo
1775. *Percurso vulgar.* Pref. Isabel Lima Lobo. Coll.Estórias.
(S. Vicente), Ilhéu Ed., 1990. 317 p. (NO)

1776. Varia:
"Contos curtos". In Notícias. Mindelo, 1989-1990. (ST)

ARTEAGA Souto Maior António d'
1777. Varia:
"Amores de uma creoula." In Revista de Cabo Verde, n. 8 - 15. S. Vicente, June - October 1899.[Its first publication as a serial. Again in A Voz de Cabo Verde. v. 1, n. 1 - 17. Praia, March - May 1911.] (N)
"Contraste". In Novo Almanach de Lembranças Luso-Brasileiro para 1881. Lis., 1880, p. 183f.
"O luar africano." Ibidem para 1882. Lis., 1881, p. 51.[Prose poem].
"No dia dos seus anos." Ibidem para 1890, p. 88.
"Delenda Álbion!" Ibidem para 1892. Lis., 1891, p. 390f.
"Adeus". Ibidem para 1894. Lis., 1893, p. 151.
"No Dia de Finados." Ibidem para 1894. Lis., 1893, p. 258.
"A uns olhos." In Revista de Cabo Verde. n. 13. S. Vicente, September 1899, p. 8.
"A ela" and "A uns olhos".Novo Almanach de Lembranças Luso-Brasileiro para 1903. Lis., 1902, p. 97ff., 269. (P)

"Vinte anos depois." In A Voz de Cabo Verde. v. 2, n. 19. Praia, December 1911. (ST)

ASSOCIAÇÃO S. NICOLAENSE
1778. Varia:
3 prose sketches and 6 poems in Novo Almanach de Lembranças Luso-Brasileiro between 1877 and 1903. Lis., 1876 - 1902. (P,SK)

AZEVEDO Alfredo Alberto de ("Aurélia Teles")
1779. Varia:
"Ilusão". In Novo Almanach de Lembranças Luso-Brasileiro para 1887. Lis., 1886, p. 282.
"Ilha Brava". Ibidem para 1888, suplemento. Lis., 1887, p. 170.
"Uma flor". Ibidem para 1889. Lis., 1888,p. 421.

"Saudade". Ibidem para 1889, suplemento. Lis., 1888, p. 178. (P)

"O amor não tem côr." Ibidem para 1869. Lis., 1868, p. 266f. (ST)

AZEVEDO Pedro Corsino
1780."Era de ouro." Ms. (P)

1781. Varia:
"2 poemas" ("Não sei bem o que quero" and "Há no meu íntimo a mais cruel batalha.") In Claridade. n. 1. S. Vicente, March 1936, p. 6.
"Terra longe". In O Mundo Português, v. 6. Lis., 1939, p. 377. [Also in J. Osório de Oliveira, *Poesia de Cabo Verde.* Lis., 1944].
"Terra longe", with a commentary by B(altasar) L(opes). In Claridade.n. 4. S, Vicente, January 1947, p. 12f.;
"Conquista", "Liberdade", "Luz", "Renascença". Ibidem, n. 5. S. Vicente, September 1947, p. 15f.;
"Abandono". Ibidem, n. 6. S. Vicente, July 1948, p. 42;
"Poema", "Liberdade", "Renascença". In J. de Figueiredo, *Modernos poetas cabo-verdianos.* Praia, 1961, p. 69ff. (P)

"BALANTIM"
1782. Varia:
"Fidelidade". Drama em 2 actos. [Minidrama]. In Arquipélago, v. 2, n. 6. Boston, February 1987, p. 11f. (T)

BARBOSA Jorge Vera-Cruz
1783. *Ambiente.*
Praia, pr.pr., 1941. 49 p. (P)

1784. *Arquipélago.*
S. Vicente, Ed. Claridade, 1935. 43 p. (P)

1785. *Caderno de um ilhéu.*
Lis., Ed. Agência-Geral do Ultramar, 1956. 98 p. (P)

1786. *Jorge Barbosa em inglês / Jorge Barbosa in English.* Trans. V. Rendall Leite. Pref. St. Aubyn Mascarenhas.
Praia, ICL, 1986. 94 p.
[Bilingual ed.] (P)

1787. *Poesias,* v. 1. Pref. Manuel Veiga. Coll. Poesia.

168

Praia, ICL, 1989. 198 p.
[Incl. *Arquipélago, Ambiente, Caderno de um ilhéu.]* (P)

1788. Varia:
2 or 3 poems in Jornal da Europa. v. 1. Lis.(?), 1928.
"A que ficou sem par." In Presença, n. 25. Coimbra, February/March 1930. [Inspired, according to P. Hourcade, by José Régio's drawing with the same title on the cover of n. 22, November 1929].
"O pássaro fechado." In Seara Nova. n. 206. Lis., March 1931, p. 214.
"O baile", "Nostalgia". In Descobrimento. n. 5. Lis.,Spring 1932, p. 56-59. [Part of an "antologia dos poetas modernistas" selected by J. Osório de Oliveira].
"Prelúdio", "Irmão", "A morna", "Canção de embalar", "Paisagem", "O destino ignorado", "Poema do mar", "Momento", "Casebre", "Regresso". In M. Ferreira, *No reino de Caliban*, v. 1. Lis., 1975, p. 90-101.
"Little shack". In M.M. Ellen, *Across the Atlantic*. N.Dartmouth, Mass.(USA), 1988, p. 24f. [English trans. of "Casebre".]
"Irmão","Poema do mar", "Regresso", "Boa viagem". In D. Burness, *A horse of white clouds*. Athens,Ohio(USA), 1989, p.84-103. [With English trans. D. Burness.]
"Irmão", "Poema do mar","Você, Brasil", "Simplicidade","Paisagem", "Expectativa - contadores de histórias", "Demografia". In M. Ferreira, *50 poetas africanos*. Lis., 1989, p. 165-178. (P)

"Conversa interrompida", "5[Cinco] vidas num escritório". In B. Lopes, *Antologia da ficção cabo-verdiana*. Praia, 1960, p. 71-79. [Originally in Cabo Verde. v. 3, n. 32, p. 24ff., and n. 34, p. 5ff. Praia, May and July 1952.] (ST)

BARBOSA Jorge Pedro Pereira ("Jorge Pedro")
1789. Varia:
A poem in Cabo Verde.v. 2, n. 14. Praia, November 1950.
A poem. Ibidem, v. 2, n. 24. Praia, September 1951.
A poem. Ibidem, v. 3, n. 27. Praia, December 1951.
3 poems. Ibidem, v. 4, n. 44. Praia, May 1953.
"Djom Pó-di-pilom", "Mudjer di hoji." In Claridade.

n. 8. S. Vicente, May 1958, p. 67ff., 7lff. [With an anon. introduction and the Portuguese trans.]
"Cutchidêra lá di fora", "Nha tabaquêro". Ibidem, n. 9. S. Vicente, December 1960, p. 71-76. [With Portuguese trans.].
"Zé-Buli-Mundo", "Vou ser senhor do mundo," "Djom Pó-di-Pilom", "Mudjer di hoji." In M. Ferreira, No reino de Caliban. v. 1. Lis., 1975, p. 286ff., 306-3ll.
"Cutchidêra lá di fora", "Nha tabaquero", "Djom Pó-di-Pilom", "Mudjer di hoji."In L. Romano, *Contravento*. Taunton, Mass.(USA),1982, p.192-205. [With trans. into standard Portuguese.] (P)

"Ele voltará um dia." In Cabo Verde.v. 4, n. 43. Praia, April 1953, p. 21f. (ST)

BARBOSA José Correia ("Z. Correia")
1790.*Solidão*.
(S. Vicente), pr.pr., (1974). 25 p. (P)

"BARBOSA Kaká" (i.e. **BARBOSA** Carlos Alberto Lopes)
1791.*Vinti ´sintidu letrádu na kriolu.* Pref. Manuel Veiga, Oswaldo Osório.
Praia, ICL, 1984. 69 p. (P)

BARBOSA Mário Macedo
1792."Djar-Fogo arto." Ms.
[A book of poems, which disappeared after the author's death.] (P)

1793. Varia:
"Caco-lecó". In Claridade. n. 7. S. Vicente, December 1949, p. 33, 38 [With Portuguese trans. Also in Morabeza. n. 4. Rio de Janeiro, 1973;
"Um poeta doenti - que qrê sarbá." In Morabeza. n. 3. Rio de Janeiro, 1973, p. 11;
"Branco e préto." Ibidem, n. 9. Rio de Janeiro, 1974, p. 4. (P)

BARCELOS Maria Luísa de Sena ("Africana")
1794. Varia:
"Lágrimas". In Novo Almanach de Lembranças Luso-Brasileiro para 1883. Lis., 1882, p. 46.
"Os meus anos." Ibidem para 1884. Ls., 1883, p. 230.
"Mocidade". Ibidem para 1885. Lis., 1884, p. 149.
"Anjo tutelar". Ibidem para 1890, suplemento. Lis., 1889, p. 100f. (P)

169

"Guilherme Dantas". Ibidem para 1890. Lis.,
1889, p. 270f.   (SK)

BARRAGA˜O   Fernanda Rodrigues
1795. Varia:
"Morna". In Cabo Verde, v. 3, n. 26. Praia, November 1951, p. 4;
"Luizinha". Ibidem, v. 4, n. 39. Praia, December
1952, p. 16f.   (P)

"Luizinha". In Cabo Verde, v. 4, n. 41(?). Praia,
February 1953, p. 16f.   (ST)

BARRETO   Joaquim Maria Augusto
1796. Book of poems. Ms.
[It had been in the possession of Vasco Galinha
Fortes in Praia, as stated by José Lopes daSilva ,
"Os esquecidos", in Cabo Verde, v. 3, n. 35.
Praia, August 1952];   (P)

1797. Varia:
"A vida". In Novo Almanach de Lembranças Lu-
so-Brasileiro para 1884. Lis., 1883.
[His last poem.]   (P)

BARROS   António Fidalgo ("Antalgo")
1798. Varia:
3 poems in Creole. In Morabeza, n. 8 and 9. Rio
de Janeiro, 1974.
"Carta pa nh'armun Nhônhô." Ibidem,v. 4, n. 4l.
S. Filipe, August 1978, p. 2.
"Carta pa nh'armun Nhônhô. Ibidem, v. 5,
n.56/57. S. Vicente, November/December 1979,
p. 5.
"Karta pa nh'armun Mané." Ibidem, v. 5, n. 60.
S. Vicente, March 1980, p. 5.
"Karta pa nh'armun Mané." Ibidem, v. 6, n. 62.
S, Vicente, May 1980, p. 5.
"Nhô Popone". Ibidem, v. 7, n. 73. S. Vicente,
July/August 1981, p. 5.
Nha Mirra Preta." Ibidem, v. 7, n. 75. S.Vicente,
October 1981, p. 5.
"Salmo 63 (62)." Trans. into Creole. Ibidem, v. 7,
n. 78. S, Vicente, January 1982, p. 5.   (P)

"Na bariaçã di bida." In Terra Nova, v. 4, n. 43(?).
S, Filipe, October(?) 1978, p. 5.
"Na ka Nhônhô na Maderalzinho." Ibidem,
v. 5, n. 59. S. Vicente, February 1980, p. 5;
"Nha Boema". Ibidem, v. 7, n. 77. S. Vicente,

December 1981, p. 5.   (ST)

BARROS   J. H. Oliveira
1799. Varia:
"Coqueiro", "Hoje", "Querer". In Semente.
Poesia. Porto, c.1965, p. 18-22.
"Anti-literatura caboverdeana." In Coimbra-70,
Coimbra, 1970.
"Hipnose". In Lisboa-Coimbra-71, Lis., 1971.
"Desmontagem da morabeza." In Coimbra-73,
Coimbra, 1973.
"Trilogia eventual do tempo proibido." In Ra-
ízes, v. 1, n. 2. Praia, 1977, p.79-82.
"Cutumbembem" and "Tchabéta di Nossa
Sinhora da Graça." Ibidem, v. 1, n. 4. Praia,
December 1977, p. 89-92.
"Cabra-ganzela" and "Lulucha". Ibidem, v. 4, n. 7 -
l6. Praia, July 1978 - December 1980, p. 112f.
"Cabra-ganzela", "Kutubenben", "Lulucha",
"Vapor di sul na mar." With a note by Luís Roma-
no. In Terra Nova,v. 6, n. 68. S. Vicente, January
1981, p. 4f.
"Mário". In Ponto & Vírgula, n. 6. S. Vicente,
December 1983, p. 33.
"Outono", "Crepúsculo", "Eu, Lisa e a cidade",
"Era". In Fragmentos, n. 7/8. Praia, December
1991, p. 34ff.   (P)

BARROS   Manuel Alves Figueiredo de
("Manuel de Barros", "Manuel de Santiago")
1800."Livro de cantigas." Ms.   (P)

1801."Livro de Erós e do coração." Ms.   (P)

1802."Livro de Satanaz (sátiras)." Ms.   (P)

1803."Livro dos humildes." Ms.   (P)

1804."Vilancetes". Ms.   (P)

1805. Varia:
"Canção do soldado." In Ilustração Portuguesa,
and in Catarino Cardoso, Sonetistas portugueses e luso-brasileiros. Lis., 1918. [His first published poem, according to Cardoso.]
"Sonetos e duas quadras." In N. Catarino
Cardoso, Sonetistas portugueses e luso-brasileiros. Lis., 1918, p. 221, and in Almanach
Bertrand para 1917. Lis., 1916.
"Saudade" and "Quadra". In N. Catarino Cardoso, Cancioneiro da saudade e da morte. Lis.,
n/d., p. 63, 49.   (P)

BENONI Rezende Costa   Daniel
1806. *As aves descansam com o crepúsculo.*
Novela.
Praia, pr.pr., 1973.
[For more details vide **COSTA** # 1844.]   (N)

1807. *Não quero ser tambor.* Pref. Carlos
Consiglieri.
Praia, ICL, & Lis., Ed. Vega,(1989). 52 p. (N)

BILAC Cardoso   Olavo
1808. *Distino negro.* Morna em crioulo.
Comentário de Baltasar Lopes: "O troveiro e o
tempo."
S. Vicente, pr.pr, 1962. 4 p. II. Onésimo Silveira.
(P)

"BINGA" (i.e. **GOMES**   Alberto Ferreira)
1809. Varia:
"Tamarindeira mártir". In Terra Nova, v. 5, n. 59.
S. Vicente, February 1980, p. 2;
"Convite". Ibidem, v. 6, n. 62. S. Vicente, May
1980, p. 6;
"Fogo-festa". Ibidem, v. 6, n. 65. S. Vicente,
August 1980,p. 6;
"Canção do vento." Ibidem, v. 6, n. 66. S. Vicen-
te, September 1980, p. 4;
"Eu também a procuro (Aos homens)." Ibidem,
v. 8, n. 82. S. Vicente, May 1982, p. 4;
"Três vectores - uma resultante," "Tamarindeiro
mártir", "Navegações", "Peregrins d'paz,"Pres-
ságio", "Enterro do poeta," "Insaciável", "Inde-
cisão", "Suplício","Alucinações". In *Aulil.* Sal
Island, Município Ed., 1987, p. 10, 18f., 36f.,
42f., 53f., 61ff., 79f., 93f., 103f., 110;
"Vestes de poeta." In Fragmentos, n. 3/4. Praia,
1988, p. 41.   (P)

"Doutor Calú d'Antoninha." In Terra Nova, v. 7,
n. 70. S. Vicente, April 1981, p. 6;
"Uma criança desolada." In Ponto & Vírgula,
n. 9. S. Vicente, 1984, p. 25f.;
"A trilha". In Fragmentos, n. 1. Praia, 1987,
p. 11ff. Also in *Aulil.* Sal Island, 1987, p. 45-50.
(ST)

BONJARDIM   Sá de ("Ano Novo")
1810. Varia:
"O julgamento de Tótó Monteiro." Comédia em

2 actos. In Fragmentos, n. 5/6. Praia, November
1989, p. 31-43. [The second act, consisting of
a challenging song for a *batuque*, "Tótó ku Tó-
ta", had been published in Fragmentos, n. 2,
March 1988, p. 55.]   (T)

BRIGHAM   José de Andrade ("Jab")
1811."Inspirações". Ms. 1927.   (P)

1812. Varia:
"Ao genial poeta Guerra Junqueiro."In Novo
Almanach de Lembranças Luso-Brasileiro para
1925. Lis., 1924, p. 195.
"Aos teus anos." Ibidem para 1926. Lis., 1925,
p. 296.
"Soneto". Ibidem para 1927. Lis., 1926, p. 3.
"Olinda" and "Sonetilho". Ibidem para 1928. Lis.,
1927, p. 302, 323.
"Saudade". Ibidem para 1929. Lis., 1928, p. 322.
""Retraimento" and "Meditação". Ibidem para
1930. Lis., 1929, p. 123, 292.
"Consternação". Ibidem para 1931. Lis., 1930,
p. 12.
"Crença" and "Emigrantes". Ibidem para 1932.
Lis., 1931, p. 284, 306.   (P)

BRITO   Margarida
1813. *Canções infantis.*
(Praia), ICL, n/d. 60 p. II. Luísa Queirós.
[Lyrics in Creole. For children.]   (P)

BRITO   Rosendo Évora ("Evrad Brit")
1814. *As Hespérides e eu.* Pref. Artur Vieira,
Luís Simões Jesus & Lena Rúbia Ferreira Jesus.
Rio de Janeiro, pr.pr., 1966. 68 p.   (P)

1815. *Vôo de andorinha.* Pref. Noël Guilherme
Ortega, Maria Teresa Vermette, Robert C. Arruda.
East Providence (Rhode Island, USA), pr.pr.,
1982. 144, 1(err.) p.
[Poems written between 1962 and 1982. With-
drawn from circulation.]   (P)

1816. Varia:
"Conto". In Nós Vida, n. 41. Rotterdam, August
1973, p. 6.
"Nunca t'faltá crengueje". In Arquipélago, v. 5,
n. 13. Boston, May 1990, p. 12. 17.   (ST)

CABRAL Amílcar Lopes ("Arlindo António", "Larbac")
1817. Varia:
"Ilha". In A Ilha, v. 7. Ponta Delgada, Azores, 22 June 1946. [Reproduced in Seara Nova, n. 1550, with a note by Pedro da Silveira. Lis., December 1974, p. 36f., as well as in Arquipéla-go. Praia, 12 December 1974]; "Regresso". In Cabo Verde, v. 1, n. 2. Praia, 12 December 1949, p. 11; "Para ti, Mãe Iva, eu deixo uma parcela do meu livro de curso..." In Livro de curso 1945/46. Lis., Ed. Instituto Superior de Agronomia, 1949; "Eu lembro-me ainda dos tempos antigos," "Segue o teu rumo, Irmão," "O adeus à Tapada" and the 3 previously listed poems. In Vozes, v. 70, n. 1. Petrópolis (Brazil), January/February 1976, p. 18f. [Presented by Luís Romano]; "No fundo de mim mesmo," "Quem é que não se lembra," Para ti, mãe Iva." In Nô Pintcha. Bissau (Guinea-Bissau), 12 September 1976, p. 9. [Presented by Mário de Andrade. The second of these poems had been published under the title "Rosa negra" in Mensagem, v. 1, n. 6. Lis., January 1949, p. 12. It was written in 1946]; 12 poems in Raízes, v. 5, n. 7/20, with numerous misprints. Praia, January/December 1981, p. 13-20. [Presented by G. Moser]; 30 poems in "Oswaldo Osório", Emergência da poesia em Amílcar Cabral. Praia, 1983. [Texts selected from among a list of 52.] (P)

"Fidemar". Ms.
[A summary in Mário de Andrade, Amílcar Cabral, Essai de biographie politique. Paris, 1980, p. 23f. Supposedly written in Mindelo before 1943.] (ST)

CABRAL Juvenal A. Lopes da Costa
1818. Bejo caro! (Confissão de Zé Badiu.) O crioulo em acção.
Praia, pr.pr., 1949. 10 p. [In Creole.] (P)

1819. Escravos! À` saudosíssima memória do Marquês de Sá da Bandeira...
Praia, pr.pr., 1938. 22 p.
[Incl. J. Cabral's speech commemorating the centenary of the abolition of the slave trade in the Portuguese colonies.] (P)

1820. O crime do Largo do Hospital da cidade da Praia. Literatura africana. Pref. J.

Mota.
Porto, pr.pr., 1930. 32 p. (ST?)

1821. Varia:
"O vôo da avesinha." In Novo Almanach de Lembranças Luso-Brasileiro para 1928. Lis., 1927, p. 327. (P)

"Colónias portuguesas (Reminiscências). Ibidem para 1929. Lis., 1927, p. 132ff. (P, SK)

"CANABRAVA" (i. e. VIEIRA Pedro Alberto Andrade)
1822. Varia:
"Desgraça". In Terra Nova, v. 6, n. 67. S. Vicente, October 1980, p. 8;
"Morna & coladeira." Ibidem, v. 8, n. 88. S. Vicente, November 1982, p. 5;
"Re-cor-dai, a noite de Natal." Ibidem, v. 8, n. 90. S. Vicente, January 1983, p. 5;
"Sereia d'Santana." Ibidem, v. 9, n. 97. S. Vicente, October 1983, p. 5;
"Nov horizont". Ibidem, v. 9, n. 98. S. Vicente, November 1983, p. 4;
"Partida & regresso." In Ponto & Vírgula, n. 7. S. Vicente, 1984, p. 26;
"A uma Maria qualquer." In Fragmentos, n. 1. Praia, 1987, p. 50;
"O vento dos tempos," "Drama de uma vida," "O pão é a razão de viver," "Corpos & corpos no botequim a horas mortas," "Pão & suor," "In articulo mortis," "Stória di nha vida," "Tambor & suor," "Re-cor-dai, a noite de Natal,""A poesia está na rua." In Aulil. Sal Island, 1987, p. 13f., 21ff., 31f., 38, 57ff., 66, 82, 56f., 95f., 113f. (P)

CARDOSO António Mendes
1823. Varia:
"Ficaremos sós," "O perto e o longe," "Uma canção," "Na espuma verde." In Coimbra-60, n. 1. Coimbra, February 1960, p. 7-19. Reproduced in M. Ferreira, No reino de Caliban, v. 1. Lis., 1975, p. 260ff. ;
"Poema". In J. de Figueiredo, Modernos poetas cabo-verdianos. Praia, 1961, p. 189f. Reproduced in J.A. das Neves, Poetas e contistas africanos. S. Paulo, 1963, p. 22. (P)

"Tanha" (Conto cabo-verdiano). In Coimbra-60, n. 2. Coimbra, February 1960, p. 5-8;
"Na praia dos botes." In "Letras e Artes" of Diário Popular. Lis., 20 November 1969. (ST)

CARDOSO   Pedro <u>Monteiro</u> ("Afro")
1824. *Algas e corais.*
Vila Nova de Famalicão (Portugal), pr.pr., 1928.
100, 25 p.
[Incl. *Rafodjos,* "Quadros em crioulo de Cabo
Verde," "Traduções e adaptações de trovas lu-
so-brasileiras," a glossary and opinions about
his earlier books.]   (P)

1825. *Caboverdeanas.*
Cabo Verde, pr.pr., 1915.   (P)

1826. *Cadernos luso-caboverdeanos.* Literatura
e folclore. 3 v.
Praia, pr.pr., 1941, 1942 and 1942. ?, 20, 23 p.
[V. 1: "É mi que é Lha'r Fogo." Versos; v. 2:
"Ritmos de morna." [4 poems in Creole and
others in standard Portuguese, with a poem by
José Lopes, "Em prol de Cabo Verde"; v. 3:
"Sem tom nem som." [5 poems in Creole, the
rest in standard Portuguese, and an essay on
Creole, "Carta a João Miranda."]   (E, P)

1827. *Cantares.*
c. 1907.
[His first book. Disavowed?]   (P)

1828. *Duas canções.*
Lis., pr.pr., 1927.   (P)

1829. *Hespéridas. (Fragmentos de um poema
perdido em triste e miserando naufrágio.)*
Pref. author, in the form of a letter to José
Calasans.
Vila Nova de Famalicão (Portugal), pr.pr., 1930.
64 p.
[Poems written c. 1908.]   (P)

1830. *Jardim das Hespérides.*
Vila Nova da Famalicão (Portugal), pr.pr., 1926.
16 p.
[Incl. "Ode à África" of 1921, previously published in <u>Correio d'África,</u> v. 1, n. 23. Lis., January
1922, p. 1.]   (P)

1831. *Letras para a morna "nha-Codé".*
Praia, pr.pr., 1940. 4 p.   (P)

1832. *Lírios e cravos.* Pref. José Lopes.
Ermesinde (Portugal), pr.pr., (1951). 88 p. printed on the odd-numbered p. only.

[Posthumously published.]   (P)

1833. *Morna e saudade.* Versos em crioulo e
em português.
Cabo Verde, pr.pr., 1940. 53 p.   (P)

1834. *Primícias.* Versos.
Lis., pr.pr., 1908.   (P)

Refodjos. Vide *Algas e corais.*

1835. *Sonetos e redondilhas.* Pref. author.
Cabo Verde, pr.pr., 1934. 48 p.   (P)

1836. Varia:
"A tempestade." In <u>Almanach Luso-Africano</u>
para 1899. Paris, Lis. & S. Nicolau (Cabo Verde)
1898, p. 438. [Dated 31 January 1898 from the
Seminary of S. Nicolau Island, it is probably his
first published composition, a short prose poem
7 "quadras soltas". In <u>Novo Almanach de Lembranças Luso-Brasileiro</u> para 1907. Lis., 1906.
   (P)

"Solonguinha" and other prose sketches. In
<u>Eco de Cabo Verde.</u> Praia, c. 1928/1929.   (SK)

CARVALHO   Artur <u>Rodrigues de</u>
1837. *Um Natal em S. Miguel.* Contos.
Malange (Angola), pr.pr., 1975. 98 p.   (ST)

CARVALHO   Barcelo de ("Bonga")
1838. *As nossas malambas.* Pref. author.
Lis., Ed. Contra-Regra, n/d.(1989). 79 p.   (P)

CASIMIRO <u>dos Santos</u>   Augusto
1839. *A vida continua.*
                                1942.   (NO)
1840. *Portugal crioulo.*
Lis., Ed. Cosmos, 1940. 280p. Il.
[Incl. several songs in Creole.]   (P, SK)

1841. *Três poemas creoulos (inéditos).*
S. Vicente, pr.pr., August 1934. 1 leaf.
["Dançai!...", "A uma virgem creoula...","Morna'
Sold for the benefit of the Caixa Escolar do
Liceu Infante D. Henrique.]   (P)

1842. Varia:
"Poemas da Ilha Brava." In <u>Descobrimento,</u> v. 2
n. 6/7. Lis., Summer/Fall 1932, p. 308-313.
["Não! As almas não morrem!" to the memory of

Eugénio Tavares,"Céu azul, acácias em flor...,"
"Domingo de festa na Brava."]   (P)

CORREIA Z.
1843.*Solidão.*
                                  1974.   (P)

COSTA Daniel Benoni R.
1844.*As aves descansam com o crepúsculo.*
Novela. Pref. author and postface by Cor-
reia e Silva.
Praia, pr.pr., 1973. 65 p. + 2 unnumbered p.
[On a Mozambican theme.Vide also **BENONI**
Daniel, the author's homonym.]   (N)

COSTA Luís Teodoro de Freitas e
1845.*Drama nos Açores. (?)*   (T?)

1846.*Festim romano. (Uma página de
Petrónio.)*
Lis., pr.pr., 1879. 11 p.   (P)

1847.*Filigranas.*
Porto, pr.pr., 1880. 86, 2 p.(index). (P)

1848.*Madréporas.*
                                       (P)

1849.*O herói da arena.* Poemeto.
Porto, pr.pr.,n/d. 15 p.   (P)

1850.*Soror Paula.* Drama em 5 actos.
Lis., pr.pr., 1891. 98, 1(err.) p.   (T)

1851. Varia:
Um poema in Renascença. Porto, 1879, P. 68.(P)

CRUZ Francisco Xavier da ("Bèléza", "B.
Léza")
1851-a.*Ebory.,* iv.
                                  1948.   (P?)

1852.*Flores murchas...*
S. Vicente, pr.pr., 1938. 47 p.   (P)

1853.*Fragmentos.* Poesias. Retalhos de um
poemeto perdido no naufrágio da vida.Pref.
Carlos Montero Leite.
S. Vicente, pr.pr., 1948. 5O p.
[Incl. 2 poems in Creole.]   (P)

1854.*Uma partícula da lira cabo-verdiana.*

Praia, pr.pr., 1933.   (P)

"CRUZ Romualdo Vide
ALMEIDA Germano

CUNHA Dantas Guilherme Augusto da
1855.*Contos singelos...* Coll. Leitura para
Rapazes.
Mafra(Portugal), pr.pr., 1867. 96 p.
["É o meu primeiro fructo litterario," p. 4. Incl.
"Nhô José Pedro ou Scenas da Ilha Brava" and
"Scenas de Mafra."]   (ST)

1856."Os embriões". Ms.
[Only the first instalment was published and distributed in 1884.]   (NO)

1857. Varia:
"Memória de um pobre rapaz." Romance. In A
Voz de Cabo Verde, n. 105 - n.195. Praia, 25
August 1913 - 1915.   (NO)

"Reparo". In Novo Almanach de Lembranças
Luso-Brasileiro para 1874. Lis., 1873, p. 330;
"Regina". Ibidem, para 1875. Lis.,1874, p. 193;
"Na valsa". Ibidem, para 1876. Lis.,1875, p. 119;
"Desgraçado nariz". Ibidem, para 1877. Lis.,
1876, p. 232. [Within a prose sketch];
"Eu quisera..." Ibidem, para 1879. Lis., 1878,
p. 239;
"Súplica" and "Duas rosas". Ibidem, para 1880.
Lis., 1879, p. 13f., 277;
Another "Súplica" and "Violeta". Ibidem, para
1881. Lis., 1880, p. 12, 277;
"A noite seguinte" and "Invocação a minha
mãe." Ibidem, para 1882. Lis., 188l, p. 68, 18l;
"Um almoço!..." and "A um pae." Ibidem, para
1884. Lis., 1883, p. 6o, 125;
"Quadro". Ibidem, para 1885. Lis., 1884, p. 312
[About the Portuguese poet Castilho];
"Aurora e crepúsculo" and "Soneto a S, Gui-
lherme." Ibidem, para 1886. Lis., 1885, p. 300,
444;
"O cavalo do hospital." Ibidem, para 1886 suple-
mento. Lis., 1885, p. 155f.;
"Souvenir", "As mães" and "A ilha Brava" within a prose sketch. Ibidem, para 1887. Lis., 1886,
p. 163, 186, 273ff.;
"Soneto: imitação de A. de Musset." Ibidem, para
1887 suplemento. Lis., 1886, p. 126;
"Jean Valgean" and "A sede". Ibidem, para
1888. Lis., 1887, p. 146, 380;

174

"Encontro". Ibidem, para 1888 suplemento. Lis., 1887, p. 70;
"Confidência". Ibidem, para 1889. Lis., 1888, p. 228;
"O que eu desejava ser!...", "Estrela vespertina", "O salgueiro" [partial trans. of a poem by A. de Musset.] Ibidem, para 1890. Lis., 1889, p. 156, 379f;
"Impando de um almoço", "Resposta", "Flor efémera". In Revista de Cabo Verde, n. 1. S. Vicente, January 1899, p. l3ff.;
"Souvenir". Ibidem, n. 4. S. Vicente, April 1899, p. 8;
"A mademoiselle" [trans. from A. de Musset.] Ibidem, n. 5. S. Vicente, July(?) 1899, p. 8;
"Parlapatões abundam na ciência." In A Voz de Cabo Verde, n. 16. Praia, 4 December 1911;
"Os noivos (1884)." Ibidem, n. 191. Praia, 1915.
(P)

"O dinheiro em Cabo Verde." In Novo Almanach de Lembranças Luso-Brasileiro para 1874. Lis., 1873, p. 123f.;
"Desgraçado nariz", Ibidem, para 1877. Lis., 1876, p. 231f.;
"Pelo interior de S. Thiago." In O Independente. Praia, 1878. Reproduced with the title "Bosquejos d'um passeio no interior da ilha de S. Thiago," in A Voz de Cabo Verde, n. 22 - n. 63. Praia, l5 January - 28 October 1912, and again in Raízes, Praia, June 1984, p. 128-154;
"A ilha Brava." In Novo Almanach de Lembranças Luso-Brasileiro para 1886. Praia, 1885, p. 343ff.
(SK)

"Páginas esquecidas", ed, Félix Monteiro. In Raízes, n. 21. Praia, June 1984, p. 128-186. [Incl. the poems "Tempestades da vida", "Madalena", "Nise", as well as the stories "O sonho" and "A morte de D. João," aside from poems, prose sketches and stories already listed above.]
(E,P,SK,ST)

CUNHA José
1858. Varia:
"Da sombra esfarrapada dos ventos", "Entre os meus pés imóveis", "Percorro a sombra dos caminhos", "Procurei o mar", "Como não entender", "Como não entender que aqui", "Não temas a luz do meio-dia", "Três rosas moribundas", "O estrangeiro", "Hei-de partir". In Fragmentos, n. 7/8. Praia, December 1991,

p. 38ff. (P)

"DAMBARA' Kaoberdiano" (i.e. **LOPES** Felisberto Vieira)
1859. Noti. Pref. "loti Kunta".
(Paris, Ed. Departamento de Informação e Propaganda do Comité Central do PAIGC, 1964.) 55 p.
(P)

1860. Os desanimados para os infernos. Ms.
[A play staged in Praia in 1977 by the Núcleo Cénico Korda Kaoberdi.]
(T)

DANTAS Guilherme Vide
CUNHA Dantas Guilherme Augusto da

"DELGADO Júlio Celso" (i.e. **CINATTI** Vaz Monteiro Gomes Ruy)
1861. Crónica cabo-verdiana.
Lis., Ed. Império, 1967. 94 p. (P)

"DIDIAL G.T. Vide
VARELA João Manuel

"D'NOVAS Manuel"(i.e. **LOPES** Manuel de Jesus)
1862. Varia:
"Bocê bem contam"(1968), "Nh'armon"(1975) and "Sombras di distino." With a note by Luís Romano. In Terra Nova v. 6, n. 69. S. Vicente, February/March 1981, p. 2;
"Mulher". Ibidem, v. 8, n. 86. S. Vicente, September 1982, p. 4;
"Conversa d'família." Ibidem, v. 8, n. 87. S. Vicente,October 1982, p. 5;
"Carta d'Itália." Ibidem, v. 8, n. 99. S. Vicente, December 1983, p. 5. (P)

"12 (DOZE) DE SETEMBRO", Grupo de Actores Caboverdianos
1863. Varia:
"Fome de 1947." Peça em 2 actos. In Carlos Vaz, Para um conhecimento do teatro africano. Lis., 1987, p. 165-201
[The group was directed by Carlos Vaz, from Guinea-Bissau.]
(T)

"D'SAL SUKRE (i.e. **TOMAR** Francisco António)
1864. Amdjers. Poemas.
S. Vicente, pr.pr., 1977. 16 p.

3 poems in Creole and 3 in Portuguese.] (P)

1865. *Horizonte aberto*. Poemas. Coll. Literatura
de Combate, 1.
Lis., Via Ed., n/d.(1976?) 63 p.
Some of the poems are in Creole.] (P)

1866. Varia:
One poem in *Repique do Sino*, n. 25. Ilha Bra-
va, October l970;
Nilita" and "Batuque". In Morabeza, n. 5. Rio de
Janeiro, 1973, p. 8, 13;
Confissão". In Presenca Crioula, n. 8/9, Lis.,
1973, p. 6. [3 more poems in n. 11, 19/20,
22. Lis., during 1973/74];
Amdjer preta". In Morabeza, n. 6. Rio de Janei-
o, 1974, p. 6;
Porque seria" and "Festa de longe." Ibidem,
n. 7. Rio de Janeiro, 1974, p. 8, 14;
Sonhe pa nha terra." Ibidem, n. 9. Rio de Ja-
neiro, 1974, p. 4;
Liberdade" and "Mãe". Ibidem, n. 11. Rio de
Janeiro, 1974, p. 6, 7;
Morabeza". Ibidem, n. 12. Rio de Janeiro, 1975,
n. 8;
Não me lavem o rosto," "Recordação",
Inquietação". In Manuel Ferreira, *No reino de
Caliban*, v. 1. Lis., 1975, p. 255f.;
Na grande hora." In Nô Pintcha. Bissau(Guinea-
Bissau), 1975;
África" and "Alvorada". In Morabeza, n. 13. Rio
le Janeiro, 1976, p. 16, 17.
Dream for my homeland" and "Remembering".
English trans. of "Sonhe pa nha terra" and "Re-
ordação" in M. M. Ellen, *Across the Atlantic*.
N. Dartmouth (Massachusetts, USA), 1988, p.
1, 62. (P)

Nhô Antône Juquim." In Ponto & Vírgula, n. 3.
S. Vicente, June/July 1983, p. 17ff. [Signed
João Tavares".] (ST)

DUARTE Abílio Monteiro
867. Varia:
poems in Creole (lyrics of *mornas*) in Morabeza,
n. 5 and 6. Rio de Janeiro, 1973 and 1974;
Camin di S. Tomé"(morna), "Grito d'povo","Cam-
oneses, estudantes, operários" (marcha re-
olucionária). In Francisco Fragoso, *Renun-
iando Pasárgada...* Louvain(Belgium), 1974, p.
5ff. [Duarte wrote lyrics of other *mornas*, which
ere censored.] (P)

DUARTE Custódio José
1868. Varia:
2 poems in A Grinalda, v. 3. Porto, 1860, p. 131-
137;
9 poems. Ibidem, v.4. Porto, 1862, p. 10-16,
41ff.,50, 53f,, 56f.74-77, 107f., 139ff., 183-
186;
One poem. Ibidem, v. 5. Porto, 1864, p. 105-
109. (P)

DUARTE Pedro Gabriel Monteiro
1869. Varia:
One poem in Cabo Verde, v. 1, n. 4. Praia, January 1950;
"Roteiro". Ibidem, v. 1, n. 12. Praia, September
1950, p. 18 (P?);
One poem in Repique do Sino, n. 25. Ilha Brava,
October 1970;
4 poems, one of them in Creole. In Presença Crioula, n. 8/9, 11, 19/20. Lis., 1973 and 1974;
"Poema da evasão na anti-evasão" and
"Barragem de circunstância." In Raízes, v. 1,
n. 1. Praia, January/April 1977, p. 88ff. (P)

"Migração." In Cabo Verde, v. 4, n. 39. Praia, December 1952, p. 16-20. [Reproduced in B. Lopes, *Antologia da ficção cabo-verdiana contemporânea*. Praia, 1960, p. 385-400, and in M. de
Andrade, *Literatura africana de expressão portuguesa*, v. 2. Algiers, 1968. - "Landflucht". German trans in *Süss ist das Leben in Kumansenu*. Tübingen (Germany), 1971, p. 71-8O.] (ST)

DUARTE Vera Valentina Benrós de Melo
1870. Varia:
"Na essência das coisas", "A minha mão",
"Quis agarrar a noite com as mãos", "Dos ros-
tos exangues", "INDEPENDENTE!", "Não mais
estradas percorridas", "A chuva caíu longamen-
te." In *Jogos florais 12 de Setembro 1976*.
Praia, n/d.(1978?), p. 57-70.
"Queria ser um poema lindo." In Raízes,
n. 17/20.Praia, 1981, p. 108ff.
"Exercício poético 5." In Ponto & Vírgula, n. 2.
S. Vicente, 1983, p. 31.
"Exercício poético 7." Ibidem, n. 3. S. Vicente,
1983, p. 35.
"Exercício poético 4." Ibidem, n. 4. S, Vicente,
1983, p. 41.

"Exercícios poéticos 2, 8." In Raízes, n. 21. Praia, 1984, p. 115f.

"Corpo". In Fragmentos, n. 1. Praia, 1987, p. 17.

"O que tua boca calou." Ibidem, n. 2. Praia, 1988, p. 13.

"Terra longe" and "Não quero mais tornar." Ibidem, n. 3/4. Praia, 1988, p. 39.

"Rain", English trans. of a previously unpublished poem, In M.M. Ellen, *Across the Atlantic*. North Dartmouth, 1988, p. 36.

"Adeus", "Ao fim", "Carência", "Eu queria". In Fragmentos, n. 5/6. Praia, 1989, p. 66.

"Querer", "E adorei-te", "Desejo", "Chuva", "Amigo". Ibidem, n. 7/8. Praia, December 1991, p. 42f. (P)

EL´ISIO Filinto" Vide
SILVA Filinto Elísio

´EVORA Gilberto Sabino
1871. *Faíscas do braseiro.* (Poesias). Pref. J. Elton Wood.
S. Vicente, Ed. Nazarena, 1970. (2), 170 p.
II. Renato S. Cardoso.
[Religious poems.] (P)

FERREIRA Manuel
1872. *A nostalgia do senhor Lima.*
Lis., Ed. Cor, 1972. (ST)

1873. *Filipe Cabeça de Peixe.* Coll. Cadernos Capricórnio, 4.
Lobito (Angola), 1973. 16 p. II. "Benúdia".
[Sep. O Lobito, March 1973];
Also in M. Ferreira, *Morabeza,* 2d ed., 1965, and *Terra trazida,* 1972. (ST)

1874. *Hora di bai.* Coll. Textos Vértice.
Coimbra, Ed. Vértice, 1962. 281 p.;
2d, rev. ed.: Coll. Livros de Bolso, 52/53.
Lis., Portugália Ed., 1963. 264 p.;
3d, corr. & rev. ed.: Coll. Poliedro, 3.
Lis., Plátano Ed., 1972. 265 p.;
4th, newly rev. ed.: Coll. Obras de Manuel Ferreira.
Lis., Plátano Ed.,(1981). 198 p. With glossary.
5th ed.:
(Lis,), Círculo de Leitores, n/d.(1982). 184 p.;
6th ed.: Coll. Livros de Bolso, série Grandes Obras.
Mem Martins(Portugal), Ed. Europa-América, 1987. 140 p.

- Brazilian ed.: *Hora di bai.* Pref. Maria Aparecida Santilli: "Manuel Ferreira: A história de um novelista e suas histórias de *Terra trazida,*" Coll. Autores Africanos, 6.
S. Paulo, Ed. Ática, 1980. 160 p. With glossary.
- French ed.: *Le pain de l'exode.* Trans. Maryvonne & Gilles Lapouge.
Paris, Ed. Casterman, 1967. 223 p.
- Russian ed.: Russian trans. Helena Riáuzova.
Moscow, Ed. Progress, 1979 (NO)

1874-a. *Morabeza.* Contos de Cabo Verde.
Lis., Ed. Agência-Geral do Ultramar, 1958. 110 p.
[With author's pref.: "Evocação"];
2d, rev. & enl. ed.: Pref. J. Cardoso Pires. Coll. Sucessos Literários, 35.
Lis., Ed. Ulisseia,(1965). 125 p.
[Without author's pref. One story added: "Filipe Cabeça de Peixe."] (ST)

1875. *Morabeza.* Coll. Imbondeiro, 13.
Sá da Bandeira (Angola), Ed. Imbondeiro, 1961. 30 p.
[2 stories only: "Morabeza" and "Os mandongues de Pudjinho Sena."] (ST)

1876. *Morna.* Contos de Cabo Verde.
Leiria (Portugal), pr.pr., 1948. 161 p.
[Written in Goa (India).];
2d, rev. ed. Pref. J. Cardoso Pires.
Lis., Ed. Início, 1966. 140 p. (ST)

1877. *Terra trazida.* Contos. Coll. Poliedro, 1.
Lis., Plátano Ed., 1972. 221 p.
[Consisting of the 22 stories of *Morna* and *Morabeza,* some of them quite changed, incl. the titles. With a new introduction];
2d ed.:
Lis., Plátano Ed.,(1980). 174 p. (ST)

1878. *Terra trazida.*
Lis., Plátano Ed., 1988. 23 p.
[Only one story, "Puchinho". To commemorate the fact that *Terra trazida* was the first book published by Plátano in 1972.] (ST)

1879. *Voz de prisão.* Coll. Orfeu Negro, 1.
Porto, Ed. Inova, 1971. 154 p.;
2d ed.:
Lis., África Ed., 1978. 154 p.;
3d ed. : Pref. Maria Luísa Lepecki.

Lis., Plátano Ed., 1985. 112 p.;
4th ed.:
Lis., Plátano Ed., 198?. 110 p.
- Russian ed.: Russian trans. Helena Riáuzova.
Moscow, Ed. Progress, 1979. (NO)

1880. Varia:
A chapter from an unpublished novel,"A vida
é maior que o mundo." In Certeza, n. 2. S. Vicente, June 1944, p. 2, 3. [His first published
prose fiction. Part of the novel A casa dos Motas, 1956.]
"O rio". In Certeza, n. 3. S. Vicente, 1945, p. 2,
6, 7 [His first published story. Not included in his
first coll. of stories, Grei, 1945.]
"Bélinha foi ao baile pela primeira vez." In Vértice.v. 4, n. 47. Coimbra, June 1947, p. 106-112;
reprinted in Morna, 1948.[His first published
Cape Verdean story.]
"Uma visita". In Seara Nova, n. 1058. Lis., 8
November 1947; reprinted in Morna, 1948, with
the title "A visita de nha Joana."]
"Os mandongues de Pudjinho Sena." In A. César, Contos portugueses do Ultramar., v. 1. Porto, 1969, p. 89-100.
"Dona Ester, Fünfuhrtee." German trans. Andreas Klotsch. In A. Klotsch, Erkundungen. Berlin,
1973, p. 196-208. [Trans. of "Dona Ester, chá
das cinco."]
Russian trans. Helena Riáuzova of six tales under the title Hora di bai, also incl. Voz de prisão. Moscow, 1979. (ST)

FERRO Ruben
1881. Varia:
"Na sequência das estações", "La enorme distancia", "2 de Julio del 1987", "Cuando tú te
hayas ido", "Amor inolvidable". In Arquipélago,
n. 8. Boston, December 1987, p. 15f.
"Fio-de-água" and "Renúncia". Ibidem, n. 9.Boston, May 1988, p. 38. (P)

FIGUEIRA Manuel Bonaparte
1882.Contos e lendas de Cabo Verde.
Seixal (Portugal), pr.pr.,1963. 18 p. (ST)

1883.Narrativas e contos cabo-verdianos.
Seixal (Portugal), pr.pr., 1968. vi,121 p. (ST)

FIGUEIREDO Jaime de
1884.Terra de sôdade.Argumento para bailado
folclórico em 4 quadros. 1 acto. Off. Atlântico,

nova série, n. 3. Lis., 1946, p. 24-42. (T)

FILIPE Daniel Damásio Ascensão ("Raymundo Soares")
1885.A ilha e a solidão.
Lis., Agência-Geral do Ultramar,1957. 58 p. (P)

1886.Marinheiro em terra. Poemas. Coll. Búzio.
Lis., pr.pr., 1949. 55 p. (P)

1887.Missiva. Poemas.
Lis., pr.pr., 1946. 114 p. (P)

FONSECA Aguinaldo Brito
1888.Linha do horizonte.
Lis., Ed. Casa dos Estudantes do Império, 1951.
69 p. (P)

1889. Varia:
"Metamorfose" and "Oportunidade única". In Claridade, n. 5. S. Vicente, September 1947, p. 17f.
"Sensibilidade" and "Esperança". Ibidem, n. 6.
S. Vicente, July 1948, p. 11ff.
"História bíblica dos homens." Ibidem, n. 6.
"Momento", "Poeta e povo", "Perdida". Ibidem,
n. 7. S.Vicente, December 1949, p. 27ff.
Six poems, five of them not published before. In
Cabo Verde. Praia, between August 1952 and
October 1958. (P)

FONSECA Jorge Carlos
1890. Varia:
"A (não) gramática da poesia", "A matemática da
liberdade", "Conjugação nocturna", "Poema de
amanhã". In Raízes, v. 1, n. 1. Praia, January
1977, p. 84-87.
"Eu nunca diria tenho medo ou não tenho
medo da morte", "Polivitamina de meus sonhos", "O simulacro do suicídio." Ibidem, n. 2.
Praia, 1977, p. 84ff.
"Beija-me, palavra" and "Eu cá não temo as
palavras." Ibidem, n. 3. Praia, 1977, p. 66-69.
"Saxofone de espuma", "Poema de amanhã",
"Ferro & alumínio & cimentos & pozolana & chuva
se vier", "Poema do destemor", "Poesiaaa,
ombrooo armaaas", "Para ti amor-sem-dicionários." In Jogos florais 12 de Setembro
1976. Praia, ICL, (1978?), p. 35-48.
"Mar e sal para os crustáceos" and "E porque
não a poesia?" In Raízes, n. 5/6. Praia, 1978,
p. 112f.
"Morremos todos os dias na América", "Quis-

178

te ausente, poesia interdita." In África,n. 4. Lis., 1979, p. 427-431. [Mistakenly published under the name of José Fonseca Duarte.]
"Homofonias da aritmética." In Voz di Letra, n. 5. Praia, 1986, p. 8.
"Quatro tempos-o-mesmo-vento." In Fragmentos, n. 1. Praia, 1987, p. 30.
"A morte viva do silêncio." Ibidem, n. 2. Praia, 1988, p. 52.
"Não me respondam." Ibidem, n. 5/6. Praia, 1989, p. 58.   (P)

FONSECA   Mário Alberto
1891.*Mon pays est une musique. Poèmes 1984-1987.* 168 p.
Nouakshott, Mauritania, pr.pr., 1987.
[Poems in French, in Portuguese, in English, and one poem in Creole.]   (P)

1892."O mar (or "mel"?) e as rosas." Ms.?, c.1967.   (P)

1893."Se a luz é para todos." Ms., c.1986/7.(P)

1894. Varia:
"Quando a vida nascer..." In Cabo Verde,v. 11, n. 126. Praia, May 1960, p. 25ff
"Eternidade". Ibidem, v. 12, n. 139. Praia, April 1961, p. 11ff.
"Como quando eu era menino." Ibidem, v. 13, n. 152. Praia, May 1962, p. 25.
"Fome". In Sèlò, n. 1, of Notícias de Cabo Verde. S. Vicente, 25 May 1962, p. 3.
"Os estrangeiros", "Viagem na noite longa", "Faminto". Ibidem, n. 2. S. Vicente, 28 August 1962,p. 6.
"Quando a vida nascer..." In "Nova soma da poesia do mundo negro", Présence Africaine, n. 57. Paris, 1966, p. 453ff.
"Quando a vida nascer..." and "Eis-me aqui Africa." In M. de Andrade, *Literatura africana de expressão portuguesa*, v. 1. Algiers, 1967, p. 46-49, and in M. de Andrade, *Antologia temática de poesia africana*, v. 1 Lis., 1975,p. 57-60, 163-167.
"Fome", "Viagem na noite longa", "Poemeto", "Quando a vida nascer...", "Como quando era menino." In M. Ferreira, *No reino de Caliban*, v. 1. Lis.,1975, p. 227-236.
"Vai-se a cor fica o odor(e o amargor)" and "Amour de la langue française." In Raízes, v. 1. Praia, January 1977, p. 76ff.

"Dans le silence de cette nuit...",,, "Ballade des compagnons du temps jadis", "Îles". Ibidem, n. 3. Praia, July/September 1977, p. 61-65.
"À margem da história...", "Assim ou assado,,,", "Quando chegar a praia-mar...", "Avós todos...", "Creio na liberdade", "Qual bala..." In África, v. 1, n. 1. Lis., July 1978, p. 71-74.
[Poems dated from Rabat and Conakry, 1968.]   (P)

FORTES   Corsino António
1895.*Árvore e tambor.* (Poema). Pref. Ana Mafalda Leite. Coll. Autores de Língua Portuguesa.
Praia, ICL, & Lis., Ed. Publicações Dom Quixote, 1986. 130 p.   (P)

1896.*Pão & fonema.*
(Reboleira, Portugal), pr.pr., 1974. 68 p.; 2d ed. With an analytical postscript by Mesquitela Lima:"Pão e fonema ou A odisseia de um povo." Coll. Vozes do Mundo, 15.
Lis., Sá da Costa Ed., 1980. 99 p.   (E,P)

1897. Varia:
"Folclore" and "Mindelo". In Boletim dos Alunos do 3.o ciclo do Liceu Gil Eanes. S. Vicente, 1959, p. 4.
"Girassol","Vendeta", "Pecado original", "Meiodia", "Paixão", "Noite de S. Silvestre." In Claridade, n. 9. S. Vicente,December 1960, p. 24-30.
"Verbo". In Cabo Verde, v. 12, n. 136. Praia, January 1961, p. 28.
"Ode para além do choro." Ibidem, v. 12, n. 138. Praia, March 1961, p. 17.
"Meio-dia", "Noite de S.Silvestre", "Ode para além do choro." In J. de Figueiredo, *Modernos poetas cabo-verdianos.* Praia, 196l, p. 161-166.
[None of these poems were included in *Pão & fonema..*]
"Mindelo", "Girassol", "Vendeta", "Pecado original", "Paixão", "Ode para além do choro", "De boca a barlavento", "Pilão", "Emigrante", "De rosto a sotavento." In M. Ferreira, *No reino de Caliban*, v. 1 Lis., 1975, p. 203-216.
"De boca concéntrica na roda do sol." Portuguese trans. A. França. In Raízes, v. 1, n. 1. Praia, 1977, p. 74f.
"Hoje queria ser apenas tambor no coração do imbondeiro," Portuguese trans. A. França. Ibidem, v. 1, n. 73. Praia, 1977, p. 71f.
"Tempo de ser ovo, ovo de ser tempo." Ibidem,

v. 4, n. 7/16. Praia, 1980, p. 105-111.
"Tchon de pove tchon de pedra", "Pesadèle na em trânsito", "Konde palmanhã manché", "Tchuva". In L. Romano, *Contravento*. Taunton, Mass.(USA), 1982, p. 64-77.[With trans. into standard Portuguese.]
"Rain" and "Emigrant". English trans. of "Tchuva" and "Emigrante". In M.M. Ellen, *Across the Atlantic*. North Dartmouth, Mass. (USA), 1988, p. 35, 53ff.
"Mindelo". In D. Burness, *A horse of white clouds*. Athens, Ohio(USA), 1989, p. 120-123. [With English trans. D. Burness.]
"Na boca dos homens nasceram costelas de Sahel", "Hoje queria ser apenas tambor no coração do imbondeiro", "De boca a barlavento", "Postais do alto mar", "Há navio morto na cidadela", "Pilão", "O pilão e a mó de pedra." In M. Ferreira, *50 poetas africanos*. Lis., 1989, p.236-245. (P)

"28.a [Vigésima-oitava] página do meu diário imaginário." In Cabo Verde, v. 12, n. 139. Praia, April 1961, p. 25. (SK)

FRAGOSO Francisco ("Kwame Kondé")
1898."José, rai di tabanca." Ms. (T)

1899.*Kordá Kaoberdi*. Pref. Luís A. Silva. Paris, Ed. Associação dos Cabo-Verdianos em França, 1974. 77 p. II. Manuel Figueira. (P)

1900."Preto tomá ton." Ms. (T)

1901. Varia:
"Morte-vida-poeta." Poema dramático. In África, n. 2. S. Paulo (Brazil), 1979, p. 122-127. [Dated Praia, 1st December 1977.] (T)

FRANÇA Arnaldo Carlos de Vasconcelos ("Arnaldo Carlos")
1902. Varia:
"Dois poemas do mar." In Certeza, n. 1. S. Vicente, March 1944, p. 4.
"Anti-poema da Bela Adormecida." Ibidem, n. 3. S. Vicente, January 1945, p. 4.
"Poema de amor." In Claridade, n. 4. S. Vicente, January 1947, p. 24.
"Lembrança de Parafuso." In Seara Nova, n. 1040. Lis., 5 July 1947, p. 148.
"A conquista da poesia." In Claridade, n. 5, September 1947, p. 33.
3 poems under one title, "Paz". Ibidem, n. 8 .

S. Vicente, May 1958, p. 27f.
"Testamento para o dia claro" and "Lembrança de Parafuso". In Mensagem, v. 2, n. 1. Lis.,January 1959, p. 11.
"Testamento para o dia claro" and "Soneto". In Claridade, n. 9. S. Vicente, December 1960, p. 41f.
"Anti-poema da Bela Adormecida", "Paz 1, 2, 3", "Testamento para o dia claro."In J. de Figueiredo, *Modernos poetas cabo-verdianos*. Praia, 1961, p. 111-116.
"Testamento para o dia claro."In J.A. das Neves, *Poetas e contistas africanos*. S. Paulo, 1963, p. 19.
"Dois poemas do mar", "Paz 1, 2, 3", "Testamento para o dia claro", "Poema de amor", "A conquista da poesia", "Soneto". In M. Ferreira, *No reino de Caliban*, v. 1. Lis., 1975, p. 138-143.
"Soneto inglês", "Três haikais e mais um irregular." In Fragmentos, n. 7/8. Praia, December 1991, p. 41. (P)

FRUSONI Sérgio
1903. *Vangêle contód d'nôs móda*. Pref. L. Romano. S. Filipe (Fogo Island), Ed. Terra Nova, (1979). 223 p. II.
[Posthumously published. Free Creole version of *Er Vangelo secondo noantri,* written in the Roman dialect of Italy by Bartolomeo Rossetti.] (P)

1904. Varia:
"O amor", "Embriaguez", "Meditações", "Pressentimentos". In Almanach de Lembranças Luso-Brasileiro para 1930, 1931, 1932. Lis., 1929, p. 340; 1930, p.147; 193l, p. 103f.,276.
Poems in Almanach Bertrand para1954 and 1955. Lis., Ed. Bertrand, 1953, 1954.
"Fonte de nha sôdade", "Tempe feliz", with trans. into standard Portuguese. In Claridade, n. 9. S. Vicente, December 1960, p. 77-80.
C. 16 poems in Repique do Sino, between n. 20 and n. 63. Brava Island, May 197) - December 1973.
2 poems in Creole. In Presença Crioula, n. 1, 4. Lis., January and April 1973.
"Galinha d'cmáde Nênê." In Morabeza,n. 1. Rio de Janeiro, June 1973, p.11.
"Oração ao pão." Ibidem, n.3. Rio de Janeiro, September 1973, p. 6.
"Istóra dum côrv ma dum gril basôfe." Ibidem,

n. 3, p. 15.
"Glória d'onje." Ibidem, n. 4. Rio de Janeiro, October 1973, p. 14.
"Chamada de mar." Ibidem, n. 5. Rio de Janeiro, December 1973, p. 4.
"Sermôn d'montánha." Ibidem, n. 6. Rio de Janeiro, February 1974, p. 8.
"Coladeira do milho" and "Cuscusada". Do quadro folclórico "Cuscusada". Ibidem, n. 7. Rio de Janeiro, April 1974, p. 6.
"Um vêz Sanvcênt era sabe " (Morna) and "Travessa de peixeira" (Coladeira). Ibidem, n. 8. Rio de Janeiro, June 1974, p. 8.
"Aquel primêr naviu " Creole trans. of an unpublished poem by Jorge Barbosa. Ibidem, n. 12, p. 4, and n. 13, p. 4, 6. Rio de Janeiro, February 1975 and May 1976.
"Fonte de nha sôdade" and "Tempe feliz', with trans. into standard Portuguese. In M.Ferreira, No reino de Caliban, v. 1. Lis., 1975, p. 300-303.
"Presentaçom", "Um vêz Sanvcênt era sábe", "Pê d'bufarêra", "Mari Matchin", "Falta ê que obrigá", "Humildade" (trans. of a poem by Manuel Lopes, dedicated to Frusoni), "Sermôn d'montanha", João Baptista", "Casament d'Caná." In M. F. Valkhoff, Miscelânea luso-africana. Lis., 1975, p. 165-169, 175-203. (P)

"A lingada". In Cabo Verde,v. 4, n. 42. Praia, March 1953, p. 13ff.
"Contrabónde", with trans. into standard Portuguese. In M. F. Valkhoff, Miscelânea luso-africana. Lis., 1975, 169-175.
"Mosaico mindelense". Crónicas radiofónicas em crioulo. S. Vicente. Ms. [A short piece of the series, "Nhô Miguelin mêa garrafa", in Morabeza, n. 2. Rio de Janeiro, August 1973, p. 15.
"Nhô Manê Pontêr." In Terra Nova, v. 7, n. 78. S. Vicente, January 1982, p. 5. [Another piece from the "Mosaico mindelense".] (N, SK)
"Um mentira sem pé nem cabeça", "Um cánja d'galinha môrte", "Cuscús tcherél sábe." In Arquipélago, n. 14. Boston, November 1990, p. 17. (ST)

GONÇALVES António Aurélio da Silva
1905.A centelha (Cadernos de estudo).
S. Vicente(?), pr.pr., 1938. (E)

1906.Noite de vento. Novela.
Praia, Ed. Centro de Informação e Turismo,

1970. 52 p. (N)

1907.Noite de vento. Pref. Arnaldo França. (Praia), ICL, 1985. 211 p. II. author's portrait.
[9 stories and novelettes: "Noite de vento", "Pródiga", "O enterro de nhâ Candinha Sena", "Virgens loucas", "História do tempo antigo", "A consulta","Biluca", "Burguezinha", "Miragem".] (N, ST)

1908.O enterro de nhâ Candinha Sena.
Praia, Ed. Divisão de Propaganda e Informação, 1957. 43 p. (N)

1909.Pródiga. Noveleta.
Praia, Ed. Divisão de Propaganda e Informação,1956. 66 p. (N)

1910.Virgens loucas. Noveleta.
S. Vicente, pr.pr., 1971. 36 p. (N)

1911. Varia:
"Festa infantil". In Notícias de Cabo Verde, n. 205. S. Vicente, 29 November 1941..[First instalment of the never published novel "Nocturno".]
"Recaída". In Claridade, n. 5. S. Vicente, 1947, p. 19-31, and n. 6 1948, p. 5-10.
"Pródiga". In Cabo Verde,v. 7, n. 83. Praia, August 1956, p. 27-31. [An excerpt of the novelette.] (N)

GONÇALVES João Filipe
1912.O povoado adormecido. Poemas.
Author's preliminary notes. Pref. Francisco Mascarenhas.
S. Vicente, pr.pr., 1968 [actually 1970]. 81 p. [Religious poetry.] (P)

GONÇALVES José da Silva
1913. Varia:
C. 6 poems, 3 of them in Creole. In Repique do Sino. Brava Island, between n. 58, July1973, and n. 73, October 1974.
"Arco di Distino." In Morabeza, n. 6. Rio de Janeiro, February 1974, p. 8.
"É sodadi!" and "Hora di bem." Ibidem, n. 7. Rio de Janeiro, April 1974, p. 10.
"É preciso". Ibidem, n. 11. Rio de Janeiro, December 1974, p. 12.
One poem in Presença Crioula, v. 2, n. 21. Lis., September 1974. (P)

GONÇALVES Viriato
1914.*Grito*. Pref. John B. Leite.
(Roxbury, Mass., USA, pr.pr., 1987.) 103 p.
II. photos of landscapes. (P)

1915. Varia:
"Natal". In Terra Nova, v. 7, n. 78. S. Vicente,
January 1982, p. 4.
"Povo". Ibidem, v. 7, n. 79. S. Vicente, February
1982, p. 6.
"Recaída". Ibidem, v. 8, n. 85. S. Vicente, August 1982, p. 4
"No chão da fome." Ibidem, v. 10, n. 113. S. Vicente, March 1985, p. 4.
"Relapse." English trans. in M.M. Ellen, *Across
the Atlantic*. N. Dartmouth, Mass. (USA), 1988,
p. 180f. [Trans. of "Recaída".].
"Diáspora", "O meu poema", "Testemunho", "Decisão". In D. Macedo, *Vozes submersas*.
[Taunton, Mass.,USA], 1990, p. 85-89. (P)

GRAÇA José André Leitão da ("Graçode")
1916. Varia:
Poems in Creole and standard Portuguese, published in French trans. In L'Éveil. Peking, 1967.
(P)

"Um conto". In Cabo Verde, v. 1, n. 10. Praia,
July 1950,p 23f. (ST)

"ITANTA Naiz d'" Vide
ALMADA José Luís Hopffer

JAEL Jacques
1917. Varia:
"Para quê qualquer poesia." In Terra Nova, v. 7,
n. 76. S, Vicente, November 1981, p. 6.
"Distância", "Pa bocal tardi", "Guentis antigu ta
conta." Ibidem, v. 8, n. 82. S. Vicente, May 1982,
p. 5.
"Jorge Barbosa" and "1982". Ibidem, v. 8, n. 89,
S. Vicente, December 1982, p. 4.
"Pa Silvenius". In Ponto & Vírgula, n. 7. S.Vicente, January/February 1984, p. 17.
"Noti". Ibidem, n. 9. S. Vicente, May/June 1984,
p. 28.
"Di alto dum janela." Ibidem, n. 10/11. S. Vicente,
July/October 1984, p. 47.
"Sodaçon em letra grandi." In Terra Nova, v. 11,
n. 117. S. Vicente, July 1985, p. 4. (P)

JOÃO Pereira Barbosa Amaro ("Amajo", "Jomar")
1918. Varia:
C. 6 poems in Creole and 13 in standard Portuguese. In Repique do Sino, between n. 20 and
n. 73. Brava Island, May 1970 - October 1974.
"Brava - nossa ilha." In Morabeza, n. 1. Rio de Janeiro, June 1973, p. 7. [First published in Repique do Sino, n. 54.]
"Promessas!" and "Cussas di Sampadjudo." Ibidem, n. 2. Rio de Janeiro, August 1973, p. 6, 16.
"Recordação" and "Festass sânto pam recordâ."
Ibidem, n. 3. Rio de Janeiro, September 1973,
p. 6, 14.
"Acróstico" and " 'N sunhâ". Ibidem, n. 4. Rio de
Janeiro, October 1973, p. 8.
"Pensamentos!..." Ibidem, n. 5. Rio de Janeiro,
December 1973, p. 4.
"Distino" and "Carta". Ibidem, n. 6. Rio de
Janeiro, February 1974, p. 7, 13.
"O meu lamento" and "Morabeza". Ibidem, n. 7.
Rio de Janeiro, April 1974, p. 11, 15.
"Noiba". Ibidem, n. 10. Rio de Janeiro, October
1974, p. 12.
"Cusas nôs terra." Ibidem, n. 11. Rio de Janeiro,
December 1974, p. 12. (P)

"A misteriosa, nha Branca." In Repique do Sino,
n. 23. Brava Island, August 1973.
"Stori di tocador di rabêca." Ibidem, n. 63. Brava
Island, December 1973. (ST)

"JOSE Maria" (i.e. **MOREIRA** Flávio)
1919.*Quem é quem*. Coll. Teatro.
Praia, ICL, 1988. 111 p.
[A play in 3 acts and 6 scenes.] (T)

1920. Varia:
"Ai o nosso futebol!" In Terra Nova, v. 11,
n. 123, p. 4, and n. 124, p. 4, 6. S. Vicente,
February 1986 and March 1986. (T)

J'ULIA Monteiro de Macedo Sança Ana
1921.*Arco vírus e vibra sóis*. Pref. José David
Rosa. Coll. Poetas da Diáspora.
Lis., Peregrinação Ed., (1986). 109 p. II. Alberto
de Castro. (P)

1922. Varia:
"Eu sou a ilha" and "Quem me dera ser o vento!" In Arquipélago, n. 3. Boston, February

1986, p. 16.
"Emigrant" and "To leave... to stay..." English trans. in M.M. Ellen, *Across the Atlantic*. N. Dartmouth, Mass.(USA), 1988, p. 184-187.
"Emigrante". In D. Burness, *A horse of white clouds*. Athens,Ohio (USA), 1954, p. 134 f.
[With English trans. D. Burness.]   (P)

LAGE   Fausto
1923.*Fantastic dilemma*.
Philadelphia(USA), Ed. Dorrance, (195I). 156 p.
(NO?)

LEITE   António Januário ("Januário")
1924.*Poesias*. Pref. Augusto Miranda.
S. Vicente, Ed. Associação Académica do Mindelo, 1952. 59 p. II. author's portrait.
[Posthumously published.]   (P)

1925.*Versos da juventude: Sonetos e outros cantares*. Pref. João Filipe Gonçalves, Paulo Leite.
(Queluz, Portugal, Ed. Paúl, 1975.) 111 p.
[Enlarged ed. of *Poesias*, 1952.]   (P)

1926. Varia:
"Gratidão". In Novo Almanach de Lembranças Luso-Brasileiro para 1893. Lis., 1892, p. 328.
"Problema". Ibidem para 1894. Lis., 1893, p. 404.
2 poems in Almanach Luso-Africano para 1894. Paris & Lis., 1893.
"Os meus desejos." In Novo Almanach de Lembranças Luso-Brasileiro para 1897. Lis., 1896, p. 243.
"Horas sombrias". In Revista de Cabo Verde, n. 10. S.Vicente, July 1899, p. 12.
"O bem e o mal." In Almanach Luso-Africano para 1895. Paris & Lis., 1894, p. 67.
"Dizem". Ibidem, p. 322f.
"Rouxinol". Ibidem, p. 359f.
"Goivos". Ibidem, p. 409f.
"Saudade". In N. C. Cardoso,*Cancioneiro da saudade e da morte*. Lis.,1920, p. 7.
"Elegia à morte trágica do célebre aeronauta Sacadura Cabral." In Novo Almanach de Lembranças Luso-Brasileiro para 1926. Lis., 1925, p.59.
"Juventude". Ibidem para 1930. Lis., 1929, p. 351.
"Morte" , "Consciência","Poema-biografia".

Ibidem para 1932, p. 271, 291.   (P)

"Hora mystica". (Evocação lírica). In Revista de Cabo Verde, n. 2. S. Vicente, February 1899, p. 54f.   (SK)

LEITE   António Nobre
1927. Varia:
"Regresso ao lar." In Arquipélago, n. 8. Boston, December 1987, p. 8.   (P)

"A criança que em mim se esconde" and "O presépio". Ibidem, n. 6. Boston, February 1987, p. 24f.
"Ecos de uma época." Ibidem, n. 7. Boston, June 1987, p. 32.
"Tambores de Junho", "Caetano era *home matcho*", "Metáforas". Ibidem, n. 9, Boston, May 1988, p. 28f.
"O mundo da minha infância." Ibidem, n. 10. Boston, December 1988, p. 52f.
"Combate à desertificação" and "Figuras & factos: João Gatinho." Ibidem, n. 15. Boston, May 1991, p. 1f.   (SK)

LIMA   Gertrudes Ferreira ("Humilde Camponesa")
1928. Varia:
"Bem haja". In Novo Almanach de Lembranças Luso-Brasileiro para 1892. Lis., 1891, p. 482.
"Saudação" and "Prece aos meus sobrinhos." Ibidem para 1893. Lis.,1892, p. 204, 46I.
"Á menina Romaninha de Melo." Ibidem para 1894. Lis., 1893, p. 330.
3 poems in Almanach Luso-Africano para 1895. Paris & Lis., 1894, p. 103, 136, 219.
"A pedido de Júlio Dumont." In Novo Almanach de Lembranças Luso-Brasileiro para 1899. Lis., 1898, p. 367.
"A lyra doente." (A pedido de Júlio Dumont.) In Almanach Luso-Africano para 1899. Paris & Lis., p. 76.
"Threno". (À memória da minha querida Inin.) Ibidem, p. 206.
"A meu inteligente compatriota Viriato Gomes da Fonseca." In Revista de Cabo Verde, n. 3. S. Vicente, March 1899, p. 102f.   (P)

"Um grande heroe caboverdeano." In Almanach Luso-Africano para 1895. Lis., 1894, p. 118ff.
[About Silva Brasileiro, of her Island of Santo Antão.]

"A minha última visita a J. de Deus." In Novo Almanach de Lembranças Luso-Brasileiro para 1898. Lis., 1897, p. 341f.   (SK)

LIMA Kiki
1929.*Poesia e música*.
N/p.(?), n/d.
[Poems and musical compositions.]   (P)

LIMA J´UNIOR Armando Jesús ("Mankadite", "Manduka Didite")
1930. Varia:
"Canção de nha Chica", "Retrato", "Como se fosses..." In M. Ferreira, *No Reino de Caliban*, v. 1. Lis., 1975, p. 247-250. [His first published poems.]
"Uma mulher da minha rua." In *Jogos florais 12 de Setembro 1976*. Praia, (1978?), p. 51-56.
"Requiem pa nhô padre" and "Guiza". In L. Romano, *Contravento*. Taunton, Mass.(USA), 1982, p.40-43. [With trans. into standard Portuguese.]
"Madrigal em tempo de esperança." In *Ponto & Vírgula*, n. 9. S. Vicente, May/June 1984, p. viii.
"Requiem for the priest." In M. M. Ellen, *Across the Atlantic*. N. Dartmouth, Mass,(USA), 1988, p. 20. [English trans. of "Requiem pa nhô padre."]   (P)

LOPES da Silva António Corsino
1931. Varia:
"Saudade". In Novo Almanach de Lembranças Luso-Brasileiro para 1905. Lis.,1904,p. 261.
"Último desejo". Ibidem para 1910. Lis., 1909, p. 221.
"Never more". Ibidem para 1911. Lis.,1910, p. 151.
"Resurreição". Ibidem para 1912. Lis., 1911, p. 287.
"Pax". Ibidem para 1913. Lis., 1912, p. 19.
"Cabo Verde". In A Voz de Cabo Verde, n. 17. Praia, 11 December 1911.
"Avé pátria!" Ibidem, n, 10. Praia, 3 May 1911.
"Never more". In N. C. Cardoso, *Sonetistas portugueses e luso-brasileiros*. Lis., 1918, p. 205.
"Último desejo". In N. C. Cardoso, *Cancioneiro da saudade e da morte*. Lis., n/d.,, p. 69.
"O último". In "Torre de Ébano" of Correio d'África, 1st ser., n. 37. Lis., 13 April 1922.   (P)

LOPES da Silva Baltasar ("Osvaldo Alcântara")
1932.*A caderneta - The booklet*. English trans. Vicente Rendall Leite. Coll. Ficção. Praia, ICL, 1987. 19 p.
[With the Portuguese text.]   (C)

1933.*A caderneta - Le carnet*. Conto - nouvelle. Pref. J.-M. Massa.
Praia, ICL & Centre Culturel Français, (1986). 78 p. II. old photographs.
[The French trans. by Avner Perez. With the Portuguese text.}   (ST)

1934.*Cântico da manhã futura*. Pref. Amaro Alexandre da Luz.
Praia, pr.pr. 126p.;
2d ed.:
Linda-a-Velha (Portugal), ALAC Ed., 1991. 126p.   (P)

1935.*Chiquinho*. Romance cabo-verdiano.
Lis., Ed. Claridade, 1947. 299 p.;
2d ed.: Coll. Autores Portugueses, 2.
Lis., Prelo Ed.,1961. 300 p.;
3d ed.: Ibidem, 1970;
4th ed.: Ibidem, 1974.
[The first 4 ed. are identical];
5th ed.:
Lis., Ed. Círculo de Leitores, n/d.(198?);
6th ed. : Pref. Alberto de Carvalho. Coll. Para a História das Literaturas Africanas de Expressão Portuguesa, 3.
Linda-a-Velha (Portugal), Ed. C.D.L., 1984. xxx, 299 p.
[Facsimile of the 1st ed.];
7th ed. Identical with the 6th:
Linda-a-Velha, Ed. África L.A.C., (1989).
- Brazilian ed.: *Chiquinho*. Coll. Autores Africanos.
S. Paulo, Ed. Ática, 1986. 176 p.
- French ed.: *Chiquinho*. Roman. Trans. & pref. Michel Laban. Coll. UNESCO d'Oeuvres Représentatives, série africaine.
(Arles, France), UNESCO Ed., 1990. 253 p. (NO)

1936.*Os trabalhos e os dias*. Pref. Arménio Vieira. Coll. Para a História das Literaturas Africanas de Expressão Portuguesa, 6.
Linda-a-Velha (Portugal), ALAC Ed., 1987. 85 p.

184

II. author's portrait.   (ST)

1937. Varia:
"Almanjarra". In Claridade, n. 1. S,Vicente, March 1936, p. 8.
"Presença" and "Mamãe". Ibidem, n. 2. S. Vicente, August 1936, p. 6, 7.
"Nocturno". Ibidem, n. 3. S. Vicente, March 1937, p. 8.
"Presença" and "Mamãe" in J. Osório de Oliveira, Poesia de Cabo Verde. Lis., 1944.
"Música", "Há um homem estranho na multidão", "Faminto". In Claridade, n. 4. S. Vicente, January 1947, p.1, 23f.
"Pura saudade da poesia", "Deslumbramento", "Ignoto deo", "Rapsódia da ponta-de-praia." Ibidem, n. 5. S. Vicente, September 1947, p. 11ff.
"Poema do rapaz torpedeado", "Quatro poemas do ciclo da vizinha: I- Canção da minha rua; II- Aqui d'el-rei; III- Tonica na ronda infantil; IV- Serenata." Ibidem, n. 6. S. Vicente, July 1948 p. 1, 18-21.
"Era necessário que todos viessem", "Brancaflor", "Nasceu o poema", "Ciclo Doutor Honório: Finaçon do Doutor Honório; Finaçon da morte do Doutor Honório" [both in Creole, collected by B. Lopes.] Ibidem, n. 7. S. Vicente, December 1949, p. 17f.,34-37.
"Poema para o soldado morto" and "Vou fingir que sou doudo." In Cabo Verde, v. 4, n. 43. Praia,April 1953, p. 15.
"História banal" and "A vidraça". Ibidem, v. 4, n. 45. Praia, June 1953, p. 27.
"Mamãe". In J. O. de Oliveira, As ilhas portuguesas de Cabo Verde. Lis., 1955, p. 52f.
"Nocturno". In Cabo Verde, v. 7, n. 78. Praia, March 1956, p. 8.
"Romanceiro de S. Tomé: 1- Filho; 2- Grito; 3- Mãe; 4- Caim; 5- Porão; 6- Regresso do paraíso; 7- Amigo; 8- Recordai do desterrado no dia de S. Silvestre de 1957." In Claridade, n. 8. S.Vicente, May 1958, p. 1, 34-39.
"Mamãe". In M. de Andrade, Antologia da poesia negra de expressão portuguesa. . Paris, 1958, p.11f.
"Nocturno", "Itinerário de Pasárgada", "Música", "Há um homem estranho na multidão", "Pura saudade da poesia", "Brancaflor", "Nasceu um homem", "Ressaca". In J. de Figueiredo, Modernos poetas cabo-verdianos. Praia, 1961, p. 53-66.

"Ressaca". In J. A. das Neves, Poetas e contistas africanos de expressão portuguesa. S. Paulo, 1963, p. 17.
"Nocturno". In L. F. Trigueiros, Cabo Verde, S. Tomé e Príncipe, Macau e Timor. Lis.,(1963) p. 64ff.
"Mamãe", "Itinerário de Pasárgada", "Presença", "Ressaca", "Poema". In M. de Andrade, Literatura africana de expressão portuguesa, v. 1, Poesia. Algiers, 1967, p. 16-24, 247f.
"Menino de outro Gongon", "Mar". In Colóquio/Letras, n. 14. Lis., July 1973, p. 58f.
"Mamãe", "Itinerário de Pasárgada", "Presença", "Ressaca", "Romanceiro de S. Tomé", "Poema" In M, de Andrade, Antologia temática de poesia africana, v. 1., 1975, p. 30-38, 230f.
"Mamãe", "Deslumbramento","Presença", "Romanceiro de S. Tomé" 1, 7, "Ressaca", Quatro poemas da vizinha",4, "Era necessário que todos viessem", "Mar", "Menino de outro Gongon." In M. Ferreira, No reino de Caliban, v. 1, Lis., 1975, p. 108-118.
"Meteorologia na terra zero no mês de Setembro de 1972.". In Raízes, n. 1. Praia, Janeiro 1977, p. 67ff.
"Batuque". In Ponto & Vírgula, n. 1. S. Vicente, February/March 1983, p. 25.
"Mother". English trans. of "Mamãe". In M. M. Ellen, Across the Atlantic. N. Dartmouth, Mass. (USA), 1988, p.11f.
"Poema do rapaz torpedeado" and "Faminto" In D. Burness, A horse of white clouds. Athens, Ohio(USA), 1989, p. 108-111. [With English trans.D. Burness.]
"Era necessário que todos viessem", "Brancaflor", "Ressaca", "Mamãe", "Itinerário de Pasárgada", "Pura saudade da poesia", "Meteorologia na terra zero no mês de setembro de 1972." In M. Ferreira, 50 poetas africanos. Lis., 1989, p. 180-188.   (P)

"Bibia". In Claridade, n. 1. S. Vicente, March 1936, p. 2-3, 7.
"Infância". Ibidem, n. 3. S. Vicente, March 1937, p. 2-3, 7. [Both from Chiquinho.]
"O sr. Euclides Varanda." In Atlântico, n. 1. Lis., Spring 1942, p. 123-128. [From Chiquinho].
"Infância". In Vértice, v. 2, n. 27/30. Coimbra, March 1946, p. 7-13. [From Chiquinho].
"Dona Mana". In Claridade, n. 6. S. Vicente, July 1948, p. 2-8.
"A caderneta". In Vértice, v. 7, n. 65. Coimbra, Ja

185

nuary 1949, p. 7-10.
"Muminha vai para a escola." In Cabo Verde, v. 3,
n. 33. Praia, June 1952, p. 5-11.
"O construtor". Ibidem, v. 5, n. 61. Praia, October
1954.
"Balanguinho". In Claridade, n. 8. S. Vicente, May
1958, p. 60-65.
"Sileno". In Colóquio, n. 7. Lis., February 1960,
p. 41ff. II. Infante do Carmo.
"Infância", "A caderneta", "Muminha vai para a
escola", "Dona Mana". In B. Lopes, Antologia da
ficção cabo-verdiana contemporânea. Praia,
1960, p. 113-173.
"A caderneta". In J. A. das Neves, Poetas e
contistas africanos. S. Paulo, 1963, p. 85-90.
And in A. César, Antologia do conto ultramarino.
Lis., 1972, p. 31-40.
"Nocturno de D. Emília de Sousa." In Raízes, v.
1, n. 1. Praia, January/April 1977, p. 59-62.
"Os trabalhos e os dias." Ibidem, v. 2, n. 5/6.
Praia, January/June 1978, p. 81-87.
"Balangadinho". German trans. Carl Heupel. In
Zeitschrift für Kulturaustausch, v. 30, n. 4. Stutt-
gart, 1980, p. 410-414"
"Chiquinho". English trans. Natália Costa. In M. M.
Ellen, Across the Atlantic. N. Dartmouth,
Mass.(USA), 1988, p.84-92.   (ST)

LOPES da Silva Félix de Valois ("Guilherme
Ernesto")
1938./"Jardim regado". Ms. ["Volume
dactilografado, na mesinha da sala de visitas,
talvez hoje em pétalas de cinza..." Teobaldo
Virgínio.]   (P)

LOPES da Silva Francisco
1939. Recordações. Versos.
Rio de Janeiro, pr.pr., 1940. 116 p.   (P)

1940. Varia:
"Soneto ao meu querido pai José Lopes." In
Novo Almanach de Lembranças Luso-Brasilei-
ro para 1925. Lis., 1924, p. 16.
"Aspiração". Ibidem para 1926. Lis., 1925, p.
315.
"Forte". Ibidem para 1928. Lis., 1927, p. 244.
                                              (P)

LOPES da Silva Francisco de Sales
1941. Varia:
"Frutos da época." In Cabo Verde, v. 1, n.9. Praia,
June 1950, p. 26ff.

"Aguarela da tarde." Ibidem, v. 1, n. 12. Praia,
September 1950, p. 20.
"Recordando". Ibidem, v. 2, n. 22. Praia, July
1951, p. 25ff.
Chuva de agosto" and "Ourives". In B. Lopes,
Antologia da ficção cabo-verdiana contem-
porânea. Praia, 1960, p. 177-206. [The former
was first published in "Suplemento Cultural", n. 1,
of Cabo Verde. Praia, October 1958, p. 45-53.]
"O resgate". In Claridade, n. 9. S, Vicente,
December 1960, p. 51-57.   (ST)

LOPES da Silva João de Deus
1942. Eterno amor. Novela.
Praia(?), pr.pr., 1939.   (N)

1943."Histórias contadas". Ms.   (ST)

1944. Os cinco milhões. Noveleta.Praia,
pr.pr.,1937.   (N)

1945."Poem'ilhas". Ms.   (P)

1946."Prelúdio de ninguém." Ms.   (P)

1947. Ressaca. Poemas. Pref. Luís Romano.
Lis., pr.pr., 1982. 46 p.
[Poems written between 1966 and 1974.] (P)

1947-a. Varia:
"Poema da saudade." In Cabo Verde, v. 14, n.
159. Praia, December 1962.
"Degenerescência". Ibidem, v. 14, n, 160. Praia,
January 1963, p. 18.
"Finaçom", "Mutação", "Sacrifício", "Elegia da
fornalha." In Vários Autores, Jogos florais 12
de Setembro 1976, Ed. ICL,n/d.(1978?),
p. 115-121.   (P)

LOPES da Silva José
1948. Alma arsinária. Poemas em aditamento ao
livro Hesperitanas. 2 v. V. 1: Pref. Henrique de
Vilhena.
Lis., pr.pr., 1952. xiv, 303 p.; v. 2: Lis., pr.pr.,
1952. 104 p.   (P)

1949. Braits (Sonnets): The nurses of Hong-
Kong, President Roosevelt,Saudoso adeus,
Inscriptio.
Lis., (Ed. Império, 1945. 55 p.
[In English, except "Saudoso adeus" in Portu-
guese and "Inscriptio" in Latin.]   (P)

1950. *Cécile de Kerbran.*
n/p., pr.pr., (1959). 6 p. not num. (P)

1951. *Helvetia.*
Lis., pr.pr., (1958). 8 p. not num.
[In French.] (P)

1952. *Hesperitanas.* (Poesias). Pref. Martinho
Nobre de Melo.
Lis., Ed. J. Rodrigues & Cia., (1933). 547 p.
[Poems written between 1888 and 1929.] (P)

1953. *Jardim das Hespérides.* Sonetos. Do livro
Hesperitanas. Pref. Augusto d'Esaguy.
Lis., Ed. J. Rodrigues & Cia., 1928. 136 p.;
2d ed.: Ibidem, 1929. [Identical with the first.] (P)

1954. *Marcha triunfal da Mocidade Portuguesa
de Cabo Verde.*
Praia, pr.pr., 1960. 26, 17 p. (P)

1955. *Mensagem do ilustre poeta cabo-
verdiano sr. Lopes da Silva dirigida à
Sociedade de Socorros Mútuos.*
Buenos Aires, Unión Cabo-Verdeana de Buenos Aires, 1958. 8 p. not num. (P)

1956. *Meu preito.* Ao nobre benemérito
governador de Cabo Verde, escritor Manuel
Martins Abrantes Amaral.
Praia, pr.pr., (1957). 15 p. (P)

1957. *Mussolini.*
Rio de Janeiro, pr.pr., 1937. 28 p. (P)

1958. *O berço e a campa.*
Praia, pr.pr., 1920. 8 p. (P)

1959. *Ombres immortelles.*
Lis., Ed. J. Rodrigues & Cia., 1940. 26 p.
[Sonnets in French.] (P)

1960. *O vandalismo hispano-russo.*
Rio de Janeiro, pr.pr., 1937. 23 p. (P)

1961. *Poesias escolhidas.* Anon. introduction
and pref. Maria de Jesus Gomes.
Praia, Ed. Comissão para as Comemorações do
I. Centenário do Nascimento do Poeta, 1972.
xxix, 57 p.
[Poems written between 1888 and 1952.] (P)

1962. *Quadras.*
Santo Tirso (Portugal), pr.pr., 1938. 24 p. (P)

1963. *Saudades da pátria.*
S. Vicente, pr.pr., 1952. 4 p. not num. (P)

1964. *Saudosamente.*
Lis., Ed. Escola Profissional Oficinas de S. José,
1947. 16 p. (P)

1965. *Winston Churchill.*
Lis., pr.pr., 1943. 14 p.
[In English.] (P)

1966. Varia:
"Guilherme Dantas". In Novo Almanach de Lem-
brancas Luso-Brasileiro para 1889 (Suplemento).
Lis., 1888, p. 151f.
"Acrósticos". Ibidem para 1892. Lis., 1891, p.
229.
"À Bellota". In Almanach Luso-Africano para
1895. Paris & Lis., 1894, p. 187.
"Crepuscular". Ibidem para 1896. Lis., 1895,
p. 414.
"Religio salvatrix". 2 sonnets. Ibidem para 1897.
Lis., 1896, p. 322.
"Violeta". Ibidem para 1898. Lis., 1897, p. 92f.
"Crepuscular", "Três lembranças", "Resposta ao
senhor Carlos Ribeiro Nogueira Ferrão", "Origem
das flôres", "Camões", "As cathedraes". In
Almanach Luso-Africano para1899. Paris & Lis.,
1898, p. 37, 116f., 261, 360f.,465f., 535f.
"A tarde". In Revista de Cabo Verde, n. 1. S. Vi-
cente, January 1899, p. 18f.
"Coração de mãe". In Novo Almanach de Lem-
brancas Luso-Brasileiro para 1903. Lis., 1902,
p. 372.
"Charada". Ibidem para 1904. Lis., 1903, p. 167f.
"Charada". Ibidem para 1905. Lis., 1904, p. 84.
"Waldemar Atterdag". Ibidem para 1905. Lis.,
1904, p. 171-174.
"Charada (histórica)" and "Lita". Ibidem para
1906. Lis., 1905, p.227ff., 251.
"Charada (Reflexões de Sienckiewicz)." Ibidem
para 1907. Lis., 1906, p. 245ff.
"Charada à morte de César." Ibidem para1908,
p. 299-303.
"Charada (Salamina)". Ibidem para 1909. Lis.,
1908, p. 202f.
"Charada (Nansen)". Ibidem para 1910. Lis.,
1909, p. 367f.

"Gratitudo belluae..." Ibidem para 1911. Lis., 1910, p. 110f.
"Palingenesis". Ibidem para 1912. Lis.,1911, p. 198.
"Charada: Anos depois." [Poema autobiográfico]. Ibidem para 1927. Lis., 1926, p. 199f.
"Ipse semper Oedipus!" Ibidem para 1928. Lis., 1927, p.355. (P)

"Eugénio Tavares". Ibidem para 1932. Lis., 1931, p. 210ff. (SK)

LOPES   José António Gonçalves
1967. Profecia poética. Pref. Fausto Rosário. (Praia), pr.pr., 1990. 63 p. II. José Maria Barreto.
[A few of the poems are in Creole or English.] (P)

LOPES   José Vicente
1968. Varia:
"Totens", "Gonçalviana", "O eixo e a roda", "Inscrição", "Requiem", "Forever", "Guerra e paz", "Anjos", "Solar", "Na terra". In Fragmentos, n. 5/6. Praia, 1989, p. 68.
"Escritura", "Retórica", "Calendário", "Cuidar dos vivos", "Epigrama". "Ausência", "Plenitude", "Elegia de Setembro", "Claridade", "Noutra terra". Ibidem, n. 7/8. Praia, December1991, p. 47. (P)

"A derrocada". In Ponto & Vírgula, n. 6. S. Vicente, 1983, p. 34ff. (ST)

LOPES   Manuel dos Santos
1969. Chuva braba. Novela cabo-verdiana.
Lis., Ed. Instituto de Cultura e Fomento de Cabo Verde, 1956. 309 p.; II. Manuel Lopes;
2d, rev. ed.: Coll. Atlântida, 14.
Lis., Ed. Ulisseia, 1965. 262 p.;
3d, rev. ed.: Coll. Romances do Nosso Tempo.
Lis., Ed. CELIDIS, n/d.(1974). 190 p.
[For a book club];
4th ed.: Coll. Autores de Cabo Verde, 1.
Lis., Edições 70, 1982. 166 p.;
5th ed.:
Lis., Edições 70, 1985. 168 p. [In the same coll. as the 4th ed.]
- Russian ed.: Iarostnyi liven'. Trans. Helena Ryáusova. Pref. I. Tiniánova.
Moscow, Ed. Progress, 1972. 179 p. (NO)

1970. Crioulo e outros poemas.

Lis., pr.pr.,1964. 93 p.
[Incl. texts from Poemas de quem ficou, 1949.] (P)

1971. O galo que cantou na baía...(e outros contos cabo-verdeanos.) Coll. Hoje e Amanhã, 1.
Lis., Ed. Orion, (1959). 221 p.
[Six stories, among them "O galo que cantou na baía."]
2d ed.: Galo cantou na baía e outros contos. Rev. Pref. author: "Apresentação do autor." Coll. Autores de Cabo Verde, 2.
Lis., Edições 70, 1984. 187,(2) p. (ST)

1972. "Momentos". Ms. [Coll. of poems sent to Lis., misplaced but rediscovered by the author in 1970.] (P)

1973. Os flagelados do vento leste. Coll. Atlântida, 12.
Lis., Ed. Ulisseia, 1960. 266 p.;
2d ed.:
Lis., Ed. Círculo de Leitores, n/d.(1982);
3d ed.: Author's introduction. Coll. Autores de Cabo Verde, 3.
Lis., Edições 70, & (Praia), ICL Ed., 1985. 219 p.;
4th ed.: Coll. Palavra Africana.
Lis.,Ed. Vega, 1991. 240 p.
- Brazilian ed.: Os flagelados do vento leste. Pref. Luís Romano. Coll. Autores Africanos, 2.
S. Paulo, Ed. Ática, 271 p. [With glossary and author's bibliography.] (NO)

1974. Paúl.
S, Vicente, pr.pr.; 1932. 29 p. (SK)

1975. Poemas de quem ficou.
Angra do Heroísmo (Azores), pr.pr., 1949. 78 p. (P)

1976. Varia:
"Perdido" and "Vida". In Novo Almanach de Lembranças Luso-Brasileiro para 1928. Lis., 1927, p. 23, 79.
"Idolatria". Ibidem para 1929. Lis., 1928, p.131.
"O beijo" and "Voz longínqua". Ibidem para 1930. Lis., 1929, p. 283, 347.
"Nocturno". In O Mundo Português.v. 3. Lis., 1936, p. 51f.["Do livro Momentos, a sair."]
"Écran". In Claridade, n. 1. S, Vicente, March

1936, p. 4, 7.
"Poema de quem ficou." Ibidem, n.3.S. Vicente, March 1937, p. 1.
"Consummatum". Ibidem, n. 4. S. Vicente, January 1947, p. 14.
"Vozes". Ibidem, n. 7. S.Vicente, December 1949, p. 1.
"Nocturnos (Porto Grande)", "Cais", "Naufrágio", "A garrafa". "Crioulo", "Encruzilhada", "Ruína", "Mochinho", "Nem navio", "Libertação". In M. Ferreira, No reino de Caliban, v. 1. Lis., 1975, p. 102-108.
"Terra de pedra na chom." With trans. into standard Portuguese. In Luís Romano, Contravento. Taunton, Mass.(USA), 1982, p. 240f.
"Dock". English trans. of "Cais". In M.M. Ellen, Across the Atlantic. N. Dartmouth, Mass.(USA), 1988, p. 42f.
"Crioulo" and "Cais". In D. Burness, A horse of white clouds. Athens, Ohio(USA), 1989, p. 104-107. [With English trans. D. Burness.]
"Cais", "Poema de quem ficou", "Écran", "Naufrágio", "A garrafa", "Solidão", "Crioulo". In M.Ferreira, 50 poetas africanos. Lis., 1989, p. 190-194.   (P)

"Visão da madrugada." In Novo Almanach de Lembranças Luso-Brasileiro para 1928. Lis., 1927, p. 61f.
"Romanticismo". Ibidem para 1929. Lis., 1928, p. 380f. [Poetic prose sketch.]
"Fragmentos duma carta." Ibidem para 1931. Lis., 1930, p. 60f.[Reflections.]
"Parênteses". In Notícias de Cabo Verde. S. Vicente, 1930-1932. [Prose sketches about happenings in Mindelo and journeys to Santo Antão Island.]   (SK)

"Um galo que cantou na Baía..." In Claridade, n. 2. S, Vicente, August 1936, p. 2f., 9.
"Chuva". In Atlântico, n. 3. Lis., 1943, p. 140-149. ["Do romance'Terra viva'."]
"O Jamaica zarpou." Ibidem, n. 4. S. Vicente, January 1947, p. 2-11. ["Do romance'Terra viva'."]
"As férias do Eduardinho." Ibidem, n. 7. S. Vicente, December 1948, p. 2-16.
"Balanguinho". Ibidem, n.8. S. Vicente, May 1958, p. 60-65.
"O galo que cantou na Baía", "No terreiro do bruxo Baxenxe", "Ao desamparinho", "A chuva". In B. Lopes, Antologia de ficção cabo-verdiana

contemporânea. Praia, 1960, p. 299-384.
"No terreiro do bruxo Baxenxe." In J. A. das Neves, Poetas e contistas africanos. S. Paulo, 1963, p. 91-99.
"Sons de viola e cantiga" and "Porto novo". In M. de Andrade, Literatura africana de expressão portuguesa, v. 2, Prosa. Algiers, 1968, p. 88ff.[From Chuva braba, 1965.]
"Under the spell of Baxenxe, the sorcerer." English trans. Donald Burness," In M.M. Ellen, Across the Atlantic. N. Dartmouth, Mass,(USA), 1988, p.95-106.   (ST)

LOPES FILHO João
1977. Estória, estória... Contos cabo-verdianos. Coll. Biblioteca Literária Ulmeiro, 1.
Lis., Ed. Ulmeiro, 1978. 91 p.;
2d, enl. and rev. ed.:
Lis., Ed. Ulmeiro, 1984. 123 p.   (ST)

1978. Varia:
"As águas', "Curti ressaca", "Manchê", "Kretcheu", "Cidade Velha". In Arquipélago, n, 5. Boston, October 1986, p. viif.   (P)

"Luta pelo pão." In Diário Popular. Lis., 7 January 1971.
"Viver de esperança." In Presença Crioula, n. 11. Lis., November 1973, p. 6.
"Força do destino." In Nôs Vida, n. 71. Rotterdam, July 1976.
"A boda". In Raízes, v. 2, n. 5/6. Praia, January/ July 1978, p. 102-108.[Customs of S. Nicolau Island.]
"Der Heimkehrer". German trans.Gilberto Calcagnotto, of "Torna-viagem". In Zeitschrift für Kulturaustausch, v. 30, n. 4. Stuttgart, 1980, p. 415-431.
"Nhô Tiofim, the harpooner."English trans. John Leite. In M.M. Ellen, Across the Atlantic. n. Dartmouth, Mass.(USA), 1988, p.137-145.   (ST)

MAÇARICO Luís Filipe
1979. Varia:
"Em busca da água", "O creoulo", "Os meninos da Lajinha." In Arquipélago, v. 5, n. 13. Boston, May 1990, p. 21.
"Os pedreiros do Mindelo", "Entardecer entre Baía das Gatas e Monte Verde","Salamansa", "Baía das Gatas", "Almas corajosas", "Filhos do Atlas." Ibidem, v. 6, n. 15. Dorchester, Mass.

189

(USA), 1991, p. 25. (P)

MACEDO Donaldo Pereira
1980. *Cabo Verde no coração.*
(Taunton, Mass.,USA), pr.pr., 1977. 69 p. Il.
Jackie J. Duarte. (P)

1981. *Descarado.* Pref. Russell Hamilton.
Taunton, Mass.(USA), Atlantis Ed., 1979. vi,
64 p. Il. Cajuca.
[Comedy written in the Creole of Brava Island.]
(T)

1982. Varia:
C. 6 poems, one of them in Creole. In Repique
do Sino, between n. 41 and 68. Brava Island,
February 1972 - May 1974.
"Djabraba". In Morabeza, n. 4. Rio de Janeiro,
1973, p. 8.
"Morna; Noite morena." Ibidem, n. 5. Rio de Ja-
neiro, December 1973, p. 8.
"Num mantcha imenso azul." Ibidem, n. 6. Rio de
Janeiro, February 1974, p. 17.
"Distino". Ibidem,n. 9. Rio de Janeiro, August
1974, p. 10.
"Túnel sem saída." Ibidem, n. 10. Rio de
Janeiro, October 1974, p. 8.
"Morti di Cabral." In Lugarcomum, n. 2. Braga,
1977, p. (5f.)
"Túnel sem saída" and "Segrêdo". In L.
Romano, *Contravento.* Taunton, Mass,(USA),
1982, p. 88-93.
[With trans. into standard Portuguese.]
"Saudade" and "Absence". In M.M. Ellen,
1983. *Across the Atlantic.* N.Dartmouth,
Mass.(USA), p. 16-164. [English trans,] (P)

"Gorgómitas". In Morabeza, n. 8-12. Rio de Janeiro, 1974-1975. [In Creole.] (T)

MACEDO Martins Maria da Luz Monteiro
1983. *Escarpas cabo-verdianas.*
Lis.,pr.pr., 1939. 78 p. (P)

1984. *Primavera.* Poesia.
Lis., Ed. Anuário, 1941. 86 p. (P)

1985. *Rosas do outono.*
Lis., pr.pr., 1937. 52 p. (P)

MACHADO Emílio
1985-a. *Europa Norte!* Contos e poemas.

Praia, Ed, Imprensa Nacional, 1961. 165 p.
(P,ST)

MARIANO Dante
1986. Varia:
"Bôs odjo Xandinha." and "Esse caminho longe pâ São Tomé."In M. Ferreira, *Hora di bai,*
Coimbra, 1962. [Lyrics of 2 mornas, erroneously
attributed to Amândio Cabral in the first two ed.].
"Última súplica", ""Serei epidemia", "Comunicado n. 1", "Comunicado n. 2", "Certeza".In M. Ferreira, *No reino de Caliban,* v. 1. Lis.,1975,
p.250-254. (P)

"Fidélis". In Mensagem, v. 14, n. 3. Lis., August
1962, p. 28-32. (ST)

MARIANO João de Deus
1987. Varia:
"Sonetilho". In Novo Almanach de Lembranças
Luso-Brasileiro para 1922. Lis.,1921, p.319.
"Uma quadra". Ibidem para 1923. Lis.,1922,
p. 219.
"O pendão das quinas." Ibidem para 1924. Lis.,
1923, p. 155.
"1-1-1921" and "Aquelas pétalas". Ibidem para
1925. Lis., 1924, p. 3, 72.
"Fragmentos de um canto." Ibidem para 1928.
Lis., 1927, p. 222.
"Sonetilho" and "Saudade". Ibidem para 1930.
Lis., 1929, p. 61, 379.
"A caridade", Ibidem para 1931. Lis., 1930,
p. 182.
"Enfim". Ibidem para 1932. Lis., 1931, p. 82.
One poem in Cabo Verde, v, 4, n. 46. Praia, Ju-
ly 1953, p. 22-26.
"Canção aos pobres do Natal." In Morabeza,
n. 7. Rio de Janeiro, April 1974, p. 13. (P)

MARIANO José Gabriel Lopes da Silva
1988. *Capitão Ambrósio.* Poema.
Lis., Ed. Casa de Cabo Verde, (1975). 24 p. not
num. Il. Manuel Figueira.
[2 cantos: 1. dated from Lis., 2, dated from
Mozambique Island. 1956 and 1966 respectively.] (P)

1989. *12 [Doze] poemas de circunstância.*
Praia, Ed. Minerva, 1965. 12 p. Il. on cover by Jaime de Figueiredo. (P)

1990. *Louvação da Claridade.* Coll. Poesia, 5.

Praia, Ed. ICL, 1986. 7 p.　　　　　(P)

1991. *O rapaz doente.* Coll. Imbondeiro, 55. Sá da Bandeira, Ed. Imbondeiro, 1963. 26 p.
　　　　　　　　　　　　　　　　(ST)
1992. *Vida e morte de João Cabafume.* Lis., Via Ed., 1976. 141 p.
[Incl. 9 stories, some of them rev..] ;
2d ed.:
Ibidem, 1990. [Identical with the 2d ed.]
3d ed.: Ibidem, 1990. [Identical with the 2d.] (ST)

1993. Varia:
2 poems in A Ilha, v. 8. Ponta Delgada (Azores), 6 September and 27 September 1947.
"Galo bedjo", "Bida'l pobre", "Casamento". In Claridade, n. 6. S. Vicente, July 1948, p. 35, 36-37. [3 "finaçons" in Creole, with Baltasar Lopes's trans. into standard Portuguese.]
"Dinhêro d'ês mundo", "Um finaçom de Punôi Ramo", "Diálogo de Tchico Pina e Djimi Gomi di Barro no terreiro de batuque." Ibidem, n. 7. S. Vicente, December 1949, p.32, 34, 38, 39. [Like the "finaçons" in n. 6, this "finaçom" and 'diálogo" were gathered by Mariano in Creole on Santiago Island. With trans. into standard Portuguese.]
"Se souberes". In Cabo Verde, v. 1, n. 10. Praia, July 1950, p. 24.
"A voz da terra." Ibidem, v. 1, n. 12. Praia, September 1950, p. 20.
"Amigão". Ibidem, v. 2, n. 13. Praia, October 1950, p. 26.
"Poema do Pai Natal." Ibidem, v. 2, n. 16. Praia, January 1951, p. 16.
"Nada nos separa." Ibidem, v. 10, n. 109. Praia, November 1958, p. 19.
"Nada nos separa", "Cantiga da minha ilha", "Carta de longe", "Caminho longe", "Única dádiva", "Filho de Spártacus", "Sabará passará", "Manhã submersa", "Vela do exílio", "Capitão Ambrósio." In M. Ferreira, *No reino de Caliban,* v. 1. Lis., 1975, p. 167-178.
"Dinhêro d'ês mundo", "Galo bedjo", "Casamento","Bida'l pobre", "Sol na tchada." In L. Romano,*Contravento.* Taunton, Mass.(USA), 1982, p.144-155.[With trans. into standard Portuguese.]
"Distant road". English trans.of "Caminho longe", In M.M. Ellen, *Across the Atlantic..*N. Dartmouth, Mass.(USA),1988, p. 59.
"Carta de longe." In D. Burness, *A horse of*

white clouds. Athens, Ohio(USA), 1989, p. 114f. [With English trans. D. Burness.]　(P)

"O roubo". In Cabo Verde, v. 1, n. 8. Praia, May 1950, p. 16ff.
"Velho Natal", Ibidem, v. 4, n. 40. Praia, January 1953, p. 20-23.
"Caduca". Ibidem, v. 7, n. 76. Praia, January 1956, p. 22-26.
"A conta do café." Ibidem, v. 7, n. 79. Praia, April 1956, p. 9-13.
"De quem são estes olhos?" Ibidem, v 8, n. 90. Praia, March 1957, p. 26ff.
"O rapaz doente." Ibidem, v. 8, n. 94. Praia, July 1957,p. 25-31.
"O intruso". Ibidem, v. 9, n. 98. Praia, November 1957, p. 23-30.
"O rapaz doente" and "O intruso". In B. Lopes, *Antologia de ficção cabo-verdiana contemporânea.* Praia, 1960, p. 209-231, 233-253.
"Resignação". In Cabo Verde, v. 9, n. 101. Praia, February 1958, p. 3ff.
"Titia". Ibidem, v. 10, n. 111. Praia, December 1958, p. 12-16.
"O rapaz doente." In J.A. das Neves, *Poetas e contistas africanos.* S. Paulo, 1963, p. 101-104.
"Filho primogénito". In Cabo Verde, v. 15, n. 16/18. Praia, January/March 1964, p. 13-16.
"O rapaz doente." In M. de Andrade, *Literatura africana de expressão portuguesa, 2, Prosa..* Algiers, 1968, p. 104ff.
"Filho primogénito". In A. César, *Contos portugueses do ultramar,* v. 1. Porto, 1969, p. 61-69.
　　　　　　　　　　　　　　　　(ST)

"MARMELLANDE" (i.e. ANDRADE Martinho de Mello) Vide also ANDRADE M. de M.
1994. Varia:
"Fome de corenta" and "Na posiçom de mamá."
In L. Romano, Contravento. Taunton, Mass., USA, 1982, p. 266-269. [With trans. into standard Portuguese.]
"The famine of 1940." English trans. of "Fome de corenta." In M.M. Ellen, *Across the Atlantic.* N. Dartmouth, Mass,(USA), 1988, p. 26;　(P)

"A baleia e a iluminação." In Terra Nova, v. 5, n. 60. S. Vicente, March 1980, p. 3.
"O Joãozinho estava drogado?!..." Ibidem, v. 6, n. 62. S. Vicente, May 1980, p. 1, 7.　　(SK)

MARTINS   Albertino de Sales Gomes
1995. *Folhas dispersas.* (Poesias).
S. Vicente, pr.pr., 1973. 53 p.   (P)

1996. *Ilhas crioulas.*
S. Vicente, pr.pr., 1974.   (P)

1997. Varia:
"O mar - nossa dor comum." In Cabo Verde, v. 8,
n. 89. Praia, November 1953, p. 12.
"Quadro preto". Ibidem, v. 5, n. 52. Praia, January 1954, p. 12.   (P)

MARTINS   João Augusto
1998. *Horas tristes.* (Impressões de viagem.)
Pref. CarlosTavares.
Lis., Liv. A. M. Pereira Ed., 1898. 20l, 1 (index and err.) p. ll.   (SK)

1999. Varia:
"Em pleno mar..." In Almanach Luso-Africano para 1899. Paris & Lis, 1898, p. 192.   (SK)

MARTINS   João Cleofas ("Djunga")
2000. Varia:
"A roupa de Pipi." Selections in N. Araújo, *A study of Cape Verdean literature.* Boston, 1966. [With English trans. Weekly commentaries broadcast by Rádio Barlavento do Mindelo, 1957-1960.]
"Studant d'água." In Morabeza, n. 11. Rio de Janeiro, December 1974, p. 12.
"Roupa do Pipi." (Fragmentos). Ibidem, n. 13. Rio de Janeiro, May 1976, p. 9.
"Aquele degrau de scada." Cartas 1 & 2. In Ponto & Vírgula, n. 8. S. Vicente, March/April 1984, p. 14f., 17. [A "Roupa de Pipi" sketch.]   (SK)

MARTINS   Ovídio de Sousa
2001. *Caminhada.* Coll. Autores Ultramarinos, (13).
Lis., Ed. Casa dos Estudantes do Império, 1962. 79 p.
[Some poems are in Creole, others in standard Portuguese.]   (P)

2002. *Gritarei. Berrarrei. Matarei. Não vou para Pasárgada.* 100 poemas. Coll. Antievasão.
Rotterdam, Ed. Cabo-Verdianidade, (1973). 116 p.
[New poems and others published previously. In Creole or in standard Portuguese.]   (P)

2003. *Independência.* Pref. Oswaldo Osório.
Praia, Ed. ICL, 1983. (9), 116 p. II. Silvestre Alfama (Silva).
[Sketches written between 1973 and 1977.]   (SK)

2004. *Tutchinha.* Coll. Imbondeiro, 30.
Sá da Bandeira, Ed. Imbondeiro, 1962. 27 p.
[2 stories and 2 poems. The title should have been *Tchutchinha.*]   (P, ST)

2005. *Tchutchinha.* Coll. Dragoeiro, 1.
Praia, Ed. ICL, 1983. 27 p. II. João Manuel Mangericão.
[Contains the tales "Tchutchinha" and "Sono na Praia."]   (ST)

2006. Varia:
"Ao romper de 58." In Vértice, v. 18, n. 174/175. Coimbra, March/April 1958, p.133.
"Não me aprisionem os gestos", "Ignoto Deo", "Porquê?". In Claridade, n. 8. S. Vicente, May 1958, 28ff.
"In memoriam de Belarmino de Nhô Talef" and "Desesperança". In Claridade, n. 9. S. Vicente, December 1960, p. 34f.
"Caboverdeanamente", "Medo", "Reis da baía", "Adiado o tempo para amar", "Noite longa". In G. de Andrade & L. Cosme, *Mákua,* v. 2. Sá da Bandeira, 1963, p.41-45.
Some poems in Cabo Verde, Praia.
"Flagelados do vento leste", "Terra dos meus amores", "O único impossível", "Reis da baía", "Seca", "Chuva em Cabo Verde", "Adiado o tempo para amar", "Anti-evasão", "Tempo caboverdiano", "Unidos venceremos". In M. Ferreira, *No reino de Caliban,* v. 1. Lis., 1975, p. 179-187.
7 poems in Russian trans.: "Solilóquio", "Labirinto", "Aviso", "A noite de ouro", "Poema", "Flagelados do vento leste", "Hora". In Poesiya 80, n 8. Moscow(?), 1980.
"Echt kapverdisch", German trans. of "Caboverdianamente" by Carl Heupel. In Zeitschrift für Kulturaustausch, v. 30, n. 40. Stuttgart, 1980, p. 409.
"Sodade de bô", "Nos terra ta conchêne drete", "Naquel nôte", ""Um cosa sabe", "Desusper - sperança - certéza", "Cantá nha pove". In L. Romano, *Contravento.* Taunton, Mass,(USA), 1982, p. 280-293.[With trans. into standard Portu-

guese.]
"Rain in Cape Verde." English trans. of "Chuva em Cabo Verde." In M,M, Ellen, *Across the Atlantic*. N. Dartmouth, Mass.(USA), 1988, p. 38-39.
"Anti-evasão". In D. Burness, *A horse of white clouds*. Athens, Ohio(USA), 1989, p. 116f.
"O único impossível", "Flagelados do vento leste", "Anti-evasão", "Chuva em Cabo Verde ", "Emigração", "Reis da baía", "Ilha a ilha." In M. Ferreira, *50 poetas africanos*. Lis., 1989, p. 226-233. (P)

"Tchutchinha". In A. César, *Contos portugueses do ultramar*, v. 1. Porto, 1969, p. 115-126. (ST)

MARTINS Paula ("Paula")
2007. Varia:
"Viva o M.P.L.A.!" In Voz di Povo. Praia, September 4, 1975.
"Durante", "Para uma noite", "Desta manhã". In Raízes, n. 5/6. Praia, January/June 1978, p. 118-120.
"Saudação" and "Vieste". Ibidem, n. 7/16. Praia, July 1978/December 1980, p. 119ff.
"Segredos por partilhar" and "Mensagem - de Santa Cruz para minha mãe." In Arquipélago, n. 13. Boston (USA), May 1990, p. 20.
"Ilusão". Ibidem, n. 14. Boston, November 1990, p. 33.
"Quisera..." Ibidem, n. 15. Boston,May 1991, p. 21. (P)

MARTINS Rolando Vera-Cruz
2008."Prometeu". Ms.
[Play recited at the Liceu Gil Eanes, Mindelo, in early 1959.] (T)

2009. Varia:
One poem in Sèló, n. 1, of Notícias de Cabo Verde,. S. Vicente, 25 May 1962.
3 poems in Vértice, v. 3, n. 334/335. Coimbra, November/December 1971.
"Advento", "Promessa", "Poemas sem tempo", "Interrogação para longe," In M. Ferreira, *No reino de Caliban*, v. 1. Lis., 1975, p. 241-244. (P)
"Fernanda no baile e eu." In Sèló, n. 1, of Notícias de Cabo Verde. S. Vicente, 25 May 1962.
"O regresso". Ibidem, n. 2. S. Vicente, 28 August 1962. (ST)

MARTINS Vasco Oliveira
2010.*A música tradicional cabo-verdiana - I (A morna)*. Praia, Ed. ICLD, 1989. (E)

2011.*A verdadeira dimensão*. Pref. Baltasar Lopes. Coll. Juntamon, 2. Linda-a-Velha(Portugal), Ed. ALAC, 1990. 148, (2) p. (NO)

2012.*Diálogo poético sobre a música*. Praia, Ed. ICL, n/d.(1987). 3 p. not num. (E)

2013.*Navegam os olhares com o vôo dos pássaros*. Praia, Ed. ICL, 1989. 76 p. Il. Luísa Figueira. (P)

2014.*Universo da ilha*. Praia, Ed. ICL, 1986. 42 p. not num. II. Luísa Figueira. (P)

2015. Varia:
"9 [Nove] poemas de uma prostituta ; A todas as prostitutas." In Vários Autores, Jogos florais 12 de Setembro 1976. Praia, (1978?), p. 79-91. (P)

MASCARENHAS Francisco
2016. Varia:
"Historietas". In Claridade, n. 9. S. Vicente, December 1960, p. 16f. (P)

"A morte de António Aurélio Gonçalves." In Terra Nova v. 10, n. 108. S. Vicente, October 1984, p. 1, 3.
"Humildemente grande". Ibidem, v. 15, n. 160. S. Vicente, June 1989, p. 1, 8. [About Baltasar Lopes, upon the latter's death,]
"Baltasar Lopes, uma inteligência ao serviço da dignidade humana." Ibidem, v. 16, n. 170. S. Vicente, May 1990, p. 4, 7. (SK)

"Contrabando". In Cabo Verde, v. 6, n. 71. Praia, August 1955, p. 27f.
"Arrependimento". Ibidem, v. 7, n. 75. Praia, December 1955, p. 13ff.
"Sorte". Ibidem, v. 9, n. 97. Praia, October 1957, p. 7f. (ST)

MASCARENHAS Maria Margarida

2017. ... *Levedando a ilha.* Contos. Pref. Author. Coll. Juntamon, 1. Praia, Ed. ILC, & Linda-a-Velha, Ed. ALAC, 1988. 82 p.
[11 stories, some of them not published before.] (ST)
2018. Varia:
"Vigília". In Cabo Verde, v. 12, n. 138. Praia, March 1961, p. 11ff.
"O baptizado da Hirondina." Ibidem, v. 12, n. 141. Praia, June 1961, p. 9-14.
"Perigoso". Ibidem, v. 12, n. 147. Praia, December 1961, p. 29-32.
"O destino de Egídio." In Sèló, n. 2, of Notícias de Cabo Verde. S. Vicente, 28 August 1962.
"Advento". In Cabo Verde.v. 10, n. 169/171. Praia, October/December 1963, p. 53f.
"A ponte". In Presença Crioula, n. 2. Lis., February 1973.
"Toia". Ibidem, n. 6. Lis., June 1973.
"A primeira lição de direito." Ibidem, n. 10. Lis., October 1973.
"Nascer de novo." Ibidem, n. 12. Lis., December 1973.
"Nhâ Vicência, paciência! (Carta para Centeno)." In Raízes, n. 2.Praia, 1977, p. 64-72.
"Viola partida". Ibidem, n. 4. Praia, October/December 1977, p. 73-78.
"As sementes de nhô Xei." Ibidem, n. 7/16. Praia, July 1978/December 1980, p. 93-103.
"... levedando a ilha." In África, v. 2, n. 8. Lis., April/June 1980, p. 334-338. (ST)

MATEUS Henrique Lopes ("Ariki Tuga")
2019. *Kau Berde sen mantchontcha...* Posia na kiriolu badiu.
Faro(Portugal), pr.pr., 1981. 39 p.
[In the Creole of Santiago Island.] (P)

MELO Martinho Nobre de
2020. *Experiência.* Romance.
Rio de Janeiro, Liv. José Olympio Ed., 1936. 543 p.;
2d ed.: Ibidem, n/d.(1937). 547 p.
[On diplomats and White Russians in Istanbul, shortly after the Russian revolution of 1917.] (NO)

2021. *O jardim do crepúsculo.* Followed by *As treze miniaturas da noite e da morte.*
Lis., pr.pr., 1913. (P)

2022. *Ritmos do amor e do silêncio.*
Lis., pr.pr., 1912. 91, 1(índice) p. (P)

MENEZES Euclides de
2023. *Toti Cadabra e outras estórias.*
Lis.,Ed. Ália, 1984. 127 p. II. Franco Gomes.
[Arménio Vieira's poem "Toti Cadabra" serves as its preface];
2d ed., enl.: *Toti Cadabra e novas estórias.*
Coll. Vária.
Linda-a-Velha(Portugal), Ed. ALAC, (1990). 143 p. (ST)

MIRANDA Nuno Álvares de ("Manuel Alvarez")
2024. *Cais de pedra.*
Praia, Ed. ICL, 1989. 318 p. (NO)

2025. *Cais de ver partir.*
Lis., Ed. Orion, 1960. 57 p. (P)

2026. *Caminho longe.* Romance.
Lis., Liv. Portugal Ed., (1974). 173 p. (NO)

2027. *Cancioneiro da ilha.* Coll. Metrópole e Ultramar, 1.
Braga, Ed. Pax, 1964. 49 p. (P)

2028. *Gente da ilha.* Coll. Unidade, Ficção, 1.
Lis., Ed. Agência-Geral do Ultramar,1961. 91 p. (ST)

2029. *40 [Quarenta] poemas escolhidos.* Coll. Unidade, Poesia, 12.
Lis., Ed. Agência-Geral do Ultramar, 1974. 98 p.
[Rev. from his two earlier collections. With comments by Leandro Tocantins.] (P)

2030. Varia:
"Ilha" and "Revelação". In Certeza, n. 1. S. Vicente, March 1944.
"Poema". Idem, n. 2. S.Vicente, June 1944.
"Poema". In J. Osório de Oliveira, *Poesia de Cabo Verde.* Lis., 1944, p. 45. [Identical with the previous "Poema".]
"Escritório". In Claridade, n. 4. S. Vicente, January 1947, p. 38.
"Nocturno". Ibidem, n. 5. S. Vicente, September 1947, p. 31, 44.
"Cais de ver partir." In Cabo Verde, v. 10, n. 113. Praia, February 1959, p. 33.

"Revelação", "Noite longa", "Marinheiro", "Promessa de vida", "Morna", "Canção de embalo", "Chuva", "A minha nave na ideia." In M. Ferreira, *No reino de Caliban*, v. 1.Lis.,1975,p.146-152. (P)

MONTEIRO Fátima
2031. Varia:
"Heresia", "Romance", "Soneto actualizado", "Peças de decoração", "Separação", "Ciclo", "Poesia". In D. Macedo, *Vozes submersas.* Taunton, Mass.(USA),1990, p. 31-36. (P)

MONTEIRO Fernando ("Jorge Andrade")
2032. Varia:
"A máscara", "Chuva de outono", "A cerveja", "O órfão", "Uma rosa negra para o meu irmão branco." In Fragmentos, . 7/8. Praia, December 1991, p. 75ff. (SK)

"O crime da Praia Morena." In Fragmentos, n. 1. Praia, August 1987, p. 19-22.
"Desassossego". Ibidem, n. 2. Praia, March 1988, p. 21-23. (ST)

MONTEIRO Jorge Fernandes ("Jotamont")
2033.*Música caboverdeana: Mornas para piano.* Pref. Félix Monteiro , Martinho de Mello Andrade.
Mindelo, pr.pr., 1987. 71 p. Il. author's portrait.
[Lyrics in Creole and music by J.F. Monteiro.] (P)

MONTEIRO José Maria de Sousa [II] ("Ignotus", "Beltenebros" ...)
2034.*D. Pedro.* Poema dramático em cinco Jornadas. Pref. António Cândido.
Lis., Ed. Imprensa Nacional, 1913. 147 p. Il. author's portrait. [Posthumously published.] (T)

2035. *Entalhes e camafeus.* (1874 - 1894).
Lis., Ed. Imprensa Nacional, 1895. xvi, 87 p. (P)

2036.*H. Heine. Poesias e poemas.*
Introduction by J.M. de Sousa Monteiro.
[Poems trans. from the French?} (E, P)

2037."Morre e verás." Comédia em 4 actos, em verso. Ms. (T)

2038."Num cantinho da Boémia." Comédia em 2 actos, em verso. Ms. (T)

2039.*O auto dos esquecidos.* Em 3 jornadas e um prólogo.
Lis., Ed. Imprensa Nacional, 1898. 105 p.
[Written for a contest on the occasion of the 4th centenary of the discovery of the seaway to India.] (T)

2040."O cavaleiro Falstaff." Comédia em 4 actos. [Adapted from Shakespeare.] (T)

2041.*Os amores de Júlia.*Cenas da antiga Roma.
Lis., Ed. Ferin, 1886. 286 p.;
2d ed.:
Lis., Ed. A.M. Teixeira & Cia., 1909. 286 p. (NO)

2042."Pelo perfume". Comédia em 1 acto. Ms.
[First performed in Lis., 1883.] (T)

2043.*Poemas . Mysticos, antigos, modernos.*
Lis., pr.pr., 1883. 130, 1(índice) p. (P)

2044."Sapias". Histórias, antigualhas, letras.
Ms.[Coll. of a variety of articles, some of them published.] (E,SK)

2045.*Sonetos.*
Lis., pr.pr., 1882. 125 p. Limited de luxe ed. (P)

2046. "Uma comédia auspiciosa." Comédia em verso.
[Inspired by Molière's "Le mariage forcé."] Ms. (T)

2047."Valeria. Por degeneração." Contos. Ms. (ST)

2048. Varia:
"De noite". In A Grinalda. Porto, 1869.
"Advertência". In Gonçalves Crespo, *Obras completas.* 2d. ed. Lis., 1913, p. 17-24. (P)

MORAZZO Lopes da Silva Cruz Ferreira Yolanda
2049.*Cântico de ferro.* Poesia de intervenção.
Pref. Josué da Silva.
Buraca-Amadora(Portugal), pr.pr., 1976. 77 p. Il. author's portrait.
[Poems written between 1956 and 1975,mainly in Cambambe, Angola, 1958-1968.] (P)

2050. *Velas soltas. Poemas em Lisboa e*

poemas em África.
N/p., pr.pr., 1966. 81 p. not num. Dupl. II. author.
[With a dedicatory poem by José Lopes, "À minha genial idolatrada neta", 1962. Poems written between 1955 and 1966.] (P)

2051. Varia:
"E a terra salta no bico das enxadas." In Cabo Verde, v. 2, n. 13. Praia, 1950.
3 poems in "Suplemento Cultural", n. 1, of Cabo Verde, October 1958.
One poem in Cabo Verde, v. 10, n. 112. Praia, 1959.
2 poems in J. de Figueiredo, Modernos poetas cabo-verdianos. Praia, 1961.
One poem in Cabo Verde, v. 13, n. 155. Praia, August 1962.
One poem. Ibidem, v. 13, n. 156. Praia, September 1962.
"Colheita". In Morabeza, n. 9. Rio de Janeiro, August 1974, p. 19.
"A uma qualquer", "Cogitações", "Barcos", "Exortação", "Velas soltas". In M. Ferreira, No reino de Caliban, v. 1. Lis., 1975, p. 198-201.
"Exile". In M.M. Ellen, Across the Atlantic. N. Dartmouth, Mass(USA), 1988, p.60f.
"Barcos". In D. Burness, A horse of white clouds. Athens, Ohio(USA), 1989,p. 113f. (P)

NASCIMENTO   Januário
2052. Varia:
"Sabes o que sonhei ontem, à noite?" In Terra Nova, v. 6, n. 62. S.Vicente, May 1980, p. 2.
"Regresso". Ibidem, v. 7, n. 71. S.Vicente, May 1981, p. 4.
"Auto-retrato". Ibidem, v. 8, n. 82. S.Vicente, May 1982, p. 7.
"A chuva caíu." Ibidem, v. 8, n. 85. S. Vicente, August 1982, p. 7.
"Esperança". Ibidem, v. 8, n. 87. S.Vicente, October 1982, p. 4. (P)

NOGUEIRA   António Horácio Alves
2053. Cabo Verde.
Fundão(Portugal), pr.pr., 1960. 51 p.
[On the title page: "Malange, 1960."] (P)

NUNES   António
2054. Devaneios. Pref. José Lopes.
Praia, pr.pr., 1938. 89 p. (P)

2055. Poemas de longe.
Lis., Ed. Empresa Nacional de Publicidade, 1945. 32 p.;
2d ed.: Pref. Jaime de Figueiredo: "Um poeta do quotidiano crioulo.". With a biblographical note by Manuel Ferreira and a personal testimony by H. Teixeira de Sousa.
Praia, Ed. ICL, & Linda-a-Velha (Portugal), Ed. ALAC, 1988. 55 p. (P)

2056. Varia:
"Maninho di nha Noca", "Moça do sobrado", "Titinha". In C.A. Lança & F.J. Tenreiro, Contos e poemas - Autores modernos portugueses, v. 1. Lis., 1942, p. 13-16.
"Tabanca", "Baía", "A tua casa." Ibidem, v. 2. Lis., 1942, p. 99-101.
"Poema de longe", "Crise", "Ritmo de pilão", "Morna", "Caminho grande", "Moça do sobrado""Maninho di nha Noca", "Juca", "Terra", "Poema de amanhã." In M. Ferreira, No reino de Caliban, v. 1. Lis., 1975,p. 129-137.
"Homeland". English trans. of "Terra". In M.M. Ellen, Across the Atlantic. N. Dartmouth, Mass. (USA), 1988, p. 28f. (P)

NUNES   João José
2057. Amor. Hino sacro. (P)

2058. Bia.
Praia, pr.pr., 1945. 11 p.
[In tne Creole of Brava Island.] (P)

2059. Deus salbâ Nhose!
Praia, pr.pr., (1955). 5 p.
[Homage to a member of government, with trans.into standard Portuguese.] (P)

2060. Ecos d'alma. Pref. Eugénio Tavares, José Lopes.
Praia, Ed. Imprensa Nacional de Cabo Verde, 1927. 9 leaves not num., 15 num. on one side.
[Sonnets]. (P)

2061. Entardecer. (P)

2062. Imagem do bem. Poemeto dedicado à rainha de Inglaterra. (P)

2063. In memoriam do presidente Franklin Roosevelt. (P)

2064.*Morte de paz*. (Hino sacro). (P)

2065.*Proscritos da ventura*. Poemeto inspirado na tragédia da fome de Cabo Verde em 1942. (P)

2066. Varia:
"A..." In Cabo Verde, v. 1, n. 16. Praia, 1911.
"Creoula". Ibidem, v. 2, n. 42. Praia, 1912.
"Iolanda". In Novo Almanach de Lembranças Luso-Brasileiro para 1929. Lis., 1928, p. 219.
"Regresso ao lar." Ibidem para 1930. Lis., 1929, p. 383.
"Andorinhas". Ibidem para 1931. Lis., 1930, p. 174.
"Cruz Grande". Ibidem para 1932. Lis., 1931, p. 231. (P)

OLIVEIRA   Pedro António d'
2067. Varia:
"Teus olhos negros." In Novo Almanach de Lembranças Luso-Brasileiro para 1893. Lis., 1892,p. 439.
2 poems in Almanach Luso-Africano para 1895. Paris & Lis., 1894. (P)

"OS´ORIO   Oswaldo" (i.e. CUST´ODIO Osvaldo Alcântara Medina)
2068.*Caboverdeamadamente construção meu amor*. (Poemas de luta.) Pref."Sukre d'Sal": "A poesia caboverdiana - a voz de Oswaldo Osório." Coll. Literatura Nova, 3.
Lis., Ed. Publicações Nova Aurora, 1975. 47 p. (P)

2069.*Clar(a)idade assombrada*. Coll. Poesia. Praia, Ed. ICL, 1987. 83 p. (P)

2070."Gervásio". Ms.
[Play about a slave revolt during the 1830s, staged in Praia in 1977 by a group of the JAAC.] (T)

2071.*O cântico do habitante*. Preceded by *Duas gestas*. Coll. Terceira Poesia, 1.
Lis., Ed. Limite, 1977.
[Poems written earlier than *Caboverdeamadamente*.] (P)

2072.*Re-cordai com tchabêta*.
Praia, pr.pr., 1976. 16 p. (P)

2073. Varia:
"Holanda" and "Poema". In Sèló, n. 1, of Notícias de Cabo Verde. S. Vicente, 25 May 1962.
"Cântico final" and "Buzinaram-me o corpo todo." Ibidem, n. 2. S. Vicente,28 May 1962.
"A intacta herança", "Manhã inflor", "Solstício", Cavalo de silex." In Vértice". n. 333. Coimbra, October 1971, p. 751-754.
"Manhã inflor". In E. Gonçalves & Fiama Brandão, *Poesia 71*. Porto, 1972, p. 179.
5 poems in Ariópe, n. 1 & 4. Praia, 1974.
"Holanda", "A intacta herança", "Nome de pão", "Manhã inflor", "Solstício", "Cavalos de silex." In M. Ferreira, *No reino de Caliban*, v. 1. Lis., 1975, p. 236-241.
"Re-cordai" and "Tchabéta". In Various Authors, *Jogos florais 12 de Setembro 1976*. Praia, (1978?), p. 23-33.
"Kond lienaçon tava mandà na gente." In L. Romano, *Contravento*. Taunton, Mass,(USA), 1982, p. 276f. [With trans. into standard Portuguese.]
"Let them get by." English trans. of "Holanda". In M.M. Ellen, *Across the Atlantic*. N. Dartmouth, Mass.(USA), p. 58.
"Holanda", "1.Prelúdio; 2.Chamamento", "Capitão Ambrózio redescoberto", "Aleluia imortal", "Cantalutar", "Os loucos poemas de amor." In M. Ferreira, *50 poetas africanos*. Lis., 1989, p. 272-278. (P)

"Desde as portas de Rotterdam." In Ariópe, of Alerta, v. 1, n. 2. Praia, July 1974. [Extract from a novel.]
3 [Três] histórias de amores de rua." In Raízes, v. 1, n. 1. Praia, January 1977, p.63-66.
"Capítulo do romance 'As portas de Rotterdam'." Ibidem, n. 4. Praia, October/December 1977, p. 68-72.
"Abalo geral". Ibidem, v. 5, n. 17/20. Praia, January/December 1981, p. 95-99. [Another chapter of the unpublished novel .] (ST)

PEDRO da Costa   António
2074.*Diário*.
Praia, Ed. Imprensa Nacional de Cabo Verde, 1929. 40 p. not num. (P)

PINTO   Mário Duarte
2075.*A despedida . O órfão*.
Praia, Ed. Imprensa Nacional de Cabo Verde, 1918. 16 p.

[2 poems for a benefit evening.] (P)

2076. *Ensaios poéticos.*
Lis.,pr.pr., 1911. (P)

PIRES Rodrigo
2077."Lágrimas de Djabraba." Mornas e
poesias. Ms.(?) 1978. (P)

PIRES Virgílio Avelino
2078. Varia:
Meu irmão partiu." In Cabo Verde, v. 12, n. 135.
Praia, December 1960, p. 19.
"Reminiscência" and "Mané Fú". In M. Ferreira,
No reino de Caliban, v. 1. Lis., 1975, p. 289f.
[By mistake "Linha d'água" by T. Virgínio was attributed to V. Pires on p. 288.]
"Es sae fépo." Ibidem, p. 314ff., with trans. into standard Portuguese.] (P)

"Viúva". In Cabo Verde, v. 9, n. 100. Praia, January 1958, p. 43f.
"A herança", "Peregrina", "Órfão". In Claridade, n. 8. S.Vicente, May 1958, p.55-59.
"A herança", "Peregrina", "'Órfão", "Lulucha". In B. Lopes, *Antologia da ficção cabo-verdiana contemporânea.* Praia, 1960, p. 403-430.
"Crónica do menino que morreu na terra longe." In Cabo Verde, v. 11, n. 128. Praia, May 1960, p. 8-11.
"Titina", "Noite". In Claridade, n. 9. S. Vicente, December 1960, p. 10-15.
"Conto". In Nós Vida, n. 17. Rotterdam,August 1971, p. 8f.
"Histórias da velha Simôa." In Raízes, n. 3. Praia, July/September 1977, 36-40.
"A fuga". In África, v. 1, n. 2. Lis., October/November 1978, p. 174ff. (ST)

PUSICH Antónia Gertrudes
2079. *Canto saudoso ou lamento na solidão.* À memória do virtuoso monarca ou o senhor dom Pedro Quinto.
Lis., pr.pr., 1861. 13, 3(notes) p. (P)

2080. *Constança.* Drama original em 3 actos.
Lis., pr.pr., 1853. (T)

2081. *Elegia.* À memória da morte de d. Pedro.
N/p., n/d. 4 p. (P)

2082. *Elegia à morte das infelizes víctimas assassinadas por Francisco de Mattos Lobo, na noute de 25 de julho de 1841.*
Lis., pr.pr., 1841. 8 p. (P)

2083. *Homenagem a Luis de Camões.*
Lis., pr.pr., 1880. 18 p. (P)

2084. *Lamentos à saudosa memória da* [...]
s.ra d. Maria Henriqueta do Casal Ribeiro.
Lis., pr.pr., 1850. 13 p. (P)

2085. *Memória ao benemérito duque d'Ávila e Bolama falecido em 4 de maio de 1881.*
Lis., pr.pr., 1881. 15 p. (P)

2086. *Olinda ou a abadia de Cumnor-Place.*
Poesia original em 5 cantos. Pref. author.
Lis., pr.pr., 1848. 86, 1(err.) p. (P)

2087. *Parabens a sua magestade o senhor d. Fernando II em memória do consórcio de sua filha a senhora infanta de Portugal princeza de Saxónia d. Maria Ana e do nascimento da primeira neta do mesmo augusto senhor.*
n/p., n/d. (1860). (P)

2088. *Preces ou cântico devoto.* Dedicado aos fiéis Portugueses.
Lis., pr.pr., 1848. 13 p. (P)

2089. *Saudade.* À memória da virtuosa rainha de Portugal, a senhora d. Estefânia, falecida em 17 de julho de 1859.
Lis., pr.pr., n/d. (1859). 14 p. (P)

2090. *Sua magestade a rainha de Portugal d. Estefânia.* Homenagem.
n/p., pr.pr., n/d. 3 p. (P)

2091. Varia:
"Um cypreste". In Almanach de Lembranças Luso-Brasileiro para 1854. Lis., 1853, p. 150f.
"Ao snr. A.F. de Castilho. No encerramento do curso normal de leitura repentina." Ibidem para 1855. Lis., 1854, p. 388f.
"Madeira. Saudação lyrica." Ibidem para 1856. Lis., 1855, p. 206f.
"Lamentações. Oremos pelos finados." Ibidem para 1857. Lis., 1856, p. 339f.
"Chora!..." Ibidem para 1858. Lis., 1857, p. 274f.
"A uma viúva inconsolável. A flor pendida." Ibi-

dem para 1859. Lis., 1858, p. 182f.
"Quinze de abril" and "Abril"(1860). In *Biografia de Antónia Pusich*. Lisbon, 1872, p. 93-101.
"Hércules musagete". In Novo Almanach de Lembranças Luso-Brasileiro para 1895. Lis., 1894, p. 168.
"Quinze de abril." In Almanach Luso-Africano para 1899. Paris & Lis., 1898, p. 499ff.
Several poems in Revista Universal Lisbonense and other Lisbonese periodicals, from 1841 on. (P)

RAMOS Ivone Aída Lopes Rodrigues Fernandes
2092. *Vidas vividas*. Contos. Pref. Orlanda Amarilis.
Mindelo, pr.pr., 1990. 82 p. (ST)

2093. Varia:
"No comício". In Voz di Povo. Praia, 1976.
"Ilhas". In Mu'jer, n. 4. Praia, June 1982. (P)

"Passeando na Praia de Bote." In Mu'jer. Praia, March 1982.
"Futcêra tâ cendê na rotcha." Ibidem, n. 4. Praia, June 1982.
"Stória di povo 'Capotóne'." Ibidem, n. 6. Praia, August 1982.
"Na curva do caminho." In "Suplemento", Notícias de Cabo Verde, v. 3, n. 25. Mindelo, March 1990. (ST)

RIBEIRO Emanuel ("Sá d'Emar", "De Rib Lew Name", "Sir Lew Name")
2094."Morte e vida braba." Ms.
[Play inspired in Manuel Lopes' novel *Chuva braba* and in J. Cabral de Melo Neto's play *Morte e vida severina*. Performed in S. Vicente by the experimental theater group "Arquipélago" in the Spring of 1986, and before, in 1984, by the group "Os Alegres".] (T)

2095. Varia:
"Natal na ilha ... de lata." In Terra Nova,v. 8, n. 90. S. Vicente, January 1983, p. 5.
"De pés 'fincos' na ilha." Ibidem, v. 11, n. 118. S. Vicente, August/September 1985, p. 4.
"A décima primeira ilha." Ibidem, v. 15, n. 158. S. Vicente, April 1989, p. 4. (P)

ROCHA Maria Cristina
2096. Varia:

"Correndo". In Novo Almanach de Lembranças Luso-Brasileiro para 1913. Lis., 1912, p. 28.
"Quadro campestre". Ibidem para 1914. Lis., 1913, p. 350.
"Rosas". Ibidem para 1915. Lis., 1913, p. 67.
"Paz". Ibidem para 1916. Lis., 1915, p. 277.
"Como vós". Ibidem para 1918. Lis., 1917, p. 119. (P)

ROCHA Silvestre
2097. Varia:
"A história de Manuel de Joana." In Terra Nova v. 6, n. 62. S. Vicente, May 1980, p. 6.
"Dia de S. João." Ibidem, v. 6, n. 63/64. S. Vicente, June/July 1980, p. 6.
"Oração". Ibidem, v. 6, n. 66. S. Vicente, September 1980, p. 6.
"O filhinho de nha Bia." Ibidem, v. 7, n. 70. S. Vicente, april 1981, p. 6.
"A louca da Ribeira do Corvo." Ibidem, v. 7, n. 75. S. Vicente, October 1981, p. 6. (P)

RODRIGUES Spínola Daniel Euricles
2098.*Lágrimas de bronze*. Ficção.
(Praia), pr.pr., 1990. 86 p. (N)

2099.*Na kantar di sol*. Pref. "Tuna Furtado".
n/p (Praia), pr.pr., 1991. 76 p. (P, SK)

RODRIGUES Hugo Duarte Fonseca
2100.*Burcan*.
S.Filipe(?), pr.pr., 1974. (ST)

2101. Varia:
"Dispertá". In Ariópe, n. 4. Praia, 1974, p. 4.
"'N'armandadi'l mundo" and "Raborta". In Terra Nova, v. 6, n. 70.S. Vicente, April 1981, p. 5.
"Aeroporto","Instantes", "Vida", "No alto", "Meu semelhante", "A frase", "Momentos", "Serena", "Desespero". In Various Authors, *Aulil*. Sal Island, 1987, p. 9, 26, 34f, 41, 52, 60,90, 102, 109.(P)

"Quem roubou a minha porta?" In Voz di Letra, n. 4. Praia, 1986, p. 2.
"Marilha ou ilhamar." In *Aulil*. Sal Island, 1987, p. 28ff.
"Tchondicafé". In Magma, n. 1. S. Fil.ipe, 1988, p. 16f. (ST)

RODRIGUES João Baptista
2102.*Caminhos agrestes*. Coll. Dragoeiro, 2.
Praia, ICL, (1984). 47 p. (ST)

2103. *Casas e casinhotos.* Novela cabover--diana. (*Memórias de uma aldeia.*) Pref. Luís Romano.
S. Vicente, pr.pr., (1981). 113 p. (N)

2104. *Montes Verde-Cara.* Contos de Cabo Verde.
S. Vicente, pr.pr., 1974. 99, 6(glossary) p. (ST)

2105. *O casamento de Juquim Dadana.* Noveleta caboverdiana. Author's postface: "A propósito da toada 'Nhô M'guêl Pelnôr'".
S. Vicente, Ed. Publicações Gráfica do Mindelo, n/d.(1979). 53 p. (N)

2106. *O jardim dos rubros cardeais. Flashes' de uma viagem.*
(S. Vicente, Ed. Publicações Gráfica do Mindelo, 1986.) 66 p.
[Lyrical account of an excursion to Brava Island in 1980, with the lyrics of mornas by Eugénio Tavares and Armando de Pina, in Creole and with Rodrigues' trans. into standard Portuguese.)
(P, SK, ST)

2107. *Pérolas do sertão.* (*Ode dos homens das ilhas que partiram.*) Pref. Oliveira Barros.
S. Vicente, pr.pr., (1986). 119 p.
[Poem in 4 cantos.] (P)

2108. Varia:
3 poems in Presença Crioula, n. 1, 6, 8/9. Lis., 1973.
"Naufrágio". In Morabeza, n. 13. Rio de Janeiro, May 1976,p. 5.
"Doce lembrança". In Various Authors, *Jogos florais 12 de setembro 1976.* Praia, (1978?), p. 101-104.
"Evocando Neruda" and "Génese em mise en scène." In Raízes, n. 7/16. Praia, July 1978/December 1980, p. 122-125.
"Sinfonia terra burcã" and "Síntese Dja-Braba." In Raízes, v. 2, n. 5/6. Praia, January/June 1978, p. 114f.
"Cantiga d'bóca-da-nót", "Mamã-plô", "Poema falhód", "Lembrança dots temp." In L. Romano, *Contravento.* Taunton, Mass.(USA), 1982, p. 66-179. [With trans. into standard Portuguese.]
"Salmo de uma noite de solidão" and "Solos fecundos do meu violão ao luar." In Raízes, n. 21.

Praia, June 1984, p. 118f.
"Who said we had departed?" English trans. of the 4th canto of *Pérolas do sertão.* In M.M. Ellen, *Across the Atlantic.* N. Dartmouth, Mass. (USA), 1988, p. 64f.
"Sinopse para um regresso à infância." In D. Burness, *A horse of white clouds.* Athens, Ohio (USA), p. 126-129. (With English trans. D. Burness.] (P)

"O valete de ouros." In O Arquipélago, v. 9. Praia, 11 March 1971, p. 3.
"O menino e o papagaio." Ibidem, Praia, 22 April 1971, p. 4.
"A lenda do *grande sino.*" Ibidem. Praia, 11 November 1971.
"O porco de nhô Mói." Ibidem, v. 10. Praia, 3 February 1972, p. 3.
"Os usurpados". In Presença Crioula, v. 1, n. 8/9. Lis., August/September 1973, p. 5. (ST)

RODRIGUES Jorge José
2109. *A vida nas terras pequenas.*
Lis., pr.pr., 1874. 118, 1 p.
["Um v. de costumes contemporâneos, principalmente de Cabo Verde."] (SK)

RODRIGUES Valdemar Velhinho
2110. Varia:
"Monólogos com (Calheta) a minha aldeia: Pequena baía do meu coração...", "A casa da minha infância". In Fragmentos, n. 1. Praia, 1987, p. 9.â
"História verdadeira da Eva", "Relâmpagos em terra: 3. Poema da última purificação; 9. Descoberta do Natal", "À diferença", "Versos somente: À eternidade de Fernando Pessoa." Ibidem, p. 9f.
"Apanhado surreal" and "Alguns dos meus poemas concretos?" Ibidem, n. 2. Praia, 1988, p. 26, 34.
"Fragmentos: 4. O poeta quando está sentado; 11. Debaixo do Sísifo." Ibidem, n. 3/4. Praia, 1988, p. 50.
"Quando em Deus penso e creio", "A imensa bondade dos fartos corvos", "Interstício breve", "Dois", "Tristeza", "É bem natural." Ibidem, n. 5/6. Praia, 1989, p. 44ff.
"Tenho no quarto as quatro estações", "Quem me dera - quem - estar morto", "Os ombros do mundo vão indo", "XXXI - "Ápice súbito", "XIV - É a tarde", " XV - Consciência", "Insular", "Insula-

ridade", "Recantos", "Só","Solidão","Pássaros", "Grilos","Paz", "Sonhos", "Firmamento". In Fragmentos, n. 7/8. Praia, December 1991, p. 48-53. (P)

ROMANO Madeira de Melo Luís
2111."Arco-íris". Ms. 1945.
[Drama about famine, performed a single time in Ponta do Sol, Santo Antão Island, 1946.] (T)

2112.Clima.
Recife (Brazil), Ed. Imprensa Oficial, 1963. 309 p. (P)

2113.Famintos. Romance de um povo. Pref. Luís da Câmara Cascudo, Edgar Barbosa. Rio de Janeiro, Ed. Leitura, (1962). 337 p.; 2d ed. :
Lis., Ed. Nova Aurora, 1975. 341 p.; 3d ed.: Coll. Biblioteca Literária Ulmeiro, 3. Instead of a pref., essays by Helena Ryáuzova and by P. and G. Chalendar.
Lis., Ed. Ulmeiro, 1983. 37I p.
[Incl. several poems by Romano, written 1944-46.] (NO, P)

2114.Ilha. Contos lusoverdianos de temática europáfrica e brasilamérica. Coll.Estóreas. S. Vicente, Ilhéu Ed., 1991. 250 p. (SK,ST)

2115.Negrume (Lzimparim). Pref. Edgar Barbosa, Nilo Pereira, and the author. Rio de Janeiro, Ed. Leitura, 1973.
[Stories and poems in Creole, with trans. into standard Portuguese.] (P, ST)

2116. Varia:
3 poems in Cultura, n. 16 & 17. Luanda, April & May 1949.
"Símbolo", "Vida","Devaneio", "Negros", "Móóóia", "Irmão branco", "Tê lôg". In M. Ferreira, No reino de Caliban, v. 1. Lis., 1975, p.274-280, 303.
"Mãe-preta", "Nêgrês","Ermõ branc", "Nha hora". In L. Romano, Contravento. Taunton, Mass. (USA), 1982, p. 218-229. [With trans. into standard Portuguese.] (P)

"Môk". In Ponto & Vírgula, n. 9. S. Vicente, May/June 1984, p. 24. (SK)

"Contratados".In M. de Andrade, Literatura africana de expressão portuguesa, v. 2,Prosa.. Algiers, 1968, p. 140ff. [Chapter of Famintos.] "Vertragsarbeiter". German trans. In J. Jahn, Süss ist das Leben in Kumansenu. Tübingen (Germany), 1971, p. 81-88. [Same chapter.] "Pâdono", "Nhánha", "Tigadjoma", "Briosa", "Sanababitcha", "Passport Kapverd". In Arquipélago", n. 4, 6, 10 & 11. Boston(USA), 1986, 1987, 1988& 1989. [Introduction and stories from the ms. of Ilha,] (ST)

SANÇA Ana Júlia Monteiro de Macedo
Vide J'ULIA Ana

SANCHES João Baptista Andrade
2117 Asas feridas.
Lu., pr.pr., 1948. (P)

2118. Crioula. Rimas caboverdeanas.
(Lu.), pr.pr., 1951. 67 p. (P)

SANTOS Armando
2119. Varia:
"Flor de pedra", "Noites da minha ilha", "Túrbida noite...", ""Morreu a água da ribeira", "Bucólica". In Fragmentos, n. 7/8. Praia,December 1991, p.57f. (P)

SANTOS Horácio
2120."Julgamento". Ms. (T)
2121."Kontador di stória." Ms. [Play for children, performed in Cape Verde in 1982.] (T)

2122."Maria ka nporta." Ms. (T)

2123."Spingarda di tia Karar." Ms. [trans. of B. Brecht's Die Gewehre der Frau Carrar (1937).]
(T)

SANTOS Ubaldo
2123-a. Varia:
Two poems in Cultura(I), v.5, n. 16. Lu., 1949. Four poems in Repique do Sino, n. 56-63. Brava Island, May-December 1973. (P)

SARMENTO A.
2124. Varia:
"Leva-me..." In Almanach Luso-Africano para 1899. Paris & Lis., 1898, p. 5.
"Olhar negro". Ibidem, p. 256.
"Lembranças da minha terra." Ibidem, p. 263f.
"Vingança".Ibidem, p. 309f.

"A caridade". Ibidem,p. 315.
"Sombras..." In Novo Almanach de Lembranças Luso-Brasileiro para 1900. Lis., 1899, p. 92. (P)

SEMEDO   Alexandre S.   Vide
'ALSASEM'

SERRA   Manuel Coelho Pereira
2125. Varia:
"Alma lusa". In Cabo Verde, v. 1, n. 6. Praia, March 1950, p. 21.
"Sagres". Ibidem, v. 1, n. 12. Praia, September 1950, p. 12.
"Soneto". Ibidem, v. 3, n. 31. Praia, April 1952.
"Evasão". Ibidem, v. 5 , n. 55. Praia, April 1954.
One poem, Ibidem, v. 5, n. 59. Praia, August 1954.   (P)

"Mala grande". In Claridade, n. 6. S. Vicente, July 1948, p. 38f.   (ST)

SILVA   Adelina C. da
2126.Varia:
"Macio como seda" and "Vida vazia". In Arquipélago, n. 2. Boston(USA), 1985, p. 11.
"Busca" and "Irmão". Ibidem, n. 3. Boston, 1986, p. 17.
"Fogo brando", "Mar", "Minha terra", "Retrato". Ibidem, n. 5. Boston, 1986, p. xxvff.
"Mariposa", "Quotidiano", "O povo gritou há muito", "No silêncio dos teus gestos." Ibidem, n. 7. Boston, 1987, p. 21f.
"Amigo" and "Confissão". Ibidem, n. 8. Boston, 1987, p. 17.
"Meu canto", "Regresso à terra", "Nas águas do Charles." Ibidem, n. 9. Boston, 1988, p. 36f.
"Brother", "Saudades", "Quest". Ibidem, n. 12. Boston, 1989, p. 28f.
"Outro canto de liberdade", "O meu amor", "Tardes de sol." Ibidem, n. 14. Boston, 1990, p. 31.
"Porque quando olhas para mim...? and "O meu jardim." Ibidem, n. 15. Boston, 1991, p. 18.
"Dia de S. Valentim", "Sol de Jarfogo", "Desperdício". Ibidem,n. 16, Boston, 1991, p. 38. (P)

SILVA   Arnaldo Rocha
2127.Na asa do verso.
Praia, Ed. Voz di Povo, 1989. 113 p.   (P)

SILVA   Deodato José da
2128.Alívio. Caderno de poesias. Pref. Cristiano

Valcorba.
Praia(?), pr.pr., 1978.   (P)

2129. Varia:
"Para além da dor." In Terra Nova, v. 4, n. 42. S. Vicente, September 1978, p. 7.   (P)

SILVA   Filinto Elísio ("Filinto Elísio")
2130. Varia:
"Desta janela vejo passar..." In Voz di Letra, n. 5, of Voz di Povo, Praia, 30 August 1986, p. 8.
"Do lado de cá da rosa" and "Poesia II, Ao Beto." In Arquipélago, n. 10. Boston, December 1988, p. 31.
"Sete poemas de apenas amor," Ibidem, n. 11. Boston, May 1989, p. 45.
"5 poemas à minha busca." In Fragmentos, n. 5/6. Praia, 1989, p. 50.
"Poesia I", "A poesia do reverso", "Acerca do amanhã ou do rinoceronte kafkaniano", "5 poemas à minha procura."" In D. Macedo, Vozes submersas. Taunton, Mass.(USA), 1990, p. 37-42.
"Ao mito" In Arquipélago, n. 14. Boston, November 1990, p. 33.
"Versos para despertar Joana numa manhã de chuva", "O mágico herético", "Poema: Toda uma vida a correr", "Mater dolorosa". In Fragmentos, n. 7/8. Praia, December 1991, p.56.
(P)

SILVA   João de Deus Lopes da (II)
2131.Ressaca. Pref. L. Romano.
Lis., pr.pr., 1982. 46 p.   (P)
[The author is not identical with J. de D. Lopes da Silva, author of Eterno amor.]

SILVA   Luís A, ("L. Hesperitano")
2132. Varia:
Poems in Various Authors, Kaoberdi pa dianti. Paris, 1974.
"Caminho de S. Tomé." In Morabeza, n. 10. Rio de Janeiro, October 1974, p. 4.
"Decisão". Ibidem, n. 11. Rio de Janeiro, December 1974, p. 6.
"Corrupçon ka tem idade." Ibidem, n. 12. Rio de Janeiro, February 1975, p. 8.
"O filho do emigrante," In Terra Nova, v. 6, n. 62. S. Vicente, May 1980, p. 6.
"Hora di bai com o coração em sangue." Ibidem, v. 6, n. 63/64. S. Vicente, June/July 1980, p. 6.

"Voz di papá e mamã." Ibidem, v.6, n. 67. S. Vicente, October 1980, p. 5

"Informação". Ibidem, v. 7, n. 71. S.Vicente, May 1981, p. 4.

"Caipira, caipira, caipira." Ibidem, v. 7, n. 73. S. Vicente, July/August 1981,p.6.

"Nha terra Cobverd", "Corrupçon ka tem idade", "Tchuva bró̶b". In L. Romano, *Contravento*. Taunton, Mass.(USA), 1982, p. 232-237.

"O menino da *madame*." In Terra Nova, v. 8, n. 89. S. Vicente, November 1982, p. 4.

"Poema para um emigrante." In Ponto & Vírgula, n. 8. S. Vicente, March/April 1984, p. 25. [Originally written in French for Les Nouvelles Littéraires. Paris, 1981.]

"Esqueceram os nossos nomes." Ibidem,v. 11, n. 120. S. Vicente, November 1985, p. 5.

"Psicodrama das férias", "A ilha e a Pasárgada", "Psicodrama do controlo." In Arquipélago, n. 5. Boston(USA), October 1986, p. xxviii.

"Bia". Ibidem, n. 6. Boston, February 1987, p. 15.

"A ilha e a Europa", "Emigrante", "O menino da madame." Ibidem, n. 7. Boston, June 1987, 20f.

"The island and Europe." English trans. of "A ilha e a Europa". In M.M. Ellen, *Across the Atlantic*. N. Dartmouth, Mass.(USA), 1988, p. 63.

"Pátria na mei d'mar", "Porto Grande d'otrora", "Testamento de Mari Matchin." In Arquipélago, n. 10. Boston(USA), December 1988, p. 24f.

"A ilha e a Europa" and "O filho do emigrante." In D. Burness, *A horse of white clouds*. Athens, Ohio(USA), 1989,p. 130-133.[With English trans. D. Burness.]

"Confissão dum pai emigrante", "Vida de emigrante", "Distine de Tanha Bia." In Arquipélago, n. 13. Boston, May 1990, p. 22.   (P)

SILVA Tomé Varela da
2133.*Escada de luz*. Pref. author. Praia, Ed. ICLD, 1989. 176 p.
[[Partly in standard Portuguese, partly in Creole.]
                                          (P)

2134.*Kardisantus*. Pref. author. Praia, Ed. ICL, 1987. 46 p.
[Poems in Creole.]   (P)

2135.*Kumuñón d'Áfrika: onti oˆsi mañan*. Pref. Oswaldo Osório. Coll. Poesia, 1. Praia, Ed. ICL, 1986. 80 p.
[Poems in Creole, with 5 exceptions.]   (P)

2136.*Natal e contus*. Pref. author. Coll. Ficção. Praia, Ed. ICL, 1988. 166 p.
[Stories in Creole.]   (ST)

2137. Varia:
"Na povu sabe." In Folhas Verdes, n. 5. S. Vicente, 1984.   (P)

SILVEIRA Onésimo
2138.*A saga das as-secas e das graças de Nossenhor*. Coll. Século XX, 335. Lis., Ed. Publicações Europa-América, 1991. 217 p.   (NO)

2139.*Hora grande*. Poesia caboverdiana. Coll. Poetas e Prosadores Publicados em Angola, 1. Nova Lisboa, Ed. Publicações Bailundo, (1962). 45 p.   (P)

2140.*Toda a gente fala: Sim, senhor.* Coll. Imbondeiro, 9. Sá da Bandeira, Ed. Imbondeiro,n/d.(1960). 35 p. Il. Fernando Marques.
[Incl. the title story and poems,"Têtêia;"Tlindádji, 1. Ressurreição"; "Tlindádji 2. Redenção".]
                                       (P. ST)

2141. Varia:
"Saga". In Claridade, n. 8. S. Vicente, May 1958, p. 70.

"Praia de Bote" and "Frustração". In Boletim dos Alunos do Liceu Gil Eanes, n. 1. Mindelo, March 1959.

"Um poema diferente", "Poema: Para que chorar", "Ausência", "Regresso". In M. de Andrade, *Literatura africana de expressão portuguesa: Poesia*. Algiers, 1967, p. 44, 213, 214, 255.

"Poema: Para quê chorar", "Rainha", "Quadro", "As águas", "Redenção", "Lema", "Têtêia", "Hora grande". In M. Ferreira, *No reino de Caliban*, v. 1. Lis., 1975, p. 188-194.

"The big moment." English trans. of "Hora grande". In M.M. Ellen, *Across the Atlantic*. N. Dartmouth, Mass.(USA), 1988, p. 15.

"Lema". In D. Burness, *A horse of white clouds*. Athens, Ohio(USA), 1989, p. 118f. (With English trans. D. Burness.]

"Um só poema nos seus olhos", "Abalada", "Rainha", "Quadro", "A jornada", "Têtêia", "Hora grande",3, "Lombo". In M. Ferreira, *50 poetas africanos.* Lis., 1989, p. 250-255.   (P)

"O meu nome é António." In Terra Nova, v. 16, n. 181. S. Vicente, April/May 1991,p. 3.
"Índices de civilização e de cultura: 1. A morte de nhô Manuel na noite de S. Silvestre." Ibidem, v, 17, n. 186. S. Vicente, September 1991, p. 3.
"Índices [...]: 2. A herança." Ibidem, v. 17, n. 187.
S. Vicente, October 1991, p. 3.
"Índices[...]: 3. O desertor." Ibidem, v. 17, n. 188.
S. Vicente, November 1991, p. 3.
"Índices[...]: 4. Nha Umbelina de Juncalinho." Ibidem, v. 17, n. 189. S. Vicente, December 1991, p. 3.   (SK)

"Destino de Bia de Rosa." In Cabo Verde, v. 9, n. 108. Praia, September 1958, p. 25-29.
"Noite". Ibidem, v. 10, n. 117. Praia, June 1959, p. 34f.   (ST)

SOUSA Henrique Teixeira de ("Biloca José da Cruz)
2142. *Capitão-de-mar-e-terra.* Coll. Século XX, 237.
Mem Martins(Portugal), Ed. Publicações Europa-América, (1985). 391 p.   (NO)

2143. *Contra mar e vento.* Contos. Coll. Autores Portugueses, 21.
Lis., Ed. Prelo, 1972. 192 p.   (ST)

2144. *Djunga.* Coll. Século XX, 316.
Mem Martins(Portugal), Ed. Publicações Europa-América, 1989. 307, 1(glossary) p.   (NO)

2145. *Ihéu de contenda.* Coll. Palmeira, 1.
Lis., Ed. O Século, & Praia, ICL, (1978). 381 p.; 2d ed. Coll. Livro de Bolso Europa-América, 340.
Mem Martins(Portugal), Ed. Publicações Europa-América, 1982. 399 p.   (NO)

2146. *Xaguate.* Coll. Século XX, 289.
Mem Martins(Portugal), Ed. Publicações Europa-América, (1988). 354 p.   (NO)

2147. Varia:
"Sueste". In C.A. Lança & F. Tenreiro, *Contos e poemas / Modernos autores portugueses,* v. 2. Lis., 1942.
One poem in Creole. In Cabo Verde, v. 5, n. 63.

Praia, December 1954. [A "cucurtiçan" or singing contest between a man and a woman insulting one another. Published under the author's pseudonym.]
"Buli-mundo". In Cabo Verde. Praia, 1958(?) [Poem in Creole.]
"Um poema de vez em quando." Ibidem, v. 10, n. 115. Praia, May 1959, p. 20.   (P)

"Tchuba qu'ê nós gobernador." In Jornal da Juventude, n. 1. S. Vicente, December 1936.[In Creole, published in a school paper.]
"Noite de guarda cabeça." In C. Lança & F. Tenreiro, *Contos e poemas/ Modernos autores portugueses,* v. 1. Lis., 1942, p. 7-12, and "Calmaria". Ibidem, v. 2. Lis., 1942, p. 36-45.
"Florêncio virou lobisomem." In Horizonte. Lis., c.1942.
"Dragão e eu." In Vértice, n. 4/7. Coimbra, February 1945, p. 9-28.
"Termo de responsabilidades." In Various Authors, *Contos e novelas,* v. 2. Coimbra, 1948, p. 133-146.
"Dragão e eu." In B. Lopes, *Antologia de ficção cabo-verdiana contemporânea*. Praia, 1960, p. 255-278.
"A família de Aniceto Brazão." In Claridade, n. 9. S. Vicente, December 1960, p. 43-50.
"Calmaria". In A. César, *Contos portugueses do ultramar,* v. 1. Porto, 1969, p. 127-141.
"Na corte de el-rei d. Pedro." In Natal, n. 5. Lis., 1970.   (ST)

SOUSA Mário Lúcio
2148. *Nascimento de um mundo.* Poesia.
Praia, Ed. ICL, 1991. 37 p.
[In 10 cantos, each dedicated to one of the 10 islands.]   (P)

SOUTO MAIOR António de Artiaga ("A.S.")
Vide **ARTEAGA** Souto Maior António d'

SPENCER Maria Helena
2149. Varia:
"Brava". In Cabo Verde, v. 3, n. 28. Praia, January 1952, p.15.
"Adeus". Ibidem, v. 4, n. 42. Praia, March 1953, p. 15.
"O regresso". Ibidem, v. 4, n. 44. Praia, May 1953, p. 13ff.
"História de um manequim." Ibidem, v. 4, n. 47.

Praia, August 1953, p. 2.
"A ronda do pai Natal." Ibidem, v. 5, n. 52. Praia, January 1954, p. 9.
"Histórias do Natal." Ibidem, v. 6, n. 64. Praia, January 1956, p. 30ff.
"A filosofia de nho 'Ntone." Ibidem, v. 7, n. 82. Praia, August 1956, p. 6ff.
"Luz... e sombra." Ibidem, v. 9, n. 100. Praia, January 1958,.
"Madrigal" Ibidem, v. 9, n. 107. Praia, August 1958, n. 13.
"Meu irmão branco." Ibidem, v. 10, n. 116. Praia, May 1959, p. 11ff.
"O homem do leme." Ibidem, v. 11, n. 122. Praia, November 1959, p. 11ff.
"Meu Deus!..." Ibidem, v. 13, n. 150. Praia, March 1962, p. 8-11.　(ST)

SP´INOLA　Daniel
Vide RODRIGUES　Euricles

"TACALHE'　(i.e. SILVA　Alírio Vicente)
2150. Varia:
About a dozen poems, one of them in Creole, in Presença Crioula, n. 5 - n. 22. Lis., May 1973 - October 1974.
"Irmão, porquê?" and "Pátria que dorme." In Morabeza,v. 2, n. 8. Rio de Janeiro, June 1974, p. 4, 11.
"Camila" and "A palava de ordem é, Não!'"
Ibidem, v. 2, n. 9.Rio de Janeiro, August 1974, p. 7, 8.
"Regresso", "Lar", "Rumo". Ibidem, v. 2, n. 10. Rio de Janeiro, October 1974, p. 8, 15.
"Passo firme" and "Prisão umbilical". Ibidem, v. 2, n. 11. Rio de Janeiro, December 1974, p. 6, 7.
"Emigrante", "Justiça", "Lar", "E nem me digam..." In M. Ferreira, No reino de Caliban, v. 1. Lis., 1975, p. 256ff.
"A quem !?" In Morabeza, v. 4, n. 13. Rio de Janeiro, May 1976, p. 16.
"O último grito" and "Alma sepulcra". In Raízes. v. 1, n. 1. Praia, January/April 1977. p. 79ff.
"Se", "Futilema", "Girassol cativo", "Sopro de vento." Ibidem, v. 1, n. 4. Praia, October/December 1977, p.82-85.
"Se", "S.O.S. imediato", "Bandeira rubra", "Canto alegre para Amílcar Cabral." In M. de Andrade, Antologia temática de poesia africana, v.2, O canto armado. Lis., 1979, p. 150-153, 173f.
"Sonho di minino." In Terra Nova, v. 7, n. 70. S. Vicente, April 1981, p. 5.

"Sonho di minino", "Nha terra", "Fidjo tchon". In L. Romano, Contravento. Taunton, Mass.(USA), 1982, p. 12-19. [In Creole, with trans. into standard Portuguese.]
"Poesia", "Alma sepulcra", "Sopro do vento", "Cisão", "Em memória de meu pai", "Três pontos." In D. Macedo, Vozes submersas. Taunton, Mass.(USA), 1990, p. 13-19.
"Partir". In Fragmentos, n. 7/8. Praia, December 1991, p.61.　(P)

TAVARES　Eugénio de Paula ("Djom de Mamai", "E.T.", "Tambor mor", "Justus", "José das Neves", "P. Direito", "Yan")
2151. Amor que salva. (Santificação do beijo.) Praia, pr.pr., 1916.　(P)

2152. Ao coração caboverdeano. Primeiro bilhete postal.
Praia, Ed. Imprensa Nacional, 1922. 7 p. [Apelo aos Caboverdeanos.]　(SK)

2153. Em viagem.
(Praia), pr.pr., 1907.
[Impressions of a voyage to the USA.]　(SK)

2154. Fadinhos.
New Bedford (Mass., USA), pr.pr., 1896. 16 p.　(P)

2155. Mal de amor: coroa de espinhos.
Praia, pr.pr., 1916. 16 p.　(P)

2156. Manijas.
(Praia?), pr.pr.,n/d. [Pamphlet].　(P)

2157. Mornas. Cantigas crioulas. Pref. author: "A morna e o povo de Cabo Verde." Postface by José Osório de Oliveira: "Uma poesia ignorada."
Lis., Ed. J. Rodrigues & Cia., 1932. 108 p.
[Posthumously published. Osório de Oliveira had already published some texts as "Mornas: Cantigas crioulas em dialecto da Ilha Brava" in Descobrimento, n. 2. Lis., Summer 1931, p. 209-230: "Força de crecheu", "Ná, ó menina, ná", " Que importa'n lâ?", "Amor é carga?", "Contam, nha crecheu","Na cantero de nha peto", "Sodade de quem que'n q'rê", "Mórna de nha Santa Ana", "Mal de amor", "Lua noba", "Cantiga que Deus ensinam", "Carta que'n escrebê nha Lima" With pref., which was to become the postface of the 1932 ed.　(P)

2158. *Os cossacos*. Poesia.
Lis., Liv. Rodrigues & Cia. Ed., 1918.
[Pro-allies pamphlet of the 1st World War.] (P)

2159. Varia:
"A badinha". In Novo Almanach de Lembranças Luso-Brasileiro para 1885. Lis., 1884, p. 424.
["Escreveu (estes versos) um rapaz de 15 anos, quando muito." Luís Medina e Vasconcelos in an accompanying article,"Novo poeta".]
"Paisagem". Ibidem para 1886,Suplemento. Lis., 1885, p. 53.
"Kate". Ibidem para 1888, Suplemento. Lis., 1887, p 204.
"Torturas". Ibidem para 1889. Lis., 1888, p. 328.
"Esperança". Ibidem para 1891. Lis., 1890, p. 476.
"Alvorecer". Ibidem para 1892. Lis., 1891, p. 443.
"Regresso". Ibidem para 1895.Lis., 1894, p. 288.
"Bu átchâ um cruz nâ bu câminho", "Parabens (Ao padre André Firmino)", "Credo". In Almanach Luso-Africano para 1895. Paris & Lis., 1894, p. 101, 114, 134.
"Se eu pudesse..." In Novo Almanach de Lembranças Luso-Brasileiro para 1896. Lis., 1895, p. 166.[Signed E. By E. Tavares?]
"Satires" . English trans. Christopher Fyfe, of "Sátiras". In António Carreira, *The people of the Cape Verdean Islands*. London & Hamden, Conn.(USA), 1982, p.51.
"Partindo", "Exilado", "Dia de chuva", "Saudade", "Não me pertence", "Hinos, 1", "Triste regresso." In M. Ferreira, *50 poetas africanos*. Lis., 1989, p. 142-146. (P)

"There she blows!" In Esperança, supplement of Almanach Luso-Africano , v. 1, n. 4. S. Nicolau, April 1901, p. 59ff. Reproduced in Various Authors, *A pesca da baleia*. 4 contos baleeiros Açores - Cabo Verde. Lajes do Pico (Azores), 1983.
"A força do amor: Vida crioula na América." In A Voz de Cabo Verde, n. 68. Praia, 2 December 1912, and n. 70, 16 December 1912.
"A virgem e o menino mortos de fome." Ibidem, n. 73-77. Praia, 6 January - 3 February 1913.
"A barca 'Katleen', dramas da pesca da baleia." Ibidem, n. 101-104.Praia, 21 July 11 August

1913.
"Maldito telegrama". Ibidem, v. 3, n. 126-129. Praia, 1914.
"Em pleno oceano: A húngara." Ibidem, v. 3, n. 135. Praia, 1914.
"O cossaco". Ibidem, v. 3, n. 136. Praia, 1914.
"Crioula". Ibidem, v. 3, n. 137-138. Praia, 1914.
"A judia". Ibidem, v. 3, n. 138, Praia, 1914.
"Por causa de um casamento." Ibidem, v. 3, n. 140-148. Praia, 1914.
"Entre os pânrias." Ibidem,v. 5,n. 217-222. Praia, 1915.
"Samar". In Jornal da Europa, 2d series, special n. 3. Lis., 22 April 1928. (N, ST)

TAVARES   Madalena ("Lara Araújo")
2160. Varia:
"Ilha do Sal", "Folha caída", "Vidas e palavras", "J mais A mais B", "Canto 1", "Inspiração", "Ausência", "Santa Maria", "Amanhecer diferente", "Vida e agonia." In Aulil. Sal Island, 1987, p. 11f., 20, 27, 44, 55f., 64f., 82, 85, 105, 111f.
"Momentos". In Fragmentos, n. 2. Praia, 1988, p. 19. (P)

"Emigrantes".In Aulil. Sal Island, 1987, p. 67-75. (ST)

TAVARES   Porfírio Pereira
2161. Varia:
6 poems in Almanach Luso-Africano para 1895. Lis., 1894, p. 94, 126, 130, 143, 204.
"O meu noivado", "Pranto", "À sombra d'uma árvore", "Que mais resta?" Ibidem para 1899. Paris & Lis., p. 174ff., 477ff., 543, 544.
"O velho". In Novo Almanach de Lembranças Luso-Brasileiro para 1931. Lis., 1930, p. 107. (P)

TEIXEIRA   Adalberto Jesus Benvindo
2162. Varia:
"Igualdade". In Terra Nova, v. 6, n. 67. S.Vicente, October 1980, p. 5.
"Aflição". Ibidem. v. 6, n. 68. S. Vicente, January 1981.
"Quim di Tchitcha." Ibidem, v. 7, n. 79. S.Vicente, February 1982, p. 5.
"Ao Ernestina". Ibidem, v. 8, n. 86. S.Vicente, September 1982, p. 6 [Free translation of a poem by Henry G. James.] (P)
"A primeira carta do *grine*." Ibidem, v. 7, n. 72. S. Vicente, June 1981, p. 5.

"Canizade d'Azorta." Ibidem, v. 7, n. 75. S. Vicente, October 1981, p. 6. (ST)

TOLENTINO Jorge ("Moninfeudo")
2163. Varia:
"Natureza efémera", "Natureza viva", "Natureza agreste", "Natureza morta". In Fragmentos, n. 7/8. Praia, December 1991, p. 41. (P)

"A chefe". In África, n. 9. Lis., 1980, p. 481-484.
"Brisas de ontem." In Raízes, n. 21. Praia, 1984, p. 79-107.
"A carta". In Ponto & Vírgula, n. 15. Mindelo, 1985, p. 28ff. (ST)

First act of a verse drama without a title. In Fragmentos, n. 1. Praia, 1987, p. 33f. (T)

TOLENTINO Luís
2164. Terra gritante. Pref. L. Romano. Coll. Dragoeiro, 3. Praia, Ed. ICL, n/d. (c. 1976). 35 p.
[Poems written between 1971 and 1975.] (P)

TOMAR Francisco António)
Vide " **D'SAL** Sukre"

"TOPO VERMELHO Nicolau de" (i.e. **RAMOS** José Maria)
2165. Varia:
"Serões da minha infância." In Arquipélago, n. 13. Boston, May 1990, p. 10f. (SK)

"A morte de Noca." In Ponto & Vírgula, n. 7. S. Vicente, January/February 1984, p. 8-12.
"A certidão da idade." Ibidem, n. 10/11. S. Vicente, July/October 1984, p. 34-37. (ST)

VALCORBA Cristiano
2166. Varia:
"Pó e cinza", "Poema geral", "Versus verso versus verso", "(4) quatro temas para uma construção", "Imagem", "Coisas de poeta", "Eu quero". In Fragmentos, n. 5/6. Praia, November 1989, p. 19f. and back cover. (P)

VARELA João Manuel ("G.T. Didial", ""João Vário", "T.T. T.", "Timóteo T(h)io Tiofe")
2167. Exemplo dúbio.
Viseu(Portugal), pr.pr., 1975. 49 p.
[On the title page: "Coimbra, 1975". Poems dated Antwerp, 1970-1973, Bangkok, Warsaw, 1973.] (P)

2168. Exemplo geral. Coll. Textos Êxodo, 1. Coimbra, Liv. Almedina Ed., 1966. 43 p. (P)

2169. Exemplo maior. Pref. author. 1985. (P)

2170. Exemplo precário. 1981. (P)

2171. Exemplo próprio. Pref. author. 1976.
[In the pref. Varela traces the program of 12 v. of Exemplos he planned to write.] (P)

2172. Exemplo relativo.
Antwerp, pr.pr., 1968. 49 p. (P)

2173. Horas sem carne.
Coimbra, Coimbra Ed., 1958. 57 p.
[Withdrawn from sale by the author.] (P)

2174. O estado impenitente da fragilidade.
Praia, Ed. ICL, 1989. 226 p. (NO)

2175. O primeiro livro de Notcha. [Discursos I - IV.] Pref. author.
S. Vicente, Ed. Publicações Gráfica Mindelo, 1975. 90 p.
[Dated Coimbra-Lisboa, 1961-1965, Rotterdam-Paris, 1965-1968, Antwerp-Bern, 1968-1972. In a 2d printing various misprints were corr.] (P)

2176. O primeiro livro de Notcha. Discurso V. Coll. Cadernos Lavra & Oficina, 28.
Lu., Ed. UEA, 1980. 29 p.
[New version of a poem first published in Nôs Vida, Rotterdam, 1972.] (P)

2177. Varia:
"Canto 1 & 2". In Êxodo, 1. Coimbra, 1961.
[First version of Exemplo geral, 1966.]
"Há um tempo para o desejo e para o uso", "Não conseguimos mantermo-nos por muito tempo úteis", "Aí temos o inverno junto das nossas casas" In Artes e Letras. Lis., 1962-1963.
"Epístola para Timóteo." Ibidem, Lis., 1962.
"Epístola para Timóteo." Ibidem, Lis., 1963.
"Canto terceiro." In A. Ramos Rosa, Líricas portuguesas. 4th series. Lis.,1969, p. 147-156. [From Exemplo geral, 1966.]

"Não é para mim", "Confronto", "Micropoema", "Mas ontem, ontem falámos desse homem...", "E diz-se que há ofegantes vinhos", "Há muito passado...", "E então subimos...",, "E hemos escrito em Londres..." In M. Ferreira, *No reino de Caliban,* v. 1. Lis., 1975, p. 269-274. "O que guardam os mortos...", "E então subimos...", "Discurso 1"[de *Exemplo precário*], "E a todos vós o dedico", "Discurso 2"[from 2d part of *O primeiro livro de Notcha*], "Discurso 2"[from 3d part, ibidem] In M. Ferreira, *50 poetas africanos.* Lis., 1989, p. 258-269. (P)

"As estátuas de Sol." In Nôs Vida. Rotterdam, September 1972.[Fragment of a projected novel.]
"Conto n. 1 - A hemiplegia." In África, n. 12. Lis., December 1986, p. 45-60. (ST)

VARIOUS AUTHORS
2178.*Folhas verdes.* Ed. Rui Figueiredo & friends. Praia, (later Mindelo), pr.pr., c.1981-2. Loose leaves, in 5 envelopes.
[Among the authors: Arménio Vieira, Baltasar Lopes, Oswaldo Osório, Manuel Veiga, Jorge Carlos Fonseca, T. Varela da Silva.] (P)

VASCONCELOS Henrique Vieira de
2179.*A harpa de Vanadio.*
Coimbra, Ed. França Amado, 1895. 79 p. (P)

2179-a. *A mentira vital.*
Coimbra,Ed. Imprensa da Universidade, 1897. 191 p. (ST)

2180.*A mor perfeito.*
Coimbra, Ed. Imprensa da Universidade, 1896 (P)

2181.*Circe.*
Coimbra, Ed. França Amado, 1908. 218 p. (ST)

2182.*Contos novos.*
Lis,. Ed. Tavares Cardoso & Irmão,1903. 237 p. (ST)

2183.*Os esotéricos.*
Lis., Ed. Férin & Cia., 1894. 16 p. (P)

2184. Varia:
"Un encontre a Venecea." In I. L. de Ribera i Rovira, *Contistes portuguesos.* Barcelona, 1913, p. 185-250. [Catalan trans.] (P)

VASCONCELOS Luís Loff de
2185.*Echos d'aldeia.* Contos.
Lis., pr.pr., 1897. 290(?) p. (ST)

VASCONCELOS Luís António de Araújo Medina e ("Luís Medina")
2185-a. Varia:
"Febre... charadística". In Novo Almanach de Lembranças Luso-Brasileiro para 1883. Lis., 1882, p. 256.
"A mulher". Ibidem para 1884. Lis., 1883, p.275.
"Lágrimas". Ibidem para 1886. Lis., 1885, p. 437f.
"Inferno ou céu?" Ibidem para 1886, Suplemento. Lis., 1885, p. 91.
"Desejo". Ibidem para 1887, Suplemento. Lis., 1886, p. 38.
"Mote [e] glosa." Ibidem para 1888. Lis., 1887, p. 372.
"Estrela d'alva." Ibidem para 1889. Lis., 1888, p. 428.
""Brinde", "Mote e glosa", "Um jantar em casa do padre João" [The last named together with Guilherme da Cunha's poem on the same subject.] Ibidem para 1890, Suplemento, Lis., 1889, p. 64, 76, 110.
"Conversão". Ibidem para 1892. Lis., 1891, p. 414.
"Ironias póstumas." In A Voz de Cabo Verde, n. 20. Praia, 1 January 1912. (P)
"Uma página do livro do mundo." In Revista de Cabo Verde, n. 2. S. Vicente, February 1899, p. 48-52. (SK)

VEIGA Manuel
2186.*O'ju d'agu.* Ficção.
Praia, Ed. ICL, 1987. 229 p.
[The first novel to have been written in Creole.] (NO)

VIEIRA e Silva Arménio Adroaldo ("Conde Silvenius")
2187.*Cabo Verde.*
Praia, Ed. CIDAC, 1979. (P)

2188.*O eleito do sol.*
Praia, Sonacor Ed., 1989. 159 p. (NO)

Cântico Geral.
Lis., África Ed., 198l. 109 p. [Printed in 1982.]
(P)
2190. Varia:
"Nem sei o que daria." In Cabo Verde,v. 12,
n. 137.
Praia, March1961, p. 14.
"Contenção e renúncia." Ibidem, n. 153. Praia,
June1961, p. 36.
"Mar! mar!..." In Sèló, n. 2, of Notícias de Cabo
Verde. Mindelo, 28 August 1962.
"Talvez um dia...", "Evocação da minha infância",
"Vai e diz!" In Mákua, v. 1. Sá da Bandeira
(Angola), 1962, p. 21-25.
"Destino". In Imbondeiro, n. 46. Sá da Bandeira,
May 1963, p. 8.
"Isto é o que fazem de nós!","Toti Cadabra". In
Vértice, n. 334/335. Coimbra, November/De-
cember 1971.
"Com letras de revolta" and "Canto do futuro".
In Aríope,n. 1. Praia, 1974, p. 3f.
"Como deuses debaixo do sol." Ibidem,n. 2.
Praia, 1974, p. 4.
"Para uma vida plena de consciência da terra",
Desmistificação de Pasárgada", "Kanta ku alma
sem ser magoado." Ibidem, n. 4. Praia, 1974,
p. 3.
"Mar! mar!", "Talvez um dia...", "Isto é o que fa-
zem de nós", "Estava um dia lavando a roupa ..,
"Bicho-gente", "Toti Cadabra", "Para uma vida
plena de consciência da terra", "Canta co alma,
sem ser magoado." In M. Ferreira, No reino
de Caliban, v. 1. Lis., 1975, p.219-224, 316f.
"Tempo de bichos", "Parábola", "Os amorosos",
"Assim também os girassóis." In Raízes, v. 1, n. 1.
Praia, 1977, p 82f.
"Canto do crepúsculo" and "In the south". Ibi-
dem,n. 2. Praia, April/June 1977, p. 86-90.
"Ser poeta", "Didáctica desconseguida", "Alego-
ria dedicada a Platão", "Monotonia","Momento",
"Coisa efémera", "Narciso e a estátua de
Venus", "Sísifo", "Touro onírico", "Canto
final, ou agonia duma noite infecunda." In Various
Authors, Jogos florais 12 de Setembro 1976.
Praia, (1978?), p. 9-19.
"Caviar, champanhe & fantasia" and "Prefácio
para um livro futuro." In Raízes, n. 5/6.Praia,
January/June 1978, p. 109-111.
"Tó qui noti bira dia", "Kanta ku alma sem ser
magoado", "Nôs bandera". In L. Romano,
Contravento. Taunton, Mass.(USA), 1982,
p. 46-51. (With trans. into standard Portu-

guese.]
"Our flag", "Sea! sea!" In M. M. Ellen, Across
the Atlantic. N. Dartmouth, Mass, (USA), 1988,
p.23, 43.
"Lisboa - 1971". In D. Burness, A horse of
white clouds. Athens, Ohio(USA), 1989, p.
124f. [With Burness's English trans.]
"Mas que bela casuarina!", :"Isto é o que fazem
de nós", "Toti Cadabra", "Aliteração da pedra-
vento", "Caviar, champanhe & fantasia", "Prefácio
a um livro futuro." In M. Ferreira, 50 poetas africanos. Lis., 1989, p. 280-285.
"Duelo de fogo", "Amo-te", "Fala o papa João
Paulo Segundo", "Se eu tivesse instrumentos
cortantes." In Fragmentos, n. 7/8. Praia, December 1991, p. 26.
(P)

"Dou-te sempre um cigarro." In Ponto & Vírgula,
n. 5. Mindelo, 1983, p. 33.
"As coisas deste mundo e do outro." Ibidem,
n. 8. Mindelo, 1984, p. 26.
"Fumando charutos velhos e caríssimos." In Voz
di Letra, Praia, 1986, p. 8.
"Prenda de Natal." In Fragmentos, n. 1. Praia,
1987, p. 8.
"O assassino." Ibidem, n. 3/4. Praia, 1988, p. 14.
(ST)

"Descrição de um pesadelo." (Exercício à volta
do medo.) In Raízes, n. 2. Praia, 1977, p.73-76.
["Mais um screen-play (argumento para cinema)
do que um trabalho para teatro."]
(T)

VIEIRA   Artur Regina ("Juca Bravense")
2191."Bitoco". Ms.
(T?)

2192. Galafo. Tiatral.
{Rio de Janeiro, pr.pr., 1980.) (4), 17 p. Dupl.
[Written in the Creole of Brava Island.]
(T)

2193. Matilde. Viage di distino. Pref. L. Roma-
no: "Matilde - uma viagem encantada."
(Rio de Janeiro, pr.pr., 1991.) 167 p.
[Text in the Creole of Brava Island, with free trans-
lation into standard Portuguese.]
(T)

2194. Um note na Djabraba. Pref. L. Romano.
(Rio de Janeiro, pr.pr.., 1990.) (8), 24 p. Dupl.
[Written in the Creole of Brava Island. Printed on
the odd-numbered pages.]
(T)

2195. Varia:

. 27 poems in Creole and c.10 in standard Por-
Jguese in Repique do Sino, n. 35 - n. 73. Brava
sland, May 1971 - October 1974.
, poems in Creole in Presença Crioula, n. 3 - 11.
.is., 1973.
Djudja Xalam", "Note di Sandjom", "Casamen-
ɔ di nha sogra." In Morabeza n. 1. Rio de Ja-
ieiro, June 1973,p.3, 12, 13f.
Tchico di tamboro", "Casamento di Djuca."
ɔidem, n. 2. Rio de Janeiro, August1973,
».7+15, 14.
Dengosa", "Nodjado", "Note malgôs". Ibidem,
. 3. Rio de Janeiro, September 1974, p. 4, 7f,
.4.
Marinheiro" and "Mina & Deca." Ibidem, n. 4. Rio
e Janeiro, October 1973, p. 6, 17
Patiado" and "Noite de Belém." Ibidem, n. 5.Rio
e Janeiro, December 1973, p. 9, 16.
Funco" and "Magoro". Ibidem, n. 6. Rio de Ja-
ieiro, February 1974, p. 7, 19.
Tchula linguaruda", "Nha mãi", Moç rico". Ibidem,
. 7. Rio de Janeiro, April 1974, p. 9, 13, 16.
Berdade di nôs dôs", "'Njetado", "Qual fodja di
urguera." Ibidem, n. 8. Rio de Janeiro, June
974, p. 10, 12, 14.
Nha prumero qretcheu." Ibidem, n. 9. Rio de Ja-
ieiro, August 1974, p. 6.
Poema scrabo". Ibidem, n. 10. Rio de Janeiro,
)ctober 1974, p. 9.
Londje di Cabo-Verde", "Tibuco", "Hino d'Inde-
iendência [by A. Vieira and L. Romano]." Ibi-
iem, n. 11. Rio de Janeiro, December 1974, p.7,
2, 16.
Rachanchuné" and "Camporriba". Ibidem, n. 12.
tio de Janeiro, February 1975, p. 7,18.
Nôs sina" and "Funco". In M. Ferreira, No reino
'e Caliban, v. 1. Lis., 1975, p. 311ff.
Catís-capulenga". In Morabeza, n. 13. Rio de Ja-
ieiro, May 1976, p. 17.
Pingos de sombra". In Terra Nova v. 6, n. 61. S.
iicente, April 1980, p. 5.
Nuanças" and "Impulso". Ibidem, v. 6, n. 60. S.
iicente, May 1980, p.6.
Qretcheu que ficâ." Ibidem, v. 6, n. 65. S. Vicen-
», August 1980, p. 5.
Pastor de Djabraba." (P?) Ibidem, v. 6, n. 65. S.
icente, October 1980, p. 5.
Caridade, de S. Paulo." Lyrical trans. Ibidem,v. 6,
. 69. S. Vicente, February/March 1981, p. 5.
Raízes e distância." Ibidem, v. 7, n. 71. S. Vi-
ɛnte, May 1981, p. 6.
Poema di nôs-tudo." Ibidem, v. 7, n. 72. S. Vi-

cente, June 1981, p. 5.
"Famile". Ibidem, v. 6, n. 86. S. Vicente, Sep-
tember 1982, p. 5.
"Simiador di nha terra." Ibidem, v. 8, n. 89. S. Vi-
cente, December 1982, p. 5.
"Nha mãi", "Nôs sina", "Poeta di povo", "Tibuco".
In L. Romano, Contravento. Taunton,Mass,
(USA), 1982, p. 54-61. [With trans. into standard
Portuguese.]
"Si Caboverde fugi." In Terra Nova v. 8, n. 91. S.
Vicente, February 1983, p. 5.
"O suor da canção" and "Vislumbre". Ibidem,
, v. 14, n. 147. S. Vicente, April 1988, p. 4, 5.
"Poema-irmão". Ibidem, v. 14, n. 152. S. Vicente,
October 1988, p. 4.
"My mother". English trans. of "Nha mãi". In M.M.
Ellen, Across the Atlantic. N. Dartmouth, Mass.
(USA), 1988, p. 16.
"O menino de papel. Homenagem ao Terra
Nova." In Terra Nova v. 15, n. 159. S. Vicente,
May 1989, p. 4.   (P)

"Ami feto spantadjo." In Morabeza, n. 6. Rio
de Janeiro, October 1973, p. 5, 15.
"Toi marinero". Ibidem, n. 7. Rio de Janeiro,
April 1974, p. 11, 15.
"Matilde nafragado". Ibidem, n. 8. Rio de Ja-
neiro, June 1974, p. 7. 11.
"Vida de bitoco." Ibidem, n. 9. Rio de Janeiro,
August 1974, p. 9, 16, 18.
"Mandjola di note." Ibidem, n. 10. Rio de Janeiro,
October 1974, p. 9, 14.
"Trabuco na tchapulé." Ibidem, n. 12. Rio de
Janeiro, February 1975, p. 9.
"Galinha fenhe". In Terra Nova v. 6, n. 61. S. Vi-
cente, April 1980, p. 5.
"Rota de scuna." Ibidem, v. 7, n. 73 and n. 74. Rio
de Janeiro, August 1981, p. 5, and September
1981, p. 5.   (ST)

'VIRG´INIO   Teobaldo" (i.e. MELO
Teobaldo Virgínio Assunção Nobre de)
2196.Beira do cais. Coll. Imbondeiro, 44.
Sá da Bandeira (Angola), Ed. Imbondeiro, 1963.
31 p.   (ST)

2197.Distância. Narrativas. Coll. Unidade, Ficção,
2.
Lis, Agência-Geral do Ultramar, 1963. 157 p.;
2d ed.: Novela cabo-verdiana. Pref. L. Sttau Monteiro.

Lis., Ed. Ática, 1973. 155 p.
["Memórias romanceadas". Incl. 8 poems, most
of them folk lyrics.]   (P, ST)

Distância. Livro segundo. Vide *O meu tio
Jonas*.

2198. *O meu tio Jonas*. Novela cabo-verdiana.
Followed by *Distância*. Livro segundo. Postface
L.Romano: "Teobaldo Virgínio - poeta e escri-
tor."
(Boston, Mass.[UA], pr.pr., 1986.) 278 p.
                                          (N, SK)

2199.*Poemas cabo-verdianos*. Pref. Teixeira de
Sousa.
S. Vicente, pr.pr.,(1960). 111p. II. cover design
Sérgio Frusoni.   (P)

2200.*Viagens para lá da fronteira*. Poemas.
1."Convite"; 2,"Sèlóó Cabo Verde; 3. "Baía de
Luanda." Pref. author.
Lis., Ed. Casa de Cabo Verde, 1973. 92,
2(índice) p. II. António Firmino,A.R. Machado.
                                               (P)

2201.*Vida crioula*. Novela cabo-verdiana. Coll.
Autores Portugueses.
Lis., Liv. Bertrand Ed., (1967). 188 p.   (N)

2202. Varia:
"Governador". In *Cabo Verde*, v. 9, n. 100.
Praia, November 1957.
"Mulher". Ibidem, v. 9, . 107. Praia, August
1958.
"Dois poemas". Ibidem, v. 11, n. 127. Praia,
April 1960, p. 15.
"Desencontro","Vinte e quatro horas", "Ro-
teiro", "Agora e eu." In *Claridade*, n. 9. S. Vi-
cente, December 1960, p. 37-40.
"Prisão", "Rota longa", "Suspiros", "Jangada",
"Muro", "Prisioneiro", "Paz". In M. Ferreira, *No
reino de Caliban*, v. 1. Lis., 1975, p. 281-284.
"Ninguém te pagá criaçom", "Ilha", "Desimbar-
cad", "Carta". In L. Romano, *Contra-vento*.
Taunton, Mass.(USA), 1982, p. 310-319.
[With trans. into standard Portuguese.]
"Island", "Prisoner", "Letter". English trans. of
"Ilha", "Prisioneiro", "Carta". In M.M. Ellen,
Across the Atlantic. N. Dartmouth, Mass.(USA),
1988, p. 32, 49, 165.   (P)

"De terra longe..." In *Ponto & Vírgula*, n. 3. S.
Vicente, June/July 1983, p. 32ff.
"A uma Júlia qualquer." Ibidem, n. 5. S. Vicente,
October/November 1983, p. 30ff.
"Júlia amor". Ibidem, n. 7. S. Vicente, January/
February 1984, p. 18ff.
"Copo dágua ou Juliaflor." Ibidem, n. 9. S. Vi-
cente,May/June 1984, p. 23.
"Quadros breves: Em ouro; Seca; Jovem cabo-
verdiana".In *Arquipélago*, n. 6. Boston, Febru ary
1987, p. 13f.
"Quadros breves: "A carta; A fuga". Ibidem, n. 7.
Boston, June 1987, p. 23f.
"Trégua?" Ibidem, n. 9.Boston, May 1988, p. 43.
"Quadros breves: Prosa antiga; Palavra cabover-
dianidade; Propósito; Fantasia; Júlia." Ibidem,
n. 10. Boston, December 1988, p. 34ff.
"Quadros breves: A ponte; Prosa antiga; Júlia".
Ibidem, n. 11. Boston, May1989, p. 36ff. (SK)

Section C   Secção C
Literary History and   História e Crítica Li-
Criticism   terárias

ALMADA   José Luís Hopffer Cordeiro
2203.*Mirabilis de veias ao sol*. Antologia dos
novíssimos poetas caboverdianos.
Lis., Ed. Caminho, 1991. 523 p.   (A, P)

ALMADA   Maria Dulce
2204.*Poètes des Îles du Cap-Vert*.
(Conakry), Departamento Social e Cultural do
PAIGC Ed., 1962. 7 p. Dupl.
[Poems by "Osvaldo Alcântara", Jorge Barbosa
and Gabriel Mariano. Prepared for the 2d Conference of Afro-Asiatic Writers.]   (A, P)

ALMEIDA   António de
2205.*Monografia-Catálogo da exposição de
Cabo Verde. Semana das Colónias*.
Lis., Ed. Sociedade de Geografia de Lisboa,
(1938). 64, xliv, 4 p. II.
[Incl. "Subsídio para uma bibliografia cabo-verdiana" of 44 p., with a section for literature.]   (B)

211

ANDRADE   Mário <u>Pinto Coelho</u> de
2206.*Amílcar Cabral: Essai de biographie politique.*
Coll. Petite Collection Maspero, 240.
Paris, Ed. François Maspero, 1980. 170 p.
[Comments on Cabral's youthful literary writings in the first 2 chapters, "Racines" and "Formation culturelle et apprentissage politique."
Incl. a partial French trans. of five of his poems.]
                                                    (E, P)
ANON.
Poilão. Vide Guinea-Bissau, Section C.

ARA´UJO   Norman
2207.*A study of Cape Verdean literature.*
Boston, Ed. Boston College, 1966. 225 p.
[Ph. D. dissertation for Harvard University, 1962.
The first history of its kind.]   (E)

BRITO   António de Paula
2208."Dialectos crioulos portugueses.
Apontamentos para a gramática do crioulo que se fala na ilha de Santiago de Cabo Verde." <u>In</u> Jorge Morais Barbosa, *Estudos linguísticos - Crioulos.* Lis., 1967.
[Reproduces <u>Boletim da Sociedade de Geografia de Lisboa,</u> 7th series, n. 10. Lis., 1887, p. 611-669. In Creole and standard Portuguese.
Incl. proverbs, lyrics of *batuque* songs and puzzles under "Variedades creoulas", p. 653ff.]
                                                    (E,FW,P)

BROOKSHAW   David
2209."A busca da identidade regional e individual em *Chiquinho* [de Baltasar Lopes]e o movimento da <u>Claridade.</u>" <u>In</u> J. M. Massa, *Les littératures africaines de langue portugaise.* Paris, 1985, p. 185-192.   (E)

BURNESS   Donald
2210."*Contre mar e vento* [de Teixeira e Sousa]: La folie, la désintégration et la tragédie cap-verdienne." <u>In</u> J. M. Massa, *Les littératures africaines de langue portugaise.* Paris, 1985, p. 193-198.
                                                    (E)

BURNESS   Don[ald]
BURNESS   Mary-Lou
2211."Manuel Lopes". In *Wanasema : Conversations with African writers.*

Athens, Ohio(USA), 1985, p. 81-89.   (E)

CABRAL   Amílcar <u>Lopes</u>
2212."Notes sur la poésie des îles du Cap-Vert." <u>In</u> A. Cabral, *Unité et lutte,* v. 1. Paris, 1975, p. 25-31.
[French trans. of his "Apontamentos sobre a poesia cabo-verdiana."]   (E)

2213."O papel da cultura na luta pela independência." <u>In</u> M. de Andrade, *Obras escolhidas de Amílcar Cabral.* Lis., Ed. Seara Nova, 1976, p. 234-247.
[Paper presented at the UNESCO,Paris, July 1972.]   (E)

CABRAL   N. Eurico
2214. "Transparence de l'usage du surnom dans la littérature capverdienne: signification raciale, politique, sociale et affective." <u>In</u> J. M. Massa, *Les littératures africaines de langue portugaise.* Paris, 1985, p. 199-206.   (E)

CANIATO   Benilde Justo Lacorte
2215."*Hora di bai* [de M.Ferreira]: Típica síntese caboverdiana." <u>In</u> J. M. Massa, *Les littératures africaines de langue portugaise.* Paris, 1985, p. 207-213.   (E)

2216.*Hora di bai: romance de Cabo Verde.*
S. Paulo, Ed. Universidade Federal de S. Paulo, 1980. (2), 118 p. Dupl. [Master's thesis.]   (E)

CARDOSO   Nuno Catarino
2216-a. *Cancioneiro da saudade e da morte.* Poetisas e poetas portugueses e brasileiros. Séculos xii a xix.
Lis., pr.pr., (1920). xvi, 181 p.
[Incl. António Corsino Lopes da Silva, António Januário Leite, Manuel Alves de Barros ("Manoel de Santiago"), Martinho Nobre de Melo, Pedro Monteiro Cardoso, and Caetano Costa Alegre from São Tomé.]   (A,P)

2216-b. *Cancioneiro popular português e brasileiro.* Antologia contendo 521 quadras e dois capítulos sobre a psicologia do amor. Pref. author.
Lis. & Brazil, pr.pr., 1921. xvi, 120 p.
[Incl. <u>manilhas</u> from Brava Island taken from the <u>Almanach Luso-Africano</u> for 1895. São Nicolau Island, 1894, p. xiiif.}   (A,P)

212

2216-c. *Poetisas portuguesas.*
Lis., Ed. Livr. Científica, 1917. xv, 295 p.
[Incl. Antónia Gertrudes Pusich and Gertrudes
Ferreira Lima ("Humilde Camponesa").] (A,P)

2216-d. *Sonetistas portugueses e luso-
brasileiros.* (1495 à novíssima geração.) Pref.
author.
Lis., pr.pr., 1918. xi, 230 p.
[Incl. António Corsino Lopes da Silva, Manuel
Alves de Barros ("Manoel de Santiago"), José
de Sousa Monteiro, Martinho Nobre de Melo, and
Caetano Costa Alegre from São Tomé.] (A,P)

CARVALHO   Alberto Duarte de
2217.*A ficção de Baltasar Lopes - Contributo
para a originalidade da literatura cabo-verdiana.*
Lis., Ed. Faculdade de Letras da Universidade
de Lisboa, 1988. 581p. Dupl. [Ph.D. dissertation.] (E)

2218."Emergência do discurso da agressividade
na poesia caboverdiana." J. M. Massa, *Les
littératures africaines de langue portugaise.*
Paris,1985, p. 215-224. (E)

C´ESAR Pires Monteiro   Amândio
Contos portugueses do ultramar. Vide General, Section C.

Parágrafos da literatura ultramarina. Vide General, Section C.

CHABAL   Patrick
2219."Littérature et libération nationale: Le cas
d'Amílcar Cabral." In J. M. Massa, *Les littératures
africaines de langue portugaise.* Paris, 1985,
p. 457-481.
[Incl. Cabral's poems in the *Livro de curso.* Lis.,
1946.] (E,P)

COELHO   Francisco Adolfo
2220."Os dialectos românicos ou neolatinos na
África, Ásia e América." In J. Morais Barbosa,
Estudos linguísticos - Crioulos. Lis., 1967, p.1-
234.
[Reprint from Boletim da Sociedade de Geografia
de Lisboa. 2d series, n. 3(1880); 3d series, n. 8
(1882); 6th series, n. 12(1886). With riddles in
the Creole of Santiago, 4 poems and some

proverbs in that of S. Tomé, and a ballad and the
trans. of a fable by LaFontaine in that of Guinea-
Bissau.] (E, FW, P)

COSTA   Joaquim Vieira Botelho da
DUARTE   António José
2221."O crioulo de Cabo Verde." In J. Morais
Barbosa, *Estudos linguísticos - Crioulos.* Lis.,
1967, p. 237-322.
[Reprint from Boletim da Sociedade de Geografia
de Lisboa, 6th series, n. 6 (1988). With the pa-
rable of the prodigal son in the Creoles of the islands of Santiago, Fogo, Brava, Santo Antão,
S.Nicolau and Boa Vista, and proverbs in the
Creole of Santiago.] (E, FS)

COUTO   Rui Ribeiro
2223."Destino e poesia de Cabo Verde." In
Sentimento lusitano. S. Paulo, Liv. Martins Ed.,
1961, p. 171-176.
[First published in Jornal do Brasil. Rio de
Janeiro, 26 January 1933, referring to E. Tavares' *Mornas - Cantigas crioulas.*] (E)

DIJK   Bertus
2224.*Kaap Verdische Eilanden, Guinee-
Bissau, São Tomé.* Trans. author. Coll. Nesserie.
Amsterdam, Van Gennep Ed., 1969. 77 p.
[Poems in Dutch trans.] (A, P)

DUARTE   Fausto Castilho
2225.*Da literatura colonial e da "morna" de
Cabo Verde.* Conferência.
Porto, Ed. 1.a Exposição Colonial Portuguesa,
1934. 19 p. (E)

ELLEN   Maria M.
2226.*Across the Atlantic: An anthology of
Cape Verdean literature.* Pref. Manuel Lopes.
North Dartmouth, Mass.(USA), Ed. Center for
the Portuguese Speaking World, 1988. xv,
204 p. Il. Boaventura Barros. English trans.
Américo Araújo, Donald Burness, Natália Costa,
Francisco Cota Fagundes, John Leite and Gregory McNab. Texts dating from 1935 on. In 3
parts, with an introduction by M.M. Ellen: 1. Cape
Verdean Poetry. "O. Alcântara", A. Fonseca, O.
Silveira, A. Lima Júnior, Artur Vieira, L. Romano,
A. Fidalgo de Barros, D. Hopffer Almada, O. Martins, Arménio Vieira, J. Barbosa, M. Melo Andrade, P. Corsino Azevedo, A. Nunes, Jorge M.Al-
fama, F. A. Tomar, "T. Virgínio", L. Tolentino

José S. Gonçalves, Corsino Fortes, Vera Duarte, Manuel Lopes, A.França, T. Anahory, "Tacalhe", O. Osório, G. Mariano, Yolanda Morazzo, Luís Silva, João Rodrigues. 2.Cape Verdean Prose. Baltasar Lopes, Manuel Lopes, Teixeira de Sousa, A. A. Gonçalves, Orlanda Amarilis,João Lopes Filho, Manuel Ferreira. 3. Cape Verdean American Litrature. Donald Macedo, "T. Virgínio", Jorge Pedro Barbosa, Rosendo Brito, "Tacalhe", Viriato Gonçalves, Ana Júlia Sança, Maria Luísa Nunes.] (A,E,SK,ST)

EST'EV'AO João António
2227."Literatura caboverdiana e investigação em economia política: O exemplo de *Ilhéu de contenda* de Teixeira de Sousa." In J.M.Massa, *Littératures africaines de langue portugaise.* Paris, 1985, p. 233-240. (E)

FERREIRA Manuel
2228.*A aventura crioula - ou Cabo Verde, uma síntese étnica e cultural.* Pref. Baltasar Lopes. Coll. Poesia e Ensaio, 14.
Lis., Ed. Ulisseia, 1967. 276 p.;
2d, enl. ed.: Coll. Temas Portugueses, 2.
Lis., Plátano Ed., 1973. xxix, 442 p.;
3d, rev. ed.:
Lis., Plátano Ed., 1985. 386 p. (B, E)

2229.*António Aurélio Gonçalves. Esboço de retrato.*
Sá da Bandeira, Ed. Imbondeiro, 1962.
[Perhaps identical with "António Aurélio Gonçalves, um admirável novelista." In Cabo Verde, v. 13, n. 154. Praia, July 1962, p. 13-17.] (E)

2230."As ilhas crioulas na sua poesia moderna." In C. Barreto, *Estrada larga,* v. 3. Porto,(1962), p. 448-454. (A, E,P)

2231."Comentários em torno do bilinguismo cabo-verdiano." In *Colóquios cabo-verdianos.* Lis.,1959, p. 59-79.
[Rev. and incl. in *A aventura crioula,*11967.] (E)

2232."Jorge Barbosa". In J.J. Cochofel, *Grande dicionário da literatura portuguesa e de teoria literária,* v. 1. Lis., 1977, p. 601-604. (E)

.Literaturas africanas de expressão portuguesa, v. 1. Vide General, Section C.

No reino de Caliban, v. 1, *Cabo Verde e Guiné-Bissau.* Vide General, Section C.

2233."O mito hesperitano ou a nostalgia do paraíso perdido." In J.M. Massa, *Littératures africaines de langue portugaise.* Paris, 1985, p. 241-250. (E)

FERREIRA Manuel
MIRANDA Nuno de
2234.*Colóquios cabo-verdianos.* Pref. Jorge Dias. Coll. Estudos de Ciências Políticas e Sociais, 22.
Lis., Ed. Junta de Investigações do Ultramar, 1939. xv, 182 p.
[Incl. literary essays by Manuel Lopes , G. Mariano, M. Ferreira, Nuno de Miranda, Francisco Lopes.] (E)

FIGUEIREDO Jaime de
2235.*A fundação da biblioteca pública da Praia.*
1961. (B)

2236.*Modernos poetas cabo-verdianos.* Pref. author.
Praia, Ed. Henriquinas do Achamento de Cabo Verde, 1961. xli, 197 p.
[Poems by J. Barbosa, Manue l Lopes, "Osvaldo Alcântara", P. Corsino Azevedo, A. Nunes, Aguinaldo Fonseca,G. Rocheteau, Nuno [de] Miranda, A. França, Tomaz Martins, Yolanda Morazzo, Ovídio Martins, Virgínio Nobre de Melo, G. Mariano, T. Anahory, Corsino Fortes, Jorge Pedro Barbosa, Onésimo Silveira, "João Vário", António Mendes Cardoso.] (A, P)

FRAGOSO Francisco ("Kwame Kondê")
2237.*Renunciando Pasárgada..., ou estudo diacrónico-sincrónico sobre o verdadeiro caminho da literatura caboverdiana.* Louvain (Belgium),pr.pr., n/d. (1975). 56 p.
[Incl. poems by Abílio Duarte, Ovídio Martins, "Kaoberdiano Dambará", "Kwame Kondê", Mário Fonseca, Onésimo Silveira.] (A, E, P)

FRANCO António Cândido
2238.*Simbologia telúrico-marítima na obra de Manuel Lopes. (Exercício sobre o imaginário caboverdiano.)*
Lis., Faculdade de Letras da Universidade, 1987.

Lis., Faculdade de Letras da Universidade, 1987. 285 p. Dupl. [Master's thesis.]　　(E)

GIUSTI Emilio
2239. *Contes et récits du CapVert.* French trans. Coll. Fleuve et Flamme. Paris, CILF (Conseil International de la Langue Française), 1988. II. M. Thierlot. [Bilingual ed.]　　(A, ST)

GONÇALVES António Aurélio da Silva
2240. *A centelha.* Cadernos de estudo. Lis., pr.pr., 1938. 24 p.　　(E)

2241. "Problemas da literatura romanesca em Cabo Verde." In Baltasar Lopes, *Antologia da ficção cabo-verdiana contemporânea.* Praia, 1956, p. xxxiii-xxxv.　　(E)

2242. "Bases para uma cultura de Cabo Verde." In *Diário da viagem presidencial às províncias da Guiné e Cabo Verde.* Lis., Ed. Agência-Geral do Ultramar, 1956, p. 159-177.　　(E)

GONÇALVES José Júlio
2243. "A informação na Guiné, em Cabo Verde e em S. Tomé e Príncipe." In *Cabo Verde, Guiné, S. Tomé e Príncipe.* Curso de extensão universitária, ano lectivo de 1965-1966. Lis., Ed. Instituto Superior de Ciências Sociais e Política Ultramarina, 1966, p. 165-376. II. (B, E)

HAMILTON Russell G.
2244. Cape Verde". In *Encyclopaedia of world literature in the 20th century,* v. 1. Rev. ed. New York, Ed. Ungar, 1981, p. 401ff.　　(E)

2245. "Cape Verdean poetry and the P.A.I.G.C." In Richard K. Priebe & Thomas A. Hale, *Artist and audience: African literature as a shared experience.* Washington, D.C., Ed. Three Continents Press, 1979, p. 103ff. ["Proceedings from the 1977 African Literature Association meeting."]　　(E)

2246. "Language and Cape Verdean poetry." In Nelson Vieira, *Roads to today's Portugal.* Providence, Rhode Island(USA), Ed. Gávea-Brown, 1983, p. 85-98.　　(E)

Literatura africana, literatura necessária, v. 2.

Vide General, Section C.　　(E)

HANRAS Marie Christine
2247. *L'oeuvre littéraire de Manuel Lopes, écrivain capverdien.* 2 v. Rennes (France), Ed. Université de Rennes 2, 1991. 205 + 182 p. II. photos. [Ph.D. dissertation. The 2d v. reproduces early publications by M. Lopes.]　　(A, E, P, SK)

HELMAIR Hans-Peter
2248. *A evolução da literatura cabo-verdiana no contexto socio-económico.* Freiburg (Germany), Ed. University, 1991. 166 p [Ph.D. dissertation.]　　(E)

2249. *A literatura no processo histórico e da identificação cultural.* Freiburg (Germany), Ed. University, 1983. Dupl. [Master's thesis.]　　(E)

HUNT Geoffrey
2250. "Two African aesthetics: Wole Soyinka versus Amílcar Cabral." Vide Gugelberger, G.M., *Marxism and African literature,* in General, Section C.　　(E)

JAHN Janheinz
Süss ist das Leben... Vide General, Section C.

K'EB'E Ameth
2251. *Le thème de la sècheresse dans la littérature des îles du Cap-Vert.* Paris, Ed. Faculté des Lettres de l'Université, 1984. 580 p. Dupl. [Ph.D. dissertation of the 3d cycle.]　　(E)

2252. "Processus d'identification et phénomène d'aliénation dans *Chuva braba* de Manuel dos Santos Lopes." In J. M. Massa, *Les littératures africaines de langue portugaise.* Paris, 1985, p. 251-256.　　(E)

LEITE Vicente Rendall
2253. *Jorge Barbosa: Two languages, two friends. A memory.* Praia, Ed. ICL, 1986.　　(E)

LEPECKI Maria Lúcia
2254. "Manuel Ferreira: Tempo cabo-verdiano." In *Meridianos do texto.* Lis., 1979, p. 97-103. [On Ferreira's *Voz de prisão,* 1971.]　　(E)

2255. *Pão & fonema, ou a odisseia de um povo. (Estudo analítico de um poema de Corsino Fortes.)* Lu., Ed. Comité de Acção do PAIGC, Casa Amílcar Cabral, 1974. 52 p.
[Incl. several poems by C. Fortes.]   (E, P)

LIMA Kiki
2256. *Opiniões sobre arte social.* Extractos de um debate.
S. Vicente, pr.pr., 1982.
[From a debate between K. Lima, A. A. Gonçalves, Leão Lopes and Amílcar S. Lopes.]   (E)

LOBBAN Richard
HALTER Marilyn
2257. *Cape Verdean and Crioulo culture.* Coll. Pamphlets, 2.
Providence, Rhode Island (USA), pr.pr., 1987. 17 p.
[4 sections: Creole; Music and dance; African aspects; Literature.]   (E)

LOPES da Silva Baltasar
2258. *Antologia da ficção cabo-verdiana contemporânea.* Pref. M. Ferreira. Commentary A. A. Gonçalves.
Praia, Ed. Henriquinas do Achamento de Cabo Verde, 1960. 431 p.
[Texts by A.A. Gonçalves, Baltasar Lopes, Francisco Lopes, G. Mariano, Teixeira de Sousa, Jorge Barbosa, Manuel Lopes, Pedro Duarte, Virgílio Pires.]   (A,E, ST)

2259. *Cabo Verde visto por Gilberto Freyre.* Apontamentos lidos ao microfone de Rádio Barlavento.
Praia, Ed. Imprensa Nacional, 1956. 52 p.
[Off. Cabo Verde, n. 84-86. Praia, 1956.]   (E)

LOPES Felisberto Vieira ("Kaoberdiano Dambará")
2260. "Para o estudo da literatura de Cabo Verde. Lugares comuns e estéreis." In J. M. Massa, *Les littératures africaines de langue portugaise.*
Paris, 1985, p. 257-261.   (E)

LOPES da Silva Francisco de Sales
2261. *Dados bibliográficos do poeta e escritor José Lopes.*
S. Vicente, Ed. Secretariado Administrativo,

1985. 12 p. Il.photo. [Anon., but probably by F. Lopes.]   (B)

2262. "A importância dos valores espirituais no panorama cabo-verdiano." In *Colóquios cabo-verdianos.* Lis., 1959, p. 131-140.   (E)

LOPES da Silva José
2263. "Eugénio Tavares". In *Novo Almanach de Lembranças* para 1932. Lis., 1931, p. 210ff.
[Article listed because of its historical value.]   (SK)

LOPES Leão
2264. "Para uma caracterização da cultura cabo-verdiana. Tópicos para uma identidade." In J. M. Massa, *Les littératures africaines de langue portugaise.* Paris, 1985, p. 263-267.   (E)

LOPES Manuel dos Santos
2265. "Breve intodução à literatura regional cabo-verdiana." In *Actas,* VI Congresso Internacional de Estudos Luso-Brasileiros. Lis., 1966.
[There is some doubt if the *Acta* were published.]   (E)

2266. *Os meios pequenos e a cultura.* Conferência.
Horta(Azores), pr.pr., 1951. 56 p.   (E)

2267. "Reflexões sobre a literatura cabo-verdiana ou a literatura nos meios pequenos." In *Colóquios cabo-verdianos.* Lis., 1959, p. 1-22.   (E)

LOPES Óscar
2268. "Ficção cabo-verdiana". In *Modo de ler.* Crítica e interpretação literária, 2. Porto, 1969, p. 135-147. [Previously published essays, in newspapers of c. 1963.]   (E)

LOPES FILHO João
2269. *Cabo Verde - Contribuição para o estudo da cultura cabo-verdiana.* Coll. Biblioteca Ulmeiro, 15.
Lis., Ed. Ulmeiro, 1983. 59 p.   (E)

Cabo Verde - Subsídios para um levantamento cultural. 1981. Vide Cape Verde, Section A.

2270. *Defesa do património socio-cultural de Cabo Verde.*
Lis., Ed. Ulmeiro(?), 1985. 173 p.   (E)

216

LYALL Archibald
2271.*Black and white make brown. An account of a journey to the Cape Verde Islands and Portuguese Guinea.*
London & Toronto, Ed. Heinemann, 1938. x, 303 p.
[With a chapter on Cape Verdean poets,incl. poems in Creole and their English trans.] (E,P)

MARIANO José Gabriel Lopes da Silva
2272.*Amor e partida na poesia crioula de Eugénio Tavares.*
Vila Viçosa(Portugal), 1984. 20 p.
[Off. *Comunicações dos 1.os Encontros de Poesia*, Vila Viçosa, de 2 a 5 de Junho de 1984.]
(E)

2273.*Cultura caboverdiana.* Ensaios. Pref. Alberto Carvalho. Coll. Palavra Africana.
Lis., Ed. Vega, 1991. 182 p.
[Written during the late 1950s when Mariano was a law student in Lisbon.] (E)

2274.*Modernos poetas cabo-verdianos.*
Praia, pr.pr., 1961. (E)

2275.*Osvaldo Alcântara - O caçador de heranças.*
(S. Vicente), Ed. Ponto & Vírgula, 1991. 44 p.
II. photos. (E)

2276.*Poetas de Cabo Verde.*
Lis., Ed. Casa dos Estudantes do Império, 1960.
(A,P)

McCARTHY Joseph M.
Guinea-Bissau and Cape Verde Islands: A comprehensive bibliography. Vide Guinea-Bissau, Section C.

McNAB Gregory
2277."Pistas para uma identidade caboverdiana nos contos de Virgílio Pires." In J. M. Massa, *Les littératures africaines de langue portugaise.*
Paris, 1985, p. 269-275. (E)

MIRANDA Nuno Álvares de
2278.*Compreensão de Cabo Verde.*
Lis., Ed. Junta de Investigações do Ultramar, 1963. 80 p. II. (E)

2279.*Epiderme em alguns textos.*

Lis., Ed Panorama, 1966. 125 p. (E)
"O cabo-verdiano, um portador de cultura. Sugestões de correcção de educação e ensino em Cabo Verde." In *Colóquios cabo-verdianos.* Lis., 1959, p. 81-95. (E)

2280.*Presença de Cabo Verde na literatura portuguesa e estrangeira.*
Lis., Ed. Junta de Investigações do Ultramar, 1961. c.16 p. [Off. Garcia de Orta, v. 9, n. 1.Lis., 1961,. 139-153.] (E)

MONTEIRO Carolino
2281.*Misérias literárias. Resposta à defesa de um morto.*
Lis., pr.pr., 1894. 80p.
[Violent reply to João Augusto Martins, defending his criticism of Martins' *Madeira, Cabo Verde e Guiné*, 1891.] (E)

MONTEIRO Félix
2282."Páginas esquecidas de Eugénio Tavares." In Raízes, v. 5,n. 17/20. Praia, January/December 1981, p. 121-173. With a brief introduction.[Listed because of its documentation].
(A,E, N, P,SK)

MOSER Gerald Max Joseph
2283."The poet Amílcar Cabral." In Research in African Literatures, v. 9, n. 2. Austin,Texas(USA), autumn 1978, p. 176-197. [With 10 of Cabral's poems and their English trans.] (A, E, P)

MOTA Avelino Teixeira da
2284.*Dois escritores quinhentistas de Cabo Verde. André Álvares de Almada e André Dornelas.*
Lis., Ed. Junta de Investigações do Ultramar, 1971. 39 p.
[A lecture given in Luanda, November 1970, and first published in the Boletim Cultural of the Liga dos Amigos de Cabo Verde, Lu., 1970.] (E)

NASCIMENTO Navas-Toríbio Luzia Garcia do
2285.*Manuel Ferreira: Contribuição bio-bibliográfica.*
S. Paulo, Ed. Centro de Estudos Africanos, 1984. 81 p. (B, E)

2286.*Manuel Ferreira: Ficção caboverdiana em causa.*

S. Paulo, Ed. Universidade de S. Paulo, 1983.
323, 2(err.) p. Dupl. [P.D. dissertation.]   (E)

2287. *Perfis ilhéus. Vozes e porta-vozes no cenáculo caboverdiano.*
S. Paulo, Ed. Centro de Estudos Africanos da Universidade de S. Paulo, 1989. 184 p.
["Cabo Verde visto através das obras de Manuel Ferreira."]   (E)

2288. "*Voz de prisão* [de M. Ferreira]: Grito de liberdade nacional." In J. M. Massa, *Les littératures africaines de langue portugaise.* Paris, 1985, p. 277-282.   (E)

OLIVEIRA   José Lopes de
2289. "Em S. Tiago de Cabo Verde." In ...*E mesmo contra maré!* Lis., 1945, p. 89-109 (E)

OLIVEIRA   José Osório de Castro
2290. "As ilhas adjacentes de Cabo Verde." In *Geografia literária.* Coimbra, 1931, p. 127-157.
[First in Seara Nova, n. 123 and 124. Lis., June 1928, p. 53-56, and July 1928, p. 71-76.]   (E)

As ilhas portuguesas de Cabo Verde. Vide Cabo Verde, Section A.

2291. *Poesia de Cabo Verde.*
Lis., Ed. Agência-Geral das Colónias, 1944. 50 p. not num.
[with poems by J. Barbosa, Manuel Lopes, Baltasar Lopes, "Osvaldo Alcântara", P. Corsino Azevedo, Nuno (de) Miranda.]   (A, P)

2292. "Possibilidades e significação de uma literatura cabo-verdeana." In *Enquanto é possível.* Lis., 1942, p.39-45.
[Written in 1940, it points out that Brazilian writers "opened the eyes" of the CapeVerdeans on how to create an original literature.]   (E)

"OS'ORIO   Oswaldo" (i.e. CUST'ODIO Osvaldo Alcântara Medina)
2293. *Emergência da poesia em Amílcar Cabral. 30 poemas.* Coll. Dragoeiro (Estudos e Documentação.)
Praia, Ed. ICL, n/d (1983). 82 p.   (E, P)

PENA   Maria Luísa Baptista
2294. *Vertentes da insularidade na novelística*

de Manuel Lopes.
Porto,Ed. Faculdade de Letras da Universidade, 1988. (4),210 p. Dupl. [Master's thesis.]   (E)

PEREIRA   José Carlos Seabra
2295. " 'Lembro São Nicolau'... ou o limitado alcance do primeiro almanaque africano de expressão portuguesa." In J. M. Massa, *Les littératures africaines de langue portugaise.* Paris, 1985, p. 283-289.   (E)

PEREZ   Maria de Lourdes Zizi Trevisan
2296. *A personagem caboverdiana: Realidade e discurso. Diálogo da literatura de Cabo Verde com as literaturas do Brasil e de Portugal.*
Assis(Brazil), Ed. Universidade Paulista Campos de Assis, 1988.   [Ph. D. dissertation.]   (E)

PIMENTEL   Lydia Maria Mendes Pinheiro
2297. *Subsídios para uma biobibliografia dos modernos poetas caboverdianos.*
Coimbra, Ed. Atlântida, 1965. 26 p. [Off.Arquivo de Bibliografia Portuguesa, Coimbra, 1965. Beginning with E. Tavares, it goes as far as 1963.]   (B)

RI'AUZOVA   Helena A.
2298. "Gliadi v budushieie iz proshlogo: Pedro Cardoso, *Folklor Kabo Verde*" (i.e. Looking toward the future from the past: Pedro Cardoso, *Folclore de Cabo Verde.*] In Inostrannaia Literatura, n. 10. Moscow, 1986, p. 243-347.   (E)

2299. "Literatura Ostrovov Zelënogo Mysa i San-Tomé" (i.e. The literatures of the islands of Cape Verde and S. Tomé.) In Various Authors, *Sovremennie literatury Afriki: Severnaia i zapadnaia Afrika* (i.e. Contemporary literatures of North and West Africa), v. 1, chap. 6,p. 224-258. Moscow, 1973.   (E)

RIVAS   Pierre
2300. "Insularité et déracinement dans la poésie capverdienne." In J. M. Massa, *Les littératures africaines de langue portugaise.* Paris, 1985, p.291-294.   (E)

RODRIGUES   Spínola   Daniel Euricles
2301. *Três obras poéticas da contemporaneidade cabo-verdiana.*

Praia, pr.pr., 1990. 74 p.　　　　(E)

RODRIGUES J'UNIOR José
2305. *Encontros.*
L. M. (Mozambique), Atlántida Ed., 1966. 176 p.
[Incl. an essay about Manuel Lopes.]　　(E)

ROMANO Madeira de Melo　Luís
*Cabo Verde. Renascença de uma civilização
no Atlântico Médio.* Vide Cape Verde, Section
A.

2306."Cem anos de literatura caboverdeana.
1880/1980. (Sinopse)." In Terra Nova n. 83-92,
94-97. S. Vicente, June 1982 - October 1983.
[Series of 14 articles containing an extensive
chronology of literary works, with Romano's introductions and a final commentary.]　(B, E)

2307. *Evocação de Portugal e presença do
Brasil na literatura cabo-verdiana.*
Mossoró (Brazil), Ed. Prefeitura Municipal, 1966.
30 p.　　　　(E)

2308. *Contravento.* Antologia bilingue de poetas
caboverdianos.
Taunton, Massachusetts(USA), Ed. Atlantis Publishers, 1982. xlvi, 337 p.
[3 introductory essays, "A língua caboverdiana",
"Introdução à vanguarda poético-literária e seu
ressurgimento cultural", "Procediment de cada
letrad n'afirmaçõ e desenvolvimento de sê língua de naçõ pertencid" (in Creole, followed by
trans. into standard Portuguese.) Incl. also an
anthology of poems in Creole by 37 writers, with
Romano's trans. into standard Portuguese. The
poets are: Abílio Duarte, Alírio Vicente Silva
("Tacalhe"), António Cortez, António Fidalgo de
Barros ("Antalgo"), António Pereira,Armando Lima Júnior ("Manduka"), Arménio Vieira, Artur Vieira, Corsino Fortes, David Hopffer Almada,Do-
naldo P. Macedo, Emanuel Braga Tavares, Felisberto Vieira Lopes ("Kaoberdiano Dambará"),
Francisco António Tomar ("Sukre d'Sal"), Francisco Fragoso ("Kwame Kondé"), Gabriel Mari-
ano, Hugo Duarte Fonseca Rodrigues, João de
Deus B. Galvão, João Rodrigues, Jorge Miranda
Alfama, Jorge Pedro Barbosa, José Silva Gonçalves, Luís Romano, Luís Silva, Manuel Lopes,
Marcelo Q. Baptista, Maria José Cunha, Mário
Macedo Barbosa, Martinho de Melo Andrade,
Miguel Alves Ferreira, Osvaldo Alcântara Medina

Custódio ("Oswaldo Osório"), Ovídio Martins,
Pedro Cardoso, Sérgio Frusoni, "Teobaldo
Virgínio", "Valnaro", Virgílio Pires.]　(A, E, P)

2308-a. Ilha.
Mindelo, Ilhéu Ed., 1991. 250 p.　　(E)

SANTOS　Maria Elsa Rodrigues dos
2309."As máscaras poéticas de Jorge Barbosa."
In J. M. Massa, *Les littératures africaines de
langue portugaise.* Paris, 1985, p. 295-302. (E)

2310. *As máscaras poéticas de Jorge Barbosa
e a mundividência cabo-verdiana.* Coll. Universitária. Pref. M. Ferreira.
Lis., Ed. Caminho, 1989. 252 p.
[Originally her Ph.D. dissertation. Incl. an appendix with the correspondence exchanged between J. Barbosa and Manuel Lopes, 1931-
1940.]　　　　(E)

SEGOVIA　J. Castro
2311. *Panorama de la poésie du Cap-Vert.*
Lumumbashi (Zaïre),Ed. Université Nationale du
Zaïre, 1980. 140 p.
[Incl. poems in French trans.]　　(A, E, P)

2312. *Poètes contemporains du Cap-Vert
(1930 -1966).*
Lumumbashi(Zaïre), Ed. Université Nationale du
Zaïre, 1975.　　　　(E)

SENA　Jorge de
2313.[Book review of J. Barbosa's *Ambiente.* In
Aventura, n. 1. Lis.,May 1942. One of the first
articles calling attention to Cape Verdean poetry.]
　　　　(E)

SILVEIRA　Onésimo
2314. *Consciencialização na literatura cabo-
verdiana.*
Lis., Ed. Casa dos Estudantes do Império, 1963.
32 p. [Reprinted in Présence Africaine, new series, n. 68. Paris, 1968, p. 106-121, as "Prise de
conscience dans la littérature du Cap-Vert."]　(E)

SOUSA　Henrique Teixeira de
2315."A igreja e a literatura em Cabo Verde." In
J. M. Massa, *Les littératures africaines de
langue portugaise.* Paris, 1985, p. 303-308. (E)

2316. *Cabo Verde e a sua gente.*

Praia, Ed. Imprensa Nacional, 1958. 35 p.
[A lecture delivered in Porto, i n November 1954,
first published in the review Cabo Verde, n. 108
and 109. Among the subjects dealt with were the
Creole language, the "morna", and literature.] (E)

2316-a."Da especificidade da literatura cabo-
verdiana." In II[Segundo] Congresso dos Es--
critores Portugueses. Lis., 1982, p. 201-206.
(E)

TEIXEIRA António Manuel da Costa
2317.Almanach Luso-Africano para 1895.
Miscellanea litteraria, scientifica, recreativa,
historica, musical, etc.,etc. 1o ano. Pref. Author.
Lis, Liv. A. M. Pereira Ed., 1894. 252 p. Il.
[In the pref. Teixeira states that the idea of the
Almanach came to his mind in 1893, as a contribution to the colonial exposition in Porto, commemorating the 5th centenary of Prince Henry
the Navigator. He ended with an appeal for contributions from the collaborators of the New Almanach de Lembranças Luso-Brasileiro] ;
2d v.,para 1899:
Paris, Lis., Cape Verde, Ed. Guillard, Aillaud &
Cia., (1898). 574 p. Il.
[The 2d v. was the last. Beside other material, it
contained innumerable poems from Angola,
Mozambique, Guinea, S. Tomé, Brasil, Portugal
and Cape Verde. Among those Cape Verdeans
contributing more than one poem were Antónia
da Costa, , A. Sarmento, Antónia Pusich, Eugénio Tavares, "Humilde Camponesa", Januário Leite, J.A. Martins, José Lopes, Lopes da Silva (Félix L. da S.?), Porfírio P. Tavares.
Both v. were prepared at the former Seminário-
Liceu of S. Nicolau Island.] (E, P,SK,ST)

"TIOFE T.T." (i.e. **VARELA** João)
2318."Arte poética e artefactos poéticos em
Cabo Verde." In J.M. Massa, Les littératures
africaines de langue portugaise. Paris, 1985,
p.309-315. (E)

2319.2.a [Segunda] epístola: Em torno de
"Pão & fonema [de Corsino Fortes].
1983. (E)

TRIGUEIROS Luís Forjaz
2320.Cabo Verde, Guiné, S. Tomé e Príncipe,
Macau e Timor. Coll. Antologia da Terra
Portuguesa, 16.

Lis., Liv. Bertrand Ed., (1963). 241 p.
[Incl. poems and prose , among others, by these
writers from Portugal, Cape Verde, S. Tomé, and
Guinea-Bissau: A. A. Gonçalves, J. Barbosa, M.
Lopes, "Osvaldo Alcântara", António Pedro, M.
Ferreira, António Nunes, A. França, Nuno de
Miranda, G. Mariano, Ovídio Martins, T. Anahory,
Onésimo Silveira, B. Lopes, Daniel Filipe, Augus-
to Casimiro, Maria Archer, João Augusto, Lan-
derset Simões, M. Belchior, C. Costa Alegre, Ruy
Cinatti, Francisco José Tenreiro, Fernando Reis.]
(A, P, ST)

VALKHOFF Marius F. [or] Mário Francisco
2321.Miscelânea luso-africana.
Lis., Ed. Junta de Investigações Científicas do
Ultramar, 1975 [actually 1976]. 319 p.
[Incl. linguistic studies of Creole dialects by
various authors. Also 2 other essays by Valkhoff,
"África do Sul e Portugal" and "Le monde créole
et les îles du Cap-Vert", as well as S. Frusoni's
"Textos crioulos cabo-verdianos."] (A, E, P)

VARIOUS AUTHORS
2322.Aulil. Contos e poemas.
Sal Island, Ed. Município, 1987. 124 p. Il. authors'
portraits.
[Writings by Hugo Rodrigues, Alberto Gomes,
"Lara Araújo"(i.e. Madalena Tavares), "Canabrava"
(i.e. Pedro Vieira), "Cabral" (i.e. José Cabral).
(A, P, ST)

VARIOUS AUTHORS
2323.Cabo Verde. Poemas.
(Lis.), Ed. CIDAC, 1979. 57 p. (A, P)

VARIOUS AUTHORS
2324.Canto liberto. Pref. A. A. Gonçalves.
Praia, Ed. Juventude (JAAC/CV), (1981). 50 p.
[Poems submitted for a contest at the 2.o En-
contro dos Jovens Escritores in March 1981, by
Alícia Borges, Eleana Lima, Emanuel Tomar, Flá-
vio Camilo, João Ramos, Jorge Soares, Júlio Cé-
sar Leite, Luísa Chantre, Maria Lídia do Rosário,
"Mg'nela", Nely Rodrigues, "Tché Andrade".]
(A, P)

VARIOUS AUTHORS
2325.Claridade. Revista de Arte e Letras. Pref.
M. Ferreira. Testimonies by Baltasar Lopes and
Manuel Lopes. Coll. Para a História das Literaturas Africanas de Expressão Portuguesa, 5.

Manuel Lopes. Coll. Para a História das Literaturas Africanas de Expressão Portuguesa, 5. Linda-a-Velha(Portugal), Ed. ALAC, 1986. xcix, 10, 10, 10, 40, 44, 42, 52, 76, 84 p. II. [Facsimile ed. of all 9 issues of the review.]
(E, P, SK, ST)

2326._Claridade_ - *Revista de Artes e Letras*. Publicação comemorativa do seu cinquentenário. Praia, ICLD, 1990. 191 p. [Anthology of writings not reproduced in books, by a dozen of the contributors to Claridade, among them J. Barbosa, S. Frusoni, A França, A.A. Gonçalves, B. Lopes, M. Lopes, G. Mariano, Nuno de Miranda, F. Monteiro, H. Teixeira de Sousa.]
(A, E, P, ST)

VARIOUS AUTHORS
Poilão. Cadernos de poesia. Vide Guinea-Bissau, Section C.

VEIGA Manuel
2327."Nacionalismo, continentalidade e universalidade na literatura caboverdiana." In Various Authors, *Comunicações - I Congresso de Escritores de Língua Portuguesa*. (Lis., Ed. Associação Portuguesa de Escritores & Sociedade Portuguesa de Autores, 1991, p. 63-69. [The congress was held in Lisbon in 1989.]
(E)

VILHENA Henrique Jardim de
2328."O poeta cabo-verdiano José Lopes e o seu livro *Hesperitanas.*" In *Novos escritos*. Lis., 1939,p. 191-242.
(E)

3. GUINEA-BISSAU

Section A   Secção A

Oral Literature   Literatura Oral

ALMEIDA António de Vide Cape Verde,Section A.

ALMEIDA Maria Cecília de Castro e
2329.*Dois contos do ciclo do lobo da Guiné Portuguesa*. Lis., Ed. Junta de Investigações do Ultramar, 1965. 10 p. Off. *Actas do Congresso Internacional de Etnografia*,v. 4. Lis., 1965.
(ST)

ANON.
2330.*As aventuras da lebre*. Coll. Blufo. Bissau, Ed. Conselho Nacional de Cultura, 1977. 49 p. II. by children. [6 tales told by Jalofo women to Ana Maria Cabral and trans. by her from Creole into standard Portuguese.]
(ST)

ANON.
2331.'*N sta li 'n sta la*. Livro de adivinhas. Bolama, Ed. Cooperativa Domingos Badinca, 1979. iii, 80 p. II. by children. [Riddles. With an essay, "A imaginação e a cultura popular", p. 57-64, by Carlos Moraes and Teresa Montenegro. The essay and notes are in standard Portuguese, the riddles in Creole.] (FW)

BAL Willy
2332."Devinettes en créole portugais du Sénégal recueillies par Abel Chataigner ." In J. M. D'Heur & N. Cherubini, *Études offertes à Jules Horrent*. (Tournai, Belgium), Ed. Gedit, 1980, p. 543-550.
(FW)

BARROS Marcelino Marques de
2333."Amánhenu" . In *Novo Almanach de Lembranças Luso-Brasileiro* para 1875. Lis., 1874, p.209f. [Traditional legend of the "Fulupes".]
(ST)

2334."Contos e cantares africanos." Ms. [Only 3 stories and two songs published in Voz da Pátria. Lis., 1903. The stories incl. in J. Leite de Vasconcelos, *Contos populares e lendas*, 2 v., Coimbra, 1964 & 1969 (n. 49, 242, 556.)
(P, ST)

2335.*Literatura dos Negros*. Contos, cantigas e parábolas. Lis., pr.pr., 1900. 120, I(err.) p. Off. Tribuna.

[Manding and Papel stories and songs in Creole, with Portuguese trans. and in some cases with the melodies.] (FW, P, ST)

2336."Poesia - Mandingas", "Elegia - Balantas", "Sirá (A fugitiva) - Biafadas." In *Almanach Luso-Africano* para 1899. Paris & Lis., 1898, p. 127, 275f.,377.
[Songs in African languages, with trans. and commentaries in Portuguese.] (P)

2337."Uma lição de sabeduria (Senegâmbia)". In *Novo Almanach de Lembranças Luso-Brasileiro* para 1878. Lis., 1877, p. 116. [A Mandjak story.] (ST)

BELCHIOR Manuel Dias
2338.*Contos mandingas.* Coll. Ultramar, 1. Porto, Portucalense Ed., (1936). 336 p.
[Adapted for European readers.] (ST)

2339.*Grandeza africana.* Lendas da Guiné Portuguesa.
Lis., Ed. Ultramar, (1963). 125 p. Il. José Antunes.[Stories and songs of Mandings and Fulas.] (P, ST)

BULL Benjamin Pinto
2340.*Le créole de la Guinée-Bissau.* Structures grammaticales, philosophie et sagesse à travers ses surnoms, ses proverbes et ses expressions.
Dakar, Ed. Centre des Hautes-Études Afro-Ibéro-Américaines, 1975. 55, 1(err.) p. (FW)

2341.*Le créole de la Guinée-Bissau: Philosophie et sagesse.* Pref. L. Senghor, J.M. Massa.
Rennes(France), Ed. Université de Haute Bretagne, 1984. 3 v. 733 p.
[Ph. D. dissertation.]
- Guinean ed.: *O crioulo da Guiné-Bissau. Filosofia e sabedoria.*
Bissau, Ed. Instituto Nacional de Estudos e Pesquisa, & Lis., Ed. Instituto de Cultura e Língua Portuguesa, 1989. 352 p. Il., maps. (FW)

COSTA Elmano Cunha e
2342."Cinco contos tradicionais." In J. O. de Oliveira, *Literatura africana.* Lis., 1944, p. 31-51. (ST)

GIUSTI Emilio

2343.*Contes créoles de Guinée - Bissau.* Coll. Fleuve et Flamme.
Paris, Ed. CILF (Conseil International de la Langue Française), 1981. 187 p. Il. Charles Janin.
[Texts in Creole, with French trans. Prepared with the Équipe de Linguistique Descriptive de l'Université de Lyon. Introduction on the Creole of Casamance (Senegal) and Guinea.] (ST)

HAZAEL-MASSIEUX Guy
2343-a."Présentation d'un conte en créole en lexique portugais de la frontière entre le Sénégal et la Guinée-Bissau." In Gérard Dufour, *Hommage à Claude-Henri Frèches.* Aix en Provence(France), 1984. [Fable of the wolf and the hare.] (ST)

MONTENEGRO Teresa
MORAIS Carlos de
2343-b.*Djumbai: Stórias de Bolama e do outro mundo.*
Bolama, Ed. Departamento de Edição/Difusão do Livro e do Disco, 1979. 97 p.
[In Creole, with Portuguese trans.];
2d ed.: *Junbai: Cultura popular oral da Guiné-Bissau. Stórias do que se passou na ilha de Bolama - e outros locais - com bichos, pescadores, matos, serpentes e viagens ao céu nos dias de 1979.*
Bolama, Ed. Imprensa Nacional, 1979. 113 p.
["Junbai"= social evening] (ST)

PEREIRA Agostinho Gomes
2344.*Contos fulas.*
Bissau, 1948. 8 p. Off. Boletim Cultural da Guiné Portuguesa, v. 3, n. 10. Bissau, 1948, p. 445-452. (ST)

PEREIRA Augusto
2345.*Lubu ku lebri ku morte i utrus storya di Guiné-Bissau.*
Bissau(?), c. 1980. (ST)

SIM~OES Landerset
2346.*Babel negra. Etnografia, arte e cultura dos indígenas da Guiné.* Pref. Norton de Matos.
Porto, pr.pr., 1935. 150, 32 p. Il. (E, ST)

TADEU Viriato Augusto
2347.*Contos do Caramó. Lendas e fábulas dos Mandingas da Guiné Portuguesa.*

[Adapted for European readers.] (ST)

Section B

Creative Writing
(Novels, novellas, stories, prose sketches, theater, poetry)

Secção B

Literatura Culta
(Romance, novela, conto, crónica, teatro, poesia)

AGUIAR Armando de
2348. *Guiné, minha terra.*
Lis.,Ed. Agência-Geral do Ultramar, 1964. 174 p.
II. (SK?)

ALMADA Carlos Alberto Alves d'
2349. Varia:
"Canto alegre para N'Dangú", "Geba". In Mantenhas para quem luta! Bissau, 1977, 41-46.

"O silêncio", "Carta", "Entre tu e eu." In África, v. 2, n. 10. Lis., October/December 1980), p. 610f.
"Silence". English trans. of "O silêncio" by D. Burness in his *A horse of white clouds,* Athens, Ohio(USA), 1989, p. 144f., with the Portuguese text. (P)

ALVARO Egídio
2350. *O calor, o abandono e um olhar meigo.*
Bissau, 1964. Off. Boletim Cultural da Guiné Portuguesa. Bissau, 1964.
[A narrative and a story.] (ST)

ANDRADE Aguinaldo
2351. *Ramalhete.*
(Lis.), pr.pr., 1938. 21 p. [On the title page the place of publication is 'Guiné".] (P)

ANDRADE Santos
2352. *Missão cumprida.* Pref. F. Lourenço Baptista.
Bissau, pr.pr.,1965. 61 p.;
2d ed.:
Grândola(Portugal), pr.pr., 1966. 61 p.;
3d ed.: Ibidem;
4th ed.: Ibidem. 1967. (P)

ANON.
2353. *Como a tchoca esconde os ovos.* Coll.

Bufo.
Bissau, Ed. Departamento de Edição/Difusão do Livro e do Disco, 1979. II.
[For children.] (ST)

2354. *Estória do menino valente.* Coll. Bufo.
Bissau,Ed. Departamento de Edição/Difusão do Livro e do Disco, 1979. II. (ST)

2355. *O camaleão.* Coll. Bufo.
Bissau, Ed. Departamento de Edição/Difusão do Livro e do Disco, 1979. II. (ST)

BARBOSA Alexandre Machado
2356. *Guinéus.* Contos, narrativas, crónicas.
Lis., pr.pr., 1962. 127 p. II.;
2d, rev. ed.: Ibidem, 1967. 152 p.;
3d, rev. ed.:
Lis. Ed. Progresso, 1968. c. 170 p. (SK, ST)

2357. Varia:
"Planície conquistada". In Boletim Cultural da Guiné Portuguesa, v. 3, n. 10. Bissau, April 1948, p. 453-462.
"Louvam-se irãs." Ibidem, v. 5, n. 18. Bissau, April 1950,p. 257-264.
"Corrida patética". Ibidem, v. 7, n. 18. Bissau, October 1952, p. 833-842.
"Louvam-se irãs." In J. A. das Neves, *Poetas e contistas africanos.* S. Paulo, 1963, p. 127-132..
"Corrida patética". In A. César, *Contos portugueses do ultramar.* Porto, 1969, p.155-168. (C)

BARRAG̃AO Fernando Rodrigues
2358. Varia:
"Madja Bagi. Uma Balanta." In Boletim Cultural da Guiné Portuguesa, v. 4, n. 16. Bissau, October/November 1949, p.737-744.
"... e o rito foi quebrado." Ibidem, v. 6, n. 21. Bissau, January 1951, p. 165-172.
"Tribulações de um Balanta." Ibidem, v. 6, n. 22. April 1951, p. 399-404.
"O capim cresceu na bolanha." Ibidem, v. 6, n. 23.
Bissau, July 1951, p. 637-644.
"Matagal sobre o asfalto." Ibidem. Bissau, 1961.
[Off. existed of all of these.] (ST)

BULL Jaime Pinto
2359. Varia:
"Amor e trabalho." In Boletim Cultural da Guiné Portuguesa, n. 25. Bissau, 1952.

"Amor e trabalho." In Boletim Cultural da Guiné Portuguesa, n. 25. Bissau, 1952.
[According to H.G. de Dianoux the first work of fiction written by a Guinean.] (ST)

CABRAL Amílcar Vide Cabo Verde, Section B.

CABRAL Vasco
2360. A luta é a minha primavera. Poemas.
Pref. Fernando J.B. Martinho.
Linda-a-Velha(Portugal), África Ed.,1981. 109 p.
II. Sá Nogueira. [Written 1951-74.] (P)

2361. Varia:
"O último adeus dum combatente", "Esperança", "Anti-delação", "Progresso", "Liberdade", "A floresta pariu de novo", "Datas". In M. Ferreira, 50 [Cinquenta]poetas africanos. Lis., 1989, p. 290-294. (P)

CARLOS Schwartz José
2362. Varia:
"Morte desenraizada", "Cal coldade de amanhã Maria", "Quebur nobo". In Various Authors, Mantenhas para quem luta! Bissau, 1977, p. 61ff.
"Os novos heróis", "Momentos primeiros da construção", "Antes de partir", "N'na negã bedju" , "Hora ké yabri porta", "Ku djitu di suktâ", "Kerença", "Andjussinhu", "N'gumbé pa Silô Diata." In Various Authors, Antologia dos jovens poetas. Bissau, 1978, p. 27-31, 57-67. (P)

CASTRO Maria Fernanda de Teles de
2363. África raíz.
Lis., pr.pr., 1966. 59 p. II. Eleutério Sanches.
[Incl. later on in Poesia II (1919-1969). Setubal (Portugal), 1969.] (P)

2364. Daquém e dalém. Alma.
Lis., Ed. Império, 1935. 122 p. (P)

2365. Mariazinha em África. Romance para meninos.
Coll. Infância, 3.
Lis., Ed. Empresa Literária Fluminense, 1925. 134 p. II. Sara Afonso.
2d ed.: Lis., pr.pr., 1929. 159 p. II. Sara Afonso;
3d ed.: Lis., pr.pr., 1935 159 p. II. Sara Afonso.
[On the cover of the 3d ed.: As aventuras de Mariazinha, Vicente e Comp.ia. Romance infantil];

4th ed.:Mariazinha em África. (Romance infantil).
Lis., Ed. Ática, 1947. 186 p. II. Ofélia Marques;
5th ed.: Ibidem, 1959. 137 p. II. Ofélia Marques;
6th ed. :
Lis., pr.pr., 1965. 153p. II. Inês Guerreiro;
7th ed.:
Setúbal(Portugal), pr.pr., (1968). 149 p. II. Inês Guerreiro;
8th ed.: Nova versão.
Lis., Portugália Ed., n/d. 193 p. II.
9th ed.:
Lis., Ed. Direcção-Geral da Educação Permanente, 1973. 152 p. Without il. (NO)

2366. Novas aventuras de Mariazinha. Romance infantil.
Lis., Ed. Ática, 1959. 158 p. II. Viviane. (NO)

2367. 70 [Setenta] anos de poesia (1919-1989). Pref. Natércia Freire.
Porto, Ed. Fundação Engenheiro António de Almeida, 1989. (A, P)

C'ERTIMA António Augusto Cruzeiro de
2368. Trópico de câncer.
Lis., Portugália Ed., 1949. 90 p. (P)

CORREIA Afonso
2369. Bacomé-Sambú. Romance de costumes guineenses.
Lis., Ed. Nunes de Carvalho, 1931. 219 p. (NO)

CUNHA Manuel Barão da Vide General, Section B.

DUARTE Belmiro Augusto
2370. Sinfonia da selva.
Aveiro(Portugal), pr.pr., (1938). 98, 1(err.) p. (P)

2371. Taibatá. Flagrantes da vida no interior do sertão.
Aveiro(Portugal), pr.pr., 1938. 190 p. (N)

DUARTE Fausto Castilho
2371-a. A revolta
Porto, Ed. Liv. Latina, 1942. 310 p. (NO)

2372. Auá. Novela negra. Pref. Aquilino Ribeiro.
Lis., Liv. Clássica Ed., 1934. xxxi, 226 p.;
2d ed. :
Lis., Ed. Marítimo-Colonial, 1945. 232 p. (NO)

224

Lis., Ed. Inquérito, 1945. 307 p.   (ST)

2374.*O Negro sem alma.*
Lis., Liv. Clássica Ed., 1935. 283 p.   (NO)

2375.*Rumo ao degredo.*
Lis., Liv. Guimarães Ed., n/d. (1939). 227 p.
[About Cape Verdeans in Guinea-Bissau.]   (NO)

2376. Varia:
"Um crime". In Miguel da Cruz, *Dez novelas, dez novelistas.* Lis., 1934, p. 133-157.
"O Mestiço". In A. César, *Contos portugueses do ultramar,* v. 1. Porto, 1969, p. 206-252.
"Regresso". In A. César, *Antologia do conto ultramarino.* Lis., 1972, p. 41-49.   (ST)

FERREIRA João
2377.*Uaná.* Narrativa africana.
S. Paulo, Global Ed., 1986. 150 p.   (NO)

2378. Varia:
"Dois capítulos do romance inédito *Uaná.*"
In *Africa,* v. 1, n. 3. Lis., January/March 1979, p. 280-288.   (ST)

FERREIRA Júlio de Araújo
2379.*Bichos da Guiné.* Caça, fauna, natureza.
Tomar(Portugal), pr.pr., 1973. 227 p.   (ST)

LOPES Norberto
2380.*Terra ardente.* Narrativas da Guiné.
Lis., Ed. Marítimo-Colonial, 1947. 152 p. Il. (N)

LOPES J'UNIOR António Soares ("Tony Tcheca")
2381. Varia:
"Abusivamente", "Mantenhas", "A iminência do vosso fim","Pindjiguiti". In Various Authors, *Mantenhas para quem luta!* Bissau, 1977, p. 29-36.
"Hino ao dia novo." In Various Authors, *Antologia dos novos poeas.* Bissau, 1978, p. 13f. (P)

MONTEIRO João José Silva ("Huco")
2382. Varia:
"Kinguiti bridja nha yermon", "Estin", "Andjelka na mandjuwandadi di dona-kassas", "Kangaluta di nha bida na sedu boló na bida di nha fidjus amanhã", "M'Bassé i tchintchor", "Nô labur". In Various Authors, *Antologia dos jovens poetas.* Bissau, 1977, p. 69-82.   (P)

MONTEIRO José Maria de Sousa (I)
2383."Costumes da Guiné." In *O Panorama,* v. 12-13. Lis.,1855/56. [The tale of Kiangi and Ondotó, based on Guinean tradition. Incl. in his "Estudos sobre a Guiné do Cabo Verde" published in *O Panorama, O Bem Público,* and other journals.]   (ST)

MONTEIRO Justino Nunes ("Justen")
2384. Varia:
"Não podemos parar, para nós parar é morrer", "Poema: De manhã cedo a África acorda", "Não choro os mortos", "Nós à beira-mar." In Various Authors, *Mantenhas para os que lutam!* Bissau, 1977, p. 71-76.
"Sorriso da minha professora de matemática." In Various Authors, *Antologia dos jovens poetas.* Bissau, 1978, p. 33.   (P)

MOTA Armor Pires
2385.*Baga-baga.* Poemas da Guiné. Coll. Metropole e Ultramar, 38.
Braga, Ed. Pax, 1967. 68 p.   (P)

2386.*Guiné: sol e sangue.* Contos e narrativas.
Braga, Ed. Pax, 1968. 163 p.   (ST)

2387.*O tempo em que se mata o mesmo em que se morre.*
Braga, Ed. Pax(?), 1974. Il.author's portrait. (P)

2388.*Tarrafo.* Diário de guerra. Contos e narrativas.
Braga, Ed. Pax, 1965. 154 p.;
2d. rev. ed.:
Braga, Ed. Pax, 1970. 248 p. Il.   (SK, ST)
[All of these four books were inspired by the insurgency against Portugal.]

2389. Varia:
"Tambores do diabo." In A. César, *Contos portugueses do ultramar,* v. 1. Porto, 1969, p. 179-196.   (ST)

PINA F. Conduto de ("Conduto")
2390.*Garandessa di nô tchon.*
Lis., pr.pr.,1978. 35 p.   (P)

PINTASILGO José Manuel
2391.*Manga de ronco no chão.*
Lis., pr.pr., 1972. 116 p. Il.   (ST?)

225

PROENÇA Mendes Tavares Hélder Magno
2392.*Não posso adiar a palavra.* Pref. M.
Ferreira. Coll. Vozes do Mundo.
Lis., Liv. Sá da Costa Ed., 1982. 92 p.
[Militant poems written between 1972 and 1974.]
(P)

2393.*O canto por vezes tem a cor das
cordilheiras em chamas.*
Lis., Liv. Sá da Costa Ed., c. 1985.
[Poems inspired by a stay in Brazil.] (P)

2394. Varia:
"Aos que tombaram em Pindjiguiti", "África",
"Mãe", "Escreverei mais um poema", "O meu
poema deixará de ser um simples poema." In
Various Authors, *Mantenhas para quem luta!*
Bissau, 1977, p. 47-54.
"Ér i ér..." In Various Authors. *Antologia dos jo-
vens poetas.* Bissau, 1978, p. 55f.
"Nós somos", "Quando as flores começam a
nascer", "Pérola cintilante", "Suspiro poético",
"Não posso adiar a palavra", "Reconstrução
se!...", "Poesia Setembro!" In M. Ferreira, *50*
[Cinquenta] *poetas africanos.* Lis., 1989, p.296-
302. (P)

REGALLA Agnelo Augusto ("Sakala")
2395. Varia:
"Camarada Amílcar", "Aquela lágrima de sangue", "Decisão", "As ilhas", "Saudade", "Poema de um assimilado", "Juventude". In
Mantenhas para quem luta! Bissau, 1977,
p. 9-17. (P)

RIBAS Luís
2396.*Selvagens e civilizados.* Romance
colonial. Pref. Leite de Magalhães, Jaime de
Guimarães.
Lamego(Portugal), pr.pr., 1937. xvi, 230 , 1(err.)
p. (NO)

SAID Jauad Nagib Farid
2397. Varia:
"Poema I: Dizem-me que não há poesia na minha terra..", "Poema II: De um ai", "A agonia dos
impérios", "Em género de homenagem à memória do camarada Amílcar Cabral." In Various
Authors, *Mantenhas para quem luta!* Bissau,
1977, p. 77-83.
"Poema: A leveza do teu andar..." In *Antologia
dos jovens poetas.* Bissau, 1978, p. 45f. (P)

SEMEDO Carlos
2398.*Poemas.*
Bolama, Ed. Imprensa Nacional, 1963. 48 p. (P)

SILVA Artur Augusto da ("Artur Augusto",
"Augusto")
2399. Varia:
"Sonata". In O Mundo Português, v. 2. Lis.,
1935, p. 153ff.
"Kibala". Ibidem. Lis., 1935, p. 289-292.
"Abdulai o caçador." Ibidem, v. 3. Lis., 1936, p.
185ff. [Autobiographical, about a Manding
friend.]
"O cativeiro dos bichos." In A. César, *Contos
portugueses do ultramar,* v. 1. Porto, 1969,
p. 197-206. (ST)

SILVA João Augusto ("João Augusto")
2400.*África: Da vida e do amor na selva.* Pref.
Eduardo Malta.
Lis., Ed. Momento, 1936. 175 p.
[Incl. "Pórtico", childhood memories of Guinea,
and 3 animal stories told by a Fula hunter, ar-
ranged by Silva];
2d ed.: Ibidem. Lis., 1936. Identical with the 1st;
3d ed.:
Lis., Liv. Francisco Franco Ed., 1936. 174 p. II.
(ST)
2401.Varia:
"Morreu N'Dasse". In A. César, *Contos portugueses do ultramar,* v. 1. Porto, 1969, p. 253-
261.
""Foi em Cuntabanim." In A. César, *Antologia
do conto ultramarino.* Lis., 1972, p. 51-56.(ST)

SILVA João de Matos e
2402.*Tempo de mar ausente.*
Lis., pr.pr., 1972. 107 p. (P)

VALOURA Francisco
2403.*Guiné. Paraíso verde.* Coll. Metrópole e
Ultramar, 79.
Braga, Ed. Pax, 1973. 205 p.
[Previously published in the Boletim Cultural da
Guiné Portuguesa, between 1951 and 1971.]
(ST)

Section C   Secção C

226

ANDRADE Mário Pinto de
2404.*A geração de Cabral.*
N/p. (Bissau), Ed. Instituto Amizade P.A.I.G.C.,
1973. 31 p.
[Talk given on February 8, 1973, at the Escola Pilota of Guinea-Bissau.] (E)

BULL Benjamin Pinto
2405."Fausto Duarte: À la recherche de l'identité guinénne?" In J. M. Massa, *Les littératures africaines de langue portugaise.*
Paris, 1985, p. 319-324. (E)

O crioulo da Guiné-Bissau. Vide Guinea-Bissau, Section A.

C'ESAR Pires Monteiro Amândio
Contos portugueses do ultramar. Vide General, Section C.

Novos parágrafos de literatura ultramarina. Vide General, Section C.

Parágrafos de literatura ultramarina. Vide General, Section C.

DIANOUX Hugues Jean de
2406."La littérature guinéenne-Bissau d'expression portugaise." In J. M. Massa, *Les littératures africaines de langue portugaise.*
Paris, 1985, p. 325-341. (E)

FERREIRA Manuel
Literaturas africanas de expressão portuguesa, v. 1. Lis., 1977. Vide General, Section C.

No reino de Caliban, v. 1. Lis., 1975. Vide General, Section C.

GONÇALVES José Júlio
A informação na Guiné... Vide Cape Verde, Section C.

HAMILTON Russell G.
2407."Guinea-Bissau literature." In *Encyclopaesia of world literature in the 20th century.* Rev. ed. Leonard S. Klein, ed. V. 2 .
.New York, Ed. Ungar, 1982, p. 301. (E)

Literatura africana literatura necessária, v. 2.Lis., 1984. Vide General, Section C.

LOPES Carlos
2408."Concepção de poder e identidade nacional." In J. M. Massa, *Les littératures africaines de langue portugaise.* Paris, 1985, p. 343-346. (E)

McCARTHY Joseph M.
2409.*Guinea-Bissau and Cape Verde Islands: A comprehensive bibliography.*
New York & London, Ed. Garland, 1977. xvi, 196 p.
[Literature section, p. 143-167.] (B)

TRIGUEIROS Luís Forjaz
Cabo Verde...Lis., 1963. Vide Cape Verde, Section C.

VARIOUS AUTHORS
2410.*Antologia dos jovens poetas. Momentos primeiros da construção.* Pref. H. T.
Bissau, Ed. Conselho Nacional de Cultura, 1978. 92, 1 p.
[Divided in a part of poetry in Portuguese and one of poetry in Creole. Poems by Aristides Gomes,"Tony Tcheka", Hélder Proença, José Carlos[Schwartz], Justino Monteiro, "Ytchyana", Naguib Said, Armando Salvaterra, Djibril Baldé, "Huco", "Nelson", Serifo Mané.] (A, P)

VARIOUS AUTHORS
2411.*Antologia poética da Guiné-Bissau.* Pref. M.Ferreira.
Bissau, Ed. União Nacional dos Artistas e Escritores de Guiné-Bissau (UNAEG) & Lis., Ed. Inquérito, 1990. 262 p.
[Sponsored also by the Centro Cultural Português in Bissau. Poems by Carlos de Almada, Pascoal d'Artagnan, "Aurigemona", Eunice Borges, Amílcar Cabral, Jorge Cabral, Vasco Cabral, Francisco Conduto, Naguib Said, A.S. Lopes Júnior, Hélder Proença, Agnelo Regalla, Domingos Samy, José Carlos Schwartz, Félix Sifá.] (A, P)

VARIOUS AUTHORS
2412.*Mantenhas para quem luta! A nova poesia da Guiné-Bissau.* Pref. anon.
(Bissau, Ed. Conselho Nacional de Cultura, 1977.) 103 p.
[Poems by Agnelo Regalla, " Morés Djassy", "To-

ny Davyes", A.S. Lopes Júnior, Armando Salvaterra, Carlos de Almada, Hélder Proença , "Jorge Ampa Cumelerbo", José Carlos [Schwartz], J. P. Sequeira, "Justen", Naguib Said, "Kôte", T. Paquete.] (A, P)

VARIOUS AUTHORS
2413. *Os continuadores da revolução e a recordação do passado recente.* Colectânea de poemas da Escola Piloto de Bolama. Bissau, Ed. Departamento de Edição/Difusão do Livro e do Disco, (1980). 93 p.
[Militant poems by students.] (A, P)

VARIOUS AUTHORS
2414. *Poilão.* Cadernos de poesia. Pref. Aguinaldo de Almeida. Bissau, Ed. Grupo Desportivo e Cultural dos Empregados do Banco Nacional Ultramarino, 1973. 37 p. Dupl., printed cover.
[Incl. the Guineans Pascoal d'Artagnan, Atanásio Miranda, Tavares Moreira, António Baticã Ferreira (a hoax]; the Cape Verdeans Mário Lima, Manuel Ribeiro, Eunice Reis Borges; and the Portuguese Albano de Matos, Valdemar Rocha, Armando Lopes, Jales de Oliveira.] (A, P)

4. MOZAMBIQUE

Section A   Secção A
Oral Literature   Literatura Oral

ANON.
2415. *Algumas canções chopes.*
N/p., Ed. Administração da Circunscrição de Zavala, 1958. 107p. Il. (P)

ANON.
2416. *Contos moçambicanos,* v. 1.
(Map.), Ed. INALD, (1978). 86 p. Il.
[From oral tradition, mostly animal fables.] (ST)

ANON.
2417. *Contos moçambicanos,* v. 2.
Map., Ed. INALD, 1979. 68 p. Il.
[Arranged in Portuguese, for children.] (ST)

ANON.
2418. *Contos, provérbios, adivinhas.* Coll. Conhecer Inhambane, 4.
(Inhambane, Ed. Comissão Executiva das Comemorações dos 260 anos de Implantação da Cidade de Inhambane/ Assembleia Provincial, 1988. 58 p.
[Multilingual ed., in Portuguese, Xitsua, Gitonga and Txitxopi.] (FW, ST)

ANON.
2419. *Era uma vez...* (Contos de Moçambique.)
Map., Ed. Centro de Estudos de Comunicação da Universidade Eduardo Mondlane, n/d. (1977?).
[About 20 tales of various Mozambican peoples.]
- English ed.: *Tales of Mozambique.* Coll. Liberation/Youth World Books.
London, Ed. Writers and Readers, 1980. Il. by 18 artists. (ST)

ANON.
2420. *Festival do povo chope.*
Zavala(Mozambique), 1963. 28 p. Il.
[Chope songs.] (P)

ANON.
2421. *Lendas e provérbios dos Asenas.*
Beira, Ed.Youth Group of Lions Club, n/d (1973). 37 p. Il. Dupl.
[11 stories and several proverbs.] (FW, ST)

ANON.
2422. *Njingiritane,* 1. Jogos, contos, adivinhas, passatempos, construções, labirintos, trabalhos manuais, banda desenhada, brinquedos.
Map., INALD(?),1979. 47 p. Il.
[For children.] (FW, ST)

ANON.
2423. *Vamos cantar, crianças,* 1.
(Map.?), I NALD(?), 1981. Il.
[Folksongs for children.] (P)

BAUMBACH E. G. M.
MARIVATE C. T. D.

2424.*Xironga folk-tales.*
Pretoria, Ed. University of South Africa Press,
1973. 199 p. Il. Raymond Andrews.
[Told by different story tellers of the Lourenço
Marques region. In Xironga, with literal English
trans.] (ST)

BOAS Franz
SIMANGO C. Kamba
2425."Tales and proverbs of the Vandau of
Portuguese South Africa." In Journal of American
Folk-Lore, v. 35. Lancaster & New York, 1922,
p. 151-204.
[20 tales and 29 proverbs in Chi-Ndau, both with
English trans.] (FW, ST)

CASTRO Adelino Joaquim Pereira Soares de
2426.*Os Achirimas.* Ensaio etnográfico.
L. M., Ed. Imprensa Nacional de Moçambique,
1941. 89 p. Il. photographs.
[The last chap. incl. folktales.] (ST)

CASTRO Francisco Manuel de
2427.*Apontamentos sobre a língua èmakua.*
Gramática, vocabulário, contos em dialecto de
Angoche.
L. M., Imprensa Nacional, 1933. 184p.
[5 tales, with Portuguese trans.] (ST)

2428."Contos macuas". In *Trabalhos do 1.o
Congresso Nacional de Antropologia Colonial,*
v. 2. Porto, 1934, p. 306-343. [13 tales]. (ST)

COSTA Mário
2429."Sôbre canções guerreiras indígenas." In
Cartas de Moçambique: De tudo um pouco.
Lis., 1934. (E,P)

COURTOIS Víctor José
2430.*Elementos de gramática tetense.*
*Língua chinyai ou nyungwe, idioma falado no
distrito de Tete.*
Mozambique, Ed. Imprensa Nacional, 1888. ix,
158, x p.;
2d ed.:
Coimbra(Portugal), Ed. Imprensa da Universidade,1900. xiii, 231 p.
[Incl. stories, one of which was trans. by René
Basset in his *Contes populaires d'Afrique,* Paris,
1903.] (ST)

CRUZ António Alves da

2431.*Contos macuas.* Coll. Missionária.
Cucujães(Portugal), 1964. 79 p. II[Previously in
*Trabalhos do 1.o Congresso Nacional de
Antropologia Colonial.* Porto, 1934. (ST)

2432."Contribuições para o estudo do folclore
dos Wanyungues da regiâo do Zumbo." In
*Trabalhos do 1.o Congresso Nacional de
Antropologia Colonial,* v. 2. Porto, 1934, p. 344-
358. [Incl. one story, "O coelho, o rinoceronte e
o hipopótamo" from the author's coll. "Kupirpu-
dze kua asendei (Serões cafreais)". (E, ST)

EARTHY Emily Dora
2433."An analysis of folktales of the Lenge,
Portuguese South Africa." In *Actes* of the 15th
International Congress of Sociology. Istanbul,
1952, p. 264-267. (E, ST)

2434.*Valenge women. The social and
economic life of the Valenge women of
Portuguese East Africa.* Pref. A.C. Haddon.
London, Ed. International Institute of African Languages and Cultures,1933. viii, 251 p. Il., maps;
2d ed.:
London, Ed. Cass, 1968.
[3 origin tales of the Valenge in chap. 1, "Origin
and history," 5 tales and 13 proverbs and puzzles
in chap. 116, "Folk-lore and proverbs." Related
to the Va-Tshopi (Chope), the Valenge live in the
district of Gaza.] (FW, ST)

FERNANDES Ana M.
SANTOS Elda
2435.*Onze contos makwa.*
Map., Ed. Universidade Eduardo Mondlane,
1988. Dupl.
[Some of the tales collected in 1983 by Elise
Fuchs, analysed by two anthropology students.]
(ST)

FROBENIUS Leo
2436.*Erythräa: Länder und Zeiten des
heiligen Königsmordes* [i.e. Countries and times
of the sacred killing of kings].
Berlin, Atlantis Ed., 1930. vii, 368 p. Il.
[Incl. German trans. of Tonga legends. 2 of them
reproduced in Frobenius's *Kulturgeschichte
Afrikas,* Zurich, 1933.] (ST)

GREEN Linda Lee
2437.*A description of Makonde oral narratives*

as theatre.
Bowling Green,Ohio(USA), Ed. Bowling Green State University, 1981. Dupl.
[Ph. D. dissertation.]   (E, ST, T)

GUERREIRO   Manuel Viegas
2438. *Novos contos macondes.*
Lis., Ed. Junta de Investigações Científicas do Ultramar, 1974. 71 p. II.   (ST)

2439. *Os Macondes de Moçambique,* 4.
Sabedoria, língua, literatura e jogos.
Lis., Centro de Estudos de Antropologia Cultural, 1966. 352 p. II.
[4th and last v. of a work ed. by Jorge Dias. Lis., 1964-1966.]   (E, FW, ST)

HAENSELL   Ulla
2440. *Land der guten Leute. Die Gedankenwelt des Negers in Märchen, Fabeln und Berichten.* [I.e. Country of the good people. The Negro's thinking in folktales, fables and accounts.]
Salzburg, Stuttgart & Zurich, Ed. Das Bergland Buch, 1969. 217 p. II.
[Written by a woman painter married in Mozambique. Incl. 30 fables and tales told to her through interpreters.]   (ST)

JUNOD   Henri Alexandre
2441. *Grammaire ronga.*
Lausanne(Switzerland), Ed. G. Bridel, 1896. 218, 90 p.
[Incl. 4 Ronga tales.]   (ST)

2442. *Les Ba-ronga. Étude ethnographique sur les indigènes de la baie de Delagoa.*
Neuchâtel(Switzerland),Ed. Société Géographique, 1898. 517 p. II.   (E)

2443. *Les chants et les contes des Ba-ronga de la baie de Delagoa.*
Lausanne(Switzerland), Ed. G. Bridel, 1897. 327 p. II.;
Fac-simile ed. Nendeln(Liechtenstein), Kraus Reprint, 1970.
[Incl. tales in French trans.]
Portuguese ed.: *Cantos e contos rongas.*
Trans. & notes Leonor Correia de Matos.
L. M., Instituto de Investigação Científica de Moçambique, n/d. 187 p.   (P, ST)

2444. *L'homme du grand coutelas.* Conte rongue. Recueilli et adaptee à la scène.
Neuchâtel(Switzerland),pr.pr.(?), 1910. 20 p.   (ST, T)

2445. *Nouveaux contes ronga.*
Neuchâtel(Switzerland), Ed. P. Attinger, 1898. 91 p.
[In Ronga, with French trans.]   (ST)

2446. *Nwampfundla - Nwasisana.* Fifty Shangana-Tsonga fables in Tsonga verse.
Kensington, Transvaal(South Africa), Ed. Swiss Mission in South Africa, 1940. II. W.W. Battiss.   (ST)

2447. *The life of a South African tribe.* 2 v.
London, Ed. D. Nutt, 1912. II.
[The 2d v., *The psychic life,* incl. proverbs, riddles, songs and 11 Tonga tales in English trans.];
2d, rev. & enl. ed.:
London, Ed. Macmillan, 1927;
3d ed.:
New Hyde Park, New York(USA), Ed. University Books, 1962.
- French ed.: *Moeurs et coutumes des Bantous.*
La vie d'une tribu sud-africaine. Enl. & trans. H. Junod. 2 v.
Paris, Ed. Payot, 1936. II.
- Portuguese ed.: *Vida de uma tribo sul-africana.*
Trans. Carlos Bivar. V. 1: *A vida social.*
Lis., Ed. Sociedade de Geografia, 1917. xiii, 466 p. II.
V. 2: *A vida mental.*
L. M., Ed. Imprensa Nacional, 1947. 634 p.
[Incl. tales in Ronga.] ;
2d ed.: *Usos e costumes dos Bantos. A vida de uma tribo do sul de África.* 2 v.
L.M., Ed. Imprensa Nacional, 1974. 532 + 608 p. II.   (FW, P, ST)

JUNOD   Henri Philippe
2448. *Bantu heritage.*
Johannesburg, Ed. Hortors, 1938. xii, 155p. II.;
Fac-simile ed.
Westport, Connecticut(USA), Ed . Negro Universities Press, 1970.
[Expands a series of 5 lectures given in April 1937 to the managers of gold mines in Johannesburg and before that to the medical staff so

that they would understand the African miners better. In chap. 2 to 4, the author gives examples of riddles, proverbs and tales of the Tonga, many of them collected by his father, Henri Junod.] (FW, ST)

JUNOD Henri Philippe
JACQUES Alexandre A.
2449.*Vutlhari bya Vatsonga (Matshangana): The wisdom of the Tonga-Shangaan people.* Cleveland, Ohio(USA), Ed. The Central Mission Press, 1936. 285 p.; 2d ed.: Johannesburg, Ed. Swiss Mission in South Africa, 1957. 383 p. [Coll. of Tonga, Tswa and Ronga riddles and proverbs, with English trans.] (FW)

KAEMMER John E.
2450."Tone riddles from southern Mozambique: Titeka-tekani of the Tshwa." In B. Lindfors, *Forms of folklore in Africa: Narrative, poetic, gnomic, dramatic.* Austin, Texas(USA),1977. (FW)

KIDD Dudley
2451. "Surprise stories: Nursery- tales of the Tshindau-speaking natives ofGazaland." In *Savage childhood*, chap. 7. London, 1906, p. 223-255. [13 tales in English trans. by Douglas Wood. Also 2 songs, with melodies, p. 50f. and 181f.] (P,ST)

LACERDA Francisco Gavicho Salter de Sousa do Prado de
2452.*Costumes e lendas da Zambézia.* Lis., pr.pr., 1925. 238, 1(err.) p. II. (ST)

LIMA Fernando Castro Pires de
2453.*Contribuição para o estudo do folclore de Moçambique.* Porto, Ed. Junta Distrital, n/d. 19 p. Off. Douro Litoral, Porto. (E)

MARQUES Belo
2454.*Música negra. Estudos do folclore tonga.* Lis., Ed. Agência-Geral das Colónias, 1943. 121 p. II. (E, P)

MATOS Alexandre Valente
2455.*Contos chirimas. Aventuras do coelho*

folgazão. Coll. Missionária, Série Romântica, 24. Cucujães(Portugal), Ed. Missões, 1958. 61 p. (ST)

2456.*Contos chirimas. O coelho matreiro.* Coll. Missionária, Série Romântica, 25. Cucujães(Portugal), Ed. Missões, 1958. 62 p. (ST)

2457.*Contos chirimas. Maravilhas e encantamentos.* Coll. Missionária,Série Romântica, 26. Cucujães(Portugal), Ed. Missões, 1958. 61 p. (ST)

2458.*Provérbios macuas. Cultura moçambicana.* Lis., Ed. Instituto de Investigação Científica Tropical/Junta de Investigações Científicas do Ultramar, 1982. 376 p. (FW)

MATOS Leonor Correia de
2459.*Origens do povo chope segundo a tradição oral.* L. M., Ed. Instituto de Investigação Científica de Moçambique, 1973. 104 p. Off.*Memórias do Instituto de Investigação Científica de Moçambique*, série C, 10. (E)

MUCAMBE Elias S.
2460.*A mabingu ya Batswa in titekatekani.* L. M. (?), c. 1930. 92 p. [Proverbs and riddles in the Tswa language.] (FW)

2461.*Mungana wa Ziband.* L. M.(?), 1935. 80 p. [Tales in the Tswa language.] (ST)

QUINT"AO José Luís
2462.*Gramática de xironga (Landim).* Lis., Ed. Agência-Geral das Colónias, 1951. 343 p. Map. [Incl. folktales.] (ST)

RIBEIRO Armando
2463. *601* [Seiscentos e um] *provérbios changanas.* (L. M.), pr.pr., 1971. x,121 p. II. [In Tshi-tshangana, the Tonga language of Inhambane, with Portuguese trans.] (FW)

ROCHA Ilídio José da

2464. *A a rte maravilhosa do povo chope.*
L. M., Ed. Instituto de Investigações Científicas de Moçambique, 1962, 44 p.
[With 7 poems in the Tshope language and their Portuguese trans.] (P)

ROS´ARIO Lourenço Joaquim da Costa
2465. *A narrativa africana de expressão oral.*
Coll. Diálogo.
Lis., Instituto de Cultura e Língua Portuguesa & Angolê-Artes e Letras, 1989. 362 p.
[Texts in Sena and Portuguese. Ph. D. dissertation on oral African literature in general and on that of the Lower Zambezi river, Mozambique, in particular. (A, E)

SILVA João Augusto ("João Augusto")
2466. *Selva maravilhosa. Histórias de homens e bichos.*
Lis., Ed. Ultramar, 1964. 172 p. II. Glossary.
[15 traditional tales heard from Africans.] (ST)

SILVA Pedro Augusto de Sousa e
2467. *O distrito de Tete (Alta Zambézia). Características, história, fomento.*
Lis., pr.pr., 1927. x, 188 p. II.
[Incl. some Tonga fables.] (ST)

TRACEY Hugh
2468. *Chopi musicians. Their music, poetry and instruments.* London, Ed. International African Institute/Oxford University Press, 1948. x, 180 p. II., maps;
New ed., with author's new pref.:
London & New York,Ed. Oxford University Press, 197O. xiii, 193 p. II. (E, P)
- Portuguese ed.: *A música chope. Gentes afortunadas.* Trans. M. H.Barradas.
L. M., Ed. Imprensa Nacional, 1949. x, 373 p. II. (E,P)

VAIL Leroy
WHITE Landeg
2469. *Capitalism and colonialism in Mozambique: A study of Quelimane district.*
Minneapolis, Minnesota(USA), Ed. University of Minnesota Press, 1980. xii, 419 p. II.
[Incl. songs in the Sena, Lomwe and Shwabo languages, with English trans., especially in chap. 9, "Forced labor: The African reaction", p. 339-371.] (E,P)

Section B	Secção B
Creative Writing (Novels, novellas, stories, prose sketches, theater, poetry)	Literatura culta (Romance, novela, conto, crónica, teatro, poesia)

ABECASSIS Maria do Carmo
2470. *Em vez de asas tenho braços.*
L. M., pr.pr., (1973?). (P)

ABRANCHES Augusto dos Santos ("Vasco Abiul")
2471. Varia:
2 poems in Itinerário, v. 10, n. 99. L. M., March 1950, p. 11.
2 poems . Ibidem, n. 105. L. M., September 1950, p. 7.
One poem. Ibidem, n. 108. L. M., December/January 1950/51, p. 9.
2 poems. Ibidem, n. 109. L. M., February/March 1951.
One poem. Ibidem, n. 110. L. M., April 1951, p. 12.
One poem. Ibidem, v. 11, n . 119. L. M., January 1952, p. 3.
One poem. Ibidem, n. 122. L. M., April/May 1952, p. 2.
One poem. Ibidem, n. 124. L. M., August/September 1952, p. 8.
One poem. Ibidem, v. 12, n. 131. L. M., June 1953.
One poem. Ibidem, v. 13, n. 138. L. M., August 1954, p. 3.
6 poems. Ibidem, v. 15, n. 143. L. M., February 1955, p. 10.
3 poems in Vértice, v. 16, n. 148/149. Coimbra, January/February 1956, p. 16f. (P)

"Maria criada de hotel." In Itinerário, n. 114. L. M., August 1951, p. 3. (ST)

ACCIAIUOLI Matilde
2472. *O homem da cesta verde.*
L. M., pr.pr., 1974. 105 p. (ST)

"ALBA Sebastião" (i.e. **GONÇALVES** Dinis Albano Carneiro)
2473. *A noite dividida.* Coll. Autores Moçambicanos, 12.

Lis., Edições 70, & Map., INALD, 1981. 90 p. (P)

2474. *O ritmo do presságio*. Pref. J. Craveirinha. Coll. O Som e o Sentido, 2. L. M., Ed. Académica, 1974. 115 p.; 2d, rev. ed.: Pref. J. Craveirinha. Coll. Autores Moçambicanos, 6. Lis., Edições 70, 1981. 119 p. (P)

2475. *Poesias.* Quelimane, pr.pr., 1965. 63 p. not num. [Withdrawn by the author.] (P)

2476. Varia: "É a presença veloz...", "Um leão ladeia", "No meu país", "Certo de que voltas, canção", "Subúrbio", "O lago", "Último poema", "Como os outros." In M. Ferreira, *No reino de Caliban*, v. 3. Lis., 1985, p. 345-350. "Se for estável a cumplicidade", "O limite diáfono", "No meu país." In Cadernos "Diálogo", n. 1. Beira, 1988, p. 121f. "A palhota", "Ninguém meu amor", "Subúrbio", "Contornai, correndo, os corações do povo", "O velho e o mar de Hemingway", "Memória", "Lendo Álvaro de Campos", "Cidade baixa", "Embora cravado...", "Gosto dos amigos..." In M. Ferreira, *50 poetas africanos*. Lis., 1989, p. 400-405. (P)

ALBASINI João dos Santos
2477. *O livro da dor*. Pref. Marciano N. da Silva. L. M., pr.pr.(?), 1925. [Posthumouly published]; 2d ed.Castigo Zita: Beira, Ed. Tempo, c. 1980. (ST)

ALBUQUERQUE Ferreira Orlando de Vide Angola, Section B.

ALELUIA Aníbal
2478. *Mbelele e outros contos*. Coll. Karingana, 3. Map., AEMO, 1987. 207 p. (ST)

AMARAL João Fonseca
2479. Varia: "Pista" and "Penitência". In "Sulco" of Notícias, n. 16.L. M., 1945. Poems in Itinerário, v. 5. L. M., July 1946. 2 poems. Ibidem, v. 9, n. 89. L. M., May 1949, p. 9.

"Evocação". Ibidem, n. 91. L. M., July1949, p. 9. "Impressionismo". Ibidem, n. 93. L. M., September 1949, p. 9. "Evocação" and "Impressionismo". In O. de Albuquerque & V. Evaristo, *Poesia em Moçambique*. Lis., 1951, p. 14f. "Quatro poemas para Miss Sheila." Ibidem, v. 13, n. 138 (i.e. 139). L. M., September 1954. "Evocação", "Outro poema para Miss Sheila", "1.o poema para longe da linguagem." In L. Polonah, *Poetas moçambicanos*. Lis., 1962, p. 14f [The 3d poem changed its title to "As palavras" later on.] "Dois poemas". In A Voz de Moçambique, v. 1, n. 12 . L.M., 30 September 1960, p. 6. "Morada aberta". Ibidem, v. 4, n. 89. L. M., 10 August 1963, p. 7. "Semente". Ibidem, v. 5, n. 123. L. M., 4 March 1964, p. 6. "Passagem de nível". Ibidem, n. 135. L. M., 29 June 1964, p. 7. "Mormaço". Ibidem, n. 145. L. M., 6 September 1964, p. 6. Lírica". Ibidem, n. 163. L. M., 10 January 1965, p. 6f. "Para um barco que apodrece no meio da baía." Ibidem, v. 6, n. 174. L. M., 2 May 1965, p. 6. "Chirico". In "Chez Elle" of O Brado Africano. L. M., 28 Mai 1966, p. 7. "Karamchand". Ibidem. L. M., 18 March 1967, p. 3. "Para um velho rapsodo." In A Voz de Moçambique, v. 8, n. 246. L. M., April1967, p. 5. "Treno para Edgard." Ibidem, n. 258. L. M., 15 July 1967, p. 5. "Evocação", "Para um barco que apodrece no meio da baía", "Karamchand", "Mormaço", "Lírica", "S'Agapo", "Passagem de nível", "Morada aberta", "L'après-midi d'un gala-gala", "Poema", "Exílio". In Caliban, n. 2. L. M., 1971, p. 49-59. "À memória de um velho rapsodo." In A Voz de Moçambique, v. 13,n. 364. L. M., 30 March 1972, p. 7. "Exílio". Ibidem, v. 14, n. 389. L. M., 22 July 1973. "Evocação", "Impressionismo", "Para um barco que apodrece na baía", "Para um velho rapsodo", "Colono", "Mormaço", "L'après-midi d'un gala-gala","Passagem de nível", "As palavras", "Exílio". In M. Ferreira, *No reino de Caliban*, v. 3. Lis., 1985, p. 71-81. "Para um barco que apodrece na baía", "L'après-midi d'un gala-gala", "Poema","Exílio", "S'Aga-po", "Evocação", "As palavras".In M. Ferreira, *50 poetas africanos*. Lis., 1989, p. 360-368.

ANON. [Colectivo de Trabalho Trabalhadores dos Caminhos de Ferro e Estudantes da Universidade E. Mondlane]
2480.*A comuna*. Coll. Teatro, 1.
(Map.), INLD, 1979. 93 p. (T)

ANON.
2481.*A luta de tracção*. Uma aventura do coelho. Coll. Teatro, 2.
(Map.), INLD, (1979). 35 p. II.
[For children.] (T)

ANON. (Grupo Cénico das Forças Populares da Libertação de Moçambique FPLM)
2482.*A sagrada família ou a crítica da crítica do Javali, do Camaleão e do Xiconhoca*. Coll. Teatro, 3.
(Map.), INLD, 1980. 51 p.
[For children.] (T)

ARANDA Manuel
2483. Varia:
One poem in Itinerário, v. 7, n. 66. L. M., January/February 1947.
One poem. Ibidem, n. 67/68. L. M., April 1947.
One poem. Ibidem, n. 69. L. M., May/June 1947.
One poem. Ibidem, v. 8, n. 74. L. M., February 1948.
One poem. Ibidem, v. 15, n. 143. L. M., February 1955. (P)

ARA'UJO Silva
2484.*Boa noite solidão*.
Quelimane, pr.pr., 1960. (P)

2485.*E... a vida continua*.
Quelimane, pr.pr., 1967. 82(?) p. (P)

2486.*Tudo e nada*.
Quelimane, pr.pr., 1963. (P)

ARNALDO João
S'ERGIO Paulo
2487.*Os animais buscam água*. Coll. Chirico, 17.
Map., INLD, (1985). 23 p. II. Maria Senzani.
[For children.] (ST)

ARTUR Armando João
2488.*Espelho dos dias*. Pref. Fátima Mendonça. Coll. Início, 5.
(Map.), AEMO, (1986). 54 p. (P)

2489.*O hábito das manhãs*. Coll. Timbila, 11.
(Map.), AEMO, (1990). 49 p. II. author's portrait. (P)

AZEVEDO Mário J.
2490.*The returning hunter*. Coll. The African Sketches Series.
Thompson, Connecticut(USA), Ed. InterCulture Associates, 1978. 60 p. (N)

BAPTISTA Heliodoro dos Santos
2491.*Filha de Tandi*.
Map.,AEMO, 1991. 88 p. (P?)

2492.*Por cima de toda a folha*. Coll. Timbila, 6.
Map., AEMO, 1987. 112 p. (P)

2493. Varia:
"Do jardim velho ao progresso." In "Diálogo" of Notícias. L. M., 18 February 1968, p. 16.
"Seguremos o tempo, Ivone." Ibidem. L. M., 17 March 1968, p. 16.
"Espaço vazio". Ibidem. L. M., 31 March 1968, p. 0.
"Dois poemas". Ibidem. L. M., 12 May 1968, p. 24.
"A noite é de todos." Ibidem. L. M., 26 May 1968, p. 20.
"Poema do amor frustrado." Ibidem. L.M., 24 June 1968, p. 13.
Various poems in Notícias da Beira, Beira, perhaps from 1968 on, among them "Limite negro", "Em redor das fogueiras", "Limitação", "Ossuário", "Prelúdio para um diálogo", "Os rostos".
"Na morte de N'Gouabi filho da humanidade" and "A mulher do meu país." In África, v. 1, n. 4. Lis., April/June 1979,p. 461-464.
"Em redor das fogueiras", "Prelúdio para um diálogo", "Identidade", "Ultraje", "A aldeia", "Na morte de N'Gouabi filho da humanidade", "A mulher do meu país." In M. Ferreira,*No reino de Caliban*, v. 3. Lis., 1985, p. 415-424.
"Poema com paisagem em segundo plano" and "Despoema". In Various Authors, *As palavras amadurecem*. Beira, 1988, p. 69-75. (P)

"Odeio a noite e a madrugada cruel." In "Diálogo" of Notícias. L. M., 23 February 1968, p. 16.

"Para lá das sombras." Ibidem. L. M., 7 April 1968, p.16. (ST)

BARCA Alberto da
2494. *Bola azul.* Coll. Ler Mais, 1.
Map., INDE [Instituto Nacional de Desenvolvimento da Educação], 1990. 38 p. II. author
[For children.] (P)

2495. *Crescer mais.* Coll. Ler Mais, 2.
Map., INDE, 1991(?).
[For children.] (P)

2496. *O capitão Zhua.* Coll.Girasol, 1.
Map., INDE, 1991(?).
[For children.] (ST)

2497. *O discurso do senhor Lápis.* Coll. Girasol, 2.
Map., INDE, 1991(?).
[For children.] (ST)

2498. *Um cão em Maputo.* Pref. Ungulani Ba Ka Khosa.
Map., INDE, 1990. 70 p. II. José Luís Nhancume. (N)

BARRADAS Ana Maria
2499. Varia:
Poems in Notícias da Beira. Beira. c. 1960-1961.
Poems in 'Despertar" of Notícias, L. M.
"Crónica de uma cidade." In "Artes e Letras" of O Lobito, Lobito, 13 February 1973. (P)

BARROS Alfredo Ribeiro Gomes de
2500. *Alfredo de Barros e os seus poemas.*
Pref José Santa Rita.
L. M., pr.pr., 1970. 173 p. (P)

2501. *Cantigas do meu deserto.*
L. M., pr.pr., 1959. 70 p. (P)

2502. *Versos de cinza.* Pref. José Santa Rita.
Inhambane, pr.pr., 1946. 83 p. (P)

2503. Varia:
4 poems in L. Polonah, *Poetas moçambicanos.*
Lis., 1960. (P)

"BEIRA Luiz" (i.e. **CORRˆEA** Armando Luiz Clemente de Baião Marçal)
2504. *Bizarra.* Teatro.

Lis., pr.pr., 1969. 71 p. (T)

2505. *Escombros poéticos.*
Lis., pr.pr., 1981. 76 p. (P)

2506. *Gaby.*
L. M., pr.pr., 1965. 29 p. (P)

2507. *Jean.*
L. M., pr.pr., 1973. 59 p. (T)

2508. *Livro do brincador a poeta.*
L. M., pr.pr., 1966. (P)

2509. *Novo livro do brincador a poeta.*
L. M., pr.pr., 1966. 61 p. (P)

2510. *O beijo.* Teatro.
L. M., pr.pr., 1969. 67 p.
[Incl. a second play, 'Os zeros".] (T)

2511. *O concerto fatal, ou As cinco jovens.*
Lis., Ed. Minerva, 1967. 46 p.[Perhaps his only play whose action takes place in Africa, i.e. in Lourenço Marques.] (T)

2512. *Os desesperados poetas da valeta.*
L. M., pr.pr., 1969.
[In collaboration with "Isabel Ivone", "Juarez António Leoni" and "José Anjos", pseudonyms of Cartaxo Trindade.] (P)

2513. *Pelópidas.* Peça histórico-biográfica em 3 actos.
Lis., pr.pr., 1978. (T)

2514. *Poemas beirenses.*
L. M., pr.pr., 1973(?). 47, 1 p. II. author's portrait. (P)

2515. *Poemas laurentinos.*
L. M., (Liv. Minerva Central Ed.),1973. 38 p. (P)

2516. *Sagitário.*
L. M., pr.pr., 1974. (P)

2517. *Solfejo.*
Lis., pr.pr., 1968. 15 p. (P)

2518. *Tonicha.*
L. M., pr.pr., 1965. 29 p. (P)

'BEIRA Maria da" (i.e. CUNHA Maria Ferreira da Costa)
2519. *A neta de Jazira.*
Porto, pr.pr., 1957. 270 p. (NO)

2520. *Luz no túnel. Romance.*
Porto, pr.pr., 1966. (NO)

2521. *Nídia, filha da selva.*
Porto, Ed. Educação Nacional (depository),
1953. 149 p. (ST)

BERMUDES Nuno Fernandes Santana Mesquita Adães
2522. *As paisagens perdidas e outros poemas.* Coll.Licorne, 16.
Lis., Ed. Arcádia,1980. 117 p. (P)

2523. *Brasil redescoberto.*
(Lis.), pr.pr., n/d. (c. 1983). II. João Ayres. (P)

2524. *Eu, caçador, e tu, impala.* Narrativas.
Lis., Agência-Geral do Ultramar, 1972;
2d, enl. ed.: *Eu, caçador, e tu, impala, e outras histórias de homens e de bichos.*
Lis., Guimarães & C.ia Ed., 1978. 133 p. (ST)

2525. *Exílio voluntário.* Coll. Poesia Moçambicana.
Beira, 1966. 63 p. II. José Pádua. (P)

2526. *Gandana e outros contos.* Pref.
Fernando Couto. Coll. Prosadores de Moçambique, 1.
Beira, Ed. Notícias da Beira, (1959). 145 p. II. José Pádua. (ST)

2527. *O círculo de luz.* Histórias de caça. Pref.
Fernando Couto.
Beira, Ed. M. Salema & Carvalho, (1973). 120 p.
II. José Pádua. (ST)

2528. *O poeta e o tempo.* Poesia.
L. M., pr.pr., 1951. 70 p. (P)

2529. *Uma gota de chuva.* Coll. Imbondeiro, 64.
Sá da Bandeira(Angola), Ed. Imbondeiro, 1964.
35 p. [Incl. also "A visita".] (ST)

2530. *Um machangane descobre o Rio.*
Crónica-reportagem.
L. M., Liv. Minerva Central Ed., 1958. 140 p. II.

Carlos Neffe, João Ayres.
[About a visit to Rio de Janeiro.] (SK)

2531. *Um pássaro num ramo.* Poesia.
(Beira), Ed. Empresa Moderna,n/d.(1973). 133,
(1) p. II. José Pádua. (P)

2532. Varia:
"Ode", "Crime perfeito", "Canção do país de Cecília", "Domingo". In L. Polanah, *Poetas moçambicanos.* LIS., 1962, P. 91-96.
"Condição", "Guerra", "Biografia", "Quanto não vale sonhar", "Domingo", "Epigrama", "Natal em África", "Saga". In M.Ferreira, *No reino de Caliban,* v. 3. Lis., 1985, p. 267-271. (P)

'Gandana". In J.A. das Neves, *Poetas e contistas africanos.* S. Paulo, 1963, p. 195-199.
"Gandana". In A. César, *Antologia do conto ultramarino.* Lis., 1972, p. 205-211. (ST)

BETTENCOURT Rosa Fernando
2533. *Poemas.*
Coimbra, pr.pr., c.1950.
[According to O. de Albuquerque in "O grupo moçambicano de Coimbra", in "Artes e Letras"of A Província de Angola. Lu., 18 October 1972.] (P)

2534. Varia:
4 poems in A Ilha. Ponta Delgada, Azores, 1947.
"A sede da fonte" and "Pequena fonte". In O. de Albuquerque & L. Polanah, *Poesia em Moçambique.* Lis., 1951, p. 13. (P)

BORGES Manuel Coutinho Nogueira
2535. *Não matem a esperança.*
Porto, pr.pr., n/d.(c. 1960). 79 p. (ST)

BRITO Faria Joaquim Monteiro Cordeiro de
2536. Varia:
One poem in Itinerário, v. 1, n. 2. L. M., 3 April 1941, p. 3.
One poem. Ibidem, n. 7. L. M., 4 August 1941.
One poem. Ibidem, n. 9. L. M., 1 October 1941.
One poem. Ibidem, n. 11. L. M., 2 December 1941,p. 5.
One poem. Ibidem, n. 12. L. M., 2 January 1942.
One poem. Ibidem, n. 13. L. M., 7 February 1942, p. 28.
One poem. Ibidem, n. 14. L. M., 7 March 1942.
"Desprezo". In msaho, n. 1. L. M., 25 October

1952, p. 8.
Poems in O Brado Africano, L. M., from 14
September 1955 on.
"O espelho". In Capricórnio, n. 1. L. M., April
1958, p.27.
Various poems in "Artes e Letras" of A Voz de
Moçambique, from v. 3, n. 42 on. L. M., 31 Janua-
ry 1962. (P)

BUCUANE Juvenal
2537.A raiz e o canto. Poemas. Pref. Fernando
Manuel. Coll.Início, 1.
(Map.),AEMO, (1984). 64 p. II. Zé Tó. (P)

2538.Requiem (com os olhos secos.)
(Map.), AEMO, 1987. 31 p. II. author's portrait.
[Poems dedicated to the victims of Mbuzini,
among them President Samora Machel and the
poet Gulamo Khan.] (P)

2539.Segredos da alma. Coll. Timbila, 9.
Map., AEMO, 1989. 55 p. (P)

2540.Xefina. Contos. Pref. Fernando Manuel.
Coll. Cadernos Tempo.
(Beira), Ed. Tempo, 1989. 105 p. (ST)

CABRAL Augusto
2541.Impressões dum preto. Pref. Ramada
Curto. "Duas palavras" by the author.
Lis., pr.pr., 1942. 243 p. (SK)

CALADO Carlos A. P.
2542. Varia:
"Poema da essência," In "Diálogo"of Notícias. L.
M., 21 January 1968, p. 18.
"Diálogos oníricos. Ibidem. L. M., 228 January
1968, p. 12f.
"Poema inevitável". Ibidem. L. M., 11 February
1968, p. 16.
"Os fantasmas aqui gritam no silêncio." Ibidem,
18 February 1968, p. 16.
"Carta". Ibidem. :. M., 25 February 1968, p. 16.
"Cântico do vagabundo." Ibidem. L. M., 2 June
1968, p. 16. (P)

"CALVINO Capitão"
2543.Trinta facadas de raiva. Pref. Major Dinis
de Almeida. Author's short note.
Lis., Ed. ADFA [i.e. Associação dos Deficientes
das Forças Armadas], 1976. 93 p. (P)

CAMACHO Gabriel de Medina
ROCHA António C.
2544.A bailarina dos olhos brancos.
Lis., Ed. Nunes de Carvalho, 1934. 290 p.
[The plot is laid in Beira, L. M., among other pla-
ces.] (NO)

CAMBULA Ricardo
2545.O gato bravo e o macaco; O coelho
salteador. Coll. Xirico, 18.
Map., INALD, (1985). 23 p. II. Maria Senzani.
[For children.] (ST)

CAMPO Caetano
2546.Claridade. Sonetos.
L. M., pr.pr., 1946. 59 p. (P)

2547.Nyaka (humus). Poemas bárbaros.
L. M., pr.pr., 1942. 63 p. II. (P)

2548.O homem das sete horas. Radionovelas.
L. M., pr.pr., (1937). 163 p. (ST)

2549.Rosa branca. Sonetos.
L. M., pr.pr., 1954. 86 p. (P)

2550.Véu de fumo. Sonetos.
L. M., pr.pr., 1951. 102 p. (P)

CAMPOS Alexandre Sobral de
2551."Renúncia". Drama em 3 actos. Ms. 1932.
(T)

2552. Varia:
One poem in each of the following n. of Itinerário.
L. M.: v. 1, n. 7, 4 August 1941; n. 11, 2 December 1941; n. 12, 2 January 1942; v. 2, n. 13, February 1942: n. 19, 19 August 1942; v. 10,
n. 106, October 1950. (P)

"Cogitação de um monstro." In Itinerário, v. 2,
n. 19. L. M., 29 August 1942, p. 3.
"Mendigos". Ibidem, v. 3, n24/25. L. M., 28 February 1943, p. 3.
"Expiação". Ibidem, v. 10, n. 107. L. M., November 1950, p.5. (ST)

CAMPOS Luís Almeida de vide Angola, Section B.

CARAMELO Agostinho J.
2553.Drama íntimo: Mensagem.

CARAMELO   Agostinho J.
2553. *Drama íntimo: Mensagem.*
2d ed.
L. M., pr.pr., 1959. 80 p.   (N?)

2554. *Fabricantes de infernos.* Romance-
documento.
(Vila do Conde, Portugal), pr.pr., (1970). 543 p.
                                              (NO)

2555. *Fogo,* v. 1, *Desespero.*
L. M., pr.pr., 1961. 190 p. II. Charraz.   (NO)

2556. *Fogo,* v. 2, *Angústia.* Pref. J. de
Montezuma de Carvalho: "Agostinho Caramelo e
a nova concepção da novela."
L. M., pr.pr., 1962. xxv, 414 p. II. Charraz. (NO)

2557. *Fogo,* v. 3, *Incerteza.*
Fundão(Portugal), pr.pr., 1964. 351 p. II.
Américo Silva e Charraz.   (NO)

2558. *Fumo.*
Póvoa de Varzim(Portugal), Ed. Poveira, (1966).
415 p.   (NO)

CARDOSO   Carlos
2559. *Directo ao assunto.* Coll. Gostar e Ler, 8.
(Map.), Ed. Cadernos Tempo, 1985. 102 p. (P)

CARDOSO   Fernando Stern
2560. *Eutanásia maior.* Contos.
Lis., pr.pr., 1958. 148 p.   (ST)

CARDOSO   Luís de Sá
2560-a. *O raio negro.* Romance cosmopolita.
Porto, Ed. Lello, 1933. 233 p.   (NO)

CARLOS de Vasconcelos Rodrigues   Papi-
niano Manuel
2561. *Mãe-Terra.*
Porto, Liv. Portugália Ed., 1949. 63 p.
[Incl. 3 poems on African themes, "Poema para
Langston", "Infância", "Vai poesia".]   (P)

2562. Varia:
"Esperança", "O mundo parou"(fragmento),
"Nocturno". In O. de Albuquerque & V. Evaris-
to, *Poesia em Moçambique.* L. M., 1951, p . 38f.
                                              (P)

CARTAXANA   Rui

2563. Varia:
"Um homem foi para o contrato." In 'Artes e
Letras" of A Voz de Moçambique, v. 4, n. 91.
L. M., 24 August 1963, p. 6.
Other stories in the Mozambican press.   (ST)

CARVALHO   Alberto Teixeira de
2564. *Na terra da boa gente.* Crónica alegre de
Inhambane, tipos...ratões...ratices!...
Braga, Ed. Pax, 1944. 241 p. II.   (ST)

2565. *Nas terras de Moçambique.* Contos
missionários.
Braga, Ed. Pax, 1944. 245 p.   (ST)

2566. *Novos contos missionários.*
Braga, Ed. Missões Franciscanas. 1947. 182,
1 p. (engraving).   (ST)

CARVALHO   António Lourenço de
2567. *Minha ave africana.* Pref. Eugénio Lisboa.
(L. M., pr.pr.,1971.) 67 p. not num. and printed
on one side.   (P)

2568. *O bípede sem plumas.*
L. M., pr.pr., (1974). 63 p. II.   (P)

CARVALHO   Geraldes de
2569. *A outra luta de Jacob.*
Beira, pr.pr., 1964.   (SK?)

2570. *O caminho. De como avancei elegan-
temente pelo caminho que me levou a um
lugar inesperado.*
L. M., pr.pr., 1974. 135 p.
["Crónica romanceada".]   (SK)

2571. *Sombras de almas.*
Coimbra(Portugal), pr.pr., 1954.   (SK?)

CASSAMO   Suleiman
2572. *O regresso do morto.* Pref. Marcelo
Panguana. Coll. Karingana, 10.
Map., AEMO, 1989. 79 p.   (ST)

CASTEL-BRANCO   Margarida
2573. *Aconteceu na Gorongosa.* Coll. Biblioteca
da Juventude, série H, 7.
Lis., Ed. Verbo, n/d. 182 p. II.   (N)

CASTRO   Adelino Joaquim Pereira Soares de
2574. *Catedral verde.*

2575. *Chagas.*
c. 1940.   (NO)

2576. *Víbora.*
c.1940.   (NO)

2577. Varia:
"O Cheirico". In Itinerário, v. 1, n. 13. L. M., 7 February 1942, p. 22.[From a work in progress, "País dos Negros."]   (ST)

CASTRO   Maria Fernanda Teles de
2578.*Fim de semana na Gorongosa.* Romance de aventuras.
Setúbal(Portugal), pr.pr., 1969. 179 p. II. Inês Guerreiro.   (NO)

2579.*Novas aventuras de Mariazinha.* Romance infantil.
Lis., Ed. Ática, 1959. II.
[For children.]   (NO)

C´ERTIMA   António Augusto Cruzeiro de
2580. *Legenda dolorosa do soldado desconhecido em África.*
Mozambique, pr.pr., 1925. 14 p.
["Fala de um moribundo no hospital de M'lamba."]   (ST)

2581.*Não quero ser herói.* Romance.
Lis., Ed. Parceria A. M. Pereira, 1970. 291 p.
[First v. of the trilogy "Para o grande crepúsculo."]   (NO)

C´EU   Marília do (i. e. RIBEIRO   Marília do Céu Borges)
2582.*Raízes de verdade.*
L. M., pr.pr., 1968.   (P)

2583.*Senti.*
L. M., pr.pr., 1971. lxxi p.   (P)

CHIOCO Libório   Conde
2584.*Taúlo.* Crónica da vida no mato. Pref. Ovídio Cordeiro.
Beira, Ed. Salema & Carvalho, n/d. (1973). l3l p. II. José Pádua;
2d ed.:
Queluz(Portugal), Ed. Literal, 1978. 172 p. II.   (SK)

COELHO   Maria do Céu ("Maria Pacóvia")

2585.*O último batuque.*
(L. M., pr.pr.), 1963. 195 p. II. Teófilo Braga da Silva.   (SK, ST)

CONRADO   Augusto C. Adonis B. de
2586.*A perjura ou A mulher de duplo amor.*
1931.   (N?)
2587.*Divagações!* Tentames literários.
Lis., pr.pr., 1938. 91 p. II. author's portrait. (P)

2588.*Fibras d'um coração.* Prosas simples com pretensão a versos. Ensaios literários.
Mozambique, pr.pr., 1933. 223 p.   (P, SK)

COSTA   Artur
2589.*Viagem ao país inventado.* Coll.Poetas de Moçambique, 2.
Beira, Ed. Notícias da Beira, 1962. 82 p.   (P)

2590. Varia:
'Poema do desencontro", "Poema da redescoberta", "Poema da redescoberta"(2). In A. Margarido, *Poetas de Moçambique.* Lis., 1962, p. 27ff.   (P)

COUTINHO   João Armando de Moura
2591. Varia:
One poem in Itinerário, v. 10, n. 118. L. M., December 1951.
2 poems. Ibidem, v. 11, n. 121. L. M., March 1952.
One poem. Ibidem, n. 123. L. M., June/July 1952.
"Três poemas do mesmo dia a dia." Ibidem, n. 125. L. M., December 1952.
One poem. Ibidem, v. 13, n. 134. L. M., December 1953/January 1954.   (P)

"Desvio no caminho." In Itinerário, v. 11, n. 122.
L. M., April/May 1952, p. 5, 6.   (ST)

COUTINHO d'Almeida Eça   Manuel Filipe de Moura
2592.*Direito de cantar.* Poemas para a Helena.
L. M., pr.pr., 1956. 67 p.   (P)

COUTO   Bernardo Mia
2593.*Cada homem é uma raça.* Estórias. Coll. Uma Terra Sem Amos, 44.
Lis., Ed. Caminho, 199). 181 p.   (ST

2594. *Cronicando.*
Map., Ed. Notícias, 1988. 136 p.;
2d ed. Pref. Fernando Dacosta. Coll. Uma Terra
Sem Amos.
Lis., Ed. Caminho, 1991. 197 p.
[Most of these sketches appeared first in Notíci-
as, Map.]   (SK)

2595. *Raíz de orvalho.* Coll. Gostar de Ler.
Map., Ed. Cadernos Tempo, 1983. 78 p. (ST)

2596. *Vozes anoitecidas.* Pref. L. C. Patraquim.
Coll.Karingana, Prosa, 1.
(Map.), AEMO, 1986, 113 p.;
2d ed.: Ibidem, 1987. (Identical with the 1st.];
3d, enl. ed.: Pref. José Craveirinha, L. C. Patra-
quim. Coll. Uma Terra Sem Amos, 34.
Lis., Ed. Caminho, 1987. 169 p.
[Originally 8 stories, in the 3d ed. 12.]
- English ed.: *Voices made night.* Trans. David
Brookshaw. Coll. African Writers Series.
London, Ed. Heinemann, 1990. (10), 115 p. (ST)

2597. Varia:
"Música sem poente", "No teu corpo...", "Mil ca-
rícias não valem..." In África, v. 2, n. 10. Lis., Octo-
ber/December 1980, p. 543ff.
"Identidade", "A voz do pedreiro", "Poema da
minha alienação", "Confidência", "Incompleta
reflexão", "Segundo poema da alienação." In
M. Ferreira, *No reino de Caliban*, v. 3. Lis.,
1985, p. 468-474.
"Sem ti" and "Sobre algumas palavras de Alberto
Lacerda." In Various Authors, *As palavras amadurecem.* Beira, 1988, p. 109f.   (P)

COUTO   Fernando Leite
2598. *Feições para um retrato.* Coll. Vozes de
Moçambique, 1.
Beira, Ed. ATCM (Automóvel e Touring Clube de
Moçambique], 1971 [really 1973]. 26 p. not num.
and printed on one side only.   (P)

2599. *Jangada de inconformismo.* Coll. Poetas
de Moçambique, 1.
Beira, Ed. Notícias da Beira, 1962. 85 p.   (P)

2600. *O amor diurno.* Poemas sensuais.
Beira, pr.pr., 1962. 34 p. not num. Il. José Pá-
dua.
Ed. of 150 copies numbered and signed by the

author. Not for sale.]   (P)

2601. *Poemas junta à fronteira.*
(Beira, Ed. Notícias da Beira, 1959.) 55 p. (P)

2602. Varia:
"Pergunta a Paul Robeson". "O medo e a
esperança", "Canto de um prisioneiro." In A. Margarido, *Poetas de Moçambique.* Lis., 1962,
p. 39-42.
"A teu lado Walt Whitman", "Paisagem africana",
"Pergunta a Paul Robeson", "O medo e a esperança", "O rumor da água na tua voz...", "De
súbito...", "A Lua...", "Raiz de labareda...", "Tronco de palmeira...", "Na agreste paisagem de du-
nas..." In M. Ferreira, *No reino de Caliban*, v. 3.
Lis., 1985, p.249-254.
"Praia de Savane", "Canto espontâneo", "Na esteira de Zorba." In Various Authors, *As palavras
amadurecem.* Beira, 1988, p. 54f.   (P)

CRAVEIRINHA   José João ("Mário Vieira",
"J.C.", "J. Cravo", "José Cravo")
2603. *Cantico a un dio di catrame.* Italian pref.
and trans. Joyce Lussu. Coll. Lerici, Poesia, 1.
Milan, Ed. Lerici, 1966. 128 p.
[In Italian and Portuguese.]   (P)

2604. *Cela 1.* Coll. Autores Moçambicanos, 1.
Lis., Edições 70, 1980. 94, 1(err.) p.
[About one half of the poems were written in
the prison of the Portuguese secret police between 1965 and 1969.]   (P)

2605. *Chigubo.* Coll. Autores Ultramarinos, 14.
Lis., Ed. Casa dos Estudantes do Império, 1964.
35 p.;
2d, rev. & enl. ed.: *Xigubo.* Texto integral. Coll.
Autores Moçambicanos, 4.
Lis., Edições 70, 1980. 67 p. Il. J. Craveirinha
Jr.
[Aside from rev. texts, several poems were ad-
ded. One poem, 'Sangue da minha mãe", was
omitted.]   (P)

2606. *Izbrannoie* (i.e. Selections]. Ed., pref. &
trans. into Russian by Helena A. Ryáuzova.
Moscow, Ed. Molodaya Gvardiya, 1984. 63 p.
                                           (A, P)

2607. *Karingana ua karingana.*
L. M., Ed. Académica, 1974. 145 p. Il. J. Cravei-

240

[According to Junod , the title is the formula ending a tale among the Tongas, whereas Craveirinha maintains that it corresponds to "once upon a time" among the Rongas];
2d ed. Coll. Autores Moçambicanos, 9.
Lis., Edições 70, 1982. 180 p.   (P)

2608. Varia:
"Fábula" and "Civilização". In O Brado Africano, n. 1544. L. M., 5 February 1955.
"No laboratório...", "Antigamente...", "Na cabine..." In Bandarra, v. 6, n. 65. Porto, October 1958, p. 4.
"Quero ser tambor", "Grito negro", "Cantiga do negro do batelão", "Zampungana", "N'goma", "Mamparra - M'gaíza". In Various Authors, Notícias do bloqueio. Porto, August 1959, p. 129-138.
"Velha cantiga", "Elegia à avó Fanisse", "Cântico a um deus de alcatrão", "Cantiga do negro do batelão", "Quero ser tambor." In A. Margarido, Poetas de Moçambique. Lis., 1962, p. 68-71.
"Grito negro". In J. A. das Neves, Poetas e contistas africanos. S. Paulo, 1963, p. 60.
"Apenas", "Nós", "Elegia à avó Fanisse", "Grito negro", "Quero ser tambor", "Mamparra m'gaíza", "Mamanô", "Mamana Saquina". In M. de Andrade, Literatura africana de expressão portuguesa, Poesia. Algiers, 1967, p.63f., 65, 93f., 190f., 192f., 224f., 226f., 228.
"Quero ser tambor", "Grito negro", "Sangue da minha mãe", "Reza, Maria!", "Sia-vuma", "Sementeira", "Nessa noite... não!" In P. Carlos, As armas estão acesas nas nossas mãos. Porto, 1976, p. 17-34.
"Ode a uma carga perdida num barco incendiado chamado Save" and "Primavera de balas." In Frelimo, Poesia de combate, v. 2. Map., 1977, p.43-47, 55.
"Quero ser tambor", "Manifesto", "Primavera de balas", "Só 20 em cada mão", "Canção negreira", "Reza, Maria!", "A fraternidade das palavras", "Ode a uma carga perdida", "Joe Louis nosso campeão", "Minha mais querida..." In M. Ferreira, No reino de Caliban, v. 3. Lis., 1985, p. 173-188.
"A minha complacência" and "Excelentíssimo senhor governador." In Various Authors, As palavras amadurecem. Map., 1988, p. 82-86.
"Amor a doer", "Mãe", "Quero ser tambor", "Ao meu belo pai ex-emigrante", "Grito negro", "Hino à minha terra", "Manifesto". In M. Ferreira, 50 po-

etas africanos. Lis., 1989, p. 326-337.
"Black protest" ("Grito negro"), "Song of the great barge"("Cantiga do batelão"), "A man never cries" ("Um homem nunca chora"), "Cell 1" ("Cela1"). English trans. Don Burness. In Don Burness, A horse of white clouds. Athens, Ohio, 1989, p. 158-165.   (P)

"Mamana Feniasse". In O Brado Africano. L. M., 23 July 1955, p. 3, 5.
"Natal", Ibidem. L. M., 24 December 1955, p. 7.
"Balada da deusa e o rei velho e dos meninos pagens." Ibidem, n. 1568. L. M., 15 October 1955.   (ST)

CRESPO Eduardo de
2609. O meu mundo.
L. M., pr.pr., 1961. 70 p. not num.   (P)

2610. Vida.
L. M.(?), 1971(?)   (P)

CYRIACUS Alexander
2611. Varia:
"Angoche: Paisagem". In Novo Almanach de Lembranças Luso-Brasileiro para 1907. Lis., 1906,p. 227ff.
"Um casamento monhé." Ibidem para 1908. Lis., 1907, p. 106-110.
"'Imbamála". Ibidem para 1919. Lis., 1918, p. 332ff.
"Esperteza alemã". Ibidem para 1921. Lis., 1920, p. 277ff.
"Réna". Ibidem para 1924. Lis., 1923, p. 293ff.
"Machêa". Ibidem para 1928. Lis., 1927, p. 172f.   (SK)

"Cacinda". Ibidem para 1909. Lis., 1908, p. 22Of.
"Zambi Kacungi. Lenda do Cuango." Ibidem para 1910. Lis., 1909, p. 4f.
"O leão e o gato." Ibidem para 1925. Lis., 1924, p. 374f.   (ST)

DACRUZ Deniz
2612. A palavra lavra.
L. M., pr.pr., 1974. 35 p. Il. Fernando Martins.(P)

DIAS João Bernardo
2613. "Cadernos de juventude e outros escritos." Ms.   (SK?)

2614. Godido.

Coimbra, Ed. Imprensa de Coimbra, 1950. 15 p.
II. author's portrrait.
[With a passageof a letter by J. Dias to O. de Albu-
querque. Posthumous publication.]   (ST)

2615.*Godido e outros contos.* Pref. O. de
Albuquerque. Coll. África Nova, 1.
Lis., Ed. Casa dos Estudantes do Império, 1952.
103 p. II. António Aires;
2d, rev. ed.: Pref. Cyprian Kwilimbe.
Map., AEMO, 1987.
[Incl. a poem by Alda Lara, first published in The
Guardian. L. M., 1952, and an article by J. Dias,
"Em terras do norte", first published in Vértice,
Coimbra.]   (SK, ST)

2616. Varia:
"Quenguelequezée". In A Ilha,v. 8, n. 4. Fun-
chal(Madeira), 26 July 1947.[1st chap. of *Godido.*]
"Godido". In M. de Andrade, *Literatura africana
de expressão portuguesa,* v. 2, *Prosa.* Algiers,
1968, p. 277ff., and in A. César, *Antologia do
conto ultramarino.* Lis., 1972, p. 183-187.   (ST)

"**DIAS** João Pedro Grabato" (i.e.
QUADROS António. Also "Frey Ioannes Ga-
rabatus" and "Mutimati Barnabé João")
2617.*A arca. Ode didáctica na primeira pessoa.*
Coll. Textos Caliban.
L. M., pr.pr., 1971. 106 p. not num.   (P)

2618.*As quybyrycas.* Poema éthyco em
outavas, que corre como sendo de Luís Vaaz de
Camões em suspeitíssima athribuiçon. Pref.
Jorge de Sena.
L. M., ed. Liv. Textos (Distributor), 1972. xxvi,
223 p. not num.
[The title alludes to the battleof Alcázar-Quivir,
where King Sebastian lost his life. Sebastian's
career is the central subject of the satiric-epic
poem in 11 cantos];
2d, rev. ed.: Pref. Jorge de Sena [unchanged].
Porto, Ed. Afrontamento, 1991. 367 p.
[For the 2d ed. the author assumed the name
Frey ioannes Garabatus.]   (P)

2619.*Eu, o povo.*
(Map.), Ed. Frelimo, 1976. 31 p. not num.
[Published under the assumed name Mutimati
Barnabé João.]   (P)

2620.   *Facto/ fado. Piqueno tratado de
morfologia,* parte 7.
Mozambique, pr.pr., 1982. 237 p.
[Actually published in 1985.]   (P)

2621.*O morto.* Ode didáctica. Pref. Eugénio
Lisboa. Textos Caliban.
L. M., pr.pr., 1971. 57 p.   (P)

2622.*O povo é nós.* Pref. author [dated Map.,
1979.]
Porto, Ed. Afrontamento, 1991.) 59 p.   (P)

2623.*Pressaga pré-saga saga/press.* Ode
didáctica.
L. M., pr.pr., 1974. (7), 119 p.   (P)

2624. *40* [Quarenta] *e tal sonetos de amor e
circunstância e uma canção desesperada. (A
quadratura do circo - Do reino Arracão.)*
L. M., pr.pr., 1970. 59 p.;
2d, enl. ed. : *Sonetos de amor e circunstância.*
L. M., pr.pr., 1975. 66 p.   (P)

2625.*Uma meditação: 21 laurentinas e dois
fabulírios falhados.* Pref. Maria de Lourdes
Cortez.Coll. Moçambicana.
L. M., pr.pr., 1971. 51, 1(err.) p.   (P)

EÇA Filipe Gastão de Moura Coutinho de Almeida d'
2626.*Mosaico moçambicano.* Contos e
narrativas.
Lis., Ed. Portugália, 1943. 192 p.   (ST)

EMÍLIO Rodrigo
2627.*Mote para motim.*
1971.   (P)

2628.*Paralelo 26 S. às audições do Índico.*
Líricas e heróicas. Coll. Unidade, Poesia,, 10.
Lis., Ed. Agência-Geral do Ultramar, 1971. 97 p.
          (P)

EVARISTO Vítor Manuel Ganda
2629. Varia:
"Quando nós, mortos, acordamos..." In Momen-
to, v. 1, n. 2. Coimbra, 22 June 1950, p. 23ff.
"Esperança", "O mundo parou", "Nocturno".
In O. de Albuquerque & V. Evaristo, *Poesia em
Moçambique.* Lis., 1951, p. 38f.
"Esperança", "O mundo parou", "Nocturno",

242

"Poema", "Padrão". In M. Ferreira, *No reino de Caliban*, v. 3. Lis., 1985, p. 123ff. (P)

FARIA Gonçalves Carlos Alberto
2630. Varia:
Poems in Notícias. L. M., Notícias da Beira, Beira, Diário de Moçambique. L. M., A Tribuna. L. M. (P)

FARIA Eduardo de
2631. *Os que ganharam com a guerra.*
Lis., pr.pr., 1935. 267 p. (NO)

FARIA Francisco Forte
2632. Varia:
"O estranho". In "Artes e Letras" of A Voz de Moçambique. v. 4, n. 67. L. M., 15 February 1962, p. 6, 7.
Stories in Paralelo 20. Beira. (ST)

FERR͂AO Virgílio Chide
2633. *Norte.* Coll. O Som e o Sentido, 10.
L. M., Ed. Académica, 1975. 131 p. (NO)

FERRAZ Luís
2634. *À meia voz.* Poemas.
L. M., pr.pr., 1964. 101 p. Il. Faria Duarte. Dupl. (P)

FERRAZ Márcia Ramos Ivens
2635. *Sòzinha no mato.* Narrativa inédita da vida da autora no meio indígena. Pref. Guilherme Couvreur d'Oliveira.
Lis., Liv. de Francisco Franco Ed., (1951). 252 p. Il. (SK)

FERREIRA Fernando ("Saturnino Freyre")
2636. *A urna de cristal.*
L. M., pr.pr., 1951. (N)

2636-a. Varia:
2 poems and trans. of part of the "Prolog im Himmel" of Goethe's *Faust.* In "Artes e Letras" of A Voz de Moçambique, L. M., 19 August 1973. (P)

FERREIRA Jorge
2637. *Saudade macua.* Poemas.
Lis., Ed. Agência-Geral do Ultramar, 1971. 76 p. (P)

FERREIRA M. do Nascimento
2638. Varia:
"Quenguêlêquêzê". Páginas de Moçambique. In

Portugal em África. 2d series, v. 17, n. 97. Lis., 1960, p. 8-16. (P)

FERREIRA Reinaldo Edgar de Azevedo e Silva
2639. *Poemas.* Pref. [Eugénio Lisboa] and essay [Fernando Ferreira].
L. M., Ed. Imprensa Nacional, 1960. 200 p. [Posthumous ed.] ;
2d ed.: Pref. José Régio. Postface Eugénio Lisboa. Coll. Poetas de Hoje, 21.
Lis., Ed. Portugália, 1966. 194 p.;
3d ed.:
Lis., Ed. Portugália, 1970. xxi, 193 p. (P)

2639-a. Varia:
"Canção nocturna" and "Herança". In msaho, n. 1. L. M., 25 October 1952, p. 6.
5 poems. In Paralelo 20, n. 2. Beira, September 1957. [They were meant to be part of book 1 of "Um vôo cego a nada."]
"Eu, Rosie, eu se falasse...", "O futuro", "A que morreu às portas de Madrid...", "Menina dos olhos tristes..." In A. Margarido, *Poetas moçambicanos.* Lis., 1962, p. 104-107.
"A que morreu às portas de Madrid." In J.A. das Neves, *Poetas e contistas africanos.* S. Paulo, 1963, p. 58.
Several previously unpublished poems in several Mozambican journals, e.g. in A Voz de Moçambique, beginning in v. 5, n. 155. L. M., 15 November 1964.
"Insensato será o que lamente" and "A Deus pedi que merecesse", 2 so far unpublished sonnets with a note by E. Lisboa. In Colóquio/ Letras. n. 6. Lis., March 1972, p. 44f.
"Canção nocturna", "A que morreu às portas de Madrid", "Deixai os doidos governar...", "É pela tarde...", "Oh! tarde de sábado britânica...", "Ela, a Poesia, hoje...", "Feliz do que é levado a enterrar...", "Por isso tende...", "Magaíça", "Rosa, a mulata , desperta..." In M. Ferreira, *No reino de Caliban*, v. 3. Lis., 1985, p. 133-139.
"Desde quando alguma vez anoiteceu...", "Ela, a Poesia, hoje...", "Que estranha, a nossa verdade...", "Quero um cavalo de várias cores...", "A que morreu às portas de Madrid...", "Haja névoa!", "Chopinesque". In M. Ferreira, *50 poetas africanos.* Lis., 1989, p. 340-346. (P)

FERREIRINHA Felisberto ("João Fernan-

des")
2640."Infortúnio". Ms. c. 1940.			(T)

2641. Varia:
"Prelúdio bárbaro". In Seara Nova, n. 558. Lis.,
24 March 1938, p. 272.
"O homem do lago." Ibidem, n. 574. Lis., 13 August 1938, p. 224f.
"Mahala". Ibidem, n. 612. Lis., n. 612. Lis.,
6 June 1939.
"Nahota". Ibidem, n. 757. Lis., 14 February 1942,
p. 9.
"Crepúsculo bárbaro". Ibidem, n. 760. Lis., 7
March 1942, p. 56.
"Imprecação bárbara". Ibidem, n. 865. Lis.,
11 March 1944, p. 14.
"Circuncisão". Ibidem, n. 877. Lis., 3 June 1944,
p. 69.			(P)

FLORES	José
2642.Mensagem alegre ao ministro das
colónias o exc. snr. Armindo Rodrigues
Monteiro.
L. M., pr.pr., 1932. 16 p.
[The author's self-vindication in verse.]	(P)

FREIRE	Albuquerque
2643.Canção negra e outros poemas, 1950-
1960. Pref. author.
L. M., pr.pr., 1990. 128 p.			(P)

2644.Canções românticas. Poesia.
L. M., pr.pr., 1955. 167 p.			(P)

2645.Cântico da paz e do desespero. Pref.
author.
L. M., pr.pr., 1963. 135 p.			(P)

2646.Lamentações.
Porto, pr.pr., 1952. 220 p.
Not for sale.]			(P)

2647.Mar inquieto.
Porto, pr.pr., 1951. 131 p.			(P)

2648.O livro de sonetos.
Porto, pr.pr., 1960. 223 p.			(P)

FREIRE	Henrique Lima
2649.O dado e o enigma.
.. M., pr.pr., 1972.			(P)

FREITAS	Ascêncio Gomes de
2650.A boca do passado. Coll. O Chão da
Palavra.
Lis., Ed. Vega, n/d.(1981). 140 p.			(ST)

2651.África ida e volta.
Lis., África Ed., 1978.			(ST)

2652.Cães da mesma ninhada. Coll.
Prosadores de Moçambique, 2.
Beira, Ed. Notícias da Beira, 1960. 188 p. II. author's portrait.			(ST)

2653.Crónica de dom António Segundo.
Lis.(?),	1983.			(ST?)

2654.e as raiva passa por cima, fica engrossar
um silêncio. Contos.
(Lis.), África Ed., 1979. 137 p.			(ST)

2655.Ontem era madrugada. Coll. Autores da
Língua Portuguesa. Pref. Eugénio Lisboa: "Um
acontecer miudinho."
Amadora(Portugal), Liv. Bertrand Ed., 1978.
139 p.			(ST)

"GABRIELA	Lita"
2656.Fuga.
Lis., pr.pr., 1963. 64,1(err.) p. II.			(P)

GALANTE	António Pereira
2657.Ali Anifa, um herói de Nevala. Narrativa
histórica.
L. M., pr.pr., 1944. 129 p. II.			(N)

2658.Maria Somália. Conto zambeziano.
L. M.(?), pr.pr., 1944.			(ST)

"GALV̄AO	Duarte" Vide LEMOS	Virgílio de

'GARABATUS	Frey ioannes" Vide "DIAS
João Pedro Grabato"

GIL	Irene Godinho Mendes
2659. Varia:
One poem in Itinerário.v. 3, n. 27. L. M., 30 June
1943.
4 poems in O Mundo Português, v. 10. Lis.,
1943, p. 593-596, 861-83.
2 poems in "Moçambique 58" of Notícias. L. M.,

244

2 poems in "Moçambique 58" of Notícias. L. M.,
1958.
One poem in Capricórnio. L. M., 1958.
3 poems in L. Polonah, Poetas moçambicanos.
Lis., 1960.
One poem in A Voz de Moçambique, v. 5, n.
149.
L. M., 4 October 1964, p. 6.
One poem. Ibidem, v. 5, n. 168. L. M., 4 February
1965, 14 February 1965, p. 6f.   (P)

GONÇALVES   António Augusto Carneiro
2660. Contos e lendas. Coll. O Som e o
Sentido, 5. Pref. author.
L. M., Ed. Académica, 1975. 97 p. II. author's
portrait
[Posthumous publication. some texts had been
published in Mozambican journals before 1973,
the year the author died];
2d ed.: Coll. Autores Moçambicanos, 5.
Lis., Edições 70, 1980. 93 p.   (N, ST)

GONZAGA   Tomás António
2661. Varia:
"A Conceição". Poema de quatro cantos, sobre
o naufrágio do Marialva. Ms., written in 1805 in
Mozambique by the exiled Brazilian author and
discovered by M. Rodrigues Lapa in the Biblioteca Nacional, Rio de Janeiro.
"A Moçambique aqui vim deportado." In Revista
Africana, n. 1. Lis., 1881. [A sonnet written in
1792, upon his arrival on the Island of Mozambique in 1792.]
"Já vou tocando, ó Lício." In Obras completas,
ed. M. Rodrigues Lapa, v. 1. Rio de Janeiro,
1957, p. 177-180. [Perhaps written in 1793 or
1794, but of uncertain attribution.]   (P)

GUEBUZA   Armando Emílio
2662. Varia:
"As tuas dores." In M. de Andrade, Literatura africana de expressão portuguesa, v. 1, Poesia.
Algiers, 1967, p.286.
One poem in Anon., Breve antologia de
literatura moçambicana. Dar-es-Salaam, 1967.
Poem in Anon., Poems from Mozambique. Lusaka, 1970(?).
"As tuas dores." In Papiniano Carlos, As armas
estão acesas nas nossas mãos. Porto, 1976,
p. 65.
"Que fazer, mãe?", "Obscurantismo", "Os tambores cantam", "As tuas dores", "Mãe África", "Se

me perguntares", "Esses tempos estranhos." In
Various Authors, Poesia de combate, v. 2. Map.,
1977, p. 24-27, 30, 33ff, 37f.
"Que fazer, mãe?", "Os tambores cantam", "Obscurantismo", "As tuas dores", "Mãe África",
"Esses tempos estranhos." In M. Ferreira, No
reino de Caliban, v. 3. Lis., 1985, p. 357-362. (P)

GUERRA   Maria Sofia Pombo
2663. Dois anos em África. Pref. Vitorino
Nemésio.
Coimbra, Liv. Atlântida Ed., 1936. xiii, 210 p. II.
Aurora S. Coimbra.   (ST)

"GUERRA   Ruy" (i.e. PEREIRA   Rui Ale-
xandre Guerra Coelho)
2664. Calabar, o elógio da traição.
Rio de Janeiro, Ed. Civilização Brasileira, 1973.
[Written in collaboration with the Brazilian poet
Chico Buarque de Holanda.]   (T)

2665. Varia:
"Um poema antilírico." In msaho, n. 1. L. M., 25
October 1952, p. 3.
"Eh! Makhalala! eh! Makhalala!" In Itinerário, v. 10,
n. 114. L. M., August 1951, p. 7.
"Herança". Ibidem, v. 15, n. 143. L. M., February
1955, p. 20.
"A brisa virou nuvem e parou." Ibidem, v. 15,
n. 145. L. M., April 1955.
"Marcha fúnebre". Ibidem, v. 15, n. 148. L. M., Ju-
ly/August 1955, p. 6.
"Um poema anti-lírico", "Herança", "Círculo vicio-
so", "Banalidade", "A brisa virou nuvem e parou", "Marcha fúnebre". In M. Ferreira, No reino
de Caliban, v. 3. Lis., 1985, p.143-147.   (P)

"A negra Rosa." In Itinerário, v. 9, n. 89. L. M.,
May 1949, p. 8f, 11.
"No pântano". Ibidem, v. 9, n. 98. L. M., 1950.
"Negro João há-de morrer no mar..." In Rodrigues
Jr., Para uma cultura moçambicana. Lis., 1951,
p. 418-424.   (ST)

HALL   Tarquínio
2666. Poemas africanos.
L. M., pr.pr., 1960. 92 p.   (P)

2667. Poemas d'além e d'aquém-mar.
Lis., Ed. Império, 1956. 108 p.   (P)

HLONGO   Lindo

ɔbre o lobolo." Peça em duas partes. Ms.
ʌ play performed in L. M. in 1971, as adapted
y Norberto Barroca. Part of it was published in
aliban, n. 3/4. L. M., 1972, p. 105f.]   (T)

HONWANA   Luís Bernardo" (i.e. **MANUEL**
Luís Augusto Bernardo)
669. *Nós matámos o cão-tinhoso!*
, M., Ed. Publicações Sociedade da Imprensa
ɘ Moçambique, 1964. 135 p. II. Bertina Lo-
ɘs;
ɔ. rev. ed.: Subtitled "Contos moçambicanos".
ɔrto, Ed. Afrontamento, 1972. 147 p.;
ɔl, rev. ed.: Coll. O Som e o Sentido, 7.
M., Ed. Académica, 1975. 124 p.;
ɘw (4th) ed.:
Иap.), INLD, 1978. 125 p.;
ɘw (5th) ed. Ibidem, 1984. 111 p.;
h ed.: Coll. Ficções.
ɔrto, Ed. Afrontamento, 1988. 144 p.
Зelgian ed.: *Nous avons tué le chien-tei-*
ʼneux. French trans. Ndoba Gasana.
ɔuvain, Ed. Université Catholique, 1973. 73 p.
ʼupl.)
Зrazilian ed.: Coll. Autores Africanos, 4.
Paulo, Ed. Ática, 1980. 96 p.
Ξnglish ed.: *We killed Mangy-Dog and other*
ʼozambican stories. Trans. Dorothy Guedes.
ɔll. African Writers series, 60.
ɔndon, Ed. Heinemann, 1969. 117 p.;
ɘw ed. Ibidem, 1974.
wo of the translated stories had been published
ʋ D. Guedes, "The old woman" ("A velhota") in
ɭassic, v. 1, n. 3. Johannesburg, 1964, and "We
ɭled Mangy-Dog" in London Magazine, London,
ʼ67. The same trans. of the latter also in Chinua
ɔhebe & C. L. Innes, *African short stories.* Ox-
ʼrd (England), 1985.]
Зerman ed.: *Wir haben den räudigen Hund*
ʼtötet,* trans. Friedhelm Liene. Pref. Reiner Ar-
ɔld.
ɘipzig, Ed. Reclam Junior, 1980. 120 p. II.
Ɽussian ed.: *My ubivaem Parzhivuiu Sobaku,*
ɪns. & pref. L. Nekrassova.
ɔscow, 1967. 95 p.
Зenegalese ed.: *Nous avons tué le chien-tei-*
ʼɘux, French trans. Ndoba Gasana.
ɪkar. Abidjan & Lomé, Ed. Les Nouvelles Édi-
ns Africaines, 1983. 87 p.   (ST)

ɔ70. *Papá, cobra e eu.* Coll. Capricórnio, 31.
bito(Angola), Ed. Capricórnio, 1975. 19 p. (ST)

2671. Varia:
"Inventário de imóveis e jacentes," In ¨Mensa-
gem, v. 16, n. 1. Lis., July 1964, p. 86, 88, 90.
"O cão tinhoso" [i.e. "Nós matámos o cão-tinhoso"] and "As mãos dos pretos." In M. de Andrade,
¨Literatura africana de expressão portuguesa,
v. 2, Prosa. Algiers, 1968, p. 238ff.
"Papá, cobra e eu." In A. César, Antologia do
conto ultramarino. Lis., 1972, p. 189-203.
[Everyone of these stories was part of the
collection Nós matámos o cão-tinhoso, Honwana's only published work so far.]   (ST)

HONWANA   Raúl Bernardo Manuel
2672. *Memórias - Histórias ouvidas e vividas*
dos homens e da terra.
Map., AEMO, & Porto,Asa, 1985. 143 p.;
2d ed. Ibidem, 1989. 143 p.   (SK)

JO¨AO   Mutimati Barnabé   Vide **DIAS**
João Grabato

JORGE   Filomena
2673. *Eu...*
Lis., pr.pr., 1984. 185 p.   (P, SK)

JUSTO   Cipriano Pires
2674. *Em lugar de estar.*
Lis., pr.pr., 1976. 83 p.   (P)

2675. *Ghetto.* Pref. Fernando de Magalhães.
L. M., pr.pr., 1969. 117 p
[Suppressed by the censor.]   (P)

2676. *Nesta cidade em que o poeta é agora*
focinho de leitão. Coll. Lupamba.
Lis., pr.pr., (1971). 12 p. not num.
(P)

2677. *Residência fixa.* Coll. Os Olhos e a
Memória, 26.
Porto, Ed. Limiar, c. 1981.   (P)

2678. *Veneza.* Coll. Os Olhos e a Memória, 19.
Porto, Ed. Limiar, 1982(?)   (P)

"KALUNGANO" Vide **SANTOS** Marcelino
dos

"KHAMBANE   Chitlangou (i.e. **MONDLA-**
NE   Eduardo Chivambo)

CLERC André Daniel
2679. *Chitlango filho do chefe.*
Map., Ed. Cadernos Tempo, 1990. 221 p. NO)
- English ed.: *Chitlangou, son of a chief,* trans.
Margaret A. Bryan. Pref. Alan Paton.
London, Ed. United Society for Christian Litera-
ture, 1950. 208 p. II.;
New, fac-simile ed. of the English ed.
Westport, Connecticut(USA), Ed. Negro
University Press, 1970.
- French ed.:*Chitlangou, fils de chef.* Coll. L'Ac-
tu alité Protes tante.
Neuchâtel(Switzerland) & Paris, Ed. Delachaux &
Nestlé, 1946. 258 p. II. Alex Billeter.
- German ed.: *Schitlangu, der Sohn des Häupt-
lings,* trans. Anni Hauser.
Zurich, Ed. Wanderer-Verlag, 1950. 192 p. II.

[The novel contains the lyrics and notes of 5
songs and hymns of the Tongas and Zulus, as
well as 3 of their folktales. A similar fictionalized
biography of a Tonga youth up to his conversion
to Christianity was published by Henri A. Junod,
Zidji, Études de moeurs sudafricaines. Saint
Blaise(Switzerland), Ed. Foyer Solidariste, 1910.
vi,333 p.] (NO)

KHAMBIRAI Khambira
2680. *Xitala-Mati.*
Map.(?), AEMO(?), c.1990. (ST)

2681. Varia:
"O caso Muzila." In Charrua, v. 1, n. 3. Map., October 1984, p. 20ff. (ST)

KHAN Gulamo
2682. *Moçambicanto.* Pref. J. Craveirinha.:
"Missiva póstuma para o Gulamo." Coll. Timbila, 8
especial.
(Map.), AEMO, 1990. 79 p.
[Posthumous , organized by A. Magaia, Calane
da Silva, J. Craveirinha and Júlio Navarro.] (P)

KHOSA Ungulani Ba Ka
2683. *Orgia dos loucos.* Coll. Karingana, 13.
Map., AEMO, 1990. 95 p. (ST)

2684. *Ualalapi.* Coll. Início, 6.
(Map.), AEMO, 1987. 87 p.;
2d ed. Coll. Uma Terra Sem Amos, 50.
Lis., Ed. Caminho, 1991. 125 p.
[About Chief Gungunhana.] (N)

2685. Varia:
"Dirce, minha deusa, nossa deusa."
1982.
[His first published writing.] (ST)

KNOPFLI Rui Manuel Correia
2686. *A ilha de Próspero. Roteiro privado da
ilha de Moçambique.* Pref. Alexandre Lobato [in
verse]. Postface by the author.
L. M., Ed. Minerva Central,1972. 140 p. II.
[De luxe album of photos and texts by the poet];
2d, rev. & enl. ed.: *A ilha de Próspero. Roteiro
poético da Ilha de Moçambique.*
Lis., Edições 70, 1989. 144 p. II.
[With 2 more poems, more photos and a new
postface by the author.] (P)

2687. *Mangas verdes com sal.* Pref. Eugénio
Lisboa: "Nota muito sumária a propósito da
poesia em Moçambique." Coll. N'Goma, 1.
L. M. & Mem Martins(Portugal), Publicações
Europa-América(Distributor), 1969. 160 p.;
2d, rev. & enl. ed. Pref. Eugénio Lisboa: "Aden-
da".
L. M., Ed. Minerva Central, 1972. 180 p. (P)

2687. *Máquina de areia.* Coll. Poetas de
Moçambique, 4.
Beira, Ed. Notícias da Beira, 1964. (P)

2688. *Memória consentida. 20 anos de poesia
1959/1979.* Pref. Luís Sousa Rebelo. Coll. Biblioteca de Autores Portugueses.
(Lis.), Ed. Imprensa Nacional/Casa da Moeda,
(1982). 411 p. (P)

2689. *O corpo de Atena.* Coll. Biblioteca de
Autores Portugueses.
Lis., Ed. Imprensa Nacional/Casa da Moeda,
(1984). 74p. (P)

2690. *O escriba acocorado.* Pref. Eugénio
Lisboa: "A voz ciciada, ensaio de leitura da
poesia de Rui Knopfli." Coll. Círculo de Poesia,
87.
Lis., Liv. Moraes Ed., 1978. 71 p. (P)

2691. *O país dos outros.* Poemas.
L. M., pr.pr., 1959. 95 p. II. author. (P)

2692. *Reino submarino.* Coll. Cancioneiro de

Moçambique, 1.
L. M., Ed. Publicações Tribuna, 1962. 117 p. II.
J. Garizo do Carmo. (P)

2693. Varia:
"Sumina". In Itinerário, v. 9, n. 91. L. M., July
1949, p. 8.
"Hide-and-seek." In Bandarra, v. 6, n. 65. Porto,
October 1958, p. 5.
"A inelutável viagem", "Sobrevivência", "Direc-
ção proibida", "Dawn". In Various Authors, Notí-
cias do Bloqueio. Porto, 1959, p.139-145.
"Naturalidade", "Kwela para amanhã", "Dawn",
"Winds of change","Mulato", "Chituvane". In
A. Margarido, Poetas moçambicanos. Lis., 1962,
p. 107-112.
"Naturalidade". In J. A. das Neves, Poetas e
contistas africanos. S. Paulo, 1963, p. 61.
"Naturalidade", "Dawn", "Hidrografia", "Vento da
tarde","Novo testamento", "Epitáfio", "Surdo e
firme", "Proposição", "Mangas verdes com sal",
"O fio da vida." In M. Ferreira, No reino de Caliban, v. 3. Lis., 1985, p. 275-285.
"Naturalidade", "Hidrografia", "Carta ao poeta
Evtushenko a propósito de uma suposta auto-
crítica", "Contrição", "Auto-retrato", "Cântico negro", "Mangas verdes com sal." In M. Ferreira, 50
poetas africanos. Lis., 1989, p. 378-386.
"Mulatto" ("Mulato"). In Don Burness, A horse
of white clouds. Athens, Ohio(USA), 1989,
p. 167. [Bilingual: in Portugues and English
trans.] (P)

LACERDA   Carlos Alberto Portugal Correia
de
2694. Elegias de Londres. Coll. Biblioteca de
Autores Portugueses.
Lis., Ed. Imprensa Nacional/Casa da Moeda,
1987. 73 p. (P)

2695. Exílio. Coll. Poetas de Hoje, 13. Pref.
António Ramos Rosa.
Lis., Ed. Portugália, 1963. 145 p. (P)

2696. Lisboa.
Lis., Ed. Imprensa Nacional/Casa da Moeda,
1987. 13 leaves. II. (P)

2697. Meio-dia.
Lis., Ed. Assírio & Alvim, 1988. 50 p.
[Poems dated Austin, Texas, May 1975.] (P)

2698. Oferenda I. Coll. Biblioteca de Autores
Portugueses.
(Lis.), Imprensa Nacional/Casa da Moeda,
n/d.(1984). 425 p.
[First v. of his complete poems. Incl. 77 poemas.
Palácio. Exílio. Tauromagia. Lisboa and Cor Azul.]
(P)

2699. Poemas.
Lis., Ed. Cadernos de Poesia, 1951. 16 p. (P)

2700. Selected poems. Coll. Tower Series, 8.
Austin, Texas(USA), Ed. University of Texas
Press, 1969. 95 p.
[Bilingual ed., in Portuguese and in English
trans.] (P)

2701. 77 [seventy-seven] poems. English trans.
author & Arthur Waley. Pref. Arthur Waley.
London, Ed. Allen & Unwin, 1955. 85 p.
[Bilingual ed.] (P)

2702. Tauromagia.
Lis., Ed. Contexto, n/d. (c.1981). 35 p. II. Júlio
Pomar. (P)

2703. Varia:
"Recortes na noite." In Trabalhos premiados no
concurso literário organizado pela Empresa
Moderna. L. M., 1945, p.55-59.
"Ao longe, a Vida", "Regresso", "L'isle joyeuse",
"Peregrino", "Mandimba Metónia Vila Cabral",
"Lago Niassa", "Desespero", "Renúncia",
"Recordação", "Eu vou partir." In M. Ferreira, No
reino de Caliban, v. 3. Lis., 1985, p. 60-68. (P)

LACERDA   Maria
2704. Cada dia tem o seu encanto.
L. M., pr.pr., 1973. 108 p. (P)

2705. Varia:
"Fim de dia." In "Artes e Letras" of A Voz de
Moçambique, v. 3, n. 47. L. M., 15 April 1962,
p. 6, 11.
"Pau preto". Ibidem, v. 5, n. 162. L. M., 27
December 1964, p. 6, 8. (ST)

LEITE   Ana Mafalda
2706. Canções de alba. Pref. João Rui de
Sousa.
Lis.(?), 1989. (P)

2707. *Em sombra acesa.* Coll. Chão da Palavra.
Pref. Paula Morão.
Lis., Ed. Vega, 1984. 103 p.   (P)

LEMOS   Virgílio Diogo de ("Duarte Galvão")
2708. *L'obscure pensée d'Alice.* Pref. Américo
Nunes.
Paris, ed. Éditions de la Différence, 1989. 96 p.
(P)

2709. *Objet à trouver.*
Paris, Ed. Éditions de la Différence, 1988. 127 p.
[Inspired by living on two islands, that of Noirmou-
tier, France, and that of Ibo, Mozambique. "Ciclo
de Ibo" is in Portuguese, with the French trans.
by A. Nunes.]   (P)

2710. *Poemas do tempo presente.*
(L. M., Ed. Artes Gráficas, 1960.) 93 p.
[Upon publication seized by the Polícia Políti-
ca.]   (P)

2711. Varia:
"Negro" and "Destino". In msaho, n. 1. L. M., 25
October 1952, p. 7.
'Xampungana". In Itinerário, v. 13, n. 14). L. M.,
Ocotober 1954 p.5, 3.
"Tocador de piana", "Canção de Namuno a
Chiloa", "Cantemos com os poetas do Haiti", "Jo-
hannesburg, 40-54 Edith Cavell Street 12-26
Kapteingust." In A. Margarido, *Poetas moçam-
bicanos.* Lis., 1962, p. 35-39.
"Tocador de piana." In J. A. das Neves, *Poetas e
contistas africanos.* S. Paulo, 1963, p. 63.
"Negro", "Canção de Namuno a Chiloa", "Mãe
negra", "Cantemos com os poetas de Haiti", "Pai-
sagem", "Native song no.1." In M. Ferreira, *No
reino de Caliban,* v. 3. Lis., 1985, p.151-159. (P)

"Journal de prison: expériences d'un prisonnier
politique au Mozambique." In Présence Africaine,
n. 54. Paris, 2d quarter 1965, p. 203-220.
[Written while imprisoned in L. M. from 6 October
1961 till 7 July 1962.]   (SK)

LIMA   Alfredo Pereira de
2712. *Os milhões de Kruger.* Pref. Alexandre
Lobato.
L. M., pr.pr., 1963. 82 p. Il.   (N)

LIMA   Fernando de Araújo

2713. *A última viagem do Infante.*
L. M., Ed. Minerva Central, 1960. 18 p.   (ST)

2714. *O senhor Morgado.* Coll. Textos
Moçambicanos, 2.
(L. M.), Ed. Associação dos Naturais de
Moçambique, 1959. 24 p.   (T)

LISBOA   Eugénio Almeida ("John Land")
2715. *A matéria intensa.* Coll. Poetas da Diáspora.
Baden(Switzerland), Ed. Peregrinação, (1985).
68 p.
[Poems of 1974-1984.]   (P)

2716. Varia:
"O rosto". In Notícias da Beira, Beira, 17 Decem-
ber 1972.
"Veneza revisitada". Ibidem. Beira, 25 February
1973.
"Terra irónica". Ibidem. Beira, 24 June 1973.
"Odisseia". Ibidem. Beira, 22 July 1973.
"Viver, Fernando". In Notícias. L. M., 25August
1973.
"Fernando Pessoa". In Notícias da Beira. Beira, 2
September 1973.
"O mestre de Santiago." In A Voz de Moçambi-
que, v. 14, n. 396. L. M., 23 December 1973,
p. 12.
One poem each in "Convergência" of Ecos do
Norte, n. 19, 21, 24, 31. Malanje(Angola), 24 Fe-
bruary, 24 March, 12 May, 29 September 1974.
"Origem". In Notícias. L. M., 7 November 1974.
"O rosto", "Veneza revisitada", "Terra irónica",
"Odisseia", "Fernando Pessoa", "Viver, Fer-
nando", "Origem". In M. Ferreira, *No reino de
Caliban.* Lis., 1985, p. 393-398.   (P)

LOBATO   Alexandre Marques
2717. Varia:
Poems and stories in literary supplements of
Mozambican newspapers, such as Tempo, L. M.
(P, ST)

LOBO   Conceição
2718. *Caminhos ensinados, ou histórias que
me conto.* Pref. Rui Knopfli.
(L. M., pr.pr., 1974.) 75 p.   (ST)

LOBO   Maria Manuela de Sousa
2719. Varia:
"Mescalina". In Africa, v. 1, n. 5. Lis., July/Sep-

tember 1979, p. 571.
"Dois anti-sonetos de cobras e lagartos", "Maga-
íça-kid", "Nosso cajueiro", "Contrato manso",
"Angola, 11. 11. 75", "Canção do Marão." In M.
Ferreira, *No reino de Caliban*, v. 3. Lis., 1985,
p. 457-465.   (P)

"Amêjoé". In Áfri<u>ca</u>, v. 1, n. 1. Lis., July 1978,
p. 43f.   (ST)

LOPO   Constantino de Castro ("Bento de
Castro")
2720.*José ben Jacob.* 1 acto em verso.
L. M., Liv. Minerva Central Ed., 1960. 28 p. not
num. Il. author.   (T)

2721.*Poemas bárbaros.*
L. M., pr.pr., 1960. 173 p. Il. author.   (P)

2722.*Sem rumo.*
L. M., pr.pr., 1961. 99 p. Il. Clementina Franco.
                                               (P)

2723.*Terra mártir.*
L. M., pr.pr., 197771. 102 p. Il. author.
[Animal stories written for his grandchildren and
poems, among them "Terra mártir "about the de-
sert of southwestern Africa.]   (P, ST)

MACEDO   Hélder
2724.*Partes de África.* Coll. Novos
Continentes, 47.Lis., Ed. Presença, 1991. 172
p.[Largely autobiographical, but including narratives and essays.]   (NO, SK, ST)

MACEDO   L. Fonseca
2725.*Um erro de Deus.* Recordações de
Moçambique.
Lis., pr.pr., 1980(?)   (P)

MACIAS   José António
2726.*Luz da essência.*
L. M., pr.pr., 1928. 160 p.   (P)

MAGAIA   Albino
2727.*Assim no tempo derrubado.* Coll. Autores
Moçambicanos, 11.
Lis., Edições 70, & Map., INLD, 1982. 53 p.
[Poems written 1964-1976.]   (P)

2728.*Malungate.* Romance. Coll. Karingana, 2.
Map., AEMO, 1987. 125 p.   (NO)

2729.*Yô Mabalane!* Coll. Depoimentos, 2.
(Map.), Ed. Cadernos Tempo, 1983. 78 p.
[His experiences in the Mabalane concentration
camp.]   (SK)

2730. Varia:
Poems in A Tribuna. L.M., 1963, O Brado Africa-
no. L. M., 1964, and in "Diálogo" of Notícias da
Beira, c.1980.
"Descolonizámos o land-rover." In Áfri<u>ca</u>, v. 2,
n. 5. Lis., July/September 1979, p. 584f.
"Na praia da Catembe", "Descolonizámos o land-
rover", "Makipo de sentimentos", "Seremos
dois", "Mulher". In M. Ferreira, *No reino de
Caliban*, v. 3. Lis., 1985, p. 441-446.
"No sul, nada de novo" and "Arco-iris". In Various
Authors, *As palavras amadurecem*. Beira, 1988,
p. 14f.   (P)

MAGAIA   Lina
2731.*Dumba Nengue.* Histórias trágicas do
banditismo, 1. Coll. Depoimentos, 4.
Map., Ed. Cadernos Tempo,(1987).
[Prose sketches first published in the review
Tempo in 1986.]
- Brazilian ed.: Coll. Autores Africanos, 26.
S. Paulo, Ed. Ática, 1990. 88 p. Il.
- North American ed.: *Dumba Nengue: Run for
your life*. Peasant tales of tragedy in Mozambi-
que. English trans. Michael Wolfers. Pref. Allen
Isaacman. Historic introduction L. Magaia.
Trenton,New Jersey(USA), Ed. Africa World
Press, 1988. (6), 113 p. Il. Sérgio Tique.
[Dumba Nengue is the name of a region south of
the town of Homoíne, Mozambique.]   (SK)

MAGALH˜AES   António
2732. Varia:
One poem each in "Artes e Letras" of A Voz de
Moçambique, v. 5, n. 128, 156, 165, and v. 6,
n. 174. L. M., 9 May, 22 November 1964, 24 January, 2 May 1965.   (P)

MAGALH˜AES   Manuel Fernando
2733. *3* [Três] *x 9 = 21.* Crónica. Pref. author.
Coimbra, pr.pr., 1959. 148 p.   (SK)

MAIA   Carlos Roma Machado de Faria e ("Carlos de Sousa")
2734.*Nostalgia africana.* Verídicas narrativas...
Lis., pr.pr., 1936. xxii, 322 p. Il.

[Contains sketches of African customs, stories, dated 1898-1910, and "Versos de um velho colonial."]   (P, SK, ST)

2735. *Recordações de África.* Verdadeiras narrativas de viagens, caçadas, combates e costumes indígenas, marchas pelo interior e navegação dos rios.
Lis., pr.pr., 1929. 399 p. II.   (SK, ST)

2736. *Scenas africanas (1897-1917).*
Lis., pr.pr., n/d (1918?).   (SK, ST)

MAMEDE Jorge Paes de Oliveira
2737. *Nas costas d'África.* Episódios e narrativas.
Lis., pr.pr., 1930. 320 p.   (SK)

"MARIA Carlos" (i.e. **PINTO** Carlos Alberto de Oliveira)
2738. Varia:
"Uma caçada nos Dembos." In Itinerário, v. 9, . 96. L. M., December 1949 p. 9.
"Protesto" and "Confidência". Ibidem, v, 10, n. 104. L. M., August 1950, p. 9.
"Balada do rio traiçoeiro" and "Tabacal". Ibidem, v. 10, n. 130. L. M., July 1951, p. 7.
"Fonte", "Lenda", "Momento". Ibidem, v.10, n. 116. L. M., October 1951, p. 7.
"Eternidade". In "Da Mulher" of O Brado Africano. L. M., 26 February 1955, p. 5.
"Poema esquecido". In "O Brado Literário" of O Brado Africano . L. M., 5 February 1955, p. 3.
"O clamor que vem da rua", "A irmã", "Balada triste". In "Divulgação Cultural" of ibidem. L. M., 12 March 1955, p. 3
"Cantiga de Godido." Ibidem. L. M., 2 April 1955, p. 5.
"Canção alheia". In "Divulgação Cultural" of ibidem. L. M., 30 April 1955, p. 5.
"Três cantigas de amor" and "Poema eterno". Ibidem. L. M., 4 June 1955, p. 5.
"Apontamento". Ibidem. L. M., 23 July 1955, p. 5.
"Canção dolente da madrugada." Ibidem. L. M., 15 October 1955, p. 5.
"Ode cansada". Ibidem. L. M.,31 December 1955, p. 5.
"Canção do menino pobre." Ibidem. L. M., 14 April 1956, p. 1.
"Quando o homem chegou", "Paisagem", "Partida", "Balada triste". In L. Polonah, *Poetas mo-*

çambicanos. Lis., 1960, p. 82ff.
"Balada do rio traiçoeiro", "Tabacal", "Paisagem", "Balada triste". In A. Margarido, *Poetas moçambicanos.* Lis., 1962, p. 29ff.   (P)

MARIA Irelândia
2739. *Devaneios.* Sonetos.
L. M., pr.pr., 1954. 70p.   (P)

MARQUES Álvaro Belo
2740. *Coisas que só acontecem na "Flor de Lótus".* Peça infantil em 1 acto, Coll. Teatro, 6. (Map.), INLD, 1981. 19 p. II. Maria Senzoni.
[For children.]   (T)

2741. *O pirilampo e o grilo.* Coll. Periquito. Map., INLD, 1981.
[For children.]   (ST)

MARTINS Isabel
2742. *A cobra cuspideira e o sapo.* Coll. Periquito.
Map.,INLD, 1980.
[For children.]   (ST)

2743. *O coelho e a onça.* Coll. Periquito. Map., INLD, 1980.
[For children.]   (ST)

MASSINGUE Virgílio
2744. *Grito e luta de um povo. 480 anos de negação, proibição, vinho e prisão.*
n/p.(Lis.?), pr.pr., n/d.(1974). 8 p. II. author. (P)

MATOS Eduardo Correia de
2745. *Aconteceu em África.* Romance.
L. M., pr.pr., 1955. 296 p.   (NO)

2746. *Há quem se esqueça de viver.* (Romance africano).
Lis., Parceria A.M. Pereira Ed.,1934. 470 p.(NO)

2747. *Mundo dos mundos.* Pref. author.
L. M., pr.pr., 1955. 308, 6 p.   (NO)

2748. *Terra conquistada.* Coll. Romancistas de Hoje, 3.
Lis., Ed. Gleba, 1946. 366 p. II.   (NO)

2749. Varia:
"O leão enfeitiçado." In Moçambique, n. 7. L. M., 1936, p. 103-111.

p. 73f. (ST)

MATOS Víctor
2750."Negro, Mãe Lua morreu." Ms.
["A book of poems perhaps now lost," according to O. de Albuquerque, in "O grupo moçambicano de Coimbra", Lu., 1972.] (P)

MATSINHE Inácio
2751.*Transformei-me em tartaruga para
resistir.*
Coll. Artistas de Moçambique, 1.
Lis.,Casa Viva Ed., n/d.(1974?) 79 p. II. author.
[Incl. 12 poems and 2 brief stories, beside
interviews, documentation and articles about
him and his paintings.] (P, ST)

MEDINA da Silva João Augusto
2752.*A ilha está cheia de vozes*. Novela. *Três
histórias plausíveis*. Contos. Coll. Textos
Vértice, Prosadores Contemporâneos, (1).
Coimbra, Atlântida Ed., 1971. 109 p.;
2d, rev. & enl. ed.: *A ilha está cheia de vozes
ou Robinson na ilha dos autómatos*. Romance
seguido de *Sete histórias plausíveis*. Contos.
Coll. Prazer do Texto, (2).
Lis., Ed. Arcádia, 1978. 165 p. (NO, ST)

2753. Varia:
"Fragmento de um poema", "Outro fragmento".
In A. Barroso, F.H. Pais Brandão, G. Cruz, J.M.
Vieira da Luz, R. Namorado, *Antologia de poe-
sia universitária*. Lis., Portugália Ed., 1964, p.
100-104. (P)

"A ilha está cheia de vozes" (Fragmento de uma
novela.) In Vértice, v. 30, n. 315/316. Coimbra,
April/May 1970, p. 284-307. (ST)

MELO Guilherme José Fernandes de
2754.*A estranha aventura*. Coll. Prosadores de
Moçambique, 3.
Beira, Ed. Notícias da Beira, 1961. 248 p. II. Jorge Garizo do Carmo. (ST)

2755.*A menina Elisa e outros contos*. Coll.
Textos Moçambicanos, 1.
(L. M.), Ed. Associação dos Naturais de Moçambi-
que, 1960. (ST)

2756.*A sombra dos dias.* autobiog n.
Lis., Ed. Bertrand & Círculo de Leitores, 1981.
549 p. (NO)

2757.*As raízes do ódio*. Coll. Autores
Portugueses. 45/46.
Lis., Ed. Arcádia, 1965. 305 p. II. author's por-
trait. Pocketbook ed.
[Seized as "subversive" upon publication in
Lis. and L. M.];
2d ed.:
Beira,Ed. Notícias da Beira, 1991. (NO)

2758.*Menino Candulo, senhor comandante.*
Conto.
L. M., pr.pr., 1974. 47 p. II. (ST)

2759.*O que houver de morrer.*
Lis., Ed. Notícias, 1989. 215 p. (NO)

2760.*Os leões não dormem esta noite*. Pref.
Fernando Dacosta. Coll. Excelsior.
Lis., Ed. Notícias, 1989. 250 p.
[Fictionalized biography of Ngungunhana, the
king of the Nguni people of Gaza, 1845-1906.]
(NO)

2761. Varia:
"Monomocaia!", "Balada para a velha ilha",
"Anda, vá, conta uma história...", "Balada".
In A. Margarido, *Poetas moçambicanos*. Lis.,
1962, p.60-64.
"Balada para a velha ilha." In *Moçambique-64*.
Beira, Ed. Notícias da Beira, 1964, p. 118. (P)

MENDES Orlando Marques de Almeida
2762.*Adeus de gutucúmbui*. Poesia. Coll. O
Som e o Sentido, 3.
L. M., Ed. Académica, 1974. 105 p. (P)

2763.*A fome das larvas*. Poesia. Coll. O Som e
o Sentido, 6.
(L. M.), Ed. Académica,(1975). 55 p. (P)

2764.*As faces visitadas*. Coll. Timbila, 4.
Map., AEMO, 1985. 56 p. (P)

2765.*Clima.*
Coimbra, pr.pr., 1959. 70 p. (P)

2766.*Depois do sétimo dia*. Coll. Cancioneiro
de Moçambique, 3.

L. M., Ed. Publicações Tribuna, 1963. 159 p. (P)

2767. *Habitação das vozes.*
Map., AEMO, 1988 or 1999. (P)

2768. *Lume florindo na forja.* Coll. Autores
Moçambi ca nos, 3.
Lis., Edições 70, & Map., INLD, 1980. 126 p. (P)

2769. *Minda.* Coll. Karingana.
Map., AEMO, 1988(?) (ST?)

2770. *O menino que não cresceu.*
Map., INLD, 1986.
[For children.] (ST)

2771. *País emerso.* Caderno 1. Poesia, contos,
teatro.
L. M., pr.pr., 1975. 95 p.
[15 poems, 2 stories ""O segredo" and "A reu-
nião", and a play "Na machamba de Maria -
Sábado às 3 horas da tarde."] (P, ST, T)

2772. *País emerso.* Caderno 2. Poesia talvez
necessária.
Map., pr.pr., 1976. 62 p. (P)

2773. *Papá operário mais 6 histórias.*
Coll. Xirico, 7.
Map., INLD, 1980. 47p. II.;
2d ed. Ibidem, (1983). 47 p. II. Berndt Moos-
Moosmann.
[For children.] (ST)

2774. *Portagem.* Romance. Coll. Prosadores de
Moçambique, 6.
Beira, Ed. Notícias da Beira, 1965. 277 p.;
2d ed.: Coll. Autores Moçambicanos, 8.
Lis., Edições 70, & Map., INLD, 1982. 163 p.
- Brazilian ed.: Coll. Autores Africanos, 9.
S. Paulo, Ed. Ática, 1981. 175 p. (NO)

2775. *Portanto, eu vos escrevo.*
(Viseu, Portugal),pr.pr., 1964. 71 p. (P)

2776. *Produção com que aprendo.* Poesia e
pequenas histórias.
(Map.), Ed. Publicações Notícias & INLD, 1978.
109 p. (P, ST)

2777. *Roda dentada.*
(Map.?) c. 1990. (P?)

2778. *Trajectórias.*
Coimbra, pr.pr., 1940. 33 p. (P)

2779. *Um minuto de silêncio.* Teatro. Coll.
Prosadores de Moçambique, 7.
Beira, Ed. Notícias da Beira, (1970). 263 p.
[3 plays: "O cerco","""E um dia, a esta hora", "Um
minuto de silêncio."] (T)

2780. *Véspera confiada.*
L. M., Liv. Académica Ed.,1968. 106 p. (P)

2781. Varia:
"Carta do capataz da Estrada 95." In Various Auto
res. Coll. Imbondeiro, 4. Sá da Bandeira(Angola),
Ed. Imbondeiro, 1960, p. 19-22.
"Evolução", "Cinco horas da manhã", "Ponte
pénsil", "Carta do capataz da Estrada 95." In A.
Margarido, *Poetas moçambicanos.* Lis., 1962, p.
99-104.
"Encontro", "Cinco horas da manhã", "História",
"Passagem de nível", "Respiração", "Liberdade",
"Instante para depois", "Povo-força", "Espaço e
frase", "Este nosso país." In M. Ferreira, *No rei-
no de Caliban,* v. 3. Lis., 1985, p. 11-120.
"Comércio", "História", "Sucessão dos dias",
"Exortação", "Mini-bazar", "Natais". In M. Ferrei-
ra, *50 poetas africanos.* Lis., 1989, p. 316-
322. (P)

"A história do Berlindes." In A. César, *Antologia
do conto ultramarino.* Lis., 1972, p. 213-218.
(ST)

MOMPL´E Lília
2782. *Ninguém matou Suhura.* Pref. Bernardo
Honwana. Coll. Karingana, 8.
Map., AEMO, 1989. 85 p. (SK)

MONTEIRO Fernando Amaro
2783. Varia:
"Maria Octávia". In "Artes e Letras" of A Voz de
Moçambique, v. 5, n. 119. L. M., 7 March 1964,
p. 7, and n. 120. L. M., 14 March 1964, p. 6f.
"Cela".Ibidem, v. 6, n. 174. L. M., 2 May 1965,
p. 8. (ST)

MONTEIRO FILHO Germano Coutinho de
Campos
2784. *Calvário de uma alma ruim.* Novela
africana. Coll. Civilização, 99.

Porto, Liv. Civilização Ed., 1938. 192 p.
(N)

2785. *Céus de fogo*. Romance exótico. Pref.
Campos Monteiro.
Porto, Liv. Civilização Ed., 1933. 257 p.;
2d ed.: Coll. Nossa Civilização, 17.
Porto, Liv. Figueirinhas Ed., (1959). 262 p. (NO)

2786. *40 [quarenta] graus à sombra*. Histórias e
novelas africanas.
Porto, Liv. Tavares Martins Ed., 1939. 213 p.
[Posthumously published.] (N, ST)

2787. Varia:
"Um drama na selva." In A. César, *Antologia do
conto ultramarino*. Lis., 1972, p. 155-175. [From
40 graus à sombra. Porto, 1939.] (ST)

MONTENEGRO Manuela
2788. *O cavalo árabe*.
Lis., Ed. Luz, 1963. 123 p. Il.author's portrait.
[Incl. also stories from Goa, India.] (ST)

MONT'ES Caetano
2789."Colonos". Ms. (1941).
[Mentioned by Rodrigues Jr. in *Alguns aspectos culturais do turismo em Moçambique*. L.
M., 1961, p. 41.] (T)

2790."Mato". Ms. 1941(?). (T)

MORA Dési
2791. Varia:
"Eu, tu, nós somos o povo", ""Retalhos", ""Mulher moçambicana", "Nós somos a Frelimo", "Ontem e hoje!" In P. Carlos,*As armas estão acesas nas nossas mãos*. Porto, 1976, p. 47-56.
(P)

MORAES Alberto de
2792. *Kate. Lever le rideau*.
L. M., Ed. Minerva Central, 1918. 53 p. (T?)

MOREIRA Pires
2793. *Saudades de maio aos pés de N.a S.ra
das Ondas*.
L. M., pr.pr., 1957. 78 p. (P.SK)

MOTA José Ferraz da
2794. *Vento nos pinhais*. Contos.
L. M., pr.pr., 1973. 120 p. (ST)

MOTA J'UNIOR Joaquim
2795. *O feitiço do império*.
Lis., Agência-Geral das Colónias, 1940. 198 p.
(NO)

MUGE Amélia
2796. *O girasol*. Coll. 1,2,3: Era Uma Vez, 2.
(Map., INLD, 1983.) 27 p. not num. II. author.
[For children.] (P)

2797. *Viagem ao meio das nuvens*. Coll. 1,2,3:
Era Uma Vez, 1.
(Map., INLD, 1983.) 31 p. not num. II. author.
[For children.] (ST)

MUIANGA Aldino
2798. *Magustana*.
Map.(?), AEMO(?), c. 1990. (N)

2799. *Xitala Mati*. Estórias. Pref. Fernando
Manuel. Coll. Início, 7.
Map., AEMO, 1987.
[The title refers to the suburbs of Maputo.] (ST)

MUTEIA Hélder
2800. *A verdade dos mitos*. Coll. Timbila. 7.
Map., AEMO, 1988. 108 p. (P)

2801. Varia:
"Ai, o mar" and "Aspirações". In Various Authors,
As palavras amadurecem. Beira, 1988, p. 67.(P)

'MWAPARRA"
2802. *Chiquinho malandrinho*. Coll. Teatro, 4.
(Map.), INLD, 1980. 31 p. II. Ivone Luís.
[For children.] (T)

NARGOY Nurmahomed
S'ERGIO Paulo
2803. *Dorinha*. Coll. Pirilampo, 9.
(Map.), INLD, (1981). 16 p. II. Ernesto Abel.
[For children.] (ST)

NASCIMENTO Abílio Augusto de Brito e
("Ruy Sant'Elmo")
2804."África, menina e moça." Ms. c.1949.
[Performed on 24 July 1955 at the Teatro Varie-
tá, L. M.] (T)

NAVARRO de Andrade António de Labatt de
Soutomaior

2805.*Águia doida*. Poemas de África. Coll.
Poesia, 42.
Lis., Ed. Panorama, 1961. 161 p.   (P)

2806.*Coração insone*. Pref. João Gaspar
Simões, Franco Nogueira.
Lis., Agência-Geral do Ultramar, 1971. 224 p. II.
Neves e Sousa.
[His collected African poems, incl. a new section,
"Vigília distante". The pref. was taken from *Poemas d'África.]*   (P)

2807.*Poemas d'África*. Pref. João Gaspar
Simões.
Lis., Portugália Ed., 1941. 60 p.
[The same poems were incl. in*Coração insone*,
1971.]   (P)

NAVARRO   António Modesto
2808.*Ir à guerra*. Romance.
Lis.,Ed. Futura, 1974. 243 p.
[On the war for independence of Mozambique.]
(NO)

2809.*História do soldado que não foi condecorado*. Contos.
Lis., pr.pr., 1972. 109 p.
[Also on the war for Mozambican independence.]
(ST)

2810.*País de enquanto*. Romance. Coll. N. A.
Orion, 6.
Lis., pr,pr., 1975. 113 p.   (NO)

NEVES   Francisco José da Graça de Sousa
2811.*Desobediências e encantamentos*.
Poemas e canções.
Lis., (Ed. A Triunfadora). 1985. 61 p.   (P)

2812.*Lira extante*. Poemas e canções.
Lis., pr.pr.,1969. 53 p.   (P)

2813.*Magna carta*. Poemas. Coll. Poesia e
Verdade.
Lis., Guimarães Ed., (1962). 46 p.   (P)

2814.*Mundo mais longe*.
Lis., Ed. Ática, 1958. 79 p.   (P)

2815.*Novelas de Narciso*. Coll. A Antologia em
1958.
(Lis., pr.pr., 1958.) 17 p. II.   (ST)

2816.*Tarantela*. Romance.
L. M., pr.pr., 1956. 139,1(err.) p.   (NO)

2817.*Terceiro sol*. Poemas e canções.
Lis., pr.pr., 1967. 51 p.   (P)

2818. Varia:
"Canção dos barcos no porto a transbordar",
"Ode ao amor", "Canto da flor do algodão", "Canto da terra seca", "Encantamento para transformar
os homens em hienas", "Canto de Ngungulo",
"Canto da aldeia feliz", "Ode à África." In M. Ferreira, *No reino de Caliban*, v. 3. Lis., 1985,
p. 257-264.   (P)

'NINGUAS   Brian Tio" (i.e.**MANINGUANE**
Baltazar Bartolomeu)
2819. Varia:
"Madrigal", "O luar abraça o tempo", "A Josina,
heroína sorridente." In África, v. 3, n. 11. Lis., January/June 1981, p. 100f.
"Criança e sonho", "Criança e pátria", "Mensagem". In Forja, n. 3. Map., October/December
1988, p. 10.
"Companheira da labuta", "Amar", "Poema real".
In Various Authors, *As palavras amadurecem*.
Beira, 1988, p. 30ff.   (P)

"NOGAR   Rui" (i.e. **BARRETO**   Francisco
Rui Moniz)
2820.*Silêncio escancarado*. Coll. Autores
Moçambicanos, 7.
Lis., Edições 70, & Map., INLD, 1982. 94 p.
[Poems written between 1954 and 1977, most of
which were inspired by the experience of being
a political prisoner.]   (P)

2821. Varia:
"Poema". In O Brado Africano. L.M., 24
December 1955, p. 3.
"Poesia do guerrilheiro involuntário." Ibidem. L.
M., 17 March 1956, p. 1.
"Xicuembo". In Bandarra, v. 6, n. 65. Porto, October 1958, p. 9.
"Certidão urbana psíquica", "Superlotação", "Xicuembo", "Elegia a mamana Isabel que tinha 56
anos quando morreu António Caetano." In Various Authors, *Notícias do bloqueio*. Porto,
1959, p. 146-152.
"Poesia do guerrilheiro involuntário." In L. Polonah, *Poetas moçambicanos*. Lis., 1960, p. 67-

70.
"Antiempírico". In A Voz de Moçambique, v. 1,
n. 8. L. M., 31 July 1960, p. 6.
"Elegia a mamana Isabel..." In "Artes e Letras" of
ibidem, .v. 2, n. 31/32. L. M., August 1961, p. 7.
"Xicuembo" and "Poesia do guerrilheiro involun-
tário." In A. Margarido, Poetas moçambicanos.
Lis., 1962, p. 113-116.
"Xicuembo". In J. A. das Neves, Poetas e
contistas africanos. ssS. Paulo, 1963, p. 64.
"Do himeneu vocabular", "Das rimas transistori-
zadas", "Ciclo vital". In Caliban, n. 1. L.M., 1971,
p. 26f.
"Na zona do inimigo", "Mensagem da Machava",
"As palavras dantigamente." In Various Authors,
Poesia de combate, v. 2. Map.(?), 1977, p. 39-
42.
"As balas doem companheiros" and "Da última
ceia." In África, v. 1, n. 1. Lis., July 1978, p. 83f.
"'Das fontes caducas", "Do valor relativo das in-
tenções", "Da metamorfose quotidiana." Ibidem,
v. 2, n. 8. Lis., April/June 1980, p. 305-309.
[Poems of 1966 and 1969.]   (P)

NOGUEIRA   João
2822. Socorro que de Moçambique foi a
S.Lourenço contra o rei arrenegado de
Mombaça... e vitória que do rei se alcançou
este ano de 1635. Poema épico [in 1 canto.]
Coll. Cadernos Moçambicana. Pref. and notes
Manuel Saraiva Barreto.
L. M., pr.pr., 1971. 107 p.
[Incl. a fac-simile reproduction of the ms. of 1635
and documentation. The poem had been repro-
duced and studied by J. Alcântara Guerreiro in
1950, vide Mozambique, section C.]   (P)

NORONHA   António Rui de ("Cancarrinha de
Aguilar")
2823. Sonetos. Pref. Domingos dos Reis Costa.
L. M., pr.pr., 1946. 78 p. II. author's portrait.
[Posthumously compiled and published. 60
sonnets, unfortunately "corrected" by Reis
Costa. A critical ed. has been announced by
Fátima Mendonça, incl. more poems.]   (P)

2824. Varia:
Several of his earliest poems in Miragem, n. 1
and later. L. M., 12 April 1930 and later.
"Soneto". In África Magazine, v. 1. Lis., March
1932, p. 23.

"Dúvida". Ibidem, n. 2. Lis., April 1932, p. 39.
Poems in O Brado Africano. L. M., 1934-1936.
"Quenguêlêquêze"[i.e. Lua nova]. In Moçambique. L. M., 24 December 1935, and in a different version in L. Polonah, Poetas moçambicanos, Lis, 1960.
"Surge et ambula","Quenguêlêquêze","Carregadores". In A. Margarido, Poetas moçambicanos. Lis., 1962, p. 116-120.
"Grito de alma". In J. A. das Neves, Poetas e
contistas africanos. S. Paulo, 1963, p. 57.
"Amar", "Por amar-te tanto", "Mulher", "Quenguêlêquêze", "Surge et ambula". In M. de Andrade, Literatura africana de expressão portuguesa, v. 1,Poesia. Algiers, 1967, p. 55, 56, 72,
113, 269.
The same poems, except "Surge et ambula" in
M. de Andrade, Antologia temática de poesia
africana, v. 1. Lis., 1976, p. 63-117.
"Surge et ambula", "No cais", "Carregadores",
"Passas leve...", "Mavíkis", "Natal", "Vilancete",
"À tarde", "Eu tenho a pagar 10...", "Quenguelequêze!..." In M. Ferreira, No reino de Caliban,
v. 3. Lis., 1985, p. 37-48.
"Surge et ambula", "Carregadores", "Passas leve...", "À tarde", "Eu tenho a pagar 10...",
"Quenguelequêze!...", "Mulher". In M. Ferreira,
50 poetas africanos. Lis., 1989, p. 306-314. (P)

NORTE   Amália de Proença ("Ália")
2825. Almas de mulher.
L. M., pr.pr(?)., 1937.   (ST)

2826. Em Portugal e em África. Romance
colonial.
Lis., Ed. Empresa Nacional de Publicidade,
1934. 241 p.   (NO)

OLIVEIRA   Angelina N.
2827. O avarento e outros contos. Coll.
Periquito.
Map., INLD, 1981,
[For children.]   (ST)

OLIVEIRA   A. Mendonça d'
2828. Goivos. Versos.
Lis., Ed. Antiga Casa Bertrand, 1904.   (P)

OLIVEIRA   José Pedro da Silva Campos
2829. Varia:
"Ela" and "Amo-te". In Illustração Goana, v. 1.
Margão, India, 1864/1865.

"Sonho" and "A uma donzela". In Almanach Popular para 1865. Margão, 1864, p. 45, 103.
"Ela". Ibidem para 1866. Margão, 1865, p. 174f.
"Não crês?!...", "A uma virgem", "Uma v isão", "Amor e dores." Ibidem, v. 2. Margão, 1866.
"Não crês?!...", "O cravo e a rosa", "À menina donna Clara Pulcheria da Costa", "Martírios". In Almanach Popular para 1867. Margão, 1866, p. 41ff., 97, 137f., 187f.
"No desalento". In Almanach de Lembranças Luso-Brasileiro para 1870. Lis., 1869, p. 283.
"Só tu!" In Novo Almanach de Lembranças Luso-Brasileiro para 1872. Lis., 1871, p. 370.
"Previdência". Ibidem para 1873. Lis., 1872, p. 298.
"A uma senhora muito feia." In Jornal de Moçambique, n. 2. Mozambique Island, 30 January 1873, p. 8.
"O entrudo". Ibidem, n. 5. Mozambique Island, 20 February 1873.
"À morte da exma. sra. d. Maria José Pereira Portugal da Graça." Ibidem, n. 9.Mozambique Island, 1 April 1873, p. 8.
"O pescador de Moçambique." Ibidem, n. 13. Mozambique Island, 13 June 1874, p. 51.
"Ouve?" Ibidem, n. 16. Mozambique Island, 25 July 1874, p. 63f.
"Ode sáfica". Ibidem, n. 23. Mozambique Island, 11 September 1874, p. 92.
"Uns versos". Ibidem, n. 38. Mozambique Island,31 December 1874.
"Primeiro beijo". In Novo Almanach de Lembranças Luso-Brasileiro para 1875. Lis., 1874, p. 127.
"A caridade". Ibidem para 1877. Lis., 1876, p. 127.
"O pescador de Moçambique" and "A ti". Ibidem para 1878. Lis., 1877, p. 335, 383.
"Dois anjos" and "Não te esqueci." In Revista Africana, n. 1. Mozambique Island, 1881, p. 15.
"A alguém". In Novo Almanach de Lembranças Luso-Brasileiro para 1879. Lis., 1878, p.386.
"Amor tardio". Ibidem para 1882. Lis., 1881, p. 38.
"Não te esqueci." Ibidem para 1885, p. 435.
"Ouve?", "Não te esqueci!", "O pescador de Moçambique", "Primeiro beijo", "A ti", "A alguém". In M. Ferreira, No reino de Caliban, v. 3. Lis., 1985, p.489-492. (P)

"Nem uma nem outra." In Illustração Goana, v. 1. Margão(India), 1864/1865. (ST)

"OLIVEIRA Luna de" (i.e. OLIVEIRA Humberto de Luna da Costa Freire e)
2830."África". 3 actos. Ms.
[Performed in L. M. in 1948 and in Lis. in 1951, but as "Machamba" and "Latitude sul" respectively.] (T)

2831.Sinfonia do sertão. Poemetos africanos. Lis., Ed. Agência-Geral das Colónias, 1945. 92 p. II. (P)

2832. Varia:
"Batuque". In Moçambique, n. 12. L. M., 1937, p. 67-75.
"Misilana, o Ngoma." Ibidem, n. 48. L. M., 1945, p. 77-98. (P)

OLIVEIRA Tereza Roza d'
2833.Maria triste eu não queria chorar. n/p/, n/d. 15 p.
[Poems dated "Luanda. Lisboa, June '64." Ending with a poem by the Brazilian poet João Cabral de Melo Neto.] (P)
PACHECO António de Matos
2834.Entre lágrimas e sorrisos.
L. M., Liv. Minerva Central Ed., 1956. 125 p. (P)

PAÇO D'ARCOS Joaquim Belford Correia da Silva
2835.Herói derradeiro.
Lis., pr.pr., 1933. 311, 1(index) p.;
2d ed.:
Lis., pr.pr., 1934. 320 p.
[Added p. 313-320, "Algumas referências e críticas."] (NO)

PAIVA Maria
2836.Caminhos torcidos.
L. M., Liv. Minerva Central Ed., 1973. 148 p. (ST)

PAIX‾AO Eduardo
2837.A árvore das patacas. Revista em 2 actos e 22 quadros. Coplas e programa. Com música de Artur da Fonseca.
L. M., pr.pr., 1953. 24p. (T)

2838.Cacimbo. Romance. Pref. author.
L. M., Ed. Baiete, 1972. 398 p.;
2d ed., with annotations.
L. M.,pr.pr., 1974. 398 p. II. author's portrait. (NO)

2839.O mulungo. Romance. Pref. author.

L. M., pr.pr.,(1973). 381 p.   (NO)

2840.*Os espinhos da micaia*. Romance.
L. M., pr.pr., 1972. 494 p.;
2d, enl. ed.
L. M., pr.pr., 1973. 544 p.   (NO)

2841.*Tchova, tchova*. Romance.
(L. M.), Ed. Baiete, (1975). 354 p.   (NO)

PANGUANA Marcelo <u>Dias</u>
2842.*As vozes que falam de verdade*. Pref.
Simeão Cachamba. Coll. Início, 8.
(Map.), AEMO, (1987). 85 p.   (ST)

2843. Varia:
"N'tefasi", "Poema para nós dois", "Silenciosa re-
trospectiva". <u>In</u> Various Authors, *As palavras
amadurecem*. Beira, 1988, p. 102ff.   (P)

PARENTE Alberto
2847. Varia:
One poem each in <u>Itinerário</u>, v. 5, n. 52, 53;
v. 6, n. 55/57, 60; v. 7, n. 70. L. M., 30 September 1945, 1 January 1946, May/June 1946,
1 September 1946, July/August 1947.   (P)

PATRAQUIM Luís Carlos
2844.*A inadiável viagem*. Coll. Timbila, 5.
Map., AEMO,1985. 71 p.   (P)

2845.*Monção*. Coll. Autores Moçambicanos, 2.
Lis., Edições 70, & Map., INLD,1980. 60 p.II. Luísa Alcântara & Ivone Ralha.   (P)

2846. Varia:
"Ditirambo", "Tema", "O tropel nocturno." In <u>Co-
lóquio/Letras</u>, n. 48. Lis., March 1979, p. 52f.
"Canção", "Austrolírica", "Variação de nyau." In
<u>África</u>, v. 2, n. 6. Lis., October/December 1979,
p. 50f.
"Metamorfose", "Australírica", "Verão", "Rigorosamente viajo no tempo..." <u>In</u> M. Ferreira, *No
reino de Caliban*, v. 3. Lis., 1985, p. 449-453.
"Com perguntas", "Mínima canção", "Depois das
elegias." <u>In</u> Various Authors, *As palavras amadurecem*. Beira, 1988, p. 100.
"Rigorosamente viajo no tempo...", "A voz e o
vento", "Metamorfose", "Efectivamente o poe-
ta Maiakovski..." <u>In</u> M.Ferreira, *50 poetas africanos*. Lis., 1989, p.424-428.   (P)

PAULO Pedro
2848. Varia:
One poem each in <u>Itinerário</u>, v. 1, n. 8, 11; v. 2, n.
18, 20, 21. L. M., 6 September 1941, 2
December 1941, 31 July 1942, 20 September
1942, 31 October 1942.   (P)

PEREIRA Albino Estévão Vitória
2849.*Portugueses e ingleses em África.
Viagens portuguesas*. Romance científico. Pref.
author.
Lis., J.R. Torres Ed., 1892. 248, 1(err.) p. Map.
                                                     (NO)

PEREIRA Torres
2850.*Nós, os da geração 2000*.
L. M., pr.pr., (1972).   (P)

PEREIRA Vítor
2851.*A árvore das patacas*.
L. M., pr.pr., 1969. 206 p. II.   (NO?)

PIMENTA Eduardo
2852.*D'aquém e d'além*.
Lis., Empresa industrial Ed., 1922. 137 p.
[Incl. 4 Mozambican stories: "Alfarrobeira negra",
"Realeza perdida", "O vátua", "Exílio voluntário"]
                                                     (ST)

PINTO Carlos Vide **MARIA** Carlos

PINTO Maria <u>da</u> Silva
2853. Varia:
Many prose sketches in <u>Itinerário,</u> and in other
Mozambican periodicals.   (SK)

PIRES Júlio António de Megre
2854."Na selva é assim." Novela. In *Trabalhos
premiados no concurso literário organizado
pela Empresa Moderna*.
L. M., Ed. Empresa Moderna, 1945, p. 61-76. (N)

PITTA Eduardo
2855.*A linguagem da desordem*.
Lis., Ed. Imprensa Nacional/Casa da Moeda,
1983.   (P)

2856.*Olhos calcinados*. Coll. Ariel, 1.
(Lis., Ed. Minigráfica, 1984.)   (P)

2857.*Sílaba a sílaba*. Coll. O Som e o Sentido,

4.
L. M., Ed.Liv. Académica, 1974. 51 p.   (P)

2858. *Um cão de angústia progride.* Coll.
Licorne.
Lis., Ed. Arcádia, 1979. 74 p.   (P)

2859. Varia:
"Três poemas". In "Diálogo" of Notícias. L. M.,
18 February 1968, p. 16.
"Um longo poema." Ibidem. L. M., 30 June 1968,
p. 26.
"Betonizados na tarde", "Soletrar o medo", "Fa-
la do homem perplexo", "Na pedra o gesto",
"Agora ou seja no princípio de tudo", "Testemu-
nho possível". In M. Ferreira, *No reino de
Caliban*, v. 3. Lis., 1985, p. 385-389.   (P)

"Sob o sol inclemente." In "Diálogo" of Notícias.
L. M., 18 February 1968, p. 16.   (SK)

PRUDENTE   Maria da Anunciação de
Campos
2860. *Entardecer.* Pref. Emília de Sousa Costa.
Lis., pr.pr., 1948. 154 p.   (P)

2861. *Maíssa, mãe negra.* Pref. Amândio César.
L. M., África Ed., 1965. 65 p.   (P)

2862. *Poemas.* Pref. Rodrigues Júnior.
Coimbra, Atlântida Ed., 1971. 236 p.
[Containing her 3 published books and "Poemas
- IV livro."]   (P)

2863. *Sombras.* Pref. Júlião Quintinha.
L. M., pr.pr., 1958. 156 p. Il. author's portrait. (P)

RALHA   António Manuel
2864. *Retalhos da vida.* Pref. Rui Cartaxana.
L. M., pr.pr., 1971. 168 p.   (ST?)

RAMA   Alípio
2865. *Argila impura.* Sonetos que percorrendo
as sete partidas do mundo ... escreveu.
L. M., pr.pr., 1940. 117 p. Il. author's portrait. (P)

"REBELLO   Elton" (i.e. BICA   Júlio)
2866. *Nyandayayo.* Pref. author. Coll. Karingana,
11.
Map., AEMO, n/d.(1990). 103 p.   (N)

2867. *Os caminhos do nosso desencanta-*
mento.
Map.(?), AEMO(?), 1989(?).   (N)

2868. Varia:
"Cópula", "Conversa de quarto", "Carnaval". In
Various Authors, *As palavras amadurecem.* Beira,
1988, p. 46-50.   (P)

REBELO   Jorge
2869. Varia:
"Poema de um militante" and "Vem contar-me o
teu destino, irmão." In M. de Andrade, *Literatura
africana de expressão portuguesa*, v. 1, *Poesia..*
Algiers, 1967, p. 187-290.
One poem in anon., *Breve antologia de literatura moçambicana.* Dar-es-Salaam, 1967.
One poem in anon., *Poesia revolucionária de
Moçambique.* Lis.,(1974).
"Liberdade", "Vem contar-me o teu destino,
irmão", "Carta de um combatente", "O mundo
que te ofereço, amiga", "Escuta a voz do povo,
camarada", "No povo buscamos força", "Josina".
In Frelimo, *Poesia de combate,* v. 2. Map.,1977,
p. 48, 53f., 56, 57f., 91, 92f, 117ff.
"Liberdade", "Vem contar-me o teu destino, irmão", "Carta de um combatente", "O mundo que
te ofereço, amiga", "Escuta a voz do povo, camarada", "No povo buscamos a força." In M. de
Andrade, *Antologia temática de poesia africana*,
v. 2. Lis., 1979, p. 76-84.
"Vem contar-me o teu destino, irmão", "Liberdade", "No povo buscamos a força", "Carta de um
combatente", "O mundo que te ofereço, amiga",
"Escuta a voz do povo, camarada." In M. Ferreira, *No reino de Caliban*, v. 3. Lis., 1985, p. 365-
372.
"Letter from a combatant" ("Carta de um combatente"), "Liberty" ("Liberdade"), "Josina". English
trans. Don Burness. In Don Burness, *A horse
of white clouds.* Athens, Ohio(USA), 1989,
p.178-185. [Bilingual ed.]   (P)

R´ECIO   Manuel
2870. *Homens no mato.* Reportagens no mato
de Moçambique, primeira jornada.
Lis., Ed. Parceria A. M. Pereira, 1952. 186 p.
      (SK)

RIBEIRO   Afonso
2871. *África colonial.* Contos.Pref. author.
L. M., Ed. Publicações Notícias, 1975. 179 p.
Il. A. Bronze;

259

2d ed.: Coll. Obras de Afonso Ribeiro, 2.
(Lis.), Ed. Livros Horizonte, 1983. 124 p. (ST)

2872. *A árvore e os frutos.*
Lis., Ed.Livros Horizonte, 1986. 159 p.
["Written before 1960... *África* was the original
title... on aspects of a country subjected to colonial exploitation." From author's pref.] (ST)

2873. *Da vida dos homens.* Contos. Coll.
Prosadores de Moçambique, 4.
Beira, Ed. Notícias da Beira, (1963). 272 p. II.
Jorge Garizo do Carmo. (ST)

2874. *O pão da ida.* Romance.
L. M., pr.pr., 1956.
[2d v. of the trilogy "Maria".] (NO)

2875. *Três setas apontadas ao futuro.* 3 actos.
L. M., pr.pr., 1959. 289, 1 p.
[Three one-act plays.] (T)

2876. Varia:
"Solidão". In *Itinerário*, v. 10, n. 106. L. M., October 1950, p. 16, 15. [Excerpt from a future novel, "Cidade colonial".] (ST)

RIBEIRO Carlos
2877. *Ensaio.*
L. M., pr.pr.(?), 1958. (P)

RIBEIRO Ernesto de Queiroz Vide General,
Section B.

RIBEIRO Sousa
2878. *Symphonia conspirante.*
L. M., Liv. Minerva Central Ed., (1928). 219 p.
[Written in Portugal.] (P)

RICARDO Paulo
2879. Varia:
5 poems in "Artes e Letras" of A Voz de Moçambique, v. 14, n. 388. L. M., 8 July 1973. (P)

RITA-FERREIRA António
2880. *Nhanguro.* Novela.
L. M.(?), pr.pr.(?), 19??. (N)

ROBY Maria Emília
2881. *Lago agitado.* Poesias. Pref. Campos de
Figeiredo.
Coimbra, pr.pr. 1949. 52 p. (P)

2882. *Perseguição.* Coll. Cadernos Capricórnio,
8.
Lobito(Angola), Ed. Capricórnio, 1973. 16 p.
II. Benúdia.
[Previously published in O Lobito, July 1973.
(ST)

2883. *Promessa de fascínio.*
Braga (Portugal), Liv. Pax Ed., 1973. (ST)

ROCHA Ilídio José da
2884. *No reino do tambor.*
Coimbra, Coimbra Ed., 1959. 109 p. (ST)

2885. *O meu outro mundo.* Poesia e prosa.
Coimbra, Coimbra Ed., 1957. 87 p. II. (P, ST)

2886. *Os quatro cavalos já chegados.* Poemas
de 1958 a 1962.
Coimbra, Coimbra Ed., 1968. 72 p. (P)

2887. *Sete poemas de amor em pombas de
papel.*
L. M., pr.pr., 1964. 8 p. II. A. dos Santos Abranches. (P)

2888. *Sinais do espaço.*
Coimbra, Coimbra Ed., 1957. 59 p. (P)

2889. Varia:
"Cântico de um novo mundo" and "Pés descalços...". In A. Margarido, *Poetas moçambicanos.* Lis., 1962, p. 64-67.
"Pés descalços..." In J. A. das Neves, *Poetas
e contistas africanos.* S. Paulo, 1963, p. 66.
"Circo". In Itinerário, v. 9, n. 92. L. M., August
1949.
"Adolescente". Ibidem, n. 97. L. M., January
1950, p. 8.
"Quanda a fome manda." In Rodrigues Júnior,
Para uma cultura moçambicana. L. M., 1951,
p. 426-432. (SK, ST)

ROCHA Manuel Joaquim da
2890. Varia:
"Ilusão perdida" and "Nunca mais!". In Novo Alma-
nach de Lembranças Luso-Brasileiro para 1921.
Lis., 1920, p. 315, 352. [3 sonnets, 2 of them un-
der the former title.]
"Adoração". Ibidem para 1922. Lis., 1921, p. 83.
"Ignoto amor". Ibidem para 1923. Lis., 1922,

"Ignoto amor". Ibidem para 1923. Lis., 1922, p. 80.
"Soneto". Ibidem para 1924. Lis., 1923, p. 312.
"Descrença" and "Não creio". Ibidem para 1926.
Lis., 1925, p. 171, 367. (P)

RODRIGUES   Maria Amélia de Miranda
2891.*Adão e Eva.* Romance colonial.
Lis., Ed. J. R. Torres, n/d. (1932). 283 p.
[The plot is laid in Zambezia, Mozambique.] (R)

2892. Varia:
"Surpresa orientadora". In Itinerário, v. 11, n. 119.
L. M., January 1952, p. 3, 8. (ST)

RODRIGUES J´UNIOR   José
2893.*Calanga.*
L. M., pr.pr., 1955. 283 p. (NO)

2894.*Era o terceiro dia do vento sul.* Coll.
Unidade, Ficção, 6.Lis., Agência-Geral do
Ultramar, 1968. 169 p.
[Incl. an excerpt from a novel yet to be published,
"Omar Áli".] (SK, ST)

2895.*Meque, o pescador negro.*
L. M., África Ed., 1950. 200 p. (ST)

2896.*Muende.*
L. M., África Ed., 1960. 294 p. (NO)

2897.*O branco da Motase.* Pref. Sousa Costa.
L. M., África Ed., 1952. 190 p. (NO)

2898.*Omar Áli.* Romance.
L. M., Liv. Minerva Central Ed., 1976. 231 p.
[Written between 1962 and 1974. 5 chapters
first published in his v. *Era o terceiro dia de
vento sul*, 1968];
2d ed.
Queluz(Portugal), Sociedade Ed. Literal, 1977.
182 p. (NO)

2899.*Sehura.* Romance moçambicano.
Lis., pr.pr., 1944. 300 p. Il. author's portrait.(NO)

2900.Varia:
"Aguarelas". In his v. *Literatura ultramarina.* L. M.,
1962, p. 81-109. [7 prose sketches.]
"Muende". In J. A. das Neves, *Poetas e contis-
tas africanos.* S. Paulo, 1963, p. 183-188.
""Nhangau - O curandeiro negro." In A. César,

Antologia do conto ultramarino. Lis., 1972,
p. 219-225. [Rev. version of "Nhangau - O feiticeiro negro", a story previously published in
Panorama, 4th series, n. 21. Lis., March 1967,
p. 56ff.] (SK, ST)

ROQUE   Carlos Paradona Rufino
2901. Varia:
"Docemente", "Nuvem despida", "Mulher". In
Eco, n. 2. Map., November 1989, p. 19. (P)

ROSADO   António
2902.*Cinzas ainda a arder.* Poema.
L. M., pr.pr., 1948. 110 p. (P)

2903.*Nós.* Sonetos e poemas de amor.
Lis., Ed. Empresa Nacional de Publicidade,
1950. 99 p. (P)

ROS´ARIO   João Ferreira do
2904.*Poesia. Abstracto... Nú... e eu...*
Porto, pr.pr., 1962. 78 p.
[On the title pager "Beira-Moçambique".] (P)

ROS´ARIO   Maria do
2905.*Ikoma (Tambores).* Pref. Agustina Bessa-
Luís, J. Duarte Carvalho.
Lis., Ed. Multinova, 1990. 115 p.
[The author who had lived in Mozambique for ma-
ny years writes with passionate love of Africa.] (P)

RUFINO   Jaime T. Santos
2906.*Cartas de Aum.*
L. M., pr.pr., 1961. 40 p. (T)

S´A   Vítor Raul da Costa Matos e
2907.*Horizonte dos dias.*
Lis., Ed. Árvore, 1952. 91 p.;
2d ed. Pref.TEUC.
Coimbra, Ed. TEUC,, 1970. 96 p. (P)

2908."Negro, mãe lua morreu." Ms. c. 1950.
[According to O. de Albuquerque, "A book of
poems, perhaps now lost". O. de Albuquerque's
statement was published in 1972.] (P)

2909.*O amor vigilante.* Poema dramático.
Coimbra, Liv. Almedina Ed., 1962. 95 p. (P)

2910.*O silêncio e o tempo.* Author's pref.: "O
que pode *dizer* a poesia."
Coimbra, Coimbra Ed., 1956. 51 p. Il. Fernando

261

2911. Varia:
2 poems in O. de Albuquerque & V. Evaristo,
Poetas de Moçambique. Lis., 1951.
"História" and "A Rui de Noronha." In A. Margarido, *Poetas moçambicanos*. Lis., 1962,
p. 128ff.   (P)

SACADURA-FALC̄AO   F. de
2912. *Falando disto e daquilo*. Retalhos de
prosa vária.
(Lis.), pr.pr., 1972. 238 p.   (SK, ST)

"SALVA-REY   João" (i.e. REIS   João Correia dos)
2913. *Kufemba*.
L. M., Liv. Académica Ed., 1972. 371 p. II. author's portrait;
2d rev. ed.: *Ku Femba*. Texto integral.
L. M., Ed. Minerva Central, 1974. 239 p.;
3d rev. & enl. ed.: *Ku Femba*.
Lis., Ed. Vento Sul, 1986. 357 p. II.   (NO)

"SAN BRUNO   Emílio de" (i.e. PAIVA
Filipe Emílio de)
2914. *Zambeziana*. Cenas da vida colonial. Pref.
C. C. da Cunha Carvalho.
Lis., pr.pr., 1927. 387 p.   (NO)

SANT'ANNA   Andrade Pais   Maria da Glória
de Sá de Lemos d'Almeida e Figueiredo da Fonseca de
2915. *Amaranto*. Poesia 1951-1983. Pref.
Eugénio Lisboa. Coll.Biblioteca de Autores
Portugueses.
(Lis.), Ed. Imprensa Nacional/Casa da Moeda,
(1988). 296 p. II. author's portrait by Rui Paes.
[Incl. "Distância"(1951), "Música ausente"(1954),
"Livro de água"(1961), "Poemas do tempo agreste"(1964), "Um denso azul sillencio"(1965), "A
escuna Angra"(1966-1968), "Cancioneiro incompleto"(1961-1971),"Desde que o mundo"
& "Poemas de intervalo"(1972), "Gritocanto"
(1970-1974), "Cantares de interpretação"(1978-
1983), "Figmento" and "Algur".]   (P)

2916. *Desde que o mundo* and *12 poemas
de intervalo*. Pref. Eugénio Lisboa.
L. M., Ed. COOP,1972. 95 p. II. Teresa Rosa de
Oliveira, Garizo o Carmo, Andrade Paes.   (P)

2917. *Distância*.

(Lis.),pr.pr., (1951). 87 p.   (P)

2918.   ... *do tempo inútil*. Coll. O Som e o
Sentido, 9.
L. M., Ed. Académica, 1975. 121 p. II. Rui Paes.
[Prose sketches dated1969-1970.]   (SK)

2919. *Livro de água*.
(L. M., pr.pr., 1961.) 53p.   (P)

2920. *Música ausente.* . Poesia.
Santa Maria de Lamas(Portugal), pr.pr., 1954.
137 p.   (P)

2921. *Poemas do tempo agreste*. Coll. Poetas
de Moçambique, 3.
Beira, Ed. Notícias da Beira, 1964. 71 p.   (P)

2922. *Um denso azul silêncio*. Poesia.
L. M., Ed. Moçambique 65, (1965). 93 p. II. Teresa Rosa de Oliveira, Andrade Pais.   (P)

2923. Varia:
"Riquexó", "Xácara", "Dia africano", "Batuque ao
longe", "Nocturno". In A. Margarido, *Poetas moçambicanos*. Lis., 1962, p. 52-55.
"Batuque ao longe." In J. A. das Neves, *Poetas
e contistas africanos*. S. Paulo, 1963, p. 65.
"Poem on rain" ("Poema na chuva".) In Don Burness, *A horse of white clouds*. Athens,
Ohio(USA), 1989, p. 172f. [Bilingual. English
trans. D. Burness.]   (P)

SANTOS   António de Almeida
2924. *Rã no pântano*. Pref. author: "Como
quem se confessa."
Lis., Ed. Parceria A. M. Pereira, 1959. 135 p. II.
Tóssan.   (ST)

2925. Varia:
"História de Sabão." In J. A. das Neves, *Poetas e
contistas africanos*. S. Paulo, 1963, p. 201-205.
                                                               (ST)

SANTOS   Carlos Alberto Monteiro dos
2926. *Poemas de sequência*. Coll. Cancioneiro
Geral, 22.
Lis., Ed. Publicações Europa-América, 1958. 45
p. II. Sá Nogueira.   (P)

2927. *20 [Vinte] canções do Zambeze*. Coll.
Cântico Geral.

262

Lis., África Ed., 1980. 93 p. II. Ernesto, António, Baeira, Alberto. (P)

2928. Varia:
"É o rio...", "Vem!", "Ó meu irmão Quipera...", "Como subiremos ao céu?...", "Zuda!", "Nós cantamas aqui um cântico.. In M. Ferreira, *No reino de Caliban*, v. 3. Lis., p. 239-249. (P)

SANTOS Graça Mascarenhas Mexias
2929. *Um sorriso amargo*. Pref. Rodrigues Júnior.
L. M., pr.pr., 1968. (5), 81 p. (P)

SANTOS Marcelino dos ("Kalungano", "Lilinho Micaia")
2930. *Canto do amor natural*. Coll. Timbila, 1. Pref. anon.(Albino Magaia?)
Map., AEMO, 1985. 160 p.[Poems written before 1975, the year of Mozambican independence. Imperfect ed. withdrawn from circulation.]; 2d, corr. ed.:
Ibidem, 1987.
- Russian ed.: *Pesnia istinnoi liubi* [i.e. Song of true love.] Trans. L. Nekrássova. Coll. Biblioteka Ogonëk, 25.
Moscow, Ed. Pravda, 1959. 31 p.;
2d ed.: Pref. Nazim Hikmet.
Moscow, Ed. Gosudarstvennoe Izdatelstvo Kudozhewstvennoï Literatury, 1962. 99 p. (P)

2931. Varia:
'Oferenda". In "Divulgação" of O Brado Africano.
L. M., 19 January 1955, p. 7.
"Xangana, filho de pobre..." Ibidem. L. M., 17 September 1955, p. 5(?).
"Aqui nascemos". In Itinerário, v. 15, nn. 49. L. M., September/October 1955, p. 13.
"Onde estou", "A um menino do meu pai", "Terra-mãe". In M. de Andrade, *Antologia da poesia negra de expressão portuguesa*. Paris, 1958, p. 74-87.
"Oferenda", "Sonho da mãe negra", "Xangana, filho de pobre..." In L. Polonah, *Poetas moçambicanos*. Lis., 1960, p. 74-78, and in A. Margarido, *Poetas moçambicanos*. Lis., 1962, p. 74-79."Terra-mãe", "Oferenda", "Sonho da mãe negra", "Aqui nascemos", "Onde estou", "A terra treme", "É preciso plantar". In M. de Andrade, *Literatura africana de expressão portuguesa*, v. 1, *Poesia*. Algiers, 1967, p.98, 104. 107, 129, 167, 235, 270, and also in his *Antologia temáti-*

ca *de poesia africana*, v. 1. Lis., 1976, p. 101-106, 107f.,109f.,128ff., 158ff., 219-229.
"Sonho da mãe negra" and "Xangana, filho de pobre..." In Serafim Ferreira, *Resistência africana*. Lis., 1975, p. 80f.
"Canção de amanhecer", "A um menino do país",É preciso plantar." In P. Carlos, *As armas estão acesas nas nossas mãos*. Porto, 1976, p.35-40.
"É preciso plantar", "Canção de amanhecer", "Nampiali", "Para uma moral (4 panfletos)."." In Various Authors, *Poesia de combate*, v. 2. (Map.), 1977, p.31f., 59f., 66f., 96-106.
"Xangana, filho pobre...", "Oferenda", "Onde estou", "Sonho da mãe negra", "Mas o que nós queremos", "Nampiali", "Aqui nascemos", "A terra treme", "É preciso plantar". In M. Ferreira, *No reino de Caliban*. Lis., 1985, p. 191-212.
"Sonho da mãe negra", "É preciso plantar", "Oferenda", "Onde estou", "Aqui nascemos". In M. Ferreira, *50 poetas africanos*. Lis., 1989, p.370-376.
"Where I am" ("Onde estou"). In Don Burness, *A horse of white clouds*. Athens, Ohio(USA), 1989, p. 152-157. (Bilingual. English trans. D. Burness.] (P)

SA´UTE Nelson
2932. Varia:
"O lugar de sonho", "Mulher da ilha", "Poema de aniversário." In Various Authors, *As palavras amadurecem*. Beira, 1988, p. 115f.
"Pouso pétala" and "Eros". In Eco, n. 2. Map., November 1989. (P)

SEQUEIRA Vasco de Matos
2933.*Fim de semana*. Um ano em Lourenço Marques em 52 gazetilhas.
L. M., pr.pr., 1945. 224 p. (P)

SERRANO Artur António Mateus ("Arthur S. Rano")
2934.*Sons orientais*.
Mozambique, Ed. Imprensa Nacional,, 1891. 95 p.
[At the time, Serrano was editor of the journal A Situação.] (P)

2935. Varia:
"O selvagem". In Novo Almanach de Lembranças Luso-Brasileiro para 1886 (Suplemento). Lis., 1885, p. 95f.

"Transições". Ibidem para 1887. Lis., 1886, p. 388. [From "Sons orientais".]

"Reverberos". Ibidem para 1888. Lis., 1887, p. 274f.

"Súplica". Ibidem para 1888(Suplemento). Lis., p. 158f.

"Escombros". Ibidem para 1889. Lis., 1888, p. 285f.

"Contrastes". Ibidem para 1889(Suplemento). Lis., 1888, p. 147.

"Serenatas". Ibidem para 1890. Lis., 1889, p. 463,

"Pervigílios". Ibidem para 1891. Lis., 1890, p. 426. {From "Sons orientais".]   (P)

SEVERINO Daniel
2936. *Jornada sem fim.* Ciclo Moçambique, 2. Lis., Ed. Lux, 1968. 195 p.   (NO)

2937. *O amor e uma cabana.* Ciclo Moçambique, 1. Lis., Ed. Lux, (1962). 254 p.   (NO)

SILVA Carlos da
2938. "Aventuras de um herói." Ópera cómica em 2 actos. Ms.   (T)

2939. "Era eu". Opereta. Ms.   (T)

2940. "Madalena". 1 acto. Ms.   (T)

2941. "O comissário da polícia." Ms.   (T)

2942. "Os amores de Krilólu." Revista. Ms. c.1900.   (T)

2943. "Os cavaleiros do arcabuz." Opereta. Ms.   (T)

2944. "Sua alteza, o criador." Comédia. Ms. (T) [Silva's theater activity is described in Rodrigues Júnior's *Para uma cultura moçambicana.* Lis., 1951.]

SILVA Clotilde Nunes da
2945. *Testamento - 1.* Pref. Moura Vitória. Coll. Timbila, 3. (Map.), AEMO, 1985. 112 p.   (P)

2946. Varia:
"Ode ao cavador." In "Literatura e Artes" of Notícias, n. 4. Map., 17 May 1978, p. 7.

"Njingiritane". Ibidem, n. 7. Map., p. 3.

"Didáctica". Ibidem, n. 10. Map., p. 7.

"Um poema de protesto e de louvor." Ibidem, n. 19. Map., p. 3.   (P)

SILVA Manuel Ferreira da
2947. *Tríptico moçambicano.* Braga, pr.pr., 1967.   (ST)

SILVA Ramalho da
2948. *A sombra.* Peça em 3 actos. Lis., Ed. Organizações (Depository), 1963. 163 p.   (T)

2949. *Ponto final.* Peça em 2 actos e epílogo. Pref. J. Montezuma de Carvalho. Lis., pr.pr., n/d. 166 p.   (T)

SILVA Raul Alves Calane da
2950. *Dos meninos da Malanga.* Coll. Gostar de Ler, 3. (Map.), Ed. Cadernos Tempo, 1982. 64 p. [Poems dated 1962-1972.]   (P)

2951. *Xefina.* Map., pr.pr., 1988.   (ST)

2952. *Xicandarinha na lenha do mundo.* Pref. Fernando dos Reis Ganhão. Coll. Karingana, 4. (Map.), AEMO, 1987. 109 p.   (ST)

2953. Varia:
"Flor em fogo", "Aniversário", "Sexo pago". In Various Authors, *As palavras amadurecem.* Beira, 1988, p. 34.   (P)

SIM'OES Edmundo Vieira
2954. *Cidade dos confins.* Coll. Prosadores de Moçambique, 5.
Beira, Ed. Notícias da Beira, 1963. 181 p. Il. Neves e Sousa;
2d ed.: Pref. João Alves das Neves.
S. Paulo, Ed. Clube do Livro, 1966. 139 p. (NO)

2955. *Vagabundo na cidade.* Crónicas e histórias quase verdadeiras. Coimbra, Ed. Atlântida (Depository), 1959. 131 p. Il. Rui Knopfli.   (SK, ST)

2956. Varia:
"O sexto dia." In Itinerário, v. 10, n. 115. L. M., September 1951, p. 3.

"O mar chama por mim." In J. A. das Neves, *Poetas e contistas africanos*. S. Paulo, 1963, p. 207-211. (ST)

SOLEDADE Maria da
2957. *No reino de Monomotapa*. Narrativa histórica para crianças.
Lis., Liv. Apostolado da Imprensa Ed., 1942. 243 p. Il.;
2d rev. ed.: *D. Gonçalo da Silveira, apóstolo de Monomotapa*. Narrativa histórica.
Porto, Liv. Apostolado da Imprensa (Depository), 1962. 223 p. (NO)

SOROMENHO Fernando Monteiro de Castro Vide Angola, Section B.

SOUSA Armindo Caetano de
2958. Varia:
"Maternidade". In Notícias da Beira. Beira, 1st June 1971.
'Consciência". Ibidem. Beira, 2 April 1971.
"Herança:. Ibidem. Beira, 28 December 1971.
"Herança", "Consciência", "Maternidade", "Crónica de uma cidade", "Poema da vitória e do ódio." In M. Ferreira, *No reino de Caliban*. Lis., 1965, p. 379-382. (P)

SOUSA Soares Carolina Noémia Abranches de
2959. *Poemas*.
L. M., pr,pr., 1951. 49 p. Dupl.
[Clandestinely produced and distributed booklet, untitled and anonymous, containing 43 poems dated December 1948 - May 1951, according to Ilídio Rocha. He owned a copy offered to him by A. dos Santos Abranches, probably the person who published it.] (P)

2960. Varia:
"Samba". In Itinerário, v. 5, n. 95. L. M., May 1949, p. 3.
"Sangue negro". In Vértice, v. 8, n. 73. Coimbra, September 1949, p. 132f.
"Negra". Ibidem, n. 98. Coimbra, February 1950, p. 3.
"Evocação" and "Impressionismo". In O. de Albuquerque & V. Evaristo, *Poesia em Moçambique*. Lis., 1951, p. 14f.
"Patrão", "Cais", "Quero conhecer-te, África." In Rodrigues Júnior, *Para uma cultura moçambicana*. Lis., 1951, p. 197, 198f., 200f.

"Magaíça" and "Deixa passar o meu povo." In M. de Andrade & F. J. Tenreiro,*Poesia negra de expressão portuguesa*. Lis., 1953, p. 13ff.
"Poema para Rui de Noronha", "Deixa passar o meu povo." In Various Authors, *Notícias do Bloqueio*. Porto, 1959, p. 121-128.
"Poema de João" and "Irmãozinho negro tem um papagaio de papel." In L. Polonah, *Poetas moçambicanos*. Lis., 1960, p. 49f.
"Poema da infância distante", "Carta ao J. M.", "Se me quiseres conhecer", "Apêlo", "Deixa passar o meu povo." In A. Margarido, *Poetas moçambicanos*. Lis., 1962, p. 82-91.
"Negra". In C. Barreto, *Estrada larga*, v. 3. Porto, 1962, p. 508f.
"Moças das docas." In J. A. das Neves,*Poetas e contistas africanos*. S. Paulo, 1963, p. 59. [In part.]
"Irmãozinho negro tem um papagaio de papel." In Nuno Bermudes,*Moçambique 64*. Beira, 1964, p. 117.
"Poema da infância distante", "Apelo", "Negra", "Sangue negro","Deixa passar o meu povo", "Se me quiseres conhecer", "Magaíça".In M. de Andrade, *Literatura africana de expressão portuguesa*., v. 1, *Poesia*. Algiers, 1967, p. 89-92, 127f., 156f., 158ff., 161f., 188f. The same poems in his *Antologia temática de poeaia africana*, v.1. Lis., 1975, p. 91-94, 126f.,150, 151f., 153f., 178f., 211f.
"Apelo" and "Deixa passar o meu povo." In Serafim Ferreira, *Resistência africana*. Lis., 1975, p. 103-106.
"Sangre negro","Patrão" and "Se me quiseres conhecer." In Eduardo dos Santos, *A negritude e a luta pelas independências na África portuguesa*. Lis., 1975,p. 81, 110, 113.
"Samba", "Poema da infância distante", "Negra", "Sangue negro", "Se este poema fosse...", "Deixa passar o meu povo", "Se me quiseres conhecer..." "Moças das docas", "Magaíça", "Chimâmi", In M. Ferreira, *No reino de Caliban*, v. 3. Lis., 1985, p. 85-101.
"Descobrimento", "Sangue negro", "Nossa voz", "Poema para Rui de Noronha", "Magaíça", "Deixa passar o meu povo", "Godido". In M. Ferreira, *50 poetas africanos*. Lis., 1989, p. 348-358.
"Let my people go" ("Deixa passar o meu povo"). In Don Burness, *A horse of white clouds*. Athens, Ohio(USA), 1989, p. 148-151. [Bilingual. Engl. trans. Don Burness.] (P)

SOUSA   Luís Amorim de
2960-a. *Signo da balança*. Col. Pedras Brancas, 3d series.
N/p., 1968.   (P)*

TABORDA   Vilhegas
2961.*Pedaços da vida*. Pref. Medina Camacho.
L. M., Liv. Progresso Ed., n/d. 83 p. not num.
[Only 42 p. with text.]   (P)

TAVARES   João da Silva
2962.*Caldas Xavier, herói do império*.
Lis., Ed. Agência-Geral das Colónias, 1942. 34 p.   (P)

T´AVORA   Diogo de
2963.*Tempo novo*. Coll. Poetas de Moçambique.
n/p.(Map.?), pr.pr., 1975. 28 p.   (P)

2964. Varia:
"Balada da meninice", "Apontamento", "Fado". In A. Margarido, *Poetas moçambicanos*.
Lis., 1962, p. 32-35.   (P)

TEMBE   Marcos Francisco
2965. Varia:
"Chibalo". In Carlos Vaz, *Para um conhecimento do teatro africano*. Lis., 1978, p. 81-89. [Earlier in Yenan, n. 14. Lis., September 1975.   (T)

TORRES   José
2966.*Ecos da selva*.
Lis., pr.pr., 1935. 180 p.   (P)

TRAVADO   Hélder Ferreira
2967.*Homens sem primavera*.
L. M., pr.pr., 1957. 177 p.   (ST)

TRINDADE   Cartaxo e ("Isabel Ivone", "José Anjos", "Juarez António Leoni")
2968.*Chinanga*. Pref. Jorge Ferreira. Coll. Unidade, Poesia, 7.
Lis., Ed. Agência-Geral do Ultramar, 1969. 61 p.   (P)

2969.*Leve aragem das noites*.
L. M., pr.pr., 1966. 74 p.   (P)

2970.*Terceiro sexo seixo*. 2d ed.
L. M., pr.pr., 1968.   (P)

2971.*Treze poemas medievos*.
L. M., pr.pr., 1967.   (P)

VALE-BOM   Jlipa
2972.*O meu pôr-do-sol*. Pref. Guilherme de Melo.
L. M., pr.pr., n/d. (1973 or 1974). 138 p.   (P)

VARIOUS AUTHORS
2973.*Nós vivemos a independência*. Coll. Chirico.
(Map.), INLD, (1980). 31 p. II.
[Both the text and illustrations were contributed by children from all the provinces of Mozambique.]   (SK)

VASCONCELOS   Vladomiro Leite de
2974. Varia:
"Sociedade de consumo", "Sem causa", "Sensualidade". In Caliban, n. 3/4. L. M., June 1972, p. 107f.
"Aos saudosos do colonialismo", "Liberdade", "Sociedade de consumo:, "O ciclo da cidade (fragmento)." In M. Ferreira, *No reino de Caliban*, v. 3. Lis., 1985, p. 427-434.   (P)

"Wafa-wafa"[i.e. "He died, he died}. In Luanova, n. 1. Map., 1988, p. 55-60.   (ST)

VERA   Maité
2975.*Memórias de um projecto*. Peça em 2 actos.
Map., INLD, 1980. 86 p.   (T)

VIEGAS   Jorge Alberto
2976.*Novelo de chamas*. Pref.Luís Carlos Patraquim.
Coll. A Preto & Branco, 2.
Linda-a-Velha(Portugal), ALAC, 1989. 75 p. (P)

2977.*O núcleo tenaz*. Coll. Autores Moçambicanos, 10.
Lis., Edições 70, 1982. 87 p.   (P)

2978.*Os milagres*.
(Quelimane), pr.pr., 1966. 39 p. not num.   (P)

2979.Varia:
"Flor" and "Quando eu tiver..." In "Artes e Letras" of A Voz de Moçambique, v. 7, n. 205. L. M., 24 April 1960, p. 10.

"Na boca da noite", "Carreira de tiro", "A contestação", "Em louvor das palavras", "Espaço insurreccional", "Subversão", "Canção de Bagarila"," Os teus olhos." In M. Ferreira, *No reino de Caliban,* v. 3. Lis., 1985, p. 337-342.
"Eduardo Mondlane" and "A contestação". In Various Authors, *As palavras amadurecem,* Beira, 1988, p. 80f.
"O sol da plenitude", "Novelo de chamas", "A raiz das palavras", "Subversão", "Canção de Bagarila", "Em louvor das palavras", "Líricas". In M. Ferreira, *50 poetas africanos.* Lis., 1989, p. 416-421. (P)

VIEIRA Manuel Filipe da Motta
2980. *Depois, vem a angústia.* Romance.
L. M., Ed. ALA, 1971. 381 p. (NO)

2981. *Sara.* Contos. Coll. Gente, 1.
Lis., pr.pr., 1973. 72 p. Il. (ST)

VIEIRA Sérgio
2982. *Também memória do povo.* Coll. Timbila Especial, 2.
(Map., AEMO, 1983). 139 p. Il. Chichorro, Malangatana, Mankeu, Samate. (P)

2983. Varia:
"Ângelus dum menino negro" and "Poema". In L. Polonah, *Poetas moçambicanos.* Lis., 1960, p. 97-101.
"Ângelus dum menino negro", "Deixa chorar, mamãe,...", "Canto para Ana Maria", "Poema para Eurídice negra." In A. Margarido, *Poetas moçambicanos.* Lis., 1962, p. 120-128.
Poems in Anon., *Breve antologia de literatura moçambicana.* Dar-es-Salaam, 1967.
"Tríptico para estado de guerra." In M. de Andrade, *Literatura africana de expressão portuguesa,* v. 1, *Poesia.* Algiers, 1967, p. 283-285.
"Um canto de esperança e todavia de luto." In P. Carlos, *As armas estão acesas nas nossas mãos.* Porto, 1976, p. 67ff.
'Canto de guerrilheiros", "Alvorada", "Quatro partes para um poema da educação...", "Ser ideólogo","Porque são como flores camaradas", "Um canto de esperança e todavia de luto." In Various Authors, *Poesia de combate,* v. 2. (Map.), 1977, p. 62f., 64f., 73-86, 87f., 89f., 120f.
"Tríptico para estado de guerra", "Canto de guerrilheiros", "Alvorada (um canto de confiança)",

"Porque são como flores camaradas", "Um canto de esperança e todavia de luto."In M. de Andrade, *Antologia temática de poesia africana,* v. 2. Lis., 1979, p. 85-95.
"Ângelus dum menino negro", "Deixa chorar mamãe,...", "Poema para Eurídice negra", "Canto de guerrilheiros", "Alvorada", "Tríptico para estado de guerra", "Porque são como flores camaradas." In M. Ferreira, *No reino de Caliban,* v. 3. Lis., 1985, p. 303-317.
"Deixa chorar, mamãe...", "Poema numa manhã com cajueiros", "Sobre um poema de amor", "No porto de escravos, poema junto do mar neste ano de1970", "A ideia nova", "Terceiro momento: a manhã de 3 de fevereiro de 1979 feito juramento cumprido", "Canto à vida na morte." In M. Ferreira, *50 poetas africanos.* Lis.,1989, p. 408-414.

VILLA Jorge Manuel
2984. Varia:
4 poems in Paralelo 20, n. 5/6. Beira, 1958.
One poem in *Moçambique 58.* L. M., 1958.
One poem in L. Polonah, *Poetas moçambicanos.* Lis., 1960.
"Entre o Macúti e Sofala", "Trilogia do menino negro", "Canção livre da Zambézia." In A. Margarido, *Poetas moçambicanos.* Lis., 1962, p. 72f.
"Entre o Macúti e Sofala." In N. Bermudes, *Moçambique 64,* Beira, Ed. Notícias da Beira, 1964, p. 120. (P)

WHITE Eduardo Costley
2985. *Amar sobre o Índico.* Pref. Hélder Muteia. Coll. Início, 1.
Map., AEMO, 1984. 64 p. Il. Naguib. (P)

2986. *Homaíne.*
(Map.?), 1987.
[Pamphlet in memory of the victims of the Homaíne massacre.] (P)

2987. *O país de mim.* Coll. Timbila, 10.
(Map)., AEMO, (1989). 89 p. (P)

2988. *Vinte e três poemas da ciência de voar e da engenharia de ser ave.*
Lis., Ed. Caminho, 1991. (P)

2989. Varia:
"Desarmem-se" and "Da ínfima gota." In Various

Authors, *As palavras amadurecem.* Beira, 1988, p. 42.								(P)

"YPSELON"
2990.*Poesia.*
_. M., pr.pr., 1967. 117 p. il. Ruivo.				(P)

ZICALE dos Santos   Marcos Daniel
2991.*O mufana Manuma.* Conto.
_. M., pr.pr., 1970. 22 p.				(ST)

ZITA   Isaac Mário Manuel
2991-a.*Os molwenes.* Pref. Albino Magaia.
Postscript Fátima Mendonça. Coll. Karingana, 5.
v/p.(Map.), AEMO, 1988. 72 p. II. author's por-
rait.
Posthumous book.]				(ST)

Section C   Secção C

Literary History and   História e Crítica
Criticism   literárias

ABRANCHES   Augusto dos Santos
1992."Moçambique, lugar para poesia" and
Sobre cultura colonial." In I / [Primeiro]
*congresso da Sociedade de Estudos da
Colónia de Moçambique,* v, 1, n. 13. L. M., 1947.
								(E)

ALBUQUERQUE Ferreira   Orlando de
EVARISTO   Vítor Ganda
1993.*Poesia em Moçambique.* Pref. the
compilers.
Lis., Ed. Casa dos Estudantes do Império, 1951.
18 p. Dupl.
Off.Mensagem, n. 12. Lis., 1951. Beside 4 folk
poems and 4 stanzas of "Socorro que de Moçam-
bique..." incl. poems by A. dos S. Abranches, O.
de Albuquerque, Fonseca Amaral, Saraiva Batar-
da, F. Bettencourt, Papiniano Carlos, J.Craveiri-
nha ("Nuno Pessoa"), V. Evaristo, Teófilo
Ferreira, J. Matias Ferreira Júnior, Alberto de
Lacerda, Víctor Matos, O.Mendes, A.Pereira do
Nascimento, A. de Navarro, Rui de Noronha,
Alberto Parente, António Rosado, Marília Santos,
Noémia de Sousa ("Vera Micaia"), Mário Vieira.
The first anthology of Mozambican poetry.]
								(A, P)

ANON.
2994.*As armas estão acesas nas nossas
mãos.* Antologia breve da poesia revolucionária
de Moçambique. Pref. Papiniano Carlos.
Porto, Ed. Apesar de Tudo, 1976. 102 p.
[6 anon. poems and poems by D. Cosme, J. Craveirinha, A. Guebuza, "Mutimati B.João", "Kalungano", Josina Machel, Samora M. Machel, Daniel
S. Maposse, Dési Mora, Maria E. Roby, Rosália
Tembe, Sérgio Vieira.]				(A, P)

ANON.
2995.*Breve antologia de literatura
moçambicana.* Apresentada à 3.a conferência de
escritores afroasiáticos realizada em Beirute.
n/p. (Dar-es-Salaam), Ed. Frelimo, 1967. 111, 17
p. Dupl.
[Incl. poems by J. Craveirinha, among others.] (A)

ANON.
2996.*Catálogo dos livros com interesse para o
estudo de Moçambique.*
Map., Centro Nacional de Documentação e
Informação de Moçambique, 1978 (i.e. 1979).
194 p.								(B)

ANON.
2997.*Eduardo Mondlane.* Coll. Panaf Great
Lives.
London, Ed. Panaf Books, n/d.
[Incl. a chapter on "Poetry in the Mozambican re-
volution."]				(E)

ANON.
2998.*Poems from Mozambique.*
Lusaka (Zambia), Ed. Frelimo, c. 1970. 14 p.
printed on one side. Dupl.
[Ten poems in English trans., by D. Cosme,
A. Guebuza, Machangwana,Alfredo Manuel,
Craveirinha Mpfumo, Ngwembe, Marcelino
dos Santos, Noémia de Sousa.]				(A, P)

ANON.
2999.*Poesia de combate.* Poemas de militantes
da Frelimo. Caderno n. 1.
n/p. (Lusaka, Zambia), Departamento de Educação e Cultura da Frelimo, n/d.(1971). 29 p. II.
[One poem each by "Atumbwidao", Rafael Bo-
bel, "Polvo Cheirinho", "Comodoro", D. Cosme,
"Djakama", Manuel Gondola, "Jackson", Omar
Juma, "Katumbyanga", "Kumwanga", "Luchwa-

cha", "Maguni", "Malido", Alfred Manuel, "Ngwembe", D. Sávio, A. Rufino Tembe, "Xicavalito"];
2d ed.: Pref. Casa de Moçambique (Maria Natália Teixeira Lopes.) Coll. Literatura Nova, 1.
Lis., Ed. Publicações Nova Aurora, 1974. 36 p.
[The same authors, except O. Juma, "Katumbyanga", "Malido", "Xicavalito". Adding "Mahasule"];
3d ed.: Pref. anon.
(Map.), INLD, 1979. 39 p. II.
[Identical with 1st ed., but adding one poem by "Mahasule".] (A, P)

ANON.
3000. *Poesia de combate.* Segunda colecção.
Pref. anon.
(Map.), Ed. Departamento de Trabalho Ideológico da Frelimo, (1977). 130p.
[In 3 parts: Hailing the New Year; The armed struggle; In memory of Josina Machel. Frelimo poems 1969-1977, by anon., J. Craveirinha, "Flora", F. Ganhão, A. Guebuza, E.Franco Lucas, Josina Machel, Samora M. Machel, R. Maguni, "Malido", E. J. Massiye, Joana M. Mucavele, Maria Mwakala, J.A. Mpfumo, M.Mpfumo, Joana Nachale, R. Nogar, J. Rebelo, Marcelino dos Santos, D. Sávio, Rosária Tembe, O. Valima, S. Vieira, T. Zinondo.] (A, P)

ANON.
3001. *Poesia de combate,* 3.
Map., Departamento de Trabalho Ideológico da Frelimo, c. 1980.
[Containing 46 poems by young authors.] (A, P)

ANON.
3002. *Poesia revolucionária de Moçambique.*
(Lis.), Ed. Casa de Moçambique, (1974). 10 p. Dupl.
[Anon. "Frelimo" poems and poems by "Comodoro", D. Cosme, A. Guebuza, Josina Machel, Samora M. Machel, J. Rebelo, Marcelino dos Santos, Rosária Tembe.] (A, P)

ANON.
3003. *Poetas de Moçambique.*
Beira, pr.pr., c.1972. Dupl.
[Ed. by a student group and sponsored by the Lions Clube da Beira. Poems by O. de Albuquerque, M. F. Moura Coutinho, J.Craveirinha, R. Knopfli, Gouvêa Lemos, Carlos Maria, G.de

Melo, O. Mendes, R. Nogar, R. de Noronha, I. Rocha,V. Matos e Sá, Noémia de Sousa, J. Villa.] (A, P)

ANON.
3004. *Programa da Associação dos Escritores Moçambicanos.*
Map., AEMO, 1988. (E)

ANON.
3005. *Trabalhos premiados no concurso literário organizado pela Empresa Moderna.*
Pref. António Barradas.
L. M., Ed. Empresa Moderna, 1945. 77 p. (A)

ARNOLD Rainer
3006. *Gedichte aus Moçambique* [i.e. Poems from Mozambique]. German trans. Volker Ebersbach & Andreas Reimann. Postface R. Arnold.
Leipzig (Germany), Ed. Reclam Junior, 1979. 111 p.
[4 anonymous poems and poems by O. de Albuquerque, Alfredo de Barros, N. Bermudes, Juvenal Bucuane, M. F. de Moura Coutinho, J. Craveirinha, Reinaldo Ferreira, F. Ganhão, A. Guebuza, R. Knopfli, Gouveia de Lemos, Josina Machel, S. M. Machel, G.V. Malangatana, Carlos Maria, G. de Melo, O. Mendes, Dési Mora, "J. B. Mutimati", R. Nogar, R. de Noronha, Glória de Sant'Anna, Marcelino dos Santos, Noémia de Sousa, J. Rebelo, Maria E. Roby, S. Vieira,J. Villa.] (A, P)

BALTAZAR Rui
3007. *Sobre a poesia de José Craveirinha.*
Map., AEMO, 1988. (E)

BAPTISTA Heliodoro and 4 others
3008. *As palavras amadurecem.* Pref. Simeão Cachamba. Coll. Cadernos Diálogo, 1.
Beira, Ed. Diário de Moçambique, 1988. 128 p.
[Poems by Bassane Adamogy, Sebastião Alba, Adriano Alcântara, Armando Artur,Heliodoro Baptista, Carlos Beirão, Luís Bettencourt, Simão Cachamba, Luís Cardoso, Miguel César, Fernando Couto, Mia Couto, José Craveirinha, Israel França, Raúl Honwana, Július Kazembe, Amado Kazunde, Daniel Macaringue, A. Magaia, Edmundo Manhiça, Filipe Mata, Filimone Meigos, Hélder Muteia, "Brian Tio Ninguas", Marcelo Panguana, L. C. Patraquim, Elton Rebello, Nelson Saúte, Calane da Silva, Média Sitói, Jorge Viegas,

269

Eduardo White.] (A, P)

BARROS Alfredo Ribeiro Gomes de
3009. *Alfredo de Barros e os seus poemas.*
Viana do Castelo (Portugal), pr.pr., 1970. 170 p. (E)

BERMUDES Nuno Fernandes Santana
Mesquita Adães
3010. *Chão de Moçambique. Da sua paisagem
e da sua literatura.* Coll. Campo Livre, 3.
Lis., Ed. do Templo,(1978). 78 p. (E)

3011."Poetas de Moçambique."In N. Bermudes,
*Moçambique 64: Documentário da vida em
Moçambique,* Beira, Ed. Notícias da Beira,1964,
p. 113-120. [Incl. poems by N.Bermudes, Artur
Costa, M. F. de Moura Coutinho, J. Craveirinha,
R. Ferreira, R. Knopfli, G. de Melo, R. Nogar, R.
de Noronha, Glória de Sant'Anna, Noémia de
Sousa, J. Villa.] (A, P)

3012. *Um olhar a Moçambique.* Conferência.
Lis., Ed. Sociedade Geográfica, 1974.
[Off. from the Society's Boletim.] (E)

BOL´EO Oliveira
3013. *Monografia de Moçambique.*
Lis., Ed. Agência-Geral do Ultramar, 1971. 256 p.
Il. Maps.
[Incl. a "pequena antologia" of descriptive prose
and poetry, p. 177-250, with one poem each by
O. de Albuquerque, Caetano Campo, Reinaldo
Ferreira, R. Knopfli, A. de Lacerda, Merícia de Le-
mos, O. Mendes, A. de Navarro, R. de Noronha,
Anunciação Prudente, Noémia de Sousa, Jorge
Villa.] (A, P, SK)

BURNESS Donald
*Fire: Six writers from Angola, Moçambique and
Cape Verde.* Vide General, Section C.

CARLOS Papiniano
GONÇALVES Egito
LEIT´AO Luís Veiga
NAVARRO António Rebordão
3014. *Notícias do b loqueio.* Fascículos de
poesia, 6.
Porto, August 1959. 32 p., num. 121-132, 2.
I. Rui Knopfli, António Bronze.
Poems by J. Craveirinha, Kalungano,
Rui Nogar, R. de Noronha, Noémia de Sousa.]

(A, P)

CARVALHO Sol de
MENDES Orlando
3015. *A palavra é lume aceso.*
Beira, Ed. Cadernos Tempo, 1980.
[Poems by S. Alba, H. Baptista, J. Craveirinha, R.
Nogar, Leite de Vasconcelos and by younger au-
thors.] (A, P)

C´ESAR Pires Monteiro Amândio
Novos parágrafos de literatura ultramarina.
Vide General, Section C.

Parágrafos de literatura ultramarina.
Vide General, Section C.

COLAÇO Maria Rosa
3016. *O continuador e a revolução.* Coll.
Chirico.
Map., INLD, 1978. 80 p. (A, P)

CORTEZ Maria de Lourdes
3017."Grabato Dias e as transgressões de
linguagem." In Jorge de Sena, M. de L. Cortez &
E. Lisboa, *Poesia de Moçambique,* 1. L. M., Ed.
Minerva Central, n/d. (1973), p. 17-34. (E)

COSTA José de Jesus da
SAINT-PIERRE Viviane
3018."La nouvelle littérature mozambicaine
d'expression portugaise à travers les contes
publiés dans le magazine mozambicain Tempo:
Une littérature de conflit." In J. M. Massa,etc.,
*Les littératures africaines de langue por-
ugaise.* Paris, 1985, p.357-362. (E)

COSTA Mário Augusto da
3019. *Bibliografia geral de Moçambique.*
Contribuição para um estudo completo. Pref.
author.
Lis., Ed. Agência-Geral das Colónias, 1946.
359 p.
[First of 2 projected v.] (B)

DIAS Raul Neves
3020. *A imprensa periódica em Moçambique,
1854-1954.* Subsídios para a sua história. Com a
colaboração do Arquivo Histórico de Moçambique e de Filipe Gastão de Almeida de Eça.
L. M., Ed. Imprensa Nacional, 1956. 110 p. Il. (E)

EÇA   Filipe Gastão de Moura Coutinho de
Almeida de
3021.*Achegas para a bibliografia de
Moçambique.* (Novos subsídios para um estudo
completo.)
Lis., Ed. Agência-Geral das Colónias, 1949.
135 p.
[Literatura colonial (novelas, narrativas, romances, contos, esparsos).]   (B)

3022.*Qual foi o primeiro livro impresso em
Moçambique?*
Lis., Ed. Agência-Geral das Colónias, 1953. (E)

FARRA   Maria Lúcia dal
3023."A identidade de um certo olhar infantil." In
J. M. Massa,etc., *Les littératures africaines de
langue portugaise.* Paris, 1985, p. 263-366.
[About L. B. Honwana's stories.]   (E)

FERREIRA   João
3024."O traço moçambicano na narrativa de
Luís Bernardo Honwana." In J. M. Massa, etc.,
*Les littératures africaines de langue portu-
gaise.* Paris, 1985, p. 367-376.   (E)

FERREIRA   Manuel
*Literaturas africanas de expressão portugue-
sa,* v. 2. Vide General, Section C.

No reino de Caliban, v. 3, *Moçambique.* Vide
General, Section C.

3025.*O mancebo e trovador Campos Oliveira.*
Coll.Escritores dos Países de Língua Portuguesa, 2.
Lis., Ed. Imprensa Nacional/ Casa da Moeda,
1985. 139 p.
[With an anthology of 31 poems by José Pedro
da Silva Campos e Oliveira.]   (A, E, P)

3026."Sobre Campos de Oliveira o primeiro
poeta de Moçambique." In Various Authors,
*Afecto às letras: Homenagem a Jacinto do
Prado Coelho.*
(Lis.), Imprensa Nacional/Casa da Moeda, 1984,
p. 392-397. [Excerpt from his book on the poet.]
    (E)

FRESU   Anna
OLIVEIRA   Mendes de
3027.*Pesquisas para um teatro popular em

Moçambique. Coll. Temas Culturais,1.
Beira, Ed. Cadernos Tempo, 1982. 132 p. II. (E)

GARC´IA   Xosé Lois
3028.*Poesía mozambicana del siglo XX.*
Saragossa, Ed. Olifante - Poesía,, 1987. 105 p.
[Bilingual anthology in Portuguese and in Spanish trans.]   (A, E, P)

GODINHO   José A. Matos
3029.*Notas sobre a criação do "Teatro dos
Estudantes Universitários de Moçambique " e
os seus dois primeiros anos de existência.*
L. M.,1967. 126 p.   (E)

GONÇALVES   José Júlio
3030.*A informação em Moçambique.*
Contribuição para o seu estudo.
Lis., Ed. Instituto Superior de Ciências Sociais e
Política Ultramarina, 1965, p. 437-604. II. (E)

3031.*Bibliografia do ultramar português
existente na Sociedade de Geografia de
Lisboa,* part 5, *Moçambique.*
Lis., Ed. Sociedade de Geografia, 1970-1972.
[Chap. "Arte, Literatura, Música, Poesia", p. 100-
104.]   (B)

GONÇALVES   Perpétua
3032."Situação linguística em Moçambique.
Opções de escrita." In *Comunicações - I
Congresso de escritores de Língua portuguesa.* (Lis., Associação Portuguesa de Escritores & Sociedade Portuguesa de Autores,
1991), p. 211-215.   (E)

GUERREIRO   Jerónimo Alcântara
3033."A imprensa na expansão ultramarina
portuguesa." In *I centenário da imprensa em
Moçambique.* L. M., Ed. Imprensa Nacional,
1954.   (E)

3034.*Moçambique num poema seiscentista.*
L. M., 1950. 31 p. + 13 p. of fac-simile.
[Incl. the text of João Nogueira's poem of 1635.]
    (E, P)

HAMILTON   Russell G.
Literatura africana, literatura necessária, v. 2.
Vide General, Section C.

LEITE   Ana Mafalda

271

LEITE Ana Mafalda
3035.*A poética de J.Craveirinha.* Pref. Salvato Trigo.
Coll. Palavra Africana.
Lis., Vega Ed., 1991. 167 p. (E)

3036.*Para uma caracterização da linguagem poética de José Craveirinha.*
Lis., Ed. Univ. Clássica, 1984. 150 p. Dupl.
[Ph. D. dissertation.] (E)

3037."Permanência e transformação das formas tradicionais na poesia de José Craveirinha." In J. M. Massa, *Les littératures africaines de langue portugaise.* Paris, 1985, p. 377-384. (E)

LISBOA Eugénio
3038.*As vinte e cinco notas de texto.* Coll. Temas Portugueses.
Lis., Ed. Imprensa Nacional/ Casa da Moeda, 1987.
[Incl. 4 "Cartas de Moçambique", annual surveys of cultural events in the years preceding national independence.] (E)

3039."A voz ciciada: ensaio de leitura da poesia de Rui Knopfli." In J. de Sena, M. de I. Cortez & E. Lisboa, *Poesia de Moçambique,* 1. L. M., 1973, p. 45-68. (E)

3040.*Crónica dos anos da peste,* v. 1. Ensaios.
Pref. Maria de Lourdes Cortez.
L. M., Liv. Académica Ed., 1973. 330 p.
[The 2d part deals with Mozambican literature, incl.essays about Reinaldo Ferreira, José Craveirinha, Rui Knopfli, Glória de Sant'Anna, Lourenço de Carvalho.] (E)

3041.*Crónica dos anos da peste,* v. 2. Ensaios, estudos e outra prosa.
L. M., Liv. Académica Ed., 1975. 400 , 2(err.) p.
[The 2d part consists of: 1. "Nota muito sumária a propósito da poesia em Moçambique (pref. a R. Knopfli's *Mangas verdes com sal.*" 2. "Reinaldo assassinado ou a feira dos disparates" [abour R. Ferreira]. 3. "Duas palavras de abertura a um livro de Glória de Sant'Anna [*Desde que o mundo..]* " 4. "O barulho que fazem certos silêncios" [concerning Fernando Ferreira]. 5. "A voz ciciada." [About R. Knopfli's poetry.] 6. "Maria da Silva Pinto." 7. "A poesia e o mar, Glória de Sant'Anna." 8. "*Cães da mesma ninhada,* de

Ascêncio de Freitas. 9. "Dois livros de Cândido da Velha, *Signo do caranguejo* e *Corporália.*"] (E)

LOBATO Alexandre Marques
3042.*Sobre "cultura moçambicana". Reposição de um problema e resposta a um crítico.*
Lis., pr.pr., 1952. 129 p.
[Rejoinder to Rodrigues Júnior.] (E)

MACHUNGO Inês
MATUSSE Gilberto
3043."Language, literature and education in Mozambique." In Emmanuel Ngare & Andrew Morrison,*Literature, language and the nation.* Harare (Zambia), Ed. Association of University Teachers of Literature and Language & Baobab Books, 1989. 230 p.
[They maintain that since all Bantu languages spoken in Mozambique are also spoken in the neighboring countries, it is a myth to contend that the language of the colonizer unites the nation whereas the African languages divide it.] (E)

MANO Manuel Lourenço
3044.*Entre gente remota.*
L. M., pr.pr., 1963. 234 , 1(err.) p.
[Incl. studies of Camoens' stay on Mozambique Island, the figure of João Cruz in Camilo Castelo Branco's prose fiction and Diocleciano Fernandes das Neves, the traveler.] (E)

MARGARIDO Alfredo
3045.*Poetas moçambicanos.*
Lis.,Ed. Casa dos Estudantes do Império, 1962. 140 p. Dupl.,but with printed cover bearing the title "Poetas de Moçambique."
[With poems by Orlando de Albuquerque, Fonseca Amaral, Nuno Bermudes, Duarte Galvão, F. Ganhão, Gomucomo (a Chope poet), "Kalungano",R. Knopfli, Gouvêa Lemos, Carlos Maia, G. de Melo, O. Mendes, R. de Noronha, I. Rocha, Vítor Matos e Sá, Glória de Sant'Anna, Gualter Soares, Noémia de Sousa, "Diogo de Távora", S. Vieira, Jorge Villa, and Hugh Tracy's essay on the music of the Chopes.] (A, E, P)

MENDES Orlando
3046.*Sobre literatura moçambicana.*
(Map,), INLD, (1982). 189 p.
[Essay, originally a lecture given to the Organiza-

272

ção Nacional de Jornalistas, was previously available in a dupl. ed. Followed by an anthology of the writings by S. Alba, Miguel Brito, Luís Carvalho, "Chikelo", Mia Couto, J. Craveirinha, "Joshenra", Gulamo Khan, "Zé Macara", A. Magaia, "Mwparra", Orlando Mendes,"Natango", "Brian Tio Ninguas", R. Nogar, L. C. Patraquim, Maria Paula, "Raafkambala", Euler S'Anna, Calane da Silva, Clotilde Silva, Amadeu Soquisso, Leite de Vasconcelos.]   (A, E, P, SK, T)

MENDES   Orlando
EVARISTO   Víctor
3047. *Poesia em Moçambique.*
Lis., Ed. Casa dos Estudantes do Império, 1951.
48 p. Dupl. [Off. from Mensagem. n. 12. Lis.]
(A, P)

MENDONÇA   Fátima
3048. *Actividade literária, política de assimila--ção e política educacional do estado colonial em Moçambique.*
Map., Departamento de Letras Modernas, Faculdade de Letras da Universidade Eduardo Mondlane, n/d. (1978). 10 p.   (E)

3049. *Literatura moçambicana. A história e as escritas.*
(Map.), Faculdade de Letras & Núcleo Editorial da UEM, 1988 [actually 1989]. 119p.   (E)

3050. "O conceito de nação em José Craveirinha, Rui Knopfli e Sérgio Vieira." In J. M. Massa, etc., *Les littératures africaines de langue portugaise.* Paris, 1985, p. 385-395. (E)

"**MESTRE**   David" (i.e. **VEIGA**   Luís Filipe)
CHIFUCHI   Luisiário António
Kuzuela, 1. Vide Angola, Section C.

MONDLANE   Eduardo Chivambo
3051. *Lutar por Moçambique.* Coll. Terceiro Mundo, 2.
Lis., Liv. Sá da Costa Ed., 1975. 251 p.
-- English ed.: *The struggle for Mozambique.*
Coll. Penguin African Library, AP 28.
Harmondsworth (England), Ed. Penguin Books, 1969. 222 p.
[Incl. poems by J. Craveirinha, Jorge Rebelo, Marcelino dos Santos and Noémia de Sousa, as well as Chope songs, all in English trans.] (E, P)

MOSER   Gerald Max Joseph
3052. "Creating a national literature: The case of Mozambique." In H. Wylie, E. Julien & R. J. Linnemann, *Contemporary African literature.* Washington, D. C., Ed. Three Continents Press, 1983, p. 97-110.   (E)

3053. "Luís Bernardo Honwana's place among the writers of Mozambique." In B. King & K. Ogungbesan, *A celebration of black and African writing.*
Zaria & Ibadan (Nigeria), Ed. Ahmadu Bello University Press & Oxford University Press Nigeria, 1975, p. 189-203.
[Published for the 3d Festival of African Arts and Literatures held in 1976 in Lagos.]   (E)

"Nationalliteratur in Angola and Mozambik."
Vide Angola, Section C.

MOTA   Mário Hermínio
Vide Angola, Section C.

NABARRO   Margaret D. Nunes
3054. "The background and development of fado in Mozambique up to 1973." In Marius F. Valkhoff *Miscelânea luso-africana.* Lis., 1975, p. 257-263. [With references to the poets Matos Sequeira and Reinaldo Ferreira.]   (E)

PEREIRA   Alberto Feliciano Marques
3055. *A arte em Moçambique. Art in Mozambique.*
English trans. J. da Silva Godinho.
Lis., 1966. xxxiv, 559 p. Il.
[Incl. chapters on prose & poetry and dance & music.]   (E)

PEREIRA   José Carlos Seabra
3056. "Flores, árvores e frutos na poesia de Rui Knopfli: Uma faceta da expressão da identidade individual no contraponto de heimat e de desenraizamento." In J. M. Massa, etc., *Les littératures africaines de langue portugaise.*
Paris, 1985, p. 397-406.   (E)

POLONAH   Luís
3057. *Poetas moçambicanos.* Pref. A. Margarido.
Lis., Ed. Casa dos Estudantes do Império, 1960.
xvii, 114 p.
[Poems by O. de Albuquerque, Fonseca Amaral

Alfredo Barros, N. Bermudes, Cordeiro de Brito, Caetano Campo, M. Moura Coutinho, F. Couto, J. Craveirinha, R. Ferreira, Albuquerque Freire, Duarte Galvão, Irene Gil, Tarquínio Hall, R, Knopfli, Gouvêa Lemos, Carlos Maria, Guilherme de Melo, O. Mendes, R. Nogar, R. de Noronha, Diogo de Paiva, Anunciação Prudente, Rui Eça Rego, I. Rocha, Glória de Sant'Anna, Marcelino dos Santos, Noémia de Sousa, Cirilo Viegas, S. Vieira, Jorge Villa.] (P)

"R´EGIO José (i.e.PEREIRA José Maria dos Reis)
3058."Notícia dum novo grande poeta." In Costa Barreto, *Estrada larga*.. Porto, (1962), p. 492-495.
[About Reinaldo Ferreira. Used as pref. of R. Ferreira, *Poemas*, 2d ed., 1966.] (E)

RY´AUZOVA Helena A.
Literatury Angoly i Mozambika [i.e. The literatures of Angola and Mozambique]. Vide Angola, Section C.

3059.*Uragán: Rasskasi mozämbikskih pisatelsi* [i.e. Hurricane: Stories by Mozambican writers]. Pref. H. A. Ryáuzova. Russian trans. A. Bogolanovsky, H. Ryáuzova, M. Volkova. Moscow, Khudoshestvennaia Literatura Ed., 1984. 208 p.
[Stories by N. Bermudes, J. Dias, A. de Freitas, Carneiro Gonçalves, L. B. Honwana, Edmundo Manhiça, G. de Melo, O. Mendes, A. Niankale.] (A, ST)
3060.*Zhosé Kraveirínia.*
Moscow, c.1987. 63 p.
[An anthology of Craveirinha's poetry.] (A, P)

ROCHA Ilídio José da
3061.*Catálogo dos periódicos e principais seriados editados em Moçambique, 1854-1975.* Coll. Documentos de Trabalho, 1. Map., Ed. Centro Nacional de Documentação e Informação de Moçambique,198). ix, 224 p. Dupl.;
2d, rev. & enl. ed.: *Catálogo dos periódicos e principais seriados de Moçambique da introdução da tipografia à independência (1854-1975).* Coll. Extra, 19.
Lis., Edições 70, 1985. 175 p. II.
[Incl. a thousand items.] (B)

3062.*Contribuição para a história da imprensa em Moçambique.*
L.M., CODAM Ed., 1973. 132 p. II. abundantly. (B, E)

3063."Sobre as origens de uma literatura africana de expressão portuguesa: Raízes e consciencialização." In J. M. Massa, etc., *Les littératures africaines de langue portugaise.* Paris, 1985, p. 407-416. (E)

RODRIGUES J´UNIOR José
3064.*Alguns poetas de Moçambique.* Coll. Metrópole e Ultramar, 70.
Braga, Ed. Pax, 1972. 48 p.
[Lecture given at the Sociedade de Estudos de Moçambique, L. M., 7 July 1972.] (E)

3065.*Considerações.*
L. M., África Ed., 1954.
[incl. a chapter on stories and novelettes.] (E)

3066.*Depoimento.*
L. A., África Ed., 1964. 204 p.
[Incl. articles on A. Margarido's Mozambican anthology of 1962 and L. Forjaz Trigueiros' anthology *Mozambique*.] (E)

Encontros. Vide Cape Verde, Section C.
3067. *Literatura colonial.* Ensaio.
L. M., 1953. 32 p. (E)

3068.*Para uma cultura africana de expressão portuguesa.* Coll.Autores Lusíadas, 3.
(Braga), Ed. Pax, (1978). 311 p. (E)

3069.*Para uma cultura moçambicana.* Ensaio.
Lis., Ed. Actividades Gráficas, 1951. 436 p.
[Incl. articles on Ruy Guerra, Ruy de Noronha, Orlando Mendes and Noémia de Sousa.] (E)

3070.*Poetas de Moçambique.* Contribuição para um juízo interpretativo.
L. M., África Ed., 1965. 95 p. (E)

3071.*Ruy de Noronha - Poeta de Moçambique.* Coll.Autores Lusíadas, 3.
(Braga), Ed. Pax, (198)). 59 p.
[New, rev. ed. of a section of *Para uma cultura moçambicana.* Lis., 1951, p. 99-134.] (E)

ROS´ARIO Lourenço Joaquim da Costa
3072.*A narrativa africana de expressão oral.*
Coll.Diálogo.
Lis., Ed. Instituto de Cultura e Língua Portuguesa & Angolê, Artes e Letras, 1989. 362 p.
[Deals with oral literature of the Lower Zambeze.
Incl. texts in Sena with Portuguese trans. Ph.
D. dissertation for the University of Coimbra.]
(A, E)

SABINO Joaquim Carlos Bento
3074.*A estrutura da literatura moçambicana.*
Pretoria (South Africa), Ed. University of South
Africa, 1980.
[Ph. D. dissertation.] (E)

SA´UTE Nelson
3075.*A ponte do afecto.*
Map., Ed. Embaixada de Portugal, 1990. 77 p.
[Interviews of 6 Portuguese writers by the Mozambican poet and journalist, with their ideas and
feelings about Africa.] (SK)

SEARLE Chris
3076.*Sunflower of hope. Poetry from the
Mozambican revolution.* English trans.
London & New York, Ed. Allison & Busby, 1982.
xii, 146 p. (A, P)

"The mobilization of words: Poetry and
resistance in Mozambique.' Vide Gugelberger,
Georg M. (1986), in General, Section C.

SEIXO Maria Alzira
3077."*Nós matámos o cão-tinhoso* de Luís
Bernardo Honwana." In her *Discurso do texto.*
Lis., 1977, p. 257-262. Earlier in Colóquio/Letras, n. 16.Lis., November 1973, p. 81f. (E)

SENA Jorge de
3078."Acerca de um puro poeta." In his *Da
poesia portuguesa.* Lis., Liv. Ática Ed., 1959, p.
215-227.
[On Alberto de Lacerda. First published in the literary supplement of Diário de Notícias, Lis., 19
January and 2 February 1956.] (E)

3079."Sobre a poesia de José Craveirinha." In
Cortez, Lisboa, Sena, *Poesia de Moçambique,*
1. L. M.,1973, p. 5-10. (E)

TRIGUEIROS Luís Forjaz
3080.*Moçambique.* Coll. Antologia da Terra
Portuguesa, 11. Pref. author.
Lis., Liv. Bertrand Ed., (1963). 189 p. II.
[Among others, writings by N. Bermudes, António da Cértima, J. Craveirinha, R. Ferreira, A. de
Freitas, Duarte Galvão, R. Knopfli, A. de Lacerda, Merícia de Lemos, Belo Marques, G. de Melo,
O. Mendes, A. Navarro, R. Nogar, Anunciação
Prudente, Rodrigues Júnior, Vieira Simões,
Castro Soromenho, Jorge Villa.] (A, E, P, ST)

TRINDADE Cartaxo e
3081.*Algumas achegas sobre o fenómeno
cultural em Moçambique.*
Lis., Ed. Ocidente, 1970. 12 p. II.
[Off. Ocidente, v. 78, n. 386. Lis., June 1970,
p. 237-249.] (E)

VARIOUS AUTHORS
3082.*Moçambique - Cultura e história de um
país.* Actas da V Semana de Cultura Africana.
Coimbra, Ed.Instituto de Antropologia da Universidade, 1988. 215 p. (E)

VARIOUS AUTHORS
3083.*Vamos cantar, crianças.* Cancioneiro, v. 1.
(Map.), INLD, 1981. 95 p. II. Ivone Luís. With
the notes of the melodies.
[Portuguese lyrics of songs by Abel Esmael, Alexandre Honwana, Martinho Lutero and Amélia
Russo, on folk themes.] (A, P)

VIEIRA Sérgio
3084."O escritor e o processo cultural das
nações." In *Comunicações - I Congresso de
Escritores de Língua Portuguesa.*
(Lis., Ed. Associação Portuguesa de Escritores
& Sociedade Portuguesa de Autores, 199l,
p. 85-95. [With emphasis on Mozambique.] (E)

WHITE Eduardo
3085.*Vozes de sangue.*
Lis., UNICEF Ed., c. 1989.
[Anthology of writings by Mozambican children
about the war against the RENAMO in Mozambique.] (A, SK)

5. S´AO TOM´E & PR´INCIPE IS-

LANDS

Section A   Secção A
Oral Literature   Literatura Oral

ANON.
3086.*Contos tradicionais santomenses.*
S. Tomé, Ed. Direcção Nacional da Cultura, 1984.
(ST)

ANON.
3087.*"Tchiloli".* A tragédia do Marquês de
Mântua e do Imperador Carloto Magno.
Folheto.
n/p., n/d. 16 p.[Hucksters' pamphlet literature.]
(T)

BARROS M.
3088."Folclore musical da ilha de S. Tomé." In
Conferência Internacional dos Africanistas
Orientais, v. 5. S. Tomé, 1956. [Music and lyrics
in Creole and standard Portuguese.] (E, P)

CRAVID Paulo
3089.Lyrics of a Christmas carol in Creole. In F.
Reis, *Soiá.* Braga, 1965, p. 23. (P)

3190.Lyrics and music of 2 socopé dances and
of a song in Creole. In F. Reis, *Povó flogá,* Lis.,
1969, p. 25ff. (P)

ESP'IRITO SANTO Carlos Menezes do
3090-a *Aguêdê zó véssu* [i.e. Puzzles and
proverbs].
Lis., pr.pr., 1979. 77 p.
[Bilingual ed. In Forro Creole, with Portuguese
trans.] (FW, P)

3091. *Tipologias do conto maravilhoso
africano.*
Lis., pr.pr., 1986. (4), 226 p. Dupl.
[Master's thesis, incl. among the examples 18
hitherto unpublished Santomensian folk tales.]
(E, ST)

MASSA Françoise
MASSA Jean Michel
3092.*Fablier de São Tomé. Fabulário são-
tomense.* French trans. Emilio Giusti. Coll.
Fleuve et Flamme.
Paris, Ed. CILF & Edicef, 1984. 147 p. Il. Cyce-
ron.

[Bilingual ed. in standard Portuguese and French
translation.] (ST)

NEGREIROS António Lobo de Almada
3093.*Historia ethnographica da ilha de S.
Tomé.*
Lis., Ed. Antiga Casa Bertrand-José Bastos,
1895. 375 p. Il. Map.
[Especially chap. 8, "O dialecto de S. Tomé",
incl. poems by Francisco Stockler and Costa Alegre, as well as folk poetry, p. 303-354.] (E, FW, P)

REIS Fernando Marcelino dos Santos
3094.*Folclore de São Tomé e Príncipe.*
Bissau, 1973. 11 p. Il.
[Off. Boletim Cultural da Guiné Portuguesa,
v. 28, n. 109.] (E)

3095.*Povô flogá: O povo brinca. Folclore de
S. Tomé e Príncipe.* Pref. F. de Castro Pires de
Lima.
S. Tomé, Ed. Câmara Municipal de S. Tomé e
Príncipe, 1969. 241 p. Il. Neves e Sousa & pho-
tographs by A. J. Gouveia & Fernando Chaves.
[Among the texts it incl."O tchiloli" and the "Auto
da Floripes."] (A, E, T)

3096.*Soiá. Literatura oral de S. Tomé.* Coll.
Metrópole e Ultramar, 9.
Braga, Ed. Pax, 1965. 131 p.
[Tales, songs, proverbs and sayings.] (FW, P, ST)

3096-a. *Soiá II.*
Lis., Ed. Sonotexto, 1978. 76 p. Il. Neves e
Sousa. (ST?)

ROZEIRA Arnaldo de Mariz
3097."Notas folclóricas sobre S. Tomé." In
Trabalhos do 1.o Congresso Nacional de
Antropologia Colonial. Porto, 1934, p. 297-305.
(E)

SCHUCHARDT Hugo Ernst Maria
3098."Kreolische Studien, 1: Über das
Negerportgiesische von S. Tomé (Westafrika)."
[i.e. Creolestudies, 1: About the Portuguese of
the Negroes of S. Tomé (West Africa)] In
Sitzungsberichte der Wiener Akademie der
Wissenschaften, Phil. Hist. Klasse, v. 101, n. 2.
Vienna, 1882,p. 3889-3917. (FW, P)

VALKHOFF Marius F.
3099. *África do Sul e Portugal. Algumas
reflexões sobre os dialectos crioulos.*
S. Tomé, pr.pr., 1964. (6), 13 p.
[Talk given in Lisbon at the Centro Cultural de
S. Tomé e Príncipe and first published in the Boletim Mensal da Sociedade de Língua Portuguesa, Lis., 1963.] (E, FW, P)

VARIOUS AUTHORS
3100. *Contos infantis.*
Lis., Ed. Caminho,, & S. Tomé, Direcção Nacional
da Cultura de S. Tomé e Príncipe, 1984. 77p. Il.
[9 traditional animal fables told by children to children.] (ST)

Section B	Secção B
Creative Writing	Literatura culta
(Novels, novellas,	(Romance, novela, con-
stories, prose sket-	to, crónica, teatro, poe-
ches, theater, poe-	sia)
try)	

ALEGRE Caetano da Costa
3101. *Versos.* Pref. [Artur da] Cruz Magalhães.
Lis., Liv. Ferin Ed., 1916. 163 p. Il. author's por-
trait.
[Ending with Alegre's lyrical prose sketches and
notes];
2d ed.:
Lis., Papelaria Fernandes Ed., 1950. 163 p.
[Except for some details identical with the first
ed.]
3d ed.:
Lis., Liv. Ferin Ed., 1951. 155p.
[The 3d ed. was prepared by Norberto Cordeiro
Nogueira Costa Alegre, the author's nephew.
All ed. are posthumous. The poems were written
between 1882 and 1889.] (P, SK)

3102. Varia:
"Ciumenta". In Archivo Académico, n. 4. Lis., 29
February 1884, p. 18.
"As andorinhas". In Novo Almanach de Lembran-
ças Luso-Brasileiro para 1883. Lis., 1892,
p. 198f.
"Soneto pósthumo". In Alma Nova, n. 2. Lis., 16

February 1895.
"O coração". In Vara da Justiça, v. 5, n. 203. S. Mi-
guel (Azores), 15 June 1895.
"Visão", "Eu e os passeantes", "As rolas", "A
negra". In A. Margarido, *Poetas de s. Tomé e
Príncipe.* Lis., 1963, p. 39-43.
"Visão". In J. A. das Neves, *Poetas e contistas
africanos.* S. Paulo, 1963, p. 29.
"Aurora", "A luta", "A negra", "Impressões dum
verso de Hugo." In M.de Andrade, *Literatura af-
ricana de expressão portuguesa,* v. 1, *Poesia.*
Algiers, 1967, p. 53, 54, 68f., 70f.
"A negra", "Visão", "Serões de S. Tomé", "Cantares santomenses", "Contraste". In A. César,
*Presença do arquipélago de S. Tomé e
Príncipe
na moderna cultura portuguesa.* S. Tomé,
1968, p. 96-101.
"Olhos azues", "A negra", "Aurora", "Visão", "Eu
e os passeantes", "?", "Maria", "Recordação",
"Contraste", "Longe". In M. Ferreira, *No reino
de Caliban,* v. 3. Lis., 1976, p. 427-433.
"Longe", "Serões de S. Tomé", "A minha cor é
negra...", "Visão". "A razão", "Aurora", "Impossível". In M. Ferreira, *50 poetas africanos.* Lis.,
1989, p. 432-437.
"Maria". In D. Burness, *A horse of white
clouds.* Athens, Ohio(USA), 1989, p. 3. (P)

ALEGRE Francisco de Jesus Fonseca Costa
3103. *Madala.* Coll. Gibela.
(S. Tomé, Ed. EMAG, 1990). 64 p. (P)

3104. Varia:
"Referente ao dia de Carnaval", "Ênfase", "Um
entardecer novo", "Quando cair a tarde." In C. A.
das Neves, *Antologia poética de S. Tomé e
Príncipe.* S. Tomé, 1977, p. 110-113. (P)

ALMEIDA João Maria da Fonseca Viana de
3105. *Maiá Pòçon* [i.e. Maria Povoação]. Contos
africanos.
Lis., Ed. Momento, 1937. 173 p.
[According to the Cape Verdean writer Manuel
Lopes, these tales were actually written by António Aurélio Gonçalves based on notes furnish-
ed him by Viana de Almeida. Vide Lopes' interview given to M. Laban, Ponto & Vírgula. n. 14.
S. Vicente(Cape Verde), April/September 1985,
p. 13.] (ST)

3106. Varia:
"Maiá Pòçon". In A. César, *Contos portugueses do ultramar*, v. 1. Porto, 1969, p. 363-379, and in *Antologia do conto ultramarino*. Lis., 1972, p. 69-8. [Just the title story of the book of 1937.] (ST)

ANJOS   Frederico Gustavo dos
3107.*Bandeira para um cadáver*. Coll. Gravana Nova, 1.
S. Tomé, Ed. Direcção Nacional da Cultura, 1984. 16 p. (ST)

3108.*Solilóquio*.
S. Tomé, pr.pr., 1986. 28 p. (P)

3109. Varia:
"Pedras roídas", "A voz do medo", "Todos os dias ainda." In Cremilda de A. Medina, *Sonha mamana África*. S. Paulo, 1987, p. 221-224. (P)

BARRETO   Manu
3110.*Sam genti!* (i.e. I am a person!]
S. Tomé, Ed. Publicações Povo, 1985. 70 p. (N, P)

BOMFIM   Francisco de Jesus
3111.*Fala sétu* [I.e. Speaking the truth].
S. Tomé, pr.pr., 1923. (SK)

BONFIM   Aito de Jesus
3112.*A berlinização ou partilha de África*. Teatro.
S. Tomé, pr.pr., (1987). 120, 7 p.
[Drama in 1 act. With pref. by "F. P."] (T)

BRAGANÇA   Albertino
3113.*Rosa do Riboque e outros contos*. Pref. Amadeu da Graça do Espírito Santo. Coll. Gravana Nova, 2.
S. Tomé, Ed. EMAG [i.e. Empresa de Artes Gráficas], 1985. 97, 1(err.) p. (ST)

BRANCO   J. Rafael
3114.*Makuta, antigamente lá na roça*.
S. Tomé, pr.pr., 1979. Dupl. (ST)

CAJ~AO   Luís
3115.*A estufa*.
Lis., Ed. Sociedade de Expansão Cultural, 1964. 299 p. (NO)

3116.*O outro menino Jesus*.

Braga, Ed. Pax, 1968. 19 p. [Christmas souvenir] [Also in A. César, *Contos portugueses do ultramar*, v. 1. Porto, 1969, p. 329-338. First in *Torre de vigia*, 2d e. Lis., 1967.] (ST)

3117.*O salto de cavalo*.
Lis., 1973.
[Incl. several African texts.] (SK, ST)

CARVALHO   Juvenal Marinho Paiva de
3118.*A ilha do Príncipe*. Descritivo histórico. 500 quadras alexandrinas em verso com rima.
Porto, pr.pr., 1928. 88 p. II. photos. (P)

CASTRO   Manuel Joaquim Gonçalves de
3119.*Horas d'ócio no equador*.
Lis., pr.pr., 1908. 191 p. (ST)

3120.*O coração de luto*.
Porto, pr.pr., 1907. 288 p.
[Its 5th part refers to Africa.] (NO)

CINATTI   Vaz Monteiro Gomes Ruy
3121.*Lembranças para S. Tomé e Príncipe. 1972*.
Évora (Portugal), Ed. Instituto Universitário, 1979. 74 p. (P)

3122. Varia:
"Ilha do Príncipe" and "Ilha do Príncipe - Baía de Santo António e a fuga de quatro estudantes..." In A. César, *Presença do arquipélago de S. Tomé e Príncipe*... S. Tomé, 1968, p. 137f.
[First in R. Cinatti, *Nós não somos deste mundo*. Coll. Cadernos de Poesia. Lis., 1941.}
"Ossobó". In A. César, *Presença do arquipélago de S. Tomé e Príncipe*... S. Tomé, 1968, p. 132-136.
"Ossobó". História de um pássaro das ilhas de S. Tomé e Príncipe. In A. César, *Contos portugueses do ultramar*, v. 1. Porto, 1969, p. 339-348. First in O Mundo Português, v. 3, n. 30. Lis., 1936, p. 259-263. Separately published as a Christmas offering , Braga, Ed. Pax, 1967.] (ST)

DOMINGUES   Mário José
3123.*O menino entre gigantes*. Romance. Coll. Autores Portugueses, (1).
Lis., Ed. Prelo, (1960). 506 p. (NO)

3124. Varia:

"Má raça". Comédia em 3 actos. In África Magazine, n. 1. Lis., March 1932, p. 60-66; n. 2, April 1932, p. 53-60; n. 3, May 1932, p. 57-61. (T)

ESP´IRITO SANTO Alda Neves da Graça (do)
3125. É nosso o solo sagrado da terra. Poesia de protesto e luta. Coll. Vozes das Ilhas, 1. Lis., Ed. Ulmeiro, 1978. 184 p. II. Glossary. (P)

3126. O jogral das ilhas. (S. Tomé, pr.pr., 1976). 4 p. (P)

3127. Rio seco, água molhada. S. Tomé, pr.pr., 1984. 11 p. [Anonymously published.] (P)

3128. Varia:
"Socopé". In M. de Andrade & F. J. Tenreiro, Poesia negra de expressão portuguesa. Lis., 1953 , p. 6.
"Lá no Água Grande", "Onde estão os homens caçados neste vento de loucura", "Para lá da praia." In M. de Andrade, Antologia da poesia negra de expressão portuguesa. Paris, 1958, p. 23, 24, 26.
"Angolares", "Avó Mariana", "Descendo o meu bairro", "Em torno da minha baía", "Lá no Água Grande", "No mesmo lado da canoa", "Onde estão os homens caçados neste vento de loucura", "Para lá da praia." In A. Margarido, Poetas de S. Tomé e Príncipe. Lis., 1963, p. 63-74.
"Para lá da praia." In J. A. das Neves, Poetas e contistas africanos. S. Paulo, 1963, p. 34f.
"No mesmo lado da canoa", "Descendo o meu bairro", "Avó Mariana", "Onde estão os homens caçados neste vento de loucura", "Angolares", "Lá no Água Grande", "Em torno da minha baía." In "Nova soma de poesia do mundo negro" of Présence Africaine, n. 57. Paris, 1966, p. 490-498.
"Do mesmo lado da canoa", "Trindade", "Onde estão os homens caçados neste vento de loucura." In M. de Andrade, Literatura africana de expressão portuguesa, v. 1, Poesia. Algiers, 1967, p. 194-197, 257-261, 262ff.
"Lá no Água Grande", "Em torno da minha baía", "Angolares","Natal na ilha." In A. César, Presença do arquipélago de S. Tomé e Príncipe... S. Tomé, 1968, p. 193-197.
"No mesmo lado da canoa", "Trindade", "Onde

estão os homens caçados neste vento de loucura." In M. de Andrade, Antologia temática de poesia africana, v. 1. Lis., 1976, p.183ff., 241-245, 246ff.
"Para lá da praia", "Em torno da minha baía", "Onde estão os homens caçados neste vento de loucura", "Lá no Água Grande", "Angolares", "Descendo o meu bairro", "Avó Mariana", "No mesmo lado da canoa." In M. Ferreira, No reino de Caliban, v. 2. Lis., 1976, p. 448-458.
"Onde estão os homens caçados neste vento de loucura", "Acordo em Argel", "Requiem para Amílcar Cabral", "Grito de alerta", "As mulheres da minha terra", "O jogral das ilhas", "Para lá da praia." In C. A. das Neves,Antologia poética de S. Tomé e Príncipe. S. Tomé, 1977, p. 73-86.
"Requiem para Amílcar Cabral." In M. de Andrade, Antologia temática de poesia africana, v. 2. Lis., 1979, p. 163f.
"No mesmo lado da canoa", "Senhor barão", "Requiem para Amílcar Cabral", "A legítima defesa", "Onde estão os homens caçados neste vento de loucura", "Lá no Água Grande", "Fevereiro". In M. Ferreira, 50 poetas africanos. Lis., 1989, p. 458-465. (P)

ESP´IRITO SANTO Carlos Menezes do
3129. Poesia do colonialismo. Pref. Editores. Coll. Cântico Geral. (Lis.), África Ed., 1978. 101 p. [Most of the poems were written in 1970. Some are in Creole.] (P)

3130. Varia:
"Quinta-Feira Santa", "O velho moçambicano", "Servo de amor", "Patrice Lumumba", "É esta a Europa", "O segundo aviso", "Mãe". In C. A. das Neves, Antologia poética de S. Tomé. S. Tomé, 1977, p. 100-107. (P)

FREITAS Domingos S. de Vide R´ECIO Manuel

GOMES Agostinho
3131. Ilha verde. S. Tomé, 1956.; 2d ed.: Porto, Ed. Nau, 1968. 69 p. (P)

3132. Varia:
3 poems in A. César, Presença do arquipélago de S. Tomé e Príncipe... S. Tomé, 1968,

). 188-191.   (P)

GRAÇA Espírito Santo   Amadeu Quintas da
3133.*Paga ngunu*. [i.e. Extinguish the torch].
Prosa e poesia. Pref. Frederico Gustavo dos
Anjos.
S. Tomé, pr.pr., 1989. 53 p.
Some texts in standard Portuguese, some in
Creole.]   (P, ST)

LEVY   Herculano Pimentel
3134.*Poesias*. Pref. Luíza Levy.
Lis., pr.pr., 1981). 106 p.
Posthumous ed.?]   (P)

3135. Varia:
A cascata". In "Torre de Ébano" of Correio d'Áf-
ica, 1st series, n. 59. Lis., 15 January 1923.
O renegado" and "O meu riso." In Portucale,
". 10, n. 59/60. Porto,September/December
1937, p. 204f.
4 poems in J. Brandão Pereira de Melo, "Poetas
santomistas", O Mundo Português, v. 13. Lis.,
1946, p. 224ff.
Ossobó" and "A cascata". In A. César,
*Presença do arquipélago de S. Tomé e Prínci-
pe*... S. Tomé, 1968, p. 172f.   (P)

LIMA   Ana Maria Deus   ("Ana Maria")
3136. Varia:
África", "Angústia", 'Irmão negro", "Massacre de
63", "Triunfo". In C. A. das Neves, *Antologia poética de S. Tomé e Príncipe*.S. Tomé, 1977,
). 132-136.   (P)

LUZ   António   ("Micróbio")
3137.*Flores do pântano*.
S. Tomé, Ed. Imprensa Nacional, 1931. 106 p.
I. author's portrait.   (P)

MACEDO   Fernando
3138.*Anguéné - Gesta africana do povo
angolar de S. Tomé e Príncipe*. Pref. Natália
Correia.
Lis., Liv. A. Sá da Costa Ed., 1989. 142 p. (P)

MACEDO   Teófilo Braga de
3139.*Santomé cu Plínchipe: Sanho; sonho;
senha; sena*. Coll. Folhetim 1, 2, 3, 4.
S. Tomé, pr.pr., c. 1984-1985 ?, 58, 28, 40 p.
Miscellany, partly in Forro Creole, partly in standard Portuguese.]   (FW. P, ST)

MARGARIDO   Maria Manuela da Conceição
Carvalho
3140.*Alto como o silêncio*. Poemas. Coll.
Cancioneiro Geral, 20.
Lis., Ed. Publicações Europa-América, 1957. 36
p.   (P)

3141. Vária:
"Memória da ilha do Príncipe", "Socopé", "Pai-
sagem", "Roça", "Serviçais", "Na beira do mar",
"Vós que ocupais a nossa terra". In A. Marga-
rido,*Poetas de S. Tomé e Príncipe*.Lis.,
1963, p. 79-84.
"Memória da ilha do Príncipe". In J. Alves das Ne-
ves, *Poetas e contistas africanos*. S. Paulo,
1963, p. 31.
"Socopé", "Vós que ocupais a nossa terra". In
Nova soma de poesia do mundo negro. Paris,
1966, p. 499-500.
"Memória da ilha do Príncipe", "Sôcópé". In A.
César, *Presença do arquipélago de S. Tomé e
Príncipe*. S. Tomé, 1968, p. 226f.
"A ilha te fala", "Memória da ilha do Príncipe",
"Socopé", "Paisagem", "Roça", "Serviçais", "Na
beira do mar", "Vós que ocupais a nossa terra".
In M. Ferreira, *Ño reino de Caliban*, v. 2. Lis.,
1976, p. 469-474.
"Memória da ilha do Príncipe", "Socopé", "Na
beira do mar", "Roça", "Paisagem". In C. A. das
Neves, *Antologia poética de S. Tomé e Prín-
cipe*. S. Tomé, 1977, p. 88-91.   (P)

"MARKY   Sum" (i. e. MARQUES   José
Ferreira)
3142.*A comédia dos sexos*. Romance.
Lis., pr.pr., n/d. 244 p. II. author's portrait. (NO)

3143.*As mulatinhas*. Romance.
Rio de Janeiro, Record Ed., (1973). 190 p.(NO)

3144.*A traição da Gabriela*.
Lis., Ed. M. C. Castro (depository), 1961. 196 p.
                                              (ST)

3145.*Aventura*. Romance.
Lis, pr.pr., 1960. 240p.   (NO)

3146.*Dinheiro amargo*. Romance.
Fundão (Portugal), pr.pr., 1962. 291 p.   (NO)

3147.*No altar da lei*.

280

Fundão (Portugal), pr.pr., 1962. 224 p.   (NO)

3148. *O cavaleiro da rosa!* Romance de
cavaleria.
Lis., pr.pr., 1988. 221 p.   (NO)

3149. *Os virtuosos.* Romance. Coll. Vidas
Íntimas.
(Lis., Ed. Empresa Industrial de Fotolitografia,
1985). 212 p.   (NO)

3150. *O vale das ilusões.*
Lis., Ed. Actividades Gráficas, (1956). 244 p.;
2d ed.:
Lis., 1963. 257 p.   (NO)

3151. *Ponto e vírgula.* Romance.
Fundão (Portugal), pr.pr., 1962. 203 p.   (NO)

3152. *Sindbad, o marinheiro.* Novela.
Lis., pr.pr., (1980). 204 p.   (NO)

3153. *Tempo de flogá* [i.e. A time for fun].
Lis., pr.pr., (1966). 306 p.   (NO)

3154. *Vila flogá.* [i.e. Fun town]. Romance.
Fundão (Portugal), pr.pr., 1963. 294 p.   (NO)

3155. Varia:
"Olhando a chuva à espera do sol", "A canoa dos
angolares", "Mudança de casa." In A. César, *A
presença do arquipélago de S. Tomé e Príncipe.* S. Tomé, 1968. p. 213-221.
"Angelina". In A. César, *Contos portugueses
do ultramar,* v. 1. Porto, 1969, p. 349-361.   (ST)

MEDEIROS   António Alves Tomás ("Alves
Preto")
3156. Varia:
"Maxibim Poçon" . With trans. into standard
Portuguese in Mensagem, v. 2, n. 1. Lis., Janua-
ry 1950, p. 14f.
"O novo canto da mãe." Ibidem, v. 2, n. 5/6. Lis.,
1950, p. 43.
"Canção do ilhéu." Ibidem, v. 14, n.1. Lis., 1962,
p. 12.
2 poems in Cultura (2d of that name), n. 9/10 and
11. Lu., December 1959 and May 1960.
"O novo canto da mãe", "Meu canto Europa",
"Na sexta-feira de Paixão...", "Um socopé para
Nicolás Guillén." In A. Margarido, *Poetas de S.
Tomé e Príncipe.*Lis., 1963, p. 74-79.

"Meu canto Europa." In J. A. das Neves, *Poetas
e contistas africanos.* S. Paulo, 1963, p. 30.
"Socopé para Nicolás Guillén." In Serafim Ferrei-
ra, *Resistência africana.* Lis., 1975, p. 127f.
"O novo canto da mãe", "Sexta-feira de Paixão",
"Um socopé para Nicolás Guillén." In M. de Andrade, *Antologia temática de poesia africana,*
v. 1. Lis., 1976, p. 111f., 161f., 186f.
"O novo canto da mãe", "Meu canto Europa", "Na
sexta-feira de Paixão...", "Um socopé para Nicolás Guillén", ""Canção do ilhéu", "Caminhos",
"Maxibim Poçon". In M. Ferreira, *No reino de
Caliban,*v. 2. Lis., 1976, p. 475-480, 486ff.
"Na sexta-feira de Paixão", "Um socopé para Nicolás Guillén", "Meu canto Europa", "O novo canto da mãe." In C. A. das Neves, *Antologia poética de S. Tomé e Príncipe.*S. Tomé, 1977,
p. 88-91.   (P)

"Um homem igual a tantos." In Mensagem, v. 2,
n. 2. Lis., February 1959, p. 21ff.
"Aconteceu no morro." Ibidem, v. 2, n. 5/6. Lis.,
1960, p. 2-6.   (ST)

NEGREIROS   António Lobo de Almada
("João Alegre")
3157. *Equatoriaes.*
Lis., Ed. Antiga Casa Bertrand-José Bastos,
1898. 154 p.   (P)

3158. *Senhor, pão!*
Lis., Ed. Antiga Casa Bertrand-José Bastos,
1897. 20 p.   (P)

NETO   Sacramento
3159. *Milongo.* Coll. Ficção Africana, 2.
Lis., Ed. Ulmeiro, n/d.(1985). 146, 1(err.) p. (NO)

3160. *Tonga Sofia.* Coll.Ficção Africana, 1.
(Lis.-Amadora, pr.pr., 1981.) 118 p.   (NO)

NEVES   Carlos F.A.. Agostinho das
3161. Varia:
"Dedicatória", "Negro da sanzala", "As nossas
ilhas", "O homem", "Os filhos do pescador", "Nas
praias de Fernando Dias", "A consciência". In
C. A. das Neves, *Antologia poética de S. Tomé
e Príncipe.* S. Tomé, 1977, p. 122-128.   (P)

"NHANA   Sun" (i.e. **LIMA**   João dos Santos)
3162. Varia:

"Djá petá, djá petá", "Mana mû", "Amador dantâ cabêça", "Amé dá bô côncê", "Sum cotá mandéla", "Ólá cu àuà çá mundjádu", "Amador têndê licadu cú", "É ça pena, ê ça dêlô..." In C. A. das Neves, *Antologia poética de S. Tomé e Príncipe*. S. Tomé, 1977, p. 36-49. [With trans. into standard Portuguese.] (P)

NOGUEIRA António Horácio Alves
3163.*Natal em S. Tomé*. Novela.
Coll.Imbondeiro, 27/28.
Sá da Bandeira (Angola), Ed. Imbondeiro, 1962. 53 p. (ST)

R´ECIO Manuel
FREITAS Domingos S. de
3164.*Fortunas d'África*.
Lis., Ed. Ventura Abrantes, 1933. 250 p. (NO)

REIS Fernando Marcelino dos Santos
3165.*A lezíria e o equador*. Contos. Pref. José Galeno.
Lis., Ed. Adastra, 1954. 203 p.
[6 of its 12 stories refer to S. Tomé.] (ST)

3166."Djamby". Ms.
[Performed by amateur players in S. Tomé in 1968.Vide Cartaz, v. 4, n. 17. Lis., 1968, p. 27-31.] (T)

3167.*Histórias da roça*.(S. Tomé).
Lis., Ed. Sociedade de Expansão Cultural, 1970. 271 p. Il. Neves e Sousa. (ST)

3168.*O baú de folha*. Coll. Imbondeiro, 15.
Sá da Bandeira (Angola), Ed. Imbondeiro, 1961. 34 p.
[Incl. also the story "Amy-só" from *A lezíria e o equador*.] (ST)

3169.*Roça*.
Lis., Ed. Adastra, 1960. 259 p.;
2d ed.
Lis., Ed. Sociedade de Expansão Cultural, (1965). 272 p.;
3d ed. Ibidem, 1965. 277 p.;
4th ed. Ibidem, 1973. 269 p. (NO)

3170. Varia:
"Três cores". In Boletim Cultural do Huambo, v. 3, n. 3. Nova Lisboa (Angola), 1950, p. 55f.
"Maiá". In *Imbondeiro gigante*, v. 1. Sá da Bandeira (Angola), 1963, p. 47-66.
"Amy-só". In J. A. das Neves, *Poetas e contistas africanos*. S. Paulo, 1963, p. 135-143.
"Maiá". In A. César, *Contos portugueses do ultramar*, v. 1. Porto, 1969, p.303-327.
"O baú de folha." In A. César,*Antologia do conto ultramarino*. Lis., 1972, p. 57-68. (ST)

SIM¨OES Landerset
3171.*Reflexos*.
S. Tomé, pr.pr., 1929. 36 p. (P, ST)

STOCKLER Francisco Pinto Garção
3172. Varia:
"Ó beleza d'ultramar..." In Novo Almanach de Lembranças Luso-Brasileiro para 1885. Lis., 1884, p. 31.
Poems in As Colónias Portuguesas, n. 10. Lis., 1885(?)
"O assobó". In Novo Almanach de Lembranças Luso-Brasileiro para 1887 (Suplemento). Lis., 1886, p. 51.
"Sun Fâchico Estoclê" (Fragmento), ""Plo castigu clupa mun" [fragmento], "Dêssu mun, valê mun, Sun!" (i.e. "Meu Deus, valei-me, Senhor!"], with trans. into standard Portuguese. In Almada Negreiros, *História ethnographica da ilha de S. Thomé*. Lis., 1895.
The same 3 selections in A. Margarido, *Poetas de S. Tomé e Príncipe*.Lis., 1963, p. 90-94.
"Ó beleza d'ultramar", "Sun Fâchico Estoclê" (fragment), "Pló castigu clupa mun", "Quá mandá bô scá fugi mun?" In A. César, *Presença do arquipélago de S. Tomé e Príncipe*. S. Tomé, 1968, p. 61-84.
The last 3 selections in A. César's *Presença* also in M. Ferreira, *No reino de Caliban*, v. 2. Lis., 1976, p. 483-486.
"Dododo Catxina", "Sun Fâchicu Estoclê", "Mudú dá balançú", "Ó beleza d'ultramar", "Dêssu mun, valê mun, Sun!", "Quá mandá bô scá fugi mun?" In C. A. das Neves, *Antologia poética de S. Tomé e Príncipe*.S. Tomé, 1977, p. 16-24.(P)

TENREIRO Francisco José de Vasques
3173.*Coração em África*.
S. Tomé, Museu Nacional Ed., 1977. 12 p. Il.
[Brochure ed. to commemorate the second anniversary of national independence.] (P)´

3174.*Coração em África*. Pref. Manuel Ferreira, Fernando J. B. Martinho. Coll. Para a História

das Literaturas Africanas de Expressão Portuguesa, 1.
Linda-a-Velha (Portugal), África Ed., 1982. 152 p. II.
[New ed. of *Ilha de nome santo* and *Coração em África.*] (P)

3175.*Ilha de nome santo.* Coll. Novo Cancioneiro, 9.
Coimbra, 1942. 55 p. (P)

3176.*Obra poética de Francisco José Tenreiro.* Pref.Raquel Soeiro de Brito, Maria Fernandes de Oliveira.
Lis., pr.pr., 1967. 134 p. II. author's portrait.
[Containing *Ilha de nome santo* and for the 1st time the complete text of *Coração em África.*] (P)

3177. Varia:
"Coração em África", "Canção do mestiço", "Romance de sinhá Carlota", "Romance de seu Silva Costa", "Epopeia", "Exortação", "Negro de todo o mundo", "Ilha de nome santo", "Terra de Alarba", "Mãos", "Corpo moreno", "Amor de Africa." In A. Margarido, *Poetas de S. Tomé e Príncipe.* Lis., 1963, p. 43-62.
"Canção do mestiço." In J A. das Neves, *Poetas e contistas africanos.* S, Paulo, 1963, p. 32.
"Canção do obô", "Corpo moreno", "Epopeia", "Negro de todo o mundo", "1619", "Mãos". In M. de Andrade, *Literatura africana de expressão portuguesa,* v. 1, *Poesia.* Algiers, 1967, p. 111-112, 139-152.
"1.o [Primeiro] poema da *Ilha de nome santo*", "Romance de sinhá Carlota", "Canção do mestiço", "Sum padre", "O ossobó cantou", "Banana-pão", "Vinho de palma." In A. César, *Presença do arquipélago de S. Tomé e Príncipe.* S. Tomé, 1968, p. 153-158.
"Canto do òbó", "Epopeia", "Negro de todo o mundo", "1619", "Mãos". In M. de Andrade, *Antologia temática de poesia africana,* v. 1. Lis., 1976, p. 113,137-146.
"Romance de seu Silva Costa", "Romance de sam Marinha", "Canção do mestiço", "Mãos", "1619", "Nós, mãe", "Ritmo para a jóia daquela roça", "Corpo moreno", "Poente", "Coração em África." In M. Ferreira,*No reino de Caliban,* v. 2. Lis., 1976, p. 435-446.
"Romance de seu Silva Costa", "Exortação", "Negro de todo o mundo", "Amor de África", "Nes-

tas noites de vendaval na Europa...", "1619", "Corpo moreno". In M. Ferreira, *50 poetas afrinanos.* Lis., 1989, p. 446-455.
"The ballad of mista Silva Costa" ("Romance de seu Silva Costa" and "Blues fragment"("Fragmento de blues. A Langston Hughes"). In D. Burness, *A horse of white clouds.* Athens, Ohio (USA), 1989, p. 4-9. [Portuguese texts with D. Burness' English trans.] (P)

"Nós voltaremos juntos." In C.A. Lança & F. J. Tenreiro, *Contos e poemas.* Coll. Modernos Autores Portugueses, v. 2. Lis., 1942, p. 47-54.
"Tarde de tédio." In Seara Nova, v. 49. Lis., 1946, p. 9f. (ST)

TORRES Alexandre Pinheiro
3178.*A nau de Quixibá.* Coll. Círculo de Prosa. Lis., Moraes Ed., 1977. 220 p.
[A note by the author explains that the novel is autobiographical, written upon visiting S. Tomé after an absence of 7 years.];
2d ed.: Coll. Campo da Palavra. Postface Maria Aparecida Santilli.
Lis., Ed. Caminho, 1989. 246 p. (NO)

3179.*A terra de meu pai.* Pref. Jorge de Sena. Lis., Plátano Ed., 1972. 134 p.
[On S. Tomé.] (P)

3180.*Ilha do desterro.* Coll. Poetas de Hoje, 29. Lis., Portugália Ed., 1968. 115p. (P)

VARIOUS AUTHORS
3181.*Músicas revolucionárias de S. Tomé e Príncipe.*
S. Tomé, Ed. Agrupamento da Ilha, 1976. 17 p.
[Lyrics for dances, in Creole or Portuguese.] (P)

VARIOUS AUTHORS
3182.*Sangazuza sá mina piquina.* 2 booklets. S. Tomé, pr.pr., n/d.(1976).
[Lyrics for songs, by "Sangazuza" and others, most of them in Creole.] (P)

"VEIGA Marcelo da" (i.e. **MATA** Marcelo Francisco Veiga da)
3183.*O canto do ossôbó.* Pref. Manuel Ferreira, Inocência Mata. Coll. Para a História das Literaturas Africanas de Expressão Portuguesa, 8.
Linda-a-Velha (Portugal), Ed. ALAC, 1989. 275

p. (P)

3184. Varia:
"Ouvindo a chuva." In "Torre de Ébano" of
Correio d'África, 1st series, n. 22. Lis., 29
December 1921.
"Noite equatorial". Ibidem, n. 24. Lis., 12 January
1922. An enl. version. Ibidem, 2d series, n. 4.
Lis., 1st November 1924.
"A velhinha". Ibidem, 1st series, n. 28. Lis., 9
February 1922.
"A viola em bandoleira." Ibidem, n. 30. Lis., 23
February 1922.
"O poeta". Ibidem, n. 32. Lis., 9 March 1922.
"Poemas de amor e de saudade." Ibidem, n. 37.
Lis., 13 April 1922.
"As minhas noites". Ibidem, n. 38. 20 April 1922.
"A mais bela africana." Ibidem, n. 39. Lis., 27 April
1922.
"Costa Alegre". Ibidem, n. 4. Lis., 4 May 1922.
"Evocação". Ibidem, n. 42. 18 May 1922.
"Costa Alegre", "A João Monteiro de Castro",
"Regresso do homem negro", "É vergonha ou o
quê?", "Nova lira - canção", "A João Santa Rosa."
In A. Margarido, Poetas de S. Tomé e Prínci-
pe. Lis., 1963, p. 85-89.
"O batuque" (fragmento), "A mocinha preta",
"Costa Alegre", "A João Monteiro de Castro",
"Regresso do homem negro", "É vergonha ou
quê?", "Nova lira - canção", "A João Santa Rosa",
"África é nossa." In M. Ferreira, No reino de
Caliban, v. 2. Lis., 1976, p. 459-468.
10 so far unpublished poems: "O poeta", "O
nosso leito", "Ossobó é só", "À ignota Deia",
"A minha pena", "Prelúdio", "Móli-móli", "Que
cheiro o da mangueira...", "Quem floreava o
pé..." In África, v. 9, n. 13. Lis., April/ June 1986,
p. 49-55 and on back cover.
"Idioma pátrio", "Prelúdio", "Móli-móli", "Que
cheiro o da mangueira...", "A minha pena",
"Pué-rupé", "Ossobó é só..." In M. Ferreira, 50
poetas africanos. Lis., 1989, p.440-444.
"Costa Alegre". In D. Burness, A horse of
white clouds. Athens, Ohio(USA), 1989, p. 10f.
[In Portuguese, with D. Burness' English trans.]
(P)

Section C   Secção C

Literary History and   História e Crítica
Criticism   Literárias

AMBR'OSIO   António
3185.Almada Negreiros africano. Coll. Polémica,
22.
Lis., Ed. Estampa, 1979. 191 p. II. (E)

ANJOS   Frederico Gustavo dos
3186."As descobertas da descoberta" ou a
dimensão de uma mensagem poética.
S. Tomé, pr.pr., 1985. 36 p. (E)

ANON.
3187.São Tomé e Prínicpe. Exposição
bibliográfica e documental.
S. Tomé, 1970. 102 p. (B)

ANON.
3188.São Tomé e Príncipe. Exposição.Pref.
Embaixada de S. Tomé e Príncipe.
Lis., Ed. Biblioteca Nacional, 1980. 45 p.
[Catalogue.] (B)

BRUSACA   João ("J. B.")
3189."Francisco Stockler". In A. César,
Presença doarquipélago de S. Tomé e
Príncipe... S. Tomé, 1968,p. 81f.[Early
biographical essay, first published in the Novo
Almanach de LembrançasLuso-Brasileiro para
1885. Lis., 1884, p. 341.] (E)

CARDOSO   Nuno Catarino
Cancioneiro da saudade e da morte. Vide
Cape Verde, Section C.

Sonetistas portugueses e luso-brasileiros. Vide
Cape Verde, Section C.

C'ESAR Pires Monteiro   Amândio
Algumas vozes poéticas de África. Porto,
1962. Vide General, Section C.
[Among others, on F. J. Tenreiro.]

Contos portugueses do ultramar, v. 1. Vide
General, Section C.

Novos parágrafos de literatura ultramarina.
Vide General, Section C.

Parágrafos de literatura ultramarina. Vide General, Section C.

3190.*Presença do arquipélago de S. Tomé e Príncipe na moderna cultura portuguesa.* Clamara Municipal, 1968. 275p. II.
[Incl., among others, are Costa Alegre, A. de Almeida, Viana de Almeida, Maria Archer, M. Barros, L.Cajão, Ezequiel de Campos, A. Casimiro, R. Cinatti, G. de Sousa Dias, M. Domingues, J. Fialho, D.S. Freitas, Mayer Garção, Agostinho Gomes, H. Levy, Maria M. Margarido, "Sum Marky", J. B. P. de Melo, Almada Negreiros, J . O. de Oliveira, J. Paço d'Arcos, M. Récio, H. Rocha, A. Rozeira, J . de Sena, Castro Soromenho, Neves e Sousa, F. Reis, T. Ribas, F. Stockler, F. J. Tenreiro, E. Tomé.]   (A, E, P, SK, ST)

DIJK Bertus
Kaap Verdische Eilanden, Guinee-Bissau, São Tomé. Vide Cape Verde, Section C.

'ESAGUY Augusto d'
3191."Costa Alegre". In *Torturados.* Lis., 1919, p. 20-24.   (E)

FERREIRA Manuel
Literaturas africanas de expressão portuguesa, v. 1. Vide General, Section C.

No reino de Caliban< v. 2,*Angola e S. Tomé e Príncipe.* Vide General, Section C.

GARÇ̃AO Mayer
3192."Costa Alegre". In *Os esquecidos.* Lis., 1924, p. 19-23. Reproduced in A. César, *Presença do arquipélago de S. Tomé e Príncipe...* S. Tomé, 1968, p. 101ff.   (E)

GARC'IA Xosé Lois
3193.*Poemas a la madre África (Poesía de S. Tomé y Príncipe).* Spanish trans.
Barcelona, Ed. Hora de Poesía, 1989. 25 p.
                    (A, P)

GAULME François
3194."L'apport africain à São Tomé." In J. M. Massa etc.,*Les littératures africaines de langue portugaise.* Paris, 1985, p. 419-422.   (E)

GONÇALVES José Júlio
A informação... Vide General, Section C.

HAMILTON Russell G.
Literatura africana, literatura necessária, v. 2. Vide General, Section C.

3195."São Tomé and Príncipe literature." In *Encyclopaedia of world literature in the 20th century,* v. 4. New York, 1984, p. 147.   (E)

LARANJEIRA José Luís Pires
3196."Francisco José Tenreiro a preto e branco - II."In J. M. Massa etc., *Les littératures africaines de langue portugaise.* Paris, 1985, p. 423-427.
                    (E)

3197.*Neorealismo e negritude na poesia de Francisco José Tenreiro.*
Lis., Ed. Faculdade de Letras da Universidade, 1985. Dupl.
[Ph. D. dissertation.]   (E)

MARGARIDO Alfredo
3198."As negras do brasileiro Gonçalves Crespo e do são-tomense Costa Alegre." In *Estudos sobre literaturas das nações africanas de língua portuguesa.* Lis., 1980, p. 553-559. (E)

"Panorama". In C. Barreto, *Estrada larga,* v. 3. Porto, 1962. Vide General,Section C.

3199.*Poetas de S. Tomé e Príncipe.* Pref. author.
Lis., Ed. Casa dos Estudantes do Império, 1963. 98 p. Dupl., except for printed cover.
[Poems by Costa Alegre, Alda [do] Espírito Santo, Maria Manuela Margarido, Tomás Medeiros, Francisco Stockler, Francisco José Tenreiro, Marcelo da Veiga.]   (A, P)

MARGARIDO Maria Manuela
3200."Le poids des valeurs portugaises dans la poésie de Francisco José Tenreiro." In J. M. Massa etc., *Les littératures africaines de langue portugaise.* Paris, 1985, p. 429-436.   (E)

MARTINHO Fernando João Baptista
3201."Francisco José Tenreiro e a negritude." In *II* [Segundo] *congresso dos escritores portugueses.* Lis., 1982, p. 183-187.   (E)

MATA Inocência
3202.*A prosa de ficção no período colonial de S. Tomé e Príncipe.*

Lis., Ed. Faculdade de Letras da Universidade de Lisboa, 1986. 294, 48 p. Dupl.
[Master's thesis.] (E)

NEVES Carlos Agostinho das
3203.*Antologia poética de S. Tomé e Príncipe.* Pref. Alda [do] Espírito Santo, C.A.das Neves.
S. Tomé, Ed.Arquivo Histórico, 1977. 136 p.
[Poems by C. Costa Alegre, Francisco Costa Alegre, A. [do]EspíritoSanto, Carlos doEspírito Santo, Ana Maria Deus Lima, M. Manuela Margarido, T. Medeiros, C. A. das Neves, "Nhanha", F. Stockler, F. J. Tenreiro, Armindo Vaz, M. da Veiga.] (A, P)

OLIVEIRA Mário António Fernandes de
3204."Crioulismo e negritude em Francisco José Tenreiro." In *Reler África*, ed. Heitor Gomes Teixeira. Coimbra, 1990, p. 489-496. [First published as the pref. of F.J. Tenreiro, *Obra poética*, Lis., 1967.] (E)

RODRIGUES António Pinto
3205.*Antologia poética juvenil de S. Tomé e Príncipe.* Pref. A. P. Rodrigues, José Palla e Carmo.Postface A.P. Rodrigues.
Lis., pr.pr., 1977. 103 p. [50 poems by unidentified students of the Liceu Técnico in S. Tomé, edited by one of their teachers.] (A, P)

RODRIGUES Lopes
3206.*O livro de Costa Alegre. O poeta de São Tomé e Príncipe.* Coll. Figuras e Feitos de Além-Mar, 7
Lis., Ed. Agência-Geral do Ultramar, 1969. 130 p. II. (E)

ROSA Luciano Caetano da
3207.*Das ilhas da gravana e da calema. Ensaio para a história cultural, literária e linguística de S. Tomé e Príncipe.*
Frankfurt (Germany), Ed. University of Frankfurt, 1990. Dupl.
[Ph.D. dissertation.] (E)

RY´AUZOVA Helena A.
"Literatury Ostrovov Zelёnogo Mysa i San-Tomé." [i.e. The literatures of the islands of Cape Verde and S. Tomé]. Vide Cape Verde, Section C.

SANTOS Issú
3208.*Síntese bibliográfica das ilhas de S. Tomé e Príncipe.*
S. Tomé, Ed. Imprensa Nacional, 1973. 561 p.(B)

TORRES Alexandre Pinheiro
3209."Literatura africana de expressão portuguesa:negritude como anticapitalismo." In *O neo-realismo literário português.* Coll. Temas e Problemas.
Lis., Moraes Ed., 1977, p. 199-205. [About F. J. Tenreiro.] (E)

TRIGUEIROS Luís Forjaz
Cabo Verde... Vide Cape Verde, Section C.

VALBERT Jean
3210."Le tchiloli de São-Tomé. Un exemple de subversion culturelle." In J. M. Massa etc., *Les littératures africaines de langue portugaise.* Paris,
1985, p. 437-444. (E)

VALKHOFF Marius F.
África do Sul e Portugal. Algumas reflexões sobre os dialectos crioulos. Vide S. Tomé e Príncipe, Section A.

VARIOUS AUTHORS
3211.*A descoberta das descobertas ou as descobertas da descoberta.*
S. Tomé, Ed. Direcção de Cultura, 1984. 40 p.
[Poems by Armindo Aguiar, F. G. dos Anjos, "Camucuço"(Carlos Vaz de Almeida), Alda do Espírito Santo, Conceição Lima.] (A, P)

Appendix / Apêndice

BIOGRAPHICAL NOTES / NOTAS BIOGR´AFICAS

NB. Of authors born, having their roots or living a long time in Africa, except those who only saw military service there.

The places and dates within the initial parentheses are those of birth and death.

dos autores nascidos, radicados ou residentes longamente em África,excepto os que apenas serviram ali na forças armadas.

Os lugares e as datas entre as parênteses iniciais são os de nascimento e de falecimento.

ABEL Martins das Neves João
(Lu., Angola, 1938.) Lives in Luanda. Bank clerk.

"ABIUL Vasco" Vide

ABRANCHES António Augusto dos Santos

ABRANCHES António Augusto dos Santos ("Vasco Abiul", "Asa")
(Paúl, Beira Baixa, Portugal, 1912 - S. Paulo, Brazil, 1963.) Lived in Lourenço Marques from 1945 till 1956. Bookstore manager, journalist. He encouraged many young Mozambican poets.

ABRANCHES Henrique Mário de Carvalho Moutinho ("Mwene Kalungo", "Mwene Kalungo-Lungo")
(Lis., 1935.) Settled in Angola since the age of 15. University studies in Lis. Went into political exile in 1962 and founded the Centro de Estudos Angolanos in Algiers. Surveyor, anthropologist, historian, artist. Since 1977 Head of the Department of Angolan Museums and Monuments.

ABRANCHES José Mena
(Malanje, Angola, 1945.) University studies of Germanic philology in Lis. Theater studies in Lis. and Louvain, Belgium. After his return, he directed the ensembles "Tchinganje" and "Xilenga-Teatro". Journalist.

ABRANCHES Maria José
(20th century.) Has lived in Angola.

ABREU Antero Alberto Ervedosa de
(Lu., Angola, 1927.) University studies in Coimbra and Lis. from 1946 on. Returned to Angola in 1957. Lives in Luanda. Lawyer, magistrate.

ABREU Maia Maria Manuela de
(Bela Vista, Huambo, Angola, 1939.) Public official. Left Angola c.1975 to live in Portugal.

AFONSO I (i.e. **MBEMBA-a-NZINGA**)
(Angola, 15th century - 1543.) King of the Kon-

go, 1506-1543, residing in Mbanza-Kongo (S. Salvador do Congo).

AFONSO Guilherme

(Portugal, 20th century.) Settled in Mozambique since 1960.

"AFRICANA" Vide

BARCELOS Pinto Ferro Maria Luísa de Sena

"AFRO" Vide

CARDOSO Pedro Monteiro

AGUALUSA José Eduardo

(Nova Lisboa, 1960.) Studied forestry at the Instituto Superior de Agronomia, Lis. Lives in Lis. since 1977. Journalist.

"AGUILAR António de" Vide

AZEREDO António de

"AGUILAR Cancarrinha de" Vide

NORONHA Rui de

"AIFOS" Vide

MOURA Russo Sofia

'AJAM" Vide

JACINTO de Amaral Martins António

"ALBA Sebastião" Vide

GONÇALVES Dinis Albano Carneiro

ALBASINI João dos Santos ("Nwanzengele")

(Mozambique, 1876-1922.) Journalist.

ALBERTO Jorge

(S. Tomé?, 20th century.) He is supposed to have lived in S. Tomé.

ALBERTO Mário

(Angola?, 20th century.) He lived in Angola.

ALBUQUERQUE Ferreira Orlando de

(L. M., Moçambique, 1925.) Medical university studies in Coimbra. One of the editors of Momento, Coimbra, in 1950. Settled in Angola since 1958. Physician, first in Lobito, Angola, then in Braga, Portugal, having left Angola at the end of 1975. Lives in Braga.

'ALC^ANTARA Osvaldo" Vide

LOPES da Silva Baltasar

ALEGRE Caetano Costa

(Vila da Trindade, S. Tomé Island, 1864-Alcobaça, Portugal, 1890.) In Lis., from the age of 10 on. Medical studies in Lis. since 1887.

ALEGRE Francisco de Jesus Fonseca Costa

(S. Tomé, 1953.) Studied abroad.

"ALEGRE João" Vide

NEGREIROS António Lobo de Almada

ALELUIA Aníbal

(Mozambique, 20th century.)

"ALEMQUER Zacarias d' "

(Portugal?, 19th-20th century.) Lived in Benguela, Angola.

ALFAMA Jorge Manuel Miranda

(Vila Teixeira Pinto, Portuguese Guinea, 1941.) Of a Cape Verdean family, returning to Cape Verde when he was 2. Having completed secondary school in S. Vicente, he went to Portugal, saw military service in Angola and lived there for many years. Lives in Praia, Cape Verde. Chief of police.

ALFAMA   José Bernardo ("O Mocho Alfama")

(Brava Island, Cape Verde, 19th-20th century.)

"'ALIA"   Vide

   NORTE   Amália de Proença

ALMADA   André Álvares

(Santiago Island, Cape Verde, 16th-17th century.) Merchant and sea captain.

ALMADA   Carlos Alberto Alves de

(Bissau, Guinea-Bissau, 1957.) Lives in Guinea-Bissau. Director of the Department of Information and Political Activities in the Guinean government.

ALMADA   David Hopffer Cordeiro

(Santa Catarina, Santiago Island, Cape Verde, 1945.) Studies at the Catholic Seminary São José and in the Law School of the University of Coimbra. Lawyer. Cabinet minister in the first government of independent Cape Verde.

"ALMADA   Erasmo Cabral d' " Vide

   ALMADA   José Luís Hopffer C.

ALMADA   José Luís Hopffer C. ("Erasmo Cabral d' Almada", "Alma Dofer", "Dionísio de Deus Fontana", "Tuna Furtado", "Zé di Sant'y Agu")

(Santa Catarina, Santiago Island, 1960.) Law studies in Berlin and Leipzig. Lawyer. Government official. Founder and editor of Fragmentos. Lives in Praia.

ALMADA   Maria Dulce de Oliveira

(S. Vicente Island, Cape Verde, 1953.) Degree in classical Philology from the University of Coimbra. Exiled in France during the war for Independence. High official in the Department of Education of Cape Verde.

ALMEIDA   Carlos Vaz de

(S. Tomé, 20th century.)

ALMEIDA   Deolinda Rodrigues de   Vide

   RODRIGUES   Deolinda

ALMEIDA   Germano ("Filinto Barros", "Romualdo Cruz")

(Boa Vista Island, Cape Verde, 1945.) Lawyer. Lives in S. Vicente.

ALMEIDA   João Maria da Fonseca Viana de

(S. Tomé, 1903.) Great-grandson of the first baron of Água-Izé. Lived in Lisbon since early childhood. Co-editor of Africa Magazine, Lis., 1932. Journalist.

ALMEIDA   José Evaristo d'

(Portugal, 19th century - Guinea-Bissau, 20th century.) Lived in Cape Verde for many years and founded a family there.

ALMEIDA   Júlio d'

(20th century.) Lived in Angola.

ALMEIDA   Orlando Marques de   Vide

   "MENDES   Orlando"

ALMEIDA   Ribeiro

(Angola?, 20th century.) Lives still in Angola?

ALMEIDA   Roberto António Víctor Francisco de Vide

"ROCHA   Jofre"

"ALMEIDA   Ruy d' " (i.e. ALMEIDA   Rui

Vítor da Silva)

(Vila Nova da Gaia, Portugal, 1928.) Law studies

at the University of Coimbra. Lived in Benguela,

Angola. Liceu teacher.

"ALMEIRIM   Zarco d' " Vide

RIO   João Pereira do

'ALSASEM" (i.e. SEMEDO   Alexandre

Sanches)

(Lage dos Órgãos, Santiago Island, Cape Verde,

1956.) Co-editor of Seiva, Praia. Official of the

Juventude Africana Amílcar Cabral - Cabo Verde

(JAAC-CV), the official youth organization until

1991.Lives in Praia.Official in the Finance Depart-

ment.

"ALTAMIRA   Gabriello de" Vide

BAPTISTA   Augusto Cerveira

"ALTAMIRA   Jorge d' "

(20th century.) Lives still in Benguela, Angola ?

ALVARENGA   Fernando da Cunha

(Porto, Portugal, 1930.) Studies at the Faculda-

de de Letras of Nova Lisboa, Angola. Lived in

Nova Lisboa from 1968 to 1975. Returned to

Portugal and studied in the Faculdade de Letras

of Porto, receiving the licenciado degree in

1977. Co-founder of the Vector group in Nova

Lisboa in 1971. Liceu teacher.

"'ALVAREZ   Manuel" Vide

MIRANDA   Nuno Álvares de

'ALVARO   Egídio

(Portugal, 20th century.) Lived in Guinea-Bissau.

ALVES   Albino

(Portugal?, 20th century.) Missionary in Angola.

ALVES   Aurélio Fernandes

(Portugal, 1913.) Lived in Lobito, Angola. Police

officer.

ALVES   Carlos ("Cave")

(Musserra, Angola, 1900.) Has lived in Portugal

since 1964. Farmer.

ALVES   José Manuel Pauliac de Meneses

(Portugal, 20th century.) Lived in Cape Verde.

"ALVES   Nito" (i.e. BAPTISTA   Alves Ber-

nardo)

(Piri, Cuango Norte, Angola, 1945 - Angola,

1977?) Official in the Finance Department of the

government in Luanda. Secretly a member of the

MPLA movement. Fought in the guerrilla war, be-

came a member of the central committee of

MPLA, was expelled in 1977 and disappeared

after having led an unsuccessful coup against

Dr. Agostinho Neto.

ALVES   Olga Coelho ("Olga de Vasconce-

los")

(Lis., Portugal, 1938.) Went to live in Angola in

1969. Lived in Benguela. Accountant.

"AMAJO" Vide

JO˜AO Pereira Barbosa   Amaro

AMARAL   João da Costa Fonseca
(Viseu, Portugal, 1928 - Lis., 1992.) From 1931
on in Mozambique. Returned to Portugal in
1954, came back to Mozambique in 1975.
Translator and journalist. Directed the publishing
division of the INLD for some years before defini-
itely returning to Portugal.

AMARILES Lopes Rodrigues Fernandes Ferreira   Orlanda ("Orlanda Amarilis")
(Santa Catarina, Santiago Island, Cape Verde,
1924.) Married the Portuguese writer Manuel
Ferreira . Liceu studies in Mindelo, S. Vicente,
of elementary teaching in Goa, India, pedagogy
and school administration in Lis. She took up residence in Portugal in 1947. Stays in Goa (1948-
54) and Angola (1965-67). In 1976 she visited
Nigeria. Elementary school teacher, publisher.

AMARO   Celestino Soares
(Angola, 20th century.) Lived in Nova Lisboa.

AMARO   Fernando
(20th century.) Lived in Angola.

AMBR'OSIO   Raquel Leitão
(Portugal?, 20th century.) Lived in Angola.

AMORIM   Maria de Lourdes Trindade
(Portugal, 1940?) Went to live in Angola in
1964.Vocational teacher in Benguela. Returned
to Portugal?

ANAHORY Silva   Terêncio Casimiro
(Sal-Rei, Boa Vista Island, Cape Verde, 1934.)
Lived in Guinea-Bissau for many years. Studies

at the law school of the University of Lisbon. Vocational teacher. Lives in Portugal.

"ANDIKI" Vide
GUERRA   Henrique Lopes

ANDRADE   Aguinaldo
(Janela, Santo Antão Island, Cape Verde,
c.1907.) Has a law degree from the University of
Coimbra. Lived for many years in Goa (India), Cabinda (Angola) and Guinea-Bissau. Judge. Lives
in S. Vicente, Cape Verde.

"ANDRADE   Angolano de" Vide
ANDRADE   Francisco Fernando da Costa

ANDRADE   Francisco Fernando da Costa
("Africano Paiva", "Angolano de Andrade", "Fer-
nando Emílio", "Flávio Silvestre", "Nando Ango-
la", "Ndunduma we Lépi")
(Lépi, Angola, 1936.) Studied architecture in
Lisbon (1957-1961) and in Jugoslavia. Exiled in
Italy and in Brazil, where he was arrested in 1964.
Returned to Italy, moved to Algeria, then to
Jugoslavia, to Zambia, to eastern Angola. MPLA
veteran of the war for independence.Editor of
the Jornal de Angola 1976-78. Imprisoned in
Luanda, 1982-1983. Lives in Portugal.

ANDRADE   Garibaldino de Oliveira da Concei-
ção
(Ponte de Sor, Portugal, 1914 - Lis., 1970.)
Settled in Angola since 1953, until shortly before
his death.
Elementary school teacher. Co-founder of the

Imbondeiro publishing house in Sá da Bandeira, Angola.

"ANDRADE   Humberto da Silva" Vide

'SYLVAN   Humberto da"

ANDRADE   Inácio José Esteves Rebello de

(Nova Lisboa, Angola, 1935.) Farm agent in Portugal and in Angola. Lives in Angola.

ANDRADE   José Pedro ("Tché Andrade")

(S. Vicente Island, Cape Verde, 1957.) Government official.

ANDRADE   Mário Coelho Pinto de ("Buanga Felé")

(Golungo Alto, Angola, 1928 - London, England, 1990.) Seminary studies in Luanda. In 1948 he went to Lisbon to study classical philology at the Faculdade de Letras of the University, then sociology in Paris. In Paris he was a secretary of Présence Africaine, 1955-1958. Co-organizer of the first congresses of black writers. President of MPLA (1959-1962) and its secretary-general (1962-1972?). Returned to Angola in 1974 but went into exile in Paris and from there in Guinea-Bissau. Secretary of Culture in the government of Guinea-Bissau until 1980. He died an exile.

ANDRADE   Martinho de Mello ("Marmellande")

(Campinho. S. Nicolau Island, Cape Verde, 1933.) Officer of the Companhia Nacional Arco Verde. Lives in Mindelo, S. Vicente Island.

ANDRADE   Santos

(Portugal, 20th century.) Lived in Guinea-Bissau.

"ANDRADE   Tché" Vide

ANDRADE   José Pedro

"ANDR´E   Wayavoka" Vide

ANDRADE   Francisco Fernando da Costa

"ANGOLA   Nando" Vide

ANDRADE   Francisco Fernando da Costa

ANJOS   Frederico Gustavo dos

(Conceição, S. Tomé, 1954.) Studied Germanic Philology at an East German university. Teacher, public official.

"ANJOS   José" Vide

TRINDADE   Cartaxo e

"ANNE   Ti" Vide

FIGUEIREDO   Maria da Conceição Pinho Simões Pimentel Teixeira de

"ANO NOBO" or "NOVO"   Vide

BONJARDIM   Sá de

"ANTALGO"   Vide

BARROS   António Fidalgo

ANTAS   J. Cândido Furtado de Mendonça d'

Vide FURTADO de Mendonça d'Antas   João Cândido

"ANT´ONIO   Arlindo" Vide

CABRAL   Amílcar Lopes

"ANT´ONIO   M." or "ANT´ONIO   Mário"

Vide OLIVEIRA   Mário António Fernandes de

ANTUNES   Vera Lúcia de Pimentel Teixeira Carmona   Vide

"L´UCIA de Pimentel Teixeira Carmona Vera"

ARANDA   Manuel

(Portugal;?, 20th century.) Lived in Mozambique.

ARA´UJO   Carlos Manuel de Melo

(Paúl, Santo Antão Island, Cape Verde, 1950.)
Engineering studies and military service in Portugal in the 1960s. In Guinea-Bissau 1974/75 as a
science teacher. Also in Mindelo, S. Vicente Island, 1976/77. In Accra, Ghana, 1975/76 to study
English. Returned to Portugal for graduate studies. Lives in Mindelo. Electrical engineer.

ARA´UJO   Silva

(Portugal, 20th century.) Lived in Mozambique.

ARCHER   Eyrolles Baltasar Moreira   Maria
Emília

(Portugal, 1905 - Lis., 1982.) Lived in Mozambique (1910-1913, 1921-1926), Portuguese Guinea (1916-1918), Angola(1930-1934) and several years in Brazil.

AREIA   Eliseu

(Portugal?, 20th century.) Lived in Angola.

ARGENTIL   de Barros Uria   Virgínia

(Lu., Angola, 1936.) Customs official in Angola.

"ARINHAF"   Vide

   FARINHA   J.

ARRIMAR   Jorge Manuel de Abreu

(Chibia, Angola, 20th century.) Liceu teacher.
C. 1972 founded with some friends a cultural society in Sá da Bandeira for the purpose of making

the oral literature of the Nyaneca better known.
Lives on one of the Azores islands.

ARROJA J´UNIOR   Joaquim Pedro

(Moçâmedes, Angola, 1931.) University studies
in Portugal. Lives in Portugal. Engineer.

ARTAGNAN   Pascal d'

(Guinea-Bissau, 20th century.) Shipyard officer.
Lives in Bissau.

ARTEAGA   A. de   Vide

   SOUTO MAIOR   António d'Arteaga

ARTUR   Armando João

(Alto Molocuè, Zambézia, Mozambique, 1962.)
Studied for 2 years at the Instituto Industrial in
Maputo. Lives in Mozambique.

ASSIS J´UNIOR   António de

(Lu., Angola, 1878 - Lis., 1960.) Early Angolan
nationalist, imprisoned and sent to Portugal. Pro-
hibited to return to Angola. In Lisbon taught Kimbundu at the Escola Superior de Estudos
Ultramarinos. Journalist.

"ATUMBWIDAO"

(Mozambique, 20th century.) Lives in Mozambique.

"AUGUSTO" or **"AUGUSTO**   Artur" Vide

   SILVA   Artur Augusto da

"AUGUSTO   João" Vide

   SILVA   João Augusto

"AUGUSTO   Rui" (i.e. **COSTA**   Rui Augusto Ribeiro da)

(Camabatela, Kwanza Norte, Angola, 1958.)

Studies of economics. Official of INALD (Instituto Nacional do Livro e do Disco).Lives in Lu.

"AUSENDA Maria" Vide

BAPTISTA Augusto Cerveira

"AZAMBUJA Maria da Graça" Vide

FREIRE Cochofel de Miranda Mendes Maria da Graça

AZEREDO António de, 2d Count Samodães ("António de Aguilar")

(Porto, Portugal, 1899-1966.) Lived in Angola 1915-1929. Rancher, journalist.

AZEREDO Guilhermina de Aguião de

(Porto, Portugal, 1894.) Lived in Angola 1918-1938, and elsewhere in Africa 1909-1910. Wife of António de Azeredo. Teacher.

AZEVEDO João Maria Cerqueira d'

(Portugal, 20th century.) Lived in Angola since his early youth. Returned to Portugal.

AZEVEDO Mário J.

(Moçambique, 20th century.) Teacher. Lives in the USA, where he teaches history at the State University in Jackson, Mississippi.

AZEVEDO Martinho Ferreira de Castro Vide

"CASTRO Martinho de"

AZEVEDO Pedro Corsino

(S. Nicolau Island, Cape Verde, 1905 -1942.) Bank clerk in Mindelo, S. Vicente Island. Went to Portugal for sanatorium treatment.

"B. J." Vide

BRUSACA João N. J.

BACELAR José Jorge Andias Huet

(Murtosa, Portugal, 1934.) Studied agronomy in Coimbra. Lived in Nova Lisboa, Angola from 1958 on. Co-founder of the Vector group in Nova Lisboa. Farm agent. Returned to Portugal.

BACKER Alfredo

(19th-20th century.) Lived in Angola?

BALBOA Yolanda

(Mafra, Brazil, 1959.) Studied economics at the University of Paraná. Lived for several years in Luanda, Angola.

BALD´E Djibril

(Cufar, Guinea-Bissau, 1955.) Lives in Bissau. Public official.

BALSA José Joaquim Galvão

(Coruche, Portugal, 1917.) Lived in Angola for many years, where he directed the Escola Industrial e Comercial in Moçâmedes. Returned to Portugal?

BAPTISTA Alves Bernardo Vide

"ALVES Nito"

BAPTISTA Arnaldo Nunes

(Portugal, 1891.) Missionary in Cabinda 1917-1925.

BAPTISTA Augusto Cerveira ("Alberto Costa", "Augusto de Santa Iria", "Fernando Rúbio", "Gabriello de Altamira","Gastão da Nóbrega", "Maria Ausenda")

(Mealhada, Portugal, 1905.) Studied law at the University of Coimbra. Lived in Malanje, Angola, from 1926 on. Customs director.

BAPTISTA Heliodoro dos Santos
(Gonhane, Quelimane, Mozambique, 1944.) In Portugal 1949-1958. Lives in Beira,Mozambique. Journalist.

BARBEITOS Arlindo do Carmo Pires
(Vila de Catete. Angola, 1940.) In Lisbon as a school boy. Exiled himself rather than serving in the Portuguese army. Went to West Germany in 1965 to study sociology and anthropology at the Free University in West Berlin. Returned to Angola in 1971. Taught in the Centro de Instru-ção Revolucionária of the MPLA movement. Stayed for 3 years in Algeria as a diplomat for the People's Republic of Angola. He taught at the University of Angola in Lubango.

BARBOSA Adriano C.
(Portugal, 20th century.) Lives in Angola?

BARBOSA Alexandre Machado
(Lis., Portugal, 19th century.) Spent c.18 years in Portuguese Guinea. Returned to Portugal in 1963. Lived in Lisbon. Printer, public official, journalist.

BARBOSA Amaro João Pereira Vide

JO˜AO Pereira Barbosa Amaro

BARBOSA Carlos Alberto Lopes ("Kaká Barbosa")
(Mindelo, S. Vicente Island, Cape Verde, 1947.) Spent his childhood and youth in the Vila da As-somada, Santiago Island. Office clerk in S.

Vicente until 1975 when he became a labor union official. Guitarist and musical composer.

BARBOSA Jorge Pedro Pereira ("Jorge Pedro")
(Santa Maria, Sal Island, Cape Verde, 1933.) Son of the poet Jorge Barbosa.He visited Portugal and other European countries. Lives in the USA. Employee of an airline.)

BARBOSA Jorge Vera-Cruz
(Praia, Santiago Island, Cape Verde, 1902 - Cova da Piedade, Portugal, 1971.) Lived on Brava Is-land 1929-1931, where he became a friend of Eugénio Tavares. Afterwards went to live on Sal Island. Visited Portugal twice. Customs official.

BARBOSA José Correia ("Z. Correia")
(S. Filipe?, Fogo Island, Cape Verde, 19th centu-ry.) Lived on Fogo Island.

"BARBOSA Kaká" Vide

BARBOSA Carlos Alberto Lopes

BARBOSA Mário Macedo
(Fogo Island, Cape Verde, 1901 - Lis., 1966.) Af-ter high school in Lisbon, returned to Cape Ver-de. Elementary school teacher, then customs of-ficia lon the islands of Santiago, S. Viente, Brava and Sal. Went to Lis.because of illness and died there.

"BARCA Amílcar" Vide

CRUZ Amílcar Barca Martins da

BARCELOS Pinto Ferro Maria Luísa de Sena ("Africana")

(Brava Island, Cape Verde, 19th century - S. Vicente Island, Cape Verde, 1893.) Sister of the historian Cristiano José de Sena Barcelos.

BARRADAS Acácio ("Álvaro Reis") (Portugal, 20th century.) Lived in Angola for many years. Lives in Lisbon. Journalist.

BARRADAS Ana Maria (L. M., Mozambique,c. 1944.) Science studies at the University of Lourenço Marques. Went to France. Lives in Lisbon since 1970. Translator and commercial secretary.

BARRADAS Maria Margarida Gonçalves (Novo Redondo, Angola, 1949.) Took an interpreters' course in Portugal.Lived in Novo Redondo. Liceu teacher.

BARRAG̃AO Fernando Rodrigues (Vila Real de Santo António, Portugal, c. 1920.) Saw military service in Angola and got married there. Settled in Portuguese Guinea from c. 1946 on. Male nurse, physical education instructor, local official. Lives in Portugal?

BARRETO Francisco Rui Moniz Vide "NOGAR Rui"

BARRETO Joaquim Maria Augusto (Praia,Santiago Island, Cape Verde, 1854 - S. Vicente Island, Cape Verde, 1878.) Studied at the Seminary-Liceu on S. Nicolau Island. Public official.

BARRETO Manuel Saraiva (L. M., Mozambique, 1926. Master's degree from the University of Lisbon in classical philology, 1953. Returned to Mozambique.He was a liceu teacher, taught also at the Estudos Gerais and at the Mondlane University in Maputo.Returned to Portugal in 1974 and taught at the Faculdade de Letras of the University of Lisbon.

BARROS Alfredo Ribeiro Gomes de (Valença do Minho, Portugal, 1920.) Lived in Mozambique from 1944 on. Journalist.

BARROS António Fidalgo ("Antalgo") (Fogo Island, Cape Verde, 20th century.) Lived in Italy for several years while studying theology. Director of Terra Nova first in S. Filipe, Fogo Island, then in Mindelo, S. Vicente Island. Lives in Mindelo. Catholic priest, member of the Franciscan order.

"BARROS Filinto" Vide **ALMEIDA** Germano

BARROS João Henrique Oliveira (Santiago Island, Cape Verde, c. 1945.) Received a law degree from the University of Coimbra. Lawyer. Lives in Praia.

BARROS Manuel Alves Figueiredo de ("Manuel de Barros", "Manuel de Santiago") (Praia, Santiago Island, Cape Verde, 1895 - 20th century.) Studied law at the University of Lisbon. Secretary General of the government of Cape Verde.

BARROS Marcelino Marques de (Portuguese Guinea, 1844 - Lis., 1928.) Ordained a catholic priest in 1866. Vicar general and Superior of the missions in Portuguese Guinea from 1879 on. Teacher at the missionary college in Sernache do Bonjardim, Portugal, from 1887 on.

BASTOS Augusto Thadeu Pereira (Benguela, Angola, 1872 - 1936.) Taken to Portugal as a child for his schooling. Returned to Benguela in 1891. A student of astronomy and mathematics, he corresponded with the French astronomer Camille Flammarion.Bookkeeper, administrative secretary of Catumbela, provisional lawyer, investigating judge in Catumbela.

BATALHA Ladislau Estévão da Silva (19th century.) Lived in Angola and other Portuguese colonies of the time.

"BEIRA Luiz" Vide

CORR^EA Armando Luiz Clemente de Baião Marçal

"BEIRA Maria da" (i.e. **CUNHA** Maria Ferreira da Costa) (Portugal, 20th century.) Lived in Mozambique.

BEIRANTE Cândido (Portugal, 20th century.) Received a master's degree in Romance Philology at the Faculdade de Letras of the University of Lisbon.Assistant professor at the University of Sá da Bandeira, Angola, for several years before returning to Lisbon to teach at its Faculdade de Letras.

BELCHIOR Manuel Dias (S. Brás de Alportel, Portugal, 1911.) Received a master's degree in overseas social and political science in Lisbon. District comptroller and inspector in Angola 1930-1940, Mozambique 1940-1960, Portuguese Guinea 1967-1968.

"B´EL`EZA"** or **"B. L`EZA" Vide

CRUZ Francisco Xavier da

BELO Carlos Alberto Octávio ("Caobelo") (Lu., Angola, 1941.) Exiled. Lives in Portugal.

"BELTENEBROS" Vide

MONTEIRO José Maria de Sousa (II)

BENTO Bento (Angola?, 20th century.) Lives in Luanda, Angola. Official of the MPLA.

"BEN´UDIA" Vide

GUERRA Mário Lopes

BERMUDES Nuno Fernandes Santana Mesquita Adães (Macequeque, Manica, Mozambique, 1921.) Went to school in Portugal 1924-1947. Returned to Mozambique, living in Beira until 1975. In 1975 he went to live definitively in Portugal. Journalist, public official.

BETTENCOURT Rosa Fernando (Mozambique?, 20th century.) Studied at the University of Coimbra. Lived in Mozambique.

BILAC Cardoso Olavo (Cape Verde, 20th century.) Son of the writer Pedro Monteiro Cardoso.

"BINGA" Vide

GOMES Alberto Ferreira

BIRES João Garcia

(Angola, 1941.) Studies in the Soviet Union. Vice-president of the University of Angola since July 1977.

BOBELA-MOTTA Alfredo Jorge de Macedo ("Luís Videla", "Paroquiano")

(Abrantes, Portugal, 1905 - Lis.,1978.) Childhood spent in Portuguese India, where his father was governor-general. Public official in Angola 1924-1940. Went to Portugal , but returned to Angola in 1952. Directed the Sociedade Cultural de Angola.Twice arrested by the secret police in Luanda. Founding member of the União de Escritores Angolanos. Journalist.Founder of the weekly Sul in Moçâmedes.

"BOMA Zanei N'vimba" Vide

FRANQUE Domingos José

BOMFIM Francisco de Jesus

(S. Tomé, 20th century.)

"BONAVENA E." (i.e. **PESTANA** Nelson Eduardo Guerra)

(Lu., 1955.) Conducts research on the culture and literary history of Angola. Lives in Angola.

"BONGA" (i. e. **CARVALHO** Barceló de)

(Cape Verde, 20th century.)

BONJARDIM Sá de ("Ano Novo", "Ano Nobo")

(Santiago Island, Cape Verde,20th century.) Popular poet and composer.

BORGES Eunice Reis

(Cape Verde, 20th century.) Official of the SNECI. Lived in Bissau, Guinea-Bissau.

BRAGA Eduardo Teófilo Vide

TE´OFILO Braga Eduardo

BRAGA Maria Ondina Soares Fernandes

(Braga, Portugal, 1932.) Lived in Angola, Goa and Macau. Liceu teacher, translator, journalist. Lives in Lisbon.

BRAGANÇA Albertino

(S. Tomé, 20th century.) Studies of electrical engineering in Coimbra, Portugal, in 1964. Public official. President of the União Nacional dos Escritores e Artistas de S. Tomé e Príncipe since 1986.

BR´ASIO António

(Carvalhal de Santo Amaro, Penela, Portugal, 1906.) Several extended stays in Africa. Priest, teacher, historian.

"BRAVENSE Juca" Vide

VIEIRA Artur Regina

BRAVO Francisco S. I. Pereira ("Kuxixima")

(Angola?, 20th century.) Lived in Angola.

BRAVO Maria do Rosário

(Angola?, 20th century.) Lived in Angola.

BRAZ¨AO FILHO Eduardo Jorge Lopes

(Moçâmedes, Angola, 1937.) Lived in Angola.

"BRAZINS Marcial" Vide

CRUZ Amílcar Barca Martins da

BREHM Mesquita

(Lis., Portugal, 1927.) Studied history and philosophy at the Faculdade de Letras of the University of Lisbon. Lived in Angola for many years. Returned to Lisbon. Liceu teacher.

BRIGHAM José de Andrade ("Jab")
(Cape Verde?, 19th-20th century.) Lived in Cape Verde.

BRITO António de Paula
(Nossa Senhora da Graça, Fogo Island, Cape Verde, 1853 - On the high seas, 1894?) Received a bachelor of law degree in Portugal (Lisbon?) Lived in Angola until 1893. Lawyer, director of the postal service.

BRITO Eduino Vide

SILVA Eduino Brito

BRITO Faria Joaquim Monteiro Cordeiro de
(Porto, Portugal, 1905 - :London, England, 1966.) Exiled to Mozambique for his politics c. 1935, he fell ill and returned to Portugal in 1965. Wrote for the Portuguese review Presença. Journalist.

BRITO Rosendo Évora ("Evrad Brit")
(Santo Antão Island, Cape Verde, 1940.) Lives in USA since 1962.

BRUNO "Domingos Guerreiro
(Lis., 1918.) Lived in Angola from 1942 on. Stayed in Brazil in 1961/62. Journalist.

BRUSACA João N. J. ("J. B.")
(19th century.) Lived in Portuguese Guinea and afterwards in S. Tomé.

BUCUANE Juvenal
(Xai-Xai, Mozambique, 1951.) Elementary school teacher, then public relations officer of the Petromoc Company.

"BUETI Rui" Vide

PACHECO Rui Alberto da Costa Campos

BULL Benjamim Pinto
(Bissau, Guinea-Bissau, 20th century,) Ph.D. from the University of Paris (Sorbonne). Lives in Dakar, Senegal. Professor at the University of Dakar.

CABRAL Alexandre
(Lis., 1917.) Studied history at the Faculdade de Letras of the University of Lisbon. Spent 3 years in the Congo with the writer Sidónio Muralha. Director of a publicity agency. Lives in Lisbon.

CABRAL Álvaro Rego
(Azores Islands, 20th century.) Lived in Cape Verde, Angola and Mozambique. Lives in Lisbon.

CABRAL Amílcar Lopes ("Arlindo António", "Larbac")
(Bafatá, Guinea-Bissau, 1924 - Conakry, Guinea-Conakry, 1973.) Master's degree in agronomy from the Instituto Superior de Agronomia in Lisbon, 1950. Official of the Overseas Department of Portugal in Portuguese Guinea, agronomist in Angola and later on founder of the PAIGC movement for independence in 1956. Murdered.

CABRAL António ("Morês Djassy")
(Bissau, Guinea-Bissau, 1951.) Deported by the

Portuguese secret police. Lives in Guinea-Bissau. Air force official.

CABRAL Juvenal A. Lopes da Costa

(Santiago Island, Cape Verde, 1889 - Santa Catarina, Santiago Island, c. 1965.) Studied at the Seminary inViseu, Portugal, until 1904 and the Seminary on S. Nicolau Island, Cape Verde, 1906/07. He lived in Portuguese Guinea for a long time. Father of Amílcar Cabral. Elementary school teacher.

CABRAL Luís Miranda

(Humpata, Angola, 1926.) Studied fine arts in Lisbon 1947-1950. Painter, public official.

CABRAL Vasco

(Farim, Portuguese Guinea, 1926.) Studied economics and finance in Lisbon. One of the founders of the PAIGC movement. Secretary for Economic Coordination and Planning of Guinea-Bissau.

CABRITA Carlos L. Antunes

(Portugal, 20th century.) Lived in Angola.

'CACHIMBINHO" Vide

KANDJIMBO Luís

CADETE Armando ("Junot")

(Huambo, Angola, 20th century.) Lives in Luanda. Economist.

CADORNEGA António de Oliveira de

(Vila Viçosa, Portugal, c.1610 - Lu., c.1690.) He went to Angola as a soldier in 1639. When the Dutch seized Lu., he followed the Portu-

guese authorities to Massangano, where he lived for 28 years before returning to Lu. Army captain, then judge, city councilor, historian.

CAJˆAO Luís

(Figueira da Foz, Portugal, 1920.) Lived on Príncipe Island 1958-1960. Lives in Lisbon. Plantation manager, radio and television producer, composer.

CALDAS Ribeiro

(Portugal?, 20th century.) Lived in Mozambique.

"CAMACHO"

(19th - 20th century.) Lived in Dondo, Angola. Returned to Portugal in 1924.

CAMACHO Manuel de Brito

(Aljustrel, Portugal, 1862- Lis., Portugal, 1934.) High Commissioner of Mozambique 1921-1923. Physician, journalist and statesman.

"CˆAMARA D. João Gonçalves Zarco da" Vide **RIO** João Pereira do

"CˆAMARA Lúcio da" Vide

MARGARIDO Alfredo

CˆAMARA Osvaldo

(Cape Verde, 20th century.)

"CˆAMARA Zarco (Gomes Pereira) da" Vide **RIO** João Pereira do

"CAMILO Flávio" Vide

LOPES José Vicente

CAMPO Caetano ("Júlio Mafra")

(Lis., Portugal, 1897 - L. M.,Mozambique, 1957.) Studied at a Belgian university. Lived in Mozambique from 1933 on. Journalist.

"CAMPONESA Humilde" Vide

LIMA Gertrudes Ferreira

CAMPOS Alexandre Sobral de

(Portugal,20th century.) Lives in Maputo, Mozambique. Lawyer.

CAMPOS Rui Alberto da Costa ("Rui Bueti")

(Calulo, Angola, 1953.) Studied philosophy in Lis.

"CANABRAVA" Vide

VIEIRA Pedro Alberto Andrade

"CANDAL Júlio" Vide

LEAL Faria

"CAOBELO" Vide

BELO Carlos Alberto Octávio

CARAMELO Agostinho J.

(Portugal, 20th century.) Went to live in Mozambique from 1960 on. Returned to Portugal in 1967 or 68. Printer, publicity agent.

CARDOSO António Dias ("Tony Dicar")

(Lu., Angola, 1933.) Imprisoned for his politics in Luanda 1959. Held in the prison camp at Tarrafal, Cape Verde, 1961-1974. Returned to independent Angola. Business manager, bank clerk, journalist. Secretary-General of the União dos Escritores Angolanos 1980-86.

CARDOSO António Mendes

(S. Filipe, Fogo Island, Cape Verde, 1935.) Studied law in Coimbra. Lives in Fafe, Portugal. Lawyer.

CARDOSO Boaventura da Silva

(Lu., 1944.) Director of the Instituto Angolano do Livro. State secretary of Culture.

CARDOSO Carlos

(Mozambique[?]. 20th century.) Lives in Mozambique. Journalist.

CARDOSO Carlos Augusto Leão Lopes

(Portugal, 1933.) Received a law degree in 1956. Went to live in Angola in 1959. Ethnographer.

CARDOSO Nuno Catarino

(Santo Antão Island, Cape Verde, 1887 - Lis., 20th century.) Official in the Portuguese Department of Agriculture. Journalist.

CARDOSO Olavo Bilac Vide

BILAC Cardoso Olavo

CARDOSO Pedro Monteiro ("Afro")

(S. Lourenço, Fogo Island, Cape Verde, 1883 - Praia, Santiago Island, 1942.) Studies at the Seminary on S. Nicolau Island, Cape Verde. He visited Portugal in 1913, and for an eye operation the USA in 1934. Customs official, elementary school teacher, then tax collector on Fogo Island and in Praia. Journalist.

"CARLA Sandra" Vide

VIDAL Luzia da Luz Saramago

"CARLOS Álvaro"

(Portuga[?], 20th century.) Lived in Angola.

"CARLOS Arnaldo" Vide

FRANÇA Arnaldo Carlos de Vasconcelos

"CARLOS Eduardo" Vide

ERVEDOSA Carlos <u>Eduardo Manuel Nas-</u>
<u>cimento</u>

"CARLOS José" Vide

SCHWARTZ José Carlos

CARLOS <u>de Vasconcelos Rodrigues</u> Papiniano <u>Manuel</u>

(L. M., Mozambique, 1920.) Studied engineering and geography in Porto, Portugal. Taken to
Portugal as a child. Lives in Porto. Agricultural
manager.

"CARMO Maria do"

(Lobito, Angola, 1943.) Studied law in Lis., Portugal. History teacher in Lobito.

CARMONA <u>Maria</u> Teresa <u>de Almeida</u>

(Portugal, 1943.) Taken to Angola in 1943. Teacher in Novo Redondo, Angola.

CARNEIRO António José

(19th - 20th century.) Lived in Cape Verde.

CARNEIRO João <u>Augusto de Oliveira de</u>
<u>Paiva</u>

(Porto, Portugal, 1947 - Lis., 1992.) Lived in
Luanda, Angola, since 1952. Left for Brazil in
1976. Returned to Portugal in 1988. Journalist,
teacher.

CARNEIRO Manuel Alves ("Sançardote")

(Vila de Valongo, Portugal, c.1895.) Studies at
the Escola Colonial. Lived in Angola since 1920,
finally in the town of Nova Lisboa. Bank clerk.

"CARPO Arcénio Pompílio Pompeo de"

(i.e. **CARPO** Arcénio de)

(Funchal, Madeira, 1792 - Angola?, c. 1885.) De-
ported to Angola in 1823 for his politics.
Founded the newspaper <u>O Futuro d'Angola</u> in
Luanda, 1882. Businessman.

CARREIRA António

(Fogo Island, Cape Verde, 20th century.) Lived
for 43 years in Portuguese Guinea. Conducted
research in Angola, Mozambique and Cape
Verde, 1964-1973. Public official, cultural anthropologist at the New University in Lisbon. Lives in
Lisbon.

CARVALHO Agostinho A. Mendes de ("Uanhenga Xitu")

(Calomboloca, Angola, 1924.)Imprisoned at the
Portuguese concentration camp of Tarrafal, Santiago Island, Cape Verde, as an Angolan nationalist. Provincial commissar of Luanda, Secretary of
Health, Diplomat.

CARVALHO Alberto Teixeira de

(Portugal, 20th century.) Missionary. Lived in Mozambique.

CARVALHO António Correia de ("Vento do
Planalto")

(Portugal, 20th century.) Lived in Angola.

CARVALHO <u>António</u> Lourenço de

(Lis., Portugal, 1941.) Lived in L. M. from 1958 till
1975. Graphic artist. Lives in Lisbon.

CARVALHO Artur <u>Rodrigues de</u>

(Praia, Santiago Island, Cape Verde, 1925.) Lived
in Malanje, Angola, for many years until 1975.

302

Postal official. Lives in Portugal.

CARVALHO Augusto José Correia de
(Caldas da Rainha, Portugal, 1910.) Lived in
Angola from 1953 on. Journalist.

CARVALHO Carlos Alberto Saraiva de ("Lalão")
(Angola?, 20th century.) Lives in Luanda. Lawyer.

CARVALHO Geraldes de
(Portugal, 20th century.) Lived in Angola.

CARVALHO Henrique Augusto Dias de
(Portugal, 1843-1909.) Portuguese army
general, explorer in Africa.

CARVALHO José Maria de
(19th-20th century.) Lives in Golungo Alto,
Angola.

CARVALHO José Ralf Corte Real Delgado
de
(Portugal, 20th century.) Lived in Angola.

CARVALHO Juvenal Marinho Paiva de
(Portugal, 19th century?) Lived on Príncipe Island.

CARVALHO Norberto Tavares de ("Kôte")
(Xime Bafatá, Portuguese Guinea, 1953.) Politi-
cal prisoner, deported in 1953 to Galinhas Island.
Lives in Guinea-Bissau. Public official.

CARVALHO Ruy Alberto Duarte Gomes de
("Rui de Carvalho")
(Santarém, Portugal, 1941.) Studied television
production and fine arts in London, 1973. Between 1971 and 1974 he also lived in Lourenço
Marques, Mozambique. Settled in Angola since
1963.Farm agent, television producer.

CASIMIRO dos Santos Augusto
(Amarante, Portugal, 1889 - Costa da Caparica,
Portugal, 1967.) In 1914 governor of the Congo
province of Angola. Because of his politics deported to Cape Verde, where he had to stay from
1931 to 1935. Army officer, provincial governor,
politician, director of the Seara Nova review, Lisbon, 1961-1967.

CASSAMO Suleiman
(Mozambique, 1962.) Lives in Mozambique.

"CASS´E" Vide
FERREIRA Carlos Sérgio Monteiro

CASTEL Lisa
(Quela, Malanje, Angola, 1955.) She spent much
of her childhood in the Lunda province of Angola. In 1975 she moved to Luanda. Studied medicine in Lisbon, Portugal.

CASTELBRANCO Francisco N. Ribeiro
(Angola, 19th-20th century.) Editor of Ensaios
Literários, Luanda, in 1901.

CASTEL-BRANCO Margarida
(Portugal?, 20th century.) Lived in Mozambique.

CASTELO BRANCO Emílio
(Portugal?, 20th century.) Lived in Angola.

CASTRO Adelino JoaquimPereira Soares de
(Portugal, 1913.) Lived in Mozambique. Public
official.

CASTRO Alberto Osório de

(Coimbra, Portugal, 1868 - Lis., 1946.) Was a judge in Moçâmedes and Luanda, Angola.

CASTRO   António Urbano Monteiro de

(Lis., Portugal, 1836 - Lu., Angola, 1893.) Lived in Angola from 1856 on. Founded, edited or wrote for the oldest newspapers in Luanda, A Civilização d'África(1866), O Mercantil(1870), O Cruzeiro do Sul(1873). Lawyer, journalist.

"CASTRO   Bento de" Vide

    LOPO   Constantino de Castro

CASTRO   Fernando Norberto de ("António M'Vembo")

(Calumbo, Angola, 1938.) Broadcaster, journalist. Lived in Angola. Lives in Lisbon, Portugal.

CASTRO   Francisco Manuel de

(Portugal, 1886.) Missionary. Went to Mozambique in 1909.

CASTRO   Manuel Joaquim Gonçalves de

(Portugal, 19th century.) Lived on S. Tomé Island. Elementary school teacher, journalist.

CASTRO   Maria Fernanda Teles de

(Lis., Portugal, 1900.) Lived in Portuguese Guinea as a child. Widow of the writer António Ferro. Lives in Lisbon.

CASTRO Azevedo   Martinho Ferreira de

(Guilhabreu, Vila do Conde, Portugal, 1935.) Went to live in Angola in his youth. Journalist.

CASTRO   Melo e

(Portugal?, 20th century.) Lived in Angola.

"CAT´URIO" Vide

MANUEL   Augusto Francisco

"CAVE" Vide

    ALVES   Carlos

CAZEVO   António

(Angola, 20th century.) Public official. Lives in Luanda, Angola.

CEBOLA   ¨José António

(Sá da Bandeira, 1962.) Studied physical education in Luanda.

"CEC´ILIO" Vide

    NEVES   Eduardo Paulo Ferreira

CEITA   Águeda

(Mozambique, 20th century.)

CERQUEIRA   Maria Manuela de Figueiredo

(Angola?, 20th century.) Lived in Angola. Elementary school teacher.

C´ERTIMA   António Augusto Cruzeiro de

(Troviscal, Oliveira do Bairro, Portugal, 1895.) Served as Portuguese consul in Dakar, Senegal. Diplomat, afterwards businessman.

CERVEIRA   Honorinda

(Dalatando, Angola, 1935.)Lived in Malanje and Luanda, Angola. Daughter of Augusto Cerveira Baptista.

"C´EU   Marília do" (i.e. RIBEIRO   Marília do Céu Borges)

(Mirandela, Portugal, 1936,) Lived in Lourenço Marques, Mozambique, from 1957 on.

"CHARLIE   Joe"

(20th century.) Lived in Angola.

CHATELAIN Héli

(Morat, Switzerland, 1859 -Lausanne, Switzerland, 1908.) Lived in Angola from 1885 to 1907 intermittently. Protestant missionary, philologist, folklorist.

CHAVES Alba

(Lu., Angola, 1955.) Teacher.

CHEIRINHO Polvo

(Mozambique, 20th century.) FRELIMO guerrilla fighter.

"CHELA João da" Vide

PINTO Manuel de Jesus

"CHIFUCHI Luisiário António" Vide

"MESTRE David"

CHISSANO Pedro ("Mikas Dunga")

(Caniçado, Mozambique, 1956.) Living in Maputo (Lourenço Marques) since childhood. Public official.

"CISCO Ministro"

(Angola, 20th century.) Lives in Luanda, Angola. Public official.

CLERC André Daniel

(Beira, Mozambique, 20th century.) Exiled from Mozambique. Worked for Eduardo Mondlane.

COBANCO José Jorge Gonçalves

(Lis., 1940.) Lived in Cape Verde 1941-1946 and in Angola from 1948 on. Left Angola in 1975. Lives in Lisbon, Portugal. Broadcaster.

COELHO Maria do Céu ("Maria Pacóvia")

(Portugal, 20th century.) Lived in Mozambique.

COELHO Mário

(Portugal, 20th century.) Lived in Angola.

"COELHO Pedro" Vide

MACHADO Pedro Félix

COELHO Rui Ferreira de Gouveia

(Coimbra, Portugal, 1925.) Lived in Angola since 1927. Studied medicine in Portugal. Physician.

COELHO Virgílio ("Virgílio Lapin")

(Lu., 1951.) Official of the Angolan Secretariat of Culture in Luanda. Painter and graphic artist.

"COIMBRA Rui" Vide

MOURA Júlio Diamantino de

COLAÇO Maria Rosa

(Portugal, 20th century.) Lived several years in Lourenço Marques, Mozambique. Lives in Lisbon, Portugal. Elementary school teacher.

"COMODORO"

(Mozambique, 20th century.) FRELIMO guerrilla fighter. Lives in Mozambique.

CONCEIÇ'AO Nicolau Sebastião da ("Kudijimbe")

(Angola, 20th century.) Lives in Luanda. Army officer.

CONRADO Augusto C. Adónis B. de

(Mozambique, 20th century.) One of the first black poets writing in Portuguese in Mozambique.

COPPETO João G.

(Angola?, 20th century.) Lived in Angola.

CORÇA Maria

(Angola, 20th century.) Lives in Angola.

CORDEIRO Amândio G.

(20th century.) Lived in Angola. One of the editors of Mensagem.Lisbon, Portugal.

CORDEIRO Leal

(Angola, 20th century.) Lives in Luanda. Solicitor.

"**CORGO** Emanuel" Vide

GONÇALVES Eurico Manuel Correia

CORR^EA or **CORREIA** Alberto ("D. João da Gandra", "Paulo Severo")

(Porto, Portugal, 1861 - Angola, 1941.) Surveyor, journalist.

CORR^EA Armando Luiz de Baião Marçal ("Luiz Beira")

(Macequeque, Manica, Mozambique, 1941.) Lived in Lourenço Marques from 1970 on. Lives in Portugal. Journalist.

CORREIA Afonso

(Portugal, 20th century.) Lived in Portuguese Guinea.

CORREIA António Mendes

(Salvaterra do Extremo, Portugal, 1906.) Lived in Angola for many years. Army officer.

CORREIA Maria Helena Ribeiro de Paiva

(Porto, Portugal, 1944.) Went to Angola in 1954. Lives in Angola?

CORREIA Morão

(Portugal, 20th century.) Studied in Portugal. Lived in Luanda, where he directed the services of public education. Teacher.

CORREIA Octaviano

(Sá da Bandeira, Angola, 1940.) Editorial secretary of Lavra & Oficina, Luanda. Lives in Luanda.

CORREIA Pedro

(Angola?, 20th century.) Lives in Angola.

CORREIA Ramiro

(Portugal, 20th century - Maputo, Mozambique, c. 1978.) Naval physician. Lived in Angola a long time. Having been one of the officers who participated in the 1974 revolution in Portugal, he went to Mozambique to help the new nation.

"**CORREIA** Z." Vide

BARBOSA José Correia

CORTEZ António

(Cape Verde, 19th century - 1932?)

CORTEZ Maria de Lourdes

(Fingoé, Tete, Moçambique, 1933.) Studied romance philology in Lis., Portugal.She went to Mozambique to teach at the University. Returned to Lisbon in 1977. University professor.

CORTEZ Sá

(20th century.) MPLA guerrilla fighter in Angola. Lives in Angola.

COSME Armando Leonel Augusto de Matos

(Guimarães, Portugal, 1934.) Lived in Angola from1950 to 1975 when he returned to Portugal. Returned to Angola to help the new nation in 1982 , staying till 1987. Co-founder and director of the Edições Imbondeiro in Sá da Bandeira.

Journalist.

COSME   Damião

(Mozambique, 20th century.) FRELIMO guerrilla fighter.

COSSA   Francisco Esaú Vide 'KHOSA   Ungulani ba ka"

"COSTA   Alberto" Vide BAPTISTA   Augusto Cerveira

COSTA   Antónia da ("A. da C."?) (Cape Verde?, 19th-20th century.)

COSTA   António Pedro da   Vide "PEDRO   António"

COSTA   Artur de Morais Alvim Ferreira da (Lis., Portugal, 1907-c. 1975.) Served in the army in Angola 1926-1928. He returned to Angola to head the editorial office of the Diário de Luanda.

COSTA   Artur Moreira da (Nogueira da Maia, Portugal, 1934.) Studied filming in London, England. Lived in Beira, Mozambique for many years. Journalist, television broadcaster. Returned to Portugal. Lives in Porto.

COSTA   Elmano Cunha e (Portugal, 20th century.) Lived in Guinea-Bissau for many years.

COSTA   Eusébio Rodrigo da (Lu., Angola, 1943.) Lived in Angola.

COSTA   Felisberto (Angola, 20th century.) Lives in Luanda, Angola. Journalist.

COSTA   Fernando Baptista

(20th century.) Lived in Angola. One of the editors of the Jornal de Angola, Luanda, c. 1960.

COSTA   Joaquim Vieira Botelho da (Portugal, 19th century.) Lived in Cape Verde.

COSTA   Jorge António da ("Jorge Ampa Cumelerbo") (Bolama, Portuguese Guinea, 1950.) Lives in Guinea-Bissau. Teacher

COSTA   Luiz Theodoro de Freitas e (Cape Verde, 19th century- Lis., 20th century.) Went to live in Portugal.

COSTA   Manuel José (Angola, 20th century.)

COSTA   Mário Augusto da (Portugal, 1893 - 20th century.) Lived in Mozambique. Army officer.

COSTA   Rui Augusto Ribeiro da   Vide AUGUSTO   Rui

COURTOIS   Victor José (Livron, France, 1846 - Inhambane, Mozambique, 1894.) Catholic missionary in Mozambique 1882-1894.

COUTINHO   João Armando de Moura (Portugal, 20th century.) Lived in Mozambique since childhood. Returned to Portugal.

COUTINHO   d'Almeida d'Eça   Manuel Filipe Gastão de Lima Cardoso de Moura (Braga, Portugal, 1931.) Lived in Lourenço Marques, Mozambique, since childhood.

COUTO   Adriano

(Portugal, 20th century.) Lived in Angola.

COUTO Bernardo Mia

(Beira, Mozambique, 1955) Studied medicine until 1974 when he became a journalist. Editor of the review Tempo, Beira, editor of Notícias, Map.

COUTO Caetano

(19th century? - 20th century.) Lived in Mozambique, First editor of Mensagem, Lourenço Marques, in 1930.

COUTO de Assis Boavida Joaquim Fernando

(Lu., 1960.) Son of dr. Diógenes Boavida. Lives in France, where he graduated in geophysics from the University of Strasbourg.

COUTO Fernando Leite

(Rio Tinto, Portugal, 1924.) Lived in Beira, Mozambique, from 1953 on.Lives in Maputo. Public official, journalist.

COUTO da Silva Maria Joana

(Novo Redondo, Angola, 1909.) Early studies in Portugal. Returned to Angola several times. Lives in Portugal.

CRAVEIRINHA José João ("J. C.", "J. Cravo", "José Cravo", "Nuno Pessoa", "Mário Vieira")

(L. M., Mozambique, 1922.) Arrested by the Portuguese because of his politics in 1964.. Took refuge in Tanzania in 1974 but was soon allowed to return. Started out to write under the pen name "Mário Vieira' for O Brado Africano. Journalist, public official.

CRAVID Paulo

(Palha, S. Tomé Island, 1922.) Farmer, shoemaker.

CRESPO Eduardo de

(Portugal?, 20th century.) Lived in Mozambique.

CRUZ Abigail de Paiva ("Liagira")

(Angola?, 20th century.)

CRUZ Amílcar Barca Martins da ("Amílcar Barca", "Marcial Brazins")

(Benguela, Angola, 188)-1958.) Studied law in Coimbra, Portugal. Lived in Benguela before 1975. Lives in Portugal. Lawyer.

CRUZ António Alves da

(Portugal, 20th century.) Missionary in Mozambique.

"CRUZ Biloca José da" Vide

SOUSA Henrique Teixeira de

CRUZ Francisco Xavier da ("B. Léza", "Bèléza", "Francisco Xavier")

(S. Vicente Island, Cape Verde, 1905-1959) Visited Portugal and the USA. Popular musician and composer of many mornas. Postal employee.

CRUZ Maria do Amparo Minas

(Angola?, 20th century.) Lived in Angola. Editor of Mensagem, Luanda, 1951-1952.

"CRUZ Romualdo" Vide

ALMEIDA Germano

CRUZ Tomás Jorge Vieira da ("Tomás Jorge")

(Lu., Angola, 1928.) Son of the poet Tomaz Vieira da Cruz. Lived in Lisbon, Portugal, 1970-1975.

In 1975 he returned to Luanda for a short time, after which he went back to Portugal. Public official.

CRUZ Tomaz Vieira da
(Constância, Ribatejo, Portugal, 1900 - Lis., 1960.) Lived in Angola from 1924 until a few years before his death. Buried in Angola. Editor of Mocidade, Novo Redondo, Angola, 1929-1931. Salesman, druggist.

CRUZ Viriato Francisco Clemente da
(Kikuvo, near Porto Amboim, Angola, 1928 - Peking, China, 1973.) Founding member of the MPLA movement, from which he was expelled in 1963. Went into exile to Portugal, then Sweden, then China, where he remained until his death. Public official in Angola.

"CUMELERBO Jorge Ampa" Vide

COSTA Jorge António da

CUNHA António Luís do Amaral Cordeiro da
(Lu., Angola, 1944.) Works for the Instituto de Pesca in Porto Amboim.

CUNHA Dantas Guilherme Augusto da Vide

DANTAS Guilherme Augusto da Cunha

CUNHA José Rui
(Mopeia, Mozambique, 1949.) Lives in Lisbon since 1977. Journalist.

CUNHA Lídio Marques da
(Lu., Angola, 1930.) Law court official, journalist.

CUNHA Manuel Barão da
(Lis., Portugal, 1938.) Studied social sciences and overseas policies. Lived in Angola 1961-1962, in Portuguese Guinea 1964-1965. Lives in Linda-a-Velha near Lisbon, Portugal. Reserve cavalry officer.

CUNHA Maria Ferreira da Costa Vide

"BEIRA Maria da"

CUNHA Maria José da
(Brava Island?, Cape Verde, 20th century.) Still lives in Cape Verde?

CUST´ODIO Osvaldo Alcântara Medina
Vide **"OS´ORIO** Oswaldo"

CYRIACUS Alexander
(20th century.) Lived in Angoche, Mozambique, during the first decades of the century, except for some time spent in Angola.

"D`AL´A" Vide

MARTINS Maria José Duarte

"D`ALL´A Djamba" Vide

VASCONCELOS Dulce Ferreira Alves Mendes de

DAM´AZIO José Luís Serrano
(Portugal, 1949.) Lived in Angola since childhood.

"DAMBAR´A Kaoberdiano" Vide

LOPES Felisberto Vieira

DANIEL António Fragoso ("Mafala dyá Katambi Kyamba")
(Angola?, 20th century.) Lives in Luanda. Architect.

"DANTAS Cristiano" Vide

S´A Albino Fernandes de

DANTAS Guilherme Augusto da Cunha
(Brava Island, Cape Verde, 1849 - Praia, Santiago
Island, Cape Verde, 1888.) Related to the Portu-
guese writer Júlio Dantas.

DARCHI João de
(20th century.) Lived in Mozambique. Missionary.

D´ASKALOS Alexandre Mendonça de Oliveira
(Nova Lisboa, Angola, 1924 - Caramulo sanatorium, Portugal, 1961.) Studied veterinary medicine in Lis., Portugal. Arrested in 1941 for con-
tact with the Angolan socialist party. Veterinarian,
researcher.

D´ASKALOS Zaída
(Huambo, Angola, 20th century.) Lives in
Huambo. Teacher.

DAVID Raúl Mateus
(Ganda, Angola, 1918.) Studies at the seminary
of Galangue, Angola. Lives in Luanda. Business
agent in the provinces,then public official in
Luanda briefly. Administrative secretary of the
Union of Angolan Writers.

DAVYES António Sérgio Maria ("Tony Da-
vyes")
(Bissau, Portuguese Guinea, 1956.) Lives in
Guinea-Bissau.

DELGADO António Pedro
(Praia, Santiago Island, Cape Verde, 1935.) Lives
in Cape Verde. Typesetter.

DELGADO Francisco
(Lu., Angola, 1936.) Studied philosophy in
Coimbra, Portugal. Political exile in Switzerland
during the war for Angolan independence.

DELGADO Lucília
(Mozambique?, 20th century.)

DELGADO Noémia
(Mozambique, 20th century.) Has lived in Lisbon
for a good many years. Film maker.

"DIANDENGUE" (i.e. **FERREIRA** Lourenço)
(20th century.) Lives in Angola. Guerrilla fighter of
the MPLA movement, provincial commissar of
Kwanza-Norte.

"DIANZA" Vide

PACAVIRA Gonçalves Pedro

DIAS António Manuel Lopes
(Malanje, Angola, 1944.) Lives in Portugal since
1954. Studied law in Porto. Lives in Porto.
Lawyer.

DIAS Augusto Pitta Groz
(Lu., Angola, 20th century.) Journalist, broadcaster.

DIAS Eduardo Leiria
(Lis., Portugal, 1912.) Studied science in Lisbon.
Went to live in Angola in 1949 until 1975. Public
official. Lives in Peniche, Portugal.

DIAS Gastão Alberto Adalberto Antunes de
Sousa.
(Chaves, Portugal, 1887 - Sá da Bandeira, Ango-

la, 1955.) In Angola 1918-1921, 1923-1955. Army officer, school inspector, secondary school teacher.

DIAS João Bernardo

(L. M., Mozambique, 1926 - Lis., Portugal, 1949.) Son of Estácio Dias, editor of O Brado Africano, Lourenço Marques. Law studies in Coimbra and Lisbon, Portugal. Secondary school teacher.

"DIAS João Pedro Grabato" Vide

QUADROS António

DIAS Manuel da Ciunha

(Angola, 1961.) Lives in Lubango, Angola.

DIAS Raúl Neves

(Portugal, 19th-20th century.) Lived in Mozambique for many years. Director of the Imprensa Nacional in Lourenço Marques.

"DICAR Tony" Vide

CARDOSO António Dias

"DIDIAL G. T." Vide

VARELA João Manuel

"DIDITE Manduka" Vide

LIMA J´UNIOR Armando Jesus

DIOGO J´UNIOR Alfredo

(Malanje, Angola, 1926.) Studied philosophy of history in Lis.. One of the founders of the Casa dos Estudantes do Império, Lisbon. Lived in Luanda, Angola. Journalist.

"DIREITO P." Vide

TAVARES Eugénio de Paula

"DJAKAMA"

(Mozambique, 20th century.) FRELIMO militant.

"DJASSY Morés" Vide

CABRAL António

"DJINGA" Vide

TEMBE Joaquim

"DJODJOI"

(Cape Verde, 20th century.)

"DJUNGA" Vide

MARTINS João Cleofas

"DJUNGA Mari Preta de Nhô" Vide

LIMA J´UNIOR Armando Jesus

"D'NOVAS Manuel" (i.e. **LOPES** Manuel de J.)

(Mindelo, S. Vicente Island, Cape Verde, 1939.) Lives on S. Vicente Island. Sailor, popular musician.

DOMINGUES Mário José

(Príncipe Island, 1899 - Lis., 1976?) Lived in Lisbon, Portugal, since going to school there. Co-editor of the África Magazine,Lisbon, 1932. Journalist.

"DORIANA" (i.e. **MAJOR** Ana Francisca Silva)

(Lu., 1958.) Studied law.

DORNELAS André

(Cape Verde, 16th-17th century.)

"D'SAL Sukre" (i.e. **TOMAR** Francisco António. Also "Sukrato", "Sukre")

(S. João Baptista, Boa Vista Island, Cape Verde, 1951.) Studied engineering in Lisbon, 1972-

1975. Lives in Mindelo, S. Vicente Island. Radio station director.

DUARTE Abílio Monteiro
(Praia, Santiago Island, Cape Verde, 1931.) Brother of Manuel and Pedro Duarte, married to Dulce Almada. Having lived in Guinea-Bissau, he traveled abroad on missions for the PAIGC movement. Lives in Praia. President of the Assambleia Popular de Cabo Verde, secretary of foreign affairs, painter, musician.

DUARTE António José
(Portugal?, 20th century.) Lived in Angola.

DUARTE Bandeira
(Angola?, 20th century.) Lived in Angola.

DUARTE Belmiro Augusto
(S. Vicente Island, Cape Verde, 20th century.) Lived in Guinea-Bissau.

DUARTE Custódio José
(CapeVerde, 1841 - Portugal, 1893.) Brother of the poet Manuel Duarte d'Almeida (1844-1914). Studied medicine in Porto, Portugal, before returning to Cape Verde. Surgeon.

DUARTE Fausto Castilho
(Praia, Santiago Island, Cape Verde, 1903 - Lis., 1953.) Took the advanced colonial course in Lisbon. Lived in Portuguese Guinea from 1932 on. Public official.

"**DUARTE** José Fonseca" Vide

FONSECA Jorge Carlos

DUARTE Manuel Jesus Monteiro

(Praia, Santiago Island, Cape Verde, 1929-1982.) Brother of Abílio and Pedro Duarte. Studied law in Coimbra, Portugal. Lived in Angola 1963-1975. Lawyer, president of the supreme court of the Republic of CapeVerde, president of the Instituto Cabo-Verdiano do Livro (ICL).

DUARTE Norberto Joaquim Pereira
(Portugal, 1946.) Lives in Angola since 1971. Ship engineer.

DUARTE Pedro Gabriel Monteiro
(Praia, Santiago Island, Cape Verde, 1924.) Brother of Abílio and Manuel Duarte. Public official in Portuguese Guinea since 1950. Lived in Angola from c. 1970 till 1975. Public official. Lives in Mindelo, S. Vicente Island, Cape Verde.

DUARTE Teófilo José
(20th century.) Lived in Angola.

DUARTE Vera Valentina Benrós de Melo
(Mindelo, S. Vicente Island, Cape Verde, 1952.) Studied law in Lisbon, Portugal.

"**DUNGA** Mikas" Vide

CHISSANO Pedro

EÇA Filipe Gastão de Moura Coutinho de Almeida d'
(Portugal, 1895 - Portugal?, 20th century.) Lived in Mozambique 1912-1942.

"**EDUARDO** Carlos" Vide

ERVEDOSA Carlos Eduardo Manuel Nascimento

"**EDUARDO** Rui" Vide

QUARTIM   Rui Eduardo Marques Angélico

"EL'ISIO   Filinto" Vide

SILVA   Filinto Elísio

EL'ISIO   José

(Cape Verde, 20th century.) Lives in Cape

Verde?

"EM'ILIO   Fernando" Vide

ANDRADE   Francisco Fernando da Costa

EM'ILIO   Rodrigo

(Lis., 1944.) Grandson of the poet Tomás Ribei-

ro. Went to Mozambique to serve in the military

forces 1968-1970 and stayed on till 1975 before

returning to Portugal.

ENNIS   Merlin

(USA, 20th century.) Lived in Angola 1903-1944.

Missionary.

"ERNESTO   Guilherme" Vide

LOPES da Silva   Félix de Valois

ERSE   Amélia

(Portugal?, 20th century.) Lived in Angola.

ERVEDOSA   Carlos Eduardo Manuel Nasci-

mento ("Carlos Eduardo")

(Lu., Angola, 1932-Portugal, 1992.) Studied

geology in Porto. Studied also in Lisbon. Taught

at the University of Luanda, Angola. Was one of

the editors of Mensagem, Lisbon, and editor of

the "Artes eLetras" page of A Província de An-

gola, Luanda, 1969-1975. Returned to Portugal

in 1976. Journalist, teacher.

ESP'IRITO   SANTO   Alda Neves da Graça

do

(S.Tomé Island, 1926.) She lived in Vila Nova da

Gaia and in Lisbon. Studied in Lisbon until 1951.

Jailed for three months in Portugal because of

political activities, 1965-1966. Returned to S.

Tomé, having stayed on Príncipe Island at first.

Elementary school teacher, Secretary of Educa-

tion, Culture and Information after national inde-

pendence, Since 1980 president of the Assám-

bleia Popular of S. Tomé and Príncipe.

ESP'IRITO   SANTO   Carlos Menezes do

(S. Tomé Island, 1952.) Studied philosophy in

Lis., Portugal.

"EURICO   Comandante" Vide

GONÇALVES   Eurico Manuel Correia

EVARISTO   Víctor Manuel Ganda

(L. M., Mozambique, 1926.) civil engineering in

Lisbon and returned to Mozambique in 1953.

Went back to Portugal in 1974 and lives in Santa-

rém.

"EVELINE" Vide

PEREIRA   Eveline Maria R. e Moreira

'EVORA   Gilberto Sabino

(S. Vicente Island, Cape Verde, c.1925.) Studied

theology at the Nazarene Seminary, S. Vicente,

until 1956. Protestant minister on the islands of

Sal, Fogo and Santiago.

EZAGUY   Lygia Toledano

(Portugal, 20th century.) Lived in Angola?

"F.   J.J." Vide

FERREIRA   Joaquim de Jesus

FARIA <u>Gonçalves</u>   <u>Carlos</u> Alberto

(Portugal, 20th century.) Visited Rhodesia and South Africa. Lived in Mozambique from 1945 on. Journalist.

FARIA   Diamantino

(Portugal, 20th century.) Lived in Angola for many years. Returned to Portugal.

FARIA   Francisco Forte

(Portugal, 20th century.) Lived in Mozambique.

FARIA   Silvestre

(Cape Verde, 20th century.) Lives in Cape Verde. Bank clerk.

FARINHA   J.   ("Arinhaf")

(20th century.) Lived in the region of Lobito, Angola.

FATAL <u>Gomes Pereira</u>   Julieta <u>Pérez</u>

(Coimbra, Portugal, 1922.) Lived in Cabinda, Portuguese Congo. Returned to Portugal.

FEIJO'O K.   <u>João</u> <u>André da</u> <u>Silva</u> Lopito

("Katetebula")

(Lombe, Malanje, Angola, 1963.) Lives In Luanda, Angola. Studied law inLuanda.

"F'EL'E   Buanga" Vide

   ANDRADE   Mário <u>Coelho</u> Pinto de

FERNANDES   Amável

(Angola?, 20th century.) Lives as an exile in Paris or Lisbon.

FERNANDES <u>Domingos</u> Jorge <u>de</u> <u>Almeida</u>

(Ovar, Portugal, 1941.) Went to Luanda, Angola, as a child. Lives in Angola?

FERNANDES <u>Fernando Alfredo</u> Lagrifa

(Porto, Portugal, 1926.) Lived in Angola since c, 1940. Worked in the Instituto de Investigação Científica de Angola. Returned to Portugal. Journalist.

"FERNANDES   João" Vide

   FERREIRINHA   Felisberto

FERNANDES   Maria Celestina

(Lubango, Angola, 20th century.) Has a law degree. Department head in a bank, social worker.

FERNANDO   Tito

(Angola, 20th century.) Lives in Luanda, Angola. Official of the MPLA.

FERR˜AO   José Bernardo

(Portugal, c.1840 - Lu., Angola, 1882.) Lived in Luanda.

FERR˜AO   Virgílio Chide

(Angónia, Mozambique, 1947.) Male nurse in the military hospital of Lourenço Marques during the war for national independence.

FERRAZ   Márcia Ramos Ivens

(Portugal, 20th century.) Lived in Mozambique.

FERREIRA   Alberto   Vide

   GOMES   Alberto Ferreira

FERREIRA   António Baticã

(Canchungo, Cacheu, Portuguese Guinea, 1939.) Studied in Lisbon, Dakar and Paris, and medicine in Geneva and Lausanne, Switzerland.

Lives abroad.

FERREIRA Augusto Silvério

(Lu., Angola, 1877 - 1915.) Journalist.

FERREIRA Carlos Sérgio Monteiro ("Cassé)

(Lu., Angola, 1960.) Lives in Angola. Program director of the national Angolan radio.

FERREIRA Eugénio

(Funchal, Madeira, 1906.) Studied law in Lis., Portugal. Lives In Luanda, Angola since 1943. Was one of the editors of the first Cultura, Luanda, c.1950. Journalist, lawyer, judge on the Court of Appeals.

FERREIRA Fernando ("Saturnino Freyre")

(Alvaiázere, Portugal, 1906 - L. M., Mozambique, 1973.) Studied medicine in Lis. Postgraduate studies i n Germany. Settled in Mozambique. Physician.

FERREIRA João

(Agunchos, Cerva, Trás-os-Montes, Portugal, 1927.) Lived in Portuguese Guinea from 1963 to 1965. Emigrated to Brazil in 1968. Professor at the University of Brasília, Brazil.

FERREIRA Joaquim de Jesus ("J. J. F."?)

(Portugal, c. 1847 - 20th century.) Lived in Pungo Andongo, then in Quissol, Angola. Returned to Portugal c.1902.

FERREIRA Jorge

(Mozambique, 20th century.) Lived in Mozambique.

FERREIRA José da Silva Maia

(Lu., Angola, 1827 - Rio de Janeiro, Brazil,1867.) Studied in Portugal. From 1847 to 1849 he lived in Brazil with his family. Then in Benguela, Angola, as customs official 1849/50, next in Luanda 1850/51 in the same capacity. In 1851 or 52 moved to New York City, engaged in commerce and served as chancelor of the Portuguese consulate, married an American, Margaret Butler. Several journeys to Portugal, Cuba and once more to Brazil, 1855-1867, dying in Brazil, probably of yellow fever. Official, businessman.

FERREIRA Lourenço Vide

"DIANDENGUE"

FERREIRA Lourenço do Carmo

(Angola, 19th century - Angola(?), 20th century.)

FERREIRA Luís Alberto

(Angola, 20th century.) Went to live in Lisbon, Portugal, many years ago. Script writer for Portuguese radio/television.

FERREIRA Manuel ("Luís Pinto")

(Gândara dos Olivais, Leiria, Portugal, 1917 - Linda-a-Velha, Lisbon, Portugal, 1992.) Political prisoner 1938-39. Served in the Portuguese army and lived in Cape Verde 1941-1947. Married the Cape Verdean teacher and writer Orlanda Amarilis there. Served and lived in Angola 1963-1967. Visited Nigeria and Guinea-Bissau in 1976. Studied pharmacology in Goa, India, studied social and political science in Lis. Introduced the study of African literatures of Portuguese expression in Portugal.Founded and edited the review Áfríca, Lisbon. Army captain,university professor, writer, editor, publisher.

FERREIRA Ondina Maria Fonseca Rodrigues

(Aboard the S.S. Guiné, between Cape Verde and Lis., 1948.)Studied Romance philology in Lis. High school teacher, first in Bissau, Guinea, then on Sal Island, Cape Verde.

FERREIRA Reinaldo Edgar de Azevedo e Silva

(Barcelona, Spain, 1923 - L.M., Mozambique, 1959.) Lived in Mozambique since 1942. Son of the journalist Reinaldo Ferreira, "Repórter X". Visited Portugal several times. Public official.

FERREIRA Santos

(Portugal?, 20th century.) Lived in Mozambique.

FERREIRA Teófilo

(Portugal, 20th century.) Lived in Mozambique.

FERREIRA J´UNIOR J.Matias

(Portugal?, 20th century.) Lived in Mozambique.

FERREIRINHA Felisberto ("João Fernandes")

(Portugal, 20th century - 1953.) Lived in Mozambique from c.1930 on. The first to make the art of the Makonde people known.

FERRO Maria Alice Wahnon

(Cape Verde, 20th century.)

FERRO Maria Luísa

(Cape Verde, 20th century.) Studied geography in Lisbon. Lived in Luanda, Angola, for many years. Returned to Cape Verde. Highschool teacher.

FERRO Maria Luísa de Sena Barcelos Pinto

Vide **BARCELOS** Pinto Ferro Maria Luísa de Sena

FIALHO José

(Portugal, 20th century.) Lived in Angola for many years, certainly until 1974. Physician.

FIGUEIRA Luís

(Lis., 1898-1973.) Lived in Angola. Journalist.

FIGUEIREDO Armindo

(Mindelo, S. Vicente Island, Cape Verde, 20th century.) Editor of Juventude em Foco, Mindelo, c. 1968/69. Lives in Cape Verde?

FIGUEIREDO Jaime de

(Praia, Santiago Island, Cape Verde, 1905-1974.) Visited Portugal. Public official, painter.

FIGUEIREDO José Valle de

(Tondela, Portugal, 1942.) Studied in Coimbra, Portugal. Lived in Mozambique 1942-1955. Served as a Portuguese soldier in Portuguese Guinea 1967-1969. Lives in Lisbon.

FIGUEIREDO Maria da Conceição Pinho Simões Pimentel Teixeira de ("Maria do Mar", "Ti Anne", "Tia Néné")

(Moçâmedes, Angola, 1910 - Angola, 1971.)

FILIPE Daniel Damásio Ascensão ("Raymundo Soares")

(Boa Vista Island, Cape Verde, 1925 - Lis., 1964.) Was taken to Lisbon at the age of 2. Visited Cape Verde.Official of the Agência-Geral do Ultramar, journalist, specialist in advertising.

FILIPE Emílio <u>Luís Rodrigues</u>

(Leiria, Portugal, 1931.) Lived in Angola from 1956 to 1970. Journalist, secretary of <u>África</u>, Lisbon.

FILIPE Spiele Tendele Maurício ("Razão do Povo", "Tchiaku Spiele")

(Cacongo, Cabinda, Angola, 1943 - France, 1982.) Guerrilla fighter of the MPLA movement. In the 1960s studied mining engineering and mass communications in the Soviet Union. Returned to Angola in 1970. Lived in Luanda from 1978 on. Elementary school teacher, official of the Petrangol company.

"FILOMENA Maria" Vide

SILVA Maria Filomena Campos

"FLORA"

(Mozambique?, 20th century.) Militant of the FRELIMO movement in Mozambique.

"FOGO"

(Cape Verde, 20th century.)

FONSECA Aguinaldo <u>Brito</u>

(S. Vicente Island, Cape Verde, 1922.) Has lived in Portugal for many years. Public official.

FONSECA António <u>Antunes</u>

(Ambriz, Angola, 1956.)Studied economics in Luanda. Lives in Luanda. Director of INALD.

FONSECA Jorge Carlos ("José Fonseca Duarte")

(Mindelo, S. Vicente Island, Cape Verde, 1950.) Brother of Mário Fonseca. Studied law in Lisbon, Portugal. Became secretary-general of the ministry of Foreign Affairs of the Republic of Cape Verde. Left Cape Verde for Portugal as a political exile in 1979 and lives in Lisbon. Diplomat, teacher.

"FONSECA Lília da" (i.e. **SEVERINO** Maria Lígia Valente da Fonseca)

(Benguela, Angola, 1916 - Alverca do Alentejo, Portugal, 1991.) Lived in Lisbon since an early age. Journalist.

FONSECA Maria Beatriz da

(Portugal, 20th century.) Lived in Angola.

FONSECA Mário <u>Alberto de Almeida</u>

(Praia, Santiago Island, Cape Verde, 1939.) Political exile since 1962 in Paris, then Dakar, Senegal, where he studied literature. Brother of Jorge Carlos Fonseca. Lived in Nouakshott, Mauretania. Highschool teacher, business manager.

FONTAINHAS Maria Helena M. Diniz

(Portugal, 20th century.) Lived in Angola.

FONTE <u>João</u> Barroso da ("Fernando Paixão")

(Portugal, 20th century.)

"FONTEANA Dionísio de Deus y" Vide

ALMADA José Luís Hopffer C.

FONTES Víctor Jorge Pontes Moreira Vide

"JORGE Víctor"

FONTOURA   L. D.

(Portugal?, 20th century.) Lived in Golungo Alto and Luanda, Angola.

FORTES   Corsino _António_ ("ABC Covardes", "Corsa de David")

(Mindelo, S. Vicente Island, Cape Verde, 1933.) Smith's helper. In 1961 he went to study law in Lisbon, Portugal. Highschool teacher in Cape Verde. Lived in Angola 1967-73 and was a judge there. Diplomat, representing the Republic of Cape Verde in Angola, S. Tomé and Príncipe, Madrid, Paris, Rome and Oslo, again Lu., and Lis.

FRAGOSO   Francisco _Gomes_ ("Kwame Kondé")

(Praia, Santiago Island, Cape Verde, 1940.) Studied medicine in Lis., Portugal. Continued his studies in Paris, France. Co-director of _Kaoberdi pa dianti_, Paris, 1974. Lives in Cape Verde. Surgeon.

FRANÇA   Arnaldo _Carlos de Vasconcelos_ ("Arnaldo Carlos")

(Praia, Santiago Island, Cape Verde, 1925.) Obtained a master's degree in social and political science in Lisbon, Portugal. Customs director in Cape Verde. Editor of _Raízes_, Praia. Subsecretary of the finance ministry of Cape Verde. Lives in Praia.

FRANÇA   José Augusto _Rodrigues_

(Tomar, Portugal, 1922.) Studied in Lis., Portugal, and Paris, France. Historian, art critic, professor at he Universidade Nova, Lisbon.

FRANCINA   Manuel Alves de Castro

(Angola?, 19th century.) Lived in Angola. Journalist.

FRANCISCO   Armindo ("Kianda")

(Angola, 20th century.) Political prisoner during the colonial regime. Lives in Angola.

FRANCO   Pedro da Paixão

(Lu., c.1869-1911.) Founder and editor of _Luz e Crença_, Luanda, 1902/03. Employee of the Malanje railroad line.

FRANQUE   Domingos José or **BOMA**   Zanei-N'vimba

(Cabinda, Portuguese Congo, 19th century.) African ruler of Cabinda.

FREIRE   Albuquerque

(Portugal, 20th century.) Lived in Lourenço Marques, Mozambique, for many years.

FREIRE   Henrique Lima

(Portugal?, 20th century.) Lived in Lourenço Marques, Mozambique..

FREIRE _Cochofel de Miranda Mendes_   Maria da Graça ("Maria da Graça Azambuja")

(Benavente, Portugal, 1919.) Lived in Angola 1937/38. Sister of Natércia Freire. Lives in Lisbon, Portugal.

FREITAS   Ascêncio _Gomes_ de

(Gafanha da Nazaré, Aveiro, Portugal, 1926.) Lived in Mozambique since 1949. Returned to Portugal in 1980. Lives in Lisbon.

FREITAS Domingos S. de

(Portugal, 20th century.) Lived on S. Tomé Island.

FREITAS Eduardo

(Portugal?, 20th century.) Lived in Angola.

FREITAS João Vide

"**VILANOVA** João-Maria"

FREITAS José Ricardo de Jesus Almeida de

(Andulo, Bié, Angola, 1956.) Studies at the Escola Industrial, Huambo. Production manager.

"**FREYRE** Saturnino" Vide

FERREIRA Fernando

FRUSONI Sérgio

(S. Vicente Island, Cape Verde, 1901 - Lisbon, Portugal, 1975.) Spent his youth and served in the army in Italy, before his definitive return to Cape Verde. Wrote in Italian, then in Portuguese and from 1956 on exclusively in Creole. Employed by the Italcable Company.

FURTADO António Cândido Cordeiro Pinheiro

(Lu., Angola, 1775 - Lis., c.1863.) brother of the poet Eusébio Cândido C.P. Furtado. Brigadier-General, Director of the Casa Pia, Lisbon(?)

FURTADO Eusébio Cândido Cordeiro Pinheiro

(Lu., Angola, 1777 - Lis., 1861.) Brother of António C. P. Furtado.

FURTADO de Mendonça d'Antas João Cândido

(Viana do Castelo, Portugal, 1820 - Oliveira de

Azeméis, Portugal, 1905.) Lived in Angola for many years. Judge in Luanda.

"**FURTADO** Tuna" Vide

ALMADA José Luís Hopffer C.

"**GABRIELA** Lita"

(Portugal, 20th century.) Lived in Mozambique.

GALANTE António Pereira

(Portugal, 20th century.) Lived in Mozambique.

GALATTI Martinho Lutero Vide

"**LUTERO** Martinho"

"**GALV˜AO** Duarte" Vide

LEMOS Virgílio Diogo de

GALV˜AO Henrique Carlos Malta

(Barreiro, Portugal, 1895 - S. Paulo, Brazil, 1970.) Lived in Angola 1926-29, 1939, 1949. Political exile since 1959. Army officer, explorer, high public official.

GALVEIAS Maria Teresa

(Portugal, 1933.) Lived in Angola.

GAMA Domingos Vicente Cardoso da

(Bardez, Portuguese India, 19th century - Mozambique, 1876.) Lived in Mozambique. Judge.

GAMELAS Filomena de Jesus Oliveira

(Vila Nova do Seles, Angola, 1954.) Lives in Portugal.

"**GANDRA** D. João da" Vide

"**CORR^EA** Alberto

GANH˜AO Fernando dos Reis

(L. M., Mozambique, 1937.) Studied in Lis., Portugal, and in another country. Political exile during the colonial regime. Became president of the Eduardo Mondlane University, Maputo. Historian.

"GARABATUS Frei Joannes" Vide

QUADROS António

GARCIA José Luís Lima

(Sá da Bandeira, Angola?, 20th century.) Studied in Coimbra, Portugal, and Sá da Bandeira, Angola during the1970s. Lives in Guarda, Portugal.

GENS Pedro

(Portugal?, 20th century.) Lived in Angola.

"GERRY" Vide

TORRADO Horácio Martins

GIL Clodoveu Eduardo Brazão

(Moçâmedes, Angola, 1929.) Lived in Moçâmedes, Angola. Pianist, composer, broadcaster.

GIL Irene Godinho Mendes

(Moreirinhas, Portugal, 1910.) Lived in Mozambique from c. 1923 to c.1974. Lives in Benfica, Lisbon, Portugal.

GINGINHA Domingos ("Rico", "Clemente Fernández")

(Lu., 1963.) Studied agriculture in Tchivinguiro, (Huíla).

GODINHO José A. Matos

(Portugal ?, 20th century.) Lived in Mozambique.

"GOIA" Vide

GOUVEIA Carlos José da Silva

GOMES Agostinho

((Portugal, 20th century.) Planter on S. Tomé Island.

GOMES Alberto Ferreira ("Binga")

(S. Vicente Island, Cape Verde, 1957.) Meteorologist on Sal Island.

GOMES Aristides ("Hó")

(Cantchungo, Portuguese Guinea, 1954.) Highschool teacher.

GOMES Glória Leal

(Angola, 20th century.) Lived in Angola.

GOMES M. J. Leal

(Angola?, 20th century.) Lived in Angola.

GOMES Maurício Ferreira Rodrigues de Almeida

(Lu., Angola, 1920.) Lived in Angola until c. 1977. Lives in Portugal. High customs official.

GOMES-TEIXEIRA Fernando Heitor Pinto

(Portugal, 1935.) Studied law in Coimbra, Portugal. Lived in Angola for many years. Lawyer, professor at the Universidade Nova, Lisbon, Portugal.

GOMINHO A.

(Cape Verde, 20th century.) Lives in Cape Verde?

GOMUCOMO

(Mozambique, 20th century.) Lives in Mozambique. Belongs to the Chope people.

GONÇALVES António Augusto Carneiro

(Braga, Portugal, 1941 - Mozambique, 1974.) Brother of Sebastião Alba. Journalist.

GONÇALVES António Aurélio da Silva
(S. Vicente Island, Cape Verde, 1901 - 1984.)
Studied at the seminary on S. Nicolau Island and
history and philosophy in Lis., Portugal. Spent
20 years in Lis. Highschool teacher.Lived in Mindelo, S. Vicente.

GONÇALVES Cansado
(Mozambique?, 20th century.) Studied at the
University of Lisbon. Lived in Mozambique.

GONÇALVES Diniz Albano Carneiro ("Sebastião Alba")
(Braga, Portugal, 1940.) Settled in Mozambique
since 1950. Journalist. Lives in Maputo.

GONÇALVES Eurico Manuel Correia ("Emanuel Corgo", "Comandante Eurico")
(Lu., Angola, 20th century - 1977.) Studied law in
Portugal. Militant Angolan nationalist. Deserted
from the Portuguese army and received military
training in North Korea, 1969/70. General staff
officer of the military arm of the MPLA movement.
Murdered.

GONÇALVES João Filipe
(Sal-Rei, Boa-Vista Island, Cape Verde, c.1940.)
Nazarene minister.
in Cape Verde.

GONÇALVES José da Silva
(Nossa Senhora do Monte, Brava Island, Cape
Verde, 20th century.) At the age of 13 went to
live in the USA. Studied Hispanic literatures in
Madrid, Spain, and Los Angeles, USA.

GONÇALVES José Manuel
(Lis., 1941.) Lived in Luanda, Angola.

GONÇALVES Tony
(Angola, 20th century.) Lives in Luanda. Soldier.

GONÇALVES Viriato
(Fogo Island, Cape Verde, 1944.) Studied
theology . Lived in Portugal. Now lives in the
USA where he studied pedagogy at Boston
University. Highschool teacher in Boston.

GONDOLA Manuel
(Mozambique, 20th century.) Militant member of
the FRELIMO movement. Lives in Mozambique.

GONGOLO Coimbra Juliana
(Malanje, Angola, 20th century.) Exile in Brazil.

GONZAGA Norberto
(Lis., 1898 - 20th century.) Studied in Lis. Lived
in Nova Lisboa, Angola from 1925 to at least
1974. Journalist, librarian.

GONZAGA Tomás António
(Porto, Portugal, 1744 - Mozambique Island,
1810.) Spent his youth and some time after
university studies in Portugal, his later years in
Brazil. Banished to Mozambique in 1792, where
he lived the rest of his days. Judge, lawyer.

GOURGEL Ciro
(Angola?, 20th century.) Lived in Angola.

GOURGEL Elisa
(Angola, 20th century.) Lives in Dalatando,
Angola. Works for the MPLA.

GOUVEIA Carlos José da Silva ("Goia", "Savil")

(Peniche, Portugal, 1930.) Lives in Angola since 1940. Accountant.

GRAÇA António Duarte da

(19th-20th century.) Lived in Cape Verde. Catholic priest (canon).

GRAÇA Job ("Kakiezu")

(Angola, 20th century.) Lives in Luanda. Economist.

GRAÇA José André Leitão da ("Graçode")

(Cape Verde, 20th century.) Exiled for many years. Lives in Portugal.

GRAÇA José Mateus Vieira da Vide

"VIEIRA José Luandino"

"GRAÇODE" Vide

GRAÇA José André Leitão da

GRANADO António Coxito

(Portugal?, 20th century.) Lived in Angola.

GRAVE António

(19th-20th century.) Lived in Bié, Angola.

"GREG'ORIO Pedro" Vide

LOPES Pedro Gregório

GUEBUZA or **GUEBUSA** Armando Emílio

(Mozambique, 1935.) Exiled in Dar-es-Salaam, Tanzania, for many years. Since Mozambican independence director of the Department of Education and Culture of the FRELIMO movement, Vice-minister of National Defense.

GUERRA Bastos

(Portugal, 19th-20th century.) Missionary. Lived in Angola.

GUERRA Henrique Lopes ("Andiki")

(Lu., Angola, 1937.) Studied art in Lisbon, Portugal. Political prisoner in Peniche, Portugal for several years. Painter, writer.

GUERRA Maria Sofia Pombo

(Portugal, 20th century.) Lived in Mozambique and Guinea-Bissau as a political exile. Elementary school teacher, pharmacist.

GUERRA Mário Lopes ("Benúdia")

(Lu., Angola, 1939.) Imprisoned for political activities. Public official.

"GUERRA Ruy" Vide

PEREIRA Rui Alexandre Guerra Coelho

GUERREIRO Jerónimo Alcântara

(Portugal?, 20th century.) Lives in Mozambique.

GUERREIRO Manuel Viegas

(Querença, Loulé, Portugal, 1912.) Lived in Angola and Mozambique. Lives in Lisbon. Professor and director of the Instituto de Estudos Africanos of the University of Lisbon, anthropologist.

GUIMAR̃AES Paulo Eduardo Marques

(Lis., 1960.) Spent his childhood in Luanda, Angola, 1971-1978. Lives in Lisbon. Highschool teacher.

.GUTERRES Maria Lígia

(Lis., 1932.) Lived in Angola from 1954 to 1962. Returned to Portugal.

HALL Tarquínio

(Portugal, 20th century.) Lived in Mozambique.

Returned to Portugal.

HALLER Maria de Jesus ("Jesus, Maria de")
(20th century.) Lives in Angola.

HAUENSTEIN Alfred
(Switzerland?, 20th century.) Missionary .Lived
in Angola.

"HAYD´EE"
(20th century.) Lived in Angola.

HENRIQUES Fernandes Álvaro
(Lu., Angola, 1943.) Lived in Angola.

HENRIQUES José Cristóvão ("JoCris")
(Aldeia da Mata, Alentejo, Portugal, 1917 - Lis.,
1976.) Studied agronomy in Lis. Lived in Angola
and Cabinda,Portuguese Congo, 1946-1961.
After his return to Portugal, expert in the Over-
seas Ministry and in1975/76 in the Environmental
Studies Division of the Ministry of Agriculture and
Fisheries. Forestry expert.

HENRIQUES Júlio
(Angola, 20th century.) Lived in Angola.

"HESPERITANO L." Vide
SILVA Luís A.

HILLER Brigitte
(20th century.) Lived in Angola.

HLONGO Lindo
(L. M., Mozambique, 20th century.) Lives in Maputo. Employee of NAVETUR.

'H´O" Vide
GOMES Aristides

"HONWANA Luís Bernardo" Vide

MANUEL Luís Augusto Bernardo
HONWANA Raúl Bernardo Manuel
(Mozambique, 20th century.) Father of Luís Ber-
nardo Honwana. Lives in Mozambique.

"HUCO" Vide
MONTEIRO João José Silva

"IGNOTUS" Vide
TRINDADE Cartaxo e

"IVONE Isabel" Vide
TRINDADE Cartaxo e

"JAB" Vide
BRIGHAM José de Andrade

JACINTO do Amaral Martins António ("Orlando Távora", "Sali Pimenta", "Ajam")
(Lu., Angola, 1924 - Lis., Portugal, 1991.) Angolan nationalist, imprisoned In Luanda and Tarrafal,
Cape Verde, 1960-1972. Freed but exiled to Lisbon in 1972, he escaped to southern Africa in
1973. Accountant,Minister of Education and
Culture of Angola, State Secretary of Culture,
1976-1981, member of the central committee of
the MPLA movement.

JACINTO Tomás
(Angola?, 20th century.) Studies of African literatures at the University of Wisconsin, USA.

"JACKSON"
(Mozambique, 20th century.) Militant member of
the FRELIMO movement. Lives in Mozambique.

JAIME Alberto ("Alberto Lussoki")
(Angola, 20th century.) Lives in Luanda, Angola.

JAMBA José Sousa
(Huambo?, 1966.) Spent his childhood in Angola, received schooling in Zambia, went to study journalism in London, England, in 1986. Lives in London and writes in English, being trilingual (Umbundu, Portuguese, English.)

"JANU´ARIO" Vide

    LEITE António Januário

JARA António Bellini
(Coimbra, Portugal, 1919.)Studied medicine in Coimbra. Lived in Mozambique, 1945-1953, and in Nova Lisboa, Angola, 1953-1974. Returned to Portugal and lives in Lisbon. Co-founder of the "Vector" group in Nova Lisboa. Physician.

"JAREST´EV˜AO"
(S. Vicente Island, Cape Verde, 20th century.) Still lives in Cape Verde?

JEREMIAS João
(20th century.) Lived in Angola.

JEREMIAS Manuel José
(20th century.) Lived in Angola.

JO˜AO Pereira Barbosa Amaro ("Amajo", "Jomar")
(Furna, Brava Island,Cape Verde, 1941.) Son of Mário Macedo Barbosa and nephew of Jorge Barbosa. Visited the USA. Military service in Portuguese Guinea. Lived in Malanje, Angola, where he was a public official.

"JO˜AO Mutimati Barnabé" Vide

    QUADROS António

"JOLFY" (i.e. **BARROS** João Maria Fidalgo)
(S. Lourenço, Fogo Island, Cape Verde, 1953.) Brother of Frei António Barros Fidalgo, editor of Terra Nova, Mindelo. Lives in Roxbury, Mass., USA.

"JOMAR" Vide

    JO˜AO Pereira Barbosa Amaro

JORD˜AO Carlos Alberto de Carvalho
(S.Tomé Island, 1937.) Lived from an early age in Portugal. Studied law in Lis. Lived in Angola from 1970 to at least 1975. Legal consultant for the colonial government.

JORGE Ezequiel
(20th century.) Lived in Angola.

JORGE Filomena Paula de Palma Pinto e
(Marromeu, Mozambique, 1951.) Went to live in Portugal. Journalist.

JORGE Paulo
(Angola, 20th century.) Member of the Central Committee of the MPLA movement and of the government of independent Angola.

"JORGE Tomás" Vide

    CRUZ Tomás Jorge Vieira da

"JORGE Víctor" (i.e. **FONTES** Víctor Jorge Pontes Moreira)
(Negage,Angola, 1960.) Studied electronic engineering in Luanda.

"JOTAMONT" Vide

    MONTEIRO Jorge

"J´ULIA Ana" Vide

SANÇA   Ana Júlia Monteiro de Macedo

JUNOD   Henri Alexandre

(Saint-Martin, Neuchâtel, Switzerland, 1863 -
Geneva, Switzerland, 1934.) Protestant missionary in Rikatla, Mozambique, 1889-1896, 1907-
1909, 1914-1921.

JUNOD   Henri Philippe

(Switzerland, 1897.) Son of Henri Alexandre Ju-
nod. Protestant missionary in Mahusse, Gaza,
Mozambique, 1922-1929, in the Transvaal,
South Africa, and again in Mozambique in 1933.
Missionary, ethnographer.

"JUNOT"   Vide

CADETE   Armando

'JUSTEN"   Vide

MONTEIRO   Justino Nunes

JUSTO   Cipriano Pires

(Padornelos, Portugal, 1945.) Lived in Mozambique since early childhood. Studied medicine in
Lis. Returned to Portugal and lives in Santarém.

"JUSTUS"   Vide

TAVARES   Eugénio de Paula

"KAFUNDANGA   Said"

(Trás-os-Montes, Portugal, 19th-20th century.)
Lived in Benguela, Angola.

KAFUXI   Simeão

(Angola, 20th century.) Lives in Luanda. Member
of the Central Committee of the MPLA-Partido do
Trabalho. Solicitor-General of the armed forces of
Angola.

"KAKIAÇO"   Vide

RODRIGUES   Martinho

"KAKIEZU"   Vide

GRAÇA   Job

"KALALAIA"

(Angola, 20th century.) Lives in Luanda, Angola.

"KALUNGANO"   Vide

SANTOS   Marcelino dos

"KALUNGO-LUNGO   Muene"   Vide

ABRANCHES   Henrique Moutinho

KAMUENHO   Jorge

(20th century.) Lives in Angola?

"KANDIBA   Manuel"   vide

MARGARIDO   Alfredo

"KANDIMBA"   Vide

MORAIS   Fragata de

KANDJIMBO   Luís ("Cachimbinho")

(Benguela, Angola, 1960.) Lives in Benguela.
Official in the Secretariat of Culture of Angola.

"KATETEBULA"   Vide

FEIJO'O K.   J.A.S. Lopito

"KATUMBYANGA"

(Mozambique, 20th century.) Militant member of
the FRELIMO movement. Lives in Mozambique.

"KHAMBANE   Chitlangou"   Vide

MONDLANE   Eduardo Chivambo

"KHOSA   Ungulani ba ka" (i.e. COSSA
Francisco Esaú)

(Inhaminga, Sofala, Mozambique, 1957.) His
complete Tsonga name is "Ungulani ba ka Khosa

ba Nhingue", i.e. "Reduce the Khosas, they are many." Studied pedagogy at the E. Mondlane University, Maputo. Teaches history and geography. Co-founder of Charrua, Maputo, in 1984.

"KIANDA" Vide

FRANCISCO Armindo

KNOPFLI Rui Manuel Correia

(Inhambane, Mozambique, 1932.) Lived in South Africa for a year. Co-editor of Caliban, Lourenço Marques, 1971/72. Editor of A Tribuna, Lourenço Marques. Left Mozambique in 1975 and went to live in London, England, where he is press attaché of the Portuguese embassy. Journalist.

"KOND'E Kwame" Vide

FRAGOSO Francisco

K"OPKE Manuel

(Portugal, 1875 -Porto, Portugal, 1929.) Lived in Africa.

"K"OTE" Vide

CARVALHO Norberto Tavares de

"KUDIJIMBE" Vide

CONCEIÇ"AO Nicoilau Sebastião da

"KUMWANGA"

(Mozambique, 20th century.) Militant member of the FRELIMO movement. Lives in Mozambique.

"KUNOT(I) Kaoberdiano

(20th century.) Still lives in Cape Verde?

"KUNTA Dambará Iota"

(20th century.) Still lives in Cape Verde?

"KUXIXIMA" Vide

BRAVO Francisco S. I. Pereira

"KWENDA"

(Angola, 20th century.) Captain in the FAPLA army. Lives in Menongue, Angola.

"KYAMBA Mafala dyá Katambi" Vide

DANIEL António Fragoso

LACERDA Carlos Alberto Portugal Correia de

(Mozambique Island, 1929.) Lived in Europe 1946-1967, and Brazil, 1959/60. Lives in the USA since 1967. Broadcaster, university teacher.

LACERDA Francisco Gavicho Salter de Sousa do Prado

(Portugal, 1873 - Mozambique, 1947?) Went to live in Mozambique in 1893. Planter.

LACERDA Maria

(Brazil, 20th century.) Lived in Mozambique since the age of 2.

LAGE José da Fonseca

(Portugal, 19th-20th century.) Lived in Angola, where he taught.

"LAL"AO" Vide

CARVALHO Carlos Alberto Saraiva de

LAMBO Luís Gonzaga Ferreira

(Kawanda, Nova Lisboa, Angola, 1927.) Studies in the Seminary of Caála , Angola, and at the University of Lisbon, Portugal, where he works in the laboratory of civil engineering.

LANÇA Carlos Alberto

(Portugal, 20th century.)

Lived in Mozambique since c.1950. Political exile in Algeria. Returned to Portugal.

"LAND John" Vide

LISBOA Eugénio

"LAPIN Virgílio" Vide

COELHO Virgílio

LARA Alda Ferreira Pires Barreto de (Benguela, Angola, 1930 - Cambambe, Angola, 1962.) Highschool teacher in Nova Lisboa. Studied medicine in Lis., Portugal. Married the writer and physician Orlando de Albuquerque. Physician.

LARA Lúcio Rodrigo Leite Barreto de (Angola, 1929.) Brother of Alda and Ernesto Lara. Studied in Coimbra, Portugal, and Frankfurt, Germany. One of the editors of Momento, Coimbra, 1950, and co-founder of the Movimento Anticolonialista in 1957. Secretary of the Political Bureau of the MPLA movement.

LARA FILHO Ernesto Pires Barreto de (Benguela, Angola, 1932 - Huambo, Angola, 1977.) Studied agronomy in Coimbra, Portugal. Traveled in Europe and to Dakar, Senegal. Brother of Alda and Lúcio Lara. Agricultural agent, journalist.

LARANJEIRA José Luís Pires (Melgaço, Portugal, 1930?) Lived in Angola for 2 years after doing his military service there. Returned to Portugal in 1957. Studied in Porto, Portugal. Teacher of African literatures at the University of Coimbra, Portugal.

"LARBAC" Vide

CABRAL Amílcar Lopes

LEAL José Heliodoro de Faria ("Júlio Candal"} (Portugal, 19th-20th century) Lived in Angola. Navy officer.

LE'AO João M. Feijó (Cape Verde, 20th century.)

LEBRE António (Portugal, 19th century?) Lived in Mozambique.

LEITE António Januário ("Januário") (Paúl, Santo Antão Island, Cape Verde, 1867-1930.) Cousin of José Lopes da Silva. Elementary school teacher in Paúl. Lost his position because of politics in 1890.

LEITE Carlos Alberto Monteiro (Cape Verde, 20th century - Lis., c.1960.) Studied at the University of Lisbon, Portugal. Remained in Portugal.

LEITE Fausto Correia (20th century.) Lived in Mozambique. Went to live in Portugal.

LEITE Mário Rogério Afonso (19th-20th century.) Lived in Cape Verde.

LEMOS Alberto de (Portugal,20th century - Lis., c.1970.) Lived in Angola for many years. High public official.

LEMOS António Veríssimo Sarmento de Gouvêa (or) Gouveia

(Lamego, Portugal, 1925 - Brazil, 1972.) Lived in Mozambique since childhood. He died during his second visit to Brazil. Journalist.

LEMOS de Seixas Castelo Branco   João Maria Gonzaga de

(Lis., Portugal, 1898 - 20th century.) Spent 8 years in Angola and the Belgian Congo as a hunter. Grandson of the poet João de Lemos.

LEMOS   Maria de Deus

(20th century.) Lived in Angola.

LEMOS   Virgílio Diogo de ("Duarte Galvão")

(Ibo Island?, Mozambique, 1929.) Exiled in Paris, France, during the war for Mozambican independence. Lives in Paris. Published books in French. Journalist.

"LEONETTE"   Vide

  RODRIGUES   Leonette Pontes

"LEONI   Juarez António"   Vide

  TRINDADE   Cartaxo e

"L'EPI   Ndunduma we"   Vide

  ANDRADE   Francisco Fernando da Costa

LEVY   Bento Benoliel

(Praia, Santiago Island, Cape Verde, 1911.) Studied law in Lis. Lawyer. During the colonial period deputy representing Cape Verde in the Portuguese parliament, director of the Centro de Informação e Turismo of Cape Verde, editor of Cabo Verde. Lives in Lisbon, Portugal.

LEVY   Herculano Pimentel

(S. Tomé Island, 1889 - Lis., 1980?) Received his early schooling in Lisbon, Portugal. Returned to S. Tomé to work on his father's plantation. About1918 he went back to live in Lisbon. Journalist, secretary of a concert hall.

L´EZA   B." Vide

  CRUZ   Francisco Xavier da

"LIAGIRA"   Vide

  CRUZ   Abigail de Paiva

LIMA   Alfredo Pereira de

(Mozambique, 20th century.) Public official?

LIMA   Ana Maria Deus ("Ana Maria")

(S. Tomé Island, 1958.) Student at the Liceu Técnico in S. Tomé.

LIMA   Aristides Raimundo ("Marino Verdeano Raimundo")

(Boavista Island, Cape Verde, 1955.) Served an internship in a foreign newspaper office.. Taught on Boavista Island. Journalist.

LIMA   Augusto Guilherme Mesquitela

(Mindelo, S.Vicente Island, Cape Verde, 1929.) University studies i n Lis. and then ethnology in Paris, France. Lived in Angola for many years until 1975, served as local administrator (chefe de posto), assistant of the Instituto de Investigação Científica and director of the Museum of Angola. Went to live in Lisbon, Portugal. Professor at the Universidade Nova, Lisbon.

LIMA   Bandeira de

(20th century.) Lived in Angola.

LIMA   Cremilde de

(Lu., Angola, 20th century.) Lives in Angola. Elementary school teacher, official in the Ministry of Education.

LIMA Gertrudes Ferreira ("Humilde Camponesa")

(Santo Antão Island, Cape Verde, 20th century.) Educated at the school of the Ursuline Sisters, Coimbra, Portugal. Elementary school teacher.

LIMA João dos Santos ("Sun Nhana")

(S. Tomé Island, 1897-1967.) Turtle fisherman.

LIMA Manuel Guedes dos Santos ('Manuel Lima", "Santos Lima")

(Silva Porto, Angola, 1935.) Studied law in Lis., Portugal, and literature in Lausanne, Switzerland. Political exile in Brazil during the war for Angolan independence,having deserted from the Portuguese army and fought in the armed forces of the MPLA movement.Went to live in Montreal, Canada, Paris, France, and Lisbon, Portugal, again as a political exile, having revisited Angola briefly in 1977. Highschool teacher.

LIMA Maria da Conceição

(S, Tomé Island, 1962.) Served internships in various newspaper offices in Lisbon, Portugal. Returned toS.Tomé in 1984. Journalist.

LIMA Silva Maria Eugénia Pimentel

(Angola, 1935.) Went to school in Lisbon, Portugal, returned to Luanda, Angola, but then went to live in Portugal in1971.Translator and corresponding secretary.

LIMA Maria Helena Figueiredo

(Mozambique, 1918.) Lived in Rio de Janeiro, Brazil, for many years, where she studied ethnography. Undertook ethnographical research in southern Angola , 1962, 1969-1972. Journalist, ethnographer.

LIMA Mário

(Cape Verde, c.1925.) Lived in Portuguese Guinea and S. Tomé e Príncipe for many years. Lives in Mindelo, S. Vicente Island, Cape Verde. Bank clerk.

LIMA Santos Vide

LIMA Manuel Guedes dos Santos

LIMA JÚNIOR Armando Jesus ("Manduka", "Manduka Didite", "Mankadite", "Mari Préta de Nhô Djunga")

(Mindelo, S. Vicente Island, Cape Verde, 1946.) Studies at the Instituto Comercial, Lisbon, Portuga. Lived in Lisbon until 1974 when he left for Angola. Lives in Cape Verde. Works for the Bank of Cape Verde.

LINDO (Angola?, 20th century.) Lives in Uíge, Angola. Public official.

LISBOA Eugénio Almeida ("John Land")

(L. M., Mozambique,1930.) Studied electronic engineering in Lisbon, Portugal. Employee of a petroleum company, journalist, and professor at the E. Mondlane University, Maputo, Mozambique, 1975/76. Went to South Africa, 1976, to Stockholm, Sweden, 1977, to London,England,

1978. Lives in London. Engineer, teacher, cultural attaché of the Portuguese embassy, London.

LOANDA Fernando Ferreira de
(Lu., Angola, 1924.) Lives in Rio de Janeiro, Brazil, since 1936.

LOBATO Alexandre Marques
(L. M., Mozambique, 1915 - Portugal?, 1985.) Lived in Lourenço Marques for most of his life. Studied history in Coimbra, Portugal. Went to live in Portugal in 1975. Historian, university professor in Lourenço Marques and Lisbon.

LOBO Maria Manuela de Sousa
(L. M., Mozambique, 1946.)Studied at the E. Mondlane University, Maputo, where she is an assistant. Lived in Lis., Portugal, 1975-1982, continuing her university studies, working in an advertising agency and teaching.

LOBO Pedro de Sousa
(Cape Verde, 20th century.)

LOPES da Silva António Corsino
(Santo Antão Island, Cape Verde, 1883 - Cape Verde, 20th century.) Studied in Lis. and law in Coimbra, Portugal. Judge in Angola.

LOPES Armando
(Porto, Portugal, 20th century. Lived in Bissau, Portuguese Guinea.

LOPES da Silva Augusto
(Mindelo, S. Vicente Island, Cape Verde, 20th century.) Still lives on S. Vicente Island?

LOPES daSilva Baltasar (or) Baltazar ("Osval-do Alcântara")
(Caleijão, S. Nicolau Island, Cape Verde, 1907 - Lis.,Portugal, 1989.) Studied law and Romance philology in Lis., Portugal. Lived in Mindelo, S. Vicente Island, Cape Verde. Lawyer, teacher and director of the Liceu Gil Eanes in Mindelo, member of the National Council of Justice of Cape Verde.

LOPES Basílio
(Lu., Angola, 20th century.) Has lived in Portugal for many years. Lives in Porto, Highschool teacher.

LOPES Bertina
(Mozambique, 20th century.) Went to live in Italy. Painter.

LOPES Eduardo Marques
(Cape Verde, 19th-20th century.) Brother of José Lopes. Lived on Santo Antão Island, Cape Verde.

LOPES Felisberto Vieira ("Kaoberdiano Dambará")
(Santiago Island, Cape Verde, 1937.) Studied law in Lisbon(?) Lives in Praia, Santiago Island. Lawyer.

LOPES da Silva Félix de Valois ("Guilherme Ernesto")
(Cape Verde, 19th-20th century.) Lived in Cape Verde.

LOPES Francisco (I) Vide
 LOPES da Silva Francisco

LOPES Francisco(II) Vide

LOPES da Silva Francisco de Sales

LOPES da Silva Francisco

(Mindelo, S. Vicente Island, Cape Verde, 20th century.) Son of José Lopes. Lived in Rio de Janeiro, Brazil, before going to live in the USA.

LOPES da Silva Francisco de Sales

(Mindelo, S. Vicente Island, Cape Verde, 1932.) Grandson of José Lopes. University studies in Lis., Portugal. Teacher of technical subjects in S. Vicente.

LOPES da Silva Santos João B. da C. F.

(S. Nicolau Island, Cape Verde, 1894 - Lis., Portugal, 1979.) Lived in the USA, 1910-1920. For medical treatment he went to Lisbon, Portugal, several times from 1920 on while living in Mindelo, S. Vicente Island. Editor, Claridade, Mindelo,1936-1960. Optometrist.

LOPES da Silva João de Deus ("Nhu Pant-chol")

(Praia, Santiago Island, Cape Verde, 1919-1986.) Ship's captain, elementary school teacher, other public offices until 1969. Lived in Praia, Santiago Island.

LOPES daSilva José

(Ribeira Brava, S.Nicolau Island, Cape Verde, 1872 - Mindelo, S. Vicente Island, Cape Verde, 1962.) Lived in Angola in 1893. Elementary school teacher on various Cape Verde islands.

High school teacher from 1928 on. Popular as a poet.

LOPES da Silva José de Calasans

(Cape Verde, 19th-20th century.) Lived in Cape Verde.

LOPES José Martins

(Manteigas, Guarda, Portugal, 1913.) Studied philosophy in the Seminário do Espírito Santo. Lived in Angola, 1934-1978. Highschool teacher, head of the editorial staff of several Angolan newspapers. Returned to live in Portugal, near Lisbon.

LOPES José Vicente ("Flávio Camilo")

(S. Vicente Island, Cape Verde, 1959.) Lives in Praia, Santiago Island. Journalist.

LOPES Manuel dos Santos

(S. Nicolau Island, Cape Verde, 1907, but registered as born on S. Vicente Island.) Spent 3 school years in Coimbra, Portugal, as a youth. First editor of Claridade, Mindelo, 1936. Went to work for the Western Telegraph company in the Azo- res,1944-1955. The company sent him to Portugal in 1955, where he has lived ever since.Visited the USA, his native islands(1970) and Holland.

LOPES Manuel de Jesus Vide

"**D'NOVAS** Manuel"

LOPES Norberto

(Portugal, 1900.) Lived in Portuguese Guinea. Lives in Lisbon, Portugal. Was editor of the Diário de Lisboa. Journalist.

LOPES Pedro Gregório ("Pedro Gregório")
(S. Nicolau Island, Cape Verde, 1932.) Studied
fine arts in Porto, Portugal. Lives in Praia, Santiago Island. Architect, painter.

LOPES da Silva Terêncio
(Cape Verde, 20th century.) Son of José Lopes.
Studied law. Lived In Lobito, Angola. Lawyer,
director of a highschool.

LOPES FILHO João
(Vila da Ribeira Brava,S. Nicolau Island, Cape
Verde, 1922.) Studied agriculture in Santarém,
Portugal, and anthropology in Lisbon. . Lives in
Lisbon. Professor at the Institute of African
Studies, Universidade Nova, Lisbon.

LOPES J´UNIOR António Soares ("Tony
Tcheca")
(Bissau, Guinea-Bissau,1951.) Went to school in
Bissau and Lisbon. Journalist.

LOPO Constantino de Castro ("Bento de
Castro")
(Portugal, 20th century.) Lived in Mozambique.
Bookdealer?

LOPO Júlio de Castro
(Portugal, 1899-1971.) Lived in Angola from
1922 till shortly before his death. Journalist.

"LUCENA Jorge de"
(19th-20th century.) Lived in Angola.

"LUCHWACHA"
(Mozambique, 20th century.) Militant of the FRE-

LIMO movement. Lives in Mozambique.

L´UCIA de Pimentel Teixeira Carmona Antunes
Vera
(Moçâmedes, Angola, 1940.) Lived in Angola.

LUDOVICO José
(Portugal?, 20th century.) Lived in Cape Verde.

LUNDOLOQUE António Sílvio ("Macyvy")
(Lu., Angola, 1964.) Studied pedagogy in
Huambo, Angola.

L´UPI Maria Isabel Duarte de Almeida
(Silves, Portugal, 1921.) In Angola since 1951.
Was educated in England. Daughter of Nita Lúpi
and wife of José Fialho. Pianist, composer.

"L´UPI Nita" (i.e. **L´UPI** Mariana Duarte
de Almeida)
(Silves, Portugal, 1902.) Lived in Angola. Returned to live in Lisbon, Portugal. Singer.

LUSSAKALALU Lussakalalu Pedro
(Quibocolo, Uíge, Angola, 1957.) Took refuge in
Zaïre in 1961. Returned in 1976. Studied edu-
cation in Angola.

"LUSSOKI Alberto" Vide
JAIME Alberto

LUSSUSSI Pascoal Luís
(20th century.) Lived in Angola.

"LUTERO Martinho" (i.e. **GALATTI**
Martinho Lutero)
(Minas Gerais, Brazil, 1953.) Studied at the Con-
servatory, Buenos Aires, Argentina. Lived for
a time in Mozambique to help in the reconstruc-

tion as a volunteer ("cooperante").

"LUTUIMA" Vide

MINGAS Saydi Vieira Dias

LUZ António ("Micróbio")

(Portugal, 20th century.) Lived on S. Tomé Island.

"M. A. M."

(20th century.) Lived in Angola.

"M. A. S." Vide

SOUTO MAIOR António d'Arteaga

"M. M. M." Vide

MASCARENHAS Maria Margarida

MABOMBA Simeão António

(Cabinda, Angola, 20th century.) Lives abroad in exile?

MACEDO António Dias de

(Angola, 16th century? - 1658.) Army officer.

MACEDO Donaldo Pereira

(Brava Island, Cape Verde, 20th century.) Studied Romance languages at the University of Massachusetts, Amherst, USA, in 1973 at the University of Madrid, Spain, and psycho-linguistics in Boston , USA. Lives in Kingston, Mass., USA. University professor.

MACEDO Fernando Wolfango de

(20th century.) Lived in Benguela, Angola.

MACEDO Helder Malta de

(Krugersdorp, South Africa, 1938.) Went to Lisbon, Portugal, to study law. Lives in London,

England. University professor.

MACEDO Joaquim Pereira Monteiro de

(20th century.) Lived in Mozambique. Editor of Capricórnio, Lourenço Marques, in 1958

MACEDO Jorge Mendes ("Mário Samba")

(Malanje, Angola, 1941.) Studied philosophy at a seminary in Luanda. Angola. Lives in Luanda. School administrator, finance inspector, director of the National Music School, Luanda,national director of the arts, composer, musician.

MACEDO Martins Maria da Luz Monteiro

(Cape Verde, 20th century.) Lives in Praia, Santiago Island. Highschool teacher.

MACEDO Mário Vide

BARBOSA Mário Macedo

MACEDO Teófilo Braga

(S. Tomé Island, 20th century - 1991.)

MACHADO Alberto Rui

(Cape Verde, 20th century.) Studied engineering. Second editor of Presença Crioula. Lis., 1973/74. Lives in Lis., Portugal.

MACHADO Julião Félix

(Lu., Angola, 1863 - Lis., 1930.) Left Angola c.1889 to live in Lisbon, Portugal, Paris, France, and Rio de Janeiro, Brazil, where he settled. Brother of Pedro Félix Machado. Draftsman and playwright.

MACHADO Pedro Félix ("Pedro Coelho")

(Angola, 1860 - 20th century.) Teacher, lawyer,

public official of the city of Luanda.

"MACHANGWANA"

(Mozambique, 20th century.) Militant of the FRE-
LIMO movement. Lives in Mozambique.

MACHEL   Josina Abiathar Muthemba

(Mozambique, 1945 - Tanzânia, 1971.) Fled from
Mozambique in 1963 and went to Rhodesia, then
Botswana, and finally reached Tanzânia in 1965.
Married Samora Machel in 1969. Political officer
of the FRELIMO armed forces.

MACHEL   Samora Moisés

(Limpopo Valley, Mozambique, 1933 - Mbusini,
Mozambique, 1986.) Exiled himself in Tanzânia
in 1963 to join the FRELIMO movement. Went to
Algeria for military training. Commander in chief
of the FRELIMO guerrilla fighters, second president of FRELIMO, first president of
independent Mozambique.

"MACIVY"   Vide

LUNDOLOQUE   António Sílvio

"MADI"

(Elvas, Portugal, 1940.) Lived in Luanda, Angola, since 1949. Public official.

"MAFARRICO"   Vide

MOITA   Tolstoi Lusitano Nunes

"MAFRA   Júlio" Vide

CAMPO   Caetano

MAGAIA   Albino

(L. M., Mozambique, 1947.) Took refuge in
Swaziland and then in South Africa. Arrested, he
spent 1965-1969 in the Mabalane concentration
camp. Journalist, director of Tempo, Lourenço
Marques.

MAGAIA   Lina Júlia Francisco

(L. M., Mozambique, 1945.) Studied economics
in Portugal , 1967-1974. Returned to Mozambique. Elder sister of Albino Magaia. Journalist.

MAGALH~AES   António

(Portugal?, 20th century.) Lived in Mozambique.

MAGALH~AES   António Miranda

(Portugal, 20th century.) Lived in Angola.

MAGALH~AES   Artur da Cruz de

(Portugal, 19th century(?) - 20th century.) Lived
in Mozambique. Journalist.

MAGALH~AES   José Luís

(Portugal, 20th century.) Lived and received
schooling in Cape Verde. Lives in Cape Verde?

MAGALH~AES   Manuel Fernando de

(Miragaia, Portugal, 1938.) Lived in Mozambique,
where he worked for a publicity agency. Returned to Portugal. Journalist.

MAGNO   David José Gonçalves

(Lamego, Portugal, 1877 - 20th century.) Lived
in Angola c.1909-1917. Army officer, archaeolo-
gist.

MAGUNI   Rafael

(Mozambique, 20th century.) Militant of the FRE-
LIMO movement. Lives in Mozambique.

"MAHASULE"

(Mozambique, 20th century.) Militant of the FRE-

LIMO movement. Lives in Mozambique.

MAIA Carlos Roma Machado de Faria e ("Carlos de Faria")

(Portugal, c. 1875 - 20th century.) Lived in Mozambique. Army officer.

MAJOR Ana Francisca Silva Vide

"DORIANA"

MAIMONA João

(Kibokolo, Uíge, Angola, 1955.) Took refuge in Zaïre in 1961, where he studied and taught science in Kinshasa. Returned in 1976. Studied veterinary medicine in Huambo. Veterinary researcher in Huambo.

"MAIUNGA"

(20th century.) Lived in Angola.

"MALANGATANA" Vide

VALENTE Malangatana Goenha

"MALIDO"

(Mozambique, 20th century.) Militant of the FRELIMO movement. Lives in Mozambique.

MALPIQUE Manuel Cruz

(Niza, Portugal, 1902.) Lived in Luanda, Angola, where he taught highschool. One of the editors of Ensaios, 1936, O Estudante, until 1953, Cultura (I), all in Luanda. Returned to Portugal.

MALTA Luís

(Angola, c.1910.) Went to school in Portugal. Edited Mocidade, Novo Redondo,, 1929-1931, with Tomás Vieira da Cruz.

"MAMAI Djom de" Vide

TAVARES Eugénio de Paula

"MANDUKA (DIDITE)" Vide

LIMA J´UNIOR Armando Jesus

MAN´E Serifo

(Bissau, Portuguese Guinea, 1958.) Public official.

MANINGUANE Baltazar Bartolomeu Vide

"NINGUAS Brian Tio"

MANO Manuel Lournço

(Portugal, 20th century.) Lived in Mozambique. High postal oficial.

M´ANTUA Bento

(Lu., Angola,, 1878 - Lis., 1932.) Secretary-general of the Finance Ministry.

MANUEL Alfredo

(Mozambique, 20th century.) Lives in Mozambique. Militant of the FRELIMO movement.

MANUEL Augusto Francisco ("Catúrio")

(Angola, 20th century.) Lives in Luanda, Angola.

MANUEL Fernando

(Mozambique, 20th century.) Journalist.

MANUEL Luís Augusto Bernardo ("Luís Bernardo Honwana")

(L. M., Mozambique, 1942.) Political prisoner in Lourenço Marques, 1964-67, 1974. Studied law in Lisbon, Portugal, 1971-1973.Went into exile, joining the FRELIMO movement. Journalist, advertising agent. High official of independen Mozambique, State Secretary of

Culture since 1982.

MANUEL Ricardo
(Lis., Portugal, 1930.) Went to Luanda, Angola, in 1961. Bookstore clerk.

MAPOSSE Daniel Sebastião
(20th century.) Militant of the FRELIMO movement. Lives in Mozambique.

"MAR Maria do" Vide
  FIGUEIREDO Maria da Conceição

MARCELINO Fernando Augusto Branco
(Luena, Angola, 1931.) Studied agronomical engineering in Lisbon. Agronomist in Angola since 1962, professor of agronomy at the University of Angola since 1968.

MARCELINO Maria do Carmo
(Lis., Portugal, 20th century - Huíla highlands, Angola, 1971.) Studied medicine in Lisbon.

MARCELINO Miranda ("Miramar")
(20th century.) Lives in Angola. Militant of the MPLA movement.

MARCELINO Rosário
(Malanje, Angola, 1953.) Lives in Luanda. Was in Cuba. Teacher.

MARECOS Ernesto Frederico Pereira
(Portugal, 1836 - Mozambique, 1879.) Lived in Luanda from 1850 on. One of the founders of the review Aurora, Luanda, 1856. Customs director of Mozambique from 1869 on.

MARGARIDO Alfredo Augusto ("Lúcio da Câmara", "P. Franco", "Manuel Kandiba", "Paulo Saraiva")
(Valença do Minho, Portugal, 1926.) Studied in France. Lived for some time in S. Tomé and Príncipe before staying in Angola, 1959/60. Expelled from Angola. Married to Maria Manuela Margarido. Lives in Paris, France. Jounalist, university professor.

MARGARIDO Maria Manuela da Conceição Carvalho
(Príncipe Island, 1926.) Lived in Portugal since 1931. Married the writer Alfredo Margarido. Political prisoner in Lisbon in 1962. Studied ethnography in Paris, France, where she has lived since c.1970.

"MARIA Ana" Vide
  LIMA Ana Maria de Deus

"MARIA Carlos" Vide
  PINTO Carlos Alberto de Oliveira

MARIANO Dante
(Vila da Ribeira Brava, S. Nicolau Island, Cape Verde, 1932.) Son of João Mariano and brother of Gabriel Mariano. Studied law in Lisbon, Portugal. Lives in Lisbon. Public official.

MARIANO João de Deus
(S. Vicente Island, Cape Verde, 1891 - Cape Verde, 1976.) Studied at the Seminary of S. Nicolau. Postal clerk.

MARIANO José Gabriel Lopes da Silva
(S. Nicolau Island, Cape Verde, 1928.) Son of João Mariano, nephew of Baltasar Lopes, grand-

nephew of José Lopes. Studied law in Lis., Portugal. Lived on S. Tomé (1961-63) and Mozambique (1965-71) Islands. Judge for six years in Bié and Benguela, Angola(1971-76), then in Sintra, Portugal. Lives in Queluz, Portugal.

MARINHO   J. A.

(Portugal, 20th century.) Lived in Luanda, Angola.

"MARKY   Sum" Vide

   MARQUES   José Ferreira

M´ARIO   Tomás Vieira ("Tomás Vimaró")

(Homoíne, Mozambique, 1969.) Journalist.

"MARMELLANDE" Vide

   ANDRADE   Martinho de Mello

MARQUES   Álvaro Belo

(Portugal, 20th century.) Lived a number of years in Mozambique.

MARQUES   A. Lopes

(Portugal, 20th century.) Lived in Angola.

MARQUES   J. M.

(Portugal?, 20th century.) Lived in Mozambique.

MARQUES   José Ferreira ("Sum Marky")

(S. Tomé Island, 1921.) Studied business in Portugal. Went to live permanently in Lisbon in 1960. Director of a business firm.

MARTINS   A. Leston

(Moçâmedes, Angola, 1930.) Went to live in Lisbon, Portugal, definitely c.1960. Works for the Rádio Clube Português.

MARTINS   Albertino de Sales Gomes

(Mindelo, S. Vicente Island, Cape Verde, 20th century.) Went to live in Lisbon 1975. Teacher.

MARTINS   António Jacinto do Amaral   Vide

   JACINTO do Amaral Martins   António

MARTINS   Eusébio Cardoso

(Represa, Beira Baixa, Portugal, 1944.) "Accidentally" in Luanda, Angola, 1967-69. Journalist.

MARTINS   Fonseca Lopes ("Fonseca Wochay")

(Angola, 20th century.) Lives in Luanda, Angola.

MARTINS   João Alberto   Vide

   "SERRA   João"

MARTINS   João Augusto

(Sal Island, Cape Verde, c.1860 - Lis.?, 20th century.) Studied medicine in Lisbon, 1883. Physician in Beira, Mozambique.

MARTINS   João Cleofas ("Djunga")

(S. Vicente Island, Cape Verde, 1901-1970.) Studied photography in Lisbon, Portugal. Photographer.

MARTINS   João Vicente

(Portugal, 20th century.) Diamond prospector in Angola. Lives in Portugal.

MARTINS   Joaquim

(Portugal, 20th century.) As a Catholic missionary in Cabinda, Angola. Returned to Portugal.

"MARTINS   Linda" Vide

   MARTINS   Maria Olinda Pinto da Silva

MARTINS   Luís

(Cape Verde, 20th century.) Journalist. Lives in

Praia, Santiago Island.

MARTINS Manuel A. Morais

(Portugal, 20th century.) Lived in Angola for a good many years. Went to live in Lisbon, Portugal. Was an assistant at the Instituto Superior de Ciências Sociais e Política Ultramarina, Lisbon.

MARTINS Maria José Duarte ("Dàlá")

(Portugal, 20th century.) Lived in Angola. Journalist.

MARTINS Maria Olinda Pinto da Silva ("Linda Martins")

(Constance, Marco de Canaveses, Portugal, 1942.) Lived in Luanda, Angola, since childhood.Lives in Lisbon, Portugal, since 1975.

MARTINS Ovídio de Sousa

(S. Vicente Island, Cape Verde, 1928.) Studied law in Lisbon, Portugal, where he lived until 1973. Political exile in Rotterdam, Holland. Lives on Santiago Island. Journalist, official of the Ministry of Education and Culture of Cape Verde.

MARTINS Paula ("Paula")

(Praia, Santiago Island, Cape Verde, 1957.) Lives in Lisbon, Portugal. Niece of Ovídio Martins.

MARTINS Rolando Vera-Cruz

(S. Vicente Island, Cape Verde, 1940.) Studied law in Lisbon, Portugal. Lives in Mindelo, S. Vicente Island. Teaches in a vocational school.

MARTINS Tomaz Dantas ("Tomaz de Monsarraz")

(Santo Antão Island, Cape Verde, 1926.) During many years customs official in Portuguese Guinea and from 1972 on in Nacala, Mozambique. Retired to Lisbon, Portugal.

MARTINS Vasco Oliveira

(Queluz, Portugal, 1956.) Joined his father's family in 1965 on S. Vicente Island. Went to study music in Lisbon, Portugal, 1979-1981, and in France, 1981-1983. Musician, composer.

MARTO José Manuel

(Angola, 1948.) Lived in Luanda.

MASCARENHAS Francisco

(Cape Verde, 20th century.) Studied at the Instituto Superior dos Estudos Ultramarinos, Lisbon, Portugal. Lives in Cape Verde.

MASCARENHAS Maria Margarida ("M. M. M.")

(S. Vicente Island, Cape Verde, 1938.) Lives in Lisbon, Portugal since 1964.. First editor of Presença Crioula, Lisbon, in 1973. Works for a business house.

MASSINGUE Virgílio

(Massinga, Mozambique, 1951.) Studied painting in L. M. After an exile of several years, he returned to Mozambique after independence. Painter.

MASSIYE Evaristo J.

(Mozambique, 20th century.) Militant of the FRELIMO movement.

MATA Joaquim Dias Cordeiro da ("Jakim ria Matta")

(Icolo-e-Bengo, Angola, 1857 - Barra do Cuanza,

Angola, 1894.) Business clerk.

MATEUS Henrique Lopes ("Ariki Tuga") (Albufeira, Portugal, 1948.) Lives in the Achada Monte Negro, Santiago Island, Cape Verde. Catholic priest.

MATOS Albano Mendes de (S. Vicente da Beira, Portugal, 1932.) Lived in Angola, 1961-63 and 1965-68. As an army officer, went to Portuguese Guinea, where he stayed from 1972 to 1974(?).

MATOS Alexandre Valente (Portugal, 20th century.) Lived in Mozambique.

MATOS Eduardo Correia da (Portugal, 20th century.) Lived in Angola.

MATOS Rui Guilherme Cardoso de (Lu., Angola, 1943.) Lives in Angola. Commanded FAPLA forces during the war for independence. Artist.

MATOS Víctor Vide

S´A Vítor Matos e

"MATROSSE Comandante Dino" Vide

PAULO Julião Mateus

"MATTA Jakim ria" Vide

MATA Joaquim Dias Cordeiro da

MBEMBA-A-NZINGA Vide

AFONSO I

MEDEIROS António Alves Tomás (S. Tomé Island, 1931.) Studied medicine in Lisbon, Portugal, and in the Soviet Union. One of the editors of Mensagem, Lisbon. Returning from political exile in Ghana and Algeria, fought as an MPLA guerrilla in Angola. Went to live in Portugal. Physician.

MEDINA da Silva João Augusto (L. M., Mozambique, 1939.) Received his earliest education in Johannesburg, South Africa. Studied humanities in Lisbon, Portugal, and sociology in Strasbourg, France. History teacher at the University of Lisbon.

MEDINA Luís Vide

VASCONCELOS Luís Medina e

MEDINA Nelson Carlos Vide

"NELSON"

MELO Alberto Lopes de (Vacariça, Mealhada, Portugal, 1922.) Trained as an elementary teacher in Aveiro and Coimbra, Portugal. Lived and taught in Nova Lisboa, Angola, from 1952 on.

MELO António Aleixo ("Anadello") (Angola?, 20th century.) Lives in Luanda, Angola. Soldier.

MELO Carlos A. Abrantes de (Portugal, 20th century.) Studied law in Portugal. Lived in Angola for many years, and there in its town of Sá da Bandeira at least until 1975. Lawyer, notary.

MELO Dario de (Benguela, Angola, 1936.) Lives in Luanda. Teacher.

MELO Guilherme José Fernandes de

(L. M., Mozambique, 1931.) Went to live in Lisbon in 1975. Journalist.

MELO H.V. Soares de

(20th century.) Lived in Mozambique.

MELO João <u>de</u>

(Lu., Angola, 1955.) Son of the militant journalist Aníbal de Melo ("Camaxilo" or "Kamaxilu"). Visited Brazil in 1966. Journalist.

MELO Luís Romano Madeira de Vide

ROMANO Luís

MELO Maria de Deus <u>Matos e</u>

(Cercal do Alentejo, Portugal, 1939.) Lived in Angola from 1945 until at least 1974.

MELO Martinho Nobre de

(Santo Antão Island, Cape Verde, 1890 - Lis., Portugal, 1986.) Studied law in Coimbra, Portugal. Lived in Lisbon. Director of the <u>Diário Popular</u>, Lisbon. Minister of Justice, diplomat.

MELO Pedro de ("Geremias Pacato")

(Portugal, 20th century.) Lived in Angola.

MELO Teobaldo Virgínio Assunção Nobre de Vide

"VIRG´INIO Teobaldo"

MELO Virgínio Vide

"VIRG´INIO Teobaldo"

MENDES Orlando <u>Marques de Almeida</u>

(Mozambique Island, 1916 - Maputo, Mozambique, 1990.) Studied in Coimbra from 1944 on. Returned to Lourenço Marques in 1951. Biologist, meteorologist, official in the Ministry of Health after Mozambican independence.

MENDONÇA Alexandre Balduíno Severo

(Portugal?, 19th century.) Lived in Angola. One of the founders of <u>A Aurora</u>, Luanda, 1856. Journalist.

MENDONÇA Fátima

(Mozambique, 20th century.) Studied literatures in Maputo, Mozambique, and Lisbon, Portugal. Lives in Maputo, where she teaches at the University.

MENDONÇA José Luís <u>Fortunato de</u>

(Golungo Alto, Angola, 1955.) Lives in Luanda. Studied law in Luanda. Employed by the Sonangol Company, highschool teacher, journalist.

MENESES Euclides de

(Praia, Santiago Island, Cape Verde, 1922.) Bank clerk in Cape Verde from 1948 on and afterwards in Mozambique for 30 years, before retirement in Lisbon, Portugal.

MENEZES Filinto Elísio de

((Cape Verde, c.1924.) Official in the financial administration of Angola for many years from 1948 on. Went to live in Lisbon, Portugal in 1975.

MERRELHO Manuel Gonçalves

(Esposende, Portugal, 20th century - Benguela, Angola, 1950.) Lived in Angola.

"MESTRE David" (i.e. **VEIGA** Luís Filipe Guimarães da Mota. (Also "Luisiário António Chifuchi")

(Loures, Portugal, 1948.) Taken to Angola as a

340

baby. Some highschool study in Portugal. Political prisoner , 1971-74, having deserted from the Portuguese army during the war for independence. Lives in Luanda, Angola. Journalist.

"MICAIA Lilinho" Vide

SANTOS Marcelino dos

"MICAIA Vera" Vide

"**SOUSA** Noémia de"

"MICR´OBIO" Vide

LUZ António

"MILANDO Afonso" Vide

SILVA Ruy Burity da

MILHEIROS Mário Simões ("Farinha Torres") (Humpata, Huíla,Angola, 1916 - Angola, 1973.) Studied social sciences in Lisbon, Portugal. Administrative public official, ethnographer.

"MINDELENSE" (Cape Verde?, 20th century.) Has lived in Guinea-Bissau.

MINGAS Saydi Vieira Dias ("Gasmin Rodrigues", "Lutuíma") (Lu., Angola, 1942 - 1977.) University studies in Lisbon, Portugal. Exile via Spain in Cuba, receiving military training and studying economics there. Representing the MPLA movement in Stockholm,Sweden. Member of its central committee. Minister of Finance after independence in Angola. Assassinated.

"MIRAMAR" Vide

MARCELINO Miranda

MIRANDA Atanásio (Portuguese Guinea, 20th century.) Lived in Bissau. Customs official.

MIRANDA Augusto Manuel (S. Vicente Island, Cape Verde, 19th century - Lis., Portugal, c.1973.) Taught elementary school in S. Vicente. Spent his last years in Lisbon.

MIRANDA Nuno Álvares de ("Manuel Álvarez") (S. Vicente Island, Cape Verde, 1924.) Studied history i n Lis., Portugal. Lives in Lis. Public official.

"MOCHO ALFAMA O" Vide

ALFAMA José Bernardo

"MOGIMO" (20th century.) Lives in Mozambique.

MOITA Tolstoi Lusitano Nunes ("Lírio do Vale", "Mafarrico") (Sá da Bandeira, Angola, 1919.) Public official.

MOMPL´E Lília Maria Clara Carrère (Mozambique Island, 1935.) Studied in Lis., Portugal. Returned to Mozambique in 1965. Lived also in Brazil. Official in theSecretaria de Estado da Cultura of independent Mozambique.

MONDLANE Eduardo Chivambo ("Chitlangou Khambane") (Gaza, Mozambique, 1920 - Dar-es-Salaam, Tanzania, 1969.) Advanced studies in South Africa (1948), Portugal, USA(1951-56). President of the FRELIMO movement, professor of sociology at Syracuse University, USA. Assassinated.

"MONINFEUDO" Vide

TOLENTINO Jorge

"MONSARRAZ Tomaz de" Vide

MARTINS Tomaz Dantas

MONTEIRO Alves Vide

RUI Alves Monteiro Manuel

MONTEIRO Carolino

(Cape Verde, 19th-20th century.)

MONTEIRO Fátima

(Cape Verde, 1958.) Taken as a child to Mozambique in 1961. Went to study Anglo-Germanic philology in 1976 in Lisbon, Portugal. Official in the diplomatic service of Cape Verde, thereupon librarian, Cambridge, Mass., USA.

MONTEIRO Félix António

(Mindelo, S. Vicente Island, CapeVerde, 1909.) Lives in Cape Verde. Elementary school teacher, then public official in the financial adminstration. Ethnographer, literary historian.

MONTEIRO Fernando ("Jorge Andrade") (Luena, Angola, 1954.) Highschool teacher, monitor at the University of Angola in Huambo.

MONTEIRO Fernando Amaro

(Lu., Angola, 1935.) Studied history in Portugal and France, 1955-1962. Lived in Mozambique. Lives in Portugal. Journalist.

MONTEIRO Guilherme Ayala

(Portugal, 20th century.) Lived in Angola.

MONTEIRO João José Silva ("Huco")

(Bissau, Portuguese Guinea, 1959.) Lives in Guinea-Bissau still?

MONTEIRO Joaquim de Oliveira da Silva ("Oliveira San Payo")

(S. Paio de Vizela, Portugal, 1925.) Studied at the Seminary in Braga, Portugal. Went to live in Angola, 1953. Lives in Portugal again. Director of a business firm.

MONTEIRO Jorge ("Jotamont")

(S. Vicente Island, Cape Verde, 1913.) Music teacher at the high schools of S. Vicente and Santiago Islands from1939 on, municipal band leader, composer.

MONTEIRO José Maria de Sousa (I)

(Porto, Portugal, 1810 - Lis., Portugal, 1881.) Lived in Portuguese Guinea and in Cape Verde c. 1838-41 and 1844-47. Journalist, secretary of the Portuguese administration of Cape Verde.

MONTEIRO José Maria de Sousa (II)

(Praia, Santiago Island, Cape Verde, 1846 - Lis., Portugal, 1909.) Son of J.M. de Sousa Monteiro. Taken to Portugal in early childhood. Studied in the Curso Superior de Letras e de Diplomática, Lisbon, 1867-70. Lived in Brasil from 1828 till 1834. Founded the journal Domingo.Lisbon, 1855. Secretary of the Portuguese administration of Cape Verde, diplomat, journalist, politician.

MONTEIRO Justino Nunes ("Justen")

(Portuguese Guinea, 1954.) Lives in Guinea-Bissau. Highschool teacher.

MONTEIRO Manuel Vide

RUI <u>Alves Monteiro</u> Manuel

MONTEIRO FILHO Germano <u>Coutinho de</u> Campos

(Portugal, 1897-1939.) Studied medicine. Ptracticed medicine in Mozambique as an army doctor, 1920-1923 or 4. Son of the novelist Abílio Cam- pos Monteiro. Physician, journalist, sportsman.

MONTENEGRO José

(Portugal, 20th century.) Studied social sciences and overseas politics in Lisbon. Lived in Angola and S. Tomé.

MONTENEGRO Manuela

(Portugal, 20th century.) Lived in Mozambique.

MONT^ES Caetano

(Portugal, 20th century.) Lived in Mozambique. Director of the Mozambican Arquivo Histórico, which he founded. Army officer, historian.

MORA Dési

(20th century.) Militant of the FRELIMO movement.Lives in Mozambique.

MORAIS Fragata de ("Kandimba")

(Angola, 20th century.)

MORAIS Manuel de

(Uíje, Angola, 1941.)

MORAZZO <u>Lopes da Silva Cruz Ferreira</u> Yolanda

(S.Vicente Island, Cape Verde, 1928.) Grand-

daughter of the poet José Lopes. Went to Lis., Portugal, for advanced part of highschool. Lived in Lu., Angola from 1958 on. Lives in Lis. now. Teacher.

MOREIRA Tavares

(Bijagós, Guinea-Bissau, 20th century.) Announcer of Radio Guinea-Bissau. Lives in Bissau.

MORGADO José Manuel

(Angola, 19th-20th century.) Founder of the Liga Nacional Africana and of <u>Ensaios Literários</u>, Luanda, 1931. Printer.

MOTA <u>Avelino</u> Teixeira da

(Portugal, 1920-Lis., 1982.) In Guinea-Bissau, 1945-1957. Naval officer, historian, cartographer, teacher.

MOTA <u>José</u> Ferraz <u>da</u>

(Portugal, 20th century.) Settled in Mozambique many years ago.

MOTA Mário <u>Hermínio</u>

(Azores Islands., 1916- Lis.,1981?) Lived in Angola since 1956. Lives in Portugal since 1975. Official of the Civil Aviation service in Angola.

MOTTA A. Bobela Vide

BOBELA-MOTTA A.

MOURA <u>Jaime Artur</u> Salinas <u>Herculano</u> de

(Nova Goa, India, 1904 - Lis., Portugal, c.1968.) Lived in Angola and Mozambique.One of the editors of <u>Ensaios</u>, Luanda, in 1936.Treasury official in Angola and Mozambique.

MOURA Júlio Diamantino de ("Rui Coimbra")

(Portugal, 20th century.) Lived in Huambo, Angola.

MOURA Russo Sofia da Costa Serra e ("Aifos")

(Abrunheira, Montemor-o-Velho,Portugal, 1901 - Lu., Angola, 1956.) Lived in Angola. Private school teacher.

"MOURINHO Branca" Vide

NEVES Maria Palmira de Moura Henriques Lobo das

MOUTINHO Teixeira João

(Montalegre, Portugal, 1936.) Lived in Novo Redondo, Angola, since 1950.

MUIANGA Aldino

(Mozambique, 20th century.) Physician.

"MUIMBO José" Vide

"VIEIRA José Luandino"

"MULAMBO"

(Angola, 20th century.) Lived in Nova Lisboa, Angola.

MURALHA Sidónio

(Lis., 1930 - Curitiba, Brazil, 1982.) Emigrated in 1943 to the Belgian Congo, accompanying the writer Alexandre Cabral. He stayed there for 3 years. Went to live in Brazil. Businessman.

MUTEIA Hélder

(Quelimane, Mozambique, 1960.) Studied at the Agrarian Institute of Chimoio and in the veterinary school of Maputo, Mozambique. Veterinarian, official of the National Poultry Enterprise, Maputo.

"M'VEMBO António" Vide

CASTRO Fernando Norberto de

NARINO e SILVA António Vide

SILVA António Narino e

NASCIMENTO Abílio Augusto de Brito e ("Ruy Sant'Elmo")

(Portugal, 20th century.) Lived in Angola and Mozambique.

NASCIMENTO Ana Pereira do

(Portugal, 20th century.) Lived in Mozambique.

NASCIMENTO Domingos do

(Lu., Angola, 1954.) Agronomist.

NASCIMENTO Hermínio do

(Portugal, 20th century.) Lived in the Lunda region of Angola.

NASCIMENTO Januário

(Cape Verde, 20th century.) Lives in Jugoslavia.

"NATO" Vide

PINA Inácio Torres

NDEMBU Vicente

(Kalulu, Angola, 1945.) Political prisoner in the Tarrafal camp, Santiago Island, Cape Verde, before 1975.

"NDUNDUMA voé (or **we) L'EPI"** Vide

ANDRADE Francisco Fernando da Costa

"NDUNGO" Vide

PIMENTA Eduardo Fernandes

NEGR~AO Carlos

(Portugal, 20th century.) Lived in Luanda, Angola.

NEGREIROS António Lobo de Almada
("João Alegre")
(Aljustrel, Portugal, 1868 - France, 1939.) Lived
in S. Tomé since 1889. Father of the painter and
writer José de Almada-Negreiros. Postal official,
journalist, official in the colonial service.

NEGRO Mutambo
(Lu., Angola, 1953.) Guerrilla fighter of the
MPLA movement during the Angolan war for
independence.

NEIVA Soares António Filipe Sampaio ("An-
tónio Soares"?)
(Esposende, Portugal, c.1940.) Studied history.
Lived in Benguela, Angola, 1968-1975. Founder
and editor of Convivium, Benguela, 1970-71.
Highschool teacher. Went to live in Porto Alegre,
Brazil.

"NELSON" (i.e. **MEDINA** Nelson Carlos)
(Bissau, Portuguese Guinea, 1958.) Highschool
teacher.

"N´EN´E Tia" Vide
FIGUEIREDO Maria da Conceição Pinho
Soares Teixeira de

NERY Felipe
(Portugal, 20th century.) Lived in Angola.

NETO António Agostinho
(Kaxikane, Angola, 1922 - Moscow, Soviet Union,
1979.) Went to study medicine in Coimbra and
Lisbon. One of the editors of Momento,Coimbra,

1950. Returned to Angola in 1959. Arrested
repeatedly before and after, due to political
activities, and banished to Cape Verde and
Portugal. Escaped to Zaïre in 1962. Joined the
MPLA guerrilla forces in Angola. Physician,
politician, first president of independent Angola
since 1975.

NETO António Raúl Simões
(Lu., Angola, 1928.) Studied mathematics in Lis.,
Portugal. Mathematics professor at the Escola
Politécnica, Lisbon.

NETO Hélder Guilherme Ferreira
(Lu., Angola, 1939 -1977.) Political prisoner at
the Tarrafal camp, Santiago Island, Cape Verde,
1959-63. Banished to Portugal, he escaped to
Algeria in 1964, where he served the MPLA movement. Cabinet member of the first governe-
ment of independent Angola. Assassinated.

NETO Maria Eugénia da Silva
(Montalegre, Trás-os-Montes, Portugal, 1934.)
Married Agostinho Neto in 1958, whom she had
met in Lisbon. She moved to Angola with him in
1959 and shared his exile in several African countries until their definitive return to Luanda in
1975. Journalist, writer.

NEVES Carlos F. A. Agostinho das
(S. Tomé, 1953.) Studied humanities in Lisbon,
Portugal. After the Portuguese revolution of
April 1974 he returned to S. Tomé to work in the
Ministry of Education and Folk Culture. Went

back to Lisbon for further studies.

NEVES Diocleciano Fernandes das (Figueira da Foz, Portugal, 1830 - Sarranine, Mozambique, 1883.) Lived and traveled in Mozambique, 1855-1866.Returned to remain there from c.1878 on. Merchant.

NEVES Eduardo Paulo Ferreira ("Cecílio") (Santa Comba Dão, Portugal, 1854 - Dondo, Angola, 1899.) Lived in Dondo and Luanda, Angola. Journalist, bookkeeper.

NEVES Francisco José da Graça de Sousa (L.M., Mozambique, 1934.) Studied law in Lisbon, Portugal. Lives in Lisbon. Journalist.

"NEVES José das" Vide

TAVARES Eugénio de Paula

NEVES Maria Palmira de Moura Lobo das ("Branca Mourinho") (Vila Nova de Poiares, Portugal, 1905 - Portugal, 1968.) Lived in Angola since childhood. Traveled to Portugal several times, the first time for her early schooling. Office clerk.

NEVES Mariana de Azevedo Ferreira Lobo das (Lis., Portugal, 1920.) Lived in Cubal, Angola, since 1955.

NEVES Mateus das (Terceira Island, Azores, 1907.) Catholic priest and teacher in Benguela, Angola, from 1957 on, after serving in China and Portugal.

"N'GOLA Madié"

(Portugal, 20th century.) Lived in Angola.

"NHANA Sun" Vide

LIMA João dos Santos

"NINGUAS Brian Tio" (i.e. **MANINGUANE** Baltazar Bartolomeu) (Chibuto, Gaza, Mozambique, 1961 - Maputo, 1987.) Journalist.

NOBRE Maria da Conceição (Portugal, 20th century - Angola, 1973.) Lived in Angola for many years. Highschool teacher.

"N'OBREGA Gastão da" Vide

BAPTISTA Augusto Cerveira

"NOGAR Rui" (i.e. **BARRETO** Francisco Rui Moniz) (L.M., Mozambique, 1932.) Imprisoned due to political activities in the 1960s. Employed by a raroad company, then by an advertising agency. After Mozambican independence member of the Assambleia Popular, Director of the Museum of the Revolution in Maputo, Secretary-General of the Association of Mozambican Writers.

NOGUEIRA António Horácio Alves (Góis, Coimbra, Portugal, 1925.) Lives in Malanje, Angola. Catholic priest, teacher.

NOGUEIRA João (Lis., Portugal, 1603 - Mozambique Island, 1643.) Jesuit priest. Went as a missionary to Mozambique c.1634.

NOGUEIRA Víctor Sebastião Diogo Vide

"WENDEL Ngudia"

NOLASCO Teresa Pereira Coutinho (Lis., Portugal, 1920.) Lived in Angola, 1927-1975. Returned to Portugal in 1975.

NORONHA Eduardo de (Portugal, 1859-1948.) Lived in Mozambique, 1879-1894. Public official, journalist.

"NORONHA Rui de" (i.e. **NORONHA** António Ruy de. Also "Cancarrinha de Aguilar") (L. M., Mozambique, 1909-1943.) Public official.

NORTE Amália de Proença ("Ália") (Mozambique, 1910.)

"NORTE João do" Vide

RAMA Alípio

NOVAIS Álvaro de (Portugal?. 1916 - Lu., Angola, 1981.) Bohemian, poet and creator of a radio program of children's stories.

NOVAIS Henrique (Portugal?, 20h century.) Lived in Angola.

NUNES António (Santiago Island, Cape Verde, 1917 - Lis., Portugal, 1951.) Lived in Lisbon from c.1941 on. Office clerk.

NUNES João José (Vila Nova de Sintra, Brava Island, Cape Verde, 1885 - USA, c.1965.) Notary, journalist, president of the town council of Brava Island.

NUNES Maria Luísa (New England, USA, 20th century.) Cape Verdean by descent. Studied in New York City. Profes-

sor at Yale University, then at the University of Pittsburgh, USA.

OLIVEIRA A. Mendonça d' (Portugal?, 19th-20th century.) Lived in Beira, Mozambique.

OLIVEIRA Agnelo Alves de ("Agnelo Paiva") (Porto Alexandre, Angola,1912.) Went to live in Portugal. Returned to Luanda, Angola. Public official.

OLIVEIRA Alberto Estima de (Lis., Portugal, 1934.) Lived in Angola, 1957-75. Returned to Lis. Farm manager , insurance agent.

OLIVEIRA Alfredo de (Portugal, 20th century.) Lived in Angola.

OLIVEIRA Germano Pais de (Portugal, 20th century.) Lived in Angola.

OLIVEIRA Humberto de Luna da Costa Freire e (Portugal, 1888-1952.) Lived in Mozambique. Army officer, journalist.

OLIVEIRA Jerónimo de (20th century.) Lived in Mozambique. Editor of Paralelo 20, L. M., Mozambique,1957-61.

OLIVEIRA José Nunes d' (Portugal?, 20th century.) Lived in Angola.

OLIVEIRA José Osório de Castro (Setúbal, Portugal, 1900 - Lis., Portugal, 1964.) Lived in Mozambique, 1919-21, and Cape Verde, January-December 1927. Public official, finally in the employment of Diamang, the Diamond Mining Company of Angola.

OLIVEIRA José Pedro da Silva Campos (e) ("Campos Oliveira", "C. O.") (Cabaceira, Mozambique Island, 1847 - Mozambique Island, 1911.) Taken as a child to Goa, India. Returned to Mozambique c.1866. Founder and edi tor of the Revista Africana, Mozambique Island (1885-87). Public official, director of the postal service of Mozambique.

OLIVEIRA Mário António Fernandes de ("M. António", "Mário António") (Maquela do Zombo, Angola, 1934 - Lis., Portugal, 1989.) Studied social sciences and overseas policies in Lisbon. Lived in Lisbon since 1963. Meteorogist, official of the Gulbenkian Foundation, Lisbon, teacher at the Universidade Nova, Lisbon.

OLIVEIRA Saturnino de Souza (Angola?, 20th century.)

OLIVEIRA Tereza Rosa d' (Portugal, 20th century.) Married Lourenço de Carvalho. Lived in L. M., Mozambique until 1975.

OS´ORIO Ernesto Cochat (Lu., Angola, 1917.) Studied medicine in Lis. Lives in Lisbon. Physician.

OS´ORIO de Oliveira João de Castro (Setúbal, Portugal, 1899.) Studied law in Lis. Brother of José Osório de Oliveira. Editor of Descobrimento, Lisbon. Lived in Africa.

"OS´ORIO Oswaldo" (i.e. **CUST´ODIO** Osvaldo Alcântara Medina) (Mindelo, S. Vicente Island, Cape Verde, 1937.) Lives in Praia, Santiago Island.Worked in a radio station, in offices, in the Instituto Caboverdiano do Livro, Praia, and as a public official. President of the Union of Labor Unions of Cape Verde.

"P.A." Vide
   MELO Pedro de

"PACATO Geremias" Vide
   MELO Pedro de

PACAVIRA Gonçalves Pedro ("Dianza") (Angola, 20th century.) Lives in Luanda. Studied in the Soviet Union.

PACAVIRA Manuel Pedro (Golungo Alto, Angola, 1939.) Prison sentences because of political activities from 1960 on. Imprisoned in the Tarrafal camp, Santiago Island, Cape Verde, 1967-1974. Militant of the MPLA movement. Accountant. After Angolan independence, Minister of Transportation and Agriculture.

PACHECO Carlos (Lu., 1945.) Studied history in L. M., Mozambique, and S. Paulo, Brazil, in the1970s. Historian. Official in the Secretaria de Estado da Cultura of Angola.

PACHECO Rui Alberto da Costa Campos ("Rui Bueti") (Kalulu, Angola, 1953.) Studied philosophy and literature in Lis. Highschool teacher in Lis, Portugal.

PAÇO d'ARCOS Joaquim <u>Belford Correia da Silva</u>

(Lis., Portugal, 1908-1979.) Lived in Angola, 1912-1914, and Mozambique, 1925-1927. High public official in the Portuguese Department of Foreign Affairs.

"PAC´OVIA Maria" Vide

COELHO Maria do Céu

P´ADUA Mário Moutinho de

(20th century.) Lived in Angola. Lives in Lisbon. Physician.

PAES Álvares ("A. P.")

(Portugal?, 19th century.) Lived in Lu., Angola.

PAIS A. Sousa

(Portugal or Angola, 19th century.) Lived in Angola?

"PAIVA Africano" Vide

ANDRADE <u>Francisco Fernando da</u> Costa

"PAIVA Agnelo" Vide

OLIVEIRA Agnelo <u>Alves</u> de

PAIVA Artur <u>José Oriola Ferreira</u> de

(Leiria, Portugal, 1856 - On the high seas, 1900.) Lived in Angola, 1874-1900, except for one year in S. Tomé and one in Portugal. Army officer, controler of white colonization.

PAIVA Diogo de

(20th century.) Lived in Mozambique.

PAIVA Maria

(20th century.) Lived in Mozambique.

"PAIVA Rui" (i.e. **SEQUEIRA** José)

(Angola, 20th century - near Lubango,Angola, 1975.)

Political exile in Cuba. Returned to Angola to fight in the FAPLA army against South African invaders.

PAIX˜AO Eduardo

(Portugal?, 20th century - Bilene, Mozambique, 1977.) Lived in Maputo.

"PAIX˜AO Joca" (i.e. **PAIX˜AO** João Manuel Gomes da)

(Malanje Province, Angola, 1959.) Studied law in Luanda. Lives in Luanda.

PANGUANA Marcelo

(Mozambique, 1951.) Studied chemistry and oil refining. Lives in Maputo, Mozambique.

PANGUILA António <u>Francisco</u>

(Lu., Angola, 1963.) Studied education in Luanda. Elementary school teacher.

PAQUETE Tomás <u>Soares</u> ("Talass"}

(Lis., Portugal, 1953.) Lives in Guinea-Bissau. Official of the national radio of Guinea-Bissau.

PARENTE Alberto

(Portugal?, 20th century.) Lived in Mozambique.

PATRAQUIM Luís Carlos

(Maputo, Mozambique, 1953.) Studied in Mozambique and Lisbon, Portugal. Lived in Sweden, 1973-75, working in industrial plants. Journalist.

"PAULA" Vide

MARTINS Paula

PAULO Julião Mateus ("Comandante Dino Matrosse")

(Angola, 20th century.) Guerrilla fighter of the MPLA movement. Afterwards studied in Bulgaria.

PAULO Maria Eugénia

(20th century.) Lived in Mozambique. Editor of msaho, Lourenço Marques, 1952.

PAULO Pedro

(Portugal?, 20th century.) Lived in Mozambique.

"PEDRO António" (i.e. **COSTA** António Pedro da)

(Praia, Santiago Island, Cape Verde, 1909 - Moledo, Portugal, 1966.) Taken to Portugal as a child.Studied art history in Paris, France. Also went to live in London, England. Theater director, journalist, painter, potter.

"PEDRO João"

(Namibia, c.1948.) Lives in Luanda, Angola. Official in the Ministry of Development, Luanda.

"PEDRO Jorge" Vide

BARBOSA Jorge Pedro Pereira

"PEP´E" Vide

BURGO Pedro André de

"PEPETELA" (i.e. **PESTANA** dos Santos Artur Carlos Maurício. Also "A. Pepetela" and possibly "Carlos Alves Pereira")

(Benguela, Angola, 1941.) Studied engineering in Lis. In 1962 he left for Paris, France, to study at the Faculté de Lettres of the University, but went to Algeria that same year to study sociology and help found the Centro de Estudos Angolanos. In 1969 returned to Angola as a guerrilla of the MPLA movement .Deputy-minister of Education and Culture of indepen- dent Angola for 6 years. Sociology teacher.

PEREIRA Alberto Rui

(Angola, 20th century.) Studies in Lisbon, Portugal. One of the editors of Mensagem, Lisbon.

PEREIRA Alfredo Nunes

(Lis., Portugal, 1904.) Lived in Angola from 1951 on, settling in the Huambo highlands. Painter.

"PEREIRA Carlos Alves" Vide

'PEPETELA"

PEREIRA Eveline Maria R. e Moreira ("Eveline")

(Lu., Angola, 1954.) Lived in Luanda and later on in Nova Lisboa.

PEREIRA Ivone Helena Soeiro dos Santos

(Lis., Portugal, 1926.) Lived in Angola.

PEREIRA João Baptista

(Alijó, Portugal, 1899.) Went to Angola in 1927. Public official.

PEREIRA João Bernardo da Costa

(Portugal?, 20th century.) Lived in Angola. Editor of Cultura(II), Luanda, 1957-6I.

PEREIRA Rui Alexandre Guerra ("Ruy Guerra")

(L. M., Mozambique, 1931.) Studied in Lisbon, Portugal. Went to Paris, France, to study film making, 1952-54. Went to live in Brazil. Film director.

PEREIRA Torres

(Portugal, 1945.) Went as a soldier to Mozambique in 1968 and remained there.

PERES Rodrigo

(Brava Island, Cape Verde, 20th century.)

"PESSOA Nuno" Vide

CRAVEIRINHA José

PESTANA Artur Carlos Vide

"PEPETELA"

PESTANA Nelson Eduardo Guerra Vide

"BONAVENA E."

PIMENTA Eduardo Fernandes ("Ndungo")

(Angola, 20th century.) Lives in Luanda, Angola. Accountant.

"PIMENTA Sali" Vide

JACINTO do Amaral Martins António

PIMENTEL Teixeira António Carlos Frois Tendinha

(Moçâmedes, Angola, 1944.) Employed at the Instituto das Indústrias da Pesca. Director-General of the Empresa Nacional do Disco e de Publicações, Luanda.

PIMENTEL Luís ("Ceulindoazul")

(Dalatando, Angola, 1962.)

PINA Inácio Torres ("Nato")

(Portugal, 20th century.) Lived in Angola. Expel-

led, returned to Portugal.

PINHEIRO Nelson dos Santos

(Trás-os-Montes, Portugal, 1933.) Lived in Angola. Founder of the Círculo Cultural of Moçâmedes. Journalist.

PINTASILGO José Manuel

(Portugal, 20th century.) Lived in Portuguese Guinea.

PINTO António ("Kituxi")

(Angola, 20th century.) Lives in Luanda, Angola. Musician.

PINTO Carlos Alberto de Oliveira ("Carlos Maria")

(Mozambique, 20th century.) Exile from Mozambique until 1974.

PINTO José Augusto Monteiro

(Cape Verde, 20th century.)

"PINTO Luís" Vide

FERREIRA Manuel

PINTO Manuel de Jesus ("João da Chela")

(Lousã, Moncorvo, Portugal, 1896 - Angola, 1968.) Went to live in Sá da Bandeira, Angola, in 1924. Journalist.

PINTO Maria da Silva

(Abrantes, Portugal, 1909.) Went to live in Mozambique c.1940. Journalist.

PINTO Mário Duarte

(Boa Vista Island, Cape Verde, 1887 - Lis., Portugal, 1958.) Postal clerk.

PIRES António

(Lis., Portugal, 1916.) Taken to Angola in 1924. One of the founders of O Estudante, Luanda, 1932. Editor of Actualidade Económica, Luanda. Traveled to various African countries. Returned to Portugal c.1974. Journalist, businessman.

PIRES Maria Ângela

(Portugal, 1944.) Lived in Luanda, Angola, for several years. Returned to Portugal in 1975.Teacher at the Universidade Nova, Lisbon.

PIRES Virgílio Avelino

(Santiago Island, Cape Verde, 1935 - Lis., Portugal, 1985.) Lived in Angola, 1965-78. Public official.

PITTA Eduardo

(L. M., Mozambique, 1949.) Went to live in Portugal from 1975 on. Bank clerk.

"PLANALTO Vento do" Vide

CARVALHO António Correia de

POLONAH Luís

(L. M., Mozambique, 20th century.) Went to live in Lisbon, Portugal.

was active in the Casa dos Estudantes do Império, Lisbon.

PORTELA Lina

(20th century.) Lived in Cabora Bassa, Mozambique.

"POVO Razão do" Vide

FILIPE Spiele Tendele Maurício

PRETO Alves

(S. Tomé, 20th century.) Exile in Portugal. Stu-

died in Lisbon.

PR´INCIPE Sérgio Joaquim

(Elvas, Portugal, 1880? - Nova Lisboa, Angola, c.1959.) Went to live in Nova Lisboa, Angola, in 1922. Businessman, politician.

PROC´OPIO Ana

(Fogo Island, Cape Verde, 1871-1957?) Folk singer.

PROENÇA Mendes Tavares Hélder Magno

(Bolama, Portuguese Guinea, 1956.) Studied regional planning in Brazil, 1979-80. Highschool teacher.

PRUDENTE Maria da Anunciação de Campos

(Santa Margarida, Portugal, 11904 - L. M., Mozambique, 1970.) Went to live in Lourenço Marques in 1921.

PUSICH Antónia Gertrudes

(S. Nicolau Island, Cape Verde, 1804 - Lis., Portugal, 1883.) Probably went to live in Portugal early in her life. Pianist, composer.

QUADROS António Augusto de Melo Lucena e ("João Pedro Grabato Dias", "Frei Joannes Garabatus", "Mutimati Barnabé João")

(Viseu, Portugal, 1933.) Studied fine arts in Porto. Lived in Maputo, Mozambique, from 1968 until a few years after Mozambique became independent. Co-editor of Caliban, Lourenço Marques,1971-72. Lives in Bèsteiros, Portugal. Painter, highschool and university teacher, lately at theSchool of Fine Arts, Porto.

QUARTIM Rui Eduardo Marques Angélico
("Rui Eduardo")
(Seles, Kwanza Sul, Angola, 1957.) Graduated
from law school in Luanda. Lives in Luanda.

QUEIROZ Artur Orlando Teixeira
(Chaves, Portugal, 1946.) Went to live in Angola
in 1967. Returned to Portugal. Public relations
specialist.

QUETA Luís Elias ("Rompe-Fila")
(Negage, Uíge province, Angola, 1959.) Studied social sciences. Lives in the town of Uige.

"RAIMUNDO Marino Verdeano" Vide
  LIMA Aristides Raimundo

RAMA Alípio ("Doutor Severo","João do Norte")
(Ançã, Portugal, 19th century - Lis., 1948?) Lived
in Mozambique for many years. Journalist.

RAMOS Ivone Aída Lopes Rodrigues Fernandes
(Santa Catarina, Santiago Island, Cape Verde,
1926.) Sister of "Orlanda A mariles". Lives in
Mindelo, S. Vicente Island, Cape Verde.

RAMOS Joaquim Nonato
(19th-20th century.) Lived in Cape Verde.

RAMOS José Maria ("João Tavares", "Nicolau
de Tope Vermelho")
(Cape Verde, 20th century.) Lives on Santo
Antão Island, Cape Verde.

"RANO S." Vide

SERRANO Artur António Mateus

RAPOSO José Hipólito Vaz
(S. Vicente da Beira, Portugal, 1885 - Lis., Portugal, 1953.) Studied law in Coimbra. Lived in Luanda, Angola, 1922-23. Lawyer, teacher.

REBELLO Elton ("Júlio Bicá")
(Vilanculo, Mozambique, 1961.) Journalist.

REBˆELO ˉMartins Vieira Gastão
(Conceição, S.Tomé Island, 1959.)Grew up and
lives in Luanda, Angola. Studied business.
Television reporter.

REBELO Jorge
(L. M., Mozambique, 1940.) Studied law in Lis.,
Portugal. Exile in Dar-es-Salaam, Tanzania, for
several years. Minister of Information in the
Mozambican government.

REDINHA José Pedro Domingues
(Alcobaça, Portugal, 1905 - Lu., Angola, 1984.)
Studied social sciences and overseas policies in
Lisbon. Went to live in Angola at an early age .
Ethnographer, museum director.

REDOL António Alves
(Vila Franca da Xira, Portugal, 1911 - Lis., Portugal, 1969.) Lived in Angola, 1927-30. Among various professions, he was a public official and director in charge of publicity.

REGALLA Agnelo Augusto ("Sakala")
(Campeane, Cacine, Portuguese Guinea, 1952.)
Studied in Portugal. After Guinean independence he went to France to study journalism.

Lives in Guinea-Bissau. Director of the national radio.

REGO Rui Eça

(20th century.) Lived in Mozambique.

"REIS Álvaro" Vide

BARRADAS Acácio

REIS Fernando Marcelino dos Santos

(Lis., 1917 - Lis., 1992.) Lived in S. Tomé, 1949-1970. Returned to Portugal. Economist, official of the Agência-Geral do Ultramar, Lisbon.

REIS João António dos

(Aradas, Aveiro, Portugal, 1940.) Lived in Angola. Journalist.

REIS João Correia dos ("João Salva-Rey")

(Lis., Portugal, 1938.) About 40 years in Mozambique. Returned to Portugal in 1976.Studied in Lourenço Marques, Mozambique, and history in Lisbon, Portugal. Founded O Jornal and A Tribuna, Returned to Portugal. Teacher, administrator of the Imprensa Nacional of Mozambique.

REIS Maria Fernanda ("Horácio Reis")

(Lubango, Angola, 20th century.) Lives in Lubango. Working for the radio station.

REM´EDIOS Manuel Francisco dos

(20th century.) Lived in Mozambique.

RESENDE or **REZENDE** Manuel Mendes Duarte de

(Coimbra, Portugal, 1907.) Lived in Angola, 1927-1939, 1944-63, in Mozambique, 1963-67. Returned to Angola in 1967, living in Sá da Ban-

deira. Journalist.

RIBAS Luís

(Portugal, 20th century.) Lived in Portuguese Guinea.

RIBAS Óscar Bento

(Lu., Angola, 1909.) Visited Portugal repeatedly, Brazil twice and the Soviet Union once in 1977. Blind since the age of 21. Lived in Luanda. Retired to Portugal in 1983. Public official, ethnographer, director of a school for the blind.

RIBEIRO Afonso

(Moimenta da Beira, Portugal, 1911.) Lived in Mozambique since 1949. Returned to Portugal after 1975. Elementary schoolteacher.

RIBEIRO Manuel

(Cape Verde, 20th century.) Bank clerk. Lived in Bissau, Guinea-Bissau?

RIBEIRO Mariana Marques ("Ytchyana")

(Bissau, Guinea-Bissau, 1958.) Highschool teacher.

RIBEIRO Marília do Céu Borges Vide

"**C´EU** Marília do"

RIBEIRO Sousa

(Portugal?, 20th century.) Lived in Mozambique.

RICARDO Paulo

(Mozambique?, 20th century.) Lived in Maputo, Mozambique.

RIO João Pereira do ("D. João Gonçalves Zarco da Câmara", "Zarco da Câmara", "Zarco d'Almeirim", "Zarco Gomes Pereira da Câmara")

(19th or 20th century?) Lived in Angola.

RITA-FERREIRA António

(Figueira de Castelo Rodrigo, Portugal, 1922.) Taken as a baby to Mozambique. Studied Bantu languages in South Africa. Traveled to Europe frequently and to USA in 1972. Returned to live in Portugal after1975. Public official, sociologist, ethnologist.

ROBY Maria Emília

(Braga, Portugal, 20th century.) Studied in Coimbra, Portugal. Lived in Beira, Mozambique, since c.1950.

ROCHA Ilídio José da

(Moledo do Minho, Portugal, 1925) Traveled through Angola and the Belgian Congo in 1948, ending up in Lourenço Marques, Mozambique, where he remained. Returned to Portugal in 1980. Lives in Lisbon. Journalist, archivist.

"ROCHA Jofre" (i.e. **ALMEIDA** Roberto António Víctor Francisco de)

(Cachimane, Icolo e Bengo, Angola, 1941.) Political prisoner in Lis., Portugal, and Lu., Angola, 1961-63, 1963-68. Brother of Deolinda Rodrigues. Lives in Luanda. Bank clerk, Vice-Minister of Foreign Affairs, Minister of Foreign Commerce (1978).

ROCHA Manuel Joaquim da

(20th century.) Lived in Chinde, Marromeu and Tete, Mozambique, during the 1920s.

ROCHA Maria Cristina

(Cape Verde, 19th century - Iarim, Portuguese Guinea, c.1918.) Lived in Cape Verde and in Guinea.

ROCHA Valdemar

(Rebordosa, Douro, Portugal, 20th century.) Lived in Bissau, Portuguese Guinea. Office clerk.

ROCHETEAU Guilherme dos Reis

(Santo Antão Island, Cape Verde, 1924.) Lived in Portuguese Guinea, then since 1957 in Mozambique. Bank clerk.

RODRIGUES António Jacinto

(Lu., Angola, 1939.) Studied philosophy in Coimbra and Lisbon, Portugal. Nephew of António Jacinto. For several years exile in France. Lives in Porto, Portugal, since 1975. Teacher at the School of Fine Arts, Porto.

RODRIGUES Deolinda Vide

ALMEIDA Deolinda Rodrigues de

"RODRIGUES Euricles" Vide

SP´INOLA David Euricles Rodrigues

"RODRIGUES Gasmin" Vide

MINGAS Saydi Vieira Dias

RODRIGUES Hugo Ireneu Duarte Fonseca Montrand

(Fogo Island, Cape Verde, c.1950.) Lives on Sal Island since his adolescence. Official at the airport of Sal.

RODRIGUES João Baptista

(Mindelo, S. Vicente Island, Cape Verde, 1931.)

Lives in Mindelo. Assistant court registrar.

RODRIGUES   Maria Amélia de Miranda
(Portugal?, 20th century.) Lived in Mozambique.

RODRIGUES   Martinho ("Kakiaço")
(Angola?, 20th century.) Lives in Dalatando,Angola. Official of the MPLA movement.

RODRIGUES   Tereza
(Portugal?, 20th century.) Lived in Angola.

RODRIGUES J´UNIOR   José
(Lis., Portugal, 1902 - Queluz, Portugal, 1991.) Lived in Lourenço Marques, Mozambique, 1919 -1976. Returned to Portugal. Editor of Miragem, Lourenço Marques, 1930-32. Journalist.

ROMANO Madeira de Melo   Luís
(Santo Antão Island, Cape Verde, 1922.) Brother of Teobaldo Virgínio. Studied mechanical and electrical engineering. Lived in Dakar, Senegal, and Morocco. Has been living for many years in Natal, Brazil. Co-editor of Morabeza, Rio de Janeiro, 1973-76. Industrial engineer.

ROMANO   Rui José de Sousa
(Lu., Angola, 1932.) Went to Lisbon c.1967 to study at the Instituto Superior de Ciências Sociais e Políticas. Lived in Angola since childhood. Went to live in Lisbon, Portugal. Works for radio and television.

ROSA   Jorge Eduardo
(19th-20th century.) Lived in Angola.

ROSADO   António
(Portugal, 20th century - Lis., Portugal, 1967.)

Lived in Mozambique for many years.

"ROSAES   Mota" Vide
SOARES   Maurício Ramos

ROS´ARIO   João Ferreira do
(Lis., Portugal, 1905.) Lived in Beira, Mozambique. Accountant.

ROS´ARIO   Lourenço Joaquim da Costa
(Marromeu, Baixo Zambeze, Mozambique, 20th century.) Studied in L.M., Mozambique, and ethnology in Coimbra, Portugal. University professor of ethnology at the Universidade Nova, Lisbon, Portugal.

ROZEIRA   Arnaldo de Mariz
(Portugal?, 20th century.) Lived in S. Tomé.

"R´UBIO   Fernando" Vide
BAPTISTA   Augusto Cerveira

RUI Alves Monteiro   Manuel ("Alves Monteiro", "Manuel Monteiro")
(Nova Lisboa, Angola, 1941.) Studied law in Coimbra, Portugal. Lived in Coimbra for many years, being a member of the editorial staff of Vértice, Coimbra. Returned to Angola in 1974. Minister of Information in the transitional government of Angola. Lawyer, teacher and president, University of Huambo, Angola, high official of the Diamang Company.

"S. S." Vide
SOUSA   Alberto Samuel de

S´A   Albino Fernandes de ("Cristiano Dantas", "Jorge Viana")

(Antas, Braga, Portugal, 1921.) Studied in Catholic seminaries. Went to Angola in 1947 and lived in Sá da Bandeira. Vocational teacher.

S´A Luís Manuel Viana de
(Angola, 20th century.)

S´A Vítor Raúl da Costa Matos e ("Vítor Matos")

(L.M., Mozambique, 1927 - Coimbra, Portugal, 1975.) Studied philosophy in Coimbra.Studied also in Oxford, England. University teacher in Coimbra.

SAID Jauad Naguib Farid
(Bolama, Portuguese Guinea, 1949.) Went to study in Portugal. Lives in Guinea-Bissau. Journalist.

"SAKALA" Vide

REGALLA Agnelo Augusto

"SAL Sukre d' " Vide

TOMAR Francisco António

SALDANHA Orlando
(Lu., Angola, 1957.) Lives in Angola. Employed by Rádio Nacional de Angola.

SALEMA Lygia
(Luso, Moxico, Angola, 1947.) Went to live in Portugal. Highschool teacher.

"SALIPIMENTA" Vide

JACINTO do Amaral Martins António

"SALVA-REY João" Vide

REIS João Correia dos

SALVATERRA Armando ("Sandor")

(Bissau, Portuguese Guinea, 1956.) Lives in Guinea-Bissau. Lawcourt official.

"SAMBA Mário" Vide

MACEDO Jorge Mendes

SAMB´U N'Fore
(Portuguese Guinea, 20th century.) Lives in Guinea-Bissau.

SANÇA Ana Júlia Monteiro de Macedo ("Ana Júlia")
(Praia, Santiago Island, Cape Verde, 1949.) Went to Portugal to study. Emigrated to Canada in 1981. Portuguese consular official in Toronto, Canada.

"SANÇARDOTE" Vide

CARNEIRO Manuel Alves

SANCHES Eleutério
(Lu., Angola, 1935.) Went to Lisbon, Portugal in 1965 to study painting. Composer, painter.

SANCHES João Baptista Andrade
(S. Vicente Island, Cape Verde, 1901.) Father of Eleutério Sanches. Lived in Angola since 1939. Office clerk.

SANDE A.
(Benguela, Angola, 1955.) Petroleum engineer.

"SANDOR" Vide

SALVATERRA Armando

"SANGAZUZA"
(S. Tomé?, 20th century.) Lives in S. Tomé.

"SAN PAYO Oliveira" Vide

MONTEIRO Joaquim de Oliveira da Silva

SANTA CRUZ Maria de
(Lis., Portugal, 1941) Taken to Mozambique as a child. Studied in L. M., Mozambique, and Lis., Portugal.

"SANTA IRIA Augusto de" Vide

BAPTISTA Augusto Cerveira

SANTANA Ana <u>Paula de Jesus Faria</u> de
(Lu., 1960.) Went to Lisbon, Portugal, to study economics.

SANT'ANNA <u>Andrade Pais</u> <u>Maria da</u> Glória de <u>Sá de Lemos d'Almeida e Figueiredo da Fonseca</u>
(Lis., Portugal, 1925.) Went to live in Mozambique in 1951 and settled in the town of Porto Amélia in 1953. Married to the artist Andrade Pais. Returned to Portugal in 1975.

"SANT'ELMO Ruy" Vide

NASCIMENTO <u>Abílio</u> Augusto <u>de Brito e</u>

"SANTIAGO Manuel de" Vide

BARROS Manuel Alves de Figueiredo de

SANTOS A. Ciríaco
(Portugal, 20th century.) Lived in Angola and Mozambique.

SANTOS Airam Alice Pereira
(20th century.) Lived in Angola.

SANTOS Aires (or Ary) de Almeida
(Vila do Chinguar, Bié, Angola, 1922.) Lives in Luanda, Angola, since 1961. Accountant, journalist.

SANTOS Ana de Sousa
(Quissol, Malanje, Angola, 20th century.) Received most of her schooling in Porto, Portugal. Ethnographer.

SANTOS António de Almeida
(Serra da Estrela, Portugal, 1926.) Studied law in Coimbra, Portugal. Lived in Mozambique for many years until 1975. Lawyer, member of Portuguese governments since 1975.

SANTOS <u>António Jorge</u> Monteiro dos
(Cutato-Chinguar, Angola, 1947.) Studied in Lisbon, Portugal. Returned to Nova Lisboa, Angola. Went to live in Portugal in 1975. Journalist, bank clerk, highschool teacher.

SANTOS António M. dos
(20th century.) Lived in Angola.

SANTOS Arnaldo <u>Moreira dos</u> ("Ingo Santos")
(Lu., Angola, 1935.) Lives in Luanda. Public official, director of a publishing house belonging to the MPLA /Partido do Trabalho.

SANTOS Ary de A lmeida Vide

SANTOS Aires de Almeida

SANTOS Augusto Casimiro dos Vide

CASIMIRO Augusto

SANTOS Carlos Alberto Monteiro dos
(Sena, Beira, Mozambique, 1934.) Lives in Lis., Portugal since 1964, after having studied there. Advertising agent.

SANTOS Carlos Tavares de Andrade Afonso dos Vide

"SELVAGEM Carlos"

SANTOS Corte Real

(20th century.) Lived in Angola.

SANTOS Eduardo dos

(Moimenta da Serra, Gouveia, Portugal, 1930.)
Studied social sciences and overseas policies, as
well as law in Lisbon, Portugal. Lived in Angola as
a public official, 1956-60. Lives in Lisbon. Lawyer,
historian, sociologist, university teacher.

SANTOS Graça Mascarenhas Mexias

(Portugal, 20th century.) Lived in Mozambique
from c.1962 on.

SANTOS Horácio

(Cape Verde, 20th century.) Lives in Praia,
Santiago Island, Cape Verde. Theater director.

"SANTOS Ingo" Vide

SANTOS Arnaldo

SANTOS João Antunes dos Vide

" Z^EZERE Rui do"

SANTOS José de Almeida

(Angola, 20th century.) Went to live in Brazil?

SANTOS Marcelino dos ("Kalungano", "Lilinho Micaia")

(Lumbo, Mozambique, 1929.) Studied engineering in Lisbon, Portugal, and Paris, France. In
Paris,1951-1959. Vice- president of the FRE-
LIMO movement, Cabinet member of the
government of independent Mozambique.

SANTOS Maria Haydée de Freitas dos
("Haydée Vall")

(Chibia, Huíla, Angola, 1928,) Lived in Sá da Bandeira, Angola.

SANTOS Maria Lígia de Almeida

(Portugal, 20th century.) Wife of José de Almeida
Santos Júnior. Lived in Luanda, Angola.

SANTOS Marília

(Portugal?, 20th century,) Lived in Mozambique.

SANTOS Ubaldo

(Cape Verde, 20th century.)

SANTOS Vítor M. C. ("Marcos Vilalva")

(Portugal, 20th century.) Lived in Angola.
Teacher.

SANTOS J´UNIOR José de Almeida

(Buarcos, Figueira da Foz, Portugal, 1922.) Stu-
died geography and mathematics in Lisbon.
Went to live in Angola a long time ago. Lived in
Luanda. Official of the City Council of Luanda.
Returned to Portugal?

"SANT'Y AGU" Vide

ALMADA José Luís Hopffer

S˜AO VICENTE Carlos Manuel de

(Lu., Angola, 20th century.) Lives in Luanda.
Economist.

"SARAIVA Paulo" Vide

MARGARIDO Alfredo

SARMENTO Alfredo de

(Portugal, 19th-20th century.) Lived in Angola
for many years. One of the founders of A Aurora,
Luanda, 1856, the first literary review in Angola.

SA´UTE Nelson

(Mozambique, 20th century.) Journalist?

"SAVIL" Vide

  GOUVEIA Carlos José da Silva

SAVIMBI Jonas Malheiro

(Munhango, Angola, 1934.) Studies of medicine and social sciences in Lisbon, Portugal, 1958-1960, and afterwards in Fribourg and Lausanne, Switzerland. Political exile. Went to Communist China for military training in 1965. Founder of the UNITA movement (União Nacional para a Independência Total de Angola.)

S´AVIO Domingos

(Mozambique, 20th century.) Militant of the FRELIMO movement. Lives in Mozambique.

SCHWARTZ José Carlos Hans ("José Carlos")

(Bissau, Portuguese Guinea, 1949 - Havana, Cuba, 1977.) Political prisoner on Galinhas Island, 1972-74. Upon Guinean independence returned to Bissau. Jazz musician and composer, director of the Department of the Arts and Culture of Guinea-Bissau, official representative of Guinea-Bissau in Cuba.

"SELVAGEM Carlos" (i. e. **SANTOS** Carlos Alberto Martins Afonso dos

(Lis.,Portugal, 1890-1973.) Served in Angola and Mozambique. Visited Cape Verde and Portuguese Guinea. Army officer.

SEMEDO Alexandre Sanches Vide

  "ALSASEM"

SEMEDO Carlos

(Bolama, Portuguese Guinea, 20th century.) Lives in Bolama.

SEQUEIRA Guilhermino

(Portugal, 20th century - Lis., Portugal, 1973.) Lived many years in Lourenço Marques, Mozambique, Public official.

SEQUEIRA José Vide

  "PAIVA Rui"

SEQUEIRA José Pedro Lopes

(Bolama, Portuguese Guinea, 1956 - Costa da Caparica, Lisbon, Portugal, 1979.) Studied philosophy in Lisbon. Highschool teacher, painter.

SEQUEIRA Vasco de Matos

(Portugal, 20th century.) Lived in Mozambique.

SERRA Artur do Vale

(20th century.) Lived in Angola. First editor of the Jornal de Angola.Luanda, 1953. Journalist.

"SERRA João" (i.e. **MARTINS** João Alberto)

(Faro, Portugal, 1950.) Lives in Luanda, Angola, since 1960. Left Angola several times but returned there after the Portuguese revolution of 1974. Journalist, working for newspapers and radio.

SERRA Manuel Coelho Pereira

(Cape Verde, 20th century.) Obtained a law degree. Still lives in Cape Verde?

SERRANO Artur António Mateus ("S. Rano")

(Portugal?, 19th century- Beira, Mozambique,

1902.) Lived for many years in Quelimane and Lourenço Marques, Mozambique. Journalist.

SEVERINO Daniel

(Portugal?, 20th century.) Lived in Mozambique.

SEVERINO Maria Lígia Valente da Fonseca Vide **"FONSECA** Lília da"

"SEVERO Doutor" Vide

  RAMA Alípio

"SEVERO Paulo" Vide

  CORR^EA Alberto

"SIGMA Alpha"

(Portugal, 19th-20th century.) Lived in Angola.

"SILBA" Vide

  SILVA Tomé Varela da

SILVA Adelina C. da

(Fogo Island, Cape Verde, 1958.) Went to live in Roxbury, Massachusetts, USA, as a young girl. Teacher.

SILVA Alírio Vicente Vide

  "TACALHE"

SILVA António Joaquim da

(Portugal?, 20th century.) Catholic missionary of the Congregation of the Holy Ghost in Angola.

SILVA António Narino e

(Beira Baixa, Portugal, 1921.) Studied classical philology in Coimbra, Portugal, 1948. Lives in Angola. Teacher.

SILVA Arménio Adroaldo Vieira e Vide

  "VIEIRA Arménio"

SILVA Artur Augusto da ("Artur Augusto",

"Augusto")

(Brava Island, Cape Verde, 1912.) Childhood spent in Portugal and Portuguese Guinea. Lived in Angola, 1939-40. Returned to Portuguese Guinea. Brother of João Augusto Silva. Lawyer, high public official.

SILVA Baltasar Lopes da Vide

  LOPES da Silva Baltasar

SILVA Carlos

(Portuguese Guinea, 20th century.) Went to live in Luanda, Angola.

SILVA Carlos da

(Portugal, 19th century.) Lived in Mozambique from 1897 on. In 1898 founded the Vasco da Gama Theater in L. M.. Composer,dramatist.

SILVA Clotilde Nunes da

(L. M., Mozambique, 1925.) Studied mathematics. Lives in Maputo.Official of the Mozambican railroad company, singer, actress.

SILVA Deodato José da

(S. Filipe, Fogo Island, Cape Verde, 1948.) Lives in Praia, Santiago Island. Business employee.

SILVA Eduíno Brito

(Mindelo, S. Vicente Island, Cape Verde, c.1922.) Studied law in Lisbon, Portugal. Lived for many years in Portuguese Guinea. Editor of Certeza, Mindelo, 1944. Went to live in Portugal.

SILVA Eugénio Ferreira da

(Lobito, Angola, 1917.) Went to live in Portugal many years ago. Teacher, sculptor.

SILVA   Filinto Elísio ("Filinto Elísio")
(Cape Verde, 1961.) Studied library science
in Belo Horizonte, Brazil. Lives in Boston,
Massachusetts, USA.

SILVA   Francisco Lopes da (I)   Vide

   LOPES da Silva   Francisco

SILVA   Francisco Lopes da(II)   Vide

   LOPES da Silva   Francisco de Sales

SILVA   Francisco Teixeira da
(Lis., Portugal, 1826 - Beira, Mozambique,
1894.) Went to live in Angola, probably in 1846.
Co-founder of A Aurora. Luanda, 1856. Captain
of the port of Luanda, 1853-56. From Angola his
administrative career took him to govern S. Tomé,
1882-84, Portuguese Guinea, 1887-88, and
Mozambique, 1893-94. Navy officer, colonial governor.

SILVA   Humberto José Pizarro de Leston e
   Vide   "SYLVAN"   Humberto da"

SILVA   Joana Couto da
(Angola, 1901.)

SILVA   João Augusto ("João Augusto")
(Brava Island, Cape Verde, 1910.) Spent his
childhood in Portugal and lived in Portuguese
Guinea from 1928 to 1936.Then he went again to
Portugal, from there to Mozambique and Angola.
Public official, painter.

SILVA   João de Deus Lopes da   Vide

   LOPES da Silva   João de Deus

SILVA   Luís Andrade ("L. Hesperitano")

(Mindelo, S. Vicente Island, Cape Verde, 1943.)
Went to I ive in France in 1968. Studied sociology
in Paris. With Francisco Fragoso edited Kaoberdi
pa Dianti, Paris, 1974. Lives in Paris, where he
directs the Information Center for Cape Verdean
emigrant workers.

SILVA   Manuel Correia da
(Oliveira do Bairro, Portugal, 1892 - 20th century.)
Took advanced colonial course. Lived in Angola
since 1920. Settled in Benguela. Highschool
teacher.

SILVA   Manuel Ferreira da
(Portugal, 20th century.) Lived in Mozambique.
Catholic priest.

SILVA   Maria Perpétua Candeias da
Bissapa, Huíla, Angola, 20th century.) Traveled
in South Africa, Rhodesia, the Belgian Congo,
the French Congo and Portugal. Lived in Vila
Mariano Machado, Angola, until 1975. Went to
live in Portugal. Teacher in private schools.

SILVA   Maurício Pereira da
(Angola, 20th century.)

SILVA   Oswaldo Lopes da
(Cape Verde, 20th century.) Nephew of Baltasar
Lopes.

SILVA   Pedro Augusto de Sousa e
(Portugal, 20th century.) Lived in Mozambique.

SILVA   Ramalho da
(Portugal?, 20th century.) Lived in Mozambique.

SILVA   Raul Alves Calane da

(L. M., Mozambique, 1945.) Journalist.

SILVA Ruy Burity da ("Afonso Milando") (Lobito, Angola, 1940.) Went to Lisbon, Portugal in 1964. Exile in France from 1973 to 1975. Returned to Angola in 1975. Worked in the Cultural Services of the Diamang Company.

SILVA Silvano Sátiro (Funchal, Madeira Island, c.1900.) Studied law in Coimbra, Portugal. Lived in Angola since 1929, finally in Luanda. Customs official.

SILVA Terêncio Anahory Vide

ANAHORY Silva Terêncio Casimiro

SILVA Tomé Varela da ("Silba") (S. Jorge dos Órgãos, Santiago Island, Cape Verde, 1950.) Studied at the Escola Agrícola-Pecuária of S. Jorge dos Órgãos and the University of Braga, Portugal. Official of the Ministry of Education and Culture of Cape Verde since 1981, Director of the ICLD, Praia.

"SILVAN Humberto da" Vide

"SYLVAN Humberto da"

SILVEIRA Onésimo (Mindelo, S. Vicente Island, Cape Verde, 1935.) Lived in S. Tomé, 1956-59, and Angola, 1959-64.Political exile in Communist China and other countries, such as France and Holland. Ended up in Sweden, where he studied social sciences in Uppsala. Returned to Cape Verde when it became independent. Lives on S. Vicente Island, Cape Verde. Public official, Cape Verdean

diplomat in New York, city council president of Mindelo.

"SILVESTRE Flávio" Vide

ANDRADE Francisco Fernando da Costa

SIMANGO C. Kamba (Moçambique, 19th-20th century.) Informant of the ethnologist Franz Boas as a tradional story teller.

SIM ̃OES Edmundo Vieira (L. M., Mozambique, 1925.) Lived in Mozambique. Journalist, employee of a petroleum company.

SIM ̃OES Landerset (Portugal, 20th century.) Lived in Portuguese Guinea and S. Tomé.

S ́O Abdul Carimo (Pinada, Portuguese Guinea, 1958.) Studied law in Lisbon, Portugal. Militant of the PAIGC movement.

SOARES António Vide

NEIVA Soares António Filipe Sampaio

SOARES Gualter Manuel Rodrigues (L. M., Mozambique, 1930.) Once married to Noémia de Sousa. Studied in Lisbon, Portugal, and Paris, France. Degree in Physics and Chemistry. Lives in Paris. Oceanographer.

SOARES Mário Varela (Angola, 1940.) Lives in Portugal.

SOARES Maurício Ramos ("Mota Rosaes") (Nova Lisboa, Angola, 1918.) Settled in Sá da

Bandeira. Left Angola c.1976. Public official, journalist.

"SOARES   Raymundo" Vide

FILIPE   Daniel Damásio Ascensão

SOBRINHO   Emanuel

(Cubal, Angola, 1959.) Studied medicine.

SOBRINHO   Pedro

(Lu., Angola, 1936.) Went to study agronomy in Lisbon, Portugal.

SOBRINHO   Sebastiana Martins

(Mirandela, Portugal, 1888) Went to live in Angola in 1946.

"SOLEDADE   Maria da"

(Portugal, 20th century.) Lived in Mozambique.

SOROMENHO   Fernando Monteiro de Castro

(Chinde, Zambezia, Mozambique, 1910 - S. Paulo, Brazil, 1968.) Lived in Angola, 1911-37. In Lisbon, Portugal, for his schooling, 1916-25, and again to live there, 1937-60. Political exile in France, 1960-65, and in Brazil, 1965-68. Taught in the USA, 1961, and in S. Paulo, Brazil. Public official, journalist, publisher, teacher.

SOUSA   Albano Silvino Gama de Carvalho das Neves e

(Matosinhos, Porto, Portugal, 1922.) Went to live in Angola in 1930. Returned to Porto to study at the School of Fine Arts. Visited Mozambique, Cape Verde, Portuguese Guinea and Brazil. Went to live in Brazil. Painter.

SOUSA   Alberto Samuel de ("S. S.")

(Ambriz, Angola, 1927.) Political prisoner in Angola in 1967. Militant of the MPLA movement. Lives in Malanje. Public official.

SOUSA   Armindo Caetano de

(Inhassungue, Mozambique, 1943.) Lives in the city of Beira, Mozambique. Journalist.

"SOUSA   Carlos de" Vide

MAIA   Carlos Roma Machado de Faria e

SOUSA   Henrique de Jesus Teixeira de

(Bernardo Gomes, Fogo Island, Cape Verde, 1919.) Studied medicine in Lisbon. Public health official, Fogo Island, 1948-54. Moved to Lisbon, Portugal, in 1975. Physician, nutritionist.

SOUSA   João Alberto Angerino de

(Moçâmedes, Angola, 1935.) Studied commerce in Lisbon, Portugal, 1939-62. Lives in Luanda, Angola. Insurance broker, industrialist.

SOUSA   Luís Amorim de

(Angola, 1937.) Went to live in Lis., Portugal, L. M., Mozambique, and London, England. More recently went to Washington, D.C., USA.

SOUSA   Manuel Bernardo de

(Angola, 20th century.) Militant of the MPLA movement. Political prisoner in the Tarrafal camp, Santiago Island, Cape Verde. High official in the government of independent Angola.

SOUSA   Neves e Vide

SOUSA   Albano Silvino Gama de Carvalho das Neves e

SOUSA Soares Carolina Noémia Abranches
de

(Capembe, Mozambique, 1926.) Went to live in
Lisbon, Portugal, 1951-1964. Lived in Paris,
France, 1964-73. Returned and stayed in Portu-
gal from 1973 on. Secretary, translator, journalist.

SOUSA Samuel de Vide

SOUSA Alberto Samuel de

SOUTO MAIOR António d'Arteaga ("A.
d'Arteaga", "A. S. M.")

(19th century.) Lived in Praia, Santiago Island,
Cape Verde.

SPENCER Maria Helena

(Cape Verde, 20th century.)

SPENCER Nicolau Gomes

(Cabinda, Angola, 1939 - Lunda, Angola,1971.)
Political exile in Dar-es-Salaam, Tanzania, 1968-
1970. Guerrilla fighter of the MPLA.

"SPIELE Tchiaku" Vide

FILIPE Spiele Têndele Maurício

SP´INOLA Daniel Euricles Rodrigues ("Euricles Rodrigues")

(Ribeira da Barca, Santiago Island, Cape Verde,
1962.) Lives in Praia, Santiago Island. Journalist, highschool teacher.

STOCKLER Francisco Pinto Garção

(S. Tomé Island, 1839-84.) Studied in Lisbon,
Portugal. Elementary school teacher.

"SUKRATO" Vide

" D'SAL Sukre"

"SUKRE" Vide

"D'SAL Sukre"

"SYLVAN Humberto da" (i.e. **SILVA**
Humberto José Pizarro de Lemos. Also "Humberto da Silva", "Humberto da Silva Andrade")

(Lu., Angola, 1925.) Went to live in Lisbon, Portugal, in 1971. Public official.

"T. E." Vide

TAVARES Eugénio da Paula

"T. T." Vide

VARELA João Manuel

"TACALHE" (i.e. **SILVA** Alírio Vicente)

(Calheta de S. Miguel, Santiago Island, Cape Verde, 1943.) Studied law in Lisbon, Portugal, 1968-
1975. Returned to Cape Verde in 1975. As a diplomat representing Cape Verde, went to Rotterdam, Holland, Lisbon, Portugal, and Boston,
USA.

"TALASS" Vide

PAQUETE Tomás Soares

"TAMBOR-MOR" Vide

TAVARES Eugénio de Paula

TAVARES Emanuel Braga

(Santiago Island, Cape Verde, 1945.) Lives in
Cape Verde. Public official.

TAVARES Eugénio Nosolini de Paula ("Djom
de Mamai", "E T.", "Tambor-mor", "Justus", "José
das Neves", "P. Direito")

(Vila Nova de Sintra, Brava Island, Cape Verde,
1867-1930.) Went several times to the USA and

lived there for six months in 1912. Public official, journalist.

"TAVARES JOãO" Vide

RAMOS José Maria

TAVARES José Lourenço

(Portugal, 19th century.) Went to the Congo province of Angola as a missionary.

"TAVARES Orlando" Vide

JACINTO do Amaral Martins António

TAVARES Ana Paula Ribeiro

(Sá da Bandeira, Huíla province, Angola, 1952.) Studied history. Lives in Luanda. National director of the Cultural Patrimony of Angola.

TAVARES Porfírio Pereira

(Cape Verde, 19th century.) Lived in S. Nicolau Island. Catholic priest.

TAVARES Vítor Silva

(Lis., Portugal, 1917.) Lived in Luanda, Angola. Returned to Lisbon. Journalist, editor.

T´AVORA Diogo de

(L. M., Mozambique, 1929.) Edited the "Página do Estudante" of O Brado Africano when a student.

"T´AVORA Orlando" Vide

JACINTO do Amaral Martins António

"TCHECA Tony" Vide

LOPES J´UNIOR António Soares

TCHIKAMBI Fernando

(Angola, 20th century.) Lives in Huambo, Angola.

"TCHWEKA" Vide

LARA Lúcio Rodrigo Leite Barreto de

TEIGA Carlos

(Portugal?, 20th century.) Lived in Mozambique.

TEIXEIRA Adalberto

(Cape Verde, 20th century.) Lived in Boston, Massachusetts, USA, in the 1980s.

TEIXEIRA António Manuel da Costa

(Santo Antão Island, Cape Verde, 19th century - S. Nicolau Island, Cape Verde, 20th century.) Founder and editor of the Almanach Luso-Africano, S.Nicolau Island, 1894 & 1898. Catholic priest, teacher.

TEIXEIRA João Moutinho Vide

MOUTINHO Teixeira

"TELES Aurélia"

(19th-20th century.) Lived in Cape Verde.

TELMO Regi ("Maria Padez")

(Lu., Angola, 1949) Lives in Luanda. Company director.

TEMBE A. Rufino

(Mozambique, 20th century.) Lives in Mozambique. Militant of the FRELIMO movement.

TEMBE Joaquim ("Djinga")

(Mozambique, 20th century.) Lives in Maputo. Industrial worker.

TEMBE Rosália

(Mozambique, 20th century.) Lives in Mozambique. Militant of the FRELIMO movement.

TENDEIRO João

(Portugal, 20th century.) Doctorate in veterinary medicine. Lived for many years in Portuguese Guinea and in Maputo, Mozambique. Veterinarian, biologist, teacher.

TENREIRO Álvaro ("Sá Vieira") (Almeida, Portugal, 1925.) Lived for many years in Angola. Catholic priest, military chaplain.

TENREIRO Francisco José Vasques (Rio do Ouro, S. Tomé Island, 1921 - Lis.,Portugal, 1963.) Studied in Lisbon and England. Ph.D. in social sciences from the London School of Economics, 1961. Geographer, university teacher, public official and member of the Portuguese parliament.

TEOD´OSIO César Luís C. Marques de (Figueira da Foz, Portugal, 1944.) Lived in Angola. Broadcaster, actor.

TE´OFILO Braga Eduardo (Évora, Portugal, 1923 - Lis., Portugal, 1980.) Studied at the Instituto Industrial, Lisbon. Lived in Angola from 1954 till c.1975. Returned to Portugal. Engineer.

TOLENTINO Araújo Jorge Homero ("Moninfeudo") (Mindelo, S.Vicente Island, Cape Verde, 1963.) Studied at a Portuguerse university.

TOMAR Francisco António Vide

"**D'SAL** Sukre"

TOM´AS Francisco ("Chico Zé") (Angola?, 20th century.) Lives in Luanda, Angola.

TOMAZ Firmino Lopes (20th century.) Lived in Angola.

"**TOPO VERMELHO** Nicolau de" Vide **RAMOS** José Maria

TORRADO Horácio Martins ("Gerry") (Trás-os-Montes, Portugal, 20th century.) Studied at the Gregorian University, Rome,Italy. Lives in Angola since 1961. Officer of the Angolan army, teacher.

TORRES Guimarães Adelino Augusto (Lis., Portugal, 1939.) Lives in Angola since 1948. Journalist?

TORRES Alexandre Maria Pinheiro (Amarante, Portugal, 1923.) Spent a large part of his childhood in S.Tomé until 1932. Went back to Portugal and studied history and philosophy in Coimbra. Professor at the University of Cardiff, Wales, where he founded a chair of lusophone African literatures.

"**TORRES** Farinha" Vide **MILHEIROS** Mário Simões

TORRES José (Portugal, 20th century.) Lived in Mozambique.

"**TOTI-MONTIPRETO**" (Cape Verde, 20th century.)

TOULSON João Eusébio da Cruz (Lu., Angola, 19th century - Moçâmedes, Angola, 19th century.) Until 1879 elementary schoolteacher in Luanda. From December 1879 on in Moçâmedes as clerk and notary of the district court.

TRAVADO Hélder Ferreira

(20th century.) Used to live in Mozambique.

TRIGO Salvato Vila-Verde Pires

(Ponte de Lima, Portugal, 1948.) Studied at the seminary in Braga, Portugal, and in Luanda, Angola, 1965-75, after that at the University of Porto, Portugal. Professor of lusophone African literatures at the University of Porto.

TRINDADE Cartaxo e ("Isabel Ivone", "José Anjos", "Juarez António Leoni")

(Vermelha. Portugal, 1945.) Taken as a child to Mozambique. Returned to Portugal in 1968. Frequent visits to Mozambique afterwards. Lives in Lisbon. Journalist.

TRONI Alfredo Vasques

(S. Martinho do Bispo, Coimbra, Portugal, 1845 - Lu., Angola, 1904.) Studied law in Coimbra,Portugal. Lived in Angola from c.1873 on. Held public office in S. Tomé, Cape Verde, and in Angola (Benguela, then Luanda). Editor of the Jornal de Loanda, founded in 1878. Lawyer, judge, jour-nalist.

"TUGA Ariki" Vide

MATEUS Henrique Lopes

"ULIKA Timóteo"

(Cape Verde?, 20th century.) Used to live on S. Nicolau Island, Cape Verde.

VALCORBA Cristiano

(Ponta Delgada, Azores, 1937 - Praia, Santiago Island, Cape Verde, 1983.) Lived in Cape Verde

for c.20 years. Employed in business.

"VALE Lírio do" Vide

MOITA Tolstoi Lusitano Nunes

VALENTE José Francisco

(Portugal?, 20th century?) Catholic missionary in Angola.

VALENTE Malangatana Goenha (or Ngwenya) ("Malangatana")

(Matalana, Marracuene, Mozambique, 1936.) Studied engraving in Lisbon, Portugal. Political prisoner 1964-66. Lives in Maputo, Mozambique. Painter.

"VALL Haydée" Vide

SANTOS Maria Haydée de Freitas dos

VALOURA Francisco

(Vilela do Tâmega, Portugal, 20th century - Portugal, 1992.) Used to live in Portuguese Guinea from c.1960 on.

VAMPA Luigi

(Italy?, 19th-20th century.) Lived in Bié, Angola, from 1903 on.

VAN-D´UNEM Aristides Pereira dos Santos

(Lu., Angola, 1937.) Lives in Luanda. Since 1975 member of the central committee of the MPLA movement, secretary-general of the National Union of Angolan Workers, national director of the Angolan Petroleum Company.

VAN-D´UNEM Domingos (I)

(Angola, 19th-20th century.) Lived in different Angolan towns.

VAN-D´UNEM Domingos (II)
Mbumba-Dande, Angola,1927.) Domingos Van-
Dúnem (I) was his great-uncle. Went to Luan-
da as a child, where he still lives. Leader of the
Liga Nacional Africana. Political prisoner in 1961,
deported.. Printer until 1945, became a journa-
list, public official. Since 1977 heads the National
Department of Libraries.

VAN-D´UNEM Pedro de Castro
(Lu., Angola, 20th century.) Lives in Angola.
Member of the Angolan government for a time.
Composer.

VARELA João Manuel ("João Vário", "T. T",
"Timóteo Tio Tiofe", T.T. Tiofe", "T.T. Didial")
(S. Vicente Island, Cape Verde, 1937.) Studied
medicine in Lisbon, Portugal. Postgraduate studies in Stockholm, Sweden, Tokyo, Japan, Paris,
France and New York,USA. Lived and studied for
many years in Antwerp, Belgium. Lived and
taught in Luanda, Angola, 1978-c.1980, and
more recently in Huambo, Angola. Biologist,
researcher in biological chemistry in Strasbourg,(France), teacher.

"V´ARIO João" Vide

VARELA João Manuel

VASCONCELOS Adriano Botelho de
(Malanje, Angola, c.1958.) Went to Lisbon as an
Angolan diplomat. Once political commissar of
the MPLA armed forces, editor of Angolê, Lisbon.

VASCONCELOS Alberto Azevedo Leite de
(Arcos de Valdevez, Portugal, 1944.) Taken as a
child to Mozambique. Studied in Lisbon. Lives in
Mozambique. Journalist,Director of the Radio of
Mozambique.

VASCONCELOS Dulce Ferreira Alves
Mendes de ("Djamba Dàllá", "Dàllá")
(Bragança, Portugal, 1927.) In Angola 1952-
c.1975. Elementary schoolteacher. Returned to
Portugal.

VASCONCELOS Henrique Vieira de
(Fogo Island, Cape Verde, 1875 - Lis., Portugal,
1924.) Studied law in Coimbra, Portugal. Law
official, member of the Portuguese parliament,
journalist. After the proclamation of the republic in
1910, Minister of Foreign Affairs.

VASCONCELOS Luís António de Araújo
Medina e ("Luís Medina")
(Cape Verde, 19th century - Praia, Santiago Is-
land, Cape Verde,1891.) Editor of the Revista
Verde, 1899.

VASCONCELOS Luís Loff de
(Brava Island, Cape Verde, 19th - 20th century.)
Journalist, lawyer.

"VASCONCELOS Olga de" Vide

ALVES Olga Coelho

VAZ Armindo
(20th century.) Lives in S. Tomé.

VAZ Carmo
(Pangim, Goa,India, 20th century.) Studied the

humanities in Coimbra. Lived in Angola for many years until c.1975. Went to live in Lisbon. Director of the municipal library of Luanda, linguist, highschool teacher.

VAZ José Martins
(Portugal, 20th century.) Used to live in Cabinda, Angola. Catholic missionary.

VEIGA daSilva Amélia Maria Ramos
(Silves, Portugal, 1931.) Studied medicine in Portugal. Lived in Angola since 1951 until c.1975. Lives in Lisbon, Portugal. Vocational schoolteacher.

VEIGA Luís Filipe Guimarães da Mota Vide
  "MESTRE David"

VEIGA Manuel Monteiro da
(Santa Catarina, Santiago Island, Cape Verde, 1948.) Studied theology in Cape Verde and Coimbra, Portugal, linguistics in Aix en Provence, France. Returned to Cape Verde. Teacher, official of the Ministry of Education and Culture of Cape Verde.

"VEIGA Marcelo da" (i.e. **MATA** Marcelo Francisco Veiga da)
(Príncipe Island, 1893 - Amadora, Portugal, 1976.) Went to live in Lisbon, Portugal and studied law(1959) Political prisoner in S. Tomé and in Luanda, Angola(1960). Deported to Lisbon, 1962-1971. Returned to Príncipe in 1973. Cocoa planter, member of the constituent assembly of S. Tomé in 1975.

VELHA Cândido Manuel de Oliveira da
(Ílhavo, Portugal, 1933.) Lived in Angola from 1957 till 1975. Returned to Portugal. Official labor inspector in Angola and Portugal.

VEN^ANCIO José Carlos
(Angola, 20th century.) Studied in Sá da Bandeira, Angola, in the 1970s.

VENTURA Manuel Joaquim Reis
(Seara Velha, Chaves, Portugal, 1910- Lis., c.1992.) Lived in Luanda, Angola, 1938-1975. Studied theology in Spain and administration at the Escola Superior Colonial, Lisbon. Lives in Portugal. Official of the Petroleum Company of Angola.

VERA-CRUZ Rolando Vide
  MARTINS Rolando Vera-Cruz
"VERDEANO Marino" Vide
  LIMA Aristides Raimundo
VIANA Jorge Vide
  S´A Albino Fernandes de
VICTOR Geraldo Bessa
(Lu., Angola, 1917.) Studied law in Lisbon, Portugal. Lives in Lisbon. Bank clerk, lawyer.

VICTOR Manuel Correia
(Lu., Angola, 20th century.) Lives in Luanda. Studied law.

VIDAL João Evangelista de Lima
(Portugal, 1874 - 20th century.) Bishop of Angola and Portuguese Congo,1909-1914.

VIDAL Luzia da Luz Saramago ("Sandra

Carla")

(Baía Farta, Angola, 1930.) Lives in Benguela, Angola.

VIDEIRA António Gonçalves

(Lousada,Portugal, 1889 - Lis., Portugal, 1955.) Studied law in Coimbra. Went to live in Angola in 1913. Lawyer.

VIEGAS Cirilo

(20th century.) Used to live in Mozambique.

VIEGAS Jorge Alberto

(Quelimane, Mozambique, 1947.) Treasury official in Nampula, Mozambique. Lives in Lisbon, Portugal.

VIEIRA e Silva Arménio Adroaldo

(Praia, Santiago Island, Cape Verde, 1941.) Lives in Praia. Assistant meteorologist, journalist.

VIEIRA Artur Regina ("Juca Bravense")

(Laranjeiras, Brava Island, Cape Verde, 1932.) Went to Angola as a "contract" laborer. From there emigrated to Brazil. Lives in Rio de Janeiro. Co-editor of Morabeza. Rio de Janeiro, 1973-76. Studied accounting and journalism in Brazil. Accountant.

"VIEIRA José Luandino" (i.e. **GRAÇA** José Mateus Vieira da. Also "José Muimbo", "LuandinoVieira")

(Lagoa do Furadouro, Vila Nova de Ourém, Portugal, 1935.) Taken as a child to Luanda, Angola, in1937. Political prisoner in Luanda in 1959 and again in1961. Kept in Tarrafal camp,

CapeVerde, 1964-1972. Deported to Lisbon in 1972. Returned to Luanda in 1975. Translator and employee of a publishing house in Portugal, director of Angolan radio and televi- sion (1975-78) and the Angolan Motion Picture Institute (1979-84), secretary-general of the Union of Angolan Writers, 1975-80, 1986-1991.

VIEIRA Manuel Filipe da Motta

(Vendas Novas, Portugal, 20th century.) Farmed in southern Africa, including Angola.

"VIEIRA Mário" Vide

CRAVEIRINHA José João

VIEIRA Pedro Alberto Andrade ("Canabra-va")

(Sal Island, Cape Verde, 1957) Airport radio operator.

"VIEIRA Sá" Vide

TENREIRO Álvaro

VIEIRA Sérgio

(Tete, Mozambique, 1941.) Studied in Lisbon, Portugal, and political science in Algeria. Exile for many years in Dar-es-Salaam as an official of the FRELIMO movement. Back in Mozambique, governor of the National Bank.

VIEIRA Sílvia Maria

(Beira Alta, Portugal, 1939.) Lives in Angola since 1963. Teacher.

VIEIRA Vergílio Alberto

(Amares, Braga, Portugal, 1950.) Studied in Porto, Portugal. Lived in Malanje, Angola, 1972-75.

Returned to Portugal and lives in Braga. High-school teacher.

"VILALVA Marcos" Vide

SANTOS Vítor M. C.

"VILANOVA João-Maria (i.e. perhaps **FREI-TAS** João, or José Guilherme Fernandes)

(Lu., Angola, 1933.) Editor of Ngoma, Luanda, 1974. Went to live in Portugal. Judge.

"VILELA Luís" Vide

BOBELA-MOTTA A.

VILELA Nelson

(20th century.) Used to live in Angola.

VILLA (or VILA) Jorge Manuel

(Lis., Portugal,1928.) Studied medicine in Coimbra, 1953. Lived in Beira, Mozambique for many years until 1975. Physician.

"VIMAR´O Tomás" Vide

M´ARIO Tomás Vieira

"VIRG´INIO Teobaldo" (i.e. **MELO** Teobaldo Virgínio Assunção Nobre de. Also "Virgínio Melo"))

(Vila da Ponta do Sol, Santo Antão Island, Cape Verde, 1924.) Brother of Luís Romano. Lived in Luanda, Angola, for many years. Went to live in Dorchester, Massachusetts, USA. Editor of Arquipélago, Boston, USA. Protestant minister.

"WENDEL Ngudia" (i.e. **NOGUEIRA** Victor Sebastião Diogo)

(Catete, Icolo-e-Bengo, Angola, 1940.) Studied medicine in the Soviet Union, 1963-1970,and

after graduation, in Italy. Militant and guerrilla fighter of the MPLA movement. Lives in Luanda, Angola. Physician.

WHITE Eduardo Costley

(Quelimane,Mozambique, 1963.) Lives in Maputo, Mozambique. Journalist.

"WOCHAY Fonseca" Vide

MARTINS Fonseca Lopes

XAVIER Ermelinda dos Santos Pereira

(Lobito, Angola, 1931.) Lives in Portugal since 1951. Studied law in Coimbra. Registrar and notary in Caldas da Rainha, Portugal.

"XAVIER Francisco" Vide

CRUZ Francisco Xavier da

"XICAVALITO"

(Mozambique, 20th century.) Lives in Mozambique. Militant of the FRELIMO movement.

"XITU Uanhenga" Vide

CARVALHO Agostinho A. Mendes de

YOBA Carlos

(Angola, 20th century.) Lives in Lubango, Angola.

"YPSELON"

(20th century.) Used to live in Mozambique.

"YTCHYANA" Vide

RIBEIRO Mariana Marques

ZANEI-N'VIMBA Boma Vide

FRANQUE Domingos José

"Z´E Chico" Vide

TOM´AS Francisco

"Z^EZERE Rui do" (i.e. **SANTOS** João
Antunes dos)

(Brejo da Correia, Portugal, 1928.) Studied theology. Went to Angola in 1959 and lived there till
at least 1975. Highschool teacher.

ZITA Isaac Mário Manuel

(Maputo, Mozambique, 1961-83.) Studied chemistry at the Escola Industrial and education at
the Mondlane University of Maputo,Mozambique,
until 1980. Editor of Forja, Maputo. Teacher.

-INDEX OF AUTHORS

INDICE DE AUTORES

Explanations

Each number refers to an entry in the bibliography. Underlined numbers are used for books or parts of books, including prefaces and introductions. Plain numbers refer to simple mentions or to "Varia". Numbers within (parentheses) refer to publications about an author.

Explicações

Cada número remete a uma obra registrada na bibliografia. Os números sublinhados indicam livros ou partes de livros, incluindo prefácios e introduções. Os números simples indicam meras menções ou "Varia". Os números entre (parênteses) indicam publicações sobre um autor.

AUTHORS

ABDALA J´UNIOR, Benjamin - 66-68, 198.
ABDUL, Raoul - 186.
ABECASSIS, Maria do Carmo - 2470.
ABEL, João - 86, 91, 133, 136, 139, 216, 293, 406, 407, 408, 1503, 1535, 1549, 1567, 1647, 1718, 1727,1731.
ABRANCHES, Augusto dos Santos - 69, 139, 2471, 2992.
    Henrique - 409-15, 416, 1518, 1519, 1525, 1529, 1548, 1562, (1593), 1731
        Maria José - 1622.
ABRANTES, José de Mena - 417.
ABREU, Antero de - 101,136, 298, 418-20, 421, 1101, 1527, 1567, 1622, 1712, 1715.
        Manuela de - 422, 1630, 1718.
ACCIAIUOLI, Matilde - 2472.
ACHEBE, Chinua - 101, 1701.
ADAMOGY, Bassane -3008.
AFONSO, Ngyalo - 1571.
    (King of the Congo) - 210.
AFRA, João Simões-1750
"AFRICANA" Vide BARCELOS, Maria Luísa de Sena

"AFRO" Vide CARDOSO, Pedro Monteiro
AGONIA, Marques Bastos - 11.
AGUALUSA, José Eduardo - 423-426.
AGUIAR, Armando de - 2348.
    Armindo - 3211.
    Maria Virgínia de - 589.
"AGUILAR, António de" (i.e. António de Azeredo) - 111, 427, 428.
AIRES, Cristóvão - 429.
"ALBA, Sebastião" Vide GONÇALVES, Dinis Albano Carneiro
ALBASINI, João - 2477.
ALBUQUERQUE, Orlando de - 70, 72, 109, 136, 153, 430-72, 907, 1520-22, 1647, 1718, 2993, 3006, 3045.
ALCˆANTARA, Adriano -3008.
"ALCˆANTARA, Osvaldo" Vide LOPES Baltasar
ALEGRE, Costa - 75, 78, 79, 86, 94, 101, 133, 136, (139), 230, 261, 293, 3093, 3101, 3102, (3191), (3192), (3206).
    Francisco Costa - 3103, 3104.
    Norberto Cordeiro Nogueira Costa - 3101.
ALELUIA, Aníbal - 2478.
"ALEMQUER, Zacarias d' " - 473.
ALEXANDRINO, Mário Borges - 683.
ALFAMA, Jorge M. Miranda - 74, 136, 1751, 2226, 2308.
    José Bernardo - 1752, 1752-a.
ALMADA, André Álvares de - (2284).
    Carlos d' - 101, 2349, 2411, 2412.
    David Hopffer - 1753, 2226, 2308.
    José Luís Hopffer - 1754, 1755.
Maria Dulce - 2204.
ALMEIDA, Aguinaldo de - 2414.
    Albertino - 485.
    António de - 1732, 2205.
    Carlos Vaz de ("Camucuço") -3211.
    Deolinda Rodrigues de Vide RODRIGUES, Deolinda
    Dinis de - 2543.
    Eudo Tavares de - 1756.
    Germano ("Filinto Barros", "Romualdo Cruz") -1757, 1758, 1759.
    João Maria Viana de - 109, 112, 266, 274, 3105, 3106.
    José Evaristo d' - 1760, 1761.
    Júlio d' - 474.
    Maria Cecília de Castro e - 2329.
    Maria Emília de Castro e -71.
    Raymond A. - 1740.

374

Ribeiro - 475.
Roberto de - 1523. *Vide also* "RO-
CHA, Jofre"
Ruy d' - 476, 865, 1622, 1643.
Vieira de - 2.
"ALMEIRIM, Zarco d' " - 477.
"ALSASEM" - 1762. *Vide also* SEMEDO,
Alexandre Sanches
"ALTAMIRA, Gabriello de" *Vide* BAPTISTA, Au-
gusto Cerveira
"ALTAMIRA, Jorge d' " - 478.
ALVARENGA, Fernando - 136, 479, 480, 481,
1048, 1647, 1718.
ÁLVARO, Egídio - 2350.
ALVES, Albino - 301.
Aurélio Fernandes - 1655.
Carlos-"481-a, 482, 483, 1696.
José - 484.
Miguel - 1763-a.
"ALVES, Nito" - 485.
ALVES, Olga Coelho *Vide* "VASCONCELOS,
Olga de"
AMADO, Jorge - 1106, 1377.
"AMAJO" *Vide* JO˜AO, Amaro
AMARAL, Fernando -1655.
João Fonseca - 91, 99, 133, 136,
139, 2479, 3045.
AMARAL J´UNIOR, João - 486.
AMAR´ILIS, Orlanda - 258, 268, 1764-1767,
1768, 2226.
AMARO, Celestino Soares - 487.
João - 489.
S. - 1647.
AMBR´OSIO, António - 3185.
Raquel Leitão - 490.
AMORIM, Carlos - 1696.
Maria de Lourdes - 491, 1643.
"ANADELLO" - 1703.
ANAHORY, Terêncio - 136, 292, 1769, 1770,
2226, 2236, 2320.
"ANDIKI" *Vide* GUERRA, Henrique
ANDRADE, Aguinaldo - 1771, 2351.
António Marcos de - 492.
Fernando Costa - 76-80, 86, 101,
118, 129, 133, 136, 141, 200, 206,
216, 230, 242, 258, 279, 293, 302,
493-507, 508. 587, 889, 1055,
1099, 1215, 1388, 1480, 1524-
1526, 1528, 1535, 1536, 1548,
1549, 1562, 1567, 1622, 1648,
(1666), 1695, 1696, 1712, 1715,
1731.

Freire de - 509.
Garibaldino de - 72-74, 111, 274,
510-12, 1362, 1527-29, 1696.
Inácio J. E. Rebello de - 513, 514,
515, 1528, 1648, 1655.
Mário de - 75-81, 136, (139), (178),
216, 230, 279, 288, 292, 504, 1481,
1530, 1548, 1562, (1590), 2206,
2404.
Martinho de Mello ("Marmellande") -
1772, 1772-a, 1994, 2033, 2226,
2308.
Santos - 2352.
"Tché" - 2324.
"ANDR´E, Wayavoka" *Vide* ANDRADE, Fer-
nando Costa
ANJOS, Frederico Gustavo dos - 200, 3107,
3108, 3109, 3133, 3186.
Hernâni - 12.
ANON. - 13, 82-91, 303-11, 516, 1521-35,
1773, 2330, 2331, 2353-55, 2415-
23, 2480-82, 2994-3005, 3086,
3087, 3187.
"ANO NOBO" - 1774. *Vide also* BONJAR-
DIM, Sá de
"ANTALGO" *Vide* BARROS, António Fidalgo
ANTKOWIAK, Alfred - 1374.
"ANT´ONIO, Arlindo" *Vide* CABRAL, Amílcar
Gilda - 1629.
Mário - 73-76, 78, 79, 90, 94, 98,
101, (103), 109, 111, 112, 133,
136, (139), 141, 210, 216, 232,
288, 291-93, 517-32, 533, 1412,
1528, 1548, 1549, (1553), 1567,
1577, (1593), (1597), 1630, 1648,
1696, 1700, 1718, 1719, 1731.
Vide also OLIVEIRA, Mário Antó-
nio Fernandes de
ANTUNES, António Lobo - (1711).
Gabriela - 534-39.
ARANDA, Manuel - 2483.
ARANHA, Brito - 92.
ARA´UJO, Carlos - 1775, 1776.
"ARA´UJO, Lara" *Vide* TAVARES, Madalena.
ARAUJO, Norman -102, 149, 294, 2207.
ARA´UJO, Silva - 2484-86.
ARCHER, Maria Emília - 14, 93, 111, 112, 312,
540, 541, 542, 543, 1696.
AREIA, Eliseu - 1622.
ARGENTIL, Virgínia - 1655.
ARNALDO, João - 2487.
ARNOLD, Rainer - 3005.

385

José Martins - 940.
José Vicente - 1968.
Leão - 198.(2256), 2264.
Manuel - 76.79.80, 90, 101, 111, 112,
(126), 133, 136, 139, 141, 187, 210, 242,
(248), 261, 274, 293, 1741, 1969-75,
1976, (2094), (2211), 2226, 2234, 2236,
(2238), (2247), (2252), 2258, 2265-67,
(2294), (2305), 2308, (2310), 2320, 2325,
3105.
Manuel de Jesus Vide "D'NOVAS, Ma-
nuel
Maria Natália Teixeira - 2999.
Norberto - 2380.
Óscar - 263, 1602, (1613), 2268.
LOPES FILHO, João - 1736-a.1977, 2226,
2269, 2270.
LOPES J'UNIOR, António Soares - 2381,
2411, 2412.
LOPO, (C. de) Castro - 2720-23.
Júlio de Castro - 941, 942, 943, 1603-09.
LORD, Albert B. - 331.
LORDEREAU, Paulette - 188.LOSA, Ilse - 177.
LOURENÇO, Eduardo - 821.
LUCAS, E. Franco - 147.
Maria Olímpia - 1'7'18.
"LUCENA, Jorge de" - 944.
L'UCIA, Vera - 945, 1643.
LUNDOLOQUE, A. S., Vide "MACIVY"
L'UPI, Maria Isabel - 946, 947, 1655.
Mariana Duarte de Almeida Vide "L'UPI,
Nita"
"L'UPI, Nita" - 948).
LUSSAKALALU, L. P. - 1569.
"LUSSOKI,Alberto" - 1703.
"LUTERO, Martinho" - 3083.
LUZ, Amaro Alexandre da - 1934.
António - 3137.
LYALL, Archibald - 2271.
LYRA, Pedro - 1713.

"MACARA, Zé" - 3046.
MAÇARICO, Luís Filipe - 1979.
MACARINGUE, Daniel - 3008.
MACEDO, António Dias de - 949.
Donaldo Pereira - 1980, 1981, 1982, 2226,
2308.
Fernando - 3138.
Hélder - 2724.
Jorge - 74, 86, 136, 172, 200, 630, 749,
950-57, 958, 989, 1533, 1535, 1610-12,

1630, 1647, 1696, 1704, 1712, 1718,
1727.
L. Fonseca - 2725.
Maria da Luz Monteiro - '1983-85.
Teófilo Braga de - 3139.
Wolfango de - 1647.
MACHADO, Emílio - 1985-a.
José Pedro - 139.
Julião - 959, 960.
Pedro F. - 112, 230, 961'-63, 964, 1696.
MACHEL, Josina - 118, 2994,3000, 3006.
Samora - 86, 118, 2994, 3000, 3006.
MACHUNGO, Inês - 3043.
MACIAS, José António - 2726.
MACIEIRA, Álvaro - 1613.
"MACIVY" - 1629.
"MADI" - 965, 966.
MAGAIA, Albino - 136, 2727-29, 2730, 2930
Lina - 2731.
MAGALH"AES, António - 2732.
António Miranda - 361.
Artur da Cruz - 3101.
Fernando de - 2675, 2733.
Leite de - 2396.
MAGNO, David - 362.
MAGUNI, Rafael - 86.
"MAHASULE" - 91, 261.
MAIA, Carlos Roma Machado de Faria e -
2734-36, 3045.
MAIMONA, João - 967-71, 1569, 1704.
MAIOR, Ana F. S. Vide "DORIANA"
MALANGATANA, Valente Goenha - 167, (178),
186, 206, 276, 282, 292, 3006.
MALDONADO, Maria José de Bulhões - (250).
MALHEIRO, Alexandre - 972, 973.
MANGODELA, Gideon - 161.
MALINOFF, Jane - 294.
MALL'E, Kissé - 1614.
MALTA, Eduardo - 2400.
Luís - 974, 1696.
MAMBONA, Simão António - 1540.
MAMEDE, Paes - 2737.
MAN'E, Serifo - 2410.
MANHIÇA, Edmundo - 3008.
MANINGUANE, Baltazar Bartolomeu Vide "NIN-
GUAS, Brian Tio"
MANO, Manuel Lourenço - 3044.
M"ANTUA, Bento - 975-83.
MANUEL, A. F. Vide "CAT'URIO"
Alfredo - 261.
Fernando - 2537, 2540, 2799.
Luís Augusto Bernardo Vide "HONWANA,

INDEX OF WORKS

INDICE DE OBRAS

Explanations

This index lists short titles of books or contributions to books up to a limit of 8 words. Each number corresponds to an entry in the bibliography. Underlined titles indicate books, book-length manuscripts or theses. Plain lettering indicates special issues of periodicals or contributions to books.

Ëxplicações

Este índice registra os títulos de livros e co-laborações publicadas em livros, até a um máximo de 8 palavras. Cada número corresponde ao número que a obra tem na bibliografia. Os títulos sub-linhados indicam livros, manuscritos extensos ou dissertações. As colaborações para livros ou números especiais de revistas são indicados por títulos simples.

412

428

Addenda & Corrigenda

2. CAPE VERDE: Section A
Oral Literature/ Literatura Oral

LEIT^AO Bemvindo
1735-a. *Morna, cantiga que povo tá cantá.* Coll. and pref. author.
Taunton, Mass.(USA), Artlantis Ed., n/d.(?). 72 p.   (P)

Section B
Creative Writing/ Literatura Culta

BENONI Daniel
1807-a. *Um Caboverdiano em Moçambique.*
Praia, pr.pr., 1991. 197 p.   (ST)

CRUZ Francisco Xavier da ("Bèléza", "B. Léza")
1854-a. *Mornas,* ed. "Jótamont". Coll. Música Caboverdiana.
S. Vicente, pr.pr., n/d.(?) 47 p.
[With the melodies.]   (P)

FILIPE Daniel ("Raymundo Soares")
1885-a. *A invenção do amor.*
Lis., Ed. Presença, n/d. 88 p.   (P)

1887-a. *Pátria, lugar e exílio.*
Lis., Ed. Presença, 1957. 82 p.   (P)

FONSECA Mário
1890-a. *La mer à tous les coups.*Praia, Ed. Imprensa Nacional de Cabo Verde, 1990. 194 p.
[The seventh and last section is the only one in Portuguese, "Poemas da China de mim." The rest of the book is in French.]   (P)

FRANÇA Arnaldo ("Arnaldo Carlos")
1902. Varia:
"Monólogo na varanda." In Cabo Verde, v. 14, n. 1. Praia, October 1962, p. 2 - 8.   (ST)

LOPES da Silva Félix ("Ernesto Guilherme")
1938-a. *Poesias escolhidas.*
S. Vicente, Promotora Montanha Ed., 1991. 128 p.   (P)

TAVARES Eugénio
2157-a. *Mornas,* ed. "Jótamont". Coll. Músicas Caboverdianas.
S. Vicente, pr.pr., n/d.(?) 55 p.
[In Creole. With the melodies.]   (P)

"VIRGÍNIO Teobaldo" (i.e. **MELO** Teobaldo Virgínio Assunção Nobre de)
2196. *Beira do cais.* Coll. Imbondeiro, 1963. 31 p.
[Incl. two other stories, "Ondê menina, ondê vaidade" and "Colóquios de aldeia."]   (ST)

2202. Varia:
"Beira do cais." In Claridade, n. 9. S.Vicente, December 1960, p. 5 - 10.   (ST)

Section C
Literary History and Criticism/ História e Crítica Literárias

ROMANO Luís
2308-a. "O Euroafricano". In *Ilha.* S. Vicente, 1991, not num. p. [9 - 16].
[Introduction].   (E)

3. GUINEA-BISSAU: Section B
Creative Writing/ Literatura Culta

ARTAGNAN Pascoal d' ("Aurigemma")
2355-a. *Djarama.*
Bissau(?), 1978.   (P)

CABRAL Vasco
2361. Varia:
"10 [Dez] poemas de Vasco Cabral." In África, n. 5. Lis., July-September 1979, p. 525-34.
["O último adeus dum combatente", "Símbolo", "Sonho de paz", "Anti-delação", "Ideal e luta", "Caleidoscópio", "Pidjiguiti", "Liberdade", "PAIGC", "Avante África!"]   (P)

432

5. SˆAO TOMÉ & PRÍNCIPE: Section B
   Creative Writing/ Literatura Culta

ALEGRE Caetano da Costa
3102. Varia:
Poems in Correio d'África. Lis., in the 1920s. (P)

BIOGRAPHICAL NOTES/ NOTAS BIOGRÁFI-

CAS

p. 292 **ARTAGNAN** Pascal d' ("Aurigemma")

p. 293 **'AURIGEMMA'** Vide
        ARTAGNAN Pascal d'

p. 345 **'NOGAR** Rui"
        (L.M., Mozambique, 1932 - Lis., 1993.)

Invenção (A) do amor - 1885-a

Mer (La) à tous les coups - 1890-a
Morna, cantiga - 1735-a
Mornas (CRUZ) - 1854-a
Mornas (TAVARES) - 2157-a

Pátria, lugar e exílio - 1887-a
Poemas da China de mim - 1890-a
Poesias escolhidas(Félix LOPES) - 1938
Poesias escolhidas(José LOPES) - 1961